Nicolas Junglas

Karneval und Identität in der deutschsprachigen Literatur

Dynamiken der Vermittlung:
Koblenzer Studien zur Germanistik
Band 9

Nicolas Junglas

Karneval und Identität in der deutschsprachigen Literatur

Tectum Verlag

Gefördert vom Institut für Germanistik der Universität Koblenz

universität koblenz
weiter:denken

Nicolas Junglas

Karneval und Identität in der deutschsprachigen Literatur

Dynamiken der Vermittlung:
Koblenzer Studien zur Germanistik
Band 9

Herausgegeben von Prof. Dr. Uta Schaffers, Prof. Dr. Pamela Steen,
Prof. Dr. Eva L. Wyss, apl. Prof. Dr. Hajo Diekmannshenke,
Prof. Dr. Wolf-Andreas Liebert, Prof. Dr. Dr. Stefan Neuhaus

Umschlagabbildung: James Ensor, *Le désespoir de Pierrot*, ca. 1910, Öl auf Leinwand, 66,3 × 84,2 cm, Kröller-Müller Museum, Otterlo; https://commons.wikimedia.org/w/index.php?title=File:Le_d%C3%A9sespoir_de_Pierrot,_ca_1910,_oil_on_canvas,_Kr%C3%B6ller-M%C3%BCller_Museum,_Otterlo.jpg&oldid=748894960&uselang=de

ISBN 978-3-8288-4898-6
ePDF 978-3-8288-5025-5
ISSN 2365-3043

Zgl.: Diss., Universität Koblenz, 2023

Diese Dissertation wurde vom Fachbereich 2 der Universität Koblenz zur Erlangung des akademischen Grades eines Doktors der Philosophie angenommen.

Gesamtverantwortung für Druck und Herstellung
bei der Nomos Verlagsgesellschaft mbH & Co. KG

Printed in Germany

Besuchen Sie uns im Internet
www.tectum-verlag.de

Bibliografische Informationen der Deutschen Nationalbibliothek
Die Deutsche Nationalbibliothek verzeichnet diese Publikation in der Deutschen Nationalbibliografie; detaillierte bibliografische Angaben sind im Internet über http://dnb.d-nb.de abrufbar.

»Von den vielen Welten, die der Mensch
nicht von der Natur geschenkt bekam,
sondern sich aus dem eigenen Geist erschaffen hat,
ist die Welt der Bücher die größte.«
(Hermann Hesse)

Meinen Eltern,
die selbst in Zeiten, in denen ich der Verzweiflung nahe war,
nie den Glauben an mich verloren haben

Danksagung

Danken möchte ich zunächst meinem Doktorvater, Stefan Neuhaus, der mich dazu ermutigt hat, dem Thema Karneval auch aus wissenschaftlicher Perspektive heraus meine Aufmerksamkeit zu schenken. Ohne dich, lieber Stefan, wäre die vorliegende Dissertation sicherlich nie entstanden.

Des weiteren gilt mein Dank dem Archiv des Mainzer Carneval-Vereins (MCV), allen voran Herrn Michael Kläger, der mir mit den *Narrhalla*-Jahrgängen aus der Zeit des Vormärz einen unbezahlbaren Schatz zugänglich gemacht hat und mir stets mit Rat und Tat zur Seite stand.

Zuletzt zu meiner Familie. Meinen Eltern danke ich viel zu selten, sie haben mich während meines gesamten Studiums, das nicht ohne Umwege verlief, vorbehaltlos unterstützt. Und schließlich danke ich meinen Freunden, die immer für mich da waren. Ihr habt mir in den zahllosen Gesprächen bei Bier, Wein oder Limo Halt gegeben, neuen Mut geschenkt und gezeigt, »dass man Glück und Zuversicht selbst in Zeiten der Dunkelheit zu finden vermag«.

Inhalt

Vorwort

Im Jahr 2011 wurde mir die Ehre zuteil, Elferrat der Karnevalsgesellschaft 1903 Obermendig zu werden. Meine Euphorie hielt sich anfänglich in Grenzen, hatte ich doch bis dato eher wenig mit dem Karneval zu tun. Heute, zwölf Jahre später und inzwischen Präsident besagter KG, kann ich mir ein Leben ohne Faasenacht nicht mehr vorstellen. Karneval macht Gemeinschaft erlebbar, er erfüllt daher in einer Welt, in der Selbstsucht und Egoismus immer mehr um sich greifen, eine wichtige Funktion.

Der Traum eines jeden Vollblut-Karnevalisten ist es, »einmal Prinz zu sein«. Ich konnte mir diesen Traum 2018 erfüllen. Wie es der Zufall – oder das Schicksal – wollte, lernte ich wenige Stunden vor dem Ende meiner Regentschaft meinen späteren Doktorvater kennen, der mich ermunterte, meine Bachelorarbeit über den Karneval als Thema und Motiv in der Literatur zu schreiben.

Zunächst versprach ich mir von dem Thema recht wenig, die Lektüre des russischen Literaturwissenschaftlers Michail Bachtin eröffnete mir aber einen ganz neuen Blick auf das närrische Brauchtum. Und zuletzt war es v. a. der Volkskundler Werner Mezger, der mich inspirierte, der Figur des Narren und der Praxis des Maskierens meine Aufmerksamkeit zu schenken. Beide Phänomene verweisen auf die identitätsbildende Kraft, die dem Karneval innewohnt, was mich schließlich zur zentralen Fragestellung der vorliegenden Arbeit führte, nämlich nach dem Verhältnis von Identität und Karneval in der deutschsprachigen Literatur.

Die Dissertation entstand während einer Pandemie und musste den Ausbruch eines Krieges in Europa ›miterleben‹. Als ein Werk, das den Karneval, der Individualität und Gemeinschaft gleichermaßen zelebriert, zum Thema hat, soll sie diesen besorgniserregenden Entwicklungen auch als Hoffnung gebender Kontrapunkt entgegengestellt werden.

Einleitung

Die Corona-Pandemie, die Europa zu Beginn des Jahres 2020 mit voller Wucht erreichte, wird in den Geschichtsbüchern rückblickend sicher als eine der markantesten Zäsuren des 21. Jahrhunderts gelten. Ausgangssperren, Kontaktbeschränkungen und Lockdowns – das öffentliche Leben wurde in einem bis dato ungekanntem Maße eingeschränkt. Freilich wurde hiervon auch der Kulturbetrieb hart getroffen. Aber nicht nur Theater, Opern und Lichtspielhäuser waren gezwungen, ihre Pforten zu schließen. Auch der Karneval musste zwei Jahre pausieren, was in der Vergangenheit lediglich in Kriegszeiten der Fall war.

Die Bedeutung für den Karneval und darüber hinaus ist nicht gleich auf den ersten Blick ersichtlich. Der Karneval, der auf eine lange Geschichte zurückblickt, hatte seit jeher eine Ventilfunktion. Er sollte die Menschen für kurze Zeit von den Strapazen des Alltags entbinden und ihnen temporäre Freiheit gewähren. Diese Funktion hatte über das streng hierarchisch organisierte Mittelalter hinaus Bestand. Goethe schreibt in seinem *Römischen Carneval*:

> »Vielmehr wünschen wir, daß jeder mit uns, da das Leben im Ganzen wie das Römische Carneval, unübersichtlich, ungenießbar, ja bedenklich bleibt, durch diese unbekümmerte Maskengesellschaft an die Wichtigkeit jedes augenblicklichen, oft geringscheinenden Lebensgenusses erinnert werden möge.«[1]

1 Goethe 2007, S. 44.

Aber auch dem 21. Jahrhundert ist aufgrund der oben skizzierten Entwicklungen das Bedürfnis nach Ablenkung vom Alltag inhärent, die zugleich eine Be- und Verarbeitung des Erlebten darstellt. Statt sich mit den Verwerfungen, die die Pandemie bedingte, im Medium des Karnevals auseinanderzusetzen, überließ man durch seine Absage die Menschen vielerorts ihrem privaten Schicksal. Karnevalsmasken wurden gegen FFP2-Masken eingetauscht. Seine Abwesenheit zeigte allerdings auch die soziokulturelle Bedeutung, die dem Karneval innewohnt, er ist ein Phänomen von kulturanthropologischer Relevanz und Teil des immateriellen Kulturerbes in Deutschland.

Es verwundert daher nicht, dass der Karneval oder die Fastnacht – zu den Gemeinsamkeiten und Unterschieden wird später noch etwas gesagt – auch vielfach Eingang in die Literatur gefunden hat. Der russische Literaturwissenschaftler Michail Bachtin spricht in diesem Zusammenhang sogar von einer Karnevalisierung der Literatur. In seinem Aufsatz Über den Gebrauch des Chors in der Tragödie, der der *Braut von Messina* vorangestellt ist, geht Schiller auf die Funktion ein, die Literatur in seinen Augen erfüllen soll: »Alle Kunst ist der Freude gewidmet, und es gibt keine höhere und keine ernsthaftere Aufgabe, als die Menschen zu beglücken.«[2] Literatur – so könnte man aus diesem Zitat herauslesen – dient folglich nicht zuletzt der Unterhaltung. Und auch der Karneval mit seiner ausgelassenen Stimmung, seinen Possen und Parodien will unterhalten, er ist volkstümliches Entertainment und als solches Vorläufer der modernen Comedy. Es mag daher verwundern, dass die im Rahmen dieser Abhandlung analysierten Werke, die den Karneval thematisieren bzw. motivisch aufgreifen, meist nichts von dieser heiter-fröhlichen Atmosphäre vermitteln, die mit dem Narrenfest allgemein assoziiert wird. Im Gegenteil: Sie sind in der Regel ernster Natur. Was zunächst irritieren mag, wird mit Hilfe eines erneuten Rückgriffs auf Schiller verständlich. Unterhaltung – hierin steckt wohlgemerkt das Wort ›Haltung‹ – ist für ihn nur Mittel zum Zweck, um das eigentliche Ziel von Literatur zu erreichen: »Die wahre Kunst aber hat es nicht bloß auf ein vorübergehendes Spiel abgesehen, es ist ihr ernst damit, den Menschen nicht bloß in einen augenblicklichen Traum von Freiheit zu versetzen, sondern ihn wirklich und in der Tat frei

2 Schiller 2020, S. 6.

zu machen [...].«[3] Auch der Karneval gewährt dem Einzelnen vorübergehende Freiheit. Und noch mehr: Dadurch, dass er dem Einzelnen dazu verhilft, zu sich selbst zu finden, stellt er eine Verstetigung jener Befreiung dar. Der Narr, der seinem Gegenüber seit der Frühen Neuzeit den Spiegel vorzuhalten pflegt, überführt ihn auf diese Weise in das Stadium der Reflexion, die wiederum zur Selbsterkenntnis führt. Zugleich schafft das Narrenfest als rauschhafte Zusammenkunft eines Kollektivs einen Begegnungsraum, in dem Ich und Du wechselseitig Identität konstruieren. Und auch die dem Karneval eigene Praxis des Maskierens bedeutet eine Konfrontation mit dem Du, in dem Falle mit dem inneren Du, lässt es doch normalerweise verborgene Teile der Persönlichkeit hervortreten, sodass sich der Einzelne immer wieder neu kennenlernt.

Karneval und Identität sind daher eng miteinander verbunden. Zugleich ist Identitätsentwicklung ein wichtiges Thema der Literatur. Die Frage, der sich die vorliegende Dissertation widmen möchte, verbindet diese beiden Komplexe miteinander: Inwiefern verhandeln Texte, die den Karneval thematisieren, zugleich Ichwerdungs-Prozesse der darin auftretenden Figuren? Und: In welchem Verhältnis stehen diese wiederum zum Karneval?

Die vorliegende Studie ist interdisziplinär angelegt. Sie verbindet literatur- und geschichtswissenschaftliche Zugänge und Erkenntnisinteressen und ist dabei von einem kulturwissenschaftlichen Grundverständnis getragen. Literarische Texte in Auswahl werden daraufhin untersucht, welche Funktion die Darstellung des Karnevals für die Entwicklung der Identität von Figuren vor dem Hintergrund von zwar fiktionalen, aber auf die jeweilige Realität referierenden kulturellen und politischen Prozessen spielt. Die ausgewählten literarischen Beispiele, die die zeitliche Spanne vom 16. bis 20. Jahrhundert abdecken, bieten einen möglichst repräsentativen Längsschnitt der den Karneval thematisierenden deutschsprachigen Literatur. Um die Übertragbarkeit der von Bachtin postulierten Verquickung zwischen Karneval und Literatur auf die deutschsprachige Literatur zu überprüfen – hierbei handelt es sich wohlgemerkt um ein Forschungsdesiderat –, wurde fast ausschließlich auf kanonische Texte zurückgegriffen. Lediglich beim Andernacher Fastnachtsspiel und bei der Mainzer *Narrhalla* handelt es sich um regionale Beispiele, die die enge

3 Ebd., S. 7.

Verbindung zwischen närrischem Brauchtum und der hiesigen Region unterstreichen sollen. Inhaltich wurden nicht nur jene Texte herangezogen, die den Karneval im engeren Sinne behandeln. Es wurden auch solche berücksichtigt, die die der Fastnacht eigenen Motive des Narren und der Maske verhandeln. Auffällig war, dass alle die nach diesen Kriterien ausgewählten Werke das Thema Identität in irgendeiner Form aufgreifen.

Den Grundsätzen methodischer Stringenz folgend, soll sich Kapitel 1 zunächst mit einigen theoretischen Ansätzen beschäftigen. Dabei gilt es zu klären, wie sich das moderne Subjekt herausgebildet hat. In Antike und Mittelalter war der Mensch eher Objekt gewesen – bei den Griechen und Römern galt er als Spielball der Götter, und auch im mittelalterlichen Abendland war er dem christlichen Heilsplan unterworfen. Dass der Mensch beginnt, sich als autonomes und v. a. handelndes Subjekt zu begreifen, ist eine Entwicklung, die in der Renaissance ihren Anfang nimmt und u. a. an den Werken der bildenden Kunst abzulesen ist. Die ›neue‹ Darstellungsweise orientiert sich nicht mehr an den hierarchischen Strukturen der Gesellschaft, die für die Konzeption mittelalterlicher Gemälde noch charakteristisch gewesen waren. Das Individuum stellt sich bewusst selbst (bzw. selbstbewusst) ins Zentrum.[4] Wie aber entsteht das, was wir allgemein als Individualität bezeichnen? Die Ichwerdung bedarf des Anderen, um zu gelingen. Und selbst dann ist das Ich, stellt man es sich als singuläres Persönlichkeitszentrum, als einheitlichen Kern des Menschen vor, eine trügerische Imagination. Die Idee der inneren Vielheit sowie der Versuch, die verschiedenen Seinspotenziale, die jeder Mensch in sich trägt, zu synthetisieren, ist ein weiteres Thema dieses Kapitels, das im Übrigen auch für die Analyse der literarischen Werke von großer Bedeutung ist.[5]

Kapitel 2 wird den Karneval als Konstante der Kulturgeschichte aus einer literaturwissenschaftlichen Perspektive beleuchten. Auf diesem Feld hat sich v. a. der russische Literaturwissenschaftler Michail Bachtin her-

4 Vgl. hierzu: Reckwitz, Andreas: Das hybride Subjekt. Eine Theorie der Subjektkulturen von der bürgerlichen Moderne zur Postmoderne, 2. Aufl., Weilerswist 2012.

5 Vgl. hierzu u. a.: Keupp, Heiner u. a.: Identitätskonstruktionen. Das Patchwork der Identitäten in der Spätmoderne, Hamburg 1999; Zima, Peter V.: Theorie des Subjekts. Subjektivität und Identität zwischen Moderne und Postmoderne, 4. Aufl., Tübingen 2017.

vorgetan, der gar von einer Karnevalisierung der Literatur spricht.[6] In der Frühen Neuzeit war es populär, den Karneval – eines der wichtigsten Feste im Jahreskreis – in die Sprache der Literatur zu übersetzen. Zeitweise wirkte diese Karnevalisierung sogar gattungsbildend. Später wurde er nur noch thematisch aufgegriffen, indem die laut Bachtin dem Karneval eigenen Prinzipien auf inhaltlicher Ebene verarbeitet wurden.

Der ergänzende historische Blick auf das Phänomen ›Karneval‹ stützt sich maßgeblich auf die Forschung Werner Mezgers.[7] Aufgrund der die Fastnacht kennzeichnenden Ausgelassenheit assoziierte Augustinus diese Zeit mit dem Teufelsstaat und stellte sie dem in seinen Augen erstrebenswerten Gottesstaat konträr gegenüber. Es verwundert daher nicht, dass die zunächst das närrische Treiben prägenden Gestalten Hexen und Teufel waren. Sie wurden mit der Zeit von der Figur des Narren abgelöst, der zunächst ebenfalls als Sinnbild für Gottesferne galt. So wie das ›Personal‹ sich wandelte, veränderten sich auch die Masken. Tier- und Teufelsmasken wurden ab etwa 1500 durch einen neuen Maskentypus ersetzt, der mehr und mehr die Frage nach dem eigentlichen Ich virulent werden ließ.

Zur selben Zeit etablierte sich in Mitteleuropa die Gattung des Fastnachtsspiels. Kapitel 3 soll ein regionales Beispiel für diese Gattung thematisieren. Das Fastnachtspiel entwickelte sich aus den humoresken Einlagen des Mysterienspiels, was abermals die Verbindung zwischen Karneval und christlichem Glauben unterstreicht. Was eigentlich Aufgabe der Jesuiten-

---

6 Vgl. hierzu: Bachtin, Michail M.: Literatur und Karneval. Zur Romantheorie und Lachkultur, Frankfurt am Main 1990.

7 Vgl. hierzu u. a. Mezger, Werner: Das neue kleine Buch der Rottweiler Fastnacht, Vöhrenbach 2013; Mezger, Werner: Die Magie der Mausefalle. Schwäbisch-alemannische Fastnacht in der NS-Zeit, in: Kißener, Michael / Janson, Felicitas (Hg.): Die Fastnacht der nationalsozialistischen »Volksgemeinschaft«. Studien zu Mainz und anderen Regionen, Berlin 2020 (Mainzer Studien zur Neuzeit, Bd. 6), S. 179–205; Mezger, Werner: Fasnacht, Fasching, Karneval als soziales Rollenexperiment, in: Narrenfreiheit. Beiträge zur Fastnachtsforschung, Tübingen 1980 (Untersuchungen des Ludwig-Uhland-Instituts der Universität Tübingen, Bd. 51), S. 203–226; Mezger, Werner: Hofnarren im Mittelalter. Vom tieferen Sinn eines seltsamen Amts, Konstanz 1981; Mezger, Werner: Masken an Fastnacht, Fasching und Karneval. Zur Geschichte und Funktion von Vermummung und Verkleidung während der närrischen Tage, in: Schäfer, Alfred / Wimmer, Michael (Hg.): Masken und Maskierungen, Opladen 2000, S. 109–136; Mezger, Werner: Schwäbisch-alemannische Fastnacht. Kulturerbe und lebendige Tradition, Darmstadt 2015.

schulen war, musste in Andernach 1552 der Glasmacher Matthäus Creutz übernehmen, der im Rahmen seiner Walz mit der Elsässer Spieltradition in Kontakt gekommen sein dürfte. Die Mitte des 16. Jahrhunderts ist für Andernach eine turbulente Zeit: Die zahlreichen öffentlichen Bauprojekte, die maßgeblich aus dem florierenden Mühlsteinhandel resultieren, belegen die wirtschaftliche Prosperität der Stadt im Zeitalter der Renaissance. Zugleich sind die konfessionellen Konflikte Ausdruck der gesellschaftlichen Spaltung. Creutz setzt mit der zentralen Botschaft seines Schauspiels einen Kontrapunkt: Nächstenliebe. Um dieser aber habhaft zu werden, bedarf es der vorherigen Läuterung. Und so ist der Weg, den der Weltliche Bürger im Stück einschlägt, nicht nur räumlich zu verstehen, es ist zugleich ein innerer Weg.

Kapitel 4 macht einen Sprung ins 18. Jahrhundert. Die sich ab etwa 1500 abzeichnende Italienisierung der Fastnacht findet ihren Ausdruck in der nun entstehenden neueren deutschsprachigen Literatur. Goethe, der im Rahmen seiner Italienreise dem römischen Karneval beiwohnte, widmete seinen Erlebnissen eine eigene Abhandlung. Obwohl er darin selbst zugibt, jenes Phänomen aufgrund seiner Vielschichtigkeit nicht in Worte fassen zu können, macht der Text doch eines ganz deutlich: Karneval ist das Fest vorübergehender Freiheit. Kein Wunder also, dass auch Schiller den Karneval literarisch aufgreift. Seinen *Fiesko* lässt er mit einem Maskenball beginnen, der für das Trauerspiel die Funktion einer Exposition erfüllt, führt er doch in das politische Verwirrspiel, das im Genua des 16. Jahrhunderts herrscht, ein. Allgemein verhandelt das Stück das Verhältnis zwischen Schein und Sein. Mittels einer Fabel bekräftigt Fiesko die Notwendigkeit einer Verschwörung, die er an anderer Stelle als Komödie inszeniert. Fiesko erweist sich – und hier hat Schiller ihn bewusst an Machiavelli angelehnt – als Meister der Täuschung. Die Frage, der in diesem Kapitel allerdings nachzugehen ist: Verbirgt sich hinter den Masken des Protagonisten eine ›wahre‹ Persönlichkeit? Auch im *Geisterseher* stellt Schiller eine Verbindung zum Karneval her. Der venezianische Straßenkarneval markiert den Beginn der Handlung. Hier trifft der Protagonist auf eine Maske, die sich als Armenier herausstellt. Eine ominöse Prophezeiung, die sich wenig später bewahrheiten soll, leitet die innere Zerrüttung des Prinzen ein. Er wird zum Spielball der im Hintergrund betriebenen bösen Machenschaften. Während Machiavelli mit seinem *Il Principe* eine Anleitung zur Prinzenerziehung geliefert hat, beschreibt Schiller den Prozess einer von außen gesteuerten Fürstendeformation.

Kapitel 5 widmet sich der Romantik, genauer E.T.A. Hoffmann, der ebenfalls von Goethes *Römischem Carneval* beeinflusst war. Sein Capriccio *Prinzessin Brambilla* inszeniert er vor dem Panorama des römischen Karnevalstreibens. Daneben lässt er das Personal der traditionsreichen Commedia dell'arte auftreten. Während die Typen der italienischen Stegreifkomödie klassischerweise in einem antithetischen Verhältnis zueinander stehen, verlagert Hoffmann die Antithese in die Figur des Protagonisten. Der Karneval führt zu einer Bewusstseinserweiterung Giglios, die ihn zwischenzeitig an den Rande des Wahnsinns treibt. Das Zusammentreffen der verschiedenen Alter Egos Giglios muss den Protagonisten zwangsläufig überfordern. Der Karneval ist es wiederum, der Heilung von diesem chronischen Dualismus in Aussicht stellt. Er verhilft Giglio dazu, zu einem gesunden Verhältnis zu sich selbst zurückzukehren – ein Prozess, der genauso unabschließbar ist wie der Karneval selbst.

Kapitel 6 soll sich mit drei Autoren des Vormärz beschäftigen. Der Narr, den Büchner in seinem Lustspiel *Leonce und Lena* entwirft, hat nicht mehr allzu viel mit seinem mittelalterlichen Ahnherrn gemein. Seit der Frühen Neuzeit gilt der Narr als Träger eines höheren Wissens, er hält seinen Zeitgenossen den Spiegel vor. So auch Büchner, der die Missstände seiner Zeit im *Hessischen Landboten* ganz konkret benennt und sie in *Leonce und Lena* in literarisierter Form anprangert. Indem er seine Komödie mit fast ausnahmslos adligen Protagonisten bestückt, unterzieht er die Ständeklausel einer Inversion, was auf den Konstruktionscharakter der realen Verhältnisse verweist. Diese werden als nicht mehr zeitgemäß dargestellt, was in erster Linie durch die Figur des Prinzen betont wird. Letztlich ist es sein Mangel an Charakter, der einem wirklichen Happy End im Wege steht. Dieses fehlt auch den Werken Heines, die ebenfalls im Rahmen des sechsten Kapitels behandelt werden sollen. Obgleich Schnabelewopski sich als Schelm gegen das Schlechte in der Welt auflehnt und sich auf diese Weise selbst behauptet, zeigt die schlaraffische Utopie, dass der Wunsch, die karnevalistische Freiheit zu verstetigen, eben nur Wunsch ist und keine Realität. Im *Wintermärchen* sorgt der Doppelgänger als externalisierter Teil des lyrischen Ichs immerhin für Dialogizität – Voraussetzung für Reflexion und somit Selbsterkenntnis. Politische Selbstermächtigung ist grundsätzlich das Ziel aller hier vorgestellten Vormärz-Literaten. Ein Mittel der Selbstermächtigung ist das Lachen, da es die Menschen von Angst befreit (vgl. Bachtin). Der *Narrhalla*-Redakteur Ludwig Kalisch nutzte daher vorzugsweise die Gattung der Satire, um mir ihrer Hilfe auf humoreske Art und Weise Kritik an den gesellschaftlichen Verhältnissen zu üben und so die Zensur zu unterlaufen. Die *Narrhalla* entwickelte sich von der zunächst noch recht harmlosen Karnevalszeitung rasch zum links-liberalen Kampfblatt. Das letzte Unterkapitel versucht diesen Prozess wachsender Politisierung nachzuzeichnen. Zu diesem Zweck wurden alle *Narrhalla*-Jahrgänge des Vormärz einer Analyse unterzogen. Die Ergebnisse des quantifizierenden Verfahrens illustrieren dabei, welche Themen wann wie oft verhandelt wurden. Die hermeneutische Interpretation einzelner Textbeispiele ergänzt diese Befunde und unterstreicht die politische Zielsetzung der *Narrhalla* – Geißelung der Zensur einerseits und Kampf für die individuelle Freiheit andererseits.

Auch Kapitel 7, das sich mit der Literatur der Moderne beschäftigt, fasst drei Autoren zusammen. Thomas Manns *Bekenntnisse des Hochstaplers Felix Krull* ist eine Mischung aus Bildungs- und Schelmenroman. Die Handlung beginnt im malerischen Rheingau, wo der Protagonist in einer beschaulichen Kleinstadt aufwächst. Hier kommt er auch zwangsläufig mit dem rheinischen Karneval in Berührung. Was ihn prägt, das ist die Affinität, sich zu kostümieren, ermöglicht ihm die Verkleidung doch das Hin- und Herspringen zwischen Illusion und Realität. Das Problem ist, dass Felix dadurch selbst zur Illusion wird, eine bloße Fassade, hinter der sich nichts ›Wirkliches‹ verbirgt. Zwar zeichnet Krull, der seine Erlebnisse aus der Ich-Perspektive erzählt, seine vermeintliche Persönlichkeitsentwicklung nach, unterzieht man diese aber einer kritischen Prüfung, so erweist sich die Krull'sche Identitätsbildung als Farce. Um das Unwirkliche geht es auch Schnitzler in seiner *Traumnovelle*; der Titel ist also programmatisch, denn Fridolin ist kein wirkliches Ich, er spielt die je nach Situation gebotene Rolle, ohne eine eigentliche Persönlichkeit zu entwickeln. Auslöser für seine Ich-Krise ist der Fasching, den Schnitzler während seiner Jugend in Wien selbst erlebt hatte. Interessanterweise versucht Fridolin im Schutz der Maske diese Ich-Krise zu überwinden. Die daraus resultierende Selbstentfremdung führt allerdings nicht zu einer Heilung; stattdessen wird er abermals mit der eigenen Ohnmacht konfrontiert. Eine ganz ähnliche Funktion erfüllt der Karneval in Hesses *Steppenwolf*. Hesse, der dem närrischen Treiben sogar eine theoretische Abhandlung widmete, zeigte sich v. a. von dem bewusstseinserweiternden Effekt des Karnevals fasziniert. Für Harry Haller, der halb Spießbürger, halb triebgesteuerte ›Bestie‹ ist, stellt das Narrenfest daher ein Heilmittel gegen die innere Spaltung dar. Die übrigen Figuren, auf die der Protagonist im fastnächtlichen Trubel trifft, dienen ihm als Spiegel, sie ermöglichen ihm eine zeitweilige Distanzierung von sich selbst. Diese wiederum ist die Voraussetzung, um das Ideal der Einheit innerer Gegensätze erreichen zu können.

Kapitel 8 thematisiert die literarische Rezeption des Karnevals während der NS-Zeit. Obgleich sich die Grundsätze von Karneval und Nationalsozialismus konträr gegenüberstehen, versuchte das Regime das Narrenfest für sich zu vereinnahmen. Umgekehrt brachte man die Fastnacht aber auch gegen die NS-Ideologie in Anschlag. So Bertolt Brecht, dessen Episches Theater als solches bereits als Protest gegen die Diktatur zu werten ist. In dem Stück *Leben des Galilei* wird die oppositionelle Haltung Brechts besonders deutlich. Die Fastnachtsszene stellt die ständische Ordnung des 16. Jahrhunderts spielerisch auf den Kopf und präsentiert auf diese Weise die Brüchigkeit sozialer Hierarchien – der Frühen Neuzeit einerseits und des 20. Jahrhunderts andererseits. Zugleich illustriert die Beziehung zwischen Galilei und seinem Schüler Andrea die Fruchtbarkeit gegensätzlicher Standpunkte. Vermeintlich absoluten Wahrheiten wird damit eine Absage erteilt, neue Perspektiven – im Stück symbolisiert durch das Fernrohr – werden eröffnet.

Kapitel 9 soll sich der literarischen Rezeption der Figur des Narren in Ost- und Westdeutschland widmen. Heinrich Böll wählte für seinen Roman den Typus des tragischen Clowns, hinter dessen Fassade aus Freude und Ausgelassenheit sich eine verzweifelte Seele verbirgt. Böll reagierte damit auf die Verhältnisse in der noch jungen Bundesrepublik: Dem Anschein eines Neuanfangs stand das Faktum personeller Kontinuitäten sowie das Fehlen einer ernstgemeinten Aufarbeitung der NS-Vergangenheit gegenüber. Bölls Clown ist ein Egozentriker, der sein Gegenüber benutzt. Aufgrund seiner Selbstverliebtheit steht er in der Tradition des mittelalterlichen Narren, der aufgrund seiner einseitigen Perspektive keinen Blick für Gott oder den Nächsten hat. Obgleich Schnier Liebe für seine Marie empfindet, gelingt es ihm nicht, an ihr zu wachsen. Die Trennung bedeutet für ihn den symbolischen Tod, hatte sich alle innere Substanz des Protagonisten doch nur auf ihr als Projektionsfläche bilden können. Auch Christa und Gerhard Wolf greifen in ihrer Filmerzählung *Till Eulenspiegel* den Typus des mittelalterlichen Narren auf. Gemäß des sozialistischen Realismus sollte Literatur Verhaltensmuster mit Leitbildfunktion zur Anschauung bringen. Die Wolfs stilisieren ihren Till zum Initiator des Bauernkriegs und somit zur personellen Basis einer revolutionären Tradition auf deutschem Boden. Eulenspiegel entwickelt sich im Laufe der Handlung zum selbstständig denkenden Individuum, das allerdings auch immer wieder die Grenzen der eigenen Handlungsfähigkeit erfahren muss. Der Perspektivwechsel lässt aufklärerisches Gedankengut in ihm aufkeimen, das zum herrschenden Diskurs in einem oppositionellen Verhältnis steht. Zugleich untergräbt diese alternative Sichtweise den Absolutheitsanspruch der vermeintlich gottgegebenen Ordnung des 16. Jahrhunderts.

Das Fazit am Ende dieser Arbeit soll schließlich die eingangs gestellten Fragen beantworten: Inwiefern verhandeln Texte, die den Karneval thematisieren, zugleich Ichwerdungs-Prozesse der darin auftretenden Figuren? Und: In welchem Verhältnis stehen diese wiederum zum Karneval? Um die Ergebnisse besser einordnen zu können, sollen die Werke noch einmal vergleichend gegenübergestellt werden: Wo lassen sich Parallelen ausmachen, wo Unterschiede? Sind Entwicklungen erkennbar oder gar Brüche? Die sich zeigenden Traditionsstränge sollen die angesprochene kulturanthropologische Bedeutung des Karnevals belegen, die – wie ausgeführt – auch in der deutschsprachigen Literatur ihre Spuren hinterlassen hat.

1 Zur Theorie des Subjekts

Konstitutiv für das Phänomen des Karnevals ist laut Bachtin der Rollentausch. Er ist im starren Korsett der gesellschaftlichen Ordnung des Mittelalters stets zeitlich begrenzt. Eine echte Veränderung des Systems wird zu jener Zeit noch nicht gewagt. Und dennoch traut man sich zumindest temporär, die Wahrheit offen auszusprechen – in der Schutzform des Lachens. Das Lachen, so Bachtin, ist der Sieg über die Furcht, wobei man nicht nur die äußere Zensur fürchtete, viel wirkmächtiger trat der innere Zensor, die antrainierte Moral auf.[8] Sich über beides zeitweise hinwegzusetzen, stellt für Nover einen Akt politischer Selbstermächtigung dar, das Individuum wird zum politischen Subjekt, das aktiv politisch handelt, es wird zum »zoon politikon«.[9]

1.1 Die Werdung des Subjekts – ein historischer Abriss

Selbstermächtigung als Charakteristikum des Karnevals lässt zwangsläufig die Frage nach dem Handelnden, also dem Subjekt, virulent werden. Dieses hat man während der verschiedenen Epochen westlicher Zivilisation nicht immer gleich gedacht, es war in seiner Konzeption, ähnlich wie die Zeit selbst, einem steten Wandel unterworfen. Insofern ist die Geschichte der abendländischen Kultur auch eine Geschichte des Subjekts.

Das bürgerliche Subjekt, das sich während des 18. Jahrhunderts herausbildet, bewertet das aristokratische Subjekt, das prägend für das christlich-

8 Vgl. Bachtin 1990, S. 38.
9 Nover 2015, S. 36.

feudale Mittelalter war und es für die absolutistische Gesellschaft immer noch ist, als unnatürlich, da es – so zumindest das Denken der Aufklärung – ›unmenschlichen‹ Prinzipien folgt.[10] Als zentrale Voraussetzung für diese Entwicklung muss die Herausbildung der sog. bürgerlichen Öffentlichkeit gelten. Der Frühkapitalismus hatte seinerzeit die ständischen Herrschaftsverhältnisse stabilisiert, zugleich aber Elemente freigesetzt, die ihre Auflösung bedingten. Im 14. Jahrhundert kam es zum Ausbau des kaufmännischen Briefverkehrs und zu einem berufsständischen Korrespondenzsystem, das sich in die etablierten Kommunikationsformen einfügte. Die Entstehung des modernen Staates führte allerdings zu einem bedeutenden Wandel: Dadurch, dass das fürstliche Hausgut vom Staatsgut separiert wurde, kam es auch zu einer Reduktion der repräsentativen Öffentlichkeit. Stattdessen gewann nun die Sphäre öffentlicher Gewalt zusehends an Bedeutung. Die Presse wird zum Medium obrigkeitlicher Verwaltung, dessen sich bald aber auch die neu gebildete bürgerliche Schicht bedient. Ab dem letzten Drittel des 17. Jahrhunderts kommt es zur Gründung diverser Zeitschriften, die fortan auch pädagogische Instruktionen, Kritiken und Rezensionen enthalten.[11] Das Bürgertum erobert den neu entstandenen öffentlichen Raum. Diese Entwicklung ist mit der Schöpferästhetik, die u. a. Goethe repräsentiert, untrennbar verbunden, verschafft sie dem Genius doch das ihm gebührende Podium. Das Individuum wird vom Abseits ins Zentrum gerückt. Der Mensch beginnt, eine göttliche Schöpferkraft für sich zu reklamieren. Dies bedeutet nicht, dass Gott fortan negiert wird. Er stellt nach wie vor den Referenzrahmen dar, d. h. das Ich ist, um sich selbst entfalten zu können, auf das göttliche Andere angewiesen. Faust ist eine Personifizierung dieses Gedankens, denn er will herausfinden, »was die Welt / Im Innersten zusammenhält«.[12] Das Ich entwirft sich als Schöpfer und bemächtigt sich dadurch seiner selbst.[13] Die Genese des Subjekts, und das wird dieses Unterkapitel zeigen, zeichnet sich durchweg dadurch aus, dass sich eine innovative Konzeption von einer nun als obsolet verstandenen Vorstellungswelt abgrenzt. Die Evolu-

10 Vgl. Reckwitz 2012, S. 206.
11 Vgl. Habermas 2013, S. 70 ff.
12 Goethe 2010, S. 13.
13 Vgl. Fleck 2006, S. 170.

tion des Subjekts ist somit eine spiralförmige Entwicklung, die sich durch die Geschichte zieht – eine Beobachtung, die Andreas Reckwitz in seiner Theorie der Subjektkulturen pointiert zum Ausdruck bringt.

Auch in der Romantik wird der Subjekt-Code innoviert. Die politischen Revolutionen in Amerika und Frankreich sowie die wirtschaftliche Revolution der Industrialisierung verändern zwangsläufig auch die Subjektkultur, sodass der Absolutheitsanspruch der bürgerlichen Subjektkonzeption dekonstruiert wird. Laut August Wilhelm Schlegel formiert sich das romantische Subjekt aus dem »Bewußtsein der inneren Entzweiung«.[14] »Die eigentliche Abgrenzung vom bürgerlichen Moralcode«, so Reckwitz, »gilt dessen Festlegung des Subjekts auf eine Instanz zur Befolgung allgemeingültiger normativer Regeln.«[15] Die innere Moral, die in der Vorstellungswelt der Aufklärung von höchster Bedeutung war, wird als äußerer Zwang entlarvt. Es sind stattdessen Impulse aus dem Innern des Individuums, die das Kriterium für das Verhalten des Einzelnen liefern. Insofern konstituiert sich das romantische Subjekt durch Selbst- und Weltreflexion:

> »Im romantischen Code wird eine komplexe Innenwelt diskursiv kreiert; und auf der Ebene der Praktiken wird das Subjekt gleichzeitig ermuntert, dieses Innen für sich zu ›erforschen‹ und damit sich selbst im Handlungsakt zu produzieren – die intensive Exploration eines sich selbst schaffenden Selbst zu betreiben.«[16]

Auf diese Weise wird das Subjekt auch zum Konstrukteur der eigenen Sinnwelt, die es zugleich die Vielfalt seiner inneren Natur erkennen lässt. Für Novalis ist Selbstheit das »Prinzip der höchsten Mannigfaltigkeit«,[17] ein Konzept, das sich auch in der Vorstellung von der romantischen Liebe widerspiegelt. Diese zeichnet sich durch eine Faszination für das Fremde aus – es ist also die irritierende Andersheit des *alter*, die geliebt wird. Reckwitz bemerkt hierzu: »Das Begehren, das in das Sinnmuster romantischer Liebe eingebaut ist, ist eines nach Komplettierung, Identifizierung,

14 Schlegel 1966, S. 26.
15 Reckwitz 2012, S. 208.
16 Ebd., S. 213.
17 Novalis 1983, S. 429f.

Anerkennung und Aufhebung der eigenen totalen Individualität ›im Spiegel‹ der totalen Individualität eines Anderen.«[18] In diesem Kontext ist es sinnvoll, auch Friedrich Schlegel zu zitieren: »Nur in der Antwort seines Du kann jedes Ich seine unendliche Einheit ganz fühlen [...].«[19] Das romantische Verlieben entspricht dem Wunsch, dass sich das Ich in einer Gemeinschaft mit dem Anderen auflöst, was das Überschreiten der konventionellen Körpergrenzen miteinschließt.

Ein für die westliche Mentalitätsgeschichte bedeutsamer Bruch sorgt für eine erneute Innovation der Subjektkultur. Gemeint ist der Einbruch von Kontingenz: Der Unendlichkeit der Möglichkeiten des Wahrnehmens, Erlebens und Schöpfens steht die Unmöglichkeit, sie in ihrer Fülle zu realisieren, gegenüber. Und so verhält es sich auch mit den oben dargestellten Erwartungen des Subjekts an den Anderen bzw. das Fremde: Zwar nimmt das Ich die Welt des *alter* als Sphäre der intendierten Anerkennung durch ein konkretes Gegenüber wahr, zugleich erkennt es sie aber auch als unauthentische Sphäre der Verstellung und Verzerrung. Personen erscheinen plötzlich als Masken, hinter denen sich das eigentliche Selbst verbirgt. Melancholie als Strategie im Umgang mit subjektiver Kontingenz und romantische Ironie als Mittel, um mit den Widersprüchen jener Subjektivität umzugehen, sind Wege, diese Friktionen zu kompensieren.[20]

Eine weitere Veränderung stellt der Niedergang der höfisch-aristokratischen Kultur dar. An ihre Stelle treten moderne Institutionen, die zu sozial verbindlichen Regulierungsinstanzen des modernen Subjekts avancieren und dabei alternativlos zu sein scheinen. Zu jenen Institutionen zählen bürgerliche Bildungsanstalten, das bürgerliche Rechtssystem sowie zuletzt das politische System des bürgerlichen Parlamentarismus. Auch aus ökonomischer Perspektive betrachtet lässt sich ein Wandel konstatieren: Der Handelskapitalismus weicht dem produzierenden Industriekapitalismus, was dem Prinzip wirtschaftlicher Konkurrenz Tor und Tür öffnet. Das moralisch-ökonomische Berufssubjekt wird durch ein autonom-ökonomisches ersetzt. Damit einher geht die Entstehung des Industrieproletariats, das sich zur eigenständigen Milieuformation entwickelt

18 Reckwitz 2012, S. 219.
19 Eichner 1962, S. 61.
20 Vgl. Reckwitz 2012, S. 237 ff.

und für das Bürgertum mehr und mehr eine politische und kulturelle Herausforderung darzustellen beginnt.[21] Die Abkehr von dem auf Vernunft ausgerichteten Naturrecht der Aufklärung bei gleichzeitiger Hinwendung zu den modernen Naturwissenschaften bewirkt schließlich auch einen Wandel in der Philosophie.

Das Resultat dieser gesellschaftlichen Entwicklungen nennt Reckwitz »Bürgerliche Subjektkultur II«. Das klassisch-bürgerliche Subjektkonzept hatte den inneren moralischen Sinn als Kern des Subjekts betrachtet. Die Modifikation macht bürgerliche Moralität nun eher am äußerlich sichtbaren Verhalten fest. Etikette, sexuelle Zügelung und eine repräsentable Bildung sind Reflexe dieser Konzeption. Die bereits in der Romantik virulente Differenz zwischen Schein und Sein, der Fassade und dem eigentlichen Ich wird nun immer offensichtlicher und führt im späten 19. Jahrhundert schließlich zur Kritik an der daraus resultierenden Doppelmoral.[22]

In der frühbürgerlichen Subjektkultur der Aufklärung war man von einer Separierung von Geist bzw. Seele und Körper ausgegangen. Reckwitz spricht hier von einem »homo duplex«.[23] Die zweite bürgerliche Subjektkultur betrachtet nun die beiden Geschlechter in Anlehnung an die Zell- und Evolutionsbiologie als in ihrer biologischen Grundstruktur differente Wesen, denen jeweils besondere »Eigenschaften« zugeschrieben werden: Der Mann wird als Träger von Kultur und Zivilisation gesetzt, die Frau repräsentiert demgegenüber die Natur. Hierdurch wird nicht nur eine Spaltung des bürgerlichen Subjekts betrieben, man schafft auch eine folgenreiche Argumentationsgrundlage: Die Frau bedarf der zivilisatorischen Kontrolle des Mannes. Das weibliche Subjekt erscheint – zumindest aus männlicher Sicht – als das gefährliche Andere innerhalb der spätbürgerlichen Gesellschaft. Jenes Risiko sah man in einer angeblichen sexuellen Unkalkulierbarkeit der Frau bestätigt, ein Denken, das sich in der regen Verwendung der Figur der Prostituierten in der Literatur des 19. Jahrhunderts widerspiegelt.[24]

21 Vgl. ebd., S. 243 ff.
22 Vgl. ebd., S. 250 ff.
23 Ebd., S. 263.
24 Vgl. ebd., S. 263 ff.

Jene Denkweise sorgte allerdings auch für einen Bruch in der Argumentation der spätbürgerlichen Subjektkonstruktion:

> »Entgegen dem Anspruch und Schein einer neutralen Arbeitsteilung der Sphären und Geschlechter besteht die Instabilität dieser Differenzierung darin, dass das bürgerliche Subjekt auf jeder der beiden Seiten der Differenz nur eine als defizitär wahrnehmbare, mangelhafte Identität erhält und ihm die jeweils andere Seite der Differenz als der eigentliche, begehrenswerte Ort einer gelungenen oder vollständigen Identität erscheinen muss, ohne dass diese Grenzüberschreitung aufgrund der Naturalisierung der Geschlechtssubjekte realisierbar wäre.«[25]

Das Subjekt ist folglich stets dazu gezwungen, den Kern der Identität in das jeweils Andere zu projizieren. Dabei kann das Andere, und das ist der Grund, weshalb auch die spätbürgerliche Subjektkonzeption nicht von Bestand ist, nie zum Eigenen werden. Es offenbaren sich erneut die Brüchigkeit des Subjekts sowie der theoretischen Konzepte, die sich um eine Beschreibung der Subjektkultur bemühen.

Es ist die Avantgarde-Bewegung, die dieser Widersprüche nun Herr zu werden versucht. Dabei adaptieren die Avantgardisten Teile der romantischen Theorie. Das, was im bürgerlichen Denken noch als unkontrollierbares Risiko angesehen wurde, gilt nun als Weg zur Transgression. Die Erfahrung der sozialen Masse wird zum Transgressionsmittel und ersetzt auf diese Weise die bürgerliche Selbstzentrierung durch ein Kollektivitätsbewusstsein. »Indem das Subjekt ständig Überraschungen und Reizmomente herbeizuführen versucht, überschreitet es seine bisherigen Grenzen des Erlebens und Handelns.«[26] Für die neue Subjektpräsentation, die analog zu Freud von der Vielschichtigkeit im Innern der Psyche ausgeht, steht u. a. Hermann Hesse. Neue Literaturtechniken wie der *stream of consciousness*, die Collage oder die Montage tragen diesem neuartigen Ansatz Rechnung.

Die Avantgarde hat verschiedene Strömungen hervorgebracht mit jeweils unterschiedlichen Akzentuierungen, auch hinsichtlich der Sub-

25 Ebd., S. 271.
26 Ebd., S. 295.

jektkonzeptionen. Der Ästhetizismus denkt das gesellschaftliche Leben als etwas sozial-kulturell Konstruiertes. Eine Umkehrung der spätbürgerlichen Subjektkultur nimmt der Ästhetizismus allerdings nicht vor: »Er [der Ästhet] konfrontiert das bürgerliche Subjekt nicht mit einer vollständig unbürgerlichen Alternative, sondern subvertiert die bürgerliche Welt qua Sinnverschiebung und Ironisierung in Richtung eines bürgerlich-unbürgerlichen Subjekts.«[27] Die »ästhetizistische Multiplizierung des Ichs«[28] ist dabei ein beliebtes Thema der avantgardistischen Literatur. Das expressionistische Subjekt verlangt demgegenüber nach einer Befreiung seiner animalischen Natur, die nicht mehr als Risiko, sondern als vitale Kraft gilt. Damit geht eine Aufwertung bestimmter Subjektformen, u. a. des Wahnsinnigen, einher. Im futuristischen Subjektmodell wird die technisch-urbane Kultur als notwendige Bedingung der Subjekttransgression gedacht. Beschleunigungserfahrungen sollen u. a. dafür sorgen, den Einzelnen zu überwältigen und ihn so aus seinem Korsett der Innerlichkeit zu befreien. Für den Dadaismus stellt das Spiel die leitende Kategorie des Subjekts dar. Das Rezipieren bestimmter Elemente der Populärkultur wie Varieté und Zirkus ermöglicht das Erleben einer subjektiven Multiplizität. In jenem Punkt verfolgt das surrealistische Subjektmodell eine ähnliche Stoßrichtung: Die ästhetische Verfremdung alltäglicher Sinngebung lässt auch die Frage nach der Vieldeutigkeit des Selbst virulent werden.[29]

Weiter oben wurde bereits dargelegt, dass die Avantgardisten die romantische Theorie z. T. für sich vereinnahmten, dabei darf allerdings nicht außer Acht gelassen werden, dass auch die Avantgarde eine Innovation gegenüber dem Vorangegangenen darstellt. Während romantische Selbsttechniken sich dadurch auszeichneten, das Ich mit einem übermenschlichen Anderen zu konfrontieren, nehmen die Avantgarde-Bewegungen eine Umorientierung vor – die Wahrnehmung des Außen rückt nun stärker in den Blick, das Kulturell-Urbane reizt seinen Betrachter und schockiert ihn zuweilen mit seiner Drastik. Durch die Erfahrung jener Fremdheit wird das Ich aus seiner selbstbezüglichen Zentrierung herausgelöst. Reckwitz schreibt hierzu:

27 Ebd., S. 302.
28 Ebd.
29 Vgl. ebd., S. 303 ff.

»Wenn der ›Fremde‹ in der bürgerlichen Gesellschaft in der Regel nicht das bürgerliche Subjekt selbst war (außer im Falle religiöser Minderheiten), sondern Individuen am Rande der Gesellschaft, dann kann der Flaneur einen Sinn nicht nur für das partiell Fremde der Anderen, sondern auch für das Fremde der eigenen Person in einer Umgebung anonymer Anderer entwickeln.«[30]

Auch die *femme fatale* ist Ausdruck dieser Grenzüberschreitung, der Sexualakt ist vor dem Hintergrund dessen als Grenzerfahrung zu betrachten, die ein »momenthaftes Gefühl der Einheit mit der inneren Natur«[31] herstellt. Die Identität des avantgardistischen Subjekts beruht somit auf der Differenz zu einem Anderen – ein Ansatz, der für die vorliegende Arbeit von immenser Wichtigkeit ist.

Die Kulturrevolution der 1960er Jahre sorgt für eine erneute Umorientierung. Die neue Subjektkultur bezeichnet Reckwitz als *counter culture*. Das von außen, d. h. vom Establishment kontrollierte Subjekt muss einem innen- und begehrensorientierten Subjekt Platz machen. Bildungsexpansion und technische Medien sind strukturelle Bedingungen, die diese Entwicklung befördern. Die Formierung der eigentlichen *counter culture* findet dabei in den urbanen Zentren und Universitätsstädten statt und ist in erster Linie unter dem Schlagwort der Studentenbewegung greifbar.[32]

Moderne Gesellschaften zeichnen sich durch bestimmte Charakteristika aus – Technische Rationalität, soziale Kontrolle und Routiniertheit sind die sie bestimmenden Strukturmerkmale. In der Soziologie wird jener Gesellschaftstypus häufig als Technokratie[33] bezeichnet: Das Subjekt wird zum passiven Agenten degradiert und auf seine jeweiligen Funktionen reduziert. Dies kommt laut Reckwitz einer Entkörperlichung und Entsinnlichung gleich – das Subjekt wird zum »Fassaden-Ich«,[34] das verschiedene soziale Rollen spielt. Das Vorhandensein struktureller Gewalt steht einer Realisation subjektiver Existenz im Wege:

30 Ebd., S. 314.
31 Ebd., S. 325.
32 Vgl. ebd., S. 452 ff.
33 Vgl. hierzu u. a. Jürgen Habermas.
34 Reckwitz 2012, S. 456.

»Der Rationalismus gesellschaftlich-technischer Systeme erweist sich als eine äußere Ordnung, die versucht, eine innere Ordnung im Subjekt zu erzwingen: ein irrationaler ›Mikrofaschismus‹ der Ordnung, der sich bis in die Details des Alltagslebens – des ›Konsumzwangs‹, des ›Leistungszwangs‹, des ›Gruppen-zwangs‹ etc. – verlängert.«[35]

Das hier skizzierte gegenkulturelle Subjekt zeichnet sich laut Michael Rutschky durch »Erfahrungshunger«[36] aus. Dementsprechend handelt es sich – hier sei Brown zitiert – um ein »Leib-Ich«,[37] es erfüllt sich im Innern seines Selbst. Vaneigem bringt diese Vorstellung auf den Punkt, wenn er sagt: »Die individuelle Verwirklichung wird das kollektiv verstandene Werk des ›jeder für sich selbst‹ sein.«[38] Die Bedeutung des Kollektivs gilt es an dieser Stelle zu unterstreichen, denn nur durch die Anwesenheit Anderer werden dem Selbst bestimmte Erfahrungen erst ermöglicht. Kollektive Feste stellen vor dem Hintergrund dessen die Chance dar, individuelle Grenzen zu sprengen, um in der Menge aufzugehen, so dienen gegenkulturelle Kollektive der Identifikation mit einer Gemeinschaft, zugleich sind sie aber auch Ausdruck einer Kollektivindividualität. Die aus dem Kollektiv resultierende Kommunikation sorgt dafür, dass das Innen nach Außen gestülpt wird.[39]

Postmodernistische Grenzüberschreitungen dienen dazu, das scheinbar Originäre als Produkt von Codierungen zu entlarven. So ist auch die im Okzident gängige dualistische Vorstellung vom Subjekt ein Konstrukt. Es sind u. a. die neu aufkommenden Tanzpraktiken, die Reckwitz als »kollektive[n] Sex«[40] bezeichnet, welche jene vormals scharf gezogenen Grenzen aufbrechen. »Das Ich scheint ›geöffnet‹, es wird nicht reflektiert, sondern gefühlt, die Grenzen zwischen Ich und Anderen scheinen sich zu lockern […].«[41]

35 Ebd., S. 457.
36 Rutschky 2017, Titelei.
37 Brown 1962, S. 222.
38 Vaneigem 1977, S. 109.
39 Vgl. Reckwitz 2012, S. 467 f.
40 Ebd., S. 479.
41 Ebd.

Aber auch die postmodernistische Subjektkultur sieht sich letztendlich wieder diversen Friktionen ausgesetzt, sodass sich die anfänglich gebrauchte Metapher der Spirale am Schluss dieses Unterkapitels als zutreffend erweist: Die stete Sozialität, die die gegenkulturellen Kollektive bieten, untergräbt die libidinöse Selbstorientierung des Subjekts. Gleichzeitig ist jene Kollektivorientierung aber zwingende Voraussetzung, wenn Ichverwirklichung gelingen soll.[42] Dieses die Epochen durchziehende Spannungsverhältnis hat Andreas Reckwitz dazu veranlasst, seiner Theorie der Subjektkulturen den Titel *Das hybride Subjekt* zu geben.

1.2 Humor und Subjekt

Jean Paul bezeichnet Humor als »das romantische Komische«.[43] Mit einer genauen Definition des Komischen tut aber auch er sich schwer. Er verbindet es mit der Eigenschaft, Lachen zu erzeugen. Einen Versuch, das Komische zu definieren, unternimmt der Schriftsteller dennoch, indem er sich eines Beispiels bedient. Über die Figur des Sancho Pansa aus Cervantes *Don Quijote* schreibt er:

> »Wenn Sancho eine Nacht hindurch sich über einem seichten Graben in der Schwebe erhielt, weil er voraussetzte, ein Abgrund gaffe unter ihm: so ist bei dieser Voraussetzung eine Anstrengung recht verständig; und er wäre gerade erst toll, wenn er die Zerschmetterung wagte. Warum lachen wir gleichwohl?«[44]

Jene Anstrengung, so Rugenstein, beruht auf einem Irrtum, denn es ist Nacht und Sancho kann nicht richtig sehen. Er sieht einen Abgrund, der Beobachter hingegen einen seichten Graben und die irrtümliche Anstrengung Sanchos. Sehen, das wird hieran deutlich, ist kein rein physikalischer Akt. Christoph Wulf bemerkt in diesem Kontext: »Im Sehen erfolgt […] eine Verschränkung zwischen der Wahrnehmung von Gegenständen

42 Vgl. ebd., S. 496.
43 Paul 1990, S. 125.
44 Ebd., S. 110.

– zu denen auch der eigene Körper werden kann – und der eigenen Subjektivität.«[45]

Sehen ist insofern standpunktabhängig, was für den Einen ein Graben, stellt für den Anderen einen Abgrund dar. Treffen nun diese beiden Perspektiven aufeinander, dann entsteht zwangsläufig ein Widerspruch. Wenn Jean Paul von »Einsicht und Ansicht«[46] spricht, dann nutzt er damit ganz bewusst das Vokabular der Optik. »Das Komische«, so Rugenstein, »konstituiert sich in Jean Pauls Gedankenexperiment genau dort, wo die divergierenden Blicke in einer Optik, welche keinem linearen Gesetz zu gehorchen scheint, zusammenkommen.«[47] Die Oszillation zwischen den Perspektiven erzeugt Komik, dabei wird klar, dass das Komische nicht im Objekt, sondern im Subjekt liegt, denn man lacht über den subjektiven Kontrast.[48]

Das Komische setzt demnach einen Perspektivwechsel voraus – es entsteht im Beobachter, der gegenüber der rezipierten Handlung äußerlich bleibt. Der Perspektivwechsel ist auch konstitutiv für den Humor. Beim Humor kommt allerdings eine dritte Dimension hinzu: Sancho erblickt einen Abgrund und der Beobachter nimmt einen Graben wahr, der Blick des Beobachters wird vom Beobachteten aber zurückgeworfen. Rugenstein folgert hieraus den entscheidenden Unterschied zwischen Komik und Humor: »Im Komischen setze ich mich probeweise an eine fremde Stelle, im Humor hingegen betrifft das Geschehen unmittelbar mich selber.«[49] Insofern ist das Lachen des Humors – im Gegensatz zum Lachen der Komik – eines, dem der Schmerz inhärent ist: Durch die eigene Betroffenheit wird der äußere Abgrund zum inneren Zwiespalt. Es kommt zu einer Zerteilung bzw. Verdopplung des Ichs. Dies bewirkt allerdings eine auto-reflexive Kompetenz. Doppelgänger beschreibt Jean Paul als »Leute, die sich selber sehen«.[50] Humor erlaubt, etwas Ernstes temporär zu ver-

45 Wulf 1997, S. 447.
46 Paul 1990, S. 110.
47 Rugenstein 2014, S. 37.
48 Vgl. ebd., S. 35 ff.; diese Divergenz ist auch einem jeden Individuum eigen. Friedrich Schlegel schreibt: »Jeder Mensch hat eigentl[ich] einen D[on] Q[ichote] und einen Sancho in sich.« (KFSA XVI, S. 205). Das Komische ist dem Menschen also inhärent.
49 Ebd., S. 39.
50 Paul 1996, S. 67.

gessen, man distanziert sich zeitweise von diesem Teil des Selbst, damit wird der Wille zu personaler Einheit aufgegeben, der Humorist »de-identifiziert«[51] sich, was einen Akt der Befreiung darstellt.

Nach der Entdeckung der Perspektive durch Filippo Brunelleschi avanciert diese zu einem der die Neuzeit beherrschenden Paradigmen.[52] Der Beobachter nimmt sich dadurch plötzlich als autonom und selbstständig wahr. Versinnbildlicht wird dies durch die noch näher zu erörternde Konzeption des Narren: Seine narzisstische Liebe verhindert die Liebe zu Gott, der Narr genügt sich selbst und macht sich zum alleinigen Thema – Ausdruck dessen ist die sog. Marotte, ein Narrenszepter, dessen Kopf Abbild seines Trägers ist. Die hieraus resultierende Selbstverortung bringt Pico della Mirandolas Rede Über die Würde des Menschen prägnant zum Ausdruck und bedient sich dabei – wohl nicht zufällig – optischen Vokabulars:

> »Wir haben dir keinen festen Wohnsitz gegeben, Adam, kein eigenes Aussehen, noch irgend eine besondere Gabe, damit du den Wohnsitz, das Aussehen, die Gaben, die du selbst dir ausersiehst, entsprechend deinem Wunsch habest und besitzest. Die Natur der übrigen Geschöpfe ist fest bestimmt und wird innerhalb von uns vorgeschriebener Gesetze begrenzt. Du sollst dir deine ohne jede Einschränkung und Enge, nach deinem Ermessen, dem ich dich anvertraut habe, selber bestimmen. Ich habe dich in die Mitte der Welt gestellt, damit du dich von dort aus bequemer umsehen kannst, was es auf der Welt gibt. Weder haben wir dich himmlisch noch irdisch, weder sterblich noch unsterblich geschaffen, damit du wie dein eigener, in Ehre frei entscheidender, schöpferischer Bildhauer dich selbst zu der Gestalt ausformst, die du bevorzugst.«[53]

Jene oben thematisierte Differenz des Subjekts zu sich selbst spiegelt auch die Entwicklung in der bildenden Kunst wider: Die mittelalterliche Bild-

51 Rugenstein 2014, S. 44.

52 Vgl. Braun 2022, S. 461; zugleich zeichnet sich Brunelleschi für die Kuppel der Kathedrale von Florenz verantwortlich, die als technische Meisterleistung der frühen Renaissance gilt.

53 Pico della Mirandola 1990, S. 5 ff.

ordnung war Abbild der christlichen Seinsordnung. Stifterbilder geben von dieser sakral orientierten Hierarchie einen guten Eindruck; häufig zeichnen sie sich durch eine überdimensionierte Heiligenfigur in der Mitte aus, z. B. Maria als die herausragende Heilige in der katholischen Kirche. Etwaige Assistenzfiguren links und rechts sind aufgrund ihrer geringeren Bedeutung etwas kleiner dargestellt. Als regelrechter Liliputaner muss im Vergleich dazu aber der Stifter wirken, dessen Profanität auf diese Weise zum Ausdruck gebracht werden sollte. Ganz anders verhält es sich mit Bildern, dic sich bereits der Fluchtpunktperspektive bedienen: »Erscheint der Mensch auf einmal – im Bild in der Form des den Bildraum organisierenden Augenpunktes, anthropologisch als Schöpfer seiner selbst – zentriert, so wandert der Ort des Unendlichen von der Vertikalen (der mittelalterlichen, zu Gott aufsteigenden Seinshierarchie) in die Horizontale.«[54] Auf diese Weise, und dieser Prozess ist für die Kulturgeschichte von zentraler Bedeutung, konstituiert sich das Individuum als forschendes und handelndes Subjekt.[55]

Was hat aber dies jetzt mit Humor und Komik zu tun? Um den Zusammenhang zu erklären, ist eine etymologische Betrachtung der Begriffe »Subjekt« und »Objekt« vonnöten. *Subiectum* ist die lateinische Übersetzung des griechischen *Hypokeímenon* und meint das Zugrundeliegende. Der Natur liegt der Stoff (*hyle*) zugrunde. Auch der Mensch besteht aus etwas Ursprünglichem, laut Hippokrates aus den vier Säften (*humores*). Hieraus ergibt sich also das Subjekt. In der mittelalterlichen Scholastik wurde der Begriff »subjektiv« verwendet, um etwas Wirkliches bzw. Gegenständliches zu beschreiben. Heute ist das Subjekt, wie oben dargelegt, ein Ich, das sich durch eine Perspektive bzw. einen Standpunkt auszeichnet. Das neuzeitliche Subjekt ist sich selbst bewusst, Brian Rotman bezeichnet es daher auch als »Meta-Subjekt«.[56] Jene Selbstthematisierung äußert sich u. a. in der Praxis, sich selbst beim Malen zu malen, wie sie Vermeer und Velasquez betrieben haben. Eine analoge Tätigkeit lässt sich auch bei den Schriftstellern Montaigne und Cervantes beobachten.[57]

54 Rugenstein 2014, S. 63.
55 Vgl. Braun 2022, S. 461 ff.
56 Rotman 2000, S. 59.
57 Vgl. Rugenstein 2014, S. 126.

Es offenbart sich am Ende dieses Unterkapitels ein doppelter Bezug des Humors zum Subjekt: In Antike und Mittelalter sah man den Humor als Bündel von Elementen, die den als *obiectum* verstandenen, weil dem Kosmos ausgesetzten Menschen konstituieren. Die Neuzeit liefert ein konträres Bild: »Humor wird zu einer bewussten Weise, sich zu sich selbst zu verhalten.«[58]

1.3 Subjekt und Identität

Mit der Frage nach dem Subjekt ist auch die nach der Identität untrennbar verbunden. Keupp liefert hierzu eine gängige Differenzierung: Er unterscheidet die personale Identität von jener, die aus der Mitgliedschaft zu einer sozialen Gruppe oder gar zu einem sozialen Großsystem (Gesellschaft oder Nation) erwächst.[59] Eine vergleichbare Differenzierung findet sich auch in Luhmanns Systemtheorie wieder, der in diesem Kontext von den Ebenen der Systembildung spricht.[60] Wird aber das trennende Binnenleben der Diskurse der Komplexität dieses Phänomens gerecht?

Als problematisch erweisen sich bei näherer Betrachtung v. a. zwei Ambivalenzen. Der Wille, psychische Einheit, d. h. Kohärenz zu produzieren, steht der Spaltung (Dissoziation), wie sie Rugenstein festgestellt hat, diametral gegenüber. Ambivalenter Natur ist darüber hinaus auch das Verhältnis zwischen Identität und Alterität. Keupp schreibt hierzu:

> »Hier verweist er [der Begriff ›alter‹ als Bezeichnung des ›anderen‹, des Mitmenschen] darauf, daß wir unsere Identität, unsere unverwechselbare Eigenheit nur in engem Zusammenwirken mit ›den anderen‹, mit unserem sozialen Umfeld entwickeln und bewahren können. Identität und Alterität stehen in einem unauflösbaren Zusammenhang.«[61]

58 Ebd., S. 127.
59 Vgl. Keupp 1999, S. 63.
60 Vgl. Luhmann 2018, S. 172.
61 Keupp 1999, S. 67.

Andererseits ist der Mensch durch die Einbindung in eine Vielzahl sozialer Systeme so stark determiniert, dass man, um das Resultat adäquat beschreiben zu können, von sozialen Identitäten sprechen muss.[62]

In der Vormoderne, das hat Reckwitz mit seiner Betrachtungsweise bereits deutlich machen können, hatte Identität die Funktion von festgelegten Rollen, die der Konstitution und Stabilisierung eines traditionalen Systems dienen sollten. Die moderne Identität ist in Abgrenzung dazu »mobiler, multipler, selbstreflexiver und Gegenstand von Veränderung und Innovation«.[63] Sie ist – und das ist die wichtige Erkenntnis an dieser Stelle – Befreiung und Entwurzelung zugleich.[64]

Mit der »organisierten Moderne« der 1950er Jahre beginnt ein Prozess der Freisetzung: Die sozialen Institutionen Kirche, Gewerkschaft, Familie machen einen grundlegenden Bedeutungswandel durch. Seit der Mitte der 70er Jahre nehmen diese Individualisierungsprozesse noch weiter an Fahrt auf. Wagner hat in diesem Zusammenhang den Begriff des »unternehmerischen Selbst«[65] geprägt und lehnt sich mit dieser Konzeption an den Thatcherismus an, der der Maxime »there is no such thing as society«[66] folgt: Je weniger der Staat in die Gesellschaft eingreift, desto freier kann das Individuum handeln. Dem Handlungsspielraum des unternehmerischen Selbst sind aber auch Grenzen gesetzt. Es ist eine Vielzahl sozialer Ressourcen notwendig, um jene Fülle an Möglichkeiten, die sich bieten, überhaupt nutzen zu können. »Hier zeigt sich die Zweigesichtigkeit der Zweiten Moderne. Was für die einen ein Freiheitsgewinn ist, ist für die anderen eine Zunahme an Unfreiheit, Anomie.«[67]

Welche Auswirkungen hat dieser Prozess nun auf die Identitätstheorie? Erikson war noch von der Herstellung eines kohärenten Selbst ausgegangen. Als Identitätsgefühl beschreibt er die Überzeugung, dass man auf ein erreichbares Ziel zuschreitet und sich auf dem Weg zu einer bestimmten Persönlichkeit entwickelt. Voraussetzung dafür ist, dass man bereits im frühkindlichen Stadium stabile Ich-Grenzen aufbaut und auf diese Wei-

62 Vgl. ebd., S. 68.
63 Kellner 1992, S. 141.
64 Vgl. Keupp 1999, S. 71.
65 Ebd., S. 73.
66 Thatcher, zit. n. McSmith 2011, S. 5.
67 Keupp 1999, S. 74.

se zu einer Einheit des Selbst gelangt. Narzissmus als Defizit der Beziehungsfähigkeit ist ein Symptom dafür, dass diese Einheit fehlt.[68] Marcia stellt die Tendenz fest, dass immer mehr Jugendliche nicht mehr auf stabile und verbindliche Beziehungen und Werte festgelegt sind, die Identität stiften könnten. Für Marcia ist dies im Unterschied zu Erikson aber nicht Ausdruck des Scheiterns, sondern funktionale Reaktion auf eine immer komplexer werdende Welt.[69]

Sorgt eine zersplitterte Erfahrungswelt nicht zwangsläufig für ein zersplittertes Subjekt? Die Erfahrung eines Individuums als kohärentes Selbst scheint in der modernen Gesellschaft nicht mehr möglich zu sein, weshalb die verlorene Einheit des Ich zum beliebten Thema der zeitgenössischen Literatur avanciert. Die Autoren der Avantgarde-Bewegungen beschritten mit ihren Texten verschiedene Wege, um jene Thematik darzustellen. Dem Subjekt, das sich selbst verloren hat, steht dabei ein in einzelne Einheiten zerteiltes Ich gegenüber, wobei die Teilsysteme gegeneinander abgrenzbar sind. Autoren, die in ihren Werken den Akzent auf das Phänomen der Ich-Multiplikation legen, räumen den einzelnen Teilsystemen größere Autonomie ein, sodass es zur Entwicklung eigener Verhaltensweisen kommt.[70] Jene Inkohärenz ist aber nicht nur ein Phänomen der Moderne, es gab sie auch in traditionalen Gesellschaften, nur dass sie dort aufgrund der Stabilität des gesellschaftlichen Codes nicht als Problem gesehen wurde. Die geistige Strömung des Nationalismus, die sich vom 18. Jahrhundert bis weit in das 20. Jahrhundert hineinzieht, ist eine Reaktion auf den Verlust dieses »festen Bodens« am Übergang vom Mittelalter zur Neuzeit.[71] Laut Hobsbawm ist die Erfindung der Nation der Versuch, die verlorene Gemeinschaft wiederzubeleben.[72]

Kenneth Gergen nutzt den Begriff der Multiphrenie, um das von multiplen und disparaten Seinspotentialen bevölkerte Selbst der Moderne zu beschreiben. Das Subjekt kreiert eine Vielzahl sog. *possible selves* (mögliche Selbste), was der Übernahme verschiedener Rollen in jeweils unterschiedlichen Situationen in der heutigen Gesellschaft entspricht.

68 Vgl. ebd., S. 77ff.
69 Vgl. ebd., S. 82.
70 Vgl. Hüls 2013, S. 291f.
71 Vgl. Keupp 1999, S. 88.
72 Vgl. Hobsbawm 1998, S. 114f.

Dieses Phänomen beschreibt auch der Soziologe Erving Goffman. Er geht davon aus, dass unser Alltag permanente Selbstdarstellung ist. »Eine ›Darstellung‹ (*performance*) kann als die Gesamttätigkeit eines bestimmten Teilnehmers an einer bestimmten Situation definiert werden, die dazu dient, die anderen Teilnehmer in irgendeiner Weise zu beeinflussen.«[73] Park bemerkt bereits, dass das Wort ›Person‹ in seiner originären Bedeutung eine Maske bezeichnet.[74] Insofern stellt auch er fest, dass wir uns tagtäglich selbst darstellen. Für eine solche Darstellung baut man mehr oder minder bewusst eine Fassade auf. Goffman versteht darunter folgendes: »Unter Fassade verstehe ich also das standardisierte Ausdrucksrepertoire, das der Einzelne im Verlauf seiner Vorstellung bewußt oder unbewußt anwendet.«[75] Um das Publikum vollends in seinen Bann zu ziehen, wird oftmals eine »Segregation« des Publikums angewandt. Der Darsteller teilt hierbei die Zuschauer in Gruppen ein, wobei jede Gruppe nur eine Rolle des Akteurs gezeigt bekommt. So denkt der Zuschauer, diese Rolle sei die einzige und somit gar keine Rolle, sondern die Wirklichkeit.[76] Auf diese Weise baut er mit seinen verschiedenen Rollen mehrere Wirklichkeiten auf:[77]

> »Das rührt anscheinend daher, daß der normale gesellschaftliche Verkehr ebenso aufgebaut ist wie die Szene eines Theaterstücks, bestehend aus dem Aneinanderreihen dramatisch überhöhter Handlungen, Reaktionen und abschlie-ßender Erwiderung. Das Manuskript kann selbst in den Händen ungelernter Schauspieler Leben gewinnen, weil das Leben selbst etwas Dramatisches ist.«[78]

Die dadurch entstehenden pluralen und potenziell opportunistischen Identitäten zeichnen sich durch eine hohe Anpassungsfähigkeit aus. Carmel Camilleri spricht in diesem Zusammenhang von synkretischen Identitä-

73 Goffman, 2014, S. 17 f.
74 Vgl. ebd., S. 21.
75 Ebd., S. 23.
76 Vgl. ebd., S. 46.
77 Vgl. ebd., S. 58.
78 Ebd., S. 67.

ten.[79] Im übrigen – so Helga Bilden – ist es auch viel demokratischer, seine innere Vielheit zu leben.[80] Identität als eine internalisierte Ordnung entspricht einer »Selbstzwangapparatur« und spiegelt die Bereitschaft wider, sich dem »hierarchisch-zentralisierten Staat« zu unterwerfen.[81] Bilden bemüht sich auch um eine Kategorisierung der verschiedenen Selbste. Diese lassen sich zum einen in diachroner Weise voneinander differenzieren: Im Laufe unseres Lebens entwickeln wir eine Vielzahl unterschiedlicher Selbste. Aber auch synchron betrachtet lässt sich eine Differenzierung vornehmen, denn verschiedene Beziehungen sorgen dafür, dass wir in verschiedene Rollen schlüpfen, was verschiedene Selbste – sog. Rollen-Selbste – hervorbringt. Richtet man den Blick in die Zukunft, dann offenbart sich die Fülle potentieller Selbste. Als »Schatten-Selbste«[82] bezeichnet Bilden die abgelehnten Selbste, mit denen das Subjekt sich nicht identifizieren kann bzw. will. Um zu betonen, wie wichtig es ist, mit dieser inneren Ambivalenz konstruktiv umzugehen, bedient sich Peter Zima des Beispiels der Androgynie:

> »Es geht also auch nicht um eine Vertauschung der Rollen, um Bisexualität oder gar Geschlechtsumwandlung, sondern um die volle Entfaltung der eigenen – stets ambivalenten – Subjektivität; eine Entfaltung, die in der antiken und feudalen Gesellschaft zeitweise möglich war, im bürgerlichen Zeitalter der Askese jedoch unterdrückt wurde.«[83]

Dabei gilt es immer auch im Hinterkopf zu behalten, dass das Individuum, so wie die moderne bürgerliche Theorie es sich denkt, ein Konstrukt ist. Laut Bilden ist es das Produkt der Emanzipation der Bürger von Fürsten und Grundherren. Für Bilden ist jene Emanzipation primär eine der Männer, denn sie nutzen fortan den Beruf als zentrales Element, um das Individuum zu konzipieren. Da Frauen zu jener Zeit i. d. R. keinen Beruf haben, wird ihnen gleichsam das Recht abgesprochen, eine eigene Iden-

79 Vgl. Keupp 1999, S. 90 ff.
80 Vgl. Bilden 1997, S. 229.
81 Ebd., S. 244.
82 Ebd., S. 242.
83 Zima 2017, S. 371.

tität für sich beanspruchen zu können.[84] Die moderne bürgerliche Theorie entpuppt sich damit gleichsam als Ideologie: »Die Ideologie ist ein dualistischer und monologischer Diskurs, der seine Wertungen nicht als kontingente Setzungen reflektiert, sondern sich mit der Wirklichkeit identifiziert und dadurch den Dialog mit anderen Diskursen unmöglich macht.«[85] Ähnlich verhält es sich mit dem Subjekt, denn dessen Einheit zu propagieren, ist ideologisch. Nur wenn man mit seinen verschiedenen Seinspotentialen in den Dialog tritt, trägt man der Vielschichtigkeit seines Innern Rechnung und gelangt zu dem, was man Persönlichkeit nennt.

Ohnehin kann der Dialog als die Voraussetzung für erfolgreiche Identitätsbildung gelten. Catharine Keller schreibt: »Das Selbst ist ein unbewußter und manchmal auch bewußter Akt des Sich-selbst-Zusammensetzens, eines Zusammensetzens aus seinen Beziehungen.«[86] Diese Auffassung deckt sich mit dem Ansatz Bachtins, der für die vorliegende Arbeit von so essentieller Bedeutung ist. Er vertritt die These, dass die Identität des Einzelsubjekts nur durch die ständige Auseinandersetzung mit dem Anderen bzw. Fremden zustande kommt.[87] Erst die Anerkennung der Alterität des Anderes ermöglicht »Selbstentfaltung«.[88] Die Angst vor dem Fremden ist ein Ausdruck von Narzissmus, der wiederum als Symptom einer gestörten Identität gewertet werden kann.[89] Gossiaux beschreibt demgegenüber den Königsweg der Persönlichkeitsbildung:

> »Aus anthropologischer Sicht ist die Identität eine Beziehung und nicht, wie die Umgangssprache meint, eine individuelle Eigenschaft. Deshalb ist die Identitäts-frage nicht wer bin ich?, sondern wer bin ich im Verhältnis zu den anderen, wer sind die anderen im Verhältnis zu mir? Das Konzept der Identität ist untrennbar vom Konzept der Alterität.«[90]

84 Vgl. Bilden 1997, S. 231 f.
85 Zima 2017, S. 404.
86 Keller 1990, S. 243.
87 Vgl. Zima 2017, S. 372.
88 Zima 1997, S. 397.
89 Vgl. Zima 2017, S. 408.
90 Gossiaux, zit. n. Ruano-Borbalan 1998, S. 2.

Auch Mead greift diesen dialogischen Grundgedanken auf. Er unterscheidet zwischen einem *me* und einem *I*. Unter dem *me* versteht er die vom Anderen übernommenen Einstellungen, das *I* ist die persönliche Antwort auf die Erwartungen des Gegenübers. Konversation ist demgemäß die *conditio sine qua non* auf dem Weg zur Identität.[91] Daran anschließend ist der Andere laut Sampson ein »lebendiger Mitschöpfer«[92] des eigenen Selbst. Buber schreibt: »Der Mensch wird am Du zum Ich.«[93] Jener Satz ist für den hier dargelegten theoretischen Teil und für die gesamte folgende Abhandlung programmatisch. »Wenn der Mensch nicht zum Du gelangen kann, oder er sich nicht zum Du aufmacht, droht das Ich verloren zu gehen, umgekehrt wird der Mensch nur durch das Du zu einer erfüllten Person.«[94] Dieser Gedanke entspricht im Übrigen dem Humboldt'schen Bildungsideal, wonach menschliche (Selbst-)Erkenntnis aus der »Verknüpfung unsres Ichs mit der Welt«[95] resultiert. Aber – und so lassen sich die verschiedenen hier vorgestellten Ansätze zusammenführen – Identität entsteht nicht nur im Dialog zwischen Ich und Du, sondern auch durch das Miteinander der verschiedenen Rollen, die das Du im Ich bedingt. Keupp schreibt, dass die Spannung zwischen jenen Rollen Identität schafft.[96] Das Subjekt konstruiert sich nicht nur am äußeren Du, sondern auch am inneren Plural. Folglich muss bei der Frage nach Identität die nach Alterität immer mitgestellt werden, denn Identität ist Konstruktion, die nur durch Interaktion stattfinden kann.[97]

Durch die Erfahrung der Andersheit des Gegenüber wird man sich der Besonderheit des eigenen Selbst bewusst. Für Rorty ist Selbstbewusstsein daher die Voraussetzung für Selbsterschaffung.[98] Bhabha drückt diesen Ansatz auf ganz ähnliche Weise aus: Wahre Existenz bedeutet für ihn Beziehung zu einer Andersheit. Das Ich entsteht durch das wiederholte Hinter-

91 Vgl. Keupp 1999, S. 95.
92 Sampson 1993, S. 109.
93 Buber 2017, S. 28.
94 Arnold 2019, S. 52.
95 Humboldt 2019, S. 7; bereits Platons Höhlengleichnis beschreibt den Bildungsweg als ein gemeinschaftliches Projekt.
96 Vgl. Keupp 1999, S. 95.
97 Vgl. ebd., S. 107.
98 Vgl. Rorty 2018, S. 55.

fragen der Identität.[99] Für Judith Butler stellt das Erzählen eine mögliche Form des Handelns dar, die den Anderen als Adressaten nicht nur voraussetzt, sondern ihn zugleich durch den Vollzug der Handlung mitformt:

> »Wenn ich also am Anfang [...] nur in der Adressierung an dich bin, dann ist das ›Ich‹, das ich bin, ohne dieses ›Du‹ gar nichts, und es kann sich außerhalb des Bezugs zum Anderen, aus dem seine Fähigkeit zur Selbstbezüglichkeit überhaupt erst entsteht, nicht einmal ansatzweise auf sich selbst beziehen.«[100]

Das Du gilt es folglich immer mitzudenken, wenn es um Selbsterschaffung geht. Es ist insofern Voraussetzung für persönliche Freiheit, die Neuhaus als Schlüsselbegriff der Moderne versteht. Wenn das Erzählen als Handlung begriffen wird, die der Befreiung des Selbst dient, dann ist Literatur zurecht als »Medium der Freiheit«[101] zu bezeichnen. An dieser Stelle wird die besondere Verbindung zwischen Literatur und Karneval ersichtlich. Als »rechtlose[r] Träger der objektiv abstrakten Wahrheit«[102] ist der Narr in den Augen Bachtins gleichsam Mittler der Freiheit. Die zahlreichen Narrenmasken, die den Rittersaal der Burg Eltz schmücken (Abb. 1), bestätigen diese Deutung. Sie weisen darauf hin, dass in diesem Raum das Recht der freien Rede galt.[103] Wenn nun die Literatur als Medium der Freiheit den Narren als Mittler thematisiert, dann zeigt sich hier eine poetische Verdopplung des Motivs. Und wenn Selbstwerdung als Voraussetzung für Freiheit verstanden wird, dann besteht der berechtigte Verdacht, dass Identität in den Texten närrischer Literatur eine herausragende Rolle spielt.

---

99 Vgl. Bhabha 2011, S. 65 ff.
100 Butler 2018, S. 111 f.
101 Neuhaus 2017, S. 17.
102 Bachtin 1990, S. 37.
103 Vgl. Ritzenhofen 2010, S. 62.

Abb. 1: Narrenmaske im Rittersaal der Burg Eltz (1520).

Bachtin hat sich nicht allein mit der Theorie der Fastnacht i. e. S. befasst, sondern auch untersucht, in welchem Verhältnis Literatur und Karneval zueinander stehen. Er definiert: »Diesen Vorgang der Übertragung des Karnevals in die Sprache der Literatur nennen wir die Karnevalisierung der Literatur.«[104] Er fügt hinzu, dass bis ins 17. Jahrhundert hinein diese Karnevalisierung eine gattungsbildende Wirkung hatte. Ab der zweiten Hälfte des 17. Jahrhunderts hat der Karneval seine unmittelbare Wirkung auf die Karnevalisierung aber mehr und mehr eingebüßt. Als Quelle fungiert nun die bereits zuvor karnevalisierte Literatur: »Karnevalisierung wird zu einer innerliterarischen Tradition.«[105] Seinen Einfluss auf die Literatur verliert der Karneval zwar nicht gänzlich, eine Beeinflussung findet fortan aber vor allem auf inhaltlicher Ebene statt.

104 Bachtin 1990, S. 47; Bachtin hat sich v. a. mit Dostojewski und Rabelais beschäftigt.
105 Ebd., S. 60.

1.4 Zwischenfazit

Die Geschichte der abendländischen Kultur ist eine Geschichte des Subjekts. Dieses wird im Rahmen der verschiedenen geistesgeschichtlichen Strömungen auch immer wieder neu gedacht. Reckwitz spricht daher vom hybriden Subjekt.

Der Einbruch von Kontingenz, d. h. die prinzipielle Offenheit alles Bestehenden, sowie das Realisieren einer Diskrepanz zwischen einer scheinbar grenzenlosen Fülle an Möglichkeiten und der Unmöglichkeit, diese in Gänze zu verwirklichen, führt zu Friktionen im Innern des Einzelnen. Die Entzweiung bzw. Multiplizierung des Ichs ist ein Symptom dessen. Die verschiedenen Teilidentitäten, aus denen sich das Selbst zusammensetzt, entsprechen theatralen Rollen, die Facetten der Persönlichkeit werden in der Folge als Masken gedacht.

Humor kann als Begleiterscheinung dieses Phänomens gelten. Für Jean Paul steht der Humor in enger Verbindung zur Praxis des Sehens. Er entsteht im Dazwischen divergierender Perspektiven. Und auch hier kommt es zu einer Zerteilung bzw. Verdopplung des Ichs, denn gerade im Falle der Selbstbetrachtung steht das beobachtende Subjekt plötzlich einem beobachteten Objekt gegenüber, wobei Subjekt und Objekt ein und dieselbe Person sind.

Das Eigene und das Fremde stehen daher in einem kausalen Zusammenhang. Die Herausbildung eines seiner selbst bewussten Individuums im 18. Jahrhundert bedeutet Befreiung und Entwurzelung zugleich. Eine kongruente Identität lässt sich nur durch den Dialog herstellen – durch den Dialog mit einem äußeren Gegenüber, gleichsam aber auch durch den Dialog mit dem inneren Du. Der Karneval ermöglicht beides: Als Fest des Volkes stellt er Öffentlichkeit her und ermöglicht das In-Kontakt-Treten mit anderen. Zudem bietet die Praxis des Maskierens das Ausleben eines bis dato verborgenen Teil-Ichs, sodass auch der innere Dialog zwischen den verschiedenen Seinspotenzialen angestoßen wird.

2 Grundsätzliches zur närrischen Kultur

Karneval, wie wir ihn heute kennen, hat in den mittelalterlichen Fastnachtsbräuchen seinen Ursprung. Betrachtet man die in Deutschland für das närrische Brauchtum verwendeten Begriffe aus linguistischer Perspektive, so wird diese Herleitung umso klarer: Über die Fastnacht heißt es im *Grimmschen Wörterbuch*: »die fastnachtszeit war eine der fröhlichsten im jahr, spielleute, schwerttänzer und fechter zogen durch das land in die wirtshäuser und trugen den gästen ihre belustigenden spiele vor.«[106] Sie ist Teil des mittelalterlichen Kirchenkalenders, geht sie doch als »letzte derb ausgenossene freszzeit«[107] den entbehrungsreichen Fasten voraus. Im *Simplicissimus* heißt es, dass mit dem Martinstag (11.11.) bei den »Teutschen das Fressen und Saufen an[fängt]«.[108] Und auch Schiller assoziiert die »lust'ge Faßnacht«[109] mit üppigem und unmäßigem Essen und Trinken. Der österreichisch-bairische Fasching hat dieselbe etymologische Wurzel. Dass sich ein s-Laut im Laufe der Zeit zu einem ›sch‹ entwickelt, ist laut Jacob und Wilhelm Grimm keine Seltenheit.[110] Selbst das aus dem Italienischen[111] übernommene Karneval stellt den semantischen Bezug zur Fastenzeit her: *carnis* ist das Fleisch,[112] *levare* bedeutet, etwas wegzunehmen,[113] das Kompositum rekurriert somit auf die Zeit der

106 Grimm / Grimm 1862, Sp. 1354.
107 Ebd.
108 Grimmelshausen 2005, S. 326.
109 Schiller 2005, S. 252.
110 Grimm / Grimm 1862, Sp. 1336.
111 Vgl. Grimm / Grimm 1873, Sp. 219.
112 Vgl. Stowasser 2014, S. 77.
113 Vgl. ebd., S. 293.

vorösterlichen Enthaltsamkeit. Während die Begriffe zunächst synonym verwendet wurden, kommt es im Laufe der Frühen Neuzeit zu einer ersten Differenzierung zwischen der Straßenfastnacht des ›einfachen‹ Volkes und dem höfischen Karneval mit seinen Bällen und Redouten. Im 19. Jahrhundert vermischen sich im Rheinland diese beiden Traditionen miteinander – es entsteht der bürgerliche Karneval als Kontrapunkt zur preußischen Fremdherrschaft. Im Süden lebt die urtümliche Straßenfastnacht mit ihren Maskenzügen weiter, sodass die verschiedenen Bezeichnungen heutzutage für unterschiedliche Ausprägungen des närrischen Brauchtums stehen. Was sie aber eint, das ist der gemeinsame Ursprung.

2.1 Die mittelalterliche Lachkultur nach Bachtin

Bachtin, dessen besondere Perspektive auf das Phänomen Karneval sich auch kritisch auf seine zeitgenössische sozialistische Gesellschaft beziehen lässt, sieht ebenfalls im Mittelalter die Wurzel der europäischen Lachkultur. Er bemerkt hierzu: »Am schärfsten und konsequentesten äußert sich der Universalismus des Lachens in den brauchtümlichen, sich zur Schau stellenden Formen des Karnevals und den damit zusammenhängenden Parodien.«[114] Um den Karneval in seiner heutigen Form zu verstehen, ist daher ein Blick in die Vergangenheit vonnöten. Die mittelalterliche Lachkultur kann als Erscheinung gelten, die sich lediglich im feiertäglichen Kontext abspielte. Staat und Kirche sahen sich gezwungen, der Öffentlichkeit hin und wieder gewisse Zugeständnisse zu machen, ein Erbe der Antike, denn schon bei Platon heißt es: »[…] die Götter aber, die Mitleid mit dem zur Mühsal geborenen Geschlecht der Menschen empfanden, haben zu ihrer Erholung von den Mühen als Gegengabe die Feste zu Ehren der Götter angeordnet […].«[115] So wurden – begrenzt durch bestimmte Festtagsdaten – ›Zeitinseln‹ geschaffen.[116] Auf diese Weise konnte die offizielle Bahn zumindest für kurze Zeit verlassen werden, dies

114 Bachtin 1990, S. 32.
115 Platon 1994, S. 38.
116 Vgl. Schwerhoff 2017, S. 289.

allerdings ausschließlich in der »Schutzform« des Lachens.[117] Wie ernst diese stille Übereinkunft zwischen den herrschenden Ständen und dem Volk genommen wurde, zeigt Bachtin, indem er auf die Antike Bezug nimmt: »Die Rechte der Narrenkappe waren im Mittelalter genauso heilig und unantastbar, wie jene des Pileus während der römischen Saturnalien.«[118] Jenes antike Fest wurde vielfach als Wurzel der abendländischen Fastnachtskultur gedeutet. Saturn galt bei den italienischen Urvölkern seit jeher als höchste Gottheit. Unter seiner Herrschaft, so glaubte man, hat es ein goldenes Zeitalter gegeben, den ursprünglichen Zustand der Natur. Indem im Tempel ein Band aus Wolle, das die Füße der Götterstatue umschlang, gelöst wurde, inszenierte man die Befreiung aus der ständischen Ordnung.[119] Üppige Gastmähler wurden gegeben, bei denen Herren und Sklaven die Rollen tauschten und auf diese Weise eine auf den Kopf gestellte Welt inszenierten.[120]

Eines der ältesten literarischen Zeugnisse der Mainzer Fastnacht stammt aus dem Jahr 1495. Professor Dietrich Gresemund der Jüngere schildert hierin die Raserei der Deutschen an den Fastnachtstagen. Es handelt sich um ein fiktives Zwiegespräch zwischen Cato und dem jungen Podalirius. Podalirius bemerkt hierin zu Cato: »Einer meiner Freunde besitzt eine Eselshaut, mit dieser musst du dich so umhüllen, dass die empor gerichteten Ohren sich deinen Schläfen genau anfügen. Diese List bewirkt, dass nicht du, sondern ein Esel herumtollt.«[121] Auch hier wird thematisiert, wie man mittels der Verkleidung vorübergehend eine andere Identität annehmen kann.

Das Lachen galt im Mittelalter als Sieg über die Furcht, und zwar in dreifacher Hinsicht: Es war zunächst der Sieg über die mystische, d.h. über die Gottesfurcht. Ferner war es aber auch ein Triumph über die Furcht vor den Naturgewalten. Und nicht zuletzt glaubte man daran, durch das Lachen die moralische Furcht besiegen zu können, denn nicht bloß die

117 Vgl. Bachtin 1990, S. 34.

118 Ebd., S. 33.

119 Vgl. Ebeling 1984, S. 65f.

120 Vgl. Krawietz 2016, S. 24; die zeitweilige Aufhebung der Standesgrenzen ist nicht allein ein Phänomen der abendländischen Kultur, eine Entsprechung findet sich u.a. in dem indischen Frühlingsfest Holi.

121 Glauert 1972, S. 4.

äußere Zensur war für die damaligen Menschen von Bedeutung. Die weitaus größere Wirkmacht des inneren Zensors wurde in Kapitel 1 bereits angesprochen. Daraus ergibt sich auch die nicht zu unterschätzende gesellschaftliche Relevanz des Narren. Er ist, wie weiter oben schon ausgeführt, der rechtlose Träger der angenommenen objektiv-abstrakten Wahrheit. Dieses Umstands muss sich bereits der berühmte Humanist Erasmus von Rotterdam bewusst gewesen sein. In seinem *Lob der Torheit* schreibt er:

> »Das ist nun der wunderliche Vorzug meiner blöden Gefolgschaft, daß man von ihnen nicht nur die Wahrheit, sondern sogar offenbare Beschimpfungen mit Vergnügen annimmt. Es geht so weit, daß das gleiche Wort, das im Munde eines Weisen zu einem todwürdigen Verbrechen würde, im Munde eines Narren unglaubliches Vergnügen hervorruft. Wahrheit hat nämlich eine gewisse ursprüngliche Gabe, Freude zu bereiten, sofern sie sich von Beleidigung freihält. Diese Gabe aber haben die Götter einzig den Albernen vorbehalten.«[122]

Jene Beobachtung des Universalgelehrten Erasmus integriert auch Bachtin in seine Theorie. Die Funktion des Narren als Künder von ›Wahrheiten‹ außerhalb des geltenden Normen- und Wertesystems gehört zu den Grundannahmen auch der vorliegenden Abhandlung.

Bachtin schreibt ferner, dass der ernste Ton auf dem Festplatz bzw. am feiertäglichen Tisch »wie eine Maske«[123] abgelegt wurde. Die Menschen hatten an zwei Leben gleichzeitig Teil – am offiziellen und am Karnevalsleben. Diese Koexistenz macht Bachtin an folgendem Beispiel deutlich: Die Illustrationen zu den handschriftlichen Sammlungen der Heiligenviten des 13. und 14. Jahrhunderts (auch als Legendarien bezeichnet) zeigen fast ausnahmslos groteske und karnevalistische Gestalten. Es kommt zu einer Mischung frommer Texte und profaner Abbildungen. Wichtig ist an dieser Stelle aber, dass trotz der augenscheinlichen Koexistenz

122 Rotterdam 2018, S. 45 f.

123 Bachtin 1990, S. 39.

eine strenge ›innere‹ Grenze gezogen war, eine Vermischung war insofern ausgeschlossen.[124]

Wie waren aber nun die Fastnachtsbräuche des Mittelalters konkret gestaltet und wie werden sie gedeutet? Bachtin gibt hierzu gleich mehrere Beispiele: Er nennt zunächst die groteske Darstellung des menschlichen Körpers. Die menschliche Physiognomie wird bewusst übertrieben dargestellt, wobei v. a. der Phallus eine exponierte Stellung einnimmt. Laut Bachtin eignet sich »nur das, was über die Grenzen des Leibes hinausgeht oder aber in die Tiefen des Leibes hineinführt«[125] für die groteske Übertreibung. Einen Beleg meint Bachtin auch darin zu sehen, dass es in allen Sprachen eine Vielzahl an Ausdrücken für die Geschlechtsorgane gibt, wohingegen »gewöhnliche« Körperteile wie Arme, Beine oder das Gesicht nur wenige Synonyme aufweisen. V.a. im intim-familiären Umgang wird das bis heute deutlich – eine Tatsache, die zeigt, dass zwischen familiärer und offizieller Rede eine strikte Grenze zu beobachten ist. Der Leibeskanon der Neuzeit hat solchen Obszönitäten eine Absage erteilt: Bauch, Mund und Nase sind zwar weiterhin zur Charakterisierung und Individualisierung eines Menschen von Belang, die ehemals erweiterte symbolische Bedeutung haben sie aber eingebüßt.[126] Der neuzeitlichen Auffassung gemäß, ist der Körper ein einziger Leib, wohingegen Bachtin in Bezug auf den grotesken Leib von einer »Zweileibigkeit«[127] spricht, denn dieser konstituiert sich erst an der Grenze zweier Leiber – der eine repräsentiert den Tod und der andere das Leben (symbolisiert durch den Phallus).[128] An dieser Stelle zeigt sich ein konstitutives Merkmal der Fastnacht. Karneval ist das Fest der Erneuerung und des Wechsels. Das Motiv der Wiedergeburt wird hier in symbolischer Form thematisiert.

Ein weiteres Beispiel ist die sog. »Hölle«. Sie wird auf dem Höhepunkt des Festes verbrannt, was häufig mit der Vertreibung der Wintergeister in Verbindung gebracht wird. Für Bachtin ist diese Handlung allerdings noch viel symbolträchtiger: »Die Karnevalshölle ist zugleich die verschlingende

124 Vgl. ebd., S. 41 ff.; als Beispiel sei die auf Lateinisch abgefasste Bibelparodie *Cena Cypriani* angeführt.
125 Ebd., S. 17.
126 Vgl. ebd., S. 19 ff.
127 Ebd., S. 21.
128 Vgl. ebd., S. 23.

und gebärende Erde, sie wird häufig zum Füllhorn. […] Der Furcht wird ihr Nimbus genommen, sie geht in Fröhlichkeit über. Die ›Hölle‹ zerplatzt und wird zum Füllhorn.«[129] Auch hieran lässt sich das bereits angesprochene Motiv der Erneuerung ablesen. Durch die Zerstörung entsteht etwas Neues. Der Tod schafft neues Leben. Eigentlich passt diese Vorstellung nicht zu dem Geschichtsbild des Mittelalters, schließlich sah man in der Geschichte ein festes Ziel, das Reich Gottes (vgl. Heilsgeschichte). Teleologisch ist das hier vorgestellte Denken jedoch nicht, vielmehr lässt sich hierin ein erneuter Anklang an die Antike erkennen, welche von einem zyklischen Geschichtsbild ausging. Das Leben – symbolisiert durch die Hölle – wird als permanente Erneuerung verstanden, wobei das Alte für das Neue Platz machen muss.

Zuletzt sei an dieser Stelle die laut Bachtin »hervorstechendste karnevalistische Handlung«[130] erwähnt. Er meint damit die Wahl und den darauffolgenden Sturz des Karnevalskönigs. »Dem Narrenkönig / Gehört die Welt –«,[131] so das Urteil Friedrich Schillers. Seine Regentschaft ist allerdings, wie der Karneval selbst, zeitlich begrenzt. Bachtin bemerkt hierzu: »Die Erhöhung enthält bereits die Idee der kommenden Erniedrigung: sie ist von Anfang an ambivalent. Gekrönt wird der Antipode des wirklichen Königs, der Sklave oder der Narr. Es öffnet und erhellt sich die umgestülpte Welt des Karnevals.«[132] Und auch hier findet sich das bereits zweimal identifizierte Charakteristikum des Karnevals wieder: »Der Karneval ist das Fest der allvernichtenden und allerneuernden Zeit.«[133] Der Wechsel scheint das Motiv schlechthin des närrischen Brauchtums zu sein.

Das Prinzip des Rollentauschs macht im Mittelalter selbst vor dem Sakralen nicht Halt. Krawietz bemerkt hierzu: »Zwischen dem 12. u. 16. Jh. gibt es Narrenfeste in den Kirchen. Kleriker übernehmen vorübergehend Rang und Privilegien der hohen Geistlichkeit; kirchliche Rituale werden

129 Ebd., S. 37.
130 Ebd., S. 50.
131 Schiller 2009, S. 92.
132 Bachtin 1990, S. 51; König Karneval wird mit dem Beginn der organisierten Fastnacht 1823 zunächst zum Helden Carneval, ab 1839 wird er schließlich als Prinz Karneval bezeichnet.
133 Ebd., S. 50.

parodiert, selbst ein Pseudopapst wird gekürt.«[134] Goethe verweist in seinem Drama *Faust I* in der Szene »Auerbachs Keller in Leipzig« auf das sog. Papstspiel, ein karnevalistisches Trinkspiel, das sich gerade unter Studenten großer Beliebtheit erfreute:

»Doch muss auch uns ein Oberhaupt nicht fehlen;
Wir wollen einen Papst erwählen.
Ihr wisst, welch eine Qualität
Den Ausschlag gibt, den Mann erhöht.«[135]

Im sog. »Koenig-Spil« lässt sich eine säkulare Entsprechung dessen erkennen, obgleich auch hier das Sakrale eine nicht unbedeutende Rolle spielt. Beim »Koenig-Spil« schlüpfen Fürsten, aber auch andere Mitglieder des Hofstaats, in die Rolle des Königs. In Verbindung hierzu steht auch das sog. Bohnenfest: »Beim Bohnenfest wurde (und wird) in einen Königskuchen eine Bohne eingebacken. Wer in seinem Kuchenstück die Bohne findet, wurde König oder Königin und durfte sich einen Hofstaat auswählen.«[136] In Speyer wird Held Carneval daher bis heute als Bohnenkönig bezeichnet.[137] Mit dem hier beschriebenen Fest gingen Neckereien, Vermummungen und Gastereien einher, ironische Gedichte wurden vorgetragen und Pfänderspiele gespielt. Dies alles geschah unter dem Motto der Narrenfreiheit. Interessanterweise ist in diesem Kontext v. a. die Karnevalshochburg Mainz von entscheidender Relevanz. Die erste urkundliche Erwähnung des sog. Mainzer Königreichs stammt aus dem Jahr 1617.[138] Das geistliche Kurfürstentum war zwar vergleichsweise klein, spielte aber bei der Wahl des deutschen Königs eine gewichtige Rolle: Der Mainzer Erzbischof hatte das Erst- und ggf. Letztstimmrecht, zudem bekleidete er das Amt des Erzkanzlers und übte am häufigsten das Krönungsrecht aus. Ein Manko gab es aber: Erzbischöfe waren keine gekrönten Staatsoberhäupter, sie mussten vom Domkapitel ›demokratisch‹ gewählt wer-

134 Krawietz 2016, S. 28.
135 Goethe 2010, S. 59.
136 Reitzel 1987, S. 194; dies erinnert an ein bis heute an Kindergeburtstagen praktiziertes Spiel.
137 Vgl. Hill 1998, S. 20.
138 Vgl. Schenk 1986, S. 24.

den. Bei den weltlichen Fürsten wurden die Lehensfürstentümer mit der Zeit zu Erbfürstentümern. Nichtkönigliche Fürsten nutzten also die Fastnachtstage, um diesen Makel zumindest temporär zu kompensieren.[139]

Bei all dem liberalen Gehalt, der hier zum Ausdruck kommt, muss eines einschränkend festgehalten werden. Die temporär gestattete Parodie an sich unantastbarer Instanzen impliziert, dass deren Absolutheitsanspruch für den Rest des Jahres stillschweigend hingenommen wird. Umberto Eco schreibt hierzu: »Carnival, in order to be enjoyed, requires that rules and rituals be parodied, and that these rules and rituals already be recognized and respected.«[140]

2.2 Die Diabolisierung der Fastnacht

Ab 1400 ist eine Diabolisierung der Fastnacht seitens der Kirche zu konstatieren. Diese Entwicklung ist maßgeblich auf die Lehren des Hl. Augustinus zurückzuführen, der die Fastnacht als *civitas diaboli*[141] charakterisiert und sie auf diese Weise der Fastenzeit (die *civitas Dei*) als Negativfolie gegenüberstellt.[142] Programmatisch ist in diesem Zusammenhang die Aussage Sebastian Brants in seinem 1494 erschienenen *Narrenschiff*: »Der tüfel hat das spiel erdacht.«[143] Fastnacht galt demzufolge als Inszenierung der sündhaften Welt.

Ab 1450 kommen im mediterranen Raum sog. Contrasti auf, allegorische Streitspiele zwischen Personifikationen von Fastnacht und Fastenzeit. Ihre literarischen Vorläufer reichen bis ins 14. Jahrhundert zurück. Während man hier v. a. eine szenische Umsetzung praktizierte, war der Kontrast zwischen Fastnacht und Fastenzeit in den Niederlanden ein beliebtes Thema der bildenden Kunst. Ein berühmtes Beispiel ist das Gemälde *Der Kampf zwischen Fastnacht und Fasten* (Abb. 2) von Pieter Bruegel, das er 1559 schuf. Eine genauere Betrachtung jenes Kunstwerks ist für die vorliegende Untersuchung von Interesse.

139 Vgl. Reitzel 1987, S. 194 f.
140 Eco 1984, S. 6.
141 Vgl. Augustinus 1978, S. 401.
142 Vgl. Moser 1986, S. 29 ff.
143 Brant 2019, S. 529.

Abb. 2: Pieter Bruegel d. Ä.: *Der Kampf zwischen Karneval und Fasten* (1559).

Bruegel hat ein „antithetisches Darstellungsprinzip“[144] gewählt: Der wohlgenährte Karneval steht den mageren Fasten gegenüber. Während der eine in der Nähe des Wirtshauses, das für die Lasterhaftigkeit steht, zu verorten ist, befindet sich die Personifikation der Fastenzeit in der Nähe der Besinnung versprechenden Kirche. Trunkene, spielende und kostümierte Menschen auf der einen Seite – u. a. sind die traditionellen Heischegänge mit dem sog. »Rummelpott«[145] dargestellt – kontrastieren mit betenden und fastenden Individuen auf der anderen Seite.[146]

Die Personifikation des Karnevals ist als Fassreiter dargestellt, eine Praxis, die aus Turnierszenen in Nürnberg bekannt ist. Das eingehauene Messer kann als Abwehrmittel gegen Hexen gedeutet werden, was insofern passend ist, als dass die Personifikation der Fasten tatsächlich wie eine Hexe aussieht. Die blauen Kufen des Fasses verweisen auf das Narrenschiff, was im Übrigen auch mit der Aufschrift des Wirtshausschildes

144 Mezger 2015, S. 19.
145 Döring 2006, S. 100.
146 Vgl. Schutt-Kehm 1983(2), S. 17.

korrespondiert. Hierauf ist »blauw schuyt« (blaues Schiff) zu lesen, was in doppelter Hinsicht interessant ist: Zum einen verweist der Name des Wirtshauses auf die *Gilde vom blauen Schiff*, die als Vorfahr der modernen Karnevalsgesellschaften anzusehen ist. Ihre Mitglieder führten Spiele auf, wie Bruegel sie künstlerisch darzustellen versucht hat.[147] Mit dem blauen Schiff rekurriert Bruegel aber auch auf ein tatsächlich aufgeführtes Fastnachtsspiel. Es handelt von der burlesken Hochzeit vor einem Wirtshaus, das ebenfalls den Namen »Zum blauen Schiff« trägt. Darin möchte ein Bauer genauso prunkvoll heiraten wie die reichen Leute, was ihm aufgrund des Mangels an finanziellen Mitteln aber nicht gelingt, sodass er sich schließlich zum Gespött des Publikums macht.[148] Bis heute gilt das Schiff als Narrensymbol, daher bevorzugen Karnevalsgesellschaften bei ihren Umzügen nach wie vor Wagen in Schiffsform. Und vielleicht mag auch an dieser Stelle die Antithetik Bruegels wieder eine Rolle spielen: Dem Kirchenschiff als Aufenthaltsort der Weisen wird das Narrenschiff als Kontrastfolie gegenübergestellt. Schutt-Kehm schreibt in diesem Zusammenhang: »Es bleibt letztlich jedem einzelnen überlassen, welches Schiff er besteigt und wohin die Lebensfahrt geht. Jedoch muß ein jeder begreifen, daß es nur Narren sein können, die eigenwillig die falsche Wahl treffen – die Freiheit birgt nun einmal das Risiko.«[149]

Das auffälligste Attribut der Fastenzeit ist der Bienenkorb, den sie auf dem Kopf trägt. Er steht laut Schutt-Kehm für den von Ordnung und Arbeit geprägten Bienenstaat, der wiederum als Symbol der katholischen Kirche interpretiert werden kann. Ihre Waffe ist ein Brotschieber, auf dem zwei Heringe drapiert sind – der Fisch als Christussymbol bildet das Gegenstück zum Wurstspieß des Karnevals. In manchen Fastnachtsspielen wurden Bratwurst und Hering sogar zu den Protagonisten der Schaukämpfe erhoben. Während das Gefährt der Fastenzeit Räder besitzt, kommt der Karneval auf Kufen daher, eine Reminiszenz an die die traditionellen Winter-Sommer-Kämpfe.[150]

147 Vgl. ebd., S. 18 ff.
148 Vgl. ebd., S. 131 f.
149 Schutt-Kehm 1983, S. 40.
150 Vgl. Schutt-Kehm 1983(2), S. 26 ff.

Die beschriebene Dialektik wurde lange als Darstellung des Gegensatzes zwischen Luthertum und katholischer Kirche gedeutet. Dem ist allerdings entgegenzuhalten, dass Bruegel Zeit seines Lebens für eine tolerante Haltung gegenüber anderen Glaubensgemeinschaften eintrat, sodass eine solche Deutung zurückgewiesen werden muss. Außerdem waren in lutheranischen Gegenden Zügellosigkeiten wie Spiele, Zechen, Fluchen und Tanzen verboten.[151] Generell kommt dem Karneval im Bild eine räumliche Dominanz zu. Aber: Die Fasten rücken von rechts heran, was in traditionellen Kampfesdarstellungen die Seite ist, von der der Sieger kommt.[152] Dies unterstreicht Bruegels neutrale Haltung: »[Er] scheint für die ›Fasten‹ ebensowenig Sympathie zu zeigen wie für ihren Gegenspieler; beide erscheinen als Extreme ungesund, lächerlich und wenig anziehend oder gar nachahmenswert.«[153]

Die Fastnacht als Zeit der Ausschweifung war wichtig, wenn man in der darauffolgenden Fastenzeit eine Umkehr vollziehen wollte. Das Kostümieren ist eine weit zurückreichende Praxis des Karnevals. Die Verkleidungen waren zunächst noch sehr beliebig, mit der Diabolisierung des närrischen Brauchtums entwickelten sie sich aber in eine ganz bestimmte Richtung. Man konzentrierte sich zunehmend auf Negativgestalten. Um 1450 war ein mehr oder minder festes Repertoire an Grundtypen entstanden, wobei der Teufel zunächst die am weitesten verbreitete Gestalt repräsentierte. In der für ihren Narrensprung berühmten baden-württembergischen Fastnachtshochburg Rottweil lebt diese Tradition bis heute in der Gestalt des *Federehannes* fort.[154] Für Jutta Eming und Daniela Fuhrmann stellt der Teufel eine produktive Störfigur dar. Die ihm inhärenten poietischen Potenziale sind vielfältig. Zum einen weckt der Teufel ein Begehren nach Wissen. Indem er den Menschen das Angebot macht, an diesem Wissen teilzuhaben, eröffnet er ihnen die Möglichkeit, ihren von Gott gegebenen freien Willen zu nutzen (vgl. Genesis). Es kommt dadurch zur Ausbildung einer kritischen Urteilsfähigkeit, die wiederum einen Perspektivwechsel bedingt. Das zuvor noch absolut Gesetzte wird hinterfragt und Alternativen werden plötzlich denkbar. Zu dem meist

151 Vgl. ebd., S. 18.
152 Vgl. ebd., S. 85.
153 Ebd., S. 29.
154 Vgl. Mezger 2013, S. 70.

negativen Bild des Teufels mag diese Deutung nicht so recht passen. Die hier zum Ausdruck kommende Ambivalenz ist ein Symptom der inneren Spaltung, die selbst dem Teufel eigen ist.[155] Wohl auch deshalb lässt Goethe seinen Mephisto auf die Frage Fausts, wer er denn sei, antworten: »Ein Teil von jener Kraft, / Die stets das Böse will und stets das Gute schafft.«[156] Eming und Fuhrmann illustrieren diesen Befund anhand des *Pacher Altars*. Seine Sonntagsseite stellt die Versuchung Christi dar. Der Teufel ist durch Hörner und Krallenfüße gekennzeichnet. Im Verhältnis zu Christus präsentiert er sich aber als dem Messias zugewandter Interaktionspartner.[157] Durch das Gespräch veranlasst er im Gegenüber eine Reflexion. Im Menschen ein Selbst-Bewusstsein zu wecken, ist somit als die zentrale Funktion des Teufels aufzufassen.

Mezger stellt in diesem Kontext fest, dass die Verteufelung der Fastnacht von kirchlicher Seite nicht allein im »abstrakt-katechetischen Sinne«[158] zu verstehen ist. Diverse Archivalien wie Ratsprotokolle und Gerichtsakten belegen das närrische Teufelstreiben im Spätmittelalter. Über das Aussehen der Teufelskostüme geben die Nürnberger Schembartbücher Auskunft. Es entsprach den Vorgaben christlicher Ikonographie. Das *Lexikon der christlichen Ikonographie* unterscheidet zwei Gattungen von Teufelsdarstellungen voneinander: Menschengestaltige Teufel haben meist eine schwarze oder blaue Körperfarbe und die Gestalt eines kleinen geflügelten Knaben, eines Äthiopiers, eines Engels oder eines Eidolons. Als zweite Gattung wird die der tiergestaltigen Teufel angeführt. Als Verkörperungen des Bösen gelten dabei hauptsächlich Schlange, Drache und Löwe, daneben aber auch Bär, Bock und Fledermaus. Mischwesen wie Sirenen, Kentauren, Najaden und Satyrn waren ebenfalls beliebt. Insbesondere im Hoch- und Spätmittelalter dominieren jene tiergestaltigen und teuflischen Fabelwesen, was Weltgerichtsbilder und Kapitelle aus jener Zeit eindrucksvoll belegen.[159] Jenem zweiten Typus entsprechen auch die närrischen Teufelsdarstellungen. Sie sind meist tierköpfig, gehörnt, fellüberzogen und mit Harken und Haken

155 Vgl. Eming / Fuhrmann 2021, S. 3 ff.
156 Goethe 2010, S. 39.
157 Vgl. Eming / Fuhrmann 2021, S. 21.
158 Mezger 2015, S. 21.
159 Vgl. Brenk 2015, Sp. 299 ff.; zu der zweiten Gattung lässt sich auch die Fastnachtsgestalt des Nachtkrabb der Murrhardter Narrenzunft zählen.

ausgestattet. Die Kostümierungen spiegeln die antithetische Betrachtungsweise der Zeitgenossen wider. In einer Predigt des Franziskaners Johannes Pauli, die dieser Ende des 15. Jahrhunderts vor der österlichen Bußzeit hielt, heißt es: »In der fasnacht sint die menschen [...] abgeschtigen zu der hell: [...] jetz im hailsamen zyt der fasten söllint wir widerumb uffstigen [...] und komen zu unsrem vatterland, der himelschen Jerusalem.«[160] Man könnte zu der Einschätzung gelangen, dass im Spätmittelalter auch in der Fastnacht die »formende Macht der Kirche« am Werk gewesen sei. Allerdings waren die jugendlichen Akteure, die unter den Teufelskostümen steckten, in den meisten Fällen keine Erfüllungsgehilfen der Kirche. Vielmehr können sie als vormoderne Kabarettisten angesprochen werden, die das, was sie in den Predigten hörten, parodierten und persiflierten. Als Persiflage ist insofern auch der beim Schembartlauf typische Themenwagen, der »Hölle« genannt wurde, zu werten. Die Wende vom 15. zum 16. Jahrhundert beendet schließlich die Dominanz der Teufelsgestalten und eine neue Figur avanciert zum Protagonisten des närrischen Treibens.[161]

2.3 Der Narr

Jene Entwicklung deutet sich bereits im Hochmittelalter an. Im sog. Paradies der Laacher Klosterkirche wurde ein Figurenkapitell (Abb. 3) verbaut, das sich durch eine besondere Gestaltung auszeichnet. Dargestellt ist eine Aktfigur, die auf einem Vogeldrachen reitet. Wie weiter oben dargelegt, verkörpert dieses Fabelwesen offensichtlich den Teufel, was sich mit der allgemeinen Deutung des Kapitells als Darstellung der

Abb. 3: Figurenkapitell im sog. Paradies der Abteikirche Maria Laach (»Samson-Meister«, um 1200).

160 Warnock 1970, S. 214.
161 Vgl. Mezger 2015, S. 21 ff.

Unzucht deckt. Hervorzuheben ist allerdings, dass der Drache eine Narrenkappe trägt.[162]

In Frankreich und in den Niederlanden werden in der Frühen Neuzeit vor Aschermittwoch sog. »Narrenreiche« ausgerufen, wobei eine Narrenmutter, ein Narrenprinz oder ein Narrenkönig dem närrischen Tumult vorsteht. Die größte Dichte solcher Institutionen lässt sich in Flandern und Brabant beobachten, aber auch im deutschsprachigen Raum (z. B. Augsburg) finden sich vergleichbare Einrichtungen.[163]

Die ältesten Darstellungen von Narren entstammen den Psalterhandschriften. Der Beginn des 52. Psalms lautet: »Dixit insipiens in corde suo: non est Deus«, zu deutsch: Der Narr sprach in seinem Herzen, es gibt keinen Gott.[164] Untersucht man die verschiedenen Psalterhandschriften, dann ergeben sich unterschiedliche Varianten der bildlichen Darstellung des Narren. Entweder ist er allein abgebildet oder zusammen mit dem Teufel, was die inhaltliche Nähe der beiden Figuren unterstreicht. Daneben gibt es die Tradition, den Insipiens mit Sauls Selbstmord in Verbindung zu bringen. Die für die vorliegende Abhandlung vorrangige ikonographische Tradition ist aber die Darstellung des Aufeinandertreffens des Narren mit dem weisen König David. Auch hierin drückt sich wiederum die Konzeption strenger Antithetik aus, was an der Psalterhandschrift, die in der Nationalbibliothek in Paris aufbewahrt wird und zwischen 1220 und 1230 entstand, gut abzulesen ist. König David ist prunkvoll gewandet und trägt die Insignien seiner königlichen Macht – Krone und Zepter – als Symbole seiner gottgegebenen Herrschaft. Insgesamt strahlt er Ruhe aus. Der Narr hingegen versucht jene Ruhe zu stören, er ist halb nackt und hat ein verwahrlostes Erscheinungsbild. Die Narrenkeule ist das Gegenstück zum königlichen Zepter und repräsentiert die törichte Selbstgefälligkeit seines Trägers.[165]

Mit dieser Darstellungsweise geht eine spezielle Deutung des Narren einher: »Tatsächlich repräsentiert der Narr in typologischer Hinsicht jenen rückwärtsgewandten, außerhalb der gottgewollten Ordnung stehenden,

162 Vgl. Winterfeld 2004, S. 69.

163 Vgl. Mezger 2015, S. 23.

164 Vgl. Ps 52 (nach Zählung der Vulgata); Ps 53 nach hebräischer Nummerierung.

165 Vgl. Mezger 1981, S. 15 f.; nackt auch deshalb, weil er die ›nackte‹ Wahrheit präsentiert.

Verwirrung stiftenden Typus, den nur der weise und gerechte Herrscher als Antitypus überwinden kann.«[166] Für Paul Radin steht der mittelalterliche Spaßmacher in der Tradition des sog. Tricksters, ein sich durch die gesamte Kulturgeschichte ziehender Typus, der sich durch permanente Grenzüberschreitung auszeichnet:

> »Many of the Trickster's traits were perpetuated in the figure of the mediaeval jester, and have survived right up to the present day in the Punch-and-Judy plays and in the clown. Although repeatedly combined with other myths and frequently drastically reorganized and reinterpreted, its basic plot seems always to have succeeded in reasserting itself.«[167]

Der Narr als negatives Gegenbild zum Herrscher ist in seiner Ursprünglichkeit also weniger Spaßmacher bzw. vormoderner Entertainer, sondern fleischgewordene Mahnung. In jener Zeit kursierte die Geschichte von König Robert von Sizilien, der aufgrund seiner Überheblichkeit zum Hofnarren degradiert worden war und nun in seinem eigenen Palast den Gaukler mimen musste. Insofern hatte der Narr den König permanent an die Tugend christlicher Demut zu erinnern.[168]

Der Psalter Karls VIII. (Abb. 4), der Ende des 15. Jahrhunderts angefertigt wurde, illustriert das inzwischen in fast ganz Europa vereinheitlichte Bild des Narren, das abermals Ausdruck der Antithetik zwischen Narr und König ist: Die Eselsohren-

Abb. 4: Initial zu Psalm 52, Psalter Karls VIII., *Narr und König David* (Frankreich um 1490).

166 Ebd., S. 16.
167 Radin 1972, S. 23.
168 Vgl. Mezger 1981, S. 17; Frank Wedekind hat die Geschichte von Robert von Sizilien in seinem Schauspiel *König Nicolo* literarisch verarbeitet.

kappe fungiert nun als närrische Krone und ein buntes oder eselsgraues Gewand kontrastiert mit dem Herrschergewand des Königs.[169] Narrenschellen rekurrieren auf die Glöckchen am Saum kaiserlicher Gewänder (sog. *tintinnabula*). Mezger sieht hierin eine Analogie zu Paulus. Im ersten Korintherbrief heißt es: »Wenn ich mit Menschen- und Engelszungen redete, hätte aber die Nächstenliebe nicht, wäre ich ein klingendes Erz und eine tönende Schelle.«[170] Mezger zieht aus dieser Analogie folgenreiche Schlüsse: Dem Narren ist die fleischliche Liebe wichtiger als die selbstlose *caritas*. Er ist triebgesteuert und insofern geistlos, worauf das Attribut der Schweinsblase oder Wurst als Phallussymbol anspielt. Auch die Bekrönung der Kappe mit einem Hahnenkamm ist Ausdruck dieser gottlosen Triebhaftigkeit.[171] Für Lurker stellt die besondere Narrentracht aber auch ein Mittel dar, um Wahnsinnige als solche kenntlich zu machen, das häufig kahl geschorene Haupt des Narren ist dementsprechend als Stigmatisierung zu bewerten.[172] Die Marotte ist die Weiterentwicklung der Narrenkeule und zeigt ein holzgeschnitztes Porträt ihres Trägers, was dessen närrische Selbstgefälligkeit symbolisieren soll. Aus dem Symbol der Marotte geht schließlich das Attribut des Spiegels hervor, über das Foucault schreibt:

> »Das Symbol des Wahnsinns wird künftig dieser Spiegel sein, der, ohne etwas Wirkliches wiederzugeben, heimlich für denjenigen, der sich darin betrachtet, den Traum seiner Voreingenommenheit spiegeln würde. Der Wahnsinn hat nicht so sehr mit der Wahrheit und der Welt zu tun als mit dem Menschen und der Wahrheit von ihm selbst, die er wahrzunehmen versteht.«[173]

169 In Shakespeares *Sommernachtstraum* wird der sich selbst zum Narren machende Handwerker und Laienschauspieler Niklas Zettel vollends zum Esel, indem die mythischen Wesen im Wald vor den Toren Athens ihn vorübergehend in einen solchen verwandeln; eine humoreske Adaption des Stoffs lieferte Andreas Gryphius mit seinem Schimpfspiel *Herr Peter Squentz*. Überhaupt ist das Sich-zum-Narren-Machen ein beliebtes Thema der Literatur, Michael Endes Schauspiel *Die Spielverderber* trägt wohl gerade deshalb auch den alternativen Titel *Das Erbe der Narren*.

170 1 Kor 13,1.

171 Vgl. Mezger 2015, S. 23.

172 Vgl. Lurker 1979, S. 400.

173 Foucault 2016, S. 45.

Hinzu kommen die Narrenorden als Gegenstück zu den königlichen Ordensketten und die gläserne Kugel der Vanitas, die die Nichtigkeit irdischer Existenz versinnbildlicht und den Reichsapfel als Symbol der Welt konterkariert. Die sog. Zweilichter-Theorie unterstreicht die weiterhin geltende Antithetik zwischen Sapiens und Stultus. Während der König für das stete Licht der Sonne steht, verkörpert der Narr den Schein des Mondes:[174] »Der Herrscher als Repräsentant der gottgewollten Ordnung verkörpert die [dem Narren] entgegengesetzte, lichte Seite. Auch hier begegnet uns die Aufspaltung menschlicher Identität in die Dualität ›gut – böse‹, die in der antipodischen Maskierung von Narr und Herrscher veranschaulicht wird.«[175]

Allgemein ist das Spätmittelalter eine Zeit des Umbruchs, der sich in geistiger, wirtschaftlicher und gesellschaftlicher Art und Weise manifestiert. Der Glaube an einen baldigen Weltuntergang wird mit einer überbordenden Torheit begründet. Foucault schreibt in diesem Zusammenhang: »Das Ersetzen des Todesthemas durch das des Wahnsinns bedeutet keinen Bruch, sondern eher eine Torsion innerhalb der gleichen ängstlichen Unruhe.«[176] Der Angst vor der Absolutheit des Todes begegnet man mit Ironie, die Angst wird der Macht über den Menschen beraubt, indem sie zum Objekt des Gespötts gemacht wird. So wird der Narr ab ca. 1480 nördlich der Alpen zu einer Symbolfigur, die die Sündhaftigkeit des Menschen repräsentiert. »Da nun die Fastnacht«, so Mezger, »nach Ansicht der Theologen ebenfalls nichts anderes war als die zeitlich befristete Demonstration einer heillosen, gottfernen Welt, drängte sich dort die Gestalt des Narren als zentrale Figur und wichtige Spielrolle geradezu auf.«[177] Von Bedeutung ist in diesem Kontext wiederum Brants *Narrenschiff*. Es ist laut Mezger »Sinnbild für die durch eigenes Verschulden vom Untergang bedrohte Menschheit«.[178] Zu seinen Passagieren zählen Vertreter aller erdenklichen Torheiten. Von sog. Narrenschiffen geht in der Zeit

174 Vgl. Mezger 1981, S. 19.

175 Ebeling 1984, S. 71.

176 Foucault 2016, S. 34.

177 Mezger 2015, S. 26.

178 Mezger 1981, S. 24; noch heute ist das ›Narrenschiff‹ eine gebräuchliche Metapher, so bezeichnete Friedrich Merz die Ampelkoalition jüngst als »rot-gelb-grünes Narrenschiff«.

der Renaissance eine große Symbolkraft aus. Foucault vertritt die These, dass es sich bei der Idee um eine Adaption der Argonautensage handelt:

> »Die Beschreibung solcher Schiffe, deren Mannschaft aus imaginären Helden, ethisch vorbildlichen oder gesellschaftlichen Typen sich auf eine große symbolische Reise begibt, die ihnen, wenn nicht das Glück, dann wenigstens die Gestalt ihres Schicksals oder ihrer Wahrheit bringt, entspricht dem Geschmack der Zeit.«[179]

Tatsächlich gab es zu jener Zeit Schiffe, die Geisteskranke von einer Stadt in die andere brachten. Individuen, die nicht der Norm entsprachen, wurden ausgegrenzt. Foucault spricht in diesem Zusammenhang von »Abweichungsheterotopien«.[180] So entstanden Irrenhäuser als Gegenorte, die der Verwahrung der Wahnsinnigen dienten. Als Ort ohne *Stabilitas loci* war das Schiff die prädestinierte Unterbringungsmöglichkeit für all jene, die nicht ›normal‹ waren: »Das Schiff, das ist die Heterotopie schlechthin.«[181] Die Mystiker des 15. Jahrhunderts prägten aber auch eine symbolische Deutung des Schiffs, indem sie es als Bild der menschlichen Seele setzten. Diese war dem Wahnsinn in gleicher Weise ausgesetzt wie das Schiff den Wogen des Meeres. Nur der feste Anker des rechten Glaubens versprach Rettung.[182] Die Illustration zum 103. Kapitel des *Narrenschiffs* handelt vom »endkrist« und unterstreicht die theologische Dimension der Narrenidee zu jener Zeit. Der vermeintliche Erlöser führt die Verblendeten ins Verderben. Das »Narrenschiff« wird zum Antitypus von »sant peters schifflin«, das der Apostelfürst selbst als neutestamentliche Arche Noah durch die wogende See leitet. Nach wie vor gilt also, dass Narrheit für Ungläubigkeit und Gottesferne steht, eine Denktradition, die durch Psalm 52 begründet wurde.[183]

Um 1500 deutet sich allerdings eine Weiterentwicklung dieses Konzepts an. Programmatisch für diesen Wandel ist das von Josse Bade publizierte Werk *La grant nef de folles*. In der Szene, die den Titel *la nef de*

179 Foucault 2016, S. 25.
180 Foucault 2002, S. 40.
181 Ebd., S. 46.
182 Vgl. Foucault 2016, S. 25 ff.
183 Vgl. Brant 2019, S. 470 ff.

folles de Eve trägt, empfängt Eva auf einem Schiff, das von rudernden Teufeln mit Eselsohrenkappen angetrieben wird, von der Schlange den Apfel vom Baum der Erkenntnis. Die Aussage »Eve, notre première mère« weist Eva als Mutter aller Narrheit aus. Das oben bereits mehrfach thematisierte Prinzip der Antithetik findet hier seine Entsprechung. Mezger weist Eva als »antithetische Präfiguration Mariens«[184] aus. Während Eva als »causa mortis« gilt, wird Maria als »causa salutis« verehrt.[185] Jene These stützt auch Foucault, wenn er den Mast des Narrenschiffs als Baum der Erkenntnis deutet.[186] Der Sündenfall ist der Grund dafür, dass der Mensch seine Unsterblichkeit eingebüßt hat. Dadurch, dass die Narrheit im Spätmittelalter mit der Erbsünde gleichgesetzt wird, rückt sie zwangsläufig in die Nähe des Todes. Der *Großbaseler Totentanz* aus dem 15. Jahrhundert ist Ausdruck dieser Entwicklung. Hier kommt es zur Begegnung zwischen Narr und Tod, wobei der Tod selbst ein Narrengewand trägt. Und auch auf vielen astronomischen Uhren des 15. und 16. Jahrhunderts ist der Narr dargestellt, wo er als Wächter über die endliche Zeit fungiert.[187] Die Pfarrkirche Heiligkreuz in Rottweil illustriert jene Denkweise bis zum heutigen Tag. In einer Seitenkapelle des Südschiffs befindet sich eine Gewölbekonsole in Gestalt eines Narren, die um 1495/96 geschaffen worden sein muss. In der nächsten Kapelle findet sich an entsprechender Stelle ein grinsender Totenschädel. Die beigefügte Aufschrift »Memento mori« gibt die omnipräsente Vergänglichkeitsvorstellung der damaligen Zeit wieder.[188] Die Kombination von Fastnacht und Tod, Ausschweifung und traurigem Ende, mutet aus heutiger Perspektive recht paradox an. Mezger löst dieses scheinbare Paradoxon allerdings auf, wenn er schreibt:

> »Wenn diesem gottesdienstlichen »Memento mori« mit wenigen Stunden Abstand der Auftritt der Narren vorausgeht, die bei aller vordergründigen Ausgelassenheit durch ihre Bedeutungsnähe zur Vergänglichkeit letztlich selber schon die Botschaft des nahen Untergangs in

184 Mezger 1981, S. 28.
185 Ebd., S. 29.
186 Vgl. Foucault 2016, S. 40.
187 Vgl. Mezger 1981, S. 29 ff.
188 Vgl. Mezger 2013, S. 11.

sich tragen, so wirken hier profaner Brauch und sakraler Ritus großartig zusammen.«[189]

Der Narr als Vanitas-Symbol, das ist für das 16. Jahrhundert durchaus typisch. Zum alten Hausschmuck der Fürsten von Hohenlohe zählt eine Prunkkette, die 1511 erstmals erwähnt wird. Auf einem Medaillon der Kette ist ein Narr im Profil dargestellt. 1842 interpretierte der Pfarrer von Markgröningen jenes Medaillon als *memento mori*-Symbol, denn anhand einer ungenauen Abbildung des Originals, das er nicht vor Augen hatte, hielt er die Darstellung für einen Totenschädel mit Narrenkappe. Der Künstler dieser verschollenen Abbildung, der dem 16. Jahrhundert zeitlich näher war als der Pfarrer, wollte den Narren offenbar als Vanitas-Symbol darstellen. Die wiederkehrende Buchstabenfolge »mhbnm« lässt sich mit Hilfe des Lexikons lateinischer und italienischer Abkürzungen aufschlüsseln: »mh« hat hiernach die Bedeutung »mortis hora«, »bnm« steht für »bonae memoriae«. Die Botschaft ist für Mezger klar: »Zur rechten Erinnerung an die Todesstunde«.[190]

Betrachtet man die Kette noch etwas genauer, dann erinnert der darauf dargestellte Narr an den antiken Sklaven, der dem siegreichen römischen Feldherrn im Triumphwagen gegenübersitzen musste. Er hatte die Aufgabe, dem Kriegshelden seine menschliche Begrenztheit bewusst zu machen. Der Holzschnitt zu dem Lehrgedicht *Die Pluemen der Tugent* von Hans Vintler aus dem Jahre 1486 stellt diese Analogie ebenfalls her. Dargestellt ist der triumphale Einzug eines römischen Kaisers in Rom.[191] Der dem Kaiser gegenübersitzende Sklave trägt allerdings die Narrentracht des 15. Jahrhunderts. Die entsprechende Textstelle nutzt ausschließlich die Bezeichnung ›Narr‹ für die Rolle des Sklaven.[192] Die Botschaft: »du solt nicht hochfart haben«.[193]

189 Mezger 2015, S. 27.

190 Vgl. ebd., S. 35 ff; auch Shakespeares Hamlet verweist auf dieses Motiv, wenn er in der 1. Szene des 5. Akts den Totenschädel des früheren Hofnarren Yorick in der Hand hält.

191 Eine schriftliche Erwähnung jener Praxis findet sich ferner in der spätmittelalterlichen Exempelsammlung *Gesta Romanorum*.

192 Vgl. Mezger 2015, S. 38 f.

193 Vintler 1874, S. 190.

Das Werk *Der Narr und das Mädchen* von Hans Sebald Beham aus dem Jahr 1540 bietet ein analoges Bild und leitet zum folgenden Kapitel über. Dargestellt ist ein Narr, der einem Mädchen eine Blume überreicht. Ein Jahr später brachte Beham die Radierung als Kupferstich heraus, wobei er das Narrengesicht durch einen Totenkopf ersetzt. Das Mädchen erhält nun keine Blume mehr, sondern ein Stundenglas, was zur lateinischen Inschrift, die übersetzt »Die ganze irdische Schönheit des Menschen macht der Tod vergehen« lautet, passt. Die Modifikation des Künstlers, die der oben dargelegten Narrenkonzeption seiner Zeit entspricht, ist zugleich eine Entlarvung, was zwangsläufig zu der Frage nach einer bedeutenden Kulturtechnik führt, die untrennbar mit dem närrischen Brauchtum verbunden ist – der Maske.[194] Foucault schreibt: »Was der Tod demaskiert ist nur Maske und nichts anderes.«[195]

2.4 Die Praxis des Maskierens

Eine im Rahmen dieser Untersuchung ebenfalls zu betrachtende Konstante des närrischen Brauchtums ist die Praxis, sich zu maskieren. Die Maskerade ist ein die Menschheitsgeschichte schon lange begleitendes Phänomen, dessen Ursprung im Dunkeln liegt, denn selbst Aristoteles konnte die Wurzeln der Maske nicht mehr rekonstruieren.[196] Naturvölker, so Ebeling, nutzen die Maske als Projektionsfeld der eigenen Identität. Sie dient der Vereinheitlichung widerstreitender Tendenzen zu einem Bild. Das zeigt, dass die Naturvölker die Ambivalenz ihres Innenlebens akzeptieren, das Maskieren ist dieser Argumentation folgend ein Akt der Selbstreflexion.[197]

Auch das Dionysos-Ritual der griechischen Antike greift diesen Gedanken auf. Auf einem pompejanischen Fresko ist zu sehen, wie dem Initianden ein rituelles Gefäß gereicht wird. In dem Gefäß erblickt er die göttli-

194 Vgl. Mezger 1981, S. 29 f.
195 Foucault 2016, S. 34.
196 Vgl. Aristoteles 2018, S. 25.
197 Vgl. Ebeling 1984, S. 60 ff.

che Dionysos-Maske, die man hinter ihm hochhält. Der Initiand erfährt auf diese Weise eine transzendentale Transgression.[198]

Die Fastnacht des Mittelalters war untrennbar mit der auf sie folgenden Fastenzeit verknüpft. Die Fastenzeit untersagte den Verzehr des Fleisches von warmblütigen Tieren, auch der Konsum aller aus Großvieh- und Geflügelhaltung gewonnenen Nahrungsmittel war verboten. Die Fastenzeit bedeutete aber eine zweifache Abkehr vom Fleisch, denn man hatte nicht nur auf die o.g. Speisen zu verzichten, auch sexuelle Enthaltsamkeit war geboten. Die Fastnacht war also die letzte Möglichkeit, vor der nahenden ›Durststecke‹ noch einmal ausschweifend zu leben. Zu den Gelagen kommen schon früh weitere Gestaltungselemente wie Musik und Tanz hinzu. Ab dem 14. bzw. 15. Jahrhundert praktizieren die ledigen Handwerksgesellen diverse Spiel- und Schaubräuche. Hierzu zählen Umzüge wie der Nürnberger Schembartlauf, aber auch die noch näher zu beleuchtenden Fastnachtsspiele. Die Praxis des Maskierens kommt laut Mezger allerdings erst mit der fortschreitenden Diabolisierungstendenz der Fastnacht auf.[199]

Ab ca. 1450 kommt es zur Herausbildung eines recht klaren Figurenrepertoires, zu dem nicht nur Teufel und Narr gehören. Wilder Mann und altes Weib, Repräsentanten gesellschaftlicher Randgruppen, der Bauer sowie Tierverkleidungen erfreuen sich ebenfalls großer Beliebtheit.[200] Dabei handelt es sich durchweg um Negativgestalten. Bei einer Grabung im Jahr 1990 wurde in der Rosengasse in Ulm das Fragment einer Larve aus dem 15. Jahrhundert gefunden, die dämonische Gesichtszüge aufweist.[201]

Abb. 5: Gesichtsmaske, die hexenhafte Züge trägt und in das 19. Jahrhundert datiert wird. Sie stammt aus dem Moselraum und zeigt, dass sich die traditionellen Negativgestalten auch in Gebieten, in denen der rheinische Karneval dominiert, noch lange halten konnten (Eifelmuseum Mayen).

198 Vgl. ebd., S. 65.
199 Vgl. Mezger 2000, S. 111 ff.
200 Vgl. ebd., S. 116.
201 Vgl. Mezger 2015, S. 27.

Die Masken und Kostüme wurden in erster Linie für kirchliche Prozessionen angefertigt, die man sich im späten Mittelalter als Figuralprozessionen vorzustellen hat. Mezger bezeichnet diese Praktik als »mobiles liturgisches Schauspiel«.[202] Den Rest des Jahres wurden die Kostüme in den Sakristeien aufbewahrt. Über die Fastnachtstage war es aber erlaubt, sie auszuleihen. In der Überlinger Fastnachtsordnung aus der Zeit zwischen 1496 und 1499 wird berichtet, dass wer vor Aschermittwoch das »tewfel häs« (Teufelskleid) vom Kirchenpfleger ausgeliehen hatte, dies anschließend wieder – wie vereinbart – zurückzugeben hatte. Wer sich hingegen ein eigenes Kostüm anfertigen ließ, der wurde verpflichtet, es für den »Crutzganng« (wahrscheinlich Fronleichnam) zur Verfügung zu stellen. Es zeigt sich ein kooperatives Verhältnis zwischen Kirche und den Fastnachtsnarren, das allerdings nicht immer konfliktfrei blieb.[203] Im *Freiburger Ratsprotokoll* von 1566 heißt es: »Es ist erkhanndt, die personen, so in den kleidern, die man im passion gepraucht, in mumeri und butzenweise diese vaßnacht geloffen seindt etc. gefenklich inzelegen und zustraffn.«[204]

Die Kirche fürchtete solche Ausartungen des närrischen Treibens, obgleich man sie selbst in den eigenen Reihen praktizierte. Einfache Priester wurden zum Narrenbischof bzw. Papst gewählt. Papst Innozenz III. (1198–1296) sah sich daher dazu veranlasst, jegliche Form der Maskerade und des Theaters aus den Kirchen zu verbannen. Wie schwierig sich die Durchsetzung dieses Verbots gestaltete, zeigt der Umstand, dass das Provincial-Konzil von Köln erst 1536 bezeugen kann, dass diese Verordnung in seinem Sprengel auch tatsächlich umgesetzt wurde. Zugleich geraten auch die Repräsentanten weltlicher Macht ins Fadenkreuz der Fastnachtsnarren. In Nordspanien und Süddeutschland nutzten Stiftsherren und Bürger vom 12. bis 14. Jahrhundert Maskenzüge und Schaubühnen, um im Schutz der Maske lebende Könige und Fürsten nachzuahmen.[205] Die parodistische Darstellung lebender Persönlichkeiten setzt sich bis in die Frühe Neuzeit hinein fort. Im Nürnberger Schembartlauf von 1536 ahmte man den reformierten Theologen Andreas Osiander täu-

202 Ebd., S. 28.
203 Vgl. ebd.
204 Freiburger Ratsprotokoll 1566, zit. n. Mezger 2015, S. 29.
205 Vgl. Ebeling 1984, S. 67 f.

schend echt nach und verspottete ihn auf diese Weise. Er stand auf dem als »Hölle« bezeichneten Hauptwagen, trug einen schwarzen Talar und ein Barett und wurde umtanzt von gehörnten Teufeln und Narren. Es kam zum Eklat und nach einer Beschwerde beim Stadtrat wurde der Schembartlauf schließlich verboten.[206]

Die sog. Schembartläufer zeichnen sich durch einen besonderen Verkleidungstypus aus, der vor 1500 in Erscheinung tritt. Sie werden gemimt von adrett gekleideten Akteuren, die eine jugendlich und freundlich lächelnde Maske tragen, welche auch als »Glattlarve« bezeichnet wird. Die frühesten Darstellungen jener Larven entstammen der italienischen Renaissance. Den Deckel für das Gemälde *La Monaca*, das um 1500/10 entstand, ziert eine fleischfarbene, leicht feminin wirkende Maske mit ebenmäßigen Zügen. Der lateinische Text lautet: »SVA CVQVE PERSONA«, übersetzt: Jedem seine Maske. Für die vorliegende Untersuchung ist dieses Kunstwerk von essentieller Bedeutung, stellt es doch die Frage nach der eigentlichen Identität des Menschen. Der sog. *Ligsalzepitaph* (Abb. 6), der um 1545/50 von Hans Mielich geschaffen wurde, bringt eine vergleichbare Botschaft zum Ausdruck: Der auferstandene Christus triumphiert mit einer Siegesfahne über Tod und Teufel, der eine freundliche Glattlarve mit rosigem Teint umklammert. Wenn das erstgenannte Gemälde die Frage nach dem eigentlichen Wesen des Menschen aufgeworfen hat, dann gibt der Epitaph die Antwort: Hinter den schönen Masken lauern Abgründe, hinter ihnen versteckt sich das Böse. Die Glattlarve dient in der bildenden

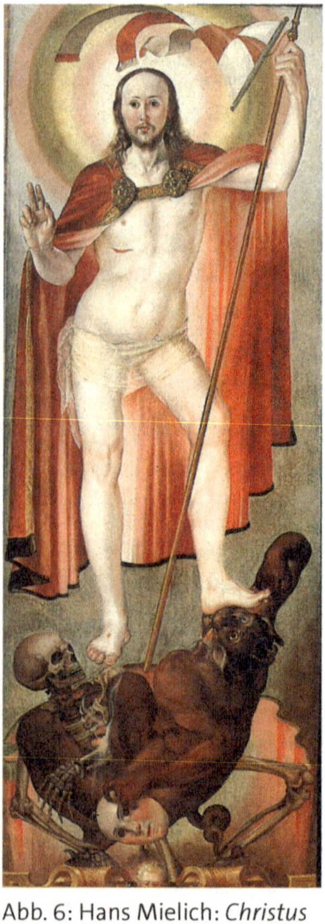

Abb. 6: Hans Mielich: *Christus als Triumphator über Tod und Teufel* (1545/50).

206 Vgl. Mezger 2015, S. 30 f.

Kunst als Sinnbild für Falschheit, Verführung und Täuschung.[207] Darauf verweist auch der Begriff »schembart«: Aller Wahrscheinlichkeit nach hat sich dieser aus dem Terminus »scheinbot« entwickelt, womit in spätmittelalterlichen Lastertraktaten ein Sendbote des Teufels gemeint ist, der als »Scheinbote« sein wahres Gesicht hinter einer Maske verbirgt.[208]

Hier lässt sich auch die Verbindung herstellen zu dem, was weiter oben über Identität gesagt wurde. Bei der Wahl des Kostüms, einer Maske oder generell der Kleidung versucht das Subjekt, sich ein Bild von den Erwartungen des mitunter unbekannten Gegenübers zu machen. Kleidungsstücke repräsentieren einen ganz bestimmten Teil von einem Individuum, während andere Facetten verborgen bleiben. Maskierung ist insofern stets ein Akt der Selbstdarstellung:

> »Die äußere Erscheinung gibt immer nur einen Teilbereich des eigenen Selbstbildes wieder, sorgfältig abgestimmt auf die jeweilige Situation und alle anderen Seinsmöglichkeiten ausschließend, sowohl diejenigen, die mir bewußt sind, als auch jene Bereiche meines Selbst, von denen ich noch nichts weiß.«[209]

Anselm Strauss spricht in diesem Zusammenhang vom »potentielle[n] ›Ich‹«.[210] Indem die Maske eine Praktik der Selbstdarstellung ist, ist sie zugleich auch ein Akt der Selbstverleugnung. Das Selbst als individuelle Persönlichkeit stellt Ebeling sich als Orgel mit vielen Registern vor. Derjenige, der im Alltag immer wieder dieselben Register zieht, trägt eine Maske, mit der er starr und unbeweglich wirkt. Sein Verhalten wird marionettenhaft.[211] Psychologen beschreiben die Praxis des Maskierens als »Sich-selber-Aufgeben«,[212] insofern stellt der Rollenwechsel durch die Maskierung jedes Mal wieder ein Sterben dar. Die im Folgenden dargelegte etymologische Analogie kommt daher wohl auch nicht von ungefähr: Die Larve im eigentlichen Sinne meint ein Skelett oder Gespenst. Auch der Begriff

207 Vgl. ebd., S. 31 ff.
208 Vgl. Mezger 2000, S. 125.
209 Ebeling 1984, S. 173.
210 Strauss 1974, S. 103.
211 Vgl. Ebeling 1984, S. 173 f.
212 Mezger 2000, S. 128.

›Scheme‹ bezeichnet die gespenstische Erscheinung eines Verstorbenen. Der Terminus ›Maske‹, der sich vermutlich vom langobardischen »masca« herleitet, bezeichnet in seinem ursprünglichen Sinne einen Wiedergänger. Die im vorangegangenen Kapitel thematisierte Nähe zwischen Narr und Tod wird also durch die zwischen Maskerade und Sterben ergänzt.[213]

Die wichtigste Funktion des Maskierens, die sich bis heute erhalten hat, bringt Mezger auf den Punkt:

> »Als Unerkannter hat er nämlich die einzigartige Möglichkeit, mit seinem nicht verkleideten Gegenüber einmal über sich selbst wie über einen abwesenden Dritten zu sprechen, um dabei – eventuell gar nicht so leicht erträglich – die Inkongruenzen zwischen Selbst- und Fremdeinschätzung der eigenen Person hautnah zu erfahren.«[214]

Eine Frage aber, die auch Mezger nicht zu beantworten weiß, bleibt: Ist es nicht vielleicht so, dass wir tagtäglich Masken tragen und im Karneval unser wahres Gesicht zeigen?[215] In jedem Fall, so Gerd-Klaus Kaltenbrunner, handelt es sich bei der Praxis des Maskierens um einen Akt der Selbstbefreiung:

> »Es gibt einen menschlichen Urdrang nach Verwandlung. Er äußert sich in den verschiedensten Formen: in Kunst, Dichtung, Musik und Tanz [...] aber auch in den Exzessen von Traum, Rausch, und Hochstapelei. [...] In dem er [der Mensch] sich maskiert, scheint er sich aus dem Ernst des Lebens zu schwindeln und oft auch aus dem Ernst des Sterbens heraus. Aber indem er leugnet, daß der Alltag ›alles‹ sei, bricht er aus in eine Freiheit, die es ihm gestattet, mehrere ›Ich‹ spielerisch zu erproben.«[216]

213 Ebd., S. 128f.
214 Ebd., S. 130.
215 Vgl. ebd., S. 131.
216 Kaltenbrunner 1982, S. 194.

2.5 Zwischenfazit

Die Wurzeln des Karnevals in seiner heutigen Form reichen bis ins Mittelalter zurück. Die Autoritäten der Zeit – Staat und Kirche – gestanden dem Volk, um es zu befrieden, zeitlich begrenzte Freiheiten zu. Während des Karnevals hatten die Niederen die Chance, einmal Obrigkeit zu spielen und ihrem Alltag auf diese Weise temporär den Rücken zu kehren. Dies war mit schallendem Gelächter verbunden. Das Lachen, so Michail Bachtin, kann als Sieg über die Furcht gelten.

Gemäß der Lehren des Augustinus wurde die Fastnacht als Gegenwelt zum von der Kirche propagierten Gottesstaat gedeutet, stand der während des Karnevals praktizierte Exzess der seitens des Klerus geforderten Enthaltsamkeit doch diametral gegenüber. In diese Denktradition lässt sich auch der Narr einordnen, der unter Rückgriff auf das Alte Testament zunächst als Gottesleugner verstanden wurde. Marotte und Spiegel stehen für seine Selbstzentriertheit, die die Liebe zu Gott und zum Nächsten unmöglich macht. Aufgrund seiner Verbindung zur Erbsünde wird er schließlich sogar zum Todesboten. Der Narr als Wahrheitskünder ist eine frühneuzeitliche Erscheinung.

Auch die Maske steht in Zusammenhang mit dem Tod. Die ersten Masken, die im Karneval Verwendung fanden, waren solche, die eigentlich während kirchlicher Prozessionen eingesetzt wurden und die man sich für das Narrenfest ausborgte. Diese diabolisierenden Schemen wurden um 1500 durch die aus Italien stammende Glattlarve ersetzt. Mit ihr, so lässt zumindest die bildende Kunst vermuten, wurde nun auch die Frage nach der eigentlichen Persönlichkeit verhandelt. Während man beim Maskieren ein bestimmtes Teil-Selbst hervorhebt, werden andere Seinspotenziale verleugnet. Das Maskieren bedeutet insofern auch immer das Sterben eines bestimmten Teil-Ichs. Gleichsam ermöglicht es aber eben auch das In-den-Dialog-Treten. Bachtin spricht in diesem Kontext vom grotesken Leib, der sich an der Grenze zweier Leiber konstituiert.

3 Das Fastnachtsspiel des Matthäus Creutz

3.1 Das Fastnachtsspiel – eine literarische Gattung zwischen den Epochen

Mit der Gattung des Fastnachtsspiels beginnt die Geschichte der literarischen Rezeption des Karnevals. Als Beispiel ist ein bislang wenig rezipierter Text von Matthäus Creutz gewählt worden, weil es sich um einen regionalen Beitrag handelt, denn Creutz stammt aus der Bäckerjungenstadt Andernach und hat sich dort nicht nur aufgrund seines schriftstellerischen Schaffens einen Namen gemacht.

Herweg bezeichnet das Fastnachtsspiel als Hauptgattung des weltlichen Spiels am Übergang vom Spätmittelalter zur Frühen Neuzeit. Konstitutive Merkmale sind neben der Reimform ein weites thematisches Spektrum zwischen Spaß und Ernst sowie die anlassgebundene Funktion im Rahmen städtischer Festkultur. Das letzte Merkmal führt zu Kriterien, die die Gattung bestimmen: Die Konzeption des Spiels ist an die Fastnachtskultur gebunden und die Stadt ist der Ort der Inszenierung. Die Bindung an bestimmte Städte bedingt dann die Herausbildung spezifischer Spieltraditionen.[217]

Betrachtet man das Fastnachtsspiel von einer begriffsgeschichtlichen Warte aus, dann ist festzustellen, dass sich das Wort *spil* im Spätmittelalter durch eine heute kaum mehr nachvollziehbare Vieldeutigkeit auszeichnet. Es meint den Scherz und das Vergnügen, aber auch musikalische Einlagen werden als *spil* bezeichnet. Die Bedeutungsvielfalt wird ergänzt durch Kampf-, Sport und Liebesspiele. Herweg konstatiert: »Im

217 Vgl. Herweg 2009, S. 254.

›Fastnachtsspiel‹ vereinigen sich wohl beide genannten Bedeutungsakzente: die an Dialogizität und Aufführung geknüpfte Gattungstypik und ein mit der Fastnacht verbundener überwiegend unernst-derber Gehalt.«[218]

Um eine nähere Definition des Fastnachtsspiels hat sich Catholy bemüht. Für ihn sind hierbei vier Ebenen von Bedeutung: Stilistisch macht er eine Dominanz des Grobianischen bzw. Burlesken aus, die obszöne und fäkalische Sprachkomik sieht er mit entsprechenden Themenkomplexen kombiniert. Literatursoziologisch argumentierend, geht Catholy davon aus, dass die Spiele von Handwerksburschen aufgeführt wurden. In performativer Hinsicht handelt es sich zum einen um bühnenlose Auftritte, z. B. im Wirtshaus, zudem waren die Inszenierungen an andere fastnächtliche Darbietungen gebunden. Formal stellt Catholy fest, dass es sich bei den Fastnachtsspielen um Stücke mittleren Textumfangs handelt. Für Herweg wird diese Definition der Komplexität jener Spieltradition nicht gerecht, denn selbst unter den Nürnberger Fastnachtsspielen gibt es eine Vielzahl, die auf Kritik und Belehrung abzielt.[219]

Herweg definiert die hier zu thematisierende Gattung auf anderem Wege, indem er von einer doppelten Gebundenheit des Fastnachtsspiels ausgeht. Es ist zeitlich an den Kirchenkalender gebunden und lokal an öffentliche Orte wie Wirtshäuser und Plätze. Als gattungsgeschichtliche Vorläufer sind die komischen Einlagen der sog. Mysterienspiele anzusehen, die seit dem 12. Jahrhundert bezeugt sind.[220] Nach Manfred Günter Scholz handelt es sich bei dem Begriff »Mysterienspiel« um eine Wortkreuzung aus dem lateinischen *ministerium*, zu deutsch »Gottesdienst«, und dem Begriff *mysterium*, was sich mit »Geheimnis« übersetzen lässt. Es handelt sich also um ein geistliches Spiel, das dazu dient, einer nur in geringen Teilen alphabetisierten Bevölkerung kirchliche Heilsoffenbarungen zu vermitteln. Die Mysterienspiele zeichneten sich durch einen z. T. enormen Umfang aus, nicht selten betrug die Spieldauer Wochen. Die englische Forschung setzt das Mysterienspiel oft mit dem Mirakelspiel gleich und fasst es als Oberbegriff für die spezielleren Gattungsbezeichnungen wie Weihnachtsspiel, Passionsspiel, Osterspiel und Fron-

218 Ebd., S. 255.
219 Vgl. ebd., S. 255 f.
220 Vgl. ebd., S. 256 f.

leichnamsspiel auf.[221] Hier deutet sich bereits die Verbindung zwischen kirchlichen Festen und närrischem Treiben an, die durch die zu sakralen Prozessionen und profanen Mummereien gleichermaßen genutzten Kostüme ihre Bestätigung findet.

Jene Koexistenz bestand aber nicht immer. Ebeling spricht von einer ablehnenden Haltung der Kirche gegenüber dem weltlichen Spiel:

> »Genauso wie die Kirche karnevalistischem Maskentreiben als Ausbund des Teuflischen feindlich gegenüberstand, so widersprach auch das Theater als Ort irdischen Vergnügens und seiner theatralischen Hinwendung zum Leben ihren ethischen Grundsätzen.«[222]

Die Kirche erreichte die Jahrhunderte währende Unterbindung des Theaters. Paradox ist dabei, dass sie mit dem mittelalterlich-liturgischen Drama selbst seine Renaissance einleitete. Die Schauspiele über das Leben Christi wurden mit der Zeit immer obszöner, was u.a. an vermehrten Auftritten von Teufelsgestalten lag, sodass schließlich weltliche Behörden deren Organisation und Beaufsichtigung übernahmen. Die Maske galt als Ausdruck des Bösen, die Tiermaske verkörperte die triebbestimmte Seite des Menschen. Durch die Identifikation mit den Masken wollte man Verdrängtes zumindest temporär ausleben. Ursprünglich waren die schwankhaften Farcen nur auflockernde Intermezzi in den Passionsspielen, mit der Zeit entwickelten sie sich aber zu eigenständigen Schauspielen, was die Verbindung zwischen Mysterienspiel und Karneval vollends verdeutlicht.[223] Nachvollziehbar wird diese Entwicklung, wenn man einen Blick auf die Entstehung des traditionsreichen *Hänneschen-Theaters* richtet. Frauke Kemmerling macht drei Wurzeln aus, die die Genese der Kölner Stockpuppenbühne beeinflussten. Dass die häufig in Köln gastierenden Commedia dell'arte-Truppen für das Hänneschen prägend waren, zeigt bereits das Kostüm der ihm seinen Namen gebenden Figur, denn bei der Umschlagkrause des Hänneschen handelte es sich ursprüng-

221 Vgl. Scholz 2007, S. 521.
222 Ebeling 1984, S. 113.
223 Vgl. ebd., S. 115f.

lich um den für den Harlekin typischen Kragen.[224] Seine dreiteilige Bühne geht hingegen auf das Steyrer Krippenspiel zurück,[225] was zu der für diesen Kontext entscheidenden Wurzel überleitet: Krippen- und Mysterienspiele entwickeln sich durch die Erweiterung um weltliche Inhalte und komische Elemente mehr und mehr zum Volkstheater.[226] Deutlich wird diese Verbindung, wenn man die frühen Zeugnisse des *Hänneschen-Theaters* einer Betrachtung unterzieht, denn bei der ältesten noch erhaltenen Puppe handelt es sich ausgerechnet um eine Teufelsfigur[227] und ein Stück, das der Anfangszeit der Stockpuppenbühne entstammt, thematisiert auf humorvolle Art und Weise das Martyrium des Hl. Laurentius.[228] Mit der Verweltlichung des Inhalts geht eine Politisierung einher. So ist es während der französischen Besatzung niemand anderes als das Hänneschen, das als Sprachrohr der Kölner Bürgerschaft die Wiedereröffnung der Universität fordert.[229]

Das Fastnachtsspiel ist im Hinblick auf seine Genese dem *Hänneschen-Theater* vergleichbar. Es spiegelt das Grundprinzip des Karnevalesken, nämlich die ausnahmehafte Subversion bzw. Normverkehrung wider: »Das Fastnachtsspiel wird hier, ganz in Bachtins Sinne, zu einer Art Übergangsritus im Kleinen.«[230] Die Fastnachtsspiele enthalten aber nicht selten auch Mahnung und moralischen Appell, denn die die Verderbtheit der Welt zur Schau stellende Fastnacht dient stets der Begründung der notwendigen Umkehr. Aus diesem weiten Spektrum der konkreten Ausformungen der Gattung des Fastnachtsspiels ergibt sich die Unterscheidung verschiedener Spieltraditionen.[231]

Als die bedeutendste lässt sich wohl die Nürnberger bezeichnen. Handwerksburschen und Patriziersöhne zogen von Haus zu Haus und kombinierten in ihren Inszenierungen die Fiktion des Spiels mit der Aufführungsgegenwart. Topische Verweise auf Bibel und antike Literatur waren

224 Vgl. Schwering 1982, S. 35.
225 Vgl. Trimborn 2002, S. 77.
226 Vgl. Kemmerling 2002, S. 142.
227 Vgl. Trimborn 2002, S. 78.
228 Vgl. Schwering 1982, S. 23.
229 Vgl. Trimborn 2002, S. 89.
230 Herweg 2009. S. 258.
231 Vgl. ebd.

durchaus üblich, Requisiten setzte man eher sparsam ein. Die Nürnberger Spieltradition lässt sich formal wiederum in zwei Gruppen unterteilen: Im sog. Reihenspiel sind die Reden der Akteure locker aneinandergereiht, das Handlungsspiel besteht im Gegensatz dazu aus komplexen, szenisch-dialogischen Sequenzen. Gerichts-, Handels-, Ehe- und Werbeszenen sind gern verwandte Situationsmuster, was mit den stehenden Rollentypen korrespondiert, unter denen v. a. der Narr als Repräsentant der fastnächtlich-verkehrten Welt heraussticht. Sprache und Thema sind meist grob und obszön. Aber auch in der Nürnberger Spieltradition gibt es jene Gattungsvariante, die auf Mahnung und religiöse Erbauung aus ist. Die entsprechenden Beispiele verhandeln gesellschaftliche, politische und religiöse Themen, ab dem 16. Jahrhundert werden selbst reformatorische Impulse verarbeitet. Der ›Kampf‹ zwischen Fastnacht und Fastenzeit gilt als beliebtes Thema und stellt schließlich die Verbindung zu den Niederlanden her, wo er – wie am Beispiel Bruegel dargelegt – v. a. Eingang in die bildende Kunst gefunden hat.[232]

Lübecker und Elsässer bzw. Schweizer Spieltradition haben in Abgrenzung zur Nürnberger einen eher ernsten Charakter. V.a. im Elsass und in der Schweiz zeichnen sich die Inszenierungen durch ein gesellschaftskritisches Potenzial aus. Das Lübecker Fastnachtsspiel mit dem Titel *Henselyns boek von der rechtferdicheyt* aus dem Jahre 1484 ist eine frühe Darstellung des weisen Narren, der allen gesellschaftlichen Ständen ihre Fehler vorhält und im Laufe der vorliegenden Untersuchung noch näher in den Blick genommen werden soll.[233]

Ein eher unrühmliches Kapitel der Gattungsgeschichte des Fastnachtsspiels ist das Thema der Juden. So beschreibt Hans Folz in seinem Fastnachtsspiel *Vom Herzog von Burgund* bestialische Verhaltensweisen von und Strafen für Juden, u. a. sollten sie an den Zitzen der sog. »Judensau«[234] saugen und ihren Kot essen. 1466 ordnete Papst Paul II. in Rom anläss-

232 Vgl. ebd., S. 259 ff.

233 Vgl. ebd., S. 261 f.; ein weiterer Hotspot der Narrendichtung war im Mittelalter die Stadt Konstanz: Die hier besonders zu Tage tretende Spannung zwischen Geistlichkeit und Eros sorgte ab dem 11. Jahrhundert für die Herausbildung des sog. Liebesnarrentums.

234 Vgl. hierzu die gleichnamige plastische Darstellung an der Stadtkirche von Wittenberg.

lich der Fastnacht Judenwettläufe an, die laut Clara Gallini noch im römischen Karneval der Barockzeit gebräuchlich waren. In seinem 1534 veröffentlichten *Weltbuch* warnt Sebastian Franck vor Juden und Heiden, die er bei den Brauchspielen in Franken beobachtet hatte und die in seinen Augen eine Gefahr darstellten.[235]

Die Diabolisierung der Narrenfigur im Mittelalter wurde weiter oben bereits thematisiert. Als Gottesleugner war der Narr der Antipode des Herrschers, den man von Gott selbst eingesetzt glaubte. Der Jude als Leugner Jesu steht dieser Argumentation folgend mit dem Narren auf einer Stufe. »Die Angehörigkeit der Juden zur ›civitas diaboli‹ erschien biblisch – etwa in der babylonischen Gefangenschaft – begründet und im Anschluss an die Beteiligung am Verrat und der Kreuzigung Jesu für das Mittelalter evident.«[236] Schon im Mittelalter praktizierte antijüdische Pogrome sind Zeugnis dieser Denktradition.

Quellen bezeugen, dass gerade die Jesuiten, die oftmals als Organisatoren der städtischen Fastnachtsspiele fungierten, Gegner der Juden waren. Im *Jüdischen Lexikon* von 1927 heißt es unter dem Stichwort ›Jesuiten‹:

> »Die Schüler der zahlreichen Jesuiten-Kollegien veranstalteten in einer Reihe von Städten [...] fürchterliche Gräuel gegen die Juden [...] Den Geist des Unterrichts zeigen auch die Jesuitendramen, d.h. die Dramen, die in den Jesuitengymnasien aufgeführt wurden; sie behandeln mitunter auch ›Ritualmorde‹, wirkten also propagandistisch für die Blutlüge (Halle 1624, Konstanz 1634).«[237]

Die pädagogische Aufgabe der Jesuiten bestand darin, mit Theater, also auch durch Fastnachtsspiele, gegenreformatorische Propaganda zu betreiben. Man bediente sich hierfür nicht selten Konstruktionen des Jüdischen. Anette Köhlers Untersuchung neuzeitlicher Fastnachtsspiele hat allerdings ergeben, dass keines der von ihr analysierten Spiele an die Denktradition des verteufelten Juden anknüpft. Das mag mitunter damit zusammenhängen, dass das Alte Testament positiv wie negativ ausgelegt werden

235 Vgl. Küster 2021, S. 93 f.
236 Ebd., S. 95.
237 Lieben 1987, Sp. 235.

kann. Aus christlicher Perspektive stellt es zwar eine überwundene Phase der Menschheitsgeschichte dar, zugleich dient es aber auch der konzeptionellen Vorbereitung des Neuen Testaments. Tatsächlich beteiligte sich die jüdische Bevölkerung, die um dieselbe Zeit im Kalenderjahr das Purimfest feierte, an den fastnächtlichen Spielen und Umtrieben.[238] Im Mittelpunkt des jüdischen Festes stand das Buch Esther. Die schöne Jüdin Esther soll am Hof des Perserkönigs Xerxes gelebt haben. Ihre jüdische Abstammung hatte sie diesem aber verheimlicht. Zum Konflikt kam es, als Esthers Ziehvater Mordechai sich nicht vor Haman, dem ersten Minister im Reich, verneigte. Der gekränkte Haman fasste daraufhin den Plan, alle Juden auszurotten. Um das Unheil abzuwenden, war nun auch Esther gezwungen, sich zu ihrem Glauben zu bekennen. Der König reagierte zornig auf die Pläne seines Ministers. Er entschloss sich, seinen Minister zu opfern statt die Juden töten zu lassen. Mordechai machte er zu seinem neuen Großwesir. Die Analogien zwischen Purim und Fastnacht sind kaum zu übersehen. Beide Feste feiern die temporäre Umkehrung der Ordnung: Dem christlich-fastnächtlichen Narrenkönig steht der jüdische Purim-Rabbíner gegenüber. Und so wie man die biblischen Gestalten durch die Aufführung von Passionsspielen zum Leben erwecken wollte, diente das Purim-shpil der theatralen Darstellung der Geschichten um Esther.[239] Die inhaltlichen Parallelen bedingten eine friedliche Koexistenz der beiden Bräuche, von Ausgrenzung und Diskriminierung ist hierbei nichts zu bemerken. Küster resümiert: »[...] es gehört ja gerade zum Wesen der Fastnacht, dass sie die Themen aufgreift, die sonst nicht präsent sein dürfen. Nicht zum Selbstzweck, sondern im Rahmen einer ernsthaften Auseinandersetzung mit üblicherweise abgelehnten Alternativen zu menschlich-alltäglichem Tun und Handeln.«[240] Dieser Befund soll allerdings nicht über den in der Frühen Neuzeit allgegenwärtigen Antisemitismus hinwegtäuschen, der – wie weiter ob zu sehen – zuweilen auch Eingang in die Fastnachtsspiele fand.

Im späten 16. Jahrhundert verliert das Fastnachtsspiel als literarische Gattung seine Wirkkraft. 1757 wird es just von Gottsched, der den Narren

238 Vgl. Küster 2021, S. 97ff.
239 Vgl. Schenk 1986, S. 25.
240 Küster 2021, S. 100.

fast 30 Jahre zuvor von der Bühne vertrieben hatte, wiederentdeckt. Dichter des Sturm und Drang und der Romantik nutzen das Fastnachtsspiel, um mit Scherz, Ironie und Satire literarisch zu experimentieren. So schrieb Goethe 1774 *Ein Fastnachtsspiel, auch wohl zu tragieren nach Ostern, vom Pater Brey, dem falschen Propheten. Zu Lehr, Nutz und Kurzweil gemeinter Christenheit, insbesonders Frauen und Jungfrauen zum goldnen Spiegel.*[241]

3.2 Zur Geschichte des Andernacher Karnevals

Über den Charakter des närrischen Treibens im Mittelalter lässt sich meist nur spekulieren. Rechnungsserien und Ratsprotokolle geben aber Hinweise, wie man sich das embryonale Stadium der Fastnacht in Andernach vorzustellen hat, also in der Stadt, der Matthäus Creutz, Autor des im Rahmen dieses Kapitels zu behandelnden Fastnachtsspiels, entstammt. In den Baumeisterrechnungen von 1416[242] tritt das Wort »Vassenaicht« erstmals in Erscheinung: »Item zo vassenaicht den burgeren und gesellen zo gelaiche und zeironge zo zwin zyden 4m.«[243] Hieraus lässt sich entnehmen, dass die bürgerlichen Fastnachtsfeiern jener Tage seitens der Stadt subventioniert wurden. Daneben belegen die Bürgermeisterrechnungen, dass auch Ratsherren fastnächtliche Gelage abhielten. So wird 1537/38 und 1550/51 berichtet, dass sich der Stadtrat an Fastnachtsdienstag zu einem Festessen im Rathaus traf. »[N]ach alter Gewohnheit« wurden Eier, Kuchen, Weizenbrötchen, Käse, Pfannkuchen sowie Weiß- und Roggenbrot verzehrt. Dass in der Rechnung die Tradition jener Praxis unterstrichen wird, ist ein Beleg dafür, dass der Brauch schon lange gepflegt wurde und – so Klaus Schäfer – möglicherweise bis in das 14. Jahrhundert zurückreicht.[244] Einträge zur Fastnachtszeit finden sich in den Andernacher Rechnungsbüchern zu fast jedem Jahr, da der Sonntag Invocavit ein wichtiger Termin war: Stadtrat, Bürgermeister und Ratsämter wurden an diesem Tag neu gewählt und das neue Rechnungsjahr begann.

241 Vgl. Herweg 2009, S. 263.
242 Vgl. Schäfer 2016, S. 7
243 Krüger 1986, S. 363.
244 Vgl. Schäfer 2006, S. 14.

Einen ersten Beleg für die Praktik, sich zu verkleiden, liefert das Ratsprotokoll von 1565. Hierin wird berichtet, dass der Andernacher Wirt Friedrich Wermerskirchen mit einigen Kumpanen »mommen gangen«[245] sei und im Schutz der Larve allerlei Schabernack getrieben haben soll. Die Ausgelassenheit der närrischen Tage wurde den Andernachern aber nicht jedes Jahr gewährt. In Not- und Kriegsjahren wurde das fastnächtliche Treiben verboten. Aber auch lapidarere Umstände gefährdeten zuweilen die Festivität. 1594 drohte ein Mangel an Wein die Durchführung der Fastnacht zu verhindern.[246]

Das erste Fastnachtsspiel wurde in Andernach wohl 1397 aufgeführt. In den Bürgermeisterrechnungen heißt es: »Den jungen burgern, die dat spil hatten ufme aldenmarte und waren düytsche herren und heyden«.[247] Die Eintragung verweist darauf, dass das Schauspiel den Kampf zwischen Christen und Heiden thematisierte, der aller Wahrscheinlichkeit nach mit dem Triumph der Deutschherrn über die Heiden endete.

Die sog. Nachbarschaften – eine Eigenheit Andernachs, die bis heute fortbesteht – müssen als die ursprünglichen Träger der Fastnacht in der Bäckerjungenstadt gelten. Hunder beschreibt dieses Konstrukt als »erweiterte Familiengemeinschaft«.[248] Die Nachbarschaften trafen sich an Fastnacht, um den Schöffenstuhl zu wählen. Diese Versammlung, die ursprünglich am Brunnen abgehalten wurde, wurde als das »Geloch« bezeichnet, da der Wahl des o.g. städtischen Gremiums ein zünftiges Gelage folgte.[249] In der Polizeiordnung von 1582 heißt es unter Punkt 5:

> »Nachbarschaften und Zünfte sollen ihre Mitglieder nicht mehr zu Trinkgelagen nötigen. Die Nachbarschaften sollen ihre Mitglieder nur noch am Aschermittwoch zusammenkommen, nicht mehr wie bisher auch am folgenden Tag, an dem sie die unwilligen Nachbarn mit Stangen aus den Häusern, vom Feld und von der Arbeit zu ihren Sau-

245 Heyen 1970, S. 142.
246 Vgl. Schäfer 2006, S. 14.
247 Krüger 1986, S. 696.
248 Hunder 1986, S. 480.
249 Vgl. ebd., S. 478 f.

fereien holten oder auf dem Markt in den Weiher oder in den Brunnen warfen.«[250]

Das Treiben sprengte offenbar immer wieder den von Stadtrat und Kirche gesteckten Rahmen. Die Räte beschlossen daher 1658, dass Vermummungen aller Art öffentlich von der Kanzel aus verboten werden sollten.[251]

Die Kölner Fastnachtsreform von 1823 sorgte dafür, dass auch die Andernacher Fastnacht ein neues Gepräge erhielt. Eine Beeinflussung Andernachs durch den Kölner Karneval zeigt sich bereits daran, dass an dem 1844 auf der Rheininsel Nonnenwerth veranstalteten Narrentreffen auch Abordnungen aus Koblenz, Andernach und Mayen teilnahmen.[252] Der erste Rosenmontagszug in Andernach hatte dem Protokollbuch der St. Genoveva- und Alexander-Nachbarschaft zufolge schon 1832 stattgefunden. Maskenbälle wurden nachweislich ab 1855 organisiert.[253] 1855 markiert den eigentlichen Beginn der organisierten Andernacher Fastnacht, denn in diesem Jahr wurde die erste Narrenvereinigung Andernachs aus der Taufe gehoben, die sich den Namen *Carnevals-Gesellschaft Alizariner* (Name einer Tintenmarke) gab und über die es 1856 im *Andernacher Bürger-Blatt* pathetisch heißt:

»Alizariner und Alizarenner –
Nennt die eine arm die Andere sich reich;
Hanswurst wird Narren euch nur nennen,
Denn beide macht ihr tolles Zeug.«[254]

250 Krüger 1988, S. 112.
251 Vgl. Schäfer 2006, S. 16.
252 Vgl. Schmidt 2001, S. 35.
253 Vgl. Schäfer 2006, S. 16f.
254 *Andernacher Bürger-Blatt* 9,7 (1856), S. 1.

3.3 Matthäus Creutz – ein Andernacher Bürger im Zeitalter der Renaissance

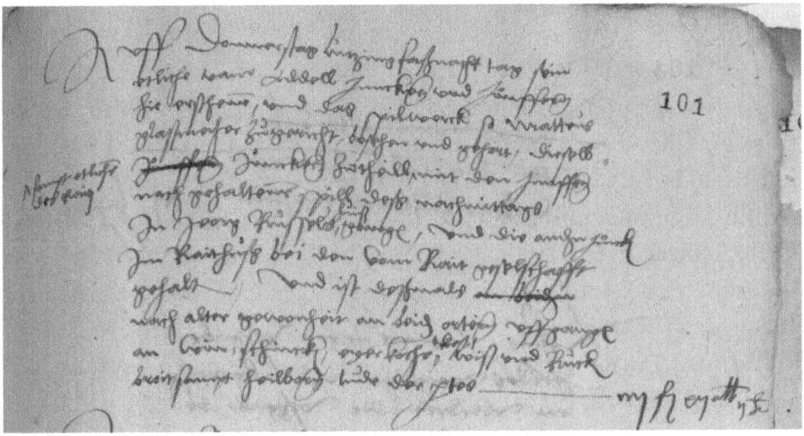

Abb. 7: Andernacher Baumeisterrechnungen von 1537/38: »Vff Donnerstag Lutzing fastnacht tag sein etliche vom Adell, Junckern vnd Junffern, hie erschienen, vnd das spilwerck, so Mattheus glassmacher zugericht, besehen vnd gehort; dieselb sampt etliche des Raitz Junckern zutheill mit den Junffern nach gehaltenem spille deß nachmittags in Jeorg Russels huiß gangen; vnd die andern Junckern im Raithuß bei den vom Rait gesellschaft gehalten; vnd ist dißmals nach alter gewonheit an beiden orten vffgangen an Wein, schincken, eyer, kochen, keß, wiß- und ruckenbroit sampt heilborn (Sauerwasser) = 3 fl. 12 alb. 4 hell.«[255]

Was in den Andernacher Baumeisterrechnungen für das Jahr 1538 beschrieben wird, ist die Inszenierung eines Fastnachtsspiels, das in Andernach traditionell am Fetten Donnerstag aufgeführt wurde. Hierfür waren laut Schüller eigentlich die Schüler der örtlichen Lateinschule zuständig. Es muss aber angenommen werden, dass diese 1538 keinen Schulmeister hatte, sodass die Aufgabe der oben genannte »Mattheus glassmacher« übernehmen musste.[256]

Der Autor des Fastnachtsspiels ist in der oben zitierten Quelle nach seinem Beruf benannt. Creutz war Glasmacher und lebte vermutlich von 1518 bis 1593, d. h. zu Zeiten der Renaissance und der Reformation. Der Mensch ist auf der Suche nach Erneuerung und die allgemeinen Verhält-

255 Schüller 1918, S. 122.
256 Vgl. ebd.

nisse gelten als verdorben. Man beginnt, sich auf die alten unverfälschten Quellen zurückzubesinnen – das ist die Bibel, das sind aber auch die Schriften der Antike. Hieraus erwächst ein neues Selbstbewusstsein im Menschen, der sog. Geniegedanke entsteht.[257]

Die Stadt Andernach zeichnet sich in jener Zeit durch ein vergleichsweise fortschrittliches Gepräge aus. Mit der Einführung eines Achtergremiums als Ausbaumaßnahme der städtischen Verfassung wächst die Selbstständigkeit Andernachs. Der Achter setzte sich aus Mitgliedern der Zünfte zusammen und war als Vertretung der Bürgerschaft dem patrizischen Stadtrat gegenübergestellt.[258] Ohne Mitwissen des Achters durfte der Stadtrat fortan keine Geldgeschäfte mehr tätigen. Es handelt sich also um ein Organ, das das Bürgertum an politischen Entscheidungen beteiligte.[259]

Das neugewonnene städtische Selbstgefühl mag auch die wirtschaftliche Blüte Andernachs während des 16. Jahrhunderts begünstigt haben. Von 1554 bis 1561 wird der Rheinkran errichtet, 1574 ist das neue Rathaus vollendet und noch im gleichen Jahr beginnt man mit dem Neubau der Kirchpforte. 1576 installiert man eine neue Wasserleitung, auf den öffentlichen Plätzen werden Brunnen errichtet und die Häuser bedeutender Bürger beginnen das Stadtbild zu prägen.[260] Zu den bedeutenden Persönlichkeiten, die im 16. Jahrhundert aus Andernach kommen, zählen der Humanist und Bürgermeister Ludwig Hillesheim, der Arzt und Übersetzer medizinischer Werke Johann Winter sowie der in Diensten des Kurfürsten Hermann von Wied stehende Jurist Jakob Omphal.[261]

257 Vgl. Broemser 1980, S. 7; der Geniegedanke der Renaissance ist wohlgemerkt nicht mit der Genieästhetik des Sturm und Drang zu verwechseln.

258 Vgl. Wolf 1922, S. 130.

259 Vgl. Broemser 1980, S. 7.

260 Schäfer 2011, S. 18 ff.

261 Vgl. Broemser 1980, S. 7 f.

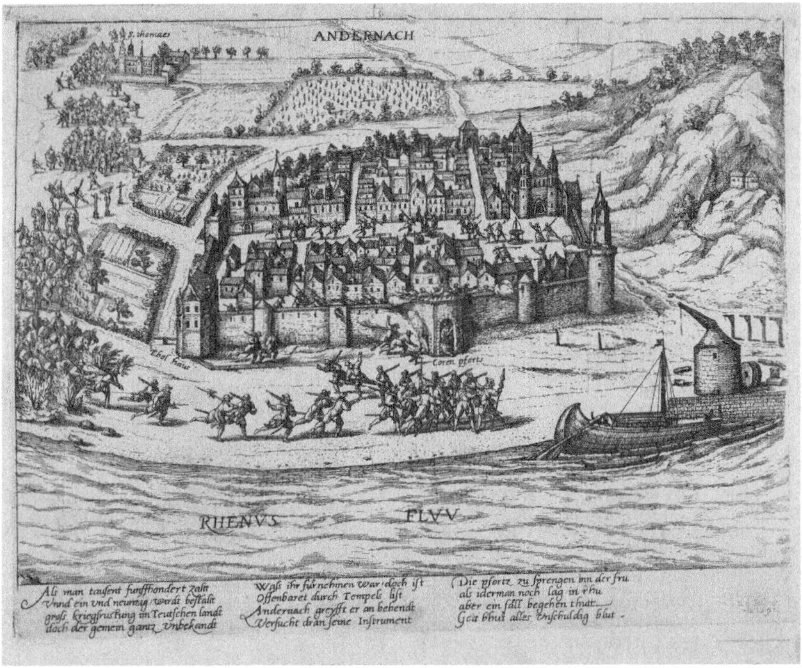

Abb. 8: Andernach im 16. Jahrhundert. Es handelt sich um die älteste erhaltene Gesamtansicht Andernachs. Der Stich von einem unbekannten Stecher aus der Kölner Hogenberg-Werkstatt zeigt den Angriff der protestantischen Truppen des Olivier van den Tympels auf Andernach 1591.

In jene Zeit wirtschaftlicher Prosperität und kultureller Blüte wird auch Matthäus Creutz hineingeboren. Über seine Jugend ist wenig bekannt. 1534 hat Creutz im Alter von 16 Jahren vermutlich seine Wanderschaft begonnen. In Straßburg befand sich die damals bedeutendste Glasmalerwerkstatt. Von dort aus war es nicht weit ins elsässische Kolmar. Hier lernte er 1535 oder 1536 den berühmten Stadtschreiber Jörg Wickram kennen, der Anhänger einer reformatorischen Bewegung war und Schauspiele wie Hans Sachs schrieb. Generell galten Süddeutschland und die Schweiz nicht nur als Hotspots der Glasmalerei, sondern auch als Zentren der Schauspieldichtung. Wickram war wiederum beeinflusst vom aus Basel stammenden Buchdrucker Pamphilus Gengenbach, dessen Fastnachtsspiel er 1531 in Kolmar inszeniert hatte.[262] »In Wickram fand Creutz [...] nicht nur einen Gesprächspartner, mit dem er über religiöse und reformatorische Fragen diskutieren konnte, sondern von ihm erhielt er auch die Anregungen, die er in seinem eigenen Fastnachtsspiel verwertete, als er Ende 1537 oder Anfang 1538 nach Andernach zurückkehrte.«[263]

Broemser sieht in dem 1552 bei dem Kölner Drucker Jaspar von Gennep erschienen Fastnachtsspiel eine Neubearbeitung des Creutz'schen Spiels, das 1538 in Andernach aufgeführt wurde. Creutz war inzwischen zum Achter gewählt worden. Die Botschaft seines Werks verrät bereits der Titel des Fastnachtsspiels:

»Ein Fasnachts Spil gedicht ietzt Neuw /
Es lernt wo ma soll finde Trew /
Legt auß dz zweite Gotts gebott
Lieb deinen nechsten neben Gott.
Zeygt wo man d warheit recht soll leren
W[o] sich der Arm ley hin soll kerenn
Uff dieser Erdt zu diesser zeyt
Da so großt yst Haß vn Neyt /
Vn aller stadt lebt so verkert /
Ey jeder wirdt hierin gelert
Das niemanst darff klagen
Auch andre fragenn
Welchs d' weg sy /
Er findts hy /
Das endt
Erkendt.«[264]

Creutz betont in seinem Spiel mehrfach die Wichtigkeit des zweiten Gebots: »Lieb deinen nechsten neben Gott«. Es ist in seinen Augen die Grundvoraussetzung für das gegenseitige Vertrauen der Menschen. Auch sein handwerkliches Schaffen spiegelt diese Überzeugung wider. 1571 fertig-

262 Vgl. ebd., S. 10f.
263 Ebd., S. 11.
264 Creutz 1980, S. 61.

te Creutz für die ›Neue Stube‹ des Krankenhauses sechs Buntfenster mit Darstellungen aus der Geschichte des Tobias. Die Botschaft: Diejenigen erfahren Gottes Gnade, die Nächstenliebe an ihren Mitmenschen üben.[265]

Die wachsenden Unruhen in der Stadt verliehen jener Botschaft eine ganz praktische Dimension: Zum einen war das 16. Jahrhundert von Reibereien zwischen Christen und Juden geprägt. Juden, denen die Mitgliedschaft in den Handwerkszünften verwehrt war, waren folglich auch nicht an die Zunftvorschriften gebunden, was ihnen Argwohn und Missgunst der christlichen und somit den Vorschriften unterlegenen Handwerker einbrachte.[266] Creutz mag mit seinem Fastnachtspiel, das keinerlei antisemitische Tendenzen erkennen lässt, versucht haben, zwischen den Konfliktparteien zu vermitteln – leider ohne Erfolg, denn 1596 gestand Erzbischof Ernst I. Andernach das Recht zu, keine Juden mehr in der Stadt wohnen lassen zu müssen.[267] Auch innerhalb des Christentums herrschte Konfliktpotenzial: Seit 1543 wirkte in Andernach der protestantische Nassauer Hofprediger Erasmus Sarcerius. Niemand Geringeres als der reformfreudige Erzbischof Hermann V. hatte ihn dorthin entsandt.[268] Als der Kaiser bei Schmalkalden über die Protestanten triumphierte, wurde der Erzbischof gezwungen, auf sein Amt zu verzichten und die reformatorischen Prediger verließen Andernach wieder. Einige Anhänger der lutherischen Lehren blieben allerdings in der Stadt, was immer wieder Konflikte schürte.[269] Der Rat reagierte auf die vermehrten Ausschreitungen mit Verboten, sogar der Leichenschmaus wurde untersagt, was Cornelius Wincken dazu veranlasste, ein Spottgedicht zu verfassen:

> Unsere her[r]n haben gemacht ein gepott,
> Des haben die burger ein grossen spott.
> Und sullen wir nun nit [mehr] geen zum schanck:
> Liebe her[r]n, das ist mir ein seltsamer schwanck.«[270]

265 Vgl. Broemser 1980, S. 26 f.
266 Vgl. Hunder 1986, S. 446.
267 Vgl. Resmini 1988, S. 86.
268 Vgl. Bolte 1933, S. 377.
269 Vgl. Broemser 1980, S. 19.
270 Wincken, zit. n. Broemser 1980, S. 31.

Dass Creutz ebenjenen Konflikt von 1543 in seinem Fastnachtsspiel verarbeitet, bringt Schäfer zu der These, dass das Spiel von 1538 nicht Grundlage der Druckfassung von 1552 sein kann. Er sieht in jenem Spiel vielmehr die Uraufführung des in den Rechnungen von 1540 verzeichneten Fastnachtspiels mit dem Titel *Susanne*, das ebenfalls Creutz zugeschrieben wird.[271]

Creutz setzte im Gegensatz zu dem oben zitierten Wincken auf die Versöhnung der Religionsparteien. In der Liebe zum Nächsten sah er die wichtigste Gemeinsamkeit zwischen den verschiedenen Konfessionen und zugleich den Schlüssel für ein friedvolles Miteinander.[272] Dies versuchte Creutz offenbar nicht nur dem ›Pöbel‹ zu vermitteln, sondern auch dem Erzbischof, der laut Bolte bei der Aufführung des Fastnachtsspiels selbst zugegen gewesen sein soll.[273]

Mit seinem Fastnachtsspiel erreichte Creutz weite Volksschichten, da es in deutscher Sprache verfasst war und eine leicht zu verstehende Lehre beinhaltete. Auf diese Weise spiegelt es auch die Laienfrömmigkeit des einfachen ›Volkes‹ wider. Obgleich der Autor zeitlebens Katholik war, fand er auch kritische Töne in Bezug auf seinen Glauben. Das Fastnachtsspiel stellt hierfür das prädestinierte Medium dar, schließlich steht die Volksfrömmigkeit stets in einem gewissen Gegensatz zur offiziellen Lehre.[274]

3.4 Das Fastnachtsspiel von 1552

Das Fastnachtsspiel des Matthäus Creutz lässt sich dem moralisierend-ermahnenden Typus jener literarischen Gattung zuordnen. Mit der Reformation wurde auch die religiöse Auseinandersetzung zwischen Protestanten und Katholiken zum Thema der Fastnachtsspiele.[275]

Bei genauerer Betrachtung des Creutz'schen *spils* offenbart sich der Einfluss von Jörg Wickram und Hans Sachs. Über das Auftreten des Waldbruders zeigt sich der Neid verärgert, was er wie folgt kommentiert: »Ich

271 Vgl. Schäfer 2006, S. 15 f.
272 Vgl. Broemser 1980, S. 19.
273 Vgl. Bolte 1933, S. 377.
274 Vgl. Broemser 1980, S. 34.
275 Vgl. ebd., S. 37; prominentes Zeugnis aus dieser Zeit ist die 1523 vom protestantischen Lager herausgegebene satirische Flugschrift mit dem Titel »Der Papstesel«.

woldt das er und der Hans sax / Stundt in d' kirche vn bredt vor wax«.[276] Neben den zahlreichen biblischen Verweisen sind auch Kenntnisse der antiken Philosophie offenkundig. Im vierten Akt spricht die Wahrheit von der »Cebetis taffel«.[277] In der im 1. Jahrhundert n. Chr. verfassten Tafel des Kebes erklärt der unbekannte Autor den Gegensatz zwischen wahrer und falscher Bildung unter Zuhilfenahme eines allegorischen Gemäldes (*tabula*). Jenes Werk wurde später Kebes aus Theben, einem Schüler des Sokrates, zugeschrieben. Auch auf die *Litera Pythagorea* (Buchstabe des Pythagoras) spielt Creutz an: Das Y gilt als Symbol des sich zugleich nach der guten und schlechten Seite gabelnden Lebenswegs und thematisiert auf diese Weise die Frage nach der richtigen Lebensführung.[278] Beide Motive hat auch Sachs in seinen Werken verarbeitetet.

Daneben lässt sich der Einfluss des Schweizers Niklas Manuel aus dem Creutz'schen Werk herauslesen. In seinem Fastnachtspiel *Vom Papst und seiner Priesterschaft* schreibt der Eidgenosse über die Bauern: »Sie hand das euangelium gfressen«.[279] Creutz bedient sich wohl nicht zufällig einer ganz ähnlichen Formulierung, wenn er von den christlichen Brüdern – gemeint sind die Protestanten – spricht, die »[d]ie gantze schrifft haben gefressenn«.[280]

Folgt man der oben angerissenen These Broemsers, dann handelte es sich bei dem Creutz'schen Fastnachtsspiel, das er 1538 inszenierte, ursprünglich um ein reines Waldbruder-Spiel. Der Weltliche Bürger ist demzufolge erst 1552 ergänzt worden. Grund dafür, die Figur des Weltlichen Bürgers nachträglich einzubauen, dürfte wohl der berühmte Andernacher Bürger Johann Winter gewesen sein, der sich seit 1525 an der Sorbonne aufhielt, seine Heimatstadt aber weiterhin regelmäßig besuchte. Da Creutz 1575 mit der Verwaltung der Nachlassstiftung Winters betraut wurde, ist davon auszugehen, dass die beiden sich persönlich kannten. Der Glasmacher nutzte u. a. die griechischen Sprach- und Sachkenntnisse Winters. Demzufolge könnte Winter selbst Pate für die Figur des Weltlichen Bürgers gestanden haben. Für diese These spricht eine Aussage des

276 Creutz 1980, S. 85.
277 Ebd., S. 141.
278 Vgl. Broemser 1980, S. 39.
279 Manuel 2013, S. 9.
280 Creutz 1980, S. 116.

Weltlichen Bürgers im letzten Akt, wo er davon berichtet, »zu Paris [...] in der Sorbonen«[281] nach der Wahrheit gefragt zu haben. Creutz entspräche dieser Konzeption gemäß der Figur des Waldbruders, den der Adulator im fünften Akt an seinen Aufenthalt in »Kolmar«[282] erinnert. Die beiden Andernacher repräsentieren demnach die Differenz zwischen religiöser Praxis und theologischer Begründung.[283]

Der Druckfassung seines Fastnachtsspiels stellt Creutz eine Widmung an seinen Landesherrn »Adolphen / Ertzbisschoffen zu Cöllen«[284] voran. Darin bittet er »Anthonien Hußma / zu Namedy«[285], eine Genehmigung zur Veröffentlichung des Spiels beim Kurfürsten einzuholen. Der Autor gelobt, dass sein »Spill dermassen geschaffen dz es nymand zu nachtheyll / schmehe od' unglimpff [...] bsonder zu guthem Exempel [...] dienen vnd vfgelegt werden möchte [...].«[286]

Bevor die eigentliche Handlung einsetzt, umreißt das vom Herold vorgetragene Argument den Inhalt des Fastnachtsspiels: Ein Eremit (der Waldbruder) verlässt seine Einsiedelei, um sich auf die Suche nach der Treue zu begeben, die verloren zu sein scheint. Auf seiner Wanderschaft kommt es zum Aufeinandertreffen mit dem Weltlichen Bürger, der sich auf der Suche nach der Wahrheit befindet. Beide haben das Ziel, Seligkeit zu erlangen, allerdings stoßen sie bei den Vertretern der verschiedenen Stände auf Ablehnung. Nichtsdestotrotz sind die beiden Suchenden am Ende doch erfolgreich.[287] Auf das Argument des Herolds folgt der von der Seligkeit (Felicitas) gesprochene Prologus. Sie äußert darin den Sinn des Spiels, nämlich anhand der Bibel den Weg zum Seligwerden aufzuzeigen. Das Format des Spiels ist dazu prädestiniert, ermöglicht es doch, dass in einer nur in geringem Maße alphabetisierten Gesellschaft »ein eder Baur«[288] die Botschaft versteht. Auch der ganz eigene Standpunkt, den Creutz in der reformatorischen Auseinandersetzung vertritt,

281 Ebd., S. 183.
282 Ebd., S. 170.
283 Vgl. Broemser 1980, S. 41.
284 Creutz 1980, S. 62.
285 Ebd., S. 64.
286 Ebd., S. 65 f.
287 Vgl. Broemser 1980, S. 43.
288 Creutz 1980, S. 76.

kommt im Prologus zum Ausdruck. Das Zitat »Die werck die siee nur eyn schein«[289] spiegelt den Ansatz wider, dass Werkfrömmigkeit bloß Scheinfrömmigkeit sei. Creutz widerspricht dieser Denkweise, indem er feststellt, dass Taten »[a]uß guthem ader falschem hertzenn«[290] kommen können. Er kommt zu dem Schluss, dass Gott »das hertz vn werck z[u] gleich woll hon«,[291] was seine Ablehnung der Sola-Fides-Lehre Luthers illustriert.[292] Dieses Denken spiegelt sich auch im immer wieder aufgegriffenen Leitmotiv des Spiels wider: »Und ist dar zu das höchst gebot / Lieb dinen nechsten neben Got«.[293]

Das Fastnachtsspiel besteht aus sechs Akten und war seiner Konzeption nach für zwei Aufführungstage bestimmt, wobei der Einschnitt zwischen dem dritten und vierten Akt zu finden ist. Auf die einführenden Monologe des Herolds und der Seligkeit folgt schließlich der erste Auftritt des Waldbruders, der seine Motivation, sich auf die Suche nach der Treue zu begeben, schildert: »O Got O Got sendt hilff und Rat / Weill all die welt so vbel stat«.[294] Die Schlechtigkeit in der Welt stellt den Antrieb dar, dass der Eremit sich auf seine Wanderschaft begibt. »So laß ich stehen mein klein gezelt / Und wag es weder in die welt / Da bas zu süechen de recht Trew«,[295] mit jenen Worten bricht der Waldbruder zu seiner Reise auf. Vom »Trew Eckart«[296] hat er erfahren, dass die Treue halbtot in einem Wald liege. Auf seinem Weg dorthin trifft er zunächst den Neid, den er nach der Treue befragt. Der Neid aber schildert seine allumfassende Herrschaft über die Menschheit: »Darum Reger ich leudt und landt / All welt hab ich in myner handt.«[297] Der Neid bestimmt dabei alle Stände: »In Keysers Konigs Fursten hoven / By Bapst Bischoff unden un oven / By allen menschen Neyt vortryt / So stat es itzt zu dieser zeit«.[298] Schließlich tritt der Schmeichler auf, der vorgibt, dem Waldbruder bei seiner Suche

289 Ebd., S. 75.
290 Ebd.
291 Ebd.
292 Vgl. hierzu Röm 3,21–28.
293 Creutz 1980, S. 78.
294 Ebd.
295 Ebd., S. 79.
296 Ebd.
297 Ebd., S. 81.
298 Ebd., S. 83.

nach der Treue helfen zu wollen: »Söchs du Trew un wers gern from / So kum mein lieber man so kum«.[299] Der Waldbruder durchschaut die Ränke des Schmeichlers, entschließt sich aber dennoch dafür, ihm zu folgen: »Ich mirck an dinen worten woll / Dein hertz ist aller untreu voll / Der rechten Trewen kenß du nit / So doch dine ret sich da hin dret / Zu eynem der die Trew han soll / So will ich dir auch folgen woll«.[300] Der Schmeichler bringt den Waldbruder zu einem reichen Mann, die Treue ist aber auch hier nicht zu finden. Für den reichen Mann ist es das Geld, das Treue schafft: »Drum lauff mein knecht / hol mir herbi / Den grossen seckel mit dem geldt / Dardurch ma Trew un glaube helt«.[301] Der Waldbruder widerspricht, indem er das Geld als Ursache menschlichen Unglücks herausstellt: »Das golt und geitz ein wurtzel yst / Als übels wie man in Paulo lyst«.[302] Er treibt den schlechten Einfluss des Geldes auf die Spitze, indem er eine Verbindung zum Verrat an Jesus Christus herstellt: »Du verredes Christum durch ein kuß / Kein grosser schandt ist nie erdacht«.[303] Jenes Zitat spielt auf Judas an, der Jesus für Geld den Römern ausgeliefert hat. Während die Auferstehung Christi für die Erlösung der Menschen steht, ist der den Verrat symbolisierende Judaskuss Ausdruck menschlicher Verfehlung und Schwäche. Diesen Analogieschluss nutzt der Waldbruder, um dem reichen Mann am Ende des Aufeinandertreffens eine Botschaft mit auf den Weg zu geben: »Drum laß das gut nit sein dein herr / Sunst wirstu Selig nummer mer. Si du des herr nach Gots befell / Und brauchs zu deiner selen heyll / Los dir das in dein hertz in gan / Gedenck an armen Waltman«.[304]

Im zweiten Akt trifft der Waldbruder auf einen armen Mann. Auch von ihm erhofft sich der Eremit zu erfahren, wo die Treue zu finden ist. Der arme Mann charakterisiert die Treue aber als bloßes »Narrewerck«.[305] Die Schuld an seinem Schicksal sieht er bei Gott: »Ich danck Got nit van

299 Ebd., S. 86.
300 Ebd., S. 90.
301 Ebd., S. 102.
302 Ebd., S. 105.
303 Ebd., S. 105 f.
304 Ebd., S. 106.
305 Ebd., S. 109.

diesem leben / Das er mir hat in Armot gebenn.«[306] Aber auch hier widerspricht der Waldbruder, indem er abermals auf die Heilige Schrift verweist. In der Bergpredigt heißt es: »Selig, die arm sind vor Gott; / denn ihnen gehört das Himmelreich.«[307] Ganz ähnlich argumentiert der Waldbruder, wenn er sagt: »Der hymell ist der armen lon«.[308] Vom Geistlichen glaubt er schließlich mehr erfahren zu können. Dieser beklagt die ›Hybris‹ der Laien, die der Auffassung sind, sie könnten die biblischen Texte besser verstehen als die Theologen: »Solchs hör ich all Doctores klagen / Das itzt der ley und weltlich man / Die heilge schryfft will baß verstan / Dan unser hoch Theologi«.[309] Das Problem sieht der Geistliche auch darin, dass die Layen sich »in leer so underscheyden / Vill me dan Christen und die Heyde«.[310] Er zählt insgesamt zehn verschiedene Sekten auf. Dadurch, dass es keinen einheitlichen Glauben mehr gibt – so der Geistliche – ist auch die Treue nicht mehr existent: »Der glaub wirt mit d' Trew verlore«.[311]

Auf Anraten des Geistlichen hin, wendet sich der Waldbruder an einen Weltlichen Bürger. Trotz seines Bibelstudiums weiß auch er keine Antwort. Die beiden Suchenden schließen einen Pakt: Während der Weltliche Bürger in der Religion die Wahrheit suchen soll, beschließt der Waldbruder jung und alt sowie edel und unedel zu befragen. Der Akt schließt mit der vom Waldbruder vorgetragenen Übereinkunft: »Und wer zu irst den [Weg] vonden hat / Der ker weder zu dieser stat / Und hör nit uff so nacht und dach / bis das er kumpt zu Andernach«.[312]

Der dritte Akt schildert die weiteren Erlebnisse des Walbruders. Die bereits aufgetretenen Bösewichter möchten den Plan des Suchenden vereiteln und schmieden zu diesem Zweck eine Allianz. Der Neid macht einen radikalen Vorschlag: »Ich weyß den aller besten Rat / Das yr den Broder flux todt schlat.«[313] Der Schmeichler zeigt sich mit dem Vorschlag unzufrieden und tut seine eigene Idee kund. Er greift die Aussagen des Wald-

306 Ebd.
307 Mt 5,3.
308 Creutz 1980, S. 112.
309 Ebd., S. 114.
310 Ebd.
311 Ebd., S. 115.
312 Ebd., S. 120.
313 Ebd., S. 122.

bruders auf, der davon sprach, dass die Treue eine alte Frau sei. Hieraus entwickelt er seinen Plan: »So yst das ytzt mein bester Rat / Ein Arm man ist d' ein böß weib hat / Die selb wollen wir richten an / Und vor die Trew im zeigen an / [...] Das ubertrifft den todt seer vill / Ist arger dan der Böß Theuffel«.[314] Zeitgleich macht die erboste Alte ihrem Unmut Luft. Sie ist verärgert, weil ihr Mann sich nicht an der Hausarbeit beteiligt: »So ist das hauß auch nit gekert«.[315] Aufgrund dessen fasst auch sie einen Plan: Den erstbesten, der zum Tor hereinkommt, will sie mit dem Besen schlagen, um so ihre Aggressionen abzubauen: »Das jrst dz kumpt zum thor her eyn / Das werdt ich treffen dz Got schendt / Mich jucken itzundt recht die hendt / Mit diesem bejem will ichs keren / Das har im kopff will ausser zerenn«.[316] Jene parallele Entwicklung sorgt dafür, dass der Plan der Bösewichter aufgeht. Die Regieanweisung »Ira der haß schlegt druff«[317] belegt, dass der Waldbruder Prügel einstecken muss. Dieses Erlebnis lässt den Suchenden resigniert zurück. Voller Verzweiflung stellt er fest: »Es yst kein glaub noch Trew uff erdt.«[318]

Dass auf den dritten Akt eine Pause folgt und das Spiel am Folgetag fortgesetzt wurde, darauf verweist die Rede des Herolds: »Kompt morgen weder zur rechte zeyt / Dan solt jr hören den abscheyt«.[319]

Der vierte Akt widmet sich den Erlebnissen des Weltlichen Bürgers. Der Rat versucht diesen zunächst von seiner Suche abzubringen. Indem er von den griechischen Philosophen »Socrates«, »Plato«, »Diogenes« und »Pytagoras«[320] erzählt, stellt er sich selbst als Gelehrten dar. Dadurch, dass er eine Vielzahl an Beispielen gibt, möchte der Rat dem Weltlichen Bürger demonstrieren, dass die Wahrheitssuche stets Unglück gebracht hat: »Johannes auch der frome theuffer / Genant der warheit recht vorleuffer / Herodi wolt die warheit sagen / Dru wart sein heupt jm abgeschlage.«[321] Da der Bürger sich nicht von seinem Vorhaben abbringen lässt, fasst der

314 Ebd., S. 123.
315 Ebd., S. 126.
316 Ebd.
317 Ebd., S. 127.
318 Ebd., S. 128.
319 Ebd.
320 Ebd., S. 130.
321 Ebd., S. 132.

Schmeichler den Entschluss, ihn mit der Wahrheit zu konfrontieren, denn er »weyß er kann der nit verdragen«.[322] Und tatsächlich ist der Suchende beim Anblick der Wahrheit mit Angst erfüllt: »Her Got gesegne mir ist so bang / Meyn hertz stat mir in grosse bdrag / Was yst doch das yst es gegeckt / Die warheit ist nit so bedeckt / Was alten mantels hat si umb / Der warheit warlich ken ych kum.«[323] In der Folge ergreift die Wahrheit selbst das Wort. Sie klagt darüber, dass »die welt so seer den schein«[324] fürchte und sie daher in ihrem ärmlichen Gewand nicht erkennen kann. Daraufhin erkennt der Weltliche Bürger – und hierbei handelt es sich um eine zentrale Stelle des Fastnachtsspiels – dass die Wahrheit ein »spiegell glaß«[325] ist, das jeden sein Inneres reflektieren lässt. Da die Wahrheit verhüllt auftritt, spiegelt sie das menschliche Unvermögen wider, Wahrheit zu erkennen.[326] Als der Weltliche Bürger die Wahrheit mitnehmen will, macht diese ihn auf die damit verbundenen Gefahren aufmerksam. Der Weltliche Bürger unterbreitet ihr daraufhin einen Alternativvorschlag: »So bit ich dich du wylß mich wysen / Und bleib du hi und laß mich reysen«.[327] Mit der Antwort des Bürgers sichtlich unzufrieden, verweist die Wahrheit darauf, dass sich in der Vergangenheit stets für den schwereren Weg entschieden wurde, so hat Christus das Kreuz der Passion bereitwillig auf seine Schultern genommen, obgleich er auch die Möglichkeit gehabt hätte, seinem Schicksal zu entfliehen. Die Wahrheit bekräftigt ihr Argument, indem sie betont: »Die warheit will nit heymlich sein«.[328] Dennoch entscheidet sich der *Weltlich purger* dafür, die Wahrheit vermummt mitzunehmen. Es kommt zum Aufeinandertreffen mit zwei Pilgern, die als »Jacobsbröder«[329] bezeichnet werden, was auf deren Ziel – Santiago de Compostela – verweist. Der Bürger erkennt die beiden Reisenden aber nicht als Pilger und ihn ergreift die Angst, sie könnten der Wahrheit etwas zu Leide tun: »Nu forcht ich mich doch vill zu seer.«[330] Die Wahr-

322 Ebd., S. 134.
323 Ebd., S. 134f.
324 Ebd., S. 136.
325 Ebd.
326 Vgl. Broemser 1980, S. 48.
327 Creutz 1980, S. 140.
328 Ebd., S. 141.
329 Ebd., S. 142.
330 Ebd., S. 143.

heit gibt ihrem Begleiter einen Rat, indem sie auf den Brief des Paulus an die Epheser verweist. Hierin fordert der Apostel dazu auf, die »Rüstung Gottes«[331] anzulegen, um gegen Angriffe des Teufels gewappnet zu sein. Tatsächlich bittet der *Weltlich purger* daraufhin den Hass, ihm »harneß«, »schilt« und »schwert«[332] zu geben, um damit die Wahrheit verteidigen zu können. Und dennoch ergreift ihn, als die Pilger sich nähern, die Furcht und er beschließt, zu fliehen. Schließlich klärt die Wahrheit den Bürger darüber auf, was sie mit ihrem biblischen Ratschlag gemeint hat: »Sulch wape meyndt Paul mit nichte / Den goltstein den Paulus will leren / Wie man die warheit soll beweren / De schreibt dir Paulus in dein hertz / In leydt Gedult / demut un schmertz / Der rechte schilt ein Creutz moß han«.[333] Jene Aufklärung durch die Wahrheit bringt den Weltlichen Bürger am Ende des vierten Aktes zu einer wichtigen Erkenntnis: »Ich meyndt ich wer ein fromer Christ / So findt ich doch das noch weyt ist«.[334]

Der fünfte Akt widmet sich wieder dem Waldbruder und beschreibt, wie er auf Vertreter der verschiedenen Stände trifft. Zunächst wird die Begegnung mit einem Repräsentanten des Adels – Juncker Hans von Hohenstein – geschildert. Treu ist er nach eigener Aussage nur zum Fressen und Saufen: »Wo wiltu grosser Trew erdencken / Da die ma braucht bi grosse drincke«.[335] Den Sittenverfall glaubt er aber nicht an einen bestimmten Stand gebunden, vielmehr handelt es sich um ein gesamtgesellschaftliches Symptom der Zeit: »Es si der Pfaff der Burger Baur / Ein eder kert das hinderst vor / Und du wilt mich irst reformeren / Ganck ist und thu die andre leren«.[336] Das Kind bildet ein gutes Beispiel für diesen Befund – mangels guter Vorbilder übernimmt es die Schlechtigkeit seiner Eltern: »Was wiltu haben faßnachts botz / Ich lern all boßheit und nichts gotz«.[337] Die Jungfrau erzählt, wie sie von ihrem Freier betrogen wurde. Zunächst machte er ihr hartnäckig den Hof, als sie aber ein Kind von ihm erwartet, offenbart er sein wahres Gesicht: »Do meindt ich e Trew solt nit legen /

331 Eph 6,11.
332 Creutz 1980, S. 144.
333 Ebd., S. 147.
334 Ebd., S. 150.
335 Ebd., S. 152.
336 Ebd., S. 153.
337 Ebd., S. 167.

Leß mich durch schone wordt betrege / Also treibt er sein spot und hon«.[338] Zuletzt ergreift ein alter Mann das Wort, der feststellt, dass es auf Erden keine Freundschaft mehr gibt. Stattdessen wohnt Habgier in den Herzen der Menschen: »Die beste freundt die ich itzt hab / Woiten ich leeg schon in dem grab / Sie hettens Erb und die barschaffe / Ist das nit ein getrew freundtschafft«.[339]

Am ausführlichsten geht der fünfte Akt aber auf die Situation der Bauern ein, sie beklagen die schwere körperliche Arbeit und die hohen Abgaben, die sie zu leisten haben. Der Ausspruch »[d]an all welt will vom Bauren han«[340] ist für diese Passage programmatisch. Der Schultes räumt aber auch ein, dass die Bauern »ungelert«[341] sind, was dazu führt, dass sie nicht in der Lage sind, sich eine eigene Meinung zu bilden. Karsthans nutzt im Anschluss daran die Gelegenheit, seine Unzufriedenheit mit der gegenwärtigen religiösen Situation zu artikulieren: »In keyne kirche wolt ich me / Ein fuß tretten und hören sy / Wie ich dan thun ich laß es stan / Bis si sich bas verdragen han«.[342] Die sicherlich interessanteste Passage dieser Sequenz leitet allerdings der Karsthans ein, wenn er sagt: »Das oberst wolt ich unden keren«.[343] Hier wird konkret der Vorschlag gemacht, einen Umsturz zu initiieren. Er vertritt die These, dass die in der Menschheit verlorene Treue nur durch einen »uffroer«[344] wiederzufinden sei. Der Waldbruder widerspricht jenem Ansatz vehement und stellt sich damit argumentativ an die Seite Luthers, der den Bauernkriegen seinerzeit ebenfalls ablehnend gegenüber gestanden hatte: »Dan Gott will haben Oberkeit / Geehrt in underthenicheit / Dargegen wirt Got ein urtell / Geben uber der selben seel«.[345] Der Waldbruder führt weiter aus, dass über die Obrigkeit am Jüngsten Tag gerichtet wird. Die Obrigkeit sieht er folglich nicht als das alleinige Problem an. Vielmehr ist der ständeübergreifende Mangel an Gottgefälligkeit Grund für das Übel in der Welt: »Wen eder thet

338 Ebd., S. 173.
339 Ebd., 174 f.
340 Ebd., S. 156.
341 Ebd.
342 Ebd., S. 160.
343 Ebd., S. 164.
344 Ebd.
345 Ebd., S. 165.

nach seim [Gottes] geheiß / So ging es recht in sinem gleyß / Weill das nu aber nit geschicht / So gat auch keine Ordnung recht.«[346] Da die Menschen nicht gottgefällig handeln, gibt es auch keine rechte Ordnung – der Waldbruder beschreibt das Problem als menschengemacht und als eines, an dem alle Stände in gleicher Weise die Schuld tragen.

Der finale sechste Akt führt alle Akteure wieder zusammen und stellt eine Zusammenfassung der vorigen Geschehnisse dar, da jeder dem anderen von seinen Erlebnissen berichtet. Der Weltliche Bürger schildert zunächst die »melancoly«,[347] die ihn aufgrund all der enttäuschenden Begegnungen auf der Suche nach der Wahrheit ergriffen hat. Dennoch hat ihn seine Reise zu einer wichtigen Erkenntnis gebracht: »An Christu most der war glaub sein«.[348] Diese Erkenntnis leitet zum bereits mehrfach zitierten Leitmotiv des Fastnachtsspiels über: »Der selb leert fort das meyst Gebott / Lieb deinen nechsten neben Gott«.[349] Er betont damit die Wichtigkeit von Treue und Wahrheit, denn bei all den verschiedenen Konfessionen und Sekten stellt das Doppelgebot der Liebe doch die gemeinsame Wahrheit dar, Konflikte entstehen nur aufgrund von Uneinigkeiten hinsichtlich der Zeremonien. Um die Bedeutung der Nächstenliebe weiter zu unterstreichen, führt der Bürger im Folgenden auch die Goldene Regel an: »Thu ederman wie er gern woldt / Das jm ein ander auch thun soldt«.[350]

Der Waldbruder enthüllt schließlich die vom *Weltlich purger* mitgebrachte Wahrheit und ruft dazu das Volk herbei: »Drum liebes volck nu kumpt her bi / Itzt yst die warheit weder fri«.[351] Sogleich richtet sich die Wahrheit an das Publikum ihrer Enthüllung und vergleicht sich dabei selbst mit einem Spiegel: »Allein ist das an mir der haß / Das ich bin wie eyn spegel glaß / Und eder in mir sehen kan / Das unrecht so er hat gethan«.[352] Die Wahrheit ist deshalb verhasst, weil der Mensch in ihr seinen wahren sittlichen Zustand erkennt. Auf die Frage hin, wo die Treue

346 Ebd., S. 166.
347 Ebd., S. 179.
348 Ebd., S. 180.
349 Ebd.
350 Ebd., S. 182.
351 Ebd., S. 189.
352 Ebd.

nun zu finden sei, antwortet die Wahrheit, dass Hass und Neid sie getötet hätten: »Durch neyt zu letzt verwundt so hart / Von haß und Neyt getödet wart«.[353] Hierbei handelt es sich laut Broemser um einen Verweis auf Passion und Kreuzigung Christi. Sowohl die Treue als auch Christus haben den Menschen durch ihren Tod einen Weg aufgezeigt, ihnen nachzuleben. So ist die Hoffnung, die auch Christus einst den Menschen geschenkt hat, als Schwester der Treue nach wie vor in der Welt.[354] Als die wichtigste Passage dieser Sequenz ist die Erläuterung des Verhältnisses zwischen Wahrheit, Treue und Seligkeit anzusehen. Die Wahrheit stellt einen Erkenntnisakt dar, der schließlich zur Treue führt. Treue wird als Vertrauen verstanden, das ohne die Liebe zu Gott und dem Nächsten nicht denkbar ist. Wenn die Wahrheit also den Erkenntnisakt bildet, dann handelt es sich bei der Treue um den sittlichen Akt, der bei erfolgreicher Durchführung Seligkeit in Aussicht stellt.[355] Der Engel der Wahrheit unterscheidet jene Menschen, die diese Prüfung bestehen, von diesen, die ihr aufgrund charakterlicher Defizite nicht gewachsen sind. Während den Guten Seligkeit verheißen ist, droht den Bösen das ewige Höllenfeuer: »Ir andre aber voll Neyts und Haß / Ir schmeichler und jr lügenfaß / Die jr all menschen habt verworren / Die Ewig freudt habt jr verloren / Zur hellen solt jr da hin gon / Das hellisch fewr das yst ewr lon«.[356] Im Gegensatz dazu dürfen die Guten den Tempel der Treue betreten, dessen Architektur eindrucksvoll umschrieben wird: »Das buwerck dran yst marmel stein / Auß weyß Albaster helffen bein«.[357] In dem Tempel, so verkündet der Engel der Wahrheit, befindet sich eine Bahre, auf der ein lebendiges »Trewhertz«[358] liegt. Hierbei handelt es sich um die »sepultur«,[359] d. h. die Grablege der Treue, die mit Christus am Kreuz gestorben ist. Über dem Grabmal, so wird geschildert, befindet sich das Symbol des Pelikans: »Ein pellican beyßt in sein hertz / Sein jünglen labt darauß mit schmertz«.[360]

353 Ebd. S. 191.
354 Vgl. Broemser 1980, S. 53.
355 Vgl. ebd., S. 52.
356 Creutz 1980, S. 193.
357 Ebd., S. 195.
358 Ebd., S. 196.
359 Ebd., S. 194.
360 Ebd., S. 197.

Hierbei handelt es sich um ein weit zurückreichendes Motiv der christlichen Ikonographie. Bereits die frühesten Darstellungen zeigen den Pelikan mit drei bis vier Jungen, wie er sich mit dem Schnabel die Brust öffnet und mit dem herausquillenden Blut seine Brut nährt. Jenes Bild gilt als Symbol für das Todesopfer Christi, weshalb es im Mittelalter v. a. auf Kreuzigungsbildern über dem gekreuzigten Messias zu finden ist. Die Verwendung des Motivs auf Tabernakeln und Monstranzen unterstreicht den unmittelbaren Bezug zum Sakrament der Eucharistie.[361] Die Selbstlosigkeit, mit der Christus die Schmerzen seiner Passion auf sich genommen hat, soll den Menschen als Beispiel dienen.

Die Conclusio, vorgetragen von der Seligkeit, fasst die aus dem Pelikanmotiv resultierende Botschaft noch einmal zusammen: »Das Zeygt euch an der pellican / Wie jeder in sein Hertz moß gan / Da moß er süchen die Trew recht / Da findt er si und felet nicht«.[362] Der Tempel der Treue ist also das Herz des Menschen, worauf auch das Zitat »Den tempell hastu by dir selb«[363] verweist. Treue und Wahrheit in sich selbst zu suchen – und das ist die Aussage am Ende dieses Fastnachtsspiels – stellt einen Akt der Selbsterkenntnis dar und bringt das zum Ausdruck, was Heinrich Heine 300 Jahre später in seinen *Memoiren* formulieren wird: »In uns selbst liegen die Sterne unseres Glücks.«[364]

3.5 Zwischenfazit

Der Karneval als essentielles kulturgeschichtliches Phänomen hatte natürlich auch Einfluss auf die Literatur. Seine gattungsbildende Wirkung bezeichnet Bachtin als »Karnevalisierung« der Literatur. Ein früher Beleg für diese Tendenz sind die zahlreichen überlieferten Fastnachtsspiele. Sie entwickelten sich aus den komischen Einlagen der Mysterienspiele im Laufe der Zeit zu einer eigenständigen Gattung.

361 Vgl. Holl u. a. 2015, Sp. 390 f.

362 Creutz 1980, S. 198.

363 Ebd., S. 202.

364 Heine 2012, S. 10.

Glücklicherweise hat sich hierfür auch ein Beispiel aus der Region Mittelrhein erhalten. Das Fastnachtsspiel des Matthäus Creutz von 1552 spiegelt die wirtschaftliche und kulturelle Blüte Andernachs während der Renaissance wider. Der Waldbruder begibt sich darin auf die Suche nach der Treue, der Weltliche Bürger möchte die Wahrheit finden. Was beide eint, ist der Wunsch, Seligkeit zu erlangen.

V. a. der Weltliche Bürger macht in dem Schauspiel eine Persönlichkeitsentwicklung durch. Die beiden Protagonisten treffen im Laufe der Handlung auf Vertreter der verschiedenen Stände. In Auseinandersetzung mit den übrigen Akteuren finden sie schließlich den Weg – wortwörtlich, aber auch im metaphorischen Sinne, denn es handelt sich gleichsam um einen charakterlichen Prozess, den beide durchlaufen. Der Weltliche Bürger, der die Wahrheit, die er zuvor sehnsüchtig gesucht hatte, bei der Konfrontation mit ihr zunächst fürchtet, gelangt durch den Spiegel, in den sie sich verwandelt, zur Erkenntnis. Derselbe Symbolgehalt kommt dem Pelikan zu, der am Ende des Stücks das Grabmal der Treue ziert. Er, der aus selbstloser Liebe, im wahrsten Sinne des Wortes sein Herz öffnet, fordert den Rezipienten dazu auf, Treue und Wahrheit in sich selbst zu suchen und so das Stadium der Selbsterkenntnis zu erreichen. Und so ist denn auch das Postulat der Nächstenliebe als Reaktion auf die Schlechtigkeit in der Welt zu lesen.

4 Die Italienisierung der Fastnacht

Im 17. und 18. Jahrhundert beginnen Anregungen aus Italien die Fastnachtsformen nördlich der Alpen zu beeinflussen. Mezger benennt hierfür gleich mehrere Gründe: Träger der Bräuche waren traditionell die ledigen Handwerksgesellen, die im Rahmen ihrer Wanderschaften z. T. bis nach Oberitalien gelangten, das für seine hochentwickelten Handwerkstechniken bekannt war. Auch der Fernhandel verband deutsche Handelszentren wie Nürnberg und Augsburg mit jenen des mediterranen Raums, allen voran Venedig. Für einen kulturellen Austausch im kleineren Maßstab sorgten die Viehhändler des Gotthardgebiets, die jeden Sommer tausende Kühe ins Tessin brachten und mit Masken und Kostümen wiederkehrten. Eine besondere Rolle kommt den adligen und klerikalen Eliten zu, denn an den französischen, süd- und mitteldeutschen Fürstenhöfen gastierten im 17. und 18. Jahrhundert häufig durch das Land ziehende Schauspieltruppen der Commedia dell'arte. Der vom Geist der Gegenreformation beeinflusste katholische Klerus zeigte zudem eine besondere Vorliebe für italienische Architektur, sodass auch nördlich der Alpen immer mehr Barockkirchen gebaut wurden. Die hierfür notwendigen Baumeister und Freskenmaler gaben den deutschen Handwerksgesellen Inspirationen – auch was deren Fastnachtsgestaltung anbelangte.[365]

Jene Entwicklung spiegelt sich wiederum in der bildenden Kunst wider. Ein Gemälde, das der ersten Hälfte des 17. Jahrhunderts entstammt, zeigt einen Narren, der Eier ausbrütet. (Abb. 9) Er trägt das weiter oben beschriebene Standardgewand des Narren mit Eselsohrenkappe und Schellen. Aus

365 Vgl. Mezger 2015, S. 34; die italienischen Einflüsse schlugen sich zu dieser Zeit auch in der Architektur nieder.

dem einen Ei schlüpft ein Narr, der genauso aussieht wie der brütende. In der Hand hält er jedoch einen weiteren »Nachkommen«, der mit seinem gerauteten Gewand, dem weißen Kragen und spitzem Hut einen italienischen Harlekin darstellt. Jenes Bildzeugnis illustriert auf anschauliche Weise die skizzierte Entwicklung, die zum Zeitpunkt der Entstehung noch im Fluss ist. Anders verhält es sich, wenn man eine im frühen 18. Jahrhundert entstandene Holzskulptur betrachtet, die ebenfalls das Motiv des brütenden Narren verarbeitet. Das Besondere: Hier tragen sowohl Vater als auch Sohn das Rautenkostüm des Harlekins, was nahelegt, dass der kulturelle Wandel nun abgeschlossen ist.[366]

Abb. 9: Narr mit Eselsohrenkappe, der Harlekine ausbrütet (Süddeutschland, 17. Jahrhundert).

366 Vgl. ebd., S. 34 ff.

Auch sprachlich lässt sich diese Genese fassen: Die in Deutschland bislang gängige Bezeichnung ›Larve‹ wird ab 1640 in Ratsprotokollen durch das aus dem Italienischen stammende Wort *mascara* bzw. *masquera* verdrängt. 1699 findet sich im Deutschen zum ersten Mal die welsche Bezeichnung *Carneval.*[367]

4.1 Johann Wolfgang von Goethe: *Das Römische Carneval* (1789)

»Drum seid nur brav und zeigt euch musterhaft,
Lasst Phantasie, mit allen ihren Chören,
Vernunft, Verstand, Empfindung Leidenschaft,
Doch, merkt euch wohl! Nicht ohne Narrheit hören.«[368]

So spricht die lustige Person im Vorspiel auf dem Theater, welches Goethes *Faust* einleitet. Für Goethe stellt das Närrische einen integralen Bestandteil menschlichen Daseins dar. Ein Interesse auch an den deutschen Fastnachtsbräuchen ist nicht abzustreiten, schließlich widmete der Dichterfürst dem Kölner Karneval 1825 ein eigenes Gedicht, in dem es u. a. heißt:

»Löblich wird ein tolles Streben,
Wenn es kurz ist und mit Sinn;
Heiterkeit zum Erdeleben
Sei dem flüchtigen Rausch Gewinn.«[369]

Lange bevor er diese Zeilen schrieb, zeigte er sich aber v. a. vom italienischen Karneval fasziniert. Es ist wohl nicht zu gewagt, wenn man behauptet, dass Goethe die Italienisierung der Fastnacht in Deutschland entscheidend beeinflusst hat. Dem im Rahmen seiner Italienreise in Rom bestaunten närrischen Treiben widmete er eine eigene Abhandlung, die den nachfolgenden Schriftstellergenerationen vielfach als Inspirationsquel-

367 Vgl. ebd., S. 36.
368 Goethe 2010, S. 5.
369 Goethe1972, S. 595; auch Tucholsky widmete dem *Kölner Karneval* etwa 200 Jahre später ein Gedicht, in dem er das ausgelassene Fastnachtstreiben mit mörderischer Lust kombiniert.

le diente. Zwar sind die im Zuge dieses Kapitels zu behandelnden Werke Schillers vor dem ›Reisebericht‹ Goethes entstanden, da dieser aber eher theoretischer Art ist, soll er den literarischen Texten vorangestellt werden.

Die Abhandlung Goethes über den römischen Karneval erschien 1789. Er thematisiert darin u. a. die Schwierigkeit, die mit der Beschreibung dieses komplexen Phänomens verbunden ist:

> »Schon gegenwärtig scheint unsere Erzählung außer den Grenzen des Glaubwürdigen zu schreiten, und wir würden kaum wagen fortzufahren, wenn nicht so viele, die dem Römischen Carneval beigewohnt, bezeugen könnten, daß wir uns genau an der Wahrheit gehalten, und wenn es nicht ein Fest wäre, das sich jährlich wiederholt und das von manchem, mit diesem Buche in der Hand, künftig betrachtet wird.«[370]

Den Versuch scheut Goethe aber nicht: »Das Römische Carneval ist ein Fest, das dem Volke eigentlich nicht gegeben wird, sondern das sich das Volk selbst gibt.«[371] Der Karneval wird als Volksfest charakterisiert. Aber nicht nur das – indem der »Unterschied zwischen den Hohen und Niedern«[372] aufgehoben wird (vgl. Bachtin), ist er zugleich ein Fest, das die Freiheit zelebriert. Goethe stellt das närrische Treiben wie Bachtin in die Tradition der römischen Saturnalien. Es ist ein öffentliches Fest, das auf den Straßen und auf dem Corso stattfindet, der öffentliche Raum wird zum Festzelt, der Corso gleicht einem Amphitheater bzw. einem Zirkus: »[A]usgehängte Teppiche, gestreute Blumen, überspannte Tücher [bilden] die Straßen gleichsam zu großen Galerien und Sälen um.«[373] Den Ausnahmezustand beschreibt Goethe nicht als Bruch, vielmehr ist er mit der römischen Lebensweise organisch verwoben. Er wird jährlich sehnsüchtig erwartet:

370 Goethe 2007, S. 23.
371 Ebd., S. 7.
372 Ebd., S. 8.
373 Ebd., S. 10.

»So findet die Erwartung sich jeden Tag genährt und beschäftigt, bis endlich eine Glocke vom Capitol, bald nach Mittage, das Zeichen gibt, es sei erlaubt, unter freiem Himmel töricht zu sein. In diesem Augenblick legt der ernsthafte Römer, der sich das ganze Jahr sorgfältig vor jedem Fehltritt hütet, seinen Ernst und seine Bedächtigkeit auf einmal ab.«[374]

Die im römischen Karneval praktizierten Bräuche sind vielfältiger Natur. Goethe beschreibt inszenierte Messerstechereien mit Messern aus »versilberter Pappe«[375] und das Ritual, andere mit verzuckerten Körnern zu bewerfen, eine Praktik, die z. T. zu regelrechten Scharmützeln ausarten konnte.[376] Parodien, die an modernes Kabarett erinnern, verulken die vermeintlichen Eigenheiten fremder Nationalitäten: »Die Deutschen Bäckerknechte zeichnen sich in Rom gar oft betrunken aus, und sie werden auch mit einer Flasche Wein in ihrer eigentlichen oder auch etwas verzierten Tracht taumelnd vorgestellt.«[377] Eingehend beschäftigt sich Goethe mit der Wahl des Pulcinellen-Königs (Abb. 10), ein Brauch, der der von Bachtin beschriebenen Kür des Karnevalskönigs entspricht: »Ein Dutzend Pulcinelle tun sich zusammen, erwählen einen König, krönen ihn, geben ihm ein Szepter in die Hand, begleiten ihn mit Musik, und führen ihn unter lautem Geschrei auf einem verzierten Wägelchen den Corso herauf.«[378] Nach dem traditionellen Pferderennen drängt das Volk in die Theater, wo man sich nicht nur – wie zu vermuten wäre – Komödien und dergleichen anschaut, sondern auch ernsthafte Stücke: »Die Leidenschaft für das Theater ist groß und war ehemals in der Carnevalszeit noch heftiger, weil sie in dieser einzigen Epoche befriedigt werden konnte.«[379]

374 Ebd., S. 13.

375 Ebd., S. 25.

376 Im Werfen von Süßigkeiten (sog. *Kamelle*) lebt diese Tradition im rheinischen Straßenkarneval in abgewandelter Form bis heute fort.

377 Goethe 2007, S. 19.

378 Ebd., S. 29; Pulcinella als klassische Figur der Commedia dell'arte gilt als Ahnherr vieler Narrenfiguren, so u. a. des in England typischen Mr. Punch.

379 Ebd., S. 37.

Abb. 10: Abbildung aus Goethes *Das Römische Carneval* (1789), die die Wahl des Pulcinellen-Königs zeigt.

Der Karneval gibt den Menschen jenen Freiraum, der sonst undenkbar ist, so gilt das »moderne Saturnal«[380] auch als Zeit bzw. Ort sexueller Freizügigkeit. Die Befürchtung der Obrigkeit, das ›Volk‹ könnte sich an diesen Status quo gewöhnen und versuchen, ihn zu verstetigen, erscheint durchaus plausibel. Es verwundert daher nicht, dass Goethe beschreibt, wie Gouverneur und Senator als die ersten Gerichts- und Polizeiherren von Rom den Karneval eröffnen, der Garde des Papstes obliegt die Wahrung der öffentlichen Ordnung. Karneval ist kontrollierter Exzess.

Vor dem Hintergrund jener Prämisse ist auch das zunächst skurril anmutende Ritual in der Nacht vor Aschermittwoch zu verstehen. Dabei halten alle Beteiligten eine angezündete Kerze in der Hand. Man versucht, die Kerze des Gegenübers auszupusten, während man den Spruch »Sia ammazzato chi non porta moccolo!« (»Ermordet werde, der kein Lichtstümpfchen trägt!«) sagt.[381] Das unsinnig erscheinende Spiel soll den Menschen an die essentiellen Dinge des Lebens erinnern. Die Lust am Leben

380 Ebd., S. 42.
381 Vgl. ebd., S. 41.

ist immer dann am größten, wenn der Reiz der Gefahr ins Bewusstsein tritt. Insofern wird hier das *memento mori*-Motiv angesprochen: Karneval – und das hier dargestellte Ritual bringt diese Tendenz auf den Punkt – erinnert stets an Vergänglichkeit, einerseits an die Vergänglichkeit der Existenz, andererseits aber auch an die Vergänglichkeit der den Menschen für kurze Zeit geschenkten Freiheit.[382]

In den Augen Horst Albert Glasers handelt es sich bei der befremdlichen Praxis um eine Reminiszenz an die antiken Wurzeln des Karnevals. Für die Römer war Saturn u. a. der Gott des Chaos. Vor dem Hintergrund dessen muss auch die Analogie zwischen dem neapolitanischen Fest des Heiligen Josephs, das Goethe fast auf dieselbe Weise beschreibt wie den römischen Karneval, und dem Ausbruch des Vesuvs gedeutet werden. Es ist davon auszugehen, dass Goethe als Anhänger des Holismus einen Zusammenhang zwischen Volksfest und vulkanischer Eruption annahm.[383] Der im *Römischen Carneval* erkennbare Revolutionsbezug komplettiert diese Trias schließlich:

> »Dürfen wir fortfahren, ernsthafter zu sprechen als es der Gegenstand zu erlauben scheint, so bemerken wir: daß die lebhaftesten und höchsten Vergnügen, wie die vorbeifliegenden Pferde, nur einen Augenblick uns erscheinen, uns rühren, und kaum eine Spur in der Seele zurücklassen, daß Freiheit und Gleichheit nur in dem Taumel des Wahnsinns genossen werden können, und daß die größte Lust nur dann am höchsten reizt, wenn sie sich ganz nahe an die Gefahr drängt, und lüstern ängstlich-süße Empfindungen in der Nähe genießet.«[384]

Glaser formuliert die These, dass Goethe die Revolution als eine dem Karneval vergleichbare »Eruption der Volksnatur«[385] betrachtete. Den drei Phänomenen ist dabei eines gemein: die »mephistophelisch auf Zerstö-

382 Fester Bestandteil des römischen Karnevalstreibens ist laut Goethe auch der Theaterbesuch. Die Verbindung zwischen Karneval und Theater währt in Mainz bis heute in der Tradition der sog. Fastnachtsposse fort.

383 Vgl. Glaser 1997, S. 102 ff.

384 Goethe 2007, S. 43.

385 Glaser 1997, S. 105.

rung«[386] abzielende Tendenz. Bachtins Interpretation des *Römischen Carnevals* lässt eine ähnliche Deutung zu:

> »Die volkstümlich-festlichen Formen schauen in die Zukunft und inszenieren den Sieg dieser Zukunft, den Sieg des ›Goldenen Zeitalters‹ über die Vergangenheit: den Sieg des Überflusses an materiellen Gütern für alle, den Sieg von Freiheit, Gleichheit, Brüderlichkeit. Der Sieg der Zukunft ist durch die Unsterblichkeit des Volkes gesichert. Die Geburt des Neueren, Größeren, Besseren ist ebenso notwendig und unausweichlich wie der Tod des Alten, eins geht ins andere über, das Bessere macht das Schlechtere lächerlich und tötet es. Im Welt- und Volksganzen ist kein Platz für die Angst; die Angst kann nur Teile befallen, die vom Ganzen isoliert, nur absterbende Glieder, die vom Geborenwerdenden getrennt sind. Das Volks- und Weltganze ist triumphal heiter ohne Angst.«[387]

Es war mitunter dieses satanische Element, das Goethe am Karneval faszinierte. Noch in seinem Spätwerk griff er die Thematik literarisch auf. Als Hofpoet stand er von 1781 bis 1818 in Diensten Herzog Carl Augusts, er war also fast 40 Jahre für den Weimarer Kulturbetrieb verantwortlich. Eine besondere Stellung kommt dabei der von Goethe in Weimar etablierten und institutionalisierten Gattung des Maskenzugs zu. Hierin verband sich die Tradition des populären Karnevalsumzugs mit der barocken Selbstinszenierung des Hofes.[388] Goethes Maskenzug von 1818 bildet den Schlusspunkt dieses Engagements. Figuren aus den Werken Wielands, Herders und Schillers treffen auf das Personal aus Goethes *Faust*. Der Hofpoet unterzieht sein Drama dabei einer Metamorphose, indem er den Text ins Epische überführt. Literatur wird auf diese Weise zu einem unabschließbaren Prozess. Die Ansagerin mit dem Namen Ilme – Allegorie des Weimarschen Flusses Ilm – repräsentiert dieses dynamische Textkonzept Goethes. Sowohl in der Vorlage als auch in der Adaption kommt der Figur des Mephisto eine exponierte Stellung zu. Er fungiert, obgleich

386 Ebd., S. 104.
387 Bachtin 1987, S. 297.
388 Vgl. Kunz 2013, S. 155 f.

er das Böse verkörpert, als produktive Kraft, die Entwicklungen anstößt.[389] Die Ansprache, die er vor den Wallensteinschen Soldaten hält, gilt ebenso dem höfischen Publikum des Maskenzugs:

»Wie wag' ich's nur bei solchem Fackeln Schimmer!
Man sagt mir nach, ich sey ein böser Geist,
Doch glaubt es nicht! Fürwahr ich bin nicht schlimmer
Als mancher der sich hoch fürtrefflich preist.
Verstellung sagt man sei ein großes Laster,
Doch von Verstellung leben wir;
Drum bin ich hier, ich hoffe nicht verhaßter
Als andre jene, vor und hinter mir.«[390]

Mephisto ist in dieser Szene der Narr, der seinem Gegenüber den Spiegel vorhält. Er führt seinen Zeitgenossen die Scheinhaftigkeit der Welt vor Augen. Auf ganz ähnliche Weise lässt Goethe ihn in seinem *Faust II* auftreten. Hier beschließt er die dritte Szene des ersten Akts mit einer allgemeinen Diagnose:

»Wie sich Verdienst und Glück verketten
Das fällt den Toren niemals ein;
Wenn sie den Stein der Weisen hätten
Der Weise mangelte dem Stein.«[391]

Das Zitat markiert den Übergang zur Mummenschanz-Szene. Indem Mephisto als weiser Narr diese einleitet und die vermeintlich Weisen als Toren entlarvt, übernimmt er abermals den Part, zugleich Movens der Handlung und Spiegel der Gesellschaft zu sein.

389 Vgl. ebd., S. 160 ff.
390 Goethe 1925, S. 24.
391 Goethe 2012, S. 15.

4.2 Friedrich Schiller: *Die Verschwörung des Fiesko zu Genua* (1783)

Als wesentliches Motiv ist der italienische Karneval auch in Schillers Drama *Die Verschwörung des Fiesko zu Genua* präsent. Zwar beginnt das Trauerspiel mit einem Maskenball, dieser wird auch in keinen direkten fastnächtlichen Bezug gesetzt. Und dennoch macht bereits die Mannheimer *Fiesko*-Aufführung vom 11. Januar 1784 eine Verbindung deutlich, diente sie doch der Eröffnung der Karnevalssaison. Die Reaktionen des Publikums waren in den Augen Schillers ernüchternd. Im Mai desselben Jahres schreibt er an Reinwald: »Den Fiesko verstand das Publikum nicht. Republikanische Freiheit ist hier zu Lande ein Schall ohne Bedeutung, ein leerer Name – in den Adern der Pfälzer fließt kein römisches Blut.«[392] Die dürftige Resonanz lag aber nicht allein an dem Stück selbst. Tauwetter hatte dafür gesorgt, dass der Rhein über die Ufer getreten war. Aufgrund der Überschwemmungen wurde das Theater vorübergehend geschlossen.[393] Wolzogen sieht hierin den Grund dafür, dass sich der Karneval in diesem Jahr »ganz unfruchtbar und tod«[394] präsentierte.

Eine besondere Rolle im *Fiesko* spielt die Maske. Schiller selbst liebte die Maske und das falsche Spiel. Safranski berichtet, dass die Jahresfeste der Karlsschule für den jungen Friedrich ein Maskenspiel gewesen waren – Lobreden auf die Tugend des Herzogs und seine Maitresse zu schwingen, waren mehr Farce als berechtigte Bewunderung. Gerade diese Inszenierung von Wirklichkeit faszinierte den jungen Schriftsteller aber. Nicht umsonst wählte er für seine Flucht aus Stuttgart die Nacht des großen Feuerwerks. Die Flucht sollte »[p]rachtvoll illuminiert«[395] vonstatten gehen. Auch in der Folge zeigte Schiller seine Affinität für die Inszenierung immer wieder. Durch die vielfach gewechselten falschen Namen, die er sich auf der Flucht gab, machte er sich selbst zum Gegenstand seines Maskenspiels.[396]

Die Sphäre der Politik war zur Zeit Schillers Angelegenheit der Höfe und geheimen Kabinette. Man spricht in diesem Zusammenhang auch

392 Schiller 1969, 137.
393 Vgl. Alt 2009, S. 331.
394 Schiller 1969, 132.
395 Safranski 2016, S. 153.
396 Vgl. ebd., S. 151 ff.

von der Arkanpolitik. Der bis um 1700 gültige zeitgenössische lateinische Fachbegriff *simulatio, dissimulatio* verweist auf die Praxis der Verstellung und Verheimlichung.[397] Politik war demzufolge die Kunst der Berechnung, die für diejenigen, die nicht darin involviert waren, schwer zu durchblicken war. Das Spiel mit der Maske war daher gängige politische Praxis,[398] anders gewendet: Politik war der Karneval der Staatsmänner. In seinem *Don Karlos* lässt Schiller den Helden bekennen: »Solange / Der Fasching währt, verehren wir die Lüge, / Der Rolle treu mit lächerlichem Ernst, / Den süßen Rausch des Haufens nicht zu stören.«[399] Müller-Seidel spricht in diesem Zusammenhang von der »Ästhetisierung der Politik«.[400] Hinzu kommt der Einfluss der europäischen (speziell französischen) Geschichtsschreibung bzw. -erzählung, die den politischen Apparat nicht rein äußerlich betrachtet, sondern den Blick auf das Innere seiner Akteure richtet. Verschwörungen gelten fortan nicht mehr als gemeine Verbrechen, sondern werden psychologisiert. Macht wird so oft zur Realisation der Begierden eines Einzelnen bzw. einer Gruppe.[401] Um dies zu zeigen, bediente sich Schiller der historischen Person des Fiesko, wobei er die historischen Fakten seiner Konzeption anglich: »Der Genueser Fiesko sollte zu meinem Fiesko nichts als den Namen und die Maske hergeben – das übrige mochte er behalten.«[402] Des Erfolgs seines zweiten Dramas glaubte sich der Dichter sicher sein zu können. So schreibt er voller Selbstvertrauen: »Meine Räuber mögen untergehen! Mein Fiesko soll bleiben!«[403]

4.2.1 Die Theatralisierung der Politik

Die sich im Laufe des Stücks steigernde Tendenz der Theatralisierung ist bereits in der ersten Szene des ersten Aufzugs vorhanden. Dass es sich bei den hier geschilderten Geschehnissen um einen Ball handelt, wird v. a. aus den Regieanweisungen deutlich. Leonore, Fieskos Frau, ist zunächst »mas-

397 Vgl. Weber 2005, Sp. 650.
398 Vgl. Sternberger 1990, S. 307 ff.
399 Schiller 2015, S. 38.
400 Müller-Seidel 1990, S. 430.
401 Vgl. ebd., S. 424 ff.
402 Schiller 2010, S. 150.
403 Schiller 1988, S. 1182.

kiert [...], reißt die Maske«[404] aber dann von sich. Die Unterhaltung zwischen Leonore und ihren Kammerzofen Rosa und Arabella ist zunächst privater Natur und dennoch wird das Motiv der Maskerade schon hier in Verbindung zur politischen Sphäre gebracht, wenn die Gräfin von Lavagna nämlich über ihren Mann sagt, dass er es sei, der »Genua von seinen Tyrannen erlösen«[405] werde. Deutlicher wird dies noch in der zweiten Szene des ersten Akts. Der in grünem Mantel kostümierte Gianettino Doria, Sohn des Dogen von Genua, erteilt dem Mohren Muley Hassan den Auftrag, Fiesko zu töten. Interessanterweise fällt der Name Fieskos in dieser Szene nicht, es ist lediglich von der »weiße[n] Maske«[406] die Rede.

Auch die vermeintliche Liebeserklärung Fieskos an Julia, die Schwester Gianettinos, findet im Kontext des Maskenballs statt. Der Monolog des Protagonisten verweist eindeutig auf die zeitweise umgekehrte Ordnung des närrischen Treibens. Der Ausruf »Allgemein sei die Lust, der bacchantische Tanz stampfe das Totenreich in polternde Trümmer!«[407] ist Ausdruck der libidinösen Euphorie, die den »Helden« in diesem Moment durchströmt. Vielfach wurde der aus Unteritalien stammende mystisch-dunkle Kult des Bacchus als Vorläufer der christlichen Fastnacht gedeutet. Sowohl die Bacchanalien als auch die Fastnacht der mittelalterlichen Christen waren mit sexuellen Ausschweifungen verbunden.[408] Noch deutlicher wird diese Begleiterscheinung des Karnevals im fünften Auftritt. Gianettino verkündet seinen ebenfalls maskierten Spannmännern, ein Auge auf Bertha, Tochter des »starrköpfigsten Republikaners«,[409] geworfen zu haben. Der Dogensohn fasst den Entschluss, sich der Tochter Verrinas zu bemächtigen. Für das Drama ist diese Entscheidung Gianettinos folgenreich. In der zehnten Szene berichtet Bertha ihrem Vater vom Verlust ihrer »jungfräuliche[n] Ehre«,[410] ihren Schänder hat das Mädchen dabei nicht erkennen können, denn erneut ist bloß von einer »Maske«[411]

404 Schiller 2010, S. 13.
405 Ebd., S. 15.
406 Ebd., S. 16.
407 Ebd., S. 21.
408 Vgl. Krawietz 2016, S. 24.
409 Schiller 2010, S. 23.
410 Ebd., S. 35.
411 Ebd.

die Rede. Doch Bertha beschreibt die Gestalt, in der Verrina Gianettino erkennt: »[...] daß der Bube in das Heiligtum der Gesetze griff – diese Aufforderung war dir zu matt – Der Bube mußte noch ins Heiligtum deines Bluts greifen.«[412] Mit der Empörung über die Vergewaltigung seiner Tochter ist ein Eid Verrinas verbunden, der das Schicksal Berthas mit dem Genuas verknüpft: »Eh das Herzblut eines Doria diesen häßlichen Flecken aus Deiner Ehre wäscht, soll kein Strahl des Tags auf diese Wangen fallen. Bis dahin – *er wirft den Flor über sie.* Verblinde!«[413] Die Vergewaltigung bildet also die Initialzündung für die verschwörerischen Umtriebe Verrinas.

Fiesko hingegen scheint den Plan für einen Umsturz schon früher gefasst zu haben. Am Ende des achten Auftritts bemerkt er gegenüber dem bereits abgegangenen Bourgognino: »Fahr hin, edler Jüngling! Wenn diese Flammen ins Vaterland schlagen, mögen die Doria feste stehen.«[414] Das Maskenfest ist aber auch hier der eigentliche Auslöser, denn der von Gianettino in Auftrag gegebene Anschlag auf den Grafen von Lavagna misslingt, was dieser als Zeichen einer Vorsehung deutet: »Dein Ungeschick ist mir ein Unterpfand des Himmels, daß ich zu etwas Großem aufgehoben bin, und darum bin ich gnädig und du gehst frei aus.«[415]

Dass Fiesko die gleichen Absichten wie Verrina verfolgt, erkennt der eiserne Republikaner zunächst nicht. Bereits am Ende des ersten Aufzugs stellt er seinen Mitverschwörern den Plan vor, Fiesko ein Gemälde, das den Sturz des Appius Klaudius darstellt, zu zeigen, um den »Genius«[416] des Grafen zu wecken. Hieran zeigt sich, wie erfolgreich Fiesko mit der von ihm praktizierten Verstellungstaktik ist. Dieses Talent seines Anführers stellt Verrina im ersten Aufzug sogar selbst fest: »Fiesko findet seine Freunde geschwinder in ihren Masken, als sie ihn in der seinigen.«[417]

Fiesko täuscht nicht nur Verrina, er schafft es auch, das genuesische Volk hinters Licht zu führen. Der nun in Diensten des Grafen stehende Mohr war in die Stadt geschickt worden, um die Stimmung des Pöbels

412 Ebd., S. 36.
413 Ebd., S. 39.
414 Ebd., S. 28.
415 Ebd., S. 31.
416 Ebd., S. 41.
417 Ebd., S. 25.

auszukundschaften. Es zeigt sich, dass Fieskos Plan aufgeht, denn das Volk ist in dem Glauben, »[d]aß Genuas großer Mann Genuas großen Fall verschlafe.«[418] Fiesko bemerkt an dieser Stelle über sich selbst, dass er ein Narr sei: »Die Schellenkappe hab ich nun aufgesetzt, daß diese Genueser über mich lachen, bald will ich mir eine Glatze scheren, daß sie den Hanswurst von mir spielen.«[419] Die Narrenfigur ist hier keineswegs negativ konnotiert, denn in seiner Rolle als Narr ist es ihm schließlich gelungen, das Volk zu blenden.

Als das erste wirklich auffällige theatralische Mittel im *Fiesko* ist die Tierfabel anzusehen, die der Protagonist in der achten Szene des zweiten Aufzugs erzählt. Kurt Wölfel sieht hierin eine Analogie zu Machiavelli, der sich ebenfalls der äsopischen Fabel bediente, um seine Modelle für die Charaktere bzw. Konstellationen des Machtkampfes zu veranschaulichen.[420] Fiesko beschreibt einen Bürgerkrieg, der dazu führte, dass ein Fleischerhund den Thron bestieg: »Dieser, gewohnt, das Schlachtvieh an das Messer zu hetzen, hauste hündisch im Reich, klaffte, biß, und nagte die Knochen seines Volks.«[421] Aufgrund seiner despotischen Herrschaft kam es zum erneuten Aufstand und das siegreiche Volk entschied sich nun für eine republikanische Staatsform. Als aber der Mensch dem Tierreich den Krieg erklärte, entschied sich die Mehrheit dafür, sich kampflos zu ergeben: »Das Tierreich streckte die Waffen, und der Mensch brandschatzte sein Gebiet.«[422] Fiesko fragt nun das genuesische Volk nach einer geeigneten Staatsform und man entscheidet sich für ein Abgeordneten-System, in dem die Staatsgeschäfte auf verschiedene Kammern aufgeteilt sind. Doch auch hierin macht Fiesko ein Problem aus: »Genueser, was hofft ihr von dieser weisen Verteilung? Wen der Wolf nicht zerriß, den prellte der Fuchs. Wer diesem entrann, den tölpelte der Esel nieder.«[423] Schließlich wählen die Tiere den Löwen zu ihrem Monarchen, was Fiesko als die Moral seiner Fabel ausweist.

418 Ebd. 49.
419 Ebd.
420 Vgl. Wölfel 1990, S. 323.
421 Schiller 2010, S. 56.
422 Ebd., S. 57.
423 Ebd.

Laut Wölfel zeigt sich hieran aber auch die Doppelbödigkeit der Figur des Fiesko, denn sie entspricht nicht nur dem Löwen der Fabel, der für Majestät, Stärke und Gewalt steht, zugleich repräsentiert Fiesko als Erzähler der Geschichte den Fuchs, dem Charaktereigenschaften wie Tücke, Klugheit und List zugeschrieben werden.[424] Die Mischung aus beiden Eigenschaften stellt für Machiavelli das Ideal eines Machthabers dar. Der Einfluss seines Werks *Il Principe* auf Schillers *Fiesko* ist offensichtlich. Im 18. Kapitel beschreibt Machiavelli, wie ein Herrscher beschaffen sein sollte: »Man muß also ein Fuchs sein, um die Schlingen zu erkennen, und ein Löwe, um die Wölfe zu schrecken.«[425] Der Fürst muss demnach also nicht die vielen guten Eigenschaften besitzen, die man häufig mit ihm assoziiert, es geht vielmehr darum, den Anschein zu erwecken, »denn der Pöbel läßt sich immer von dem Schein und dem Erfolg mitreißen; und auf der Welt gibt es nur Pöbel [...].«[426] Laut Peter-André Alt unterstreicht Schiller dadurch, dass er die Ideen Machiavellis adaptiert, die Ambivalenz seiner Figur.[427] In diesen Kontext passt auch die Passage, in der Fiesko die Republik als »vielbeinigte[s] Tier« bezeichnet. Damit rekurriert er unzweifelhaft auf Thomas Hobbes' *Leviathan*, die Schrift also, die als Souveränitätstheorie des Absolutismus gelten kann. Demnach hat der König als Haupt gegenüber dem Staatskörper zwar Verantwortung, zugleich aber auch unumschränkte Befehlsgewalt. Gerade seine Durchtriebenheit lässt allerdings den Verdacht aufkommen, dass Fiesko gar nicht die Monarchie als Regierungsform anstrebt. Das oben erörterte Gleichnis ist vor dem Hintergrund dessen eher als »Vorschein der Despotie«[428] zu verstehen. Sein Widersacher Gianettino steht Fiesko in Sachen Ambivalenz allerdings in nichts nach, tatsächlich sind sich die beiden bei näherer Betrachtung auffallend ähnlich. Gegenüber einem seiner Verbündeten erwähnt er die Absicht, die Messe besuchen zu wollen, was allerdings mit einem ganz pragmatischen Grund verbunden ist: »Der Teufel, der in mir steckt, kann nur in Heiligenmaske inkognito bleiben.«[429] Auch Gianettino ist ein Meis-

424 Vgl. Wölfel 1990, S. 322.
425 Machiavelli 2020, S. 137.
426 Ebd., S. 141.
427 Vgl. Alt 2009, S. 337.
428 Ebd., S. 338.
429 Schiller 2010, S. 66.

ter der Verstellung und als solcher ein Alter Ego Fieskos. Das Scheitern des intendierten Umsturzes ist insofern vorprogrammiert, kann es doch aufgrund dieser Parallelität zu keiner wirklichen Veränderung kommen.

Fiesko glaubt indessen alle Vorbereitungen getroffen zu haben, um den Genuesern sein wahres Gesicht offenbaren zu können: »Alle Maschinen des großen Wagestücks sind im Gang. […] Nichts fehlt, als die Larve herbazureißen, und Genuas Patrioten den Fiesko zu zeigen.«[430] Eine entscheidende Szene geht der Enthüllung allerdings voraus. Der von Verrina im ersten Akt gefasste Plan, Fiesko mittels eines Gemäldes zur Tat zu bewegen, wird realisiert. Der Maler Romano hat für sein Werk die Geschichte der Virginia und des Appius Klaudius als Sujet gewählt. Livius berichtet davon, dass der Plebejer Virginius seine Tochter tötete, um sie auf diese Weise vor der Verführung durch den Patrizier Appius Klaudius zu bewahren. Es folgte ein Volksaufstand gegen den Adel.[431] Die Szenerie spielt einerseits auf die Vergewaltigung Berthas durch Gianettino an, zugleich ist eine Analogie zu der geplanten Verschwörung gegen die Doria offensichtlich. Die erhoffte Wirkung bleibt allerdings aus. Wütend wirft Fiesko das Bild um: »Geh! – Deine Arbeit ist Gaukelwerk – der Schein weiche der Tat! […] Ich habe getan, was du – nur maltest.«[432] In Wahrheit handelt es sich aber bei der Reaktion Fieskos um Gaukelwerk, schließlich gibt er weiterhin vor, sich nicht für eine Verschwörung begeistern zu lassen.

Seine bereits im zweiten Akt angekündigte Demaskierung erfolgt schließlich im vierten Aufzug. Der Graf hat zu einer Komödie in seinen Palast eingeladen. Die Gäste sind zunächst misstrauisch, was die Motivation für dieses Schauspiel anbelangt. So bemerkt Zenturione: »Mich deucht es fing schon an, und wir spielten die Narren drin.«[433] Ähnlich äußert sich Zibo, dem die Sache ebenfalls nicht geheuer zu sein scheint: »Die Komödie war der Speck, hinter der Maus schlug die Türe zu.«[434] Doch schließlich löst Fiesko die Situation auf, indem er seine Kameraden über seine lange im Verborgenen geschmiedeten Ränke ins Bild setzt: »Ich bin so frei gewesen, Sie zu einem Schauspiel bitten zu lassen – Nicht aber, Sie zu

430 Ebd., S. 69.
431 Vgl. Livius 2008, S. 127 ff.; Vorlage auch für Lessings *Emilia Galotti*.
432 Schiller 2010, S. 72.
433 Ebd., S. 101.
434 Ebd., S. 102.

unterhalten, sondern Ihnen Rollen darin aufzutragen.«[435] Fieskos Überzeugung, er könne den Umsturz als Theaterstück inszenieren, ist laut Alt ein Beweis für seine Hybris.[436] Zudem verschweigt er seine Absicht, sich zum Alleinherrscher aufzuschwingen, sodass nur von einer teilweisen Enthüllung die Rede sein kann. Wichtige Informationen enthält der Graf seinen Komplizen weiterhin vor. Auch die zweite Komödie lässt auf einen fragwürdigen Charakter des Protagonisten schließen. Die heiß umworbene Julia wird in dem Moment, in dem sie Fiesko ihre Liebe gesteht, desillusioniert: »FIESKO *weicht drei Schritte zurück, läßt sie liegen, und lacht triumphierend auf*: Das bedaur' ich Signora. *er zieht die Glocke, hebt die Tapete auf und führt Leonore hervor.* Hier ist meine Gemahlin – ein göttliches Weib! *er fällt Leonoren in den Arm.*«[437] Laut Peter-André Alt kommt das anfängliche Werben Fieskos um Julia einem öffentlich praktizierten Ehebruch gleich und auch die öffentliche Bloßstellung seiner Gespielin, die er im Folgenden als »Genuas größte Närrin«[438] bezeichnet, zeugt von der Taktlosigkeit des Protagonisten, die er jedoch zu verharmlosen weiß, wenn er seine gespielte Verehrung als »Harlekinsleidenschaft«[439] abtut.[440]

Bis zum Schluss spielen Verkleidungen für den Fortgang des Dramas eine entscheidende Rolle: Die verwirrt im Getümmel umherirrende Leonore findet den purpurnen Mantel des bereits getöteten Gianettino und legt ihn sich um. Fiesko, der sie aufgrund ihrer Verkleidung mit dem jungen Doria verwechselt, sticht seine Frau nieder. Den fatalen Irrtum erkennend, zeigt sich der Protagonist zunächst paralysiert: »Spiegelfechterei der Hölle! Es ist mein Weib!«[441] Doch – und hieran zeigt sich erneut die Hybris des Grafen – er weiß auch diesen Schicksalsschlag für sich umzudeuten: »Höret Genueser – die Vorsehung, versteh ich ihren Wink, schlug mir diese Wunde nur, mein Herz für die nahe Größe zu prüfen?«[442] Fiesko schwingt sich zum Fürsten auf und hüllt sich nun selbst in den Man-

435 Ebd., S. 104.
436 Vgl. Alt 2009, S. 340.
437 Schiller 2010, S. 115.
438 Ebd., S. 116.
439 Ebd., S. 117.
440 Vgl. Alt 2009, S. 336 f.
441 Schiller 2010, S. 135.
442 Ebd., S. 139.

tel, der seiner Frau den Tod einbrachte. In der 16. Szene des fünften Aufzugs kommt es zum finalen Aufeinandertreffen zwischen Fiesko und Verrina. Fiesko stellt in den Augen Verrinas eine Gefahr für die Republik dar, hat er doch die Parallelen zwischen dem Grafen und Gianettino erkannt. Er konfrontiert Lavagna mit diesem Vorwurf, indem er nochmals auf die Tierfabel des zweiten Akts zurückgreift: »Und Abreißen ist doch sonst deine schlechteste Kunst nicht, davon weiß das Lamm Republik zu erzählen, das du dem Wolf Doria aus dem Rachen nahmst – es selbst aufzufressen.«[443] Der Purpur ist nach Ansicht Verrinas Sinnbild der Despotie des neuen Tyrannen: »Wirf diesen häßlichen Purpur weg [...]. Der erste Fürst war ein Mörder, und führte den Purpur ein, die Flecken seiner Tat in dieser Blutfarbe zu verstecken.«[444] Wegen des herzoglichen Schmucks, den Fiesko trägt, muss er – wie seine Frau – sterben. Zuletzt ist die Inszenierung Fieskos also Grund für sein eigenes Verderben. Lange Zeit ist der Protagonist des Stücks gleichzeitig Regisseur und Arrangeur des Spiels im Spiel, indem er die ihn umgebenden Personen wie Marionetten nach seinem Willen tanzen lässt.[445] Insofern wird Fiesko von der eigenen Kunst übermannt. Wenn Alt schreibt, dass es ironisch sei, dass die vom Grafen inszenierte Komödie als Trauerspiel endet, dann trifft das nicht ganz zu.[446] Im Endeffekt ist es die logische Konsequenz, die sich aus der omnipräsenten Hybris des ›Helden‹ ergibt.

4.2.2 Die literarische Figur des Fiesko zu Genua

Mit seiner *Verschwörung des Fiesko zu Genua* hat Schiller einen historischen Stoff einer umfangreichen Bearbeitung unterzogen. Dabei dürfte ihn die von Helfrich Peter Sturz im Jahre 1779 verfasste Schrift *Denkwürdigkeiten von Johann Jakob Rousseau* inspiriert haben. Hierin heißt es über Fiesko:

443 Ebd., S. 143.
444 Ebd., S. 145.
445 Vgl. Michelsen 1990, S. 349.
446 Vgl. Alt 2009, S. 339.

»Plutarch hat darum so herrliche Biographien geschrieben, weil er keine halb großen Menschen wählte, wie es in ruhigen Staaten tausende giebt, sondern große Tugendhafte, und erhabene Verbrecher. In der neuen Geschichte gab es einen Mann, der seinen Pinsel verdient, und das ist der Graf von Fiesque, der eigentlich dazu erzogen wurde, um sein Vaterland von der Herrschaft der Doria zu befreien.«[447]

Man fühlt sich an das Geschichtsbild des Historismus erinnert, das ebenfalls die Darstellung großer Männer postulierte. Hieran zeigte sich auch Schiller interessiert, denn sein Drama sollte in erster Linie den Fiesko thematisieren und nicht die von ihm in Gang gesetzte Verschwörung.[448] Macht wird als psychologisches Phänomen betrachtet, das Individuum ist ihre Bedingung, zugleich aber auch ihre Folge. In seinem Vorwort zum *Fiesko* schreibt Schiller hierzu:

»Es stand daher nicht bei mir, meiner Fabel jene lebendige Glut einzuhauchen, welche durch das lautere Produkt der Begeisterung herrscht, aber die kalte, unfruchtbare Staatsaktion aus dem menschlichen Herzen herauszuspinnen, und eben dadurch an das menschliche Herz wieder anzuknüpfen – den Mann durch den *Staatsklugen Kopf* zu verwickeln – und von der erfindrischen Intrigue Situationen für die Menschheit zu entlehnen – *das* stand bei mir.«[449]

Als weitere wichtige Quelle ist die Schrift *Histoire de la conjuration de comte Jean-Louis de Fiesque* zu nennen, ein Werk des Kardinals Jean de Retz, der wiederum eine wichtige Rolle im Kampf gegen die absolutistische Herrschaft der Bourbonen spielte. Hierin kommt u. a. das diplomatische Geschick Andreas Dorias zum Ausdruck, welches ihm seine Alleinherrschaft sicherte. In der historischen Realität ließ sich Andreas nicht auf Lebenszeit zum Dogen wählen und er gewährte dem Adel weiterhin

447 Sturz 1779, S. 145 f.
448 Vgl. Koopmann 1998(2), S. 357.
449 Schiller 2010, S. 10.

republikanische Freiheiten. Durch Ausnahmeverordnungen gelang es ihm allerdings, die entscheidenden Staatsämter zu kontrollieren.[450]

Mit seinem Drama schreibt Schiller diese Geschichte um. Andreas wird moralisch aufgewertet und steht so sittlich über dem eigentlichen Helden. Am Ende des Dialogs zwischen Fiesko und Andreas, der den fünften Aufzug eröffnet, sieht sich der Protagonist gezwungen, die Größe seines Widersachers anzuerkennen: »FIESKO *blickt ihm erstaunt nach*: Mußt ich diesen Mann erst stürzen, eh ich lerne, daß es schwerer ist ihm zu gleichen?«[451] Eine weitere Akzentuierung Schillers stellt die Stilisierung Ginaettinos zum skrupellosen Machtmenschen dar. Der Tod Fieskos ist nicht – wie der Kardinal de Retz geschrieben hatte – Produkt des Zufalls, sondern erhält einen politischen Hintergrund. Erfundene Figuren wie der Mohr oder der Maler Romano dienen der Dynamisierung der Handlung, andere Figuren wie Leonore und Julia, über die de Retz keine genauere Auskunft gegeben hat, werden dramatisch ausgestaltet.[452]

Allgemein, so Koopmann, zeichnet sich das Figurenpersonal durch eine Schwarz-Weiß-Malerei aus, die das schematische Bild einer »schablonisierte[n] Psychologie«[453] liefert. Laut Michelsen entfalten sich die übrigen Charaktere ohnehin erst in ihrem Verhältnis zum Protagonisten. So haben Kalkagno und Sacco für die Befreiung vom Joch der Tyrannei zunächst nur Hohn und Spott übrig, vor der vergewaltigten Bertha leisten sie aber feierlich einen Schwur, den Frevel Gianettinos zu rächen.[454] Daneben schildert das Trauerspiel, dass Andreas um die Verfehlungen Gianettinos weiß. Mit dem Vorwurf: »Du hast ein Gebäude umgerissen, das ich in einem halben Jahrhundert sorgsam zusammen fügte«,[455] verurteilt Andreas die Ränke seines Neffen, ein konkretes Handeln folgt aus dieser Einsicht allerdings nicht. Offenbar geht es Schiller vor allem um die rhetorische Wirkung. Michelsen resümiert: »Die Personen sind also

450 Vgl. Alt 2009, S. 331 f.
451 Schiller 2010, S. 124.
452 Vgl. Alt 2009, S. 333.
453 Koopmann 1998(2), S. 359.
454 Vgl. Schiller 2010, S. 40 f.
455 Ebd., S. 62.

›Charaktere‹ nur insoweit, als es für die Ausgestaltung der jeweiligen Situation erforderlich erscheint.«[456]

Fiesko selbst ist eine höchst zwiespältige Figur. Dass er ein Meister der Selbstinszenierung ist, wurde im vorangegangenen Kapitel bereits erwähnt. Programmatisch ist in diesem Zusammenhang eine Äußerung gegenüber Gianettino: »Gianettino Doria mag über Genua herrschen. Fiesko wird lieben.«[457] Der Protagonist stilisiert sich als selbstloser Mensch, dem mehr daran gelegen ist, in Gemeinschaft mit einem Du sein Selbst zu verwirklichen als egoistisch der eigenen Hybris hinterherzujagen. Doch auch hierbei handelt es sich um Verstellung, denn die eigentliche Absicht Fieskos offenbart sich im Laufe des Dramas. Der ›Held‹ des Trauerspiels ist de facto innerlich zerrissen. Der internalisierte Konflikt wird v. a. am Übergang vom zweiten zum dritten Aufzug deutlich. Am Ende des zweiten Akts monologisiert Fiesko und sinnt über seine eigene Rolle im postrevolutionären Genua: »Republikaner Fiesko? Herzog Fiesko?«[458] Der Monolog schließt mit der vermeintlichen Entscheidung: »Ein Diadem erkämpfen ist groß. Es wegwerfen ist göttlich. *entschlossen*. Geh unter Tyrann! Sei frei Genua, und ich *sanftgeschmolzen* dein glücklichster Bürger!«[459] Man könnte annehmen, dass Fiesko in dieser Szene zur Selbsterkenntnis gelangt. Er zieht es vor, sich in den Dienst der künftigen Republik zu stellen, ohne auf seinen persönlichen Vorteil bedacht zu sein. Im zweiten Auftritt des dritten Aufzugs erfährt diese Grundsatzentscheidung aber bereits eine Umkehrung in ihr Gegenteil: »Es ist schimpflich eine Börse zu leeren – es ist frech, eine Million zu veruntreuen, aber es ist namenlos groß eine Krone zu stehlen.«[460] Jene politische Ausrichtung des Protagonisten verhält sich zu der zuvor eingeschlagenen Marschrichtung konträr. Für den weiteren Handlungsverlauf ist sie bestimmend, was u. a. daran abzulesen ist, dass er von seinen Mitverschwörern »Subordination«[461] einfordert.

456 Michelsen 1990, S. 348.
457 Schiller 2010, S. 24 / Shakespeare 2007, S. 60.
458 Schiller 2010, S. 75.
459 Ebd.
460 Ebd., S. 79.
461 Ebd., S. 90.

Indem Fiesko Hamlet zitiert – »Sein und Nichtsein!«[462] – zeigt er, dass er sich seiner eigenen Zerrissenheit durchaus bewusst ist. Zugleich erhofft er sich von seiner Entscheidung für die Monarchie, diese Ichspaltung zu kitten. »Ein Augenblick: Fürst: hat das Mark des ganzen Daseins verschlungen.«[463] Gegenüber Leonore, die ihn von seinem Plan abbringen will, weil sie das Unheil wittert, bemerkt er in diesem Zusammenhang: »Heute Nacht werf ich meinen Ahnen den geborgten Schmuck in ihr Grab zurück. Die Grafen von Lavagna starben aus – Fürsten beginnen.«[464] Fiesko genügt es nicht, Größe von seinen Vorfahren vererbt zu bekommen, er will seines eigenen Glückes Schmied sein und sich die Größe selbst erkämpfen.

Für Walter Hinderer ist diese Passage von entscheidender Bedeutung. Er führt aus, dass das Menschliche im Drama Schillers eine Möglichkeit ist. Die Figur besitzt das Vermögen, aus sich das zu machen, was sie will. Das Problem daran ist, dass die Figur demzufolge auch das werden kann, was sie nicht werden soll. Hinderer spricht in diesem Kontext von zwei entgegengesetzten Notwendigkeiten – Ideal und Sein. Der Wille, verstanden als absolute Freiheit, behauptet sich aber gegenüber beiden Polen.[465] Im 19. Brief von Schillers *Über die ästhetische Erziehung des Menschen* heißt es: »Es giebt in dem Menschen keine andere Macht, als seinen Willen, und nur was den Menschen aufhebt, der Tod und jeder Raub des Bewußseyns, kann die innere Freyheit aufheben.«[466] Hieraus erwächst eine Verantwortung, die der Mensch gegenüber sich selbst hat, denn die Synthese beider Notwendigkeiten ist nur im Spieltrieb möglich. So gibt der sich stetig selbst inszenierende Fiesko nach außen hin ein geschlossenes Bild ab, das Personsein gründet für Schiller aber in der Freiheit. Liebe ist vor dem Hintergrund dessen als »Icherweiterung«[467] zu verstehen, als Weg hin zur Gottähnlichkeit. Wenn Safranski schreibt, dass Fiesko im Moment der Enthüllung gottgleich aus seiner Maskierung hervortritt,[468]

462 Ebd., S. 79.
463 Ebd.
464 Ebd., S. 118.
465 Vgl. Hinderer 1970, S. 244.
466 Schiller 2018, S. 77.
467 Hinderer 1970, S. 244.
468 Vgl. Safranski 2016, S. 154.

dann heißt das nicht, dass hier eine Icherweiterung stattgefunden hat. Fiesko unterliegt seinem Trieb nach Größe und Selbstvergötterung, der sein Handeln determiniert. Auf diese Weise beraubt er sich selbst seiner Freiheit, das handelnde Subjekt macht sich auf diese Weise zum Objekt.[469] Der Bereich der Physis, wozu Triebe wie Herrschsucht, Narzissmus und Egoismus zählen, führt unweigerlich zu einer Verengung des Seins. Der erstrebenswerte Prozess der Selbstverwirklichung an einem Gegenüber wäre indes eine Behauptung der Persönlichkeit.[470]

Jenes oben erläuterte Prinzip ist laut Hinderer strukturtragendes Charakteristikum des *Fiesko*. »Hinderer bezieht die zentrale, mit dem Theater- und Komödienthema inhärent verbundene Dualität von Verbergen und Enthüllen, von Sein und Schein auf die Existenzproblematik des Spielers Fiesko [...].«[471] Der Größenwahn des »Helden« ist der Grund für sein Scheitern, er will etwas sein, das er nicht ist. Er scheint groß, ohne wirklich groß zu sein. Die Verschwörung als Veranstaltung von Einzelnen, die sich mit dem Ziel verbünden, die bestehende Macht zu stürzen, kann zwei Motive haben. Sie kann mit der Absicht verbunden sein, republikanische Freiheit zu realisieren, sie kann aber auch den Gewinn eigener Herrschaft intendieren. Fiesko, der das zweite Motiv repräsentiert, kann als Inkarnation des machiavellistischen *virtù*-Begriffs gelten. Der Virtuosität eines einzelnen, großen Mannes, der als Anführer der Verschwörung fungiert, muss sich, damit die Verschwörung gelingt, *fortuna* hinzugesellen. Schiller baut im *Fiesko* aber etwas ein, das Machiavelli in seiner Konzeption strikt ablehnt – die Nemesis als der *virtù* zuwiderlaufendes Moment. Wölfel schreibt über Schiller: »Der bloße Lauf der Welt taugt, so meint er, erst dann, wenn in ihm die moralische Ordnung der Welt manifestiert wird, dazu, aus ihm ein Tragödiengeschehen herzustellen.«[472] Die Großmannssucht Fieskos wird am Ende bestraft. Nach seinem Ertrinken ist es der eiserne Republikaner Verrina, der bekennt: »Ich geh zum Andreas.«[473] In diesem Finale manifestiert sich Schillers Geschichtspessimismus, denn das Alte beginnt von Neuem und die Herrschaft der

469 Vgl. Roßbach 2011, S. 58.
470 Vgl. Hinderer 1970, S. 244f.
471 Roßbach 2011, S. 62.
472 Wölfel 1990, S. 323.
473 Schiller 2010, S. 145.

Doria wird restituiert. Laut Müller-Seidel ist hier aber nicht von einer reinen Wiederholung des Vorangegangenen zu sprechen, denn man beginnt auf einer höheren Stufe, sodass das Ende einen gewissen Grad an Progressivität erkennen lässt.[474] Der Idealist Verrina erfährt eine Bekehrung und wird auf diese Weise zum Verfechter eines praxistauglichen Republikanismus. Das von Schiller erfundene alternative Ende nimmt dem Drama seine Dramatik. Fiesko und Verrina feiern brüderlich vereint die gemeinsam erkämpfe republikanische Ordnung. Hierin wird der Fortschrittsoptimismus Schillers deutlich, obgleich Roßbach die Sinnhaftigkeit dieses Endes infrage stellt. Glaubwürdig – so Roßbach – ist jener Ausgang des Dramas nur dann, wenn der Verzicht auf den Herzogstitel als Akt heroischer Selbstüberwindung zu verstehen ist.[475] Allerdings: Ist nicht auch das als bewusste Herausstellung eigener Größe zu werten?

Größe i. e. S. beweist nur Verrina: »Höre Fiesko – ich bin ein Kriegsmann, verstehe mich wenig auf nasse Wangen – Fiesko – das sind meine ersten Tränen – Wirf diesen Purpur weg.«[476] Verrina fleht seinen Freund an, doch noch von dem Plan abzulassen, sich selbst zum Herzog zu krönen. Es folgt das Niederknien des überzeugten Republikaners vor dem erst jüngst zum Monarchen gekürten Fiesko. Hinderer deutet dieses Verhalten Verrinas als »Aufgabe seines eigenen Ichs«,[477] stellt es doch einen Akt dar, zu dem man ihn selbst unter Folter nicht hätte zwingen können. Nur um das eigentliche Selbst Fieskos, an das sein Freund nach wie vor glaubt, zu retten, erniedrigt Verrina sich selbst und verkauft dabei zumindest zeitweise seine eigenen Ideale. Verrina ist daher auch der eigentliche Gegenspieler Fieskos. Dabei durchschaut er seinen Freund früher als alle anderen. Schon zu Beginn des dritten Aufzugs heißt es: »Den Tyrannen wird Fiesko stürzen, das ist gewiß! Fiesko wird Genuas gefährlichster Tyrann werden, das ist gewißer!«[478] Verrina verkörpert nicht nur das Ideal der Gewaltenteilung und die Maxime bürgerlicher Werte, darüber hinaus knüpft er – im Unterschied zu Fiesko – seine politischen Vorstellungen unmittelbar an sein moralisches Selbstverständnis, was der Eid auf

474 Vgl. Müller-Seidel 1990, S. 445 f.
475 Vgl. Roßbach 2011, S. 61.
476 Schiller 2010, S. 145.
477 Hinderer 1970, S. 272.
478 Schiller 2010, S. 77 f.

die geschändete Tochter belegt. Fiesko hingegen instrumentalisiert die aus seinem persönlichen Schicksal erwachsende Moral, um seine Selbstinszenierung aufrecht zu erhalten. Den Mord an seiner Frau aufgrund der Verwechslung mit Gianettino deutet der Graf als Vorsehung. Der Tod Leonores wird dabei für die eigene Propaganda vereinnahmt: »Ich will Genua einen Fürsten schenken, wie ihn noch kein Europäer sah – Kommt! – dieser unglücklichen Fürstin will ich eine Totenfeier halten, daß das Leben seine Anbeter verlieren, und die Verwesung wie eine Braut glänzen soll – Itzt folgt eurem Herzog.«[479] Die Egomanie des charismatischen Führers steht der Gianettinos, dessen Schreckensherrschaft er beenden will, in nichts nach. Dadurch, dass er, um seine persönlichen Ziele zu erreichen, stets die Maske der Verstellung trägt und in verschiedene Rollen schlüpft, schafft Fiesko es nicht, eine wirkliche Persönlichkeit zu entwickeln. Der, der versucht, die anderen zum Narren zu halten, macht sich schließlich selbst zum Narr. Hinderer kommt zu dem Schluss: »Fiesco ist zweifelsohne mehr persona [Maske] als Person [...].«[480]

In seinem 1788 veröffentlichten historiographischen Werk *Geschichte des Abfalls der vereinigten Niederlande von der spanischen Regierung* schreibt Schiller:

> »Wenn die schimmernden Taten der Ruhmsucht und einer verderblichen Herrschbegierde auf unsere Bewunderung Anspruch machen, wieviel mehr eine Begebenheit, wo die bedrängte Menschheit um ihre edelsten Rechte ringt [...] Groß und beruhigend ist der Gedanke, daß gegen die trotzigen Anmaßungen der Fürstengewalt endlich noch eine Hülfe vorhanden ist, daß ihre berechnetsten Plane an der menschlichen Freiheit zu Schanden werden [...].«[481]

Hierin kommt der Abschied der herausragenden Persönlichkeiten im Geschichtsdenken Schillers zum Ausdruck. Jener moderne Ansatz klingt aber bereits im *Fiesko* an, schließlich lässt Schiller seinen Helden an der

479 Ebd., S. 139.
480 Hinderer 1970, S. 258.
481 Schiller 2000, S. 41.

eigenen Selbstüberschätzung scheitern. Auf diese Weise wird das Volk mehr und mehr zum handelnden Subjekt.

4.3 Friedrich Schiller: *Der Geisterseher* (1787–1789)

Der *Geisterseher* ist ein weniger beachtetes Werk im Œuvre Schillers, was zumindest teilweise an der Haltung des Autors gegenüber dem Projekt selbst liegen mag. In einem Brief an Körner heißt es: »Dem verfluchten Geisterseher kann ich bis in diese Stunde kein Interesse abgewinnen; welcher Dämon hat ihn mir eingetrieben!«[482] Die Reaktionen auf den ersten Teil der Erzählung waren allerdings alles andere als ablehnend, so schrieb die *Gothaische gelehrte Zeitung* im Juni 1787:

> »Ein äusserst interessanter Aufsatz, meisterhaft geschrieben. Die Erzählung bricht da ab, wo man der Auflösung nahe zu seyn glaubt. Wir sehen der Fortsetzung mit Verlangen entgegen. Gewiß wird sich der Herausgeber seinen Lesern sehr verbinden, wenn er ihre gespannte Neugier so bald als möglich befriedigt.«[483]

Erfreut zeigte sich Schiller über die positive Kritik zunächst nicht – im Gegenteil, denn die Reaktionen gingen auf die Problematik, die Schiller eigentlich aufzeigen wollte, nicht ein. Die bloße Neugier der Leser, wie die Geschichte wohl weitergehen würde, war für Schiller Ausdruck der niederen Triebe des Menschen und insofern ein eher fragwürdiges Motiv. Dennoch erkannte auch er bald die Vorzüge, die das Schreibprojekt, das als Fortsetzungsroman in der Zeitschrift *Thalia* erschien, mit sich brachte. Am 17. Mai 1788 schreibt er an Körner: »Soviel ist indessen gewiß, daß ich mir diesen Geschmack des Publicums zu Nutzen machen und soviel Geld davon ziehen werde, als nur immer möglich ist.«[484] Eine Xenie bezeugt Schillers Bemühen, die Spannung aufrechtzuerhalten: »Das verlohnte sich

482 Schiller 1979, S. 25.
483 Schiller 2002, S. 1024.
484 Ebd., S. 1027.

auch den delphischen Gott zu bemühen, / Daß er dir sage, mein Freund, wer der Armenier war.«[485]

Anlass zu der Arbeit am *Geisterseher* gab Schillers Interesse an Verschwörungen, das nicht nur im zuvor behandelten *Fiesko* seinen Niederschlag fand. Im Sommer 1786 entwickelte er zusammen mit seinem Freund Ludwig Ferdinand Huber ein Buchprojekt mit dem Titel *Geschichte der merkwürdigsten Rebellionen und Verschwörungen*. Die darin verarbeitete und von Huber übersetzte *Verschwörung des Marquis von Bedemar gegen die Republik Venedig im Jahre 1618* brachte Schiller mit dem zeitgenössischen Venedig in Kontakt.[486] Auch Wilhelm Heinses 1787 veröffentlichter Briefroman *Ardinghello und die glückseligen Inseln* dürfte ihm als Inspirationsquelle gedient haben.[487] Venedig ist Ende des 18. Jahrhunderts eine der letzten unabhängigen Stadtrepubliken und von den grassierenden politischen Unruhen in Europa nahezu unberührt.[488] Mit der Entdeckung Amerikas und der damit verbundenen Verlagerung des Welthandels vom Mittelmeer zum Atlantik hatte die Stadtrepublik allerdings mehr und mehr an wirtschaftlicher sowie politischer Bedeutung verloren.[489] Venedig dient Schiller daher als Kulisse, um Verfall, Dekadenz und politische Gewalt seiner Zeit als Symptome einer fortschreitenden Negativentwicklung herauszustellen.[490]

Stärker wirkte aber die am Vorabend der Französischen Revolution allgegenwärtige Präsenz von Verschwörungstheorien auf die Entstehung des *Geistersehers* ein. Der Name Cagliostro kursierte zu dieser Zeit in ganz Europa. Im Auftrag von Kardinal Rohan hatte der aus Italien stammende Okkultist für Königin Marie Antoinette ein Halsband gekauft. Bei der geplanten Übergabe waren aber sowohl das Collier als auch das Geld spurlos verschwunden. Dieses als ›Halsbandaffäre‹ in die Geschichte eingegangene Ereignis offenbarte Korruption, Leichtsinn und Verschwendung der Aristokratie.[491] Goethe schreibt 1781 an Lavater über Cagliostro:

485 Ebd., S. 1046.
486 Vgl. Dann 2011, S. 312.
487 Vgl. Koopmann 1998, S. 706.
488 Vgl. Dann 2011, S. 314.
489 Vgl. Gehres 2021, S. 45.
490 Vgl. Meid 2021, S. 435.
491 Vgl. Safranski 2016, S. 240.

»Glaube mir, unsere moralische und politische Welt ist mit unterirdischen Gängen, Kellern, Cloaken miniret, wie eine große Stadt zu seyn pflegt, an deren Zusammenhang [...] wohl niemand denkt und sinnt.«[492]

Den ›Hype‹ um das Geheimnisvolle und Mysteriöse löste Matthias Claudius 1777/78 mit seiner Übersetzung der *Geschichte des egyptischen Königs Sethos* aus, eine Quelle, der sich im Übrigen auch der Sizilianer im Roman bedient haben will.[493] Cagliostro, historisches Vorbild für die literarische Figur des Armeniers, hatte sich mittels magischer Séancen, alchemistischer Experimente und mysteriöser Prophezeiungen einen Namen gemacht und wusste das Interesse am Obskuren für sich zu nutzen. Unstrittig war sein Ruf aber keineswegs. Der Papst beschuldigte Cagliostro 1791 des Hochverrats, da man eine von ihm geplante Verschwörung gegen die Kurie vermutete. Tatsächlich löste sein Schaffen heftige Diskussionen in der Öffentlichkeit aus, die durch die Presse zusätzlich angeheizt wurden. Im Zentralorgan der Aufklärung, der *Berlinischen Monatsschrift*, erschien 1786 ein Bericht der Schriftstellerin Elisa von der Recke, mit dem sie Cagliostro als Betrüger zu entlarven glaubte.[494] Im gleichen Jahr noch meldete sich der württembergische Prinz Friedrich Heinrich Eugen in der *Berlinischen* zu Wort: In seinem Beitrag plädierte er für die empirische Evidenz von Geisterbeschwörungen und legte so ein Bekenntnis für die spekulative Philosophie ab. Sein in dem Artikel zum Ausdruck kommender religiöser Eifer ließ die Leserschaft vermuten, der Prinz erwäge den Übertritt zum Katholizismus, was zu Unruhe im evangelischen Württemberg führte.[495]

In den 80er Jahren des 18. Jahrhunderts waren Theorien, die den baldigen Sturz des *Ancien Régime* voraussagten, omnipräsent. Ein von einem anonymen Autor 1785 veröffentlichter Artikel mit dem Titel *Beitrag zur Geschichte itziger geheimer Proselytenmacherei* warnte vor einer angeblichen Gefährdung protestantischer Herrscherhäuser durch katholische Umtriebe, die man speziell den Jesuiten zuschrieb.[496] Ganz aus der Luft gegriffen war diese Sorge nicht, denn der Vater des württembergischen Herzogs

492 Goethe 2020, S. 288.
493 Vgl. Meid 2021, S. 429.
494 Vgl. Safranski 2016, S. 240.
495 Vgl. Alt 2009, S. 576.
496 Vgl. ebd.

Karl Eugen war tatsächlich konvertiert. Dass der Neffe des Herzogs sich nun so offen zum Spiritismus bekannte, musste den Verdacht zwangsläufig schüren. Der Jesuitenorden wurde 1773 von Papst Clemens XIV. verboten, was zeigt, dass sich selbst die katholische Kirche von den kursierenden Verschwörungstheorien anstecken ließ.[497]

Aber nicht nur in Württemberg war man misstrauisch. Mit der Thronbesteigung Friedrich Wilhelms II. glaubten auch die Preußen, auf der Hut sein zu müssen. Auch der preußische König offenbarte obskurantische Neigungen und wurde als Gegner der Aufklärung wahrgenommen. Während vielen Geheimorganisationen nachgesagt wurde, den Umsturz forcieren zu wollen, gab es auch solche, von denen man glaubte, sie seien dem Status quo und dessen Erhalt verpflichtet. In dem Jahr, in dem Schiller die Arbeit an seinem Geisterseher aufnahm, gewann der sog. Rosenkreuzerorden am Hofe Friedrich Wilhelms II. an Einfluss. Der preußische Kultusminister Johann Christoph Wöllner war Mitglied dieser ebenfalls im Verborgenen agierenden Organisation und hatte der Aufklärung den Kampf angesagt. Die ab 1788 von ihm erlassenen Edikte verlangten von Geistlichen und Beamten, sich einer streng protestantischen Orthodoxie zu verschreiben und belegten Journalisten und Schriftsteller mit einer schärferen Zensur.[498]

Die aufgrund der Trivialliteratur des 21. Jahrhunderts in Verruf geratene Gesellschaft der Illuminaten war laut Marion Beaujean die einzige Vereinigung, die sich als konsequente Verfechterin einer aufklärerisch-republikanischen Idee verstand.[499] Um ihr Ziel zu erreichen, infiltrierten die Illuminaten staatliche und kirchliche Institutionen. Für Christoph Martin Wieland bildete die Ordensgemeinschaft einen »Staat im Staate«,[500] dem er ein nicht unerhebliches Gefahrenpotenzial zutraute. Ein von ihnen installiertes System gegenseitiger Bespitzelung sollte dazu dienen, das Stadium sittlicher Läuterung des Einzelnen zu überprüfen. Auf diese Weise wurde ein enormes Wissen angehäuft. Als die Gesellschaft verboten wurde, forderte man die Herausgabe jener ›geheimen‹ Papiere, was die

497 Vgl. Safranski 2016, S. 242.
498 Vgl. ebd., S. 244.
499 Vgl. Beaujean 1978, S. 224.
500 Wieland 1788, S. 104f.

phantastischsten Spekulationen über die Machenschaften der Illuminaten aufkommen ließ. Jenes Phantasieren verselbständigte sich und einige Jahre später führte es sogar zu der These, die Französische Revolution sei in Wahrheit von Ingolstadt aus initiiert worden, wo Adam Weishaupt den Illuminatenorden gegründet hatte.[501]

Trotz der negativen Bewertung Schillers wurde der *Geisterseher* zum Publikumserfolg, was maßgeblich damit zu begründen ist, dass er den dargelegten Zeitgeist traf. Seiner Aktualität waren sich auch schon die *Tübingischen gelehrten Anzeigen* bewusst. Hierin heißt es in der Ausgabe vom 18. Februar 1790:

> »Zu einer Zeit, wo von geheimen Gesellschaften so viel geredet und geschrieben wird [...], wo die Cagliostros und Philidors mit ihren taschenspielerischen Geisterbeschwörungen selbst in Zirkeln, wo der Nahme Aufklärung am lautesten tönt, oft noch ihr Glück machen, müßten Schriften, die darauf hinarbeiten, das feinere oder plumpere Gewebe solcher oft von weitergreifenden Absichten geleiteten Betrügereyen aufzulösen, dem Menschenfreunde immer willkommen seyn.«[502]

4.3.1 Der *Geisterseher* als Wegbereiter des Kriminalromans

Eine gattungsmäßige Einordnung des *Geistersehers* ist schon verschiedentlich unternommen worden, wobei allen Versuchen gemein ist, dass eine eindeutige Zuordnung zu kurz greifen würde und schlichtweg nicht leistbar ist. Für von Wiese ist der Roman Abenteuergeschichte, psychologische Analyse und Gesellschaftskritik zugleich, Martini sieht im *Geisterseher* ein Bindeglied zwischen dem europäischen Schauerroman des 18. Jahrhunderts und dem deutschen romantischen Roman.[503] Neuhaus bezeichnet ihn als Vorläufer des modernen Thrillers, mischt Schiller hierin doch »retrospektives und vorausdeutendes Erzählen, analytische Spannung und Zielspannung, um die größtmögliche Wirkung zu erzeugen«.[504] Es geht ihm also primär um Nervenkitzel (*thrill*). Auch Haslin-

501 Vgl. Safranski 2016, S. 244 f.
502 Braun 1882, S. 262.
503 Vgl. Koopmann 1998, S. 706.
504 Neuhaus 2021, S. 227.

ger hebt die Bedeutung des *Geistersehers* für die spätere Kriminaldichtung heraus, denn der Prinz, der peu à peu die Geschichte des Sizilianers aufdeckt, repräsentiert die detektivische Struktur des Kriminalromans.[505]

Die Entstehung des Kriminalromans wird häufig i. V. m. der Konsolidierung des bürgerlichen Rechtsstaates gesehen. V.a. der Wandel in der Strafprozessform dürfte hier prägend gewesen sein: Mit der schrittweisen Abschaffung der Folter wurde die Bedeutung von Indizien immer größer. Während Aussagen jeglicher Art vielfältige Irrtümer beinhalten können, nähern sich Indizien der objektiven Wahrheit an. Diese Neukonzeption erforderte aber zwangsläufig den Aufbau bestimmter Institutionen zur Bekämpfung des Verbrechens. Preußen erhielt im Jahre 1822 die ersten Kriminalkommissare und 1830 wurde in Berlin eine eigene Kriminalabteilung begründet.[506]

Das öffentliche Interesse an Rechtsfragen griffen die Medien des 19. Jahrhunderts auf. Fortschritte in der Drucktechnik und eine absatzsichernde Urbanisierung sorgten für einen regelrechten Zeitschriften-Boom. Gerade die Sensationsblätter waren gefragt. Im Interesse des Profits verselbständigten sich die unterhaltenden Elemente der Gerichts- und Polizeiberichte. Die zunehmende Abkehr vom Sachbericht bei gleichzeitiger Hinwendung zur fiktionalen Gestaltung lässt sich als entscheidende publizistische Entstehungsbedingung für die kriminalistische Literatur werten.[507]

Im Zeitalter der Französischen Revolution wurde die Literatur u. a. dazu genutzt, große Verbrecher in ihrer Funktion als Ordnungsbrecher darzustellen (vgl. Schillers *Fiesko*). Erst später wurden Probleme der Rechtsverwirklichung und der detektivischen Ermittlung verarbeitet. Seit der Mitte des 19. Jahrhunderts sind es die großen Detektive, die von Interesse sind. Als Grundstein der literarischen Tradition des Kriminalromans wurde lange Zeit der sog. *Pitaval*, eine Sammlung berühmter Kriminalfälle im Stil des mittelalterlichen Prozessberichts, gesehen. Zwar hatte er zweifelsfrei Einfluss auf die Kriminalliteratur – so u. a. auf Schillers *Der Verbrecher aus verlorener Ehre* – allerdings diente er vorrangig als Stoffquelle. Von Bedeutung für die Entstehung des Kriminalromans ist v. a. die

505 Vgl. Koopmann 1998, S. 707.
506 Vgl. Nusser 2009, S. 70 f.
507 Vgl. ebd., S. 76 f.

sog. *gothic novel* des ausgehenden 18. Jahrhunderts. Der Schauerroman brachte wiederum zwei Entwicklungsstränge hervor: Der eine bedient sich einer Fülle surrealistischer Horroreffekte, der andere versucht am Ende des Romans scheinbar übernatürliche Phänomene rational zu erklären. Es ist dieser zweite Strang, der für den späteren Kriminalroman prägend sein sollte.[508] Interessanterweise beinhaltet der *Geisterseher* eine Schauernovelle als ›Geschichte in der Geschichte‹, was den hier dargelegten Einfluss unterstreicht.[509]

Der romantische Roman – ebenfalls von der *gothic novel* beeinflusst – ist zumindest in Deutschland ein weiterer Vorläufer des Kriminalromans. Das Suchen nach Spuren, Geheimnissen und Personen deutet Alewyn als durchgängiges Motiv dieser Gattung. Seine These, der Kriminalroman sei ein »Kind der Romantik«,[510] hat kontroverse Diskussionen hervorgerufen. Der Kritik, der Ansatz Alewyns vernachlässige die *analysis*-Elemente und akzentuiere umgekehrt die *mystery*-Elemente zu stark, hält Nusser entgegen, dass Rationalismus und Romantik gleichermaßen als Voraussetzungen für die Herausbildung des Kriminalromans zu verstehen sind.[511]

Schiller, dessen Schaffenszeit zwischen Aufklärung und Romantik zu verorten ist, repräsentiert diesen Übergang und kann daher als Begründer der deutschsprachigen Kriminalliteratur gelten. Wie progressiv und wegweisend Schillers Werke sind, wird deutlich, wenn man ein Zitat von Novalis in die Betrachtung miteinbezieht: »Indem ich dem Gemeinen einen hohen Sinn, dem Gewöhnlichen ein geheimnisvolles Ansehn, dem Bekannten die Würde des Unbekannten, dem Endlichen einen unendlichen Schein gebe, so romantisiere ich es.«[512] Safranski folgert hieraus, dass der *Geisterseher* ein romantischer Roman vor der Romantik ist – Schiller zeigt sich selbst und seiner Zeit um Jahre voraus.[513]

Inhaltlich zeichnet sich der *Geisterseher* durch das stereotype Schema des Bundesromans aus: Ein harmloser Mensch gerät in geheimnisvolle Verstrickungen. Seine Verfolger, die sich häufig als Doppelagenten erwei-

508 Vgl. ebd., S. 79 f.
509 Vgl. Schiller 2018, S. 50 ff.
510 Alewyn 1971, S. 202.
511 Vgl. Nusser 2009, S. 74 f.
512 Novalis 2001, S. 385.
513 Vgl. Safranski 2016, S. 245.

sen, scheinen alles über ihn zu wissen, sodass er sich in einem unsichtbaren Netz gefangen sieht. Die schöne Frau, die nicht selten als Lockvogel fungiert, entpuppt sich als *femme fatale*.[514] Schiller war im Gegensatz zu seinem Publikum weniger an der Thematik der Geheimbünde interessiert, er wollte die Gründe für die Manipulierbarkeit von Menschen ergründen. Peter-André Alt stellt daher fest, dass es sich bei dem Text um eine psychologische Fallstudie handelt.[515]

4.3.2 Der Prinz – ein deformierter Charakter *par excellence*

Zwecks Darstellung des unendlichen Scheins – gemäß Novalis Kennzeichen der Romantik – bedient sich Schiller ganz bewusst des Motivs des Karnevals: »Es war auf meiner Zurückreise nach Kurland, im Jahr 17** um die Karnevalszeit, als ich den Prinzen von ** in Venedig besuchte.«[516] Venedig als Stadt des Maskenspiels schafft eine Stimmung von Verunsicherung, Intransparenz und Angst.[517] Der Karneval verweist gleich zu Beginn auf das die Handlung durchziehende »Motiv des Täuschens«.[518] Die Inspiration für das Thema mag Schiller wiederum eine Geschichte über den württembergischen Herzog Karl Eugen gegeben haben, über den man sich erzählte, dass er einst dem venezianischen Karneval beigewohnt hatte, die Stadt aufgrund von angehäuften Schulden aber fluchtartig verlassen musste. Schiller betont das Abgründige dieser Stadt und ist daher laut Rüdiger Safranski als eigentlicher Urheber des Motivs vom ›Tod in Venedig‹ zu betrachten.[519]

Der Text nutzt das Mittel der Herausgeberfiktion, wobei im Laufe der Handlung verschiedene Erzähler in Erscheinung treten: der Sizilianer, Civitella, der Baron von F***, der Graf von O** und schließlich Schiller selbst. In einem Brief an die Schwestern von Lengefeld schreibt der Dichter im Februar 1789:

514 Vgl. ebd., S. 242.
515 Vgl. Alt 2009, S. 568.
516 Schiller 2018, S. 7.
517 Vgl. Alt 2009, S. 578.
518 Neuhaus 2021, S. 230.
519 Vgl. Safranski 2016, S. 246.

> »Der Leser des Geistersehers muß gleichsam einen still schweigenden Vertrag mit dem Verfaßer machen, wodurch der letztere sich anheischig macht, seine Imagination wunderbar in Bewegung zu setzen, der Leser aber wechselseitig verspricht, es in der Dialekteße und Wahrheit nicht so genau zu nehmen.«[520]

I. d. R. dient eine Herausgeberfiktion dazu, einer Erzählung Glaubwürdigkeit bzw. Authentizität zu verschaffen. Indem Schiller aber keine exakte Datierung vornimmt und auch die Namen, wie oben zu sehen, nicht vollständig genannt werden, führt er dem Leser den fiktiven Charakter seiner Erzählung vor Augen.[521] Zugleich dient dieses Vorgehen wohl dazu, den Reiz des Geheimnisvollen weiter zu steigern.

Eine erste Charakterisierung des Protagonisten liefert der Roman gleich zu Beginn. Der Prinz wird als ein der Melancholie verfallener Mensch beschrieben, dem die Verführungen einer wollüstigen Stadt wie Venedig aufgrund seiner protestantischen Erziehung nichts anhaben können: »Mitten in einem geräuschvollen Gewühle von Menschen ging er einsam; in seine Phantasiewelt verschlossen, war er sehr oft ein Fremdling in der wirklichen.«[522] Bereits hier wird auf die gestörte Persönlichkeitsentwicklung der Hauptfigur verwiesen: »Er las viel, doch ohne Wahl; eine vernachlässigte Erziehung und frühe Kriegsdienste hatten seinen Geist nicht zur Reife kommen lassen.«[523] Aufgrund einer nicht stattgefundenen Individuation ist davon auszugehen, dass es sich beim Prinzen um einen schwachen Charakter handelt, der den im weiteren Handlungsverlauf folgenden Manipulationen eine breite Angriffsfläche bietet. Eine weitere Information gleich zu Beginn des Romans ist an dieser Stelle erwähnenswert: Der Prinz ist der dritte seines Hauses, was – so der Erzähler – die Chance, eines Tages den Thron zu besteigen, eher unwahrscheinlich macht.

Den Startschuss für die Verschwörung gegen den Protagonisten bildet eine Begegnung auf dem Markusplatz. Hier wird er von einer Maske, die als Armenier beschrieben wird, verfolgt. Die typischen venezianischen

520 Schiller 2002, S. 1032.
521 Vgl. Koopmann 1998, S. 707.
522 Schiller 2018, S. 8.
523 Ebd., S. 9.

Masken, wie der *medico de la peste* oder die *bauta*, verweisen auf die Thematik des Todes, die im von den Verheerungen der Pest geplagten Venedig omnipräsent war.[524] Zudem bietet die für Venedig charakteristische Gesellschaftsmaske, die den zeitlichen Rahmen der Fastnacht durchbricht, ihrem Träger den Schutz der Anonymität, weshalb ihr etwas Geheimnisvolles inhärent ist.[525] Die Maske ist daher das prädestinierte Accessoire, um der Prophezeiung, die der Armenier dem Prinzen gegebenüber macht, die nötige Wirkung zu verleihen: »›Um neun Uhr ist er gestorben.‹«[526] Mit dieser Vorhersage weiß der Prinz zunächst nichts anzufangen, einige Tage später erhält er allerdings die Nachricht, dass sein Cousin gestorben sei. Um zu unterstreichen, wie folgenreich dieses Ereignis ist, schiebt der Erzähler in der Folge eine erläuternde Bemerkung in seinen Bericht ein:

> »(Der Verstorbene war der Erbprinz, der einzige Sohn des regierenden ***, der alt und kränklich ohne Hoffnung eigner Succession war. Ein Oheim unsers Prinzen, gleichfalls ohne Erben und ohne Aussicht, welche zu bekommen, stand jetzt allein noch zwischen diesem und dem Throne. Ich erwähne dieses Umstandes, weil in der Folge davon die Rede sein wird.)«[527]

Ein für den Prinzen arrangiertes Volksfest spielt auf diese Thematik an. Eine Tänzerin verfällt bei seinem Anblick in einen Zustand geistiger Entrückung und hat eine Vision: »Auf einmal fuhr sie mit der Wut der Begeisterung in die Höhe, blickte wild um sich her – ›Ein König ist unter uns‹, rief sie, riß ihre Krone vom Haupt und legte sie – zu den Füßen des Prinzen.«[528] Laut Christopher Meid verweist Schiller mit dieser Szene auf Shakespeares *Macbeth* und zeichnet auf diese Weise den blutigen Weg des Prinzen hin zur Macht vor.[529]

Jene Prophezeiung dient der sich anschließenden Séance-Szene, die den eigentlichen Kern des Romans bildet, als Exposition. Ihr geht eine

524 Vgl. Ebeling 1984, S. 82.
525 Vgl. Gehres 2021, S. 73 f.
526 Schiller 2018, S. 10.
527 Ebd., S. 12.
528 Ebd., S. 18.
529 Vgl. Meid 2021, S. 433.

erneute Begegnung mit dem Armenier voraus, den er zunächst nicht als solchen erkennt. Es ist ein russischer Offizier, der aufgrund seiner sonderbaren Erscheinung Aufsehen erregt: »Nie in meinem Leben sah ich so viele Züge und so wenig Charakter, so viel anlockendes Wohlwollen mit so viel zurückstoßendem Frost in einem Menschengesichte beisammen wohnen. Alle Leidenschaften schienen darin gewühlt und es wieder verlassen zu haben.«[530]

Der Protagonist trifft in dieser Szene auf einen Sizilianer, der ihm einen Spiegel vorhält, in dem der Prinz den Armenier erblickt. Auch dieses Erlebnis ist folgenreich, denn er bittet daraufhin den Sizilianer, eine Geisterbeschwörung für ihn durchzuführen: »Mit der Geisterwelt in Verbindung zu stehen, war ehedem seine Lieblingsschwärmerei gewesen, und seit jener ersten Erscheinung des Armeniers hatten sich alle Ideen wieder bei ihm gemeldet, die seine reifere Vernunft so lange abgewiesen hatte.«[531]

Die okkultistische Veranstaltung wird schließlich gesprengt und der Sizilianer verhaftet. Um der Geisterbeschwörung auf den Grund zu gehen, stattet der Prinz dem Seher im Gefängnis einen Besuch ab. Hier offenbart er dem Protagonisten sein Blendwerk, das nur einen Zweck verfolgte: »›Um Sie nachdenkend zu machen – um einen Gemütszustand in Ihnen vorzubereiten, der Sie für das Wunderbare, das ich mit Ihnen im Sinne hatte, empfänglich machen sollte.‹«[532] Kenntnis vom Aufenthalt des Prinzen in Venedig erhielt der Sizilianer nach eigener Aussage von dessen ehemaligem Jäger, über den an anderer Stelle die Vermutung geäußert wird, er sei katholisch geworden.[533] Und auch die Tänzerin, die dem Prinzen die Krone zu Füßen legte und dem sie seinen Aufstieg prophezeite, war vom Geisterseher dazu beauftragt worden. Allein die Rolle des Russen, in dem der Prinz den Armenier erkannt hatte, vermag der Sizilianer nicht rational zu erklären: »›Ja, bei Gott, gnädigster Prinz, dieser Unbekannte ist ein schreckliches Wesen.‹«[534] Es folgt die bereits angesprochene Schauernovelle als Binnenhandlung, in der der Armenier als Bindeglied zur Rahmenhandlung dient. Aufgrund dessen, dass der Armeni-

530 Schiller 2018, S. 18.
531 Ebd., S. 22.
532 Ebd., S. 41.
533 Vgl. ebd., S. 37.
534 Ebd., S. 45.

er beständig die Identitäten wechselt, kommt Neuhaus zu dem Schluss, dass er als »Repräsentant der Autorfigur«[535] agiert und das Geschehen wie ein Marionettenspieler leitet.

Trotz dieser mysteriösen Geschichte in der Geschichte glaubt der Prinz die vorausgegangenen Geschehnisse nun rational erklären zu können. Indem er seinem Gegenüber, dem Grafen von O**, Fragen stellt, versucht er diesem das scheinbar Unerklärbare plausibel zu machen. Der Prinz bedient sich der Mäeutik, der Hebammenkunst des Sokrates, der seinen Schüler durch Fragen zur Erkenntnis führt.[536] Seiner Argumentation ist er sich dabei sicher, u. a. kommt er auf die Rolle seines verschwundenen Jägers zurück: »›Ich vermisse meinen Jäger. Was hindert mich, zu glauben, daß der Armenier bei der Entweichung dieses Menschen mit im Spiele sei?‹«[537] Sogar den vorhergesagten Tod seines Cousins weiß der Prinz logisch zu erklären. Die Vorausdeutungen des Erzählers am Ende des ersten Teils des Romans lassen allerdings vermuten, dass die Argumentation des Protagonisten nicht als Weisheit letzter Schluss gelten kann:

> »So endigte meine Unterredung, die ich darum ganz hierher gesetzt habe, weil sie die Schwierigkeiten zeigt, die bei dem Prinzen zu besiegen waren, und weil sie, wie ich hoffte, sein Andenken von dem Vorwurfe reinigen wird, daß er sich blind und unbesonnen in die Schlinge gestürzt habe, die eine unterhörte Teufelei ihm bereitete.«[538]

Der Erzähler verteidigt vorab die Verführbarkeit seines Prinzen. Nicht seine Torheit wird als Grund für das Gelingen der Manipulation angeführt, sondern die Genialität, mit der die Verschwörung geplant wurde. »Er war ein edler Mensch, und gewiß wär' er eine Zierde des Thrones geworden, den er durch ein Verbrechen ersteigen zu wollen sich betören ließ.«[539]

Zu Beginn des zweiten Teils schildert der Graf von O** eine Veränderung, die er am Prinzen bemerkt haben will:

535 Neuhaus 2021, S. 231.
536 Vgl. Lütjen 2013, S. 421 ff.
537 Schiller 2018, S. 76.
538 Ebd., S. 83.
539 Ebd., S. 84.

> »Bis jetzt nämlich hatte der Prinz jede strengere Prüfung seines Glaubens vermieden und sich damit begnügt, die rohen und sinnlichen Religionsbegriffe, in denen er auferzogen worden, durch die bessern Ideen, die sich ihm nachher aufdrangen, zu reinigen, ohne die Fundamente seines Glaubens zu untersuchen.«[540]

Der Protagonist sieht sich mehr und mehr in einem Labyrinth gefangen, wofür der Erzähler die dem Prinzen zuteil gewordene knechtische Erziehung verantwortlich macht. Der Versuch, dem zu entfliehen, muss zwangsläufig scheitern, denn »er entlief ihm wie ein leibeigner Sklave seinem harten Herrn, der auch mitten in der Freiheit das Gefühl seiner Knechtschaft herumträgt«.[541] Der Graf von O** beschreibt, dass der von der protestantischen Erziehung geprägte Geist zu der ihn umgebenden Gesellschaft kontrastiere, »seine Fremdheit in den bekanntesten Dingen setzte ihn zuweilen dem Lächerlichen aus«.[542] Von dem Willen getrieben, diesen ›Makel‹ wettzumachen, möchte er sich fortan die Bildung zukommen lassen, die ihm zuvor versagt worden war. Der Graf erwähnt nun erstmals den negativen Einfluss, der zu dieser Zeit beginnt, vom Prinzen Besitz zu ergreifen. Zunächst ist von der »schlimme[n] Hand«[543] die Rede, wenig später ist es eine »unsichtbare Hand«.[544] Das Bild der Hand zeugt davon, dass die Macht im Hintergrund, die die Geschicke des Protagonisten lenkt, als Puppenspieler agiert, der den Prinzen wie eine Marionette für sich tanzen lässt. Der vom Prinzen intendierten Bildung ist die von der Hand »empfohlene« Lektüre nicht zuträglich, im Gegenteil: »[…] seine Vernunft und sein Herz blieben leer, während sich diese Fächer seines Gehirns mit verworrenen Begriffen anfüllten«.[545]

Jene unsichtbare Macht entlarvt der Graf von O** als die Geheimgesellschaft der Bucentauro, der viele katholische Geistliche angehören. Die Bewertung dieser Vereinigung fällt negativ aus. Der Erzähler spricht

540 Ebd., S. 85.
541 Ebd., S. 86.
542 Ebd., S. 88.
543 Ebd., S. 89.
544 Ebd., S. 95.
545 Ebd., S. 89.

von einer »verdammliche[n] Philosophie«,[546] durch die sich ihre Mitglieder auszeichnen, und von einer menschenverachtenden Geisteshaltung.

Nach den Schilderungen des Grafen von O** wechselt der Erzähler – während der Graf das Geschehen verlässt, wird der Leser durch den Baron von F*** in einer Reihe von Briefen über den Fortgang der Geschichte in Kenntnis gesetzt. Hier ist zunächst v. a. der Auftritt Biondellos erwähnenswert, der den nach wie vor verschwundenen Jäger ersetzt. Es entwickelt sich rasch ein enges Verhältnis zwischen dem Prinzen und seinem neuen Diener: »Biondello erhielt ein Zimmer zunächst am Schlafgemach seines Herrn, wo er ihn mit Musik in den Schlummer wiegen und mit Musik daraus erwecken kann.«[547] Auch die Bekanntschaft mit dem Marchese Civitella, dem Neffen des Kardinals A***i, ist für die weitere Handlung von Bedeutung. Er war vom Prinzen aus einem Hinterhalt befreit worden, weshalb der Marchese glaubt, in der Schuld seines Retters zu stehen. Der Erzähler sieht in Civitella, dem der Prinz in der Folge als Mentor zur Seite steht, eine weitere Gefahr: »Ich fürchte aber sehr, das Blatt möchte sich vielmehr wenden und der Führer bei seinem Zögling in die Schule gehen, wozu sich auch bereits alle Umstände anzulassen scheinen.«[548] Der Baron wittert eine Beeinflussung des Prinzen durch Civitella.

Darüber, dass der Prinz zu diesem Zeitpunkt bereits tief in die finsteren Machenschaften um ihn herum verstrickt ist, gibt eine Aussage des Barons Auskunft, der gegenüber dem Grafen von O** beteuert, keine Briefe von ihm erhalten zu haben. Offenbar fängt die »unsichtbare Hand« Briefe aus dem Umfeld des Prinzen ab, um das Gelingen der Verschwörung nicht zu gefährden. In einer Kirche, die zu betreten Civitella ihm empfohlen hatte, verliebt sich der Prinz in eine – so zumindest lange der Tenor – katholische Griechin, die den Prinzen mit den Verlockungen der Erotik ködern und ihn auf diese Weise von seinem asketischen Protestantismus abbringen soll.[549] Als die Angebetete in der Folge nicht mehr auffindbar ist, überredet ihn Civitella zum Spiel am »Pharotisch«,[550] um ihn von seinem Herzschmerz abzulenken. Der Schuldenberg des Prinzen

546 Ebd., S. 90.
547 Ebd., S. 105.
548 Ebd., S. 107.
549 Vgl. Alt 2009, S. 580.
550 Schiller 2018, S. 133.

wächst weiter an, zugleich wird die Abhängigkeit von seinem Gläubiger Civitella immer größer. Hinweise, dass der Protagonist beobachtet wird und die Bestätigung, dass Briefe zwischen dem Grafen von O** und dem Baron von F*** durch Biondello abgefangen wurden, belegen das Ränkespiel der Geheimgesellschaft. Damit einhergehend konstatiert der Baron eine erneute Veränderung des Prinzen. Er beschreibt, »daß der Prinz seit einiger Zeit angefangen habe, seinen vorigen Charakter zu verleugnen und ein Betragen anzunehmen, das seiner bisherigen lobenswürdigen Art zu denken ganz entgegengesetzt sei.«[551] Diese Veränderung manifestiert sich einerseits in der angenommenen »Apostasie zur römischen Kirche«, v. a. aber in der Haltung gegenüber seinen Verwandten, die sich aufgrund seiner Sympathie für die Lehren der katholischen Kirche weigern, weiterhin für die Schulden des Prinzen aufzukommen. In Bezug auf die anfänglich vom Armenier gemachte Prophezeiung, die den Tod seines Cousins voraussagte, bemerkt der Prinz: »›Ich habe damals nicht verstanden, was der Mensch wollte. Jetzt verstehe ich ihn. – O es ist unerträglich hart, einen Herrn über sich zu haben!‹«[552] Was der Prinz an dieser Stelle artikuliert, ist wegweisend: Er verbalisiert den Drang, selbst den Thron zu besteigen und den Vetter seiner Macht zu berauben – mit welchen Mitteln dies vonstatten gehen soll, bleibt zunächst offen. Seine Konversion am Ende des zweiten Teils ist hingegen unstrittig – der Tod der Geliebten hat den Prinzen endgültig gebrochen: »›Erinnern Sie sich des Armeniers, der uns voriges Jahr so zu verwirren wußte‹«, so Baron von F*** an den Grafen von O**, »›[i]n seinen Armen finden Sie den Prinzen, der seit fünf Tagen – die erste Messe hörte.‹«[553]

Der dritte Teil des Romans, zu dessen Realisierung es nicht mehr kam, sollte an den oben dargelegten Plan des Protagonisten anknüpfen und die Ermordung des regierenden Fürsten, die Thronbesteigung des Prinzen und schließlich seine Entlarvung und Bestrafung thematisieren.[554]

Laut Hans-Jürgen Schings bildet der *Geisterseher* »das spiegelbildlich-genaue Gegenstück zum Staatsroman«.[555] Schiller thematisiert in seinem

551 Ebd., S. 154.
552 Ebd., S. 157.
553 Ebd., S. 161.
554 Vgl. Alt 2009, S. 571.
555 Schings 1983, S. 158.

Werk eine besondere Variante der Prinzenerziehung, die auf der psychologischen Beeinflussung eines angehenden Herrschers durch einen »Emissär« gründet. Er illustriert damit das zerstörerische Potenzial, das vom reaktionär-anarchistischen Absolutheitsanspruch – repräsentiert durch die katholische Kirche – ausgeht.[556]

Meid spricht davon, dass Schiller das übliche Sujet der Fürstenerziehung in seinem Roman zur »Fürstendeformation«[557] umschreibt. Die Kindheit des Prinzen ist von protestantischer Strenge geprägt. Religiöse Verbote erzeugen einen Zwang, der der Ausbildung eines eigenen Urteilsvermögens im Wege steht und auf diese Weise die Individuation verhindert. Der Armenier fungiert in diesem Kontext als »kühl kalkulierender ›Mastermind‹«,[558] Alt bezeichnet ihn gar als »perverse[n] Seelenarzt«.[559] Der Prinz wird seelisch zermürbt, damit er schwach genug ist, um sich in die rettenden Arme der Kirche fallen lassen zu wollen. Die charakterliche Entwicklung des Protagonisten erweist sich als gelenkt, der anfängliche Melancholiker wird in Folge der Séance zum Skeptiker und schließlich – den Reizen Venedigs erlegen – zum Libertin. Verstoßen von der eigenen Familie und tief erschüttert vom Tod der Angebeteten, sucht der vom Unglück Verfolgte Schutz im Schoß der Kirche.[560] Der skeptische Libertinismus weicht einem religiösen Enthusiasmus. Für Peter-André Alt zeichnen sich beide Zustände durch Intoleranz und Realitätsferne aus – den Idealtypus eines Selbstdenkers erreicht der Prinz nicht, denn durch die Hinwendung zum Katholizismus begibt er sich in eine neue Abhängigkeit, die der Befreiung des Protagonisten im Wege steht und seine Individuation verhindert.[561] Im *Philosophischen Gespräch* heißt es: »›Ich bin einem Boten gleich, der einen versiegelten Brief an den Ort seiner Bestimmung trägt.‹«[562] In den Augen Safranskis trifft dieses Zitat den Kern des *Geistersehers*: »Es ist eine Geschichte über einen, der sich

556 Vgl. Beaujean 1978, S. 229ff.
557 Meid 2021, S. 432.
558 Ebd., S. 436.
559 Alt 2009, S. 585.
560 Vgl. Safranski 2016, S. 250f.
561 Vgl. Alt 2009, S. 582.
562 Schiller 2018, S. 172.

frei fühlt, aber nicht frei ist.«[563] Obgleich er sich nicht daraus zu befreien vermag, scheint sich der Prinz seiner misslichen Lage durchaus bewusst zu sein. Es ist eine Bemerkung gegenüber dem Baron von F***, die dieser These Nahrung gibt: »›Jeder will doch gern ganz sein, was er ist, und unsre Existenz ist nun einmal, glücklich scheinen.‹«[564] Zwar erkennt der Prinz die Scheinhaftigkeit der Welt, aufgrund seines mangelhaften Intellekts ist er den von ihr ausgehenden Gefahren allerdings schutzlos ausgesetzt. Den Risiken des Scheins – so Peter-André Alt – entgeht nur der, der mit ihm zu spielen weiß.[565] Auch insofern lässt sich der *Geisterseher* als literarische Verarbeitung der Ideen auffassen, wie sie Schiller in seiner grundlegenden theoretischen Schrift *Über die ästhetische Erziehung des Menschen in einer Reihe von Briefen* formuliert hat. Darin wird der ideale Zustand wie folgt bezeichnet: »[…] der Mensch spielt nur, wo er in voller Bedeutung des Worts Mensch ist, und er ist nur da ganz Mensch, wo er spielt.«[566]

4.4 Zwischenfazit

Ab etwa 1500 kommt es in Deutschland zu einer Italienisierung der Fastnacht. Ein früher Reflex auf diese Entwicklung ist Goethes *Das Römische Carneval.* Aber auch Schiller lässt zwei seiner Werke, die den Karneval thematisieren, in Italien spielen.

Die Verschwörung des Fiesko zu Genua legt Zeugnis davon ab, dass die Politik in der Frühen Neuzeit als Karneval der Staatsmänner zu begreifen ist. Schiller interessiert aber weniger der makrokosmische Blick auf die politische Maschinerie als die Rolle des Individuums als Zahnrad im Getriebe des Staatsapparats. Ihm geht es um die Beweggründe seines Fiesko, den er als machiavellistischen Meister der Täuschung zeichnet. Einerseits spielt er Julia den Liebenden vor, andererseits gibt er sich im Kreise seiner Mitverschwörer als Republikaner aus, obwohl er nach der Allein-

563 Safranski 2016, S. 251.
564 Schiller 2018, S. 113.
565 Vgl. Alt 2009, S. 585.
566 Schiller 2018(2), S. 62.

herrschaft strebt. Die wechselnden Masken des Protagonisten sind Signum seiner inneren Zerrissenheit. Während eine Entscheidung für das Allgemeinwohl im Sinne einer republikanischen Ordnung ihn zum freien Subjekt machen würde, lässt ihn sein rigider Kurs zum Objekt des eigenen Narzissmus werden. Fiesko, der versucht, die anderen zum Narren zu halten, macht sich auf diese Weise selbst zum Narren. Selbstzentrierung sowie der Mangel an Dialogbereitschaft verhindern die Herausbildung einer Persönlichkeit, sodass Fiesko zeit seines Lebens mehr Maske als Person bleibt.

Ganz ähnlich verhält es sich mit dem Prinzen im *Geisterseher*. Der Karneval dient hier als Metapher für die Verunsicherung des Protagonisten, denn auch dessen Persönlichkeitsentwicklung muss als gestört charakterisiert werden. Die vermeintliche Emanzipation des Prinzen bedeutet de facto bloß einen Wechsel der Abhängigkeiten, sodass er den Wunsch, einmal »ganz« zu sein, nicht erreicht. Während Machiavelli mit seinem Werk bemüht war, ein Beispiel für die Prinzenerziehung zu liefern, präsentiert Schiller eine Fürstendeformation. Sein Prinz verharrt im Nichtsein.

Exkurs: Heinrich von Kleist: *Der Findling* (1811)

Der Karneval als Motiv der Verwirrung erfreut sich gerade am Übergang von der Klassik zur Romantik großer Beliebtheit. So ist es in Eichendorffs *Marmorbild* ebenfalls ein Maskenball, der für den Protagonisten Florio eine »schauerliche Bedeutung«[567] hat und ihn durch ein schier unentwirrbares Verwechslungsspiel an den Rande des Wahnsinns treibt. Der verzweifelte Ausruf des Helden »›Herr Gott, lass mich nicht verloren gehen in der Welt!‹«[568] ist Ausdruck der Orientierungslosigkeit, der sich viele Zeitgenossen Eichendorffs ausgesetzt sehen.

Während Eichendorff seine Novelle glücklich enden lässt, versieht Kleist seine 1811 publizierte Erzählung, die den Titel *Der Findling* trägt, mit einem tragischen Schluss. Blamberger geht davon aus, dass es sich um ein Spätwerk Kleists handelt und schließt von der »stilistischen Radi-

567 Eichendorff 2021, S. 26.
568 Ebd., S. 40.

kalität« ausgehend darauf, dass *Der Findling* die »schwärzeste Novelle« des Autors ist.[569] Den Entstehungszusammenhang sieht er in den napoleonischen Kriegen: Die im Werk thematisierte Pest ist ein Symbol für die realhistorische Krisenzeit.[570]

Trotz geschichtlicher Bezüge, wurde die Novelle von Zeitgenossen äußerst kritisch betrachtet. So stellte das Werk für Ludwig Tieck und Wilhelm Grimm bloß ein »Stück trivialer Schauerliteratur«[571] dar, das den Ansprüchen eines gebildeten Adressatenkreises wohl nicht genügen würde. Heute hält man die These entgegen, dass Kleist »im Medium der Novelle gegen die narrativen und ideellen Schemata des Bildungsromans opponiert.«[572] Insofern ist auch *Der Findling* ein nicht zu unterschätzendes Stück Literaturgeschichte.

Kleist strebte mit seinen Erzählungen eine zumindest »partielle[...] Entmoralisierung«[573] an. Breuer formuliert dies folgendermaßen: »Die trivialen Moralitäten [...] durchkreuzt Kleist durch sein subversives Spiel mit der Lesererwartung.«[574] Kleist bedient sich also moralisch-didaktischer Geschichten, die er bewusst *ad absurdum* führt, sodass deren eigentliche Intention hinfällig wird. Die Wirkung Kleists steht dabei außer Frage: Mit der Novelle sorgt er u. a. für eine Vermännlichung von Textsorten, deren Adressatenkreis zuvor eher aus Jugend und Damenwelt rekrutiert worden war. »Dies geschieht gerade nicht durch Schaffung radikal neuer Formen, sondern durch die kalkulierte Imitation, Variation und Überbietung der alten Formen als literarischer Innovationsmotor.«[575]

Zum Inhalt: Der auf Geschäftsreise befindliche römische Güterhändler Piachi, dessen Sohn unterwegs von der Pest dahingerafft wird, entschließt sich, an seiner statt einen Waisenjungen namens Nicolo bei sich aufzunehmen.[576] Der Findling wird zunächst einer äußerlichen Beschreibung unterzogen: »Er war von einer besondern, etwas starren Schönheit, seine

569 Vgl. Blamberger 2013, S. 133.
570 Vgl. ebd.
571 Ebd.
572 Ebd.
573 Breuer 2013, S. 91.
574 Ebd., S. 93.
575 Ebd., S. 95.
576 Vgl. Kleist 2015, S. 6 f.

schwarzen Haare hingen ihm, in schlichten Spitzen, von der Stirn herab, ein Gesicht beschattend, das, ernst und klug, seine Mienen niemals veränderte.«[577] Diese erste äußerliche Beschreibung deutet bereits sich später entwickelnde Charakterzüge an. Schwarz als die Farbe des Bösen und der Trauer greift auf das mörderische Ende vor. Und auch das halb von Schatten bedeckte Gesicht repräsentiert die Intransparenz der Titelfigur. Grund für seine Zurückhaltung ist laut dem Vorsteher des Krankenhauses in Ragusa die Tatsache, dass »niemand ihn vermiss[t].«[578]

Der Erzähler unterzieht den Findling einer auf den ersten Blick klar negativen Wertung: So beschreibt er Nicolo als »höllischen Bösewicht[...]«[579] und seine Tat als »satanischen Plan.«[580] Der Erzähler setzt Nicolo also mit dem Teufel gleich. Piachi und seine Frau Elvire werden hingegen als Gutmenschen gepriesen.[581] Doch hier tut sich ein Widerspruch auf, denn das Handeln der Adoptiveltern entspricht keineswegs der honorierten Güte. Ein Beispiel hierfür ist die Szene, in der Elvire in der »Stellung der Verzückung«[582] vor dem Bildnis Colinos kniet. Die Binnenerzählung hatte zuvor Elvires Vorgeschichte geschildert: Als Tochter eines Tuchhändlers aus Genua wurde sie in ihrer Jugend Opfer einer schlimmen Katastrophe: Das Haus der Familie war in Brand geraten, Elvire jedoch wurde von einem jungen Patrizier namens Colino gerettet. Jener erlag in der Folge seinen Verletzungen.[583] Das traumatische Erlebnis ist der Grund für ihre Verehrung, die sie ihrem dahingeschiedenen Retter entgegenbringt. Diese entspricht jedoch keineswegs den damals geltenden Tugenden. Die hier zu Tage tretende Kluft zwischen Schein und Sein lässt Blamberger zu folgendem Schluss kommen: »Die Autorität des auktorialen Erzählers wird von Kleist gründlich erschüttert.«[584]

Keineswegs lässt sich die Schuld an dem dramatischen Ausgang der Novelle gänzlich Nicolo zuschreiben. Verantwortlich für den negativen

577 Ebd., S. 7.
578 Ebd.
579 Ebd., S. 18.
580 Ebd., S. 16.
581 Vgl. ebd., S. 7.
582 Ebd., S. 12.
583 Vgl. ebd., S. 8 f.
584 Blamberger 2013, S. 134.

Werdegang des Protagonisten ist laut Blamberger die »double-bind-Strategie.«[585] Nicolo ist von der Autorität seines Vaters gefangen und kann daher keine eigene Identität entwickeln. Dies belegt auch der Text: Nicolo bekommt die Kleidung des verstorbenen Paolo, er schläft in dessen Bett und übernimmt schließlich an seiner statt die Geschäfte des Vaters. Auch die Ehe mit Elvires Nichte ist arrangiert, fühlt er sich doch eigentlich zu Xaviera hingezogen.[586] Nicolo ist dementsprechend bloßer Ersatz für Paolo.[587] Die Substitution ist ein omnipräsentes Thema der vorliegenden Novelle: »Elvire ersetzt Piachis erste Frau und erfüllt deren Rolle doch weder als Mutter noch als Geliebte, Piachi ersetzt Colino, Nicolo Paolo usf.«[588] Insofern macht sich auch Piachi schuldig. Blamberger spricht in diesem Zusammenhang von einer »amour-propre.«[589] *Propre* meint die Verfügungsgewalt über Eigentum. Dieser eher juristische Terminus scheint mit dem Begriff *Liebe* schwer zu vereinen sein. Es geht Piachi eher darum, Nicolo zu besitzen. Insofern verwundert es auch nicht, dass er versucht, seinen Adoptivsohn in die für ihn wünschenswert erscheinenden Bahnen zu lenken. Der vermeintlich barmherzige Samariter entpuppt sich an dieser Stelle als kaltherziger Egoist.

Der Konflikt muss insofern als die logische Folge angesehen werden. Zwei verschiedene Persönlichkeitsmodelle prallen hier aufeinander: Piachi ist Idealist und dementsprechend der Ansicht, dass hinter der Selbstdarstellung auch die nötige Substanz sein muss. Nicolo verfolgt, obgleich er nicht adlig ist, einen aristokratischen Standpunkt. Für ihn dient die Selbstinszenierung der Beeinflussung des Gegenübers. Ob diese mit Substanz unterfüttert ist, spielt für ihn keine Rolle.[590] So täuscht Nicolo seine Reue nach dem Begräbnis seiner Frau bloß vor, um die Gunst seines Ziehvaters zurückzuerlangen.[591] Der Name Nicolo scheint von Kleist daher nicht willkürlich gewählt worden zu sein. Sein berühmtes Vorbild war wohl Niccolò Machiavelli. Dieser beschreibt in seinem Fürstenporträt *La vita di*

585 Ebd., S. 135.
586 Vgl. Kleist 2015, S. 7 f.
587 Vgl. Breuer 2013, S. 92.
588 Blamberger 2013, S. 135.
589 Ebd., S. 136.
590 Vgl. ebd., S. 136.
591 Vgl. Kleist 2015, S. 12.

Castruccio Castraccani da Lucca von 1520 den Aufstieg eines Waisenkindes mittels »heuchlerischer Täuschungsspiele«.[592] Machiavelli zeigt hierin, dass die Kunst des Verstellens eine Macht ist, die auch Kleists Protagonist zu nutzen weiß, die Verbindung zu Schillers Fiesko ist an dieser Stelle unübersehbar.

Man kann Nicolo also nicht die alleinige Schuld geben. In gewisser Weise wird er auch zum Opfer. Die oben bereits angesprochene Identitätsentwicklung ist hierbei entscheidend. Nicolo, der seine leiblichen Eltern verloren hat, hat Probleme eine Persönlichkeit zu entwickeln. Das Ich konstituiert sich bekanntermaßen aus einem Teil des unter Einfluss der Außenwelt stehenden Es. Freud sagt, dass das Kind in psychologischer Hinsicht der Vater des Erwachsenen ist.[593] »Wenn man ein Liebesobjekt verloren hat, so ist die nächstliegende Reaktion, dass man sich mit ihm identifiziert, es gleichsam durch Identifizierung von innen her ersetzt.«[594] In dem Moment also, in dem die Mutter-Kind-Bindung schwächer wird, wird die Autorität der Mutter verinnerlicht, sie bildet das Überich im Kind. Dadurch, dass Nicolo seine Eltern (zu früh) verloren hat, fehlt diese wichtige Bindung, um ein Ich zu entwickeln. Folglich fehlt auch die Instanz, die zwischen den Trieben und der Außenwelt vermittelt. Mit der Adoption durch die Piachis scheint sich dies zu ändern. Allerdings lässt auch die übergroße Autorität des Vaters keine Identitätsbildung zu, denn das Es wird vollkommen unterdrückt, somit kann auch keine teilweise Auslagerung der Triebe in ein Ich erfolgen. Blamberger formuliert dies folgendermaßen: »[...] die Identitätsbildung ist ein Akt situativer und partnerbezogener Entgegensetzung, sie resultiert aus einer Differenzbeziehung, in der Eigenes und Fremdes verbunden sind, in einem Kampf, in dem sie sich gegenseitig konditionieren.«[595] Stattdessen bildet sich ein Überich, welches den Idealen des Vaters entspricht und die Triebe im Zaum hält. Die Ichlosigkeit überspielt Nicolo gekonnt durch die oben thematisierte Selbstinszenierung. Dennoch wird sie ihm zum Verhängnis, sorgt doch

592 Blamberger 2013, S. 135.
593 Vgl. Freud 2014, S. 985.
594 Ebd., S. 991.
595 Ebd.

das Nichtvorhandensein des Ichs als Mittler zwischen Es und Außenwelt für eine Eskalation der Triebe.

Breuer spricht davon, dass das Motiv des Dualismus in Kleists Erzählungen omnipräsent ist.[596] Und auch *Der Findling* ist ein Beispiel hierfür. Konkurrenten sind Nicolo und Piachi. Wie oben dargelegt, beruht diese Spannung einerseits auf unterschiedlichen Persönlichkeitsmodellen, andererseits lässt sich aber auch feststellen, dass der Konflikt eine ödipale Dimension beinhaltet.

An dieser Stelle erweisen sich erneut die Theorien Freuds, insbesondere seine Abfolge der Entwicklungsstufen des Menschen, als hilfreich. Während der sog. oralen Phase ist die Mutterbrust das erste erotische Objekt überhaupt. Die darauffolgende ödipale Phase lässt die Mutter insgesamt zum Objekt der Begierde werden. Der Vater stellt daher einen Konkurrenten dar, der zwar Vorbild ist, aber in gleicher Weise beneidet wird.[597] Nicolo hat lange Zeit keine Eltern und kommt erst relativ spät zu seiner Adoptivfamilie. Dennoch scheint es so, dass auch er die oben beschriebenen Phasen durchläuft. Zur Begrüßung drückt Elvire ihren ›neuen‹ Sohn an die Brust, was man wohl analog zur oralen Phase als Initialzündung einer verspäteten Entwicklung bezeichnen kann. Die Hochzeit und die Affäre zu Xaviera lassen diese Gefühle ins Unterbewusstsein Nicolos treten. Doch die Widerstände brechen und Verdrängtes bahnt sich erneut den Weg ins Bewusstsein: Elvire erwischt Nicolo mit der Zofe Xavieras bei einer sexuellen Zusammenkunft. Piachi, der ebenfalls Wind von der Sache bekommt, stellt Nicolo zur Strafe öffentlich bloß. Doch Nicolo schreibt Elvire diese List zu: »Dieser Vorfall, der ihn tief beschämte, erweckte in der Brust des Unglücklichen einen brennenden Hass gegen Elviren […]. Zugleich war ihm Elvire niemals schöner vorgekommen […].«[598] Hier zeigt sich die Konkurrenz der beiden Triebe. Freud unterscheidet den Eros, also den Sexualtrieb, vom Destruktionstrieb.[599] Einerseits spürt Nicolo eine Anziehung, andererseits sinnt er auf Rache. Freud erklärt dieses Phänomen folgendermaßen: »Wenn der somatische Prozess der sexuel-

596 Vgl. Breuer 2013, S. 92.
597 Vgl. Freud 2014, S. 985 ff.
598 Kleist 2015, S. 11 f.
599 Vgl. Freud 2014, S. 952.

len Reifung die alten anscheinend überwundenen Libidofixierungen neu belebt, wird sich das Sexualleben gehemmt erweisen, uneinheitlich, in einander widerstreitende Strebungen zerfallen.«[600] Dadurch, dass Nicolo eine erneute sexuelle Anziehung durch seine Mutter verspürt, bricht in ihm ein innerer Konflikt aus, bei dem libidinöse und destruktive Strebungen einen Krieg führen.

Als Nicolo seine Stiefmutter in Ekstase vor dem bereits angesprochenen Bild Colinos erwischt, wird seine Lust gesteigert, vor allem, da er in dem Glauben ist, das Bild stelle ihn dar und Elvire sei durch ihn in solche Verzückung geraten. Kleist schreibt, dass »seine wilden Hoffnungen [...] den Gipfel der Zuversicht«[601] erreichten. Xaviera klärt dieses Missverständnis schließlich auf, was Nicolos Erregung zum Höhepunkt bringt: »Beschämung, Wollust und Rache vereinigten sich jetzt, um die abscheulichste Tat, die je verübt worden ist, auszubrüten.«[602] Hier gewinnt nun also der Destruktionstrieb Überhand (Klimax). Nicolo hatte sich einst anlässlich des Karnevals als genuesischer Ritter verkleidet und Elvire, die in ihrem Stiefsohn ihren toten Retter erkannte, unbewusst in Schrecken versetzt.[603] Die Zusammenhänge begreifend, verkleidet sich Nicolo nun ganz bewusst als Colino, um die vermeintlichen Ränke der Stiefmutter zu sühnen. Als Elvire daraufhin in Ohnmacht fällt, kommt es zum Versuch der Vergewaltigung. Kleist spricht von »heißen Küssen auf Brust und Lippen.«[604] Bis zum Schluss liefern sich Destruktions- und Sexualtrieb also einen Schlagabtausch, dem Karneval kommt dabei die Funktion zu, das Aus-der-Balance-Geraten dieses Verhältnisses einzuleiten. Die Vergewaltigung missglückt, woraufhin die zerstörerischen Strebungen endgültig die Oberhand gewinnen, indem Nicolo die Piachis ihrer materiellen Grundlage beraubt. Elvire stirbt an den Folgen des Vorfalls, Piachi wird vom Opfer zum Täter und schließlich muss auch Nicolo seine Missetaten mit dem Leben bezahlen. So setzt schlussendlich der Drang Nicolos, alles zu zerstören, den Destruktionstrieb in Piachi frei, der »am dritten Tage«[605]

600 Ebd., S. 989.
601 Kleist 2015, S. 15.
602 Ebd., S. 16.
603 Vgl. ebd., S. 9f.
604 Ebd., S. 17.
605 Ebd., S. 19.

dafür hingerichtet wird. Kleist rekurriert hier auf das Neue Testament. Christus ist am dritten Tage auferstanden von den Toten. Piachi hingegen findet an jenem Tag den Tod. Dieses Paradoxon unterstreicht, dass der *Findling* keine Heilsgeschichte ist und die Protagonisten wohl auch nicht auf Erlösung hoffen dürfen. Ein glückliches Ende bleibt folglich aus.

Die Natur des Menschen ist so angelegt, dass ihm eine gewisse Bipolarität innewohnt. Einerseits zeichnet er sich durch Egoismus aus, andererseits braucht er die Gesellschaft des Anderen (analog zu den beiden Trieben nach Freud).[606] Die bereits angesprochene Autorität des Vaters determiniert Nicolo in seiner Individuation. Den Ausbruch des Findlings beschreibt Blamberger als »Rebellion gegen eine Kaufmannsgesellschaft, die Liebe und Begehren zugunsten von Askese und Besitz unterdrückt.«[607] Die Kirche – hier lässt sich an Schillers *Geisterseher* anknüpfen – bleibt von dieser Zeitkritik nicht verschont, wird ihre Rolle als moralische Instanz doch infrage gestellt: Die Karmelitermönche, die Nicolo dabei behilflich sind, sich sämtliches Eigentum der Piachis einzuverleiben, machen sich zu Mittätern, die Quelle der Moral muss also woanders liegen.[608]

606 Vgl. Schneewind 2007, S. 425.
607 Blamberger 2013, S. 134.
608 Vgl. Kleist 2015, S. 18.

5 E.T.A. Hoffmann: *Prinzessin Brambilla* (1820)

Das oben bereits zitierte Werk Goethes über den römischen Karneval war auch Inspiration für E.T.A. Hoffmann, das Märchen *Prinzessin Brambilla* zu schreiben, welches im Jahr 1820 erschien. Hoffmann nutzte v. a. die topographischen Angaben zu Rom wie auch die Informationen zum römischen Karneval aus Goethes Abhandlung.[609] Die Protagonisten des Märchens – Giglio und Giacinta – erleben während des närrischen Treibens in Rom eine Suche nach der eigenen Identität. Neuhaus deutet den Karneval in diesem Märchen als Katalysator einer Bewusstseinserweiterung.[610]

Schmidt identifiziert sieben Ebenen, die für das Capriccio bedeutsam sind: Zunächst ist die Ebene des Alltags zu nennen. Der Schauspieler Giglio Fava und die Näherin Giacinta Soardi leben in Rom und sind ein Paar. Beide sind durch ihre Tätigkeit mit dem Konstruktionscharakter sozialer Identität vertraut und sehnen sich nach Höherem: Giacinta hat den Wunsch, eine Prinzessin zu sein und Giglio möchte eine Prinzessin zur Frau haben. Die zweite Ebene beschreibt die Vorstellungswelt der Protagonisten und ist Signum der für die Romantik typischen grenzüberschreitenden Tendenz der Erzählung. Es findet schließlich eine Externalisierung dieser Wunschwelt statt (Ebene 3): Giglio denkt, er sei der assyrische Prinz Cornelio Chiapperi, Giacinta hält sich für die äthiopische Prinzessin Brambilla. Sie werden beide in ihrer Externalisierung der Wünsche von Celionati gesteuert, der in dem Märchen wie ein Marionettenspieler agiert. Die vierte Ebene ist die des Theaters, wobei hier ein Konflikt beschrieben wird zwischen den Anhängern der Tragödie und jenen

609 Vgl. Schmidt 2015, S. 160.
610 Vgl. Neuhaus 2005, S. 367.

der Komödie. Den Sieg der Komödie über die Tragödie symbolisiert Giglio, da er sich im Verlauf der Handlung vom tragischen zum komischen Schauspieler entwickelt. Ebene 5 wirkt schließlich als Verbindung zwischen den vorgenannten Ebenen. Diese Verbindung wird durch Celionati personifiziert, da er die verschiedenen realen und imaginären Dimensionen ineinanderfließen lässt. Die sechste Ebene lässt sich als die mythische bezeichnen. Schmidt subsumiert darunter die Geschichte von König Ophioch und Königin Liris im Urdarland sowie die von Prinzessin Mystilis. Beide zusammen spiegeln Hoffmanns Verständnis von Ironie und Kunst im Allgemeinen. Dieser Binnenhandlung soll daher im Analyseteil eine besondere Stellung eingeräumt werden. Schließlich ist die siebte Ebene eine autoreflexive. Celionati diskutiert mit deutschen Künstlern über kunsttheoretische Aspekte. Auch Einschaltungen von Erzähler bzw. Autor sind für diese Ebene von Belang.[611]

Bereits in formaler Hinsicht ist *Prinzessin Brambilla* grenzüberschreitend. Der Untertitel bezeichnet das Werk als ein Capriccio – ein Begriff, der primär in der Musik Verwendung findet. Der märchenhafte Charakter weist hingegen auf den Bereich der Literatur hin. Entscheidend beeinflusst war Hoffmann aber von den Kupferstichen Callots, ein aus Lothringen stammender Zeichner und Radierer, der 1611 nach Florenz kam und in den Dienst der Medici trat. Bereits zu Beginn des 16. Jahrhunderts hatten die Medici damit begonnen, in Florenz Feste zu organisieren, bei denen Maskeraden und komödiantische Darbietungen von zentraler Bedeutung waren. Sie verfolgten damit das Ziel, ihre einst glanzvolle Stellung wiederherzustellen. Unter der Regentschaft Cosimos wurden ab 1541 eigens neue Theaterstücke für die Straßenumzüge geschrieben. Den Höhepunkt jener Unterhaltungen bildeten traditionell die Karnevalstage. Die Organisatoren hatten den Anspruch, alle Schichten und Berufsgruppen in die Feierlichkeiten einzubeziehen. Mit der stetigen Weiterentwicklung der florentinischen Festkultur – ab den 1570er Jahren gastierten diverse Commedia dell'arte-Truppen in der Stadt – ging ein wachsendes dokumentarisches Interesse der Medici einher, sodass Callot ab 1616 den Auftrag hatte, die stadtübergreifenden Zeremonien bildlich festzuhalten. Mit seinen *Drei Pantalone* aus dem Jahre 1618 löst er erstmals in der Kunstgeschichte Ein-

611 Vgl. Schmidt 2015, S. 162 f.

zelfiguren aus der Commedia heraus. Es geht ihm primär nicht um den Aufführungskontext, sondern um die Typisierung eines Akteurs. Einfluss auf diese revolutionäre Darstellungsweise hatten laut Thomas Kellein Galileis erfolgreiche Versuche mit Fernrohr und Teleskop. Die Stiche Callots zeichnen sich analog dazu durch eine planetarisch-zirkuläre Anordnung der Ereignisse bzw. Personengruppen aus.[612]

Abb. 11: Jacques Callot: *Balli die Sfessania* (1622).

Bei dem Hoffmann als Inspiration dienenden *Balli di Sfessania* (Abb. 11) aus dem Jahre 1622 handelt es sich um eine künstlerische Inventarisierung von Szenen und Kunstfiguren aus Florenz.[613] Die Hintergründe der Bildfolge deuten darauf hin, dass es sich um die Darstellung von Karnevalsveranstaltungen handelt. Auffällig ist die stets dialogische Anordnung der Kompositionen, durch die der Künstler vermutlich Theater, Karneval und

612 Vgl. Kellein 1995, S. 23 f.
613 Vgl. Schmidt 2015, S. 160.

Tanz miteinander verbinden wollte.[614] Auch die bildende Kunst spielt folglich eine Rolle.[615] Formal ist für dieses Werk also eine Vielfalt der Stile und Einflüsse charakteristisch, die sich auf inhaltlicher Ebene widerspiegelt.

5.1 Die Commedia dell'arte – Intermedialität bei E.T.A. Hoffmann

Ein frühes Zeugnis der sog. Commedia dell'arte findet sich im Narrenturm des Schlosses Trausnitz bei Landshut. 1568 feierten die Wittelsbacher in München eine Hochzeit mit allem dem Adel geziemenden Pomp. Die Festlichkeiten dauerten drei Wochen und zur Unterhaltung, so wird berichtet, trug eine Commedia-dell'arte-Aufführung in nicht unerheblichem Maße bei. In Erinnerung daran ließ der Bräutigam und spätere Herzog Wilhelm V. den sog. italienischen Anbau des Schlosses mit Grotesken und Szenen aus der Commedia verzieren. Berichte aus der Zeit beschreiben das Schauspiel als psychologisch zwar dürftige Angelegenheit, die sich allerdings durch eine Fülle actionreicher Elemente auszeichnete, sodass gestische Scherze (*lazzi*) und grobe Streiche (*burle*) für die Belustigung des Publikums sorgten.[616]

Die Tradition der Commedia dell'arte geht auf das Wirken von Wandertruppen zurück, die sich ab der ersten Hälfte des 16. Jahrhunderts in Italien formierten. Die Mitglieder jener Truppen waren niederer Abkunft und ihre Darbietungen richteten sich ebenfalls an das einfache Volk. Die Ensembles waren demokratisch organisiert und standen in keinem Abhängigkeitsverhältnis zu einem adligen Mäzen.[617] Erst in der zweiten Hälfte des 16. Jahrhunderts wurden die volkstümlichen Stücke durch Elemente höherer Kultur ergänzt, um das Programm an ein höfisches Publikum anzupassen. Im 17. Jahrhundert weitete sich der Einfluss der Wandertruppen schließlich auf West- und Mitteleuropa aus. Der Niedergang der Commedia ist um 1700 zu konstatieren: Indem sich bedeutende Stückeschreiber der Strukturen jener Theaterform bemächtigten und versuchten, sie

614 Vgl. Kellein 1995, S. 25.
615 Vgl. Neuhaus 2005, S. 366.
616 Vgl. Mehnert 2011, S. 9 f.
617 Vgl. ebd., S. 21.

in ein festes literarisches Gefüge zu bringen, beraubten sie das Stegreiftheater der Grundlage seiner Attraktivität.[618] Eine »zeitversetzte Rezeption«[619] ist – zu diesem Schluss kommt Balme in seinem Aufsatz – in der deutschen Romantik zu finden. Dies lässt sich u. a. am Beispiel E.T.A. Hoffmanns aufzeigen. Die Verbindung der Commedia dell'arte zu dem hier zu analysierenden Werk ist also offensichtlich.

Der Begriff ›Commedia dell'arte‹ kommt erst im 18. Jahrhundert auf. Goldoni beschreibt damit das Theaterspiel der Masken und Improvisationen, das er von der eigenen, schriftlich fixierten Charakterkomödie unterscheidet. Die Theoretiker des 18. Jahrhunderts sehen im italienischen Stegreiftheater eine volkstümliche Abwandlung der aus der griechischen und römischen Antike überlieferten Commedia erudita. Nach der anfänglich originalgetreuen Aufführung der antiken Stücke begann man mit der Zeit, durch die Imitation der dramatischen Technik neue italienische Komödien zu schaffen, die zwar weiterhin der antiken Struktur folgten, nun aber thematisch das Italien des 16. Jahrhunderts widerspiegelten.[620]

Die Commedia dell'arte wird häufig als Typenkomödie bezeichnet, da die verschiedenen Inszenierungen stets auf ein mehr oder minder festes Repertoire an Figuren zurückgreifen. Auch jener Typenkanon erinnert an die Commedia erudita, zählen doch der Konflikt zwischen Jung und Alt sowie Missverständnisse zwischen Liebenden zu ihren bevorzugten Themen.[621] Andere sehen hingegen in den komischen Spielen des christlichen Mittelalters den Ursprung der Commedia. Die antiken Elemente wurden demzufolge erst zu späterem Zeitpunkt beigefügt.[622] Gestützt wird diese These durch die Praxis des Maskierens, das seit jeher als Merkmal des Karnevals und höfischer Festivitäten gilt.[623] Die Verbindung zum Karneval wird noch deutlicher, wenn man die Typengruppe der *zanni* näher in den Blick nimmt: Als Ahnherr dieser Dienerfiguren wird häufig der Narr der römischen Popularbühne, genannt Sannio, herangezo-

618 Vgl. ebd., S. 12 ff.
619 Balme 2007, S. 130.
620 Vgl. Mehnert 2011, S. 14 ff.
621 Vgl. ebd., S. 22; Mehnert betont in diesem Kontext auch die Nähe zum sog. Schäferdrama.
622 Vgl. ebd., S. 16.
623 Vgl. ebd., S. 23.

gen. Andere beziehen sich auf die Figur eines komischen Teufels bei Dante, was, so Henning Mehnert, in der Figur des Arlecchino Eingang in die französischen Mysterienspiele fand. Auch das dem Karneval eigene kritische Element fehlt der Commedia nicht, so wird der berühmte Pantalone häufig als Parodie der Großmannssucht Venedigs gedeutet. *Pianta il leone* ist Ausdruck des venezianischen Bestrebens, okkupierten Gebieten den Stempel des Löwen (Wappentier Venedigs) aufzudrücken.[624] Die Zusammenschau der hier zusammengetragenen Befunde ergibt ein ambivalentes Bild, das ihren Wert jedoch nicht schmälern soll, schließlich ist das Prinzip der Ambivalenz als *das* Charakteristikum der Commedia dell'arte zu verstehen.[625]

»Ein antithetisches Element wohnt allen commedia dell'arte-Varianten inne, doch wandeln sich Form und Inhalt der Antithese beträchtlich. [...] Maskuline Rivalität und aggressive, prononciert sexuelle, obszöne Selbstbehauptung ist das primäre movens der physisch antithetischen Bewegung.«[626] Hoffmann nimmt innerhalb seines Werks allerdings eine literarische Verschiebung vor, und zwar im doppelten Sinne: Zunächst verortet er die Antithese, welche in der Commedia dell'arte klassischerweise durch zwei konträre Figuren verkörpert wurde, in ein und derselben Figur. Die Antithese wird folglich durch die psychischen Zustände eines fiktiven Individuums symbolisiert. Des Weiteren verfolgt er die Zielvorstellung, dass jene psychische Aufspaltung des Individuums in Balance gebracht werden müsse.[627] Schmidt verwendet in diesem Kontext den Begriff der »Ambiguität des Selbst«,[628] welche durch den Weg der Identitätsfindung in einen Status der Ausgewogenheit transferiert werden soll.

Entscheidend ist, dass die thematisierte Verdopplung bzw. Zerrissenheit des Subjekts stets auf humorvolle Art und Weise vermittelt wird. »Diese Heiterkeit verweist auf die Heilbarkeit der Zerrissenheit.«[629] Laut Neuhaus zeichnen sich die Protagonisten durch eine doppelte Identität aus. »Die Ironisierung der beiden Identitäten ist nur vor diesem Hintergrund zu

624 Vgl. ebd., S. 24f.
625 Vgl. ebd., S. 18.
626 Schmidt 2006, S. 179.
627 Vgl. ebd.
628 Ebd., S. 188.
629 Schmidt 2015, S. 164.

verstehen, sowohl die Alltagsrealität als auch der schöne Schein des Karnevals sind für sich genommen defizitär.«[630] Schauspieler und Märchenheld sind im vorliegenden Capriccio die psychische Entfaltung ein und derselben Person. Die Synthese menschlicher Ambiguität ist aber möglich. Ironie und Lachen – symbolisiert durch die Urdarquelle – sind Medizin gegen die Krankheit der Melancholie. Durch die Spiegelung bzw. Reflexion wird sich der Mensch seiner Selbst bewusst. Neuhaus bemerkt hierzu: »Der durch die Vorstellung angestoßene Prozess ist so unabschließbar wie die Interpretation eines literarischen Texts.«[631] Insofern ist auch die These, die hier beschriebene Identitätsfindung sei vergleichbar mit dem triadischen Geschichtsmodell, als problematisch einzustufen. Die Rückkehr zu einem verlorengegangenen paradiesischen Urzustand der Harmonie des Selbst ist zwar möglich, jedoch nie endgültig, und auch das Erreichen eines harmonischen Zustands auf einer höheren, reflektierten Stufe, kann nur vorläufig sein. Die Widersprüchlichkeit innerhalb des vorliegenden Werkes ist omnipräsent. Schmidt bezeichnet *Prinzessin Brambilla* daher auch als »Exponent der Romantik«,[632] handelt es sich doch um eine formvollendete Realisierung des Konzepts romantischer Ironie und zugleich um eine Kritik daran.

Die innere Spaltung Giglios wird bereits durch dessen äußere Beschreibung illustriert: »Seltsam scheint wohl deshalb sein Anzug zu nennen, weil jedes Stück desselben an Farbe und Schnitt nicht zu tadeln ist, das Ganze aber durchaus nicht zusammenpassen will, sondern ein grell abstechendes Farbenspiel darbietet.«[633] Die Szene, die die Spaltung des Protagonisten am eindrücklichsten demonstriert, findet sich im sechsten Kapitel. Hier kämpft Giglio gegen Capitan Pantalon auf dem Korso: »Man merkte bald, daß beide, der Capitan Pantalon und Giglio, sich auf solch ritterliches Beginnen gar gut verstanden. [...] Leuchtend fuhren die Klingen durcheinander, blitzschnell folgte Stoß auf Stoß.«[634] Anhand dieser Szene lassen sich einige Aspekte aufzeigen, die von Relevanz sind: Der Leser erfährt zunächst, dass Giglio maskiert ist – ein Indiz für den zu dieser

630 Neuhaus 2005, S. 367; vgl. auch Motiv des Doppelgängers bei Bachtin.
631 Ebd., S. 370.
632 Schmidt 2015, S. 164.
633 Hoffmann 2012, S. 10.
634 Ebd., S. 116.

Zeit stattfindenden römischen Karneval. Weiterhin spricht der Erzähler davon, dass der Capitan Pantalon bewaffnet ist, allerdings mit einem »breite[n] hölzerne[n] Schwert«.[635] Dieses Detail nimmt dem Kampf seine Ernsthaftigkeit, denn das Schwert ist keine Waffe, sondern Teil eines Kostüms, was wiederum den karnevalesken Kontext der Erzählung unterstreicht. Es handelt sich hierbei um eine erneute Bezugnahme auf das Werk Goethes: In seinen Schilderungen des römischen Karnevals berichtet er von dem Brauch, Messerstechereien mit Messern aus »versilberter Pappe«[636] zu inszenieren. Zuletzt ist an dieser Stelle die dreifache Darstellung eines Paradoxons von Interesse: »Sie blickten einander an, und es ging mit der Wut des Zweikampfs solch eine Liebe in ihnen auf, daß sie sich in die Arme fielen und weinten.«[637] Hieran zeigt sich das ganze Ausmaß der oben bereits thematisierten Widersprüchlichkeit: Die beiden Akteure sind mit Zorn erfüllt. Diese Wut scheint dann aber wiederum Auslöser für eine tiefe platonische Liebe zu sein, die beide füreinander empfinden und auch Grund für die sich anschließende Umarmung ist. Auch diese Diskrepanz des Gesagten nimmt der Situation ihre Ernsthaftigkeit. Der Leser liest die zwischen den Zeilen versteckte Komik, die die Widersprüchlichkeit der Szenerie erzeugt. Die Komik wird aber scheinbar durchbrochen: »Giglio gab eine Blöße, an seine Brust prallte des Gegners Schwert, und er fiel entseelt rücklings zu Boden.«[638] Giglio erleidet an dieser Stelle den vermeintlichen Tod. Aber wie? Ist es überhaupt im Rahmen des Möglichen, mit einem Holzschwert niedergestochen zu werden? Dadurch, dass die anwesende Bevölkerung in schallendes Gelächter ausbricht, als der Leichnam fortgetragen wird, wird die ohnehin schon groteske Situation auf die Spitze getrieben. Der Bruch der Komik durch den Tod des Protagonisten wird wiederum durchbrochen. Die Widersprüchlichkeit erreicht hier ihren Gipfel – könnte man meinen.

Das siebte Kapitel löst die Situation allerdings auf. Andererseits könnte man auch sagen, dass eine erneute Durchbrechung einer vermeintlichen

635 Ebd., S. 114.

636 Goethe 2007, S. 30; das Ausleben jener und ähnlicher Inszenierungen trug u. a. dem Umstand Rechnung, dass seinerzeit Theateraufführungen bloß an Karneval erlaubt waren.

637 Hoffmann 2012, S. 116.

638 Ebd., S. 117.

Realitätsebene stattfindet. Unter dem wiederholten Verweis – diesmal sogar in expliziter Form – dass es sich bei den beschriebenen Szenerien um »Karnevalsspäße«[639] handle, erklärt der Abbate Chiari, dass man keinen Leichnam fortgetragen hätte, sondern dass es sich bloß um ein »aus Pappendeckel geformtes Modell«[640] gehandelt habe. Der folglich nicht tote Giglio erläutert, dass man beim Aufschneiden jener Puppe »Rollen aus den Trauerspielen eines gewissen Abbate Chiari«[641] gefunden habe. Giglio sieht hierin die Todesursache. Es findet sich an dieser Stelle eine klare Wertung: Der Komödie wird der Vorrang gegenüber der Tragödie eingeräumt. Insofern thematisiert das Capriccio, welches selbst von der Commedia dell'arte beeinflusst ist, die Komödie auf einer Metaebene. Giglio fungiert als Personifikation dessen: In ihm vollzieht sich ein Wandel von der tragischen hin zur komischen Rolle.[642] Hierzu bemerkt Neuhaus: »[...] das Besondere an dem Text ist, dass er selbst über die (literarischen wie realen) Möglichkeiten des Wunderbaren reflektiert und die Gattung kommentiert [...].«[643]

Das hier angeführte prototypische Beispiel verdeutlicht gleich mehrere Dinge: Der Kampf auf dem Korso ist Sinnbild des inneren Kampfes, den der Protagonist im Laufe der Handlung durchmacht. Hierfür sind mehrere Gegensatzpaare von Relevanz. Zunächst wäre die Ambivalenz zwischen Traumbild und nüchterner Realität zu nennen. Des Weiteren geht es um den Gegensatz von Größenwahn und Beschränktheit. Nicht zuletzt wird durch das Szenario auf dem Korso auch der im Innern Giglios sich eigentlich abspielende Kampf zwischen dem Streben nach einem Ideal und einer kritischen Selbstsicht aufgegriffen. Die Verkleidung des Protagonisten ist demzufolge ein Symbol psychischer Komplexität, der Karneval dient durch das Mittel der Maskierung der Vermittlung eines idealen Wunschbildes.[644] Strohschneider-Kohrs ist daher der Auffassung, dass der Karneval das Leitmotiv des ganzen Capriccios ist, da er schließlich

639 Ebd., S. 126.
640 Ebd.
641 Ebd.
642 Vgl. Schmidt 2006, S. 185.
643 Neuhaus 2005, S. 365.
644 Vgl. Schmidt 2006, S. 187.

alle Erzählebenen miteinander vereint.[645] Während im realen Karneval die geltende Ordnung auf Zeit außer Kraft gesetzt wird, bewirkt der literarische Karneval der Erzählung Hoffmanns, dass die Grenzen zwischen Innen- und Außenwelt aufgehoben werden. Dies ist allerdings nicht in dem Sinne zu verstehen, dass die beiden Helden ihrer im Alltag unterdrückten Triebwelt nun freien Lauf lassen; vielmehr erleben sie das sich sonst in ihren Köpfen Abspielende plötzlich physisch-›real‹.[646] Der »köstliche Schrank«,[647] in dem sich die Karnevalskostüme des Schneidermeisters Bescapi befinden, bildet das ›magische‹ Portal zwischen Traum und realer Welt.[648] Der Überbrückung jener Diskrepanz zwischen Wirklichkeit und Fiktion dient der Humor. Das Lachen ist nicht im Sinne Bachtins, sprich als Kur gegen die im Mittelalter omnipräsente Furcht zu verstehen. Bei Giglio und Giacinta bewirkt es eine Harmonisierung des Antagonismus zwischen Phantasie und Realität. Dass Hoffmann auf Typen der Commedia dell'arte zurückgreift, ist vor diesem Hintergrund nicht verwunderlich, vereint das italienische Stegreifspiel doch vorgeschriebene Szenarien und feste Rolle mit der schier grenzenlosen Freiheit der Improvisation.[649]

Wenn das Prinzip der Antithese ein Merkmal der Commedia dell'arte ist, dann zeigt sich also auch hier ihr Einfluss auf das vorliegende Capriccio. Es wird an dieser Stelle aber auch ein entscheidender Unterschied erkennbar: Die als typisch für die Commedia dell'arte identifizierte Darstellung des Obszönen spart Hoffmann gänzlich aus. Die Callot'schen Kupferstiche – Inspiration Hoffmanns für dieses Werk – zeichneten sich noch durch jene Obszönität aus. Sie zeigten u. a. wiederholt den erigierten Phallus.

Dass Hoffmann hiervon Abstand nimmt, zeigt wohl, dass er dem bereits angesprochenen Leibeskanon seiner Zeit folgt.[650] Er widerspricht damit implizit Bachtin, der das Obszöne als ein prägendes Moment des

645 Vgl. Strohschneider-Kohrs 1960, S. 371.

646 Vgl. Saße 2001, S. 58.

647 Hoffmann 2012, S. 120.

648 Hier ist an die Untergattung des Wirklichkeitsmärchens zu denken, das zwei Handlungsebenen aufweist. Der Realitätsebene steht dabei eine Wunderwelt gegenüber, wobei beide Sphären durch eine Art ›Schleuse‹ voneinander getrennt sind.

649 Vgl. Saße 2001, S. 68 f.

650 Vgl. ebd., S. 392.

Karnevalesken kennzeichnet. Hoffmann greift die Thematik in seinem Capriccio zwar auf, aber ablehnend – warnt doch der deutsche Künstler Franz Reinhold ausdrücklich vor den Auswüchsen der Zurschaustellung des Obszönen:

> »Das Gemütliche, was unsern Scherz rein erhält, geht unter in dem Prinzip der Obszönität, das eure Pulcinelle und hunderte andere Masken der Art in Bewegung setzt, und dann blickt mitten durch alle Fratzen und Possen jene grauenhafte, entsetzliche Furie der Wut, des Hasses, der Verzweiflung hervor, die euch zum Wahnsinn, zum Morde treibt.«[651]

Dieses Zitat bringt erneut zum Ausdruck, dass das Karnevaleske bei Hoffmann eine andere Qualität besitzt als bei Bachtin. Zwar könnte man entgegenhalten, dass das Schwert bereits ein Phallussymbol darstellt und folglich auch hierin eine verstecke Obszönität zu sehen ist. Dies lässt sich allerdings – wie vieles andere in dem Werk auch – als Bestandteil seiner konstitutiven Bedeutungsoffenheit sehen.

Betrachtet man die Theorie Bachtins allerdings noch einmal etwas genauer, so fällt ein Anknüpfungspunkt schnell ins Auge: In Kapitel 2.1. wurde die Wahl bzw. der Tod des Karnevalskönigs thematisiert. Giglio könnte man in diesem Kontext als Karnevalskönig bezeichnen.[652] In den heutigen Ausprägungen der rheinischen Fastnacht wird der Karnevalskönig als Prinz Karneval bezeichnet, was die Verbindung zu *Prinzessin Brambilla* herstellt, schließlich hält sich Giglio für den Prinz Chiapperi. Auch die Kostümierung würde dazu passen und nicht zuletzt der symbolische Tod Giglios im Kampf gegen sein Alter Ego. Bachtin beschreibt, dass bei der Wahl des Karnevalskönigs dessen darauf folgender Sturz bereits von vornherein gesetzt sei. Der Antipode des eigentlichen Königs wird gewählt, in dem Falle ist es ein verarmter Schauspieler, der sich ja ohnehin bereits dadurch auszeichnet, andere Rollen (vgl. Goffman) zu übernehmen. Karneval ist das Fest einer verkehrten Welt, es ist das Fest des

651 Hoffmann 2012, S. 50.

652 Hoffmann war wohl auch hier von Goethe beeinflusst.

Wechsels. Giglio ist dementsprechend Inkarnation der allvernichtenden und allerneuernden Zeit.

5.2 Das Konzept der romantischen Ironie und der Ironie bei Hoffmann

Prägend für das literarische Schaffen Hoffmanns war das Ironiekonzept Friedrich Schlegels. Demnach dient Ironie dazu, zwischen Gegensätzen zu vermitteln und auf diese Weise eine »dynamische Relation«[653] zu ermöglichen. Schlegel sah einen Zusammenhang zwischen Ironie und Bildung: Indem das Individuum seine personale Identität selbst konstruiert, erschafft es sich immer wieder neu. Das Ergebnis ist eine flexible, d. h. ironische Persönlichkeit. Schlegel deutet den Menschen als »ein ganzes System von Personen«,[654] d. h. »[n]iemand versteht sich selbst, in so fern er nur er selbst und nicht zugleich auch ein andrer ist.«[655] Schlegel gründet dieses Konzept auf die sog. narrative Identität. Diese entsteht dadurch, dass man Geschichten über sich selbst erzählt. So „produziert der Mensch Wirklichkeit – und sich selbst«.[656] Mit jeder neuen Geschichte wird ein neues Selbst konfiguriert, während das alte zerstört wird.[657] Die verschiedenen Seinspotenziale befinden sich dabei in steter Auseinandersetzung; um diese auszuhalten, bedarf es laut Schlegel der Ironie – sie ist die »reflexive Bedingung der Selbsterkenntnis«.[658] Selbsterkenntnis setzt wiederum Selbstauslegung voraus, also ein aktives Handeln.[659] Das Selbst muss sich, um sich als solches zu konstituieren, am Anderen bzw. Fremden abarbeiten – es bildet sich in Auseinandersetzung mit dem äußeren Anderen, zugleich aber auch durch das Verhältnis zur internalisierten Fremdheit.

653 Frischmann 2005, S. 101.
654 Schlegel 1967, S. 185.
655 Schlegel 1963, S. 84.
656 Berger / Luckmann 1972, S. 195.
657 Vgl. Frischmann 2005, S. 102.
658 Ebd., S. 104.
659 Vgl. Ricœur 2013, S. 205.

Ricœur greift auf Marcel Proust zurück, um diesen Gedanken zu veranschaulichen:

> »Um aber auf mich selbst zurückzukommen, so dachte ich bescheidener an mein Buch, und es wäre sogar ungenau zu sagen, daß ich an die dachte, die es lesen würden, an meine Leser. Denn sie würden meiner Meinung nach nicht meine Leser sein, sondern die Leser ihrer selbst, da mein Buch nur etwas wie ein Vergrößerungsglas sein würde, ähnlich jenen, die der Optiker in Combray einem Käufer über den Ladentisch reichte – mein Buch, durch das ich ihnen ermöglichen würde, in sich selbst zu lesen.«[660]

Die romantische Ironie ist allerdings auf Transzendenz ausgerichtet – sie entsteht im Gegensatz von Diesseits und imaginiertem Jenseits, das stets, wenn auch in unterschiedlicher Weise in Früh- und Spätromantik, religiös konnotiert ist.[661] Um Hoffmanns Konzept seiner der romantischen Ironie verpflichteten, sich aber auch von ihr unterscheidenden Ironie zu verstehen, gilt es v. a. die dreiteilige Binnenhandlung in den Blick zu nehmen. Strohschneider-Kohrs vertritt die These, dass Ironie das Hauptthema des vorliegenden Capriccios sei. Um dieses Konzept zu verstehen, ist das Märchen vom Urdargarten in doppelter Hinsicht von Interesse: Zunächst stellt der Urdargarten das verloren gegangene Heimatland der Poesie dar. Die Urdarquelle ist darüber hinaus aber auch Symbol für den Humor im allgemeinen Sinne.[662] Der Mythos des Urdarlandes ist als Fiktion in der Fiktion zu verstehen. Celionati erzählt in drei Teilen die zeitlich in der Vergangenheit liegende Geschichte des Urdarlandes. Dabei kommen märchenhafte Züge zum Ausdruck, mythische Bestandteile spielen eine Rolle, aber auch philosophische Anklänge lassen sich in der Nebenhandlung nachweisen. An verschiedenen Stellen hat die Geschichte sogar einen satirischen Charakter.[663]

660 Proust 2017, S. 505.
661 Vgl. Uerlings 2020, S. 28.
662 Vgl. Strohschneider-Kohrs 1960, S. 367 ff.
663 Vgl. ebd., S. 373.

Im ersten Teil der Binnenhandlung wird ein paradiesischer Urzustand beschrieben, in dem König Ophioch über das Land Urdargarten herrscht. Dieses wird zu den »gesegnetsten Ländern«[664] gezählt, die es jemals auf der Welt gegeben hat. Das Paradies zerbricht just in dem Moment, da die Bewohner und der König des Urdarlandes an der Melancholie erkranken. Eine vermeintliche Lösung sieht man darin, dem König eine Frau an die Seite zu stellen. Doch auch die Auserwählte, Prinzessin Liris, kann den Gemütszustand des Königs nicht verbessern. Der Zauberer Magus Hermod hat hingegen mehr Erfolg: Er nutzt ein »Prisma von schimmerndem Kristall«,[665] welches sich zu einer Silberquelle ergießt. Durch den Blick in die Silberquelle wird das Königspaar von der Melancholie geheilt:

> »Als sie nun aber in der unendlichen Tiefe den blauen, glänzenden Himmel, die Büsche, die Bäume, die Blumen, die ganze Natur, ihr eigenes Ich in verkehrter Abspiegelung erschauten, da war es, als rollten dunkle Schleier auf, eine neue herrliche Welt von Leben und Lust wurde klar vor ihren Augen, und mit der Er-kenntnis dieser Welt entzündete sich ein Entzücken in ihrem Innern, das sie nie gekannt, nie geahnet.«[666]

Die Erkenntnis des eigenen Ichs ist gemäß dieser Darstellung von der Spiegelung des Selbst abhängig. Die Reflexion ist es, die Identität schafft. Der Spiegel, ehemals Symbol für die Selbstverliebtheit des Narren, repräsentiert fortan das die Moderne prägende Prinzip der Selbsterkenntnis. »Indem die individuelle Substanz ihren point de vue als solchen erkennt, überschreitet sie ihn, und erst dadurch wird, was der Spiegel darstellend präsentiert, als Re-Präsentation zur Re-flexion auf die eigene vorstellend-ausdrückende Erkenntnistätigkeit.«[667] Wiederum ist der Grundsatz der Perspektivität Voraussetzung für den hier beschriebenen Erkenntnisakt, denn der Leib, so Peez, muss doppelt gedacht werden: Als Körper ist er Teil der gegenständlichen Welt, als Leib ist er Medium der Konstitution von Welt; er ist es, der die Begegnung mit der Welt ermöglicht. Während

664 Hoffmann 2012, S. 53.
665 Ebd., S. 59.
666 Ebd., S. 60.
667 Peez 1990, S. 30.

der intakte Spiegel Ausdruck der personalen Einheit des Selbst ist, steht der zerbrechende Spiegel für das sich verlierende Ich.[668]

In Hoffmanns Capriccio taucht das Spiegel-Motiv gleich an mehreren Stellen auf. Bereits zu Beginn ist es für die Schilderung des karnevalesken Aufzugs von Bedeutung. Über die ominöse Kutsche heißt es: »Das Volk drängte sich heran und wollte in die Kutsche hineinschauen, sah aber nichts als den Korso und sich selbst, denn die Fenster waren reine Spiegel. Mancher, der auf diese Art sich schaute, glaubte im Augenblick, er säße selbst in der prächtigen Kutsche [...].«[669] In den Augen Frischmanns dient die Kutsche daher als Projektionsfläche für die Träume und Wünsche der Schaulustigen.[670] Albrecht Driesen hingegen misst den Spiegelfenstern die Funktion einer Maske bei, die das Eigentliche, das Innere, zu verbergen versucht.[671] Was die Kutsche verbirgt, offenbart das folgende Kapitel. Die Beschreibung des am Theater vorbeidefilierenden Maskenzugs unterscheidet sich zu der im ersten Kapitel bloß in einem Punkt: »[...] statt der verschlossenen Spiegelkutsche der Prinzessin fuhr Colombina daher auf dem offnen Triumphwagen!«[672] Colombina als Figur der Commedia und Geliebte des Harlekins ist die Personifikation des den chronischen Dualismus kurierenden Humors, dessen heilende Wirkung Giglio zunächst nicht erkennt.[673] Erst die ebenfalls als Spiegel fungierende Urdarquelle stellt die Möglichkeit der Erkenntnis in Aussicht: Indem der Mensch seine Unvollkommenheit erfährt, realisiert er die Option, etwas bzw. sich zu ändern. Die o.g. innere Spaltung als universelles Leiden jener Zeit resultiert aus dem Auseinanderfallen des sich selbst betrachtenden Individuums in ein Subjekt, das beobachtet, und ein Objekt, das beobachtet wird. Hoffmann thematisiert dieses Phänomen, indem er Lichtenbergs Fragment vom Kronprinzen aufgreift, das von siamesischen Zwillingen handelt.[674] Er resümiert: »Nehmt ihr nun an, daß einem Menschen solch ein in die Quere denkender Doppelprinz im Leibe sitzt als materia peccans, so

668 Vgl. ebd., S. 38f.
669 Hoffmann 2012, S. 17.
670 Vgl. Frischmann 2005, S. 107.
671 Vgl. Driesen 1999, S. 85.
672 Hoffmann 2012, S. 38.
673 Vgl. Driesen 1999, S. 87.
674 Vgl. Saße 2001, S. 59.

habt ihr die Krankheit heraus, von der ich rede […].«[675] Indem sich Giglio aber seines Leidens bewusst wird, leitet er seine Genesung ein: »Es muß sich etwas in meinem Augenspiegel verrückt haben, denn ich sehe leider meistens alles verkehrt […].«[676] Reflexion – abermals symbolisiert durch den Spiegel – ist der Schlüssel zur Heilung vom chronischen Dualismus. Im Spiegel kann sich der Mensch in ein Verhältnis zu sich selbst setzen.

Diese These wird auch von einer Aussage im zweiten Teil der Geschichte gestützt: »Der Moment, in dem der Mensch umfällt, ist der erste, in dem sein wahrhaftes Ich sich aufrichtet.«[677] Interessant ist an dieser Stelle auch, was die Menschen in der Geschichte nährt: In Zeiten von Hungers- und Durstnot sollen die Menschen mit Witz und Spaß versorgt werden. Diese Aussage mag grotesk anmuten, ist aber ebenfalls vor dem Hintergrund einer allgegenwärtigen Komik zu verstehen. Zugleich wird hier die große Bedeutung des Humors für die menschliche Existenz unterstrichen.

Als der König stirbt, verliert die Urdarquelle ihre Kraft: Fortan sind jene, die hineinschauen, mit Zorn erfüllt. Auf der Suche nach einem Thronfolger bringt sich erneut Magus Hermod ins Spiel. Er erwählt Prinzessin Mystilis als angehende Königin. Dies bringt allerdings ein Problem mit sich, denn die Prinzessin spricht eine fremde Sprache. Wieder soll Magus Hermod Abhilfe schaffen und er gibt den Ministern des Urdarlandes ein Rätsel auf.[678]

Im dritten Teil wird schließlich der paradiesische Urzustand wiederhergestellt:

> »Heil! Hohes Heil dem schönen Urdarlande!
> Gereinigt, spiegelhell erglänzt sein Bronnen,
> Zerrissen sind des Dämons Kettenbande!«[679]

An dieser Stelle kommt es auch zu einer endgültigen Verschränkung der verschiedenen Ebenen: »Es begab sich, daß das Liebespaar, nämlich der Prinz Cornelio Chiapperi und die Prinzessin Brambilla aus der Betäubung

675 Hoffmann 2012, S. 132 f.
676 Ebd., S. 134.
677 Ebd., S. 95.
678 Vgl. ebd., S. 95 ff.
679 Ebd., S. 144.

erwachten, in die sie versunken und unwillkürlich in den klaren spiegelhellen See schauten, an dessen Ufer sie sich befanden.«[680] Zuvor war die Geschichte vom Urdarland von der Haupthandlung separiert gewesen, sie war eine Dichtung in der Dichtung. Nun verschmelzen diese vermeintlich imaginäre Ebene und die Wirklichkeitsebene aber miteinander. Die Geschichte, mit der Celionati etwas Vergangenes erzählen wollte, wirkt an dieser Stelle bis in die Gegenwart hinein. Die vorigen Zuhörer werden plötzlich selbst zu Akteuren der Geschichte.

Zusammenfassend kann man sagen, dass diese oben beschriebene Nebenhandlung einerseits das bereits angesprochene triadische Geschichtsmodell widerspiegelt, denn der verlorengegangene paradiesische Urzustand wird nach einer gewissen Interimszeit wiedergewonnen; andererseits wird das Geschichtsmodell psychologisiert und nicht auf Transzendenz ausgerichtet, sondern auf die Entwicklung der Figurenidentität im Hier und Jetzt bezogen.

Die verschiedenen Erzählwelten des Capriccios kommen nur mittels der anderen zur Verwirklichung. Im Übergang zur zweiten Erzählwelt erhält die erste erst ihre Gültigkeit. Allerdings stellt sich keine der dargelegten Welten als die allein gültige heraus. Das ganze Zusammenspiel ist stattdessen bewusst widerspruchsvoll angelegt.[681] Insofern ist das gesamte Capriccio als bewusste Inszenierung zu verstehen, welche durch ein widersprüchliches Spiel mit den Erzählzusammenhängen gekennzeichnet ist. Der Dichter fungiert dementsprechend als souveräner Marionettenspieler, der dem Rezipienten immer wieder neue Deutungsmöglichkeiten anbietet, dabei aber keine klare Eindeutigkeit schafft. Durch das Arrangement der verschiedenen Ebenen verschafft er der einzelnen Ebene Gültigkeit, dies aber nie in Form einer Allgemeingültigkeit.[682]

Dieser Argumentation folgend, kann man sagen, dass Celionati in dem Capriccio das literarische Alter Ego des Autors ist, schließlich tritt auch er als der alles beeinflussende Lenker auf. Die verschiedenen Dimensionen der Handlung werden erst durch sein Zutun eingeleitet. V.a. Giglio ist durch Celionati gelenkt: Er gibt Giglio eine der Brillen, die er auf dem

680 Ebd., S. 145.
681 Vgl. Strohschneider-Kohrs 1960, S. 376ff.
682 Vgl. ebd., S. 381.

Korso anbietet mit den Worten: »Ich weiß es, Signor Fava, Ihr wollt durch meine Brille die Prinzessin Brambilla, Euer Traumbild schauen; doch das wird Euch zur Stunde nicht gelingen! – Indessen nehmt und versucht's!«[683] Die Brillen jener Zeit waren größtenteils von minderer Qualität, sodass sich ihre Träger oftmals der »Gefahr subjektiver Täuschung«[684] ausgesetzt sahen. Jemandem eine Brille zu verkaufen, entspricht laut *Grimmschem Wörterbuch* dem »[B]etriegen«[685] desjenigen. Der Protagonist wird dadurch, dass er mit der Brille durch die Mauern des Palastes schauen und so das »Gewirre von allerlei seltsamen Gestalten«[686] sehen kann, in eine Traumwelt geworfen (vgl. *Der Sandmann*),[687] aber – und das deutet Celionati bereits an – der Traum erfüllt sich an dieser Stelle noch nicht. Die Realisierung erfolgt erst im achten Kapitel mit dem bereits angesprochenen Blick in die Urdarquelle. Dennoch gibt Celionati in der oben beschriebenen Szene den Anstoß: Erstens, indem er Giglio die Brille gibt, zweitens dadurch, dass er ihn dazu bringt, sich die Maske anzulegen und sich so vollends der Traumwelt hinzugeben.[688] Auch die mehrfache Anrede mit »Püppchen«[689] belegt, dass Giglio förmlich Wachs in den Händen Celionatis ist. Gleichzeitig verweist dies auf die Geschichte vom Urdarland, in der der König auch nach seinem Tod noch weiter »regiert« hat, allerdings – einer Marionette gleich – gesteuert vom großen Rat.[690] Hieran lässt sich aufzeigen, dass Giglio gleich mehrere Alter Egos besitzt: Er ist nicht bloß der Prinz Chiapperi und der Capitan Pantalon; auch König Ophioch ist eine Entsprechung des Protagonisten, eine Erkenntnis, die wiederum entscheidend zum Verständnis der Schlussszene beiträgt. Laut Forderer vermitteln die Doppelgängerfiguren bei Hoffmann das Gefühl einer »Unbehaustheit im eigenen Sein«.[691] Nach Sigmund Freud wird das Heimliche

683 Hoffmann 2012, S. 21.
684 Stadler 2006, S. 155.
685 Grimm / Grimm 1860, Sp. 383.
686 Hoffmann 2012, S. 21.
687 Hier erhält der Protagonist Nathanael vom Wetterglashändler Coppola ein Perspektiv, das seine Wahrnehmung trübt. Nicht mehr wissend, was Fantasie ist und was Realität, fällt er schließlich dem Wahnsinn anheim und stürzt sich in den Tod.
688 Vgl. Hoffmann 2012, S. 22.
689 Ebd., S. 20.
690 Vgl. ebd., S. 96.
691 Forderer 1999, S. 52.

durch Verdrängung zum Unheimlichen. In dem Moment, wo das Verdrängte den Weg zurück ins Bewusstsein des Subjekts findet, verwandelt sich die Verdrängung in Angst. Insofern handelt es sich sowohl beim Heimlichen als auch beim Unheimlichen um etwas grundsätzlich Vertrautes.[692] Kayser wiederum charakterisiert das Phänomen des Unheimlichen als Motiv des Grotesken. Das Groteske ist die entfremdete Welt, denn die sonst gültigen Kategorien unserer Weltorientierung werden suspendiert, was zum Verlust der Identität und zur Zerstörung des gängigen Persönlichkeitsbegriffs führt.[693] Insofern zeichnet sich das Doppelgängermotiv in der Romantik weniger durch Verdopplung einer Figur als vielmehr durch seine Division aus. »Daß ein Doppelgänger auftritt, wird zum Symptom von Spannungen, die aus dem Gegeneinander von Triebregungen und dem Wunsch nach rein geistiger Selbstverwirklichung entstehen.«[694] Mangelnde Selbstdistanz führt schließlich dazu, dass sich das Ich in der eigenen Vorstellungskraft zu verlieren droht. Hierzu Forderer: »In der Dunkelheit, die dort herrscht, bleibt das Subjekt zwangsläufig sich selbst ein unbekannter Anderer.«[695] Selbstwerdung bedeutet, diesen Anderen kennenzulernen. Jener Grundbedingung der Ichwerdung war sich auch Kierkegaard bewusst, der das Selbst stets als Selbstverhältnis versteht.[696]

Das Capriccio endet schließlich damit, dass sich Prinzessin Brambilla und Prinz Chiapperi als solche in der Urdarquelle erkennen. Giglio wird wahrhaftig zum Prinzen bzw. König: »Es begab sich, daß das Liebespaar, nämlich der Prinz Cornelio Chiapperi und die Prinzessin Brambilla, aus der Betäubung erwachten, in die sie versunken, und unwillkürlich in den klaren, spiegelhellen See schauten, an dessen Ufer sie sich befanden.«[697] Die erneute Nennung dieses Zitats zeigt dessen besondere Relevanz für das Werk: Die Urdarquelle löst eine Fragestellung auf, die zuvor im Caffè greco aufgeworfen worden war: Was ist der rechte Scherz? Die italienische Maske ahmt das Urbild auf willkürliche Art und Weise nach; der Deutsche bedient sich hingegen der Sprache des Urbildes selbst – in Form

692 Vgl. Freud 2020, S. 36 f.
693 Vgl. Kayser 1961, S. 135 ff.
694 Forderer 1999, S. 55.
695 Ebd., S. 69.
696 Vgl. Safranski 2021, S. 113.
697 Hoffmann 2012, S. 145.

der Ironie. Celionatis Geschichte zufolge sind allerdings beide Standpunkte zu verneinen; offenbar wird hier Hoffmanns ganz persönliche Auffassung von Kunst im Allgemeinen – und speziell von Humor – deutlich: Die Quelle wirkt erst dann als Versöhnung, wenn der Mensch sich durch die Spiegelung seiner Selbst bewusst wird. Es handelt sich demzufolge um Selbstreflexion – ein Vorgang, an dem der Mensch aktiv mitzuwirken hat. Es bedarf hierfür des Verstandes und des Bewusstseins.[698] Der anfänglich nach dem ›wahren‹ Ich Suchende wird im Laufe der Geschichte fündig. Die Tanzszene im vierten Kapitel präsentiert einen Giglio, dessen Gedanken allein um sich selbst kreisen: »Aber sein Ich stand ihm gegenüber und führte, ebenso tanzend und springend, ebensolche Fratzen schneidend als er, mit dem breiten hölzernen Schwert Streiche nach ihm durch die Luft.«[699] Die innere Spaltung Giglios ist offensichtlich. Das Zirkuläre des Tanzes spiegelt die Egomanie eines in Gedanken nur um sich selbst rotierenden Protagonisten wider.[700] Erst die Reflexion mit Hilfe eines realen Gegenübers, die wiederum durch eine Tanzszene eingeleitet wird, bewirkt die Verwandlung.[701] Der »Rausch des Tanzens« bedingt zunächst die »Auflösung jeglicher Individualität«.[702] Der aus dem Tanz resultierende Dialog sorgt allerdings für eine Höherführung des Selbst: das gewöhnliche Ich weicht einem neuen Selbst. Eine wortwörtliche Verwandlung durchlebt Prinzessin Brambilla auf dem Maskenball, wo ihr die »schönsten, buntesten, gleißendsten Schmetterlingsflügel herauswachsen«.[703] Die Grenze zwischen Mensch und Tier verwischt, sodass die menschliche Identität zeitweise untergraben wird.[704]

Es war jene Kreuzung aus Mensch und Tier, die Hoffmann an Callots Bildern interessierte.[705] Die grotesken Darstellungen waren für ihn »Hyroglyphe[n]«,[706] die es zu deuten galt. Überhaupt war Hoffmann der Ansicht,

698 Vgl. Strohschneider-Kohrs 1960, S. 402 ff.
699 Hoffmann 2012, S. 68.
700 Vgl. Frischmann 2005, S. 111; für das Gefangensein Giglios in seiner eigenen Welt steht auch der Vogelkäfig im fünften Kapitel.
701 Vgl. Hoffmann 2012, S. 107.
702 Tsuchiya 2015, S. 128.
703 Hoffmann 2012, S. 120.
704 Vgl. Kremer 1993, S. 331.
705 Vgl. Kremer 2006, S. 176.
706 Pikulik 2002, S. 148.

dass sich unter der Oberfläche menschlicher Existenz etwas Unbekanntes verberge, das verschlüsselt sei. Die »dünngehäuteten Insekten«,[707] die in Hoffmanns Werk mehrfach Erwähnung finden, lassen das Verborgene im Innern durchscheinen. Insofern stellt *Prinzessin Brambilla* den Versuch dar, die Hyroglyphen, das innere Mysterium menschlichen Daseins zu decodieren.[708] Gleichzeitig ist die äußerliche Metamorphose und die vorübergehende Negation menschlichen Seins als Vorbereitung auf die innere Verwandlung der Protagonisten zu verstehen, die zur Erkenntnis des wahren Selbst führt. In den Augen Pikuliks erweist sich Hoffmann damit als seiner Zeit weit voraus: Die Schauspieler werden im vierten Kapitel dazu aufgefordert, »ihres innern Perus Edelsteine nicht allein zu erschauen, sondern auch heraufzubringen, zu schleifen und ihnen prächtigeres Feuer zu entlocken«.[709] Das Spiel ist also zunächst Selbstzweck: »Die Identität wird ins Spiel verwandelt, bis das Spiel selbst zur Existenz wird.«[710] Bereits Schiller hat den Zusammenhang zwischen Spiel und Persönlichkeitsentwicklung hergestellt: »Denn, um es endlich auf einmal herauszusagen, der Mensch spielt nur, wo er in voller Bedeutung des Wortes Mensch ist, und er ist nur da ganz Mensch, wo er spielt.«[711] Das sich im Spiel erkennende Individuum soll zugleich aber auch zum Ideal werden, um den Anderen ein Beispiel zu geben. Selbst der Leser soll Teil dieses literarischen Karnevals werden, der die Selbstreflexion vorlebt. Und letztendlich kann hier nur der Karneval als Medium dienen, denn das närrische Treiben wird weder gespielt noch wird ihm bloß zugeschaut – es wird gelebt. Lindner spricht in diesem Zusammenhang vom »cyberspace-Effekt«.[712] Die zyklische Struktur des Capriccios verweist auf die Unabschließbarkeit dieses Erkenntnisakts. Und wie Hoffmann mit dem »silbernen Trichter«,[713] den Magus Hermod auf dem Kopf trägt, auf die Bedeutung des Karnevals, allvernichtende und allerneuernde Zeit zu sein, rekurriert, so fordert er seine Leser dazu auf, die »karnevalistische Feier

707 Ebd., S. 152.
708 Vgl. ebd., S. 157.
709 Hoffmann 2012, S. 66.
710 Lindner 2005, S. 74.
711 Schiller 2018(2), S. 62 f.
712 Lindner 2005, S. 74.
713 Hoffmann 2012, S. 144.

der Selbsterkenntnis«[714] künftig jährlich zu begehen. Diese Vorstellung geht über den romantischen Reflektionsakt hinaus und entspricht eher dem objektivierenden Zeigegestus, den Brecht seinen Werken über 100 Jahre später zugrunde legt.[715]

Die Urdarquelle ist auf inhaltlicher Ebene ein Artefakt mit magischen Kräften, im übertragenen Sinne aber handelt es sich um den Ausdruck von Hoffmanns Kunstlehre. Königin Mystilis, deren Ursprung wiederum in der Urdarquelle liegt, ist dementsprechend Sinnbild der Dichtkunst für Hoffmann. Indem er von der »Entzauberung der Königin Mystilis, die am Ende gar ganz eigentlich die Prinzessin Brambilla ist«,[716] schreibt, bringt der Text zum Ausdruck, dass *Prinzessin Brambilla* die Programmatik der Hoffmann'schen Poesie widerspiegelt. Die Lösung am Ende ist dabei allerdings keine Wiederherstellung des Urzustandes im klassischen Sinne (vgl. Triadisches Geschichtsmodell), vielmehr lässt sich hier von einer Höherführung sprechen, was dem Denken der Romantiker entspricht: Sie gehen von einem Goldenen Zeitalter aus, welches von der gegenwärtigen Zeit der Spaltung beendet wurde. Die Rückkehr zum Golden Zeitalter stellt in ihren Augen eine Steigerung der Absolutheit dar.[717] Schmidt meint in diesem Kontext, dass die Termini »Reich« und »Herrschaft« von einer politisch-geographischen bzw. monetären Bedeutung in ein ideelles Begriffsfeld transferiert werden.[718] Dies ist zum einen daran zu erkennen, dass die Prinzessin am Ende behauptet, dass ihr Reich und das des Prinzen nicht bloß aneinandergrenzen, sondern dass sie sich sogar entsprechen. Persien und Bergamo können aber unmöglich aneinander grenzen. Auch diese geographischen Bezeichnungen sind metaphorisch zu verstehen: Der Orient spielt auf die Märchenfiguren Gozzis an, Bergamo verweist hingegen auf die Commedia dell'arte. Hoffmanns Werk ist – personifiziert durch Prinz und Prinzessin – als Synthese dieser beiden Einflüsse zu deuten.[719] Ein weiteres Indiz für die o.g. These wäre, dass Prinz und Prinzessin am Ende in demselben Zimmer speisen, welches auch im einleitenden

714 Kremer 2006, S. 187.
715 Vgl. Pikulik 2002, S. 155.
716 Hoffmann 2012, S. 150.
717 Vgl. Neuhaus 2009, S. 149.
718 Vgl. Schmidt 2006, S. 190.
719 Vgl. ebd., S. 191.

Kapitel dazu genutzt wurde. Dieser bürgerliche Kontext steht einerseits im Kontrast zu dem ersten Teil des Schlusskapitels, welcher die Geschichte vom Urdarland aufgelöst hatte. Weiterhin ist die Vorstellung grotesk, dass Prinz und Prinzessin in einem solchen Zimmer speisen. Aber von einer materialistischen Betrachtungsweise sollte man in diesem Kontext ohnehin Abstand nehmen. Die Lösung des Capriccios ist nicht darin zu sehen, dass zwei Monarchen sich endlich als solche erkannt haben und über ein Volk regieren. Die Lösung ist vielmehr die Synthese der zuvor beschriebenen Aufspaltung des Ichs. Der Schlüssel hierzu ist die Liebe, denn im Gegenüber finden die beiden Protagonisten zu ihrem jeweiligen Selbst. Um mit Hoffmanns Worten zu sprechen, könnte man dies auch als Heilung vom »chronische[n] Dualismus«[720] beschreiben. Demzufolge ist der nach wie vor vorherrschende Kontrast zwischen bürgerlichem Umfeld und aristokratischem Habitus die Wiederherstellung einer zwischenzeitlich verlorengegangenen Balance der Seele durch bewusste Reflexion des Selbst. Die Urdarquelle ist Symbol dessen, gleichzeitig aber auch Ausdruck der hier in heilender Funktion auftretenden, einer romantischen Ironie verwandten Ironie. Und nicht zuletzt ist sie auch als Metapher zu lesen, die für das Kunstverständnis Hoffmanns steht. Insofern ist der Humor als *Pars pro toto* für eine gestaltungsfreie Kunst im vorliegenden Werk nicht nur Mittel der Selbstreflexion, die Ichwerdung wird zugleich selbst zur Kunst erhoben und das Ich zum Kunstwerk stilisiert.[721]

Über die Thematisierung des Karnevals hinaus ist in der Romantik die Rückkehr des Narren auf das literarische Parkett festzustellen. In seinem *Versuch einer kritischen Dichtkunst* hatte Johann Christoph Gottsched gemäß des von ihm vertretenen Geist-Körper-Dualismus die »Zurückdrängung der als animalisch betrachteten Sinnlichkeit des Menschen auf der Bühne«[722] propagiert. Sie sollte, dem Gedanken der Aufklärung folgend, der Vernunft als Kategorie, die Mensch und Tier voneinander unterscheidet, weichen. Die Aufgabe des Theaters bestand dementsprechend darin, eine sittliche Besserung im Rezipienten zu bewirken. Justus Möser vertritt in seiner *Verteidigung des Groteske-Komischen* eine konkurrieren-

720 Hoffmann 2012, S. 123.
721 Vgl. Frischmann 2005, S. 118.
722 Deiters 2011, S. 409.

de Ansicht: Er betont die unterhaltende Funktion des Theaters, indem er von der »heilsame[n] Arznei des Vergnügens«[723] spricht. »Mich dünkt«, so schreibt er weiter, »die Freude müsse alle Zeit in einer Welt willkommen sein, worin nach der Rechnung einiger Algebraisten die Masse des Bösen gegen das Gute wie maximum : minimum steht [...].«[724] Selbst Lessing wandte sich gegen Gottsched: »[E]r [Gottsched]«, so schreibt er in einem Brief, »ließ den Harlequin feyerlich vom Theater vertreiben, welches selbst die größte Harlequinade war, die jemals gespielt worden.«[725] In der Tat lassen sich in der sächsischen Komödie Einflüsse der Gestalt des Harlekins auf die Dienerrollen erkennen. Lessing warb allerdings für eine gesittete Narrenfigur im Sinne der Aufklärung.[726]

Bereits Goethe hatte in seiner Farce *Hanswursts Hochzeit* sowie in dem Fastnachtsspiel *Das Jahrmarktsfest zu Plundersweilern* den mittelalterlichen Spaßmacher zu Wort kommen lassen. Es ist aber Tieck, der ihm in seiner Komödie *Der gestiefelte Kater* erstmals wieder eine exponierte Stellung einräumt. Hanswurst präsentiert sich dabei als Außenseiter: »Ich bin ein armer verbannter Flüchtling, ein Mann, der vor langer Zeit einmal witzig war, der jetzt dumm geworden ist und in einem fremden Lande wieder in Dienste getreten, wo man ihn von neuem auf einige Zeit für witzig hält.«[727] Als Eigenart der Narrenfigur im *Gestiefelten Kater* konstatiert Susanne Stefanski, dass Hanswurst wiederholt die Illusion der Inszenierung durchbricht.[728] Gegenüber den Zuschauern des Spiels im Spiel bemerkt er u. a.: »Verzeihen Sie, wenn ich mich erkühne, ein paar Worte vorzutragen, die eigentlich nicht zum Stücke gehören.«[729]

Indem die Narrenfigur von der Sphäre des Vernünftigen abweicht, distanziert sie sich von der realen Welt und konstruiert eine zweite. Brummack bezeichnet diese Strategie des Spaßmachers als »ironische Mimikry«,[730] die nicht allein zur Produktion einer alternativen Wirklichkeit führt,

723 Möser 1843, S. 75.
724 Ebd.
725 Lessing 1854, S. 41.
726 Vgl. Steinmetz 1966, S. 97.
727 Tieck 2021, S. 34.
728 Vgl. Stefanski 2018, S. 95.
729 Tieck 2021, S. 42.
730 Brummack 1997, S. 73.

sondern den Status der eigentlichen zugleich infrage stellt. Das Groteske, so Möser, das zwischen diesen beiden Ebenen hin und her zu springen vermag, ist Ausdruck der Freiheit, die sich das Individuum seit der Aufklärung selbstbewusst einräumt.[731]

5.3 Zwischenfazit

Auch Hoffmann diente Goethes *Das Römische Carneval* als Quelle der Inspiration. Darüber hinaus war es die Commedia dell'arte, die ihn in der Ausgestaltung seines Capriccios beeinflusste. Während die Typen der klassischen Commedia-Stücke in einem gegensätzlichen Verhältnis zueinander standen, verlagert Hoffmann jene Antithese in eine Figur. So sind die verschiedenen Ebenen, durch die sich das Capriccio auszeichnet, Abbild der doppelten Identität des Protagonisten. Giglio ist insofern als Inkarnation des Karnevals zu betrachten, sieht Bachtin doch gerade in der Ambivalenz ein entscheidendes Charakteristikum des närrischen Brauchtums.

Die verlorengegangene Einheit wiederherzustellen, ist das erklärte Ziel der Romantiker. Sowohl Hoffmann als auch Schlegel sehen in der Ironie die Lösung. Das Individuum konstruiert seine personale Identität immer wieder neu, und zwar in Auseinandersetzung mit dem Anderen, d. h. mit einem äußeren Fremden sowie mit dem inneren *Alter*. Das innere *Alter* Giglios wird im Capriccio externalisiert. Die Doppelgänger des Protagonisten geben der Geschichte eine unheimliche Atmosphäre, allerdings in dem Sinne, dass sie seine innere Heimatlosigkeit unterstreichen. Harmonie zwischen den verschiedenen Teilidentitäten kann laut Hoffmann nur durch Selbstreflexion hergestellt werden. Das Selbst, so die Erkenntnis am Ende, muss als Selbstverhältnis verstanden werden. Jenes Verhältnis immer wieder auszutarieren, macht diesen Erkenntnisakt zu einem nie endenden Projekt, worauf auch die Zyklik des Capriccios verweist.

731 Vgl. Möser 1843, S. 96.

6 Karnevalisierte Literatur im Vormärz

6.1 Der Vormärz – ein historischer Abriss

Napoleon meinte einmal, dass die Revolution samt der Werte, die sie forciert hatte, nach seiner Regentschaft ihre Vollendung finde. Nach seinem Sturz setzten die Staatsmänner Europas alles daran, das Wahrwerden dieser Prognose zu verhindern.[732] Dennoch muss Nipperdey zugestimmt werden, wenn er schreibt »Am Anfang war Napoleon«,[733] schließlich hat kein anderer den Verlauf des 19. Jahrhunderts so sehr geprägt wie er.

Die Phase, die der Herrschaft Napoleons folgte, wird zumeist mit dem Etikett der Restauration versehen. Rekurrierend auf die große englische Revolution von 1660, ist mit diesem Begriff die Widerherstellung alter, d. h. vorrevolutionärer Zustände gemeint. Diese Zuschreibung impliziert laut Reinhart Koselleck und seinen Mitautoren eine allzu negative Deutung des die Restauration einleitenden Wiener Kongresses, schließlich lässt sich die Zeit nicht zurückdrehen.[734] Mit dem Wiener Kongress schaffte man es, nach Jahrzehnten des Krieges eine für ein halbes Jahrhundert währende europäische Friedensordnung herzustellen. Koselleck und Co. sehen in der Heiligen Allianz, die der Stabilisierung dieses Status quo dienen sollte, daher einen Vorläufer des Völkerbunds bzw. der UNO.[735] Vor dem Hintergrund dessen zeigt sich der »transitorische Charakter«[736] dieser Phase der europäischen Geschichte.

732 Vgl. Bergeron u. a. 1988, S. 199.
733 Nipperdey 2013, S. 11.
734 Vgl. Bergeron u. a. 1988, S. 199.
735 Vgl. ebd., S. 220.
736 Ebd., S. 200.

Als man 1814 zusammenkam, um die europäische – i. e. S. die deutsche – Staatenwelt nach der Verwüstung des Kontinents durch Napoleon neu zu ordnen, standen fünf Optionen zur Debatte: Die Wiederherstellung des alten deutschen Kaiserreichs wurde rasch verworfen, die Auflösung des Reiches 1806 betrachtete man als irreversible Zäsur. Die Gründung eines gesamtdeutschen Nationalstaats scheiterte an den Partikularinteressen der Einzelstaaten.[737] In den Augen des österreichischen Außenministers Clemens von Metternich, der die Politik dieser Zeit wie kein anderer prägte, hätte es sich hierbei um eine »Revolution in legislativer Form«[738] gehandelt. Die Vielzahl an Einzelstaaten lose nebeneinander bestehen zu lassen, wurde zu keinem Zeitpunkt ernsthaft erwogen, schließlich hätte die ständige Konkurrenz zwischen den Staaten und Stadtrepubliken Unruhe in das gesamteuropäische Machtgefüge gebracht. Man wollte einerseits ein friedliches Mitteleuropa schaffen, andererseits sollte das wie auch immer geartete neue Deutschland nicht zur Hegemonialmacht heranwachsen. Insofern musste auch die Idee, einen deutschen Bundesstaat zu schaffen, scheitern. Stattdessen einigte man sich auf eine staatenbündische Lösung. Der nun aus der Taufe gehobene Deutsche Bund vermochte einerseits zwischen den heterogenen Bundesmitgliedern zu vermitteln, andererseits trug er dem Wunsch nach einer stabilen postrevolutionären Staatengemeinschaft Rechnung.[739] Der deutschen Nationalbewegung, die sich in Folge des Kampfes gegen die französische Fremdherrschaft formiert hatte und die Vision einer geeinten Nation zu realisieren suchte, kam dieser Beschluss freilich nicht nach.

Was den Bund von Beginn an belastete, war der 13. Artikel der sog. *Deutschen Bundesakte*. Diesem Artikel zufolge sollte in allen Bundesstaaten eine landständische Verfassung eingeführt werden. Die Deutung jener Bestimmung erhitzte die Gemüter: War hiermit eine auf dem Prinzip der Gewaltenteilung gründende und die Mitbestimmung des Volkes garantierende Konstitution nach westeuropäischem Vorbild gemeint oder sollten bloß die herrschaftsständischen Beratungsgremien der vorrevolutio-

737 Vgl. Wehler 1989, S. 323.

738 Metternich, zit. n. Wehler 1989, S. 324; Metternichs Angst war wohl deshalb so groß, weil er die Auswirkungen der Revolution seinerzeit hautnah an der Mainzer Universität miterlebt hatte.

739 Vgl. Wehler 1989, S. 324 f.

nären Zeit wiederbelebt werden?[740] Bei den Landständen handelte es sich um das regionale Pendant zum Reichstag, dessen Mitglieder ursprünglich nicht gewählt wurden, sondern aufgrund ihrer Position als Fürsten oder als Repräsentanten der Reichsstädte ihr ›Mandat‹ qua Geburt innehatten.[741] Für den weiteren Diskurs erwies sich der von Metternichs Sekretär Gentz entwickelte Ansatz als relevant, den er in der rege rezipierten Schrift *Über den Unterschied zwischen den landständischen Repräsentativverfassungen* darlegt. Demnach entsprechen nur altständische Verfassungen der Bundesakte.[742] »In altständischen Traditionen lag enthalten, daß Stände relativ autonome Institutionen waren, die, sich selbst ergänzend oder mit Virilstimmen versehen, nur sich selbst verkörperten.«[743]

Es waren gerade die süddeutschen Staaten, die sich dieser von Metternich forcierten konservativen Auslegung widersetzten, indem sie sich zwischen 1818 und 1820 Verfassungen gaben. Frankreich diente – wie so oft – als Vorbild. Hier besaß der König zwar die absolute Souveränität, diese teilte er aber freiwillig mit verschiedenen Verfassungsorganen. So lag beispielsweise die Steuerbewilligung vollends bei den Kammern. Der Grundrechtskatalog unterstrich den progressiven Charakter jener Konstitution, deren Strahlkraft grenzüberschreitende Wirkung zeigte.[744] Die Gründe für die Vorreiterrolle Süddeutschlands sind vielfältig. Die hier quasi aus der Retorte entstandenen neuen Staatsgebilde bedurften der Integration, die eine gemeinsame Verfassung in Aussicht stellte. Konkret war, um Staatskredite aufzunehmen, eine Vertretung der Steuerzahler vonnöten, die verfassungsmäßig geregelt sein musste. Daneben waren wiederum Partikularinteressen die treibende Kraft und das gleich in zweifacher Hinsicht: Innerstaatlich wollten die Bürger die Kompetenzen des Monarchen durch Gesetze begrenzen und ihre Teilhabe am politischen Diskurs sichern, die Einzelstaaten als solche wollten sich ferner gegen den Bund behaupten und einer mitunter weniger liberalen Konstitution von oben zuvorkommen.[745]

740 Vgl. ebd., S. 328.
741 Vgl. Cullen 2016, S. 11.
742 Vgl. Nipperdey 2013, S. 273.
743 Vgl. Bergeron u. a. 1988, S. 213.
744 Vgl. ebd., S. 209 f.
745 Vgl. Nipperdey 2013, S. 273.

Die 1818 ratifizierte bayerische Verfassung ordnete sich zwar der Herrschaftsgewalt des Königs unter, die Einführung eines Landtags nach englischem Vorbild, d.h. aus zwei Kammern bestehend, verlieh ihr dennoch ein äußerst fortschrittliches Gepräge. Obgleich aktives und passives Wahlrecht an einen Zensus gebunden wurde, garantierte die Konstitution den Abgeordneten eine Fülle an Kompetenzen: Sie hatten das Recht der Steuerbewilligung und wirkten an der Gesetzgebung mit. Zudem mussten staatliche Anleihen von den Kammern bewilligt werden. Hinzu kamen Immunitäts-, Petitions- und Beschwerderecht sowie das Recht auf Verfassungsklage. Den fortschrittlichen Charakter dieser Konstitution unterstreicht insbesondere der in ihr festgeschriebene Grundrechtskatalog: In ihm sind Gewissens-, Meinungs- und Pressefreiheit sowie die Gleichheit vor dem Gesetz verbrieft. Der Landtag sollte aus allen Klassen gewählt werden. Die Freiheit der Person ist ebenso garantiert wie die des Eigentums. Dass die bayerische Verfassung von 1818 Modellcharakter besaß, ist daran abzulesen, dass sich die badische Regierung mit ihrem Verfassungsentwurf eng an das bayerische Vorbild anlehnte.[746]

In Preußen wurden die Bestrebungen, ebenfalls eine Verfassung auszuarbeiten, vehement unterdrückt, was öffentlichen Protest innerhalb der Bevölkerung schürte. Nipperdey unterscheidet drei organsierte Gruppen des national-freiheitlichen Protestes voneinander: Die Turner, von Jahn und Friesen begründet, kämpften einerseits für eine geeinte deutsche Nation, zugleich strebten sie danach, die ständische Gesellschaft durch eine freiheitlich-demokratische Grundordnung zu ersetzen. Als zweite Gruppierung entstanden ab 1814 im Rhein-Main-Gebiet die sog. Deutschen Gesellschaften, die allerdings rasch in den Untergrund gedrängt wurden. Die eigentlichen Träger der politischen Jugendbewegung waren die Studenten, die sich in Burschenschaften organisierten.[747] Liberal und patriotisch gesinnte Professoren wie Kieser, Luden und Oken pflegten einen engen Kontakt zu ihren Studenten und forcierten so deren Politisierung.[748] Der Wahlspruch »Ehre, Freiheit, Vaterland« lässt sowohl die demokratische als auch nationale Gesinnung der Burschenschaften erkennen. Es

746 Vgl. Wehler 1989, S. 329f.

747 Vgl. Nipperdey 2013, S. 279.

748 Vgl. Fesser 2017, S. 32.

verwundert daher nicht, dass das Schwarz-Rot-Gold des Lützowschen Freiwilligenkorps zu ihren Symbolfarben wurde.[749]

Was die politische Ausrichtung anbelangt, unterschieden sich die diversen Burschenschaften z. T. deutlich voneinander. Die 1816 in Jena gegründete ›Urburschenschaft‹ fuhr einen eher gemäßigten Kurs. Wehler sieht in ihr die erste Parteiorganisation auf deutschem Boden. Besonders deutlich wird dies, wenn man die *Grundsätze und Beschlüsse des 18. Oktober*, die im Auftrag der Jenaer Burschenschaft ausgearbeitet worden waren, einer näheren Betrachtung unterzieht. So heißt es unter Punkt 19: »Freiheit und Gleichheit ist das Höchste, wonach wir zu streben haben, und wonach zu streben kein frommer und ehrlicher deutscher Mann jemals aufhören kann.«[750] Die Gießener Burschenschaft ging weitaus radikaler zu Werke. Die Revolution stellte in ihren Augen ein legitimes Mittel zum Zweck dar. Selbst ein Tyrannenmord wurde – so denn die Notwendigkeit bestand – billigend in Kauf genommen.[751]

So weit ging es 1817 noch nicht als die Burschenschaften auf der thüringischen Wartburg zu einem Nationalfest aufriefen, mit dem man dem 300. Jahrestag der Reformation und der Befreiung Deutschlands von der französischen Fremdherrschaft gedenken wollte. De facto handelte es sich allerdings um eine Protestveranstaltung gegen die Restaurationspolitik. Die Wartburg war hierfür der ideale Ort, denn das Großherzogtum Sachsen-Weimar-Eisenach galt als »liberaler Musterstaat«.[752] Großherzog Carl August, der Freund Goethes, hatte das Treffen höchstpersönlich genehmigt. Etwa 500 Studenten von mindestens elf Universitäten wohnten der Veranstaltung bei, die zum größten Teil aus Festreden bestand. Am Abend des ersten Festtages brach sich die Radikalität mancher Teilnehmer dennoch Bahn: Schüler Jahns verbrannten undeutsche, reaktionäre Bücher (u. a. Kotzebues); dazu wurden Preußische Polizeigesetze

749 Das Lützowsche Freikorps war während der Befreiungskriege ein Freiwilligenverband der preußischen Armee. Obgleich in der Schlacht eher glücklos, wurde es aufgrund seiner Zusammensetzung aus Freiwilligen fast aller deutscher Staaten zu einem Symbol der deutschen Nationalbewegung.

750 Fesser 2017, S. 99; die Formulierungen *Grundsätze und Beschlüsse* fanden teils wörtlich Eingang in die Paulskirchenverfassung, in die Weimarer Verfassung und in das Grundgesetz.

751 Vgl. Wehler 1989, S. 334.

752 Fesser 2017, S. 7.

und der Code Civil sowie Symbole des Militärs ins Feuer geworfen. Der Berliner Polizeidirektor Karl von Kamptz betitelte die Akteure als »ein[en] Haufen verwilderter Professoren und verführter Studenten«.[753] Auch für den das restaurative System repräsentierenden Metternich waren die Geschehnisse alarmierend und er erkannte die Notwendigkeit, zu handeln. Hierzu bedurfte es allerdings eines konkreten Anlasses, der sich 1819 bot. Am 23. März ermordete der Theologiestudent Karl Ludwig Sand den oben bereits erwähnten Schriftsteller August von Kotzebue, der die russische Regierung mit Informationen über die liberalen Gesinnungen an den deutschen Universitäten versorgte. Sand deklarierte seine Tat als moralische Verpflichtung und viele Intellektuelle – so u. a. Joseph Görres – erkannten in dem Mord edle Motive.[754]

Metternichs Urteil fiel selbstverständlich anders aus, obgleich ihm das Attentat politisch zu Pass kam. Eine österreichisch-preußische Koalition begann damit, Maßnahmen gegen die oppositionellen Regungen vorzubereiten. Hierzu wurde zunächst der oben erörterte Ansatz von Gentz hinsichtlich der landständischen Verfassungen argumentativ in Stellung gebracht. Zugleich begann man damit, den fortschrittlich gesinnten preußischen Staatskanzler von Hardenberg als Revolutionär zu diffamieren und ihn auf diese Weise zu entmachten. Metternich verfolgte das Ziel, auch die süddeutschen Verfassungen auszuhebeln, was allerdings am Widerstand Württembergs und Bayerns scheiterte.[755]

Die Maßnahmen, die er durchzusetzen vermochte, gingen als Karlsbader Beschlüsse in die Geschichte ein: Diese regelten das Verbot der Deutschen Burschenschaft sowie die stärkere staatliche Überwachung der Universitäten. Die präventive Zensur galt fortan für das gesamte Bundesgebiet und eine neu gegründete Zentral-Untersuchungskommission mit Sitz in Mainz sagte der liberalen Opposition den Kampf an.[756] Wehler bezeichnet das Vorgehen Metternichs als Rechtsbruch, denn die Gesetzesvorlagen wurden außerhalb des laut Art. 4 DBA alleinkompetenten Bundestags erarbeitet. Zudem erfuhren die formell gleichberechtigten Bun-

753 Kühn 1913, S. 124.
754 Vgl. Nipperdey 2013, S. 281 ff.
755 Vgl. Wehler 1989, S. 337 f.
756 Vgl. Bergeron u. a. 1988, S. 221; ein Opfer dieser Bewegung ist u. a. Büchners berühmtes Werk *Dantons Tod*.

desmitglieder eine ungleiche Behandlung. Einen positiven Effekt hatten die Regelungen dennoch, denn der bundesstaatliche Charakter des Deutschen Bundes wurde durch die Karlsbader Beschlüsse gestärkt.[757]

Mit der Wiener Schlussakte führte Metternich seinen reaktionären Kurs schließlich zu einem vorläufigen Ende. Zwar bestätigte Artikel 56 den Grundsatz, dass bestehende Landesverfassungen nur verfassungsmäßig abgeändert werden konnten, was eine Bestandsgarantie für die süddeutschen Konstitutionen bedeutete. Gleichzeitig führte Artikel 57 allerdings das sog. monarchische Prinzip ein. Demnach war der Souverän nur in bestimmten Bereichen an die Mitwirkung der Stände gebunden.[758]

Metternich glaubte sich am Ziel, die revolutionären Erschütterungen des Jahres 1830 rüttelten allerdings an den Grundfesten des von ihm erkämpften Status quo. »Die Revolution, die schon so oft geendigt zu sein behauptet hat, niemals scheint sie endigen zu wollen«,[759] so kommentierte Leopold von Ranke den Sturz der Bourbonen. Wieder war Frankreich der Unruheherd und wieder sprang der revolutionäre Funke auf die europäischen Nachbarn über. Belgien, das sich gegen die Herrschaft Wilhelms von Oranien auflehnte, belohnte sein Aufbegehren mit einer Verfassung, die für ganz Europa Modellcharakter haben sollte und die Errungenschaften des Bürgerkönigtums um Längen übertraf. Sie deklarierte die Volkssouveränität und wies dem König die Funktion eines Exekutivorgans im Rahmen der Gesetze zu. Die eigentliche Macht ging vom Parlament aus. Essentielle Grundrechte wie Presse-, Unterrichts- und Religionsfreiheit wurden fest in der Verfassung verankert.[760] Die Julirevolution, die für das gesamte politische System Europas folgenreich war, wurde von Heine daher als epochales Ereignis klassifiziert, das »unsere Zeit [...] in zwei Hälften auseinandersprengte!«[761]

In Braunschweig hatte Herzog Karl 1827 die ständische Mitbestimmung aufgehoben, was Nipperdey als Staatsstreich von oben interpretiert. 1830 – angefacht durch den Sturz der Bourbonen in Frankreich – entlud sich schließlich der Frust über dieses Vorgehen: Man steckte das Schloss

757 Vgl. Wehler 1989, S. 340.
758 Vgl. ebd., S. 342 f.
759 Ranke 1832, S. 9.
760 Vgl. Bergeron u. a. 1988, S. 273.
761 Heine 1979, S. 322.

in Brand erklärte den Herzog für regierungsunfähig. An seiner statt wurde Karls Bruder zum Regenten berufen. Der Konflikt endete aber erst 1832 mit einer Übereinkunft über eine konstitutionelle Verfassung, die eine verstärkte Repräsentation der Bürger und Bauern regelte und einen Modernisierungsprozess der ständischen Gesellschaftsstruktur initiierte.[762]

Ganz ähnlich verhielt sich die Situation in Kurhessen. Der Lebensstil des Landesherrn, war dem Bürgertum ein Dorn im Auge: Kurfürst Wilhelm II. machte kein Geheimnis daraus, mit einer Mätresse zusammenzuleben – eine Praxis, die nicht den bürgerlichen Moralvorstellungen entsprach. Zu der sittlichen Empörung gesellte sich der soziale Protest. Aufgrund hoher Feudalabgaben und einer erdrückenden Steuerlast wurden vielerorts Zollhäuser gestürmt. In Kassel wurden Rufe nach einer Verfassung laut, die die Regierung 1831 mit dem Landtag vereinbarte. Zwar war der Erbprinz als neuer Monarch nach wie vor Herr der Exekutive, Nipperdey kommt dennoch zu dem Schluss, dass es sich bei der kurhessischen um die liberalste Verfassung ihrer Zeit handelte. Das Ein-Kammer-System zeichnete sich durch eine bürgerlich-bäuerliche Mehrheit aus, das Wahlrecht war vergleichsweise demokratisch und die Grundrechte wurden in der Konstitution fest verankert.[763]

Ausschlaggebend für den Erfolg der Erhebungen jener Zeit waren zwei Faktoren. Zum einen war die Empfangsbereitschaft für eine Verfassungsänderung von der Sozialstruktur abhängig, andererseits von der innenpolitischen Stärke der jeweiligen Einzelstaaten.[764] Was für diese Phase von nicht zu unterschätzender Relevanz ist, ist der Umstand, dass die neuen Monarchen in Folge – wenn nicht gar durch – bürgerlichen Protest in ihr Amt gehoben wurden. Diese Praxis stellte das seit jeher gültige Legitimitätsprinzip des von Gott erwählten Herrschers in Frage. »Das Königtum wurde zu einem funktionalen Institut.«[765]

Das daraus resultierende argumentative Vakuum verschaffte der Protestbewegung neuen Raum. Es bildete sich eine außerparlamentarische Opposition, die sich über die Grenzen der Einzelstaaten hinweg organi-

762 Vgl. Nipperdey 2013, S. 367.
763 Vgl. ebd.
764 Vgl. Bergeron u. a. 1988, S. 266.
765 Ebd., S. 267.

sierte.[766] Kristallisationspunkt dieser Bewegung war die Pfalz. Schon der Vormarsch der französischen Revolutionstruppen hatte in den linksrheinischen Gebieten demokratisches Gedankengut aufkeimen lassen. Hier konstituierte sich 1793 das »erste demokratische Parlament auf deutschem Boden«.[767] Leider war der sog. ›Mainzer Republik‹ keine lange Existenz beschieden und auch die Bestrebungen, nach der erneuten Besetzung des linken Rheinufers durch die Franzosen im Jahre 1794 eine autonome ›Rheinische Republik‹ auszurufen, wurden – von Napoleon persönlich – zerschlagen. Was er schuf, waren die sog. »rheinischen Institutionen«.[768] Er führte den Code Civil ein und etablierte eine effektive Verwaltung – Errungenschaften, die die französische Besatzungszeit überdauerten und den linksrheinischen Gebieten ein fortschrittliches Erscheinungsbild verliehen. Der Preis, den die Pfalz 1815 zu zahlen hatte, um diesen Sonderstatus im bayerischen Königreich beizubehalten, war hoch. Die Steuerlast übertraf die im Kernland um ein Vielfaches. Missernten seit 1816, dem berühmten »Jahr ohne Sommer«,[769] verschärften die sozial angespannte Situation zusätzlich.[770]

Wehler unterscheidet drei an die Zeitumstände sowie die Rechtslage angepasste Protestformen voneinander: Politische Festessen waren geschlossene Veranstaltungen, die dazu genutzt wurden, im geschützten Raum politische Themen zu diskutieren. Petitionen, Zeitungen und Flugschriften trugen diese Gedanken nach außen. Zudem wurden politische Vereine gegründet. Der von den beiden Journalisten Johann Georg August Wirth und Philipp Jakob Siebenpfeiffer ins Leben gerufene »Deutsche Vaterlandsverein« trat für Pressefreiheit ein, um öffentlich für eine demokratisch-republikanische Verfassung sowie eine geeinte deutsche Nation zu kämpfen.[771] Aufgrund seiner klar politischen Zielsetzung erfüllte der Vaterlandsverein in den Augen Wehlers die Funktion einer »Kryptopartei«.[772]

766 Vgl. Nipperdey 2013, S. 369.
767 Frisch / Schiffmann 2016, S. 5 f.
768 Vgl. ebd., S. 6 ff.
769 Ebd., S. 9.
770 Vgl. Wehler 1989, S. 363.
771 Vgl. ebd., S. 364.
772 Wehler 1989, S. 364.

Als der Verein verboten wurde, setzten Wirth und Siebenpfeiffer den Kampf für ihre Ideale auf andere Weise fort. Sie waren es, die das Hambacher Fest initiierten. Im April 1832 lud man zu einem friedlichen Fest auf der Ruine des Hambacher Schlosses bei Neustadt ein, das Siebenpfeiffer unter dem Titel »Der Deutschen Mai«[773] publik machte. Mit 20.000 bis 30.000 Teilnehmern war es die bis dato größte Massenveranstaltung in Deutschland. Während die pfälzischen Weinbauern die Plattform nutzten, um auf ihre sozialökonomische Notlage aufmerksam zu machen, diente die Veranstaltung den gut 300 Burschenschaftlern als politische Demonstration. Man zog feierlich mit Fahnen in Schwarz-Rot-Gold zum Schloss hinauf. Die Neustädter proklamierten dabei mit ihrer Fahne »Deutschlands Wiedergeburt«.[774] Höhepunkt des Programms waren die etwa 20 Reden. Der Kampf gegen die Despotie wurde darin als Notwehr stilisiert, der Zweck – so der Tenor – heilige die Mittel. Trotz dieser zur Revolution aufrufenden Formulierungen ist Thomas Nipperdey der Überzeugung, dass es sich beim Hambacher Fest mehr um radikal-liberalen Protest als um den Beginn eines gewaltsamen Umsturzes handelte.[775]

Dennoch kam es noch im gleichen Jahr zu neuen Repressionsmaßnahmen, die die Karlsbader Beschlüsse noch verschärften. Mit den wenig später erlassenen Sechs Artikeln ging man schließlich auch gegen die Verfassungen der Einzelstaaten vor: Petitionen der Landtage, die das monarchische Prinzip nicht respektierten, wurden verboten. War das Budget für Verpflichtungen gegenüber dem Bund nötig, bekamen die Kammern das Recht, dieses zu verweigern, entzogen. Die Redefreiheit in Parlamenten sowie die freie Berichterstattung über die Debatten wurden eingeschränkt. Eine eigens eingerichtete Kommission wurde mit der Überwachung der Landtage betraut.[776]

Hoffnung keimte erst wieder mit der Thronbesteigung Friedrich Wilhelms IV. im Jahre 1840 auf. Indem der neue preußische König drei der Göttinger Sieben nach Preußen berief, erweckte er den Eindruck eines fortschrittlich gesinnten Monarchen. Mit dem Dombaufest im Jahre 1842

773 Frisch / Schiffmann 2016, S. 21.

774 Ebd., S. 30; eine der Fahnen erinnert bis heute im Plenarsaal des rheinland-pfälzischen Landtags an die demokratische Tradition Deutschlands.

775 Vgl. Nipperdey 2013, S. 370 f.

776 Vgl. ebd., S. 371 f.

forcierte er die Versöhnung der Konfessionen innerhalb seines Königreichs. De facto war Friedrich Wilhelm aber ein konservativer Romantiker, der nach wie vor an das Gottesgnadentum des Königs und die ständische Ordnung glaubte. Als der preußische Staat Anleihen für den Eisenbahnbau benötige, wurde die Verfassungsfrage plötzlich wieder akut, denn diese bedurften der Zustimmung eines gesamtstaatlichen Parlaments. Der Versuch des Königs, eine nicht regelmäßig tagende altständische Vertretung einzuführen, scheiterte an den Abgeordneten selbst, die nicht mehr als Provinzialvertreter, sondern als Vertreter des preußischen Volkes wahrgenommen werden wollten.[777] »[...] die moderne Welt hatte in Gestalt des Eisenbahnbaus auch die monarchische Staatsräson eingeholt und der Opposition den materiellen Hebelpunkt gegeben.«[778]

Das Ende dieses Zeitalters vermeintlicher Stagnation läutete der Schweizer Sonderbundskrieg 1847 ein: Die radikal-demokratischen Kantone triumphierten über die katholisch-konservativen. Jenen Durchbruch stilisierte man in der Folge als Sieg des Lichts über die Dunkelheit.[779] Seit Ludwig Börne ist vom »Völkerfrühling«[780] die Rede, der nun anbricht. Die Politisierung des europäischen Volks hatte im Laufe des Vormärz kontinuierlich an Fahrt aufgenommen. Südlich der Alpen war es das *Junge Italien*, das von sich Reden machte und das seinen Auftrag in der Geschichte zu erkennen glaubte. Der Individualismus galt als beendet, man postulierte das Zeitalter der Kollektive. Das republikanische Programm wurde zur Ersatzreligion erhoben. Zu Mittlern jenes neuen Glaubens wurden schließlich auch diverse Schriftsteller, die es sich zur Aufgabe machten, das Volk zu nationaler Bewusstheit und demokratischem Denken zu erziehen. Die sog. *littérature engagée* ist ein Kind des Vormärz.[781]

777 Vgl. ebd., S. 396ff.
778 Ebd., S. 399.
779 Vgl. ebd., S. 402.
780 Fesser 2017, S. 70.
781 Vgl. Bergeron u.a. 1988, S. 286.

6.2 Der Typus des weisen Narren

Eine beliebte Figur dieser Vormärz-Literatur ist der Narr. Der in Kapitel 2 dargelegte Typus des mittelalterlichen Spaßmachers entwickelt sich allerdings im Laufe der Jahrhunderte weiter. Eine Stundenbuch-Illustration aus den *Heures d'Stienne de Chevalier* von Jean Fouquet, die um 1460 entstand, kündigt diesen Wandel in der inhaltlichen Konfiguration des Narren bereits an. Die Darstellung, die in diesem Kontext von Interesse ist, zeigt das Martyrium der Apollonia. Sie wurde, weil sie sich zum Christentum bekannte, zu Tode gefoltert. Ihr Vater, der König, überwacht das Geschehen und ein heidnischer Priester gibt Anweisungen. Der Hofnarr hingegen, der den Anblick nicht zu ertragen scheint, verlässt die Szene. Durch das Herablassen seiner Hose verschafft er seiner Verachtung Ausdruck. Es stellt sich zwangsläufig die Frage, wer in dieser Situation der wahre Narr ist.[782]

Am Vorabend der Neuzeit avanciert der Narr zum Träger eines höheren Wissens und somit auch zum Künder einer verborgenen Wahrheit. Aufgrund seiner Rolle als Vergänglichkeitsbote attestierte man dem Narren nun eine prophetische Gabe. Der Sapiens wird, so Mezger, zum Insipiens, es kommt also zum Rollentausch zwischen dem Herrscher und seinem vormaligen Antipoden.[783]

Von Bedeutung ist in diesem Kontext sicherlich die sog. Markolf-Tradition. Der biblische König Salomon, Inbegriff des weisen Herrschers, erhielt in der Literatur des 11. Jahrhunderts einen fiktiven Gegenspieler, der die Funktion hatte, die Sprüche Salomons zu hinterfragen. Notker von St. Gallen, der diese Praxis kritisch bewertete, gab der literarischen Figur erstmals den Namen Markolf. Im 12. Jahrhundert vollzog sich ein entscheidender Wandel: Aus dem Rivalen Salomos entwickelt sich dessen Parodist, der die Menschen belustigt. Da auch Markolf der Antitypus zum Typus des Königs war, bezeichnete man ihn ab dem 14. Jahrhundert als Narr. An der Wende zur Neuzeit war die fiktive Figur, die ursprünglich als negative Kontrastfolie des weisen Herrschers konzipiert worden war, zum Sympathieträger aufgestiegen, dem auf diese Weise das gelang, was vielen Gelehrten der Zeit verwehrt blieb – er verschaffte sich Nachruhm

782 Vgl. Mezger 1981, S. 21 ff.

783 Vgl. Mezger 1981, S. 45.

und Unsterblichkeit.[784] Beispiel hierfür ist der Narrenbrunnen in Ettlingen aus dem Jahre 1549. Der hierauf dargestellte Narr lässt den Blick in die Ferne schweifen, ein halbnacktes Kind, das die typische Narrenkappe trägt, kauert weinend zu seinen Füßen. Die am Brunnen angebrachte Inschrift lautet: »LAS MICH VNFERACT / BEDENCK DER WELT WYSHEYT VND BRACHT / IST VOR GOT EIN DORHET GEACHT.«[785] Hier wird nicht nur auf das Motiv des weisen Narren angespielt, die an der Brunnensäule befindliche Nachbildung einer Medaille des badischen Hofnarren Hansel von Singen legt auch die Vermutung nahe, dass es sich bei der Brunnenfigur ebenfalls um diesen zeitweise am Hofe des Markgrafen Philipp tätigen Narren handeln soll, dem man offensichtlich ein Denkmal setzen wollte.[786]

Die Markolf-Literatur des 15. und 16. Jahrhunderts nimmt einen absoluten Rollentausch zwischen Sapiens und Insipiens vor. Hofnarren vertreten nun den Anspruch, über höhere Einsichten als ihre Herren zu verfügen. Fortan hält der Narr den Spiegel, in dem er sich bis dato selbstverliebt betrachtet hat, seinem Gegenüber vor, der auf diese Weise zur Selbsterkenntnis gelangen soll.[787] Dadurch, dass der mittelalterliche Narr eng mit dem *memento mori-Gedanken* verbunden ist, hat jene angebliche Weisheit oft den Charakter düsterer Vorahnungen.[788]

Bestärkt wird diese Entwicklung durch reale historische Begebenheiten. Im 14. Jahrhundert plante Herzog Leopold I. von Österreich einen Feldzug gegen die Schweiz, wobei er wiederholt von seinem aus Stockach stammenden Narren Hans Kuony vor den Gefahren der Unternehmung gewarnt worden sein soll. Tatsächlich musste Leopold 1315 am Morgartenpass eine vernichtende Niederlage einstecken. Diebold Schilling illustrierte die Schlacht von 1315 in seiner Schweizerischen Chronik. (Abb. 12) Der Hofnarr Kuony ist inmitten des österreichischen Heers mit Fiedel, langem Gewand und

784 Vgl. ebd., S. 45 ff.
785 Vgl. ebd., S. 33.
786 Vgl. Flögel 1789, S. 209.
787 Vgl. Kalchthaler / Weber 2000, S. 131; den Zusammenhang beider Dimensionen macht bereits Bruegels „Kampf zwischen Fastnacht und Fasten" deutlich: Die Wasser schöpfende Frau in der Bildmitte betrachtet im Wassereimer ihr Spiegelbild – einerseits narzisstischer Habitus, andererseits Vorbote der Selbsterkenntnis, die aus der Reflexion resultiert.
788 Vgl. Mezger 1981, S. 48.

Eselsohrenkappe dargestellt. Seiner auf diese Weise dargestellten Erscheinung haftet etwas Prophetisches an.[789] Als Anerkennung für seine Vorhersage soll Kuony von Leopold das Recht zugestanden bekommen haben, jährlich ein Narrengericht in seiner Heimatstadt Stockach abhalten zu dürfen – Grundstein des bis heute berühmten Stockacher Narrengerichts.[790]

Abb. 12: Diebold Schilling: *Illustration zur Schlacht am Morgarten 1315*, Berner Chronik (1474).

789 Vgl. ebd., S. 49 ff.; ein weiterer Hofnarr, der Berühmtheit erlangt hat, ist Perkeo, der legendäre Spaßmacher Kurfürst Karl Philipps von der Pfalz. Er ist der Grund dafür, dass die Heidelberger Tollität auch Perkeo genannt wird.

790 Vgl. Mezger 2015, S. 144.

Shakespeare war es schließlich, der das Motiv des weisen Narren in der Literatur populär machte. Sein Drama *King Lear* geht auf die Sage vom alten König zurück, der die ihm liebste Tochter verstößt und unter den beiden übrigen Töchtern sein Reich aufteilt, um schließlich von ihnen verstoßen zu werden. Die für *King Lear* bedeutsame Figur des Narren ist eine Erfindung Shakespeares. Der weise Narr dient als Kontrastfolie für das Narrentum Lears, was jene oben thematisierte Umkehrung von Typus und Antitypus am Übergang von Mittelalter zu Früher Neuzeit zum Ausdruck bringt.[791] So bemerkt der Narr gegenüber dem König: »Sieh, dieser Mensch da hat zwei von seinen Töchtern verbannt und der dritten wider Willen seinen Segen gegeben; wenn du dem folgen willst, musst du notwendig meine Kappe tragen.«[792] Lears Reden zeichnen sich laut Schabert durch eine Monologizität aus, die sich im Laufe der Handlung steigert.[793] Charakteristisch ist in diesem Zusammenhang der interrogative Stil: »Nun, dir wäre besser in deinem Grabe, als so mit unbedecktem Leib dieser Wut der Lüfte begegnen. Ist der Mensch nicht mehr als das?«[794] Die Tatsache, dass der König sich in dieser Szene trotz des tosenden Unwetters die Kleider vom Leib reißt, beweist den Wahnsinn, der von ihm Besitz ergriffen hat. Nur der Narr erreicht ihn in diesem Zustand noch: »Ich bitt dich, Gevatter, lass gut sein; das ist eine garstige Nacht zum Schwimmen.«[795] Die Sprache des Narren stimuliert das Unbewusste des Königs. Und indem er immer wieder mit Fragen, auf die es keine Antwort gibt, auf die Reden des Narren reagiert, offenbart er sich als jemand, der nach dem innersten Kern des eigenen Ichs auf der Suche ist. Die bitteren Scherze des Spaßmachers führen dem König die eigene Torheit vor Augen, sodass der Wahnsinnige in der Heideszene wieder zum Weisen wird: »Als der Regen einst kam, mich zu durchnässen, und der Wind mich schauern machte, und der Donner auf mein Geheiß nicht schweigen wollte, da fand ich sie, da spürte ich sie aus. [...] sie sagten mir, ich sei alles: das ist eine Lüge [...].«[796] Der Narr tritt ab und Lear gelangt

791 Vgl. Schabert 1978, S. 619.
792 Shakespeare 2019, S. 31 f.
793 Vgl. Schabert 1978, S. 624.
794 Shakespeare 2019, S. 82.
795 Ebd.
796 Ebd., S. 116.

zu der nicht mehr für möglich geglaubten Erkenntnis. Sapiens und Insipiens haben erneut die Rollen getauscht, was die poetologische Intention, die Shakespeare mit seiner erfundenen Narrenfigur verfolgte, deutlich macht.[797] In *Wie es euch gefällt* zitiert der Narr Probstein ein diese Vorstellung widerspiegelndes Sprichwort: »›Der Narr hält sich für weise, aber der Weise weiß, dass er ein Narr ist.‹«[798]

6.2.1 Georg Büchner: *Der Hessische Landbote* (1834)

Frenzel ordnet auch Valerio aus Büchners *Leonce und Lena* dem Typus des weisen Narren zu.[799] Um diese These aber besser bewerten zu können, soll zunächst ein Werk Büchners betrachtet werden, das der 1836 veröffentlichten Komödie vorausging.

Laut Hoffmann bildet der *Hessische Landbote* einen Sonderfall der Literaturgeschichte, betätigt sich doch ein herausragender Literat gleichzeitig als Verfasser einer politischen Kampfschrift. Büchner verletzt auf diese Weise die protestantische Zwei-Reiche-Lehre.[800]

Dass es aber geboten ist, diese beiden Schriften, so unterschiedlich sie gattungsmäßig auch sein mögen, zusammen zu betrachten, ist der Tatsache geschuldet, dass sie inhaltlich große Schnittmengen aufweisen. Poschmann bemerkt in diesem Kontext treffend: »Was ursprünglich die Form der rhetorischen Aufforderung des Agitators hatte, wird vom Dramatiker jetzt szenisch realisiert, als ausgeführt gegenständlich auf der Bühne vorgestellt.«[801]

Die Niederschrift des *Hessischen Landboten* folgte auf Büchners Aufenthalt in Straßburg von 1831 bis 1834, der sich für sein politisches Bewusstsein als prägend erweisen sollte. Einen besonderen Einfluss übte der sog. Neo-Babouvismus auf den Schriftsteller aus. Philippe Buanarotti, Träger jener Bewegung, wollte das bestehende System des Egoismus durch eines der Gleichheit ersetzen. Zu diesem Zweck gründeten er und seine Anhänger 1833 die *Societé des Droits de l'Homme*, deren Programm sich auf die Erklärung der Menschen- und Bürgerrechte in der Fassung

797 Vgl. Frenzel 1988, S. 570 f.
798 Shakespeare 2022, S. 101.
799 Vgl. Frenzel 1988, S. 574.
800 Vgl. Hoffmann 2015, S. 7.
801 Poschmann 1981, S. 119.

Robespierres berief. Jene Vereinigung stand auch für die unter Beteiligung von Büchner gegründete Gießener *Gesellschaft der Menschenrechte* Pate. Aber auch revolutionäre Aktivitäten in Hessen beeinflussten die Entstehung der Kampfschrift: 1830 vereinigten sich 6000 verarmte Bauern aus Oberhessen zu einem Protestmarsch, mit dem sie die Abschaffung der feudalen Ordnung forderten. In Södel schlug man den ›Aufstand‹ gewaltsam nieder. Und auch der drei Jahre später als Frankfurter Wachensturm in die Geschichte eingegangene Putschversuch, mit dem man die Herrschaft des Deutschen Bundes beenden wollte, scheiterte.[802] Büchner war der Ansicht, dass die objektiven Voraussetzungen für eine erfolgreiche Revolution noch nicht gegeben waren. Den einzigen Ansatzpunkt für eine erfolgreiche Agitation sah er im Elend der Menschen. Stilistisch orientierte sich Büchner am christlichen Mythos, die Religion war in seinen Augen »der Fels, auf dem man Blutgerüste für die Tyrannen und Altäre für die Freiheit bauen«[803] müsse.

Vor diesem Hintergrund eignete sich v. a. die Flugschrift als Mittel der Agitation. Die Blüte dieser Gattung fällt in die Zeit der Reformation und der Bauernkriege: »Thomas Müntzers Flugschriften sind ein herausragendes Beispiel dafür, wie die soziale Radikalisierung der Reformation biblische Sprache in sozialkritischer Absicht verwendet.«[804] Nach Köhler besteht die Flugschrift typischerweise aus mehr als einem Blatt und ist eine selbständige, weder periodische noch gebundene Druckschrift. Sie verfolgt eine propagandistische Intention und wendet sich an die gesamte Öffentlichkeit. Sprachlich setzt sie auf Verständlichkeit und verwendet hierzu ein volkstümliches Deutsch. Die Sprache ist bildlich und häufig an der Bibel orientiert. Die Flugschrift hat die Funktion, Aufklärungsarbeit über Missstände zu leisten und an die Bevölkerung zu appellieren, gegen jene Missstände anzugehen. Flugschriftenagitation ist daher häufig Anklage, Schmähung, Ironie und Sarkasmus zugleich.[805]

Betrachtet man den Inhalt des *Hessischen Landboten* etwas genauer, dann lässt sich zunächst feststellen, dass Büchner das erst nur bild-

802 Vgl. Hoffmann 2015, S. 9 f.
803 Noellner 1844, S. 422.
804 Hoffmann 2015, S. 13.
805 Vgl. ebd., S. 11 ff.

lich umschriebene wenig später ganz konkret macht: Während das Volk anfänglich »wie Dünger auf dem Acker«[806] ist, wird nur wenige Sätze später behauptet: »sein Schweiß ist das Salz [...].«[807] Die Konjunktion »wie« wird suspendiert, sodass der Vergleich zur Metapher wird, dies scheint eine textimmanente Strategie Büchners zu sein.

Betrachtet man den *Hessischen Landboten* und *Leonce und Lena* aber in der Zusammenschau, dann ist ein umgekehrtes Vorgehen augenfällig. Während der zunächst verfasste *Landbote* eine konkrete Agitation darstellt, ist das ihm folgende Lustspiel als dessen Literarisierung zu werten. Dies lässt sich zum einen an der Thematisierung der Untertanen festmachen. In einer Passage des *Hessischen Landboten*, die Büchners Co-Autor Weidig gestrichen hat, heißt es gegenüber dem Volk: »Ihr schleppt geduldig den Karren, worauf die Fürsten und Liberalen ihre Affenkomödie spielen.«[808] Eine Entsprechung findet sich in der berühmten Ankleideszene König Peters, der sich zu erinnern versucht, was der Knopf in seinem Schnupftuch bedeuten soll: »Ja, das ist's, das ist's. – Ich wollte mich an mein Volk erinnern![809] Für Poschmann ist diese Sequenz von enormer Bedeutung, wenn man die Wirkabsicht Büchners verstehen möchte. Er macht auf die anonyme Volksmasse aufmerksam, die im Dunkeln bleibt, deren »Fett«[810] aber für die Illumination des feudalen Schauspiels sorgt. Poschmann folgert hieraus die unmittelbare Verbindung zwischen dem *Landboten* und *Leonce und Lena*:

> »Im Unterschied zum Hessischen Landboten wird hier, nach dem Fehlschlagen der revolutionären Mobilisierungsversuche in Hessen, auch das apathisch-gehorsame Untertanenverhalten der Bauern selbst, ihr Stillhalten und wider-spruchsloses Verharren im Zustand der Verdinglichung mit zu einem Zielpunkt der satirischen Kritik.«[811]

806 Büchner 2016, S. 6.
807 Ebd.
808 Hauschild 1994, S. 33.
809 Büchner 2010, S. 47.
810 Büchner 2016, S. 12.
811 Poschmann 1981, S. 127.

Die Bauernszene in *Leonce und Lena* stellt Poschmann als das entscheidende Bindeglied zum *Hessischen Landboten* heraus. In der Agitationsschrift heißt es:

> »Geht einmal nach Darmstadt und seht, wie die Herren sich für euer Geld dort lustig machen [...] und dann kriecht in eure rauchigen Hütten und bückt euch auf euren steinichten Äckern, damit eure Kinder auch einmal hingehen können, wenn ein Erbprinz mit einer Erbprinzessin für einen andern Erbprinzen Rat schaffen will, und durch die geöffneten Glastüren das Tischtuch sehen, wovon die Herren speisen [...].«[812]

Die Bauern bezeichnet Poschmann als »Dekorationselemente einer lebenden Kulisse«,[813] was in *Leonce und Lena* ganz konkret wird. Der Schulmeister stimmt die Untertanen auf die anstehenden Hochzeitsfeierlichkeiten ein: »Courage, Ihr Leute! Streckt Eure Tannenzweige grad vor Euch hin, dass man meint, Ihr wärt ein Tannenwald und Eure Nasen die Erdbeeren [...].«[814] Die Bauern sind in dieser Szene verdinglichter Teil einer Inszenierung, wie sie für derartige Festivitäten üblich war. Büchner mag hier unter dem Eindruck der Hochzeit von Ludwig III. von Hessen und Prinzessin Mathilde von Bayern gestanden haben, die 1833 aufwendig inszeniert wurde. In der 1834 erschienen *Chronik der Feierlichkeiten* heißt es:

> »Die Reise bis an Darmstadt's Thore glich in der That mehr einem Triumphzuge, als einer Reise; und die Beweise von Volksliebe, welche dem hochgefeierten Fürstenpaare dargebracht und von Hochdemselben so innig erwiedert wurden, sie lassen sich nicht schildern, sondern nur fühlen, und sprechen am besten für des Volkes biedere Gesinnung.«[815]

Jörg Jochen Berns wertet standesgemäße Hochzeit und standesgemäße Prinzenerziehung als Grundvoraussetzungen des Machterhalts einer absolutistisch regierenden Dynastie. Das höfische Zeremoniell lässt sich als

812 Büchner 2016, S. 12.
813 Poschmann 1981, S. 118.
814 Büchner 2010, S. 71.
815 Künzel 1834, S. 52 f.

ein »an alle Sinne appellierendes Zeichensystem«[816] deuten, was seinen starken Geltungsanspruch erklärt. Monarchische Systeme versuchten mit symbolträchtigen und personellen Repräsentationsformen die Abstraktion ihres Inhalts zu konkretisieren. Dies lieferte nicht nur die Grundlage für die Identifikation mit dem System, es bildete zugleich einen Teil seines Legitimationsanspruchs. Lünigs Zeremoniell-Definition aus dem *Theatrum Ceremoniale Historico-Politicum* von 1719 stellt die Funktion heraus, die dieser höfischen Praxis zukommt: »Das Ceremoniel ist eine Ordnung: Alle Dinge haben in der Welt ihre gewisse Ordnung, und es ist immer eines dem andern subordiniret [...] Das grosse Werck der Schöpffung der Welt stellet ein vollkommenes Muster der schönsten Ordnung dar.«[817]

Das Mätressenwesen als Begleiterscheinung der Konvenienzehe thematisiert Lünig in seiner Abhandlung hingegen nicht. Dieses war aufgrund des christlich-sakralen Charakters des Herrschaftszeremoniells rechtlich nicht legitimierbar und wurde daher totgeschwiegen. Büchner aber greift die Thematik in der Rosetta-Szene seiner Komödie auf. Hierzu bemerkt Berns:

> »Es spricht demnach wieder für die satirische Radikalität Büchners, daß er das Triebpotential des Absolutismus in seiner ganzen Traurigkeit darstellt, wo die offizielle Zeremoniell-Lehre als äußerliche, nach außen gekehrte Selbstintepretation und moralisch-politische Propaganda des Absolutismus nur verhüllend wirken darf.«[818]

Indem Büchner das nicht Sagbare verbalisiert, macht er die Überkommenheit eines Systems sichtbar, das mehr Schein als Sein ist.

Auch das Anziehen ist essentieller Bestandteil des Herrschaftszeremoniells und – wie weiter oben schon erläutert – gleich zu Beginn von *Leonce und Lena* verarbeitet. »Die Substanz ist das an sich, das bin ich. [...] Jetzt kommen meine Attribute, Modifikationen, Affektionen und Akzidenzien, wo ist mein Hemd, meine Hose? – Halt, pfui! der freie Wille steht da vorn ganz offen.«[819] Während dieser Ausführungen läuft der König halb-

816 Berns 1987, S. 223.
817 Lünig 1719, S. 2.
818 Berns 1987, S. 229.
819 Büchner 2010, S. 47.

nackt durchs Zimmer. Gemäß absolutistischer Ethik ist allein der Princeps einer vollumfänglichen Individuation mächtig, dem Volk fehlt hierzu die Vernunft. Die oben zitierte Denkweise Peters, die Substanz sei das Essentielle, wertet Berns als späte deutschphilosophische Entsprechung des Mottos Ludwigs XIV. – *L'état c'est moi.* Büchner persifliert diesen Ansatz: »So ist denn der nackte König Peter die Substanz des Absolutismus an sich und doch auch nicht mehr als ein Kleiderständer. Denn sichtbar und respektabel für andere und zumal für das Volk wird er erst durch die Doppelgewandung von Kleidung und Staatsrat.«[820] Auf diese Weise parodiert Büchner jene Demonstrationsformen des höfischen Zeremoniells, die der Inkubationsphase des Absolutismus entstammen. In der Phase des Niedergangs des Absolutismus unterzieht Büchner sie dadurch einer antiabsolutistischen Umwertung. Berns spricht in diesem Zusammenhang von einem dekuvrierenden Darstellungsprinzip, dessen sich Büchner bedient: »Er unterläuft den propagandistischen Repräsentations-Anspruch des Zeremoniells, indem er die materiellen Kläglichkeiten von dessen Inszenierungsanstrengung (sozusagen die Innenseite der Außenseite) kenntlich macht.«[821]

Der *Hessische Landbote* – und so lässt sich der Bogen zum Beginn dieses Kapitels schlagen – verfährt ganz ähnlich. Müller Nielaba bezieht sich auf eine Passage der Flugschrift, in der der Fürstenmantel die zentrale Metapher darstellt: »Im Namen des Großherzogs sagen sie, und der Mensch, den sie so nennen, heißt: unverletzlich, heilig, souverän, Königliche Hoheit. Aber tretet zu dem Menschenkinde und blickt durch seinen Fürstenmantel.«[822] Obgleich es sich also um grundverschiedene Gattungen handelt, bilden der *Landbote* und *Leonce und Lena* also im Hinblick auf ihre programmatische Stoßrichtung eine Einheit. Müller Nielaba bemerkt zu dem oben angeführten Zitat: »Der Text stellt [...] die Negation gesellschaftlicher Machtausübung dadurch her, daß er das Bild, das die Macht von sich selber zeichnet, den alles umfassenden Fürstenmantel, durch

820 Berns 1987, S. 243; dies erinnert an den elisabethanischen Rechtssatz, wonach dem König zwei Körper zugeschrieben werden – der natürliche, d.h. sterbliche sowie jener übernatürliche, der niemals stirbt.

821 Ebd., S. 230.

822 Büchner 2016, S. 11.

ein Loch in eben diesem selbst verschwinden läßt.«[823] Eine Betrachtung der Agitationsschrift war insofern für die sich nun anschließende nähere Analyse der Komödie unerlässlich.

6.2.2 Georg Büchner: *Leonce und Lena* (1836)

Trotz aller Analogie sollte man sich nicht zu der Annahme verleiten lassen, dass es sich bei *Leonce und Lena* um eine bloße Literarisierung des *Landboten* handle. Zu dieser Einschätzung kommt auch Poschmann: »*Leonce und Lena* ist zweifellos mehr als eine listig an die äußeren literarischen Kommunikationsbedingungen angespaßte Übersetzung des *Hessischen Landboten* in die Sprache der Komödie.«[824]

Anlass für die Arbeit an dem Lustspiel bot eine vom Cotta-Verlag 1836 ausgeschriebene dramatische »Preisaufgabe«. Das literarische Klima zu dieser Zeit war von Repressionen geprägt, sodass der von Cotta initiierte Wettbewerb einen kreativen Freiraum schuf. *Leonce und Lena* ist vor diesem Hintergrund, wie Jan-Christoph Hauschild ausführt, als literarisches »Kuckucksei«[825] zu betrachten.

Revolutionär war Büchners Lustspiel in jedem Falle. Gemäß der traditionellen Ständeklausel sollte die Tragödie mit gesellschaftlich hohem Personal ausgestattet werden und für die Öffentlichkeit relevante Themen verhandeln. Demgegenüber thematisierte die Komödie unbedeutende Privatangelegenheiten und wurde von niederem Personal dargestellt.[826] Die Funktion dieser Zweiteilung ist klar: »Die Ständeklausel bestätigt bestehende Machtverhältnisse, weil sie impliziert, daß nur hohe Personen der Tragik würdig sind; nur sie können ein großes, theaterfähiges Schicksal haben. Die Konflikte niederer Personen sind allenfalls komisch.«[827] Dadurch, dass Büchner in *Leonce und Lena* den trotteligen König Peter zur Witzfigur macht, durchbricht er nicht nur die Ständeklausel, sondern rüttelt auch an den Grundfesten der durch sie gestützten Feudalgesellschaft.

Tatsächlich bietet die Komödie, das konnte weiter oben bereits herausgestellt werden, auch rein inhaltlich betrachtet politischen Zündstoff.

823 Müller Nielaba 1994, S. 132.
824 Poschmann 1981, S. 117.
825 Hauschild 2013, S. 128.
826 Vgl. Gottsched 2009, S. 99.
827 Kurzke 2013, S. 369.

Schon 1851 schrieb Büchners Freund Schulz in einer Rezension: »[D]as Reich Popo, unter der Regierung S[einer] Maj[estät] des Königs Peter, [ist] ein specifisch deutscher Musterstaat«.[828] Hinweise im Text stützen diese These: Zwar könnte man rein phonetisch betrachtet zu der Vermutung gelangen, dass sich die Königreiche Popo und Pipi im mediterranen Raum befinden, das »Wehen aus Süden«[829] und der Entschluss, nach Italien zu flüchten, legt allerdings eine Lokalisierung nördlich der Alpen nahe. In erster Linie bietet Büchners Stück also einen satirischen Blick auf die gesellschaftlichen Verhältnisse der Duodez-Fürstentümer zu Beginn des 19. Jahrhunderts.

Auch die zu dieser Zeit erstarkende revolutionäre Bewegung der Burschenschaften greift Büchner in seinem Werk auf. In der ersten Szene des ersten Akts stimmt Valerio gleich zweimal folgendes Lied an: »Hei! da sitzt e Fleig' an der Wand! Fleig' an der Wand! Fleig' an der Wand!«[830] Ein revolutionäres Potenzial ist aus diesem unsinnig erscheinenden Gesang auf den ersten Blick nicht herauszulesen. Tatsächlich handelt es sich hierbei aber um ein Lied, das hessische Oppositionelle im Vormärz bei Polizeirazzien zu singen pflegten, um ihre revolutionären Umtriebe zu tarnen.[831]

Warum aber bedient sich Büchner der Komödie, um die ernste Thematik gesellschaftlicher Verhältnisse zu jener Zeit darzustellen? In Zeiten der Zensur bot das Lachen einen geschützten Rahmen, der die Artikulation von Kritik ermöglichte. Dass er mit dieser Konzeption auch die großen Denker des 19. Jahrhunderts beeinflusste, hat Büchner nicht mehr miterleben dürfen. Auch für Marx stellt die überkommene Ordnung des Spätabsolutismus eine Komödie dar, die in seinen Augen Symptom einer Endzeitstimmung ist. In der Einleitung *Zur Kritik der Hegelschen Rechtsphilosophie* heißt es: »Das moderne ancien régime ist nur mehr der Komödiant einer Weltordnung, deren wirkliche Helden gestorben sind, die Weltgeschichte ist gründlich und macht viele Phasen durch, wenn sie ihre alte Gestalt zu Grabe trägt. Die letzte Phase einer weltgeschichtlichen Gestalt ist die Komödie.«[832]

828 Grab 1985, S. 61.
829 Büchner 2010, S. 57.
830 Ebd., S. 45 f.
831 Vgl. Beise 2015, S. 81.
832 Marx 2019, S. 13.

6.2.2.1 Valerio – das fleischgewordene Wortspiel?

In der dritten Szene des ersten Akts bezeichnet Leonce Valerio wie folgt: »Mensch, du bist nichts als ein schlechtes Wortspiel. Du hast weder Vater noch Mutter, sondern die fünf Vokale haben dich miteinander erzeugt.«[833]

Die Wortspiele in *Leonce und Lena* sind in erster Linie erotischer Natur und tabuverletzend. Zwar ist die Sexualisierung schon ein Phänomen der Romantik gewesen, die sog. Saint-Simonisten erheben die »Emanzipation des Fleisches« in den 1830er Jahren aber zu ihrer Parole. Büchner setzt dieses neue Credo gern in die dramatische Tat um, wobei nicht alle der von ihm erdachten Obszönitäten Eingang in die spätere Druckfassung finden. Sein Bruder Ludwig nahm entsprechende Entschärfungen vor. Gestrichen wurde u. a. folgendes Lied:

> »Frau Wirthin hat 'ne brave Magd,
> Sie sitzt im Garten Tag und Nacht.
> Sie sitzt in ihrem Garten
> Biß daß das Glöcklein zwölfe schlägt
> Und paßt auf die Solda-a-ten.«[834]

Der Umstand, dass in dieser Passage auf ein Soldatenbordell angespielt wird, war für Ludwig Büchner offenbar zuviel.[835] Stattdessen wird Valerios Nase zum obszönen Symbol: »Ich werde mich indessen in das Gras legen und meine Nase oben zwischen den Halmen herausblühen lassen und romantische Empfindungen beziehen [...].«[836] Auch artikuliert er sein Vorhaben, sich auf einem Kirschbaum zu verdingen, mit dem Ziel, so Leonce, »die Kirschen durch die Löcher in [s]einen Hosen schamrot zu machen«.[837] Hierbei handelt es sich zweifelsfrei um einen Verweis auf den Akt des Befruchtens.

833 Büchner 2010, S. 55 f.; hier war Büchner von Clemens Brentanos Lustspiel *Ponce de Leon* beeinflusst, über das Heine einmal schrieb: »Wie Harlekine rennen die verrücktesten Wortspiele durch das ganze Stück und schlagen überallhin mit ihrer glatten Pritsche.«

834 Büchner 2003, S. 40 f.

835 Vgl. Kurzke 2013, S. 405.

836 Büchner 2010, S. 45.

837 Ebd., S. 46.

An anderer Stelle lässt sich aus dem Text herauslesen, dass es sich bei Prinz Leonce in Wahrheit um einen Bastard handelt. Es wird vom Vater Valerios berichtet, seines Zeichens Nachtwächter, der an Cap Horn Schiffbruch erlitten haben soll. Über ihn sagt Valerio gegenüber Leonce: »Doch setzte er das Horn nicht so oft an die Lippen, als die Väter edler Söhne an die Stirn.«[838] In diesem Zusammenhang ließe sich mit Fug und Recht behaupten, dass mit dem Vater edler Söhne König Peter gemeint ist, der offenbar von seiner Frau gehörnt wurde. Das Horn ist in diesem Kontext, so Kurzke, gleich dreifach konnotiert: Geographisch ist vom Cap an der Südspitze Südamerikas die Rede, in Bezug auf den Nachtwächter meint es das zu seinem Equipment gehörige Blasinstrument. Sicherlich wird in dieser Szene aber auch auf die Hörner des Ziegenbocks angespielt, über den es im Volksmund heißt, dass er auch andere Böcke an seine Ziegen lässt. Laut Kurzke deutet das Nachtwächtermotiv außerdem auf Potenzprobleme hin.[839]

Fruchtbarkeit und Potenz ist ohnehin ein zentrales Thema des Lustspiels. Dabei fallen gerade die anstößigen Aussagen über den Hofprediger ins Auge: »Alles Fleisch verdirbt vom Stehen. Auch der Hofprediger ist ganz abgestanden, seit er heut Morgen aufgestanden.«[840] Zuvor heißt es, er sei müde vom Stehen und der Schweif seines Fracks hänge schlaff herunter.[841] Offenkundig wird an dieser Stelle das sexuelle Stehvermögen des Geistlichen verhandelt, die Ausführungen sind insofern phallisch zu verstehen.

Sprechen diese Erkenntnisse aber nicht gegen die These, Valerio vertrete den Typus des weisen Narren? Jene Obszönitäten sind doch eher Signum der mittelalterlichen Fastnacht, wie Bachtin sie beschrieben hat. Auch Poschmann stellt diese Zuordnung in Frage, indem er sagt, dass man die Komödie verkennen würde, »wollte man Valerio schlechterdings dem Typ der weisen Narren bzw. Clowns mit gesundem Menschenverstand aus der Tradition Shakespeares zurechnen«.[842] Einerseits, so Poschmann, bedient er sich einer für den Narren typischen respektlosen Sprache, was die oben

838 Ebd., S. 53.
839 Vgl. Kurzke 2013, S. 407.
840 Büchner 2010, S. 73.
841 Vgl. ebd., S. 72.
842 Poschmann 1981, S. 136.

zusammengetragenen Befunde belegen. Andererseits offenbart er auch seine durch und durch egoistischen Motive: »Der arme Teufel Valerio empfiehlt sich Sr. Excellenz dem Herrn Staatsminister Valerio von Valerienthal. – ›Was will der Kerl? Ich kenne ihn nicht. Fort Schlingel!‹«[843] Mit der ihm versprochenen Macht, die mit dem Amt eines Ministers einhergeht, offenbart der Narr sein eigentliches Gesicht. Er ist nicht der Revolutionär, den der mittelalterliche Spaßmacher verkörpert, er repräsentiert keine alternative Ordnung, sondern steht für die alte. Er ist, so Poschmann, ein »Philister«,[844] so wie die ihn umgebende personelle Staffage, zu der er nur vordergründig im Widerspruch steht.

Dennoch, und das würde wiederum für die These des weisen Narren sprechen, leitet Valerio die ›Lösung‹ am Ende der Komödie ein, indem er als Automatenführer fungiert. Reisende Automatenführer machten ab den 30er Jahren des 18. Jahrhunderts an den europäischen Höfen von sich reden. Die von ihnen präsentierten Kunstmenschen verkörperten jeweils eine bestimmte Rolle und bildeten auf mechanische Art und Weise Tätigkeiten und Bewegungen der höfischen Akteure nach. Für diese stellte das ihnen dargebotene Spektakel ein Faszinosum dar, denn die höfischen Menschen hatten die Möglichkeit, sich in ihren künstlichen Entsprechungen zu spiegeln. Jörg Jochen Berns macht in diesem Zusammenhang eine interessante Analogie aus: »Die Mechanik des Zeremoniells kommt der Mechanik der Kunstmenschen entgegen.«[845]

König Peter, der die maskierten Automaten nicht als seinen Sohn und die Prinzessin erkennt, ordnet, um den Schein zu wahren, eine Vermählung »in effigie«[846] an, womit er auf eine Praxis der Jurisdiktion anspielt. Bei der dem Absolutismus entstammenden *executio in effigie* handelt es sich um die Bestrafung eines abwesenden Delinquenten. Dabei wird sein Bildnis auf die Weise hingerichtet, die gemäß dem Urteil seinem Körper zugedacht war. Folglich lässt sich hier, so Berns, von einer »Rechtsfiktion«[847] sprechen, die noch im *Preußischen Landrecht* von 1794 gesetzlich verankert war:

843 Büchner 2010, S. 70.
844 Poschmann 1981, S. 136.
845 Berns 1987, S. 235.
846 Büchner 2010, S. 77.
847 Berns 1987, S. 236.

> »Wenn ein Hochverräther sich der körperlichen Strafe durch die Flucht entzogen hat oder vor Vollstreckung des Urteils gestorben ist, so soll, ausser der übrigen die Ehre und das Vermögen betreffenden Ahndung, auch die Execution der verwirkten Leibesstrafe an seinem Bildnisse vollzogen werden.«[848]

Kurzke kommt zu dem Schluss, dass die oben thematisierte Frivolität des Stücks mit wachsender Liebe zwischen Leonce und Lena abnimmt, was zunächst für den Erfolg der Inszenierung Valerios sprechen würde. Demnach stellte die Liebe der beiden eine Revision des Sündenfalls dar, die Protagonisten der Komödie Büchners entsprächen somit Adam und Eva vor dem Sündenfall. Ist Valerio also doch der weise Narr? Der Unschuld der beiden Protagonisten steht die schuldbeladene Gesellschaft, deren Kennzeichen die unterdrückte Sexualität ist, als Kontrapunkt gegenüber.[849] Vor diesem Hintergrund stellt die Heimführung des Liebespaars also einen Akt der Stilllegung dar. Das von Valerio dirigierte Spiel der Automaten ist als erstes Stadium jener Bewegungsreduzierung zu bewerten. Büchner selbst hält sich in seinem sog. Fatalismusbrief für einen Automaten, den Einzelnen begreift er darin als bloßen »Schaum auf der Welle«.[850] Die Leonce und Lena vom König auferlegte Effigie-Rolle bedeutet schließlich völlige Erstarrung. Berns kommt daher zu dem Schluss, dass die Demaskierung der Protagonisten keinen höheren Grad unhöfischer Beweglichkeit und somit unzeremonieller Freiheit mit sich bringt.[851] Das Ende ist als doppelter Bruch zu verstehen: Durch den Blick auf die Kehrseite der Medaille wird die Argumentationsgrundlage der Herrschenden durchbrochen, zugleich erfährt das Individuum den Bruch in sich, denn es realisiert, dass es sich in dem nach wie vor starren gesellschaftlichen Korsett nicht als frei handelndes Subjekt verwirklichen kann.[852]

Valerio als das personifizierte Wortspiel scheitert also, wenn er überhaupt je beabsichtigt hatte, erfolgreich zu sein. Er scheitert aber nicht an seinem Gegenüber, sondern an sich selbst, denn in letzter Instanz ist er

848 Zimmermann 1850, S. 845.
849 Vgl. Kurzke 2013, S. 409.
850 Büchner 2020, S. 288.
851 Vgl. Berns 1987, S. 238.
852 Vgl. Ruckhäberle 1983, S. 143

eben nicht das fleischgewordene Wortspiel. Heine schrieb über den Automaten ohne Seele folgende Zeilen:

> »Dieses ist eine grauenhafte Geschichte. Es ist entsetzlich, wenn die Körper, die wir geschaffen haben, von uns eine Seele verlangen. Weit grauenhafter, entsetzlicher, unheimlicher ist es jedoch, wenn wir eine Seele geschaffen und diese von uns ihren Leib verlangt und uns mit diesem Verlangen verfolgt. [...] Der Gedanke will Tat, das Wort will Fleisch werden.«[853]

Valerio ist nicht der weise Narr, denn es gelingt ihm nicht, diese frühneuzeitliche Narrenidee zu verkörpern, ihr Leben einzuhauchen. Sein weiter oben festgestellter Egoismus steht ihm im Wege, er ist also nicht besser als die ihn umgebende Gesellschaft, der er eigentlich den Spiegel vorhalten soll. Valerio scheitert an seiner Zeit, aus der er sich nicht zu befreien vermag, er ist Teil jener Gesellschaft, die Büchner seinem Publikum als krank und als Negativfolie zu einer potentiell besseren Ordnung vorführen möchte.

6.2.2.2 Der Narr als Teil-Identität des Prinzen

Betrachtet man die beiden Protagonisten Leonce und Lena etwas genauer, dann fällt zunächst die phonetische Symmetrie ihrer Namen ins Auge. Ihre Vornamen sind assonant und bilden zugleich eine Alliteration, ebenso die Territorialnamen. Laut Berns entspricht diese Symmetrie einer Parallelentwicklung der Protagonisten, zugleich spielt sie auf das weiter oben bereits erläuterte Prinzip des Zeremoniells an, so befiehlt König Peter seinem Staatsrat: »Kommen Sie meine Herren! Gehn Sie symmetrisch!«[854] Beide Aspekte sind für das Verständnis des Lustspiels von Relevanz. Berns schreibt:

> »Die Symmetrie der dynastiebestimmten Staatsraison führt zu einer Symmetrie der die Staatsraison negierenden Trotzakte von Leonce und Lena. Indem sie sich zeremoniellfrei ineinander verlieben und

853 Heine 1971, S. 529 f.
854 Büchner 2010, S. 47

zeremoniellgemäß einander das Jawort geben, vollstrecken sie unbewußt, was in ihren Namen angelegt war.«[855]

Zugleich wird dadurch, dass die Namen Popo und Pipi feierlich intoniert werden, der sakrale Anspruch, der an das Hochzeitszeremoniell gestellt wird, untergraben. Berns spricht hier von einer Diminutivkraft, die jenen infantilisierenden Namen innewohnt. Die Beherrschung der Ausscheidungsfunktionen gilt als erster Schritt auf dem Weg hin zur Höflichkeit und ist daher auch für den Sozialisierungsprozess von entscheidender Bedeutung. Indem die Infantilität der Protagonisten durch die Verwendung sprechender Namen betont wird, übt die Komödie Kritik am Zeremoniell und der Prinz wird Gegenstand der Satire.[856] Seine Untertanen betrachtet Leonce als Spielzeug. Nachdem König Peter seinem Sohn die Regierungsgeschäfte übertragen hat, bemerkt der neue Regent gegenüber seiner Frau: »Nun Lena, siehst du jetzt, wie wir die Taschen voll haben, voll Puppen und Spielzeug? Was wollen wir damit anfangen, wollen wir ihnen Schnurrbärte machen und ihnen Säbel anhängen?«[857] Der Prinz ist sich der Verantwortung, die mit dem neuen Amt einhergeht, offensichtlich nicht bewusst und betrachtet seine künftige Aufgabe als Spiel.

Dass Berns Leonce dem Typus des sog. Dreckprinzen zuordnet, baut auf dieser Argumentation auf. Die Tradition der Dreckprinzen setzt sich aus zwei unterschiedlichen Ausprägungen zusammen. Die sog. Tierprinzen verharren auf der Stufe der Bestialität, bis sie durch die Liebe einer Prinzessin erlöst und somit humanisiert werden. Die zweite Form ist der fäkalische Prinz, der auf den Grobianismus zurückgeht. Er muss im Gegensatz zum Tierprinzen nicht erlöst, sondern erzogen werden.[858]

Dass jene Erziehung bei Leonce versagt, demonstriert bereits die Eröffnungsszene: »Ich weiß mir vor Arbeit nicht zu helfen. Sehen Sie, erst habe ich auf den Stein hier dreihundertfünfundsechzig Mal hintereinander zu spucken.«[859] Mit dem höfischen Zeremoniell verfolgt der absolutistische

855 Berns 1987, S. 263

856 Vgl. ebd., S. 264.

857 Büchner 2010, S. 79.

858 Vgl. ebd., S. 265; die hier gebräuchliche dialektale Beschimpfung »Dreckjung« mag ebenfalls auf diese Tradition anspielen.

859 Büchner 2010, S. 43.

Fürst das Ziel, sich den Respekt zu verschaffen, der seiner Herrschaft Stabilität gibt. Leonce hingegen zeigt sich in dieser Szene in zweifacher Hinsicht respektlos: Einerseits respektiert er sein Gegenüber nicht, andererseits benimmt er sich nicht so, dass er den Respekt der Anderen verdient hätte.[860] Für Greiner bildet dieses Verhalten des von der Melancholie befallenen Müßiggängers die »Negation der Negation«.[861] Das Unnatürliche wird als natürlich gesetzt, was eine erste Entfremdung darstellt. Indem der Prinz dieses umgekehrte Verständnis bürgerlicher Tugend – der Arbeit – nachahmt, wird eine zweite Entfremdung produziert. Die entfremdete Entfremdung wird zum Verfremdungseffekt im Brecht'schen Sinne.

Leonce vereint den Typus des Tierprinzen mit dem des fäkalischen. Der Individualname Leonce verweist auf den König der Tiere, den Löwen. Popo spielt hingegen auf den Körperteil an, der mit dem Akt bzw. Zwang des Ausscheidens untrennbar verbunden ist.[862] Er artikuliert den für den Tierprinzen typischen Wunsch, der eigenen Haut zumindest zeitweise zu entkommen: »O wer einmal jemand anderes sein könnte! Nur 'ne Minute lang.«[863] Das Durchbrennen als Kontrastprogramm zur eigentlich für ihn geplanten Kavalierstour unterstreicht diese eskapistische Tendenz des Protagonisten.

Ob es sich bei Valerio um ein Beispiel des weisen Narren handelt, wurde weiter oben bereits erörtert. Einen Bezug zu Shakespeare, der als Begründer dieser literarischen Tradition gelten kann, stellt Büchner aber zweifellos her. Zunächst ist es König Peter, der sich auf Hamlet bezieht, indem er sagt: »Ich bin ich.«[864] Der Feststellung folgt die Frage: »Was halten Sie davon, Präsident?«[865] Der König stellt sich also in der Tradition Hamlets die Frage nach dem Sein und indem er Frage und Antwort in umgekehrter Reihenfolge anordnet, drückt er gleichsam seine Selbstbewusstseins-Krise aus.[866] Die Frage nach der Existenz ist eine die gesamte Komödie durchziehende Thematik. Im zweiten Akt ist es Lena, die zu

860 Vgl. Berns 1987, S. 269.
861 Greiner 2015, S. 94.
862 Vgl. Berns 1987, S. 269.
863 Büchner 2010, S. 44.
864 Ebd., S. 48.
865 Ebd.
866 Vgl. Beise 2015, S. 82.

der traurigen Einsicht gelangt, dass es »Menschen [gibt], die unglücklich sind, unheilbar, bloß weil sie sind.«[867] König Peter erreicht die Existenzstufe des Glücks nicht, da er seine Person, wie die Ankleideszene zeigt, nur an den Äußerlichkeiten, d. h. an seinen Herrschaftsattributen festmacht.[868]

Auch Leonce rekurriert auf *Hamlet*, indem er das Zitat: »›Sollte nicht dies und ein Wald von Federbüschen, nebst ein Paar gepufften Rosen auf meinen Schuhen?‹«,[869] verwendet. In Shakespeares Tragödie geht das Zitat aber noch weiter mit »mir einen Platz in einer Schauspielergesellschaft verhelfen?«[870] Lenas Frage: »Ist denn der Weg so lang?«,[871] ist für Leonce gleichbedeutend mit einer Wiedererweckung, was er auch selbst einräumt, indem er davon spricht, mit der bislang ihn plagenden Melancholie niederzukommen.[872] Es folgt eine Erkenntnis, die er gegenüber seinem ›Narren‹ artikuliert: »Weißt du auch, Valerio, dass selbst der Geringste unter den Menschen so groß ist, dass das Leben noch viel zu kurz ist, um ihn lieben zu können?«[873] Leonce erkennt den Grundsatz menschlicher Individualität, die etwas Liebenswertes ist.[874] Durch den Akt der Reflexion vergewissert sich der bis dato Suchende seiner selbst. Durch die Entfremdung gelingt es ihm – im Gegensatz zum Vater – seine Identität zu retten.[875] Büchner liefert an dieser Stelle also eine Begründung des modernen Subjekts. Insofern ist das Hamlet-Zitat nicht bloß einer unter vielen intertextuellen Bezügen, es unterstreicht vielmehr, dass Büchner an die Programmatik Shakespeares anknüpft:

> »Ehe Shakespeare so das moderne Subjekt tragisch entwirft, hat er es komödiantisch berufen, als ein Ich, das Gegenwart haben kann, das sich nicht immer entzogen bleibt, weil es hinter den Masken ein liebendes Ich ist und das heißt eines, das nicht auf sich beharrt, vielmehr

867 Büchner 2010, S. 66.
868 Vgl. Poschmann 1981, S. 148.
869 Büchner 2010, S. 65.
870 Shakespeare 2007, S. 74.
871 Büchner 2010, S. 65.
872 Vgl. ebd.
873 Ebd., S. 70.
874 Vgl. Beise 2015, S. 84.
875 Vgl. Poschmann 1981, S. 148.

schon immer hinübergegangen ist zum Anderen, als ein Ich der Vielheit, ein karnevalistisches Ich, fähig zum Wandel.«[876]

Gerade die Idee der inneren Vielheit scheint Büchner in seiner Komödie verarbeitet zu haben. In der dritten Szene des ersten Akts tadelt Prinz Leonce seinen Narren: »Was deine Empfänglichkeit betrifft, so könnte sie es nicht besser treffen, um getroffen zu werden. Drück dich besser aus, oder du sollst den unangenehmsten Eindruck von meinem Nachdruck haben.«[877] Gemäß eines Handschriftenbruchstücks, das der Feder Büchners entstammt, handelte es sich hierbei ursprünglich um den Text Valerios. Kurzke entwickelt hieraus eine folgenreiche These: »Prinz Leonce und sein Narr Valerio sind im Grunde eine einzige Person, in die Georg Büchner sich aufspaltet, um seine hohen und seine niederen Sphären zum Ausdruck zu bringen.«[878] Demnach wären die Dialoge zwischen Prinz und Narr als spielerische Selbstgespräche Büchners zu interpretieren. Während Leonce ernsthafte und witzige Tendenzen vereint, fungiert Valerio als der reine Spaßmacher. Poschmann äußert sich in diesem Zusammenhang ganz ähnlich: »Eine, wenn auch nicht die einzige Funktion der Valerio-Figur ist zweifellos die Ergänzung der Selbstdarstellung Leonces über die Grenze von dessen Standes- und Ich-Befangenheit hinaus.«[879] Unproblematisch ist jene innere Vielheit nicht: »Ich stülpe mich jeden Tag vierundzwanzigmal herum, wie einen Handschuh.«[880] Leonce gibt an dieser Stelle zu, mit den vielen Teilidentitäten, die sein Inneres beherbergt, überfordert zu sein. Hieraus resultiert eine innere Enge, die nicht genug Platz bietet, jenem Pluralismus Obdach zu gewähren: »Ich wage kaum die Hände auszustrecken, wie in einem engen Spiegelzimmer, aus Furcht überall anzustoßen, dass die schönen Figuren in Scherben auf dem Boden lägen und ich vor der kahlen, nackten Wand stünde.«[881] Valerio stellt demzufolge eine aufgrund innerer Enge externalisierte Teil-Identität des Prin-

876 Greiner 2015, S. 95.
877 Büchner 2010, S. 53.
878 Kurzke 2013, S. 378.
879 Poschmann 1981, S. 135.
880 Büchner 2010, S. 52.
881 Ebd., S. 60.

zen dar. Insofern ist er eben doch fleischgewordenes Wortspiel, allerdings als Inkarnation eines Teil-Selbst des Protagonisten.

Am Ende sind Leonce und Lena schließlich glücklich vereint. Der vormalige Melancholiker hat sein Glück gefunden, aber auch sein Selbst? Der Prinz schließt mit einer Vision für sein Land, dem er nun als Staatsoberhaupt vorsteht: »[…] wir lassen alle Uhren zerschlagen, alle Kalender verbieten und zählen Stunden und Monden nur nach der Blumenuhr […].«[882] Büchner eröffnet am Ende seiner Komödie eine satirisch-utopische Perspektive, denn die Blumenuhr ist kein natürliches Zeitmaß. Der Rhythmus, der sich gegen die höfische Untätigkeit wendet, ist die Arbeit. Dem Zeremoniell entkommen Leonce und Lena deshalb nicht, weil sie es nie gelernt haben, zu arbeiten. Ihre Flucht eröffnet daher auch keine Alternative.[883] Weiter heißt es, dass rings um das Land »Brennspiegel«[884] installiert werden sollen, um dem Königreich Popo einen ganzjährigen Sommer zu bescheren. Auf diese Weise erhofft sich der neue Regent, ein künstliches Paradies zu erschaffen.[885] Die These, dass diese Schlussvision einer positiven Utopie gleichkomme, findet sich in der Forschungsliteratur nicht selten. Für Greiner handelt es sich allerdings eher um die Darstellung einer »A-topie«,[886] denn was Büchner dem Leser am Ende seines Lustspiels präsentiert, ist eine durch und durch narzisstische Welt. Antonio Roselli beschreibt das Finale der Komödie daher auch als »Parodie eines Happy Ends«.[887]

Wenn weiter oben festgestellt wurde, dass die Figuren in Büchners *Leonce und Lena* wie moderne Subjekte konzipiert sind, dann gilt es diese These am Ende des vorliegenden Kapitels zu relativieren.[888] Zwar nähert sich der Protagonist im Verlauf der Handlung dem an, was wir heutzutage als Subjekt verstehen, dadurch aber, dass er seinen Untertanen, die er als Puppen und Spielezeug bezeichnet, gleiches nicht zugesteht, offenbart

882 Ebd., S. 79.
883 Vgl. Berns 1987, S. 238.
884 Büchner 2010, S. 79.
885 Vgl. Beise 2015, S. 81.
886 Greiner 2015, S. 94.
887 Roselli 2019, S. 262.
888 Vgl. Greiner 2015, S. 95.

sich die eigene Individuation ebenfalls als unvollständig. Den Narzissmus der Figur hat auch Christa Wolf in ihrer Büchner-Preisrede aufgegriffen:

> »Was sein Leonce, dem sein Spiegelkabinett zu enge wird, alles anstellen würde, bloß um nicht ohne Spiegel zu sein, hat Büchner nicht ahnen können. Denn eine Todesangst befällt sie – Leonce und seine mächtigeren, betriebsameren Nachfahrn –, sobald kein Spiegel – die Augen, der Körper einer Frau, ein Theater, ein Konzern, eine machtvolle Organisation, ein Staatswesen, der Erdball, der Kosmos! – ihnen ihr übergroßes Abziehbild zurückwirft.«[889]

Poschmann betont, dass es am Ende des Lustspiels doch wieder die Untertanen sind, die zum Narren gehalten werden.[890] Zwar brechen Leonce und Lena aus den höfischen Zwängen aus, eine dauerhafte Befreiung bedeutet dies aber nicht, denn sie bleiben dem Dünkel ihres Standes verhaftet. Die Untergebenen sind bloße Objekte, die nur dazu dienen, den individuellen Status der Auserkorenen in regelmäßigen Abständen mit einem »Vivat!«[891] zu bestätigen. Valerio als inkarnierte Teil-Identität des Prinzen ist insofern auch Teil des Establishments und eben kein weiser Narr. Dadurch aber, dass Büchner die gesellschaftlichen Verhältnisse in den Duodez-Fürstentümern des 19. Jahrhunderts so pointiert-kritisch darstellt, offenbart er sich selbst als Narr, der seine Weisheit an sein Publikum weiterzugeben versucht und ihnen so die Augen öffnet für eine alternative Wahrheit.

6.3 Heines Narrenliteratur

Wenn Büchner seine Komödie mit einer utopischen Vision enden lässt, dann ist dies für seine Zeit gewiss kein ungewöhnliches Verfahren. Auch Heine schafft, dadurch, dass er den Schlaraffenlandtopos in seine *Memoiren* einbaut, eine Utopie, die dem Karneval nicht unähnlich ist.

889 Wolf 1980, S. 149.
890 Vgl. Poschmann 1981, S. 151.
891 Büchner 2010, S. 72.

In den Augen Metternichs war Heine der Kopf einer Gruppe von Literaten, die man als das *Junge Deutschland* bezeichnete. Der österreichische Staatskanzler witterte hinter ihrem künstlerischen Schaffen eine Verschwörung. Dass Metternich hiermit den Organisationsgrad der Autoren überschätzte, ist wohl seiner Paranoia geschuldet. Im Schweizer Exil hatten zwar einige deutsche Akademiker und Handwerker einen Geheimbund gegründet, den sie Junges Deutschland nannten. Und dieser Geheimbund hatte auch Verbindungen zu dem von Giuseppe Mazzini initiierten Giovine Europa, das einen revolutionären Umsturz intendierte. Ein wirklicher Zusammenschluss der betreffenden Literaten existierte allerdings nicht. Bewusst hergestellte Bezüge wie die Novelle *Das junge Europa* des später aufgrund burschenschaftlicher Umtriebe inhaftierten Heinrich Laube sind als Einzelfälle zu werten. Was die dem Jungen Deutschland zugeordneten Autoren einte, war der Zeitgeist des Sensualismus. Ihre konsequente Diesseitsorientierung war dem Empfinden geschuldet, in einem vakuumösen Zwischenstadium der deutschen Geschichte zu leben, das den Werken eine übergreifende Programmatik bescherte.[892]

Dennoch sah Metternich seine austarierte Restaurationsordnung durch die Progressivität des Autorenkollektivs gefährdet. Schon länger ging er mit dem Gedanken schwanger, den Kampf gegen revolutionäre Umtriebe mittels eines zentralistischen Instrumentariums effizienter zu gestalten. Bis dato waren entsprechende Bestrebungen stets an der Eigensinnigkeit gerade der süddeutschen Staaten gescheitert. Doch 1835 sah er die Gelegenheit gekommen, sein Vorhaben, die preußischen Zensurgesetze auf den ganzen Bund zu übertragen, in die Tat umzusetzen. Mittel zum Zweck war der österreichische Bundespräsidialgesandte Münch-Bellinghausen, der den Bundestag am 10. Dezember mit einem Präsidialvortrag und den dazugehörigen Anträgen überraschte. Das Verdikt galt dem ganzen als Verschwörerkreis stilisierten Jungen Deutschland, und bereits am 11. Dezember wurde über sämtliche Werke Heines der Bann gesprochen.[893]

Es mag dieser ständige Konflikt mit dem Staat gewesen sein, der Heine bereits vor dem Bundestagsbeschluss dazu veranlasste, eine Fülle närrischer Motive in seine Schriften einfließen zu lassen. Burghard Ded-

892 Vgl. Hosfeld 2014, S. 309.
893 Vgl. ebd., S. 308.

ner stellt für das 18. Jahrhundert eine Tendenz der Enttheatralisierung fest: Die des theatralen Zeremoniells bedürftige absolutistische Ideologie geriet mehr und mehr in Kritik, sodass auch die bis dato wirksamen Mechanismen ihrer Stabilisierung zunehmend entzaubert wurden. Heine jedoch versperrte sich – zumindest literarisch – jener Entwicklung. Hiermit lässt sich schließlich auch sein Faible für das gestalterische Prinzip der Karnevalisierung erklären: Die dionysische bzw. karnevalistische Festkultur ist als Vorläufer des Theaters zu verstehen. Sie dient seit jeher der Selbstdarstellung eines Kollektivs, das im Stadium der Ekstase und des Rauschs Widerstand gegen die ›göttliche‹ Ordnung zu leisten wagt. Der Revolutionsgedanke ist eine die Zeit Heines bestimmende Kategorie.[894] Mit der oben angerissenen Enttheatralisierung geht eine Entindividualisierung einher, sodass nicht der Einzelne als Akteur des potenziellen Umsturzes gedacht, sondern das Volk zum Helden erhoben wird. Vor dem Hintergrund dessen, dass sich das antike Drama einst aus dem Chor entwickelte, ist der Rückgriff Heines auf vortheatralische, d.h. karnevalistische Formen umso einleuchtender.[895] Seine eigene Zeit begreift der Dichter als winterliche Interimszeit, die eine literarische Orientierung am Narrentum gebietet.[896]

Dedner unterscheidet vier Varianten der Narrenmetapher bei Heine: Der Narr kann als Repräsentant eines historischen Reaktionismus in Erscheinung treten oder als Abbild einer gottlosen Gegenwart fungieren. Ferner spielt er zuweilen den spitzzüngigen und anklagenden Satiriker, zuletzt kann er als literarische Entsprechung des mittelalterlichen Wahrheitskünders verstanden werden, der den Weg in eine utopische Zukunft weist.[897] Heine spricht hier – rekurrierend auf Shakespeares *Romeo und Julia* – vom »Narr[en] des Glücks«.[898] Die Funktion, die die Narrenmetapher für Heine erfüllt, fasst Tanja Rudtke pointiert zusammen: »[D]ie Narrenolle reflektiert eine humoristische Ersatzsprechweise des Schreibens unter Zensurbedingungen, die Narrenfreiheit fungiert als Kehrsei-

894 Vgl. Dedner 1986, S. 135.
895 Vgl. ebd., S. 150.
896 Vgl. ebd., S. 135.
897 Vgl. ebd., S. 156.
898 Heine 1978, S. 59 / Shakespeare 2002, S. 57.

te und Surrogat der unterdrückten Freiheit.«[899] Heine entwickelte hierzu eine ganz eigene Narren-Konzeption, er setzte nämlich das Dichtertum mit dem Narrentum gleich, und dies, so Jürgen Brummack, in doppelter Hinsicht: Einerseits sah er es als seine Pflicht an, der Wahrheit trotz aller Hemmnisse seine Stimme zu geben und sich somit in die Tradition des mittelalterlichen Narren zu stellen. Andererseits war humoristische Dichtung in den Augen Heines die einzig realitätsgerechte. Dahinter steht die Vorstellung, dass Wirklichkeit und Sinnerwartung nicht kongruent sind und allein der Humor einen adäquaten Umgang mit dieser Diskrepanz ermöglicht.[900]

6.3.1 Heinrich Heine: *Aus den Memoiren des Herren von Schnabelewopski* (1834)

Die von Heinrich Heine 1834 veröffentlichten *Memoiren des Herren von Schnabelewopski* werden allgemein dem Genre des Schelmenromans zugeordnet, der auch als pikarischer oder pikaresker Roman bezeichnet wird. Dieser ist nach der Hauptfigur der Gattung, dem Picaro benannt. Dabei handelt es sich um einen Außenseiter, der sich gegen eine feindliche Welt zu behaupten sucht. Jacobs spricht in diesem Zusammenhang von einer »parasitären Existenzform«.[901] Die Schlechtigkeit der Welt erkennt der zunächst gutgläubige Schelm meist in Folge eines desillusionierenden Initiationserlebnisses. Formal handelt es sich i.d.R. um eine fiktive Autobiographie, wobei die einzelnen Episoden additiv aneinandergereiht sind. Jacobs konstatiert eine »Doppelung der Ebenen«,[902] denn zu der eigentlichen Geschichte gesellt sich die Perspektive des Erzählers, der mit zeitlichem Abstand auf das Erlebte zurückblickt. Hieraus resultiert die Möglichkeit der moralischen Beurteilung des Schelmendaseins. Wenn der Picaro allerdings bei dem Versuch, seine Taten zu rechtfertigen, der Selbsttäuschung verfällt (vgl. Felix Krull), dann bleibt die Moral aus – die Ironisierung des Schelms spiegelt die dem Schelmenroman inhärente Ambivalenz wider. Die Wurzeln des pikaresken Romans reichen laut Américo Cast-

899 Rudtke 2003, S. 200.
900 Vgl. Brummack 1997, S. 78 f.
901 Jacobs 1983, S. 29.
902 Ebd., S. 31.

ro bis in das frühneuzeitliche Spanien zurück, wo sich die als Conversos bezeichneten Neuchristen jüdischer Herkunft religiösen und rassischen Vorurteilen ausgesetzt sahen und um ihre soziale Anerkennung kämpfen mussten. Mit der Zeit wurde der Picaro zur Symbolfigur für Außenseiter jedweder Art. Die Geschichte des Outcast, der sich gegen die Schlechtigkeit der Welt auflehnt, ist eine Geschichte der Selbstbehauptung – die Parallelen zwischen Schelmen- und Bildungsroman sind unübersehbar.[903]

Autobiographische Erzählweise und die episodische Komposition sprechen in den Augen Jacobs für eine Zuordnung der *Memoiren* zur Gattung des pikaresken Romans. Allerdings ist Schnabelewopski kein wirklicher Außenseiter, der zum Kampf ums Überleben gezwungen ist. Jacobs spricht daher von einer »Halb-Außenseiterschaft«[904] des Protagonisten: Zwar ist er adliger Abkunft, dadurch aber, dass er weder verheiratet noch fertig ausgebildet ist, hat eine Integration in die Gesellschaft bis dato nicht stattgefunden. Für Jacobs bildet das pikareske Erzählen daher nur den Rahmen für die besonderen Darstellungsabsichten, die Heine mit seinem Werk verfolgt. Er ist bestrebt, bestimmte soziale Verhältnisse mit den Mitteln der Satire zum Ausdruck zu bringen. Die erotischen und kulinarischen Abenteuer des Protagonisten bilden vor dem Hintergrund dessen die Kontrastfolie zu der herrschenden asketischen Lebensordnung.[905]

Das achte Kapitel der *Memoiren* liefert hierfür ein hervorragendes Beispiel. Schnabelewopski berichtet von einem schlaraffischen Traum:

> »Vorgestern träumte mir, ich befände mich in Italien und sei ein bunter Harlekin und läge recht faulenzerisch unter einer Trauerweide. Die herabhängenden Zweige dieser Trauerweide waren aber lauter Makkaroni, die mir lang und lieblich bis ins Maul hineinfielen; zwischen diesem Laubwerk von Makkaroni flossen statt Sonnenstrahlen lauter gelbe Butterströme, und endlich fiel von oben herab ein weißer Regen von geriebenem Parmesankäse.«[906]

---

903 Vgl. ebd., S. 31 ff.
904 Ebd., S. 87.
905 Vgl. ebd., S. 86 f.
906 Heine 2017, S. 29.

Dass der Protagonist träumt, ein Harlekin zu sein, verweist bereits auf die Verbindung zwischen Karneval und schlaraffischer Utopie. Er ist, analog zu Büchners Valerio, der als lebendiges Wortspiel beschrieben wird, der inkarnierte Aprilscherz.[907] Die Vision vom Schlaraffenland lässt sich als eine gedachte Verstetigung des Karnevals, der seinerseits eine nur temporäre Umkehrung der Ordnung darstellt, verstehen. Jener Gedanke findet im sog. *Fabliau vom Land Coquaigne*, das im 13. Jahrhundert in Frankreich entstand, Ausdruck:

> »Ein Monat hat sechs Wochen,
> Viermal im Jahr ist Ostern,
> Viermal Sankt-Johannis-Fest,
> Vier Weinernten gibt es im Jahr,
> Alle Tage ist Feiertag und Sonntag,
> Viermal feiert man Allerheiligen, viermal Weihnachten
> Und viermal jährlich Lichtmeß,
> Viermal Karneval
> Und nur einmal alle zwanzig Jahre kommt eine Fastenzeit.«[908]

Auch Brant setzt die Fastnacht in seinem *Narrenschiff* in Beziehung zu schlaraffischer Völlerei: »Mancher der füll dů̊t so vergessen / Als solt er jn eym jor nit essen«.[909] Burke bringt den Konnex treffend auf den Punkt: »Das Schlaraffenland ist der Traum eines nie endenden Karnevals und der Karneval ist ein zeitlich begrenztes Schlaraffenland, mit der gleichen Betonung der Schlemmerei und der Umkehrung normaler Verhältnisse.«[910]

Metaphern, die dem semantischen Feld des Essens entstammen, dienen auch dazu, die für das Werk prägende ambivalente Struktur zu veranschaulichen. Die Stationen des Protagonisten, so Gerhard Höhn, sind Sinnbild des Leib-Seele-Dualismus. Hamburg steht dabei für die leiblichen Genüsse, Leiden – und obgleich diese Stadt wirklich existiert, handelt es sich hierbei um einen sprechenden Namen – repräsentiert das aske-

907 Vgl. ebd., S. 3.
908 Richter 1995, S. 132.
909 Brant 2019, S. 529.
910 Burke 1981, S. 204.

tische Leben, das dem Primat des Geistes folgt.[911] Die Hamburger stehen folglich für eine Welt, deren Grundsätze denen des Karnevals entsprechen, die »Bedeutung des Mittagsmahls«[912] stellen sie daher auch über die des Abendmahls und öffentliche Gerichte sind für sie weniger von Belang als gute Gerichte.[913]

Heine stilisiert die Stadt Hamburg in seinen *Memoiren* zum »Modell eines Narrentheaters«.[914] Grubačić interpretiert dies als ein Mittel der Karnevalisierung im Sinne Bachtins. Der Erzähler beschreibt ein abermals ambivalentes Schauspiel:

> »Ein trübsinniger Mummenschanz! Hinter den Trauerwagen, einherstelzend auf ihren dünnen schwarzseidenen Beinchen, gleich Marionetten des Todes, gingen die wohlbekannten Ratsdiener, privilegierte Leidtragende in parodiert altburgundischem Kostüm; kurze, schwarze Mäntel und schwarze Pluderhosen, weiße Perücken und weiße Halsbergen, wozwischen die roten bezahlten Gesichter gar possenhaft hervorgucken, kurze Stahldegen an den Hüften, unterm Arm ein grüner Regenschirm.«[915]

Indem Heine das Spannungsverhältnis zwischen einer Begebenheit und deren Darstellungsweise in den *Memoiren* immer wieder so offen zu Tage treten lässt, versucht er »all das zu sprengen, was ständisch, moralisch, religiös und geographisch fest gerahmt zu sein scheint«.[916]

Das Grundmotiv der Ambivalenz verarbeitet Heine in seinem Werk auf vielfältige Art und Weise. Indem er jene Widersprüche antagonistisch zuspitzt, macht er sie historisch produktiv: Das Volk wird auf diese Weise politisiert, Heines Leserschaft für die potenzielle Revolution mobilisiert.[917] Eine nähere Betrachtung der Figuren lohnt in diesem Zusammenhang besonders. So wird van Moeulen, ein Tischgenosse Schnabele-

911 Vgl. Höhn 1987, S. 278.
912 Heine 2017, S. 7.
913 Vgl. ebd.
914 Grubačić 1975, S. 91.
915 Heine 2017, S. 14.
916 Grubačić 1975, S. 89.
917 Vgl. Dedner 1986, S. 140.

wopskis, als Apollo beschrieben, »aber kein Apollo von Marmor, sondern viel eher von Käse«,[918] und der in Leiden dozierende Theologieprofessor trägt den vulgären Namen van der Pissen. Durch solche eher unflätigen Attributionen wird die Sakralität, die sowohl der antiken Mythologie als auch der christlichen Religionslehre innewohnt, durchbrochen. Oder, wie Grubačić schreibt: »Im derb-grotesken Spiel mit dem Sakrosankten offenbart sich wieder die markante karnevalistische Kategorie der Profanation.«[919] Der o.g. van der Pissen ist es auch, den der Protagonist bei einem irritierenden Schauspiel beobachtet:

> »Dieses Kabinett war halb chinesisch, halb pompadourisch französisch verziert [...] die Sessel von rotem Sammet mit Goldtroddeln und darunter ein besonders erhöhter Sessel, der wie ein Thron aussah und worauf ein kleines Mädchen saß, das etwa drei Jahr alt sein mochte und in blauem silberbestickten Atlas, jedoch sehr altfränkisch, gekleidet war und in der einen Hand, gleich einem Zepter, einen bunten Pfauenwedel und in der andern einen welken Lorbeerkranz emporhielt. Vor ihr aber auf dem Boden wälzten sich Mynheer van der Pissen, sein kleiner Mohr, sein Pudel und sein Affe. Diese vier zausten sich und bissen sich untereinander, während das Kind und der grüne Papagoi, welcher auf der Stange saß, beständig Bravo! riefen. Endlich erhob sich Mynheer vom Boden, kniete vor dem Kinde nieder, rühmte in einer ernsthaften lateinischen Rede den Mut, womit er seine Feinde bekämpft und besiegt, ließ sich von der Kleinen den welken Lorbeerkranz auf das Haupt setzen; – und Bravo! Bravo! rief das Kind und der Papagoi und ich, welcher jetzt ins Zimmer trat.«[920]

Was hier zum Ausdruck kommt, ist das Prinzip des Rollentauschs, der für den Karneval konstitutiv ist. Die hierarchischen Rangunterschiede innerhalb einer Gesellschaft werden zeitweise suspendiert. Dabei bildet die zitierte Passage das breite Spektrum karnevalistischer Symbolik nahezu vollständig ab: Insignien der Macht, in dem Falle Thron und Zepter,

918 Heine 2017, S. 34.
919 Grubačić 1975, S. 88.
920 Heine 2017, S. 35.

werden vom Antipoden des Herrschers, einem Kind, annektiert und auf diese Weise pervertiert. Man fühlt sich an das mittelalterliche Koenig-Spil erinnert und tatsächlich verweist der Erzähler selbst auf diese Tradition. Schnabelewopski schildert, dass in dem Haus, das er in Leiden bewohnt, einst der Maler Jan Steen lebte. Seine Begeisterung unterstreicht er, indem er das Talent Steens mit dem Raffaels gleichsetzt: »Keiner hat so tief wie er begriffen, daß auf dieser Erde ewig Kirmes sein sollte; er begriff, daß unser Leben nur ein farbiger Kuß Gottes sei, und er wußte, daß der Heilige Geist sich am herrlichsten offenbart im Licht und Lachen.«[921]

Es verwundert nicht, dass Steen, der den närrischen Ausnahmezustand offenbar verstetigt wissen wollte, dem ebenfalls in Kapitel 2 thematisierten Bohnenfest ein eigenes Gemälde widmete. Indem der Künstler die närrische Freiheit in Szene setzt, schafft er einen kritischen Kontrapunkt zu den Missständen seiner Zeit.[922] Schnabelewopski unterzieht just dieses Bild einer näheren Beschreibung. Über den Maler, der sich selbst am Tisch sitzend in sein Gemälde eingebaut hat, heißt es:

> »Er ist glücklich: er sitzt in der Mitte der Seinigen; sein Söhnchen ist Bohnenkönig und steht mit der Krone von Flittergold auf einem Stuhle; seine alte Mutter, in ihren Gesichtsfalten das seligste Schmunzeln, trägt das jüngste Enkelchen auf dem Arm; die Musikanten spielen ihre närrisch lustigsten Hopsamelodien; und die sparsam bedächtige, ökonomisch schmollende Hausfrau ist bei der ganzen Nachwelt in den Verdacht hineingemalt, als sei sie besoffen.«[923]

Tanja Rudtke klassifiziert die *Memoiren des Herren von Schnabelewopski* als menippeische Satire und stützt sich dabei auf die insgesamt 14 Charakteristika, die Bachtin benennt. Die oben thematisierten Kontrastierungen sind ein Kriterium der Menippee, das Heines *Memoiren* erfüllen. Ein weiteres ist der publizistische Charakter. Die Erzählung beinhaltet eine Vielzahl von Anspielungen auf Ereignisse der Zeit.[924] So wird der die Hanse-

921 Ebd., S. 36.
922 Vgl. Westermann 1996, S. 64.
923 Heine 2017, S. 37.
924 Vgl. Rudtke 2003, S. 57.

stadt Hamburg regierende Kapitalismus einer satirischen Kritik unterzogen: »Hier herrscht nicht der schändliche Macbeth, sondern hier herrscht Banko.«[925] An dieser Stelle alle Merkmale zu besprechen, würde den Rahmen des Kapitels sprengen. Ein Charakteristikum soll allerdings etwas näher in den Blick genommen werden. Es ist der für die menippeische Satire typische dreistufige Aufbau (Erde – Olymp – Hades), den Tanja Rudtke auch in Heines *Schnabelewopski* ausmacht.[926] Mit dem Verweis auf die real existierenden Schauplätze Hamburg und Leiden ist das anfängliche Geschehen klar verortet. Dem Sprung von der Erde in den Olymp entspricht das Hinübergleiten des Protagonisten in die Traumwelt: Schnabelewopski träumt von einer alternativen Wirklichkeit, die für ihn und seine Zeitgenossen eine bessere Zukunft bereithält. Der schwerverletzte Simson symbolisiert schließlich den Abstieg in den Hades.[927] Der Traum ist ausgeträumt, die ersehnte Verbesserung der Zustände bleibt aus, was der Erzähler selbst artikuliert, wenn er sagt: »Ich war damals jung und töricht. Jetzt bin ich alt und töricht.«[928] Am Ende der Erzählung kommt er darauf zurück, indem er sich noch einmal der Metaphorik des Essens bedient: »›Adieu, für dieses Leben haben wir ausgekocht!‹«[929] Die Resignation des zwischenzeitlich Hoffenden ist greifbar: »Unsere Zeit – und sie beginnt am Kreuze Christi – wird als eine große Krankheitsperiode der Menschheit betrachtet werden.«[930]

6.3.2 Heinrich Heine: *Deutschland. Ein Wintermärchen* (1844)

Das Motiv des Essens und Trinkens ist auch für das zweite hier zu behandelnde Werk Heines von essentieller Bedeutung, das ebenfalls der karnevalisierten Literatur zugerechnet werden muss. Gleich zu Beginn seines *Wintermärchens* zeichnet er ein schlaraffisches Panorama:

925 Heine 2017, S. 7.
926 Vgl. Rudtke 2003, S. 41.
927 Vgl. ebd., S. 52 f.
928 Heine 2017, S. 13.
929 Ebd., S. 45.
930 Ebd., S. 40.

»Es wächst hienieden Brot genug
Für alle Menschenkinder,
Auch Rosen und Myrten, Schönheit und Lust,
Und Zuckererbsen nicht minder.«[931]

Diese Schilderung steht zum Titel der Dichtung in einem kontrastiven Verhältnis, denn *Deutschland. Ein Wintermärchen* verweist laut Neuhaus darauf, dass sich die deutsche Nation im Winterschlaf befindet.[932] Eine Vegetation der oben aufgezählten Nahrungsmittel schließt sich folglich aus. Was der Erzähler hier entwirft, ist eine Utopie, ergo sind die Gesetze der Natur außer Kraft gesetzt. Die Errichtung eines »Himmelreich[s]«[933] auf Erden wird in Aussicht gestellt und der Sieg der »Freiheit«[934] frenetisch beschworen. Beim Essen, so Tanja Rudtke, die sich wiederum auf Bachtin beruft, treffen Individuum und Welt aufeinander. Das Kauen ist dabei ein Triumph des Einzelnen über das ihn umgebende All, macht er sich doch einen Teil der Welt durch den Verzehr zu eigen.[935]

Am Ende des Langgedichts bedient sich Heine noch einmal der Metaphorik des Essens und Trinkens. Hammonia, die Schutzgöttin Hamburgs, entwirft, um ihren Geliebten – den Erzähler – dazu zu bewegen, in Hamburg zu bleiben, eine schlaraffische Traumwelt:

»›Bleib bei mir in Hamburg, ich liebe dich,
Wir wollen trinken und essen
Den Wein und die Austern der Gegenwart,
Und die dunkle Zukunft vergessen.‹«[936]

Als Kontrastfolie zu diesen utopischen Visionen wird das zu dieser Zeit meist sakralisierte Vaterland mit Attributen versehen, die der Vulgärsprache entstammen. Seinen Weg von Köln nach Hagen beschreibt der Erzähler wie folgt:

931 Heine 2019, S. 10.
932 Vgl. Neuhaus 2002, S. 164.
933 Heine 2019, S. 10.
934 Ebd.
935 Vgl. Rudtke 2003, S. 115.
936 Heine 2019, S. 71.

»Das ist ja meine Heimatluft!
Die glühende Wange empfand es!
Und dieser Landstraßenkot, er ist
Der Dreck meines Vaterlandes!«[937]

Die Antithetik der Motive, derer sich Heine bedient, spiegeln seine ambivalente Haltung zu Deutschland wider: »Der pathetische Begriff des Vaterlandes wird immer wieder durch die Verbindung mit Wörtern wie Kot, Dreck etc. profaniert.«[938] So nutzt Heine ebenjene Strategie auch, um den deutschen Gründungsmythos schlechthin zu dekonstruieren:

»Hier schlug ihn der Cheruskerfürst,
Der Hermann, der edle Recke;
Die deutsche Nationalität,
Sie siegte in diesem Drecke.«[939]

Bachtin betont allerdings, dass auch das Exkrement-Motiv an sich ambivalenter Natur ist. Ihm ist eine Verbindung zu Reinkarnation und Erneuerung inhärent.[940] Nur vor diesem Hintergrund ist die berühmte Passage zu verstehen, die den Blick des Erzählers in den Nachttopf Karls des Großen beschreibt:

»Entsetzlich waren die Düfte, o Gott!
Die sich nachher erhuben;
Es war, als fegte man den Mist
Aus sechsunddreißig Gruben.«[941]

Die Zahl 36 verweist auf die deutsche Kleinstaaterei, die der nationalen Einheit im Wege steht. Als völlig hoffnungslos wird die Situation allerdings nicht geschildert, denn im 27. Kapitel ist vom Heranwachsen eines

937 Ebd., S. 27.
938 Rudtke 2003, S. 124.
939 Heine 2019, S. 32.
940 Vgl. Rudtke 2003, S. 115.
941 Heine 2019, S. 71.

»neue[n] Geschlecht[s]«[942] die Rede, was belegt, dass im Kot der Geschichte der Keim für etwas Neues steckt. Des weiteren zeigt diese Sequenz das der karnevalisierten Literatur eigene Prinzip, Symbole der Macht in ihr funktionales Gegenteil zu verkehren, denn der Herrscherthron wird zum Nachtstuhl. Die Umkehrung der Ordnung – im vorliegenden Falle mittels des Einsatzes von Fäkaliensprache – dient laut Tanja Rudtke als »Instrument der Befreiung«.[943]

Ganz ähnlich gelagert ist die Unterhaltung, die der Erzähler im Traum mit Kaiser Friedrich Barbarossa führt. Barbarossa zeigt seinem Besucher die Waffenkammer, deren Inhalt in die Jahre gekommen zu sein scheint:

> »Im Saale der Waffen erklärte er mir,
> Wie man sich der Kolben bediene,
> Von einigen Schwertern rieb er den Rost
> Mit seinem Hermeline.«[944]

Der Herrschermantel wird vom Kaiser kurzerhand zum Poliertuch umfunktioniert. Seine eigentliche Bedeutung, Insigne der von Gott übertragenen Herrschaft zu sein, wird auf diese Weise pervertiert. Zugleich zeichnet Heine ein karikatives Bild vom vermeintlichen Heilsbringer, denn der kraftlose Barbarossa muss von seinem Gegenüber zur Tat aufgerufen werden. Die romantische Idee, das mittelalterliche Reich wieder aufleben zu lassen, wird so satirisch in die Schranken gewiesen.

Satire, so Stefan Neuhaus, entsteht aus der Diskrepanz zwischen Ideal und Wirklichkeit.[945] Heine spielt mit diesem Verfahren so meisterhaft wie kaum ein anderer. Cervantes lieferte ihm, so Tanja Rudtke, das Vorbild, an dem er sich orientierte. Hier war es v. a. die Doppelfigur Don Quijote und Sancho Pansa, die ihn inspirierte und deren Konstellation er auf diverse eigene Werke übertrug.[946] Im sechsten Kapitel des *Wintermärchens* trifft der Erzähler auf seinen Doppelgänger, der sich selbst Liktor nennt:

942 Ebd., S. 73.
943 Rudtke 2003, S. 127.
944 Heine 2019, S. 42.
945 Vgl. Neuhaus 2002, S. 165.
946 Vgl. Rudtke 2003, S. 55.

»›Ich bin dein Liktor, und ich geh
Beständig mit dem blanken
Richtbeile hinter dir – ich bin
Die Tat von deinem Gedanken.‹«[947]

Bereits sein erster Auftritt signalisiert, dass es sich bei dem Liktor um einen externalisierten Teil des Erzählers handelt. Das folgende Kapitel stützt diese These: »Beide, Ich-Erzähler und Begleiter, wandeln als ein in zwei Personen aufgespaltener Gevatter Tod durch die Straßen [...].«[948] Die letzte Station ihres nächtlichen Spaziergangs bildet der Kölner Dom, wo sie auf die Gerippe der Heiligen Drei Könige treffen. Diese werden dadurch, dass der Erzähler sie als »Hampelmänner«[949] bezeichnet, ihrer Sakralität beraubt. Sie sind ferner, so heißt es weiter, ein Relikt der »Vergangenheit«.[950] Liktor als Vollstrecker des Erzählers schreitet zur Tat und beendet die anachronistische Herrschaft des Triumvirats:

»Er nahte sich, und mit dem Beil
Zerschmetterte er die armen
Skelette des Aberglaubens, er schlug
Sie nieder ohn' Erbarmen.«[951]

Die Präsenz des Doppelgängers sorgt für die den Werken Heines eigene Polyphonie: »Alles spricht zum Protagonisten und er spricht zu allen – dafür schlüpft er von Zeit zu Zeit in verschiedene Rollen [...].«[952] Der Ich-Erzähler zeichnet sich durch eine innere Dialogisierung aus, denn seine Kommunikationspartner sind, wie oben gezeigt, externalisierte Bestandteile seines Selbst. In den Augen Bachtins überschreitet Heines Dichtung auf diese Weise den Rahmen des monologischen Erzählens mit dem Ergebnis einer dialogisierten Lyrik.[953] Heine konstruiert eine Art *Perpetu-*

947 Heine 2019, S. 23.
948 Rudtke 2003, S. 128.
949 Heine 2019, S. 26.
950 Ebd.
951 Ebd., S. 27.
952 Rudtke 2003, S. 130.
953 Vgl. Grübel 2004, S. 295.

um mobile der Reflexion, das aus immer neuen Perspektivierungen (wie in den Texten von Jean Paul) resultiert. »Der Literat in der Narrenrolle setzt sich dem Gelächter aus, um es […] auf die Lachenden, sein Publikum, zurückzublenden: in übermütig präsentierten, komischen Vexierbildern […].«[954] Was Heine dadurch gelingt, ist laut Neuhaus als Ironisierung der Ironie zu verstehen,[955] als Meta-Ironie.

Für Heine stellt das Lachen – hierin stimmt er mit Hoffmann und Hesse überein – eine Art Allheilmittel gegen den allgemeinen Weltschmerz dar.[956] Er nutzt das Instrument der Negation, um seine Vision von einer friedvollen und freiheitlichen Nation zur Anschauung zu bringen: »Würden alle satirisch gegeißelten Mißstände behoben, dann wäre der gewünschte Zustand hergestellt.«[957]

Er hält in der Manier des mittelalterlichen Narren seinen Zeitgenossen den Spiegel vor. Dem Volk wiederum, das an dem von Heine angeprangerten Zustand aufgrund seiner Untätigkeit eine Mitschuld trägt, zeigt er dadurch seine Narrheit auf.[958] Heine wendet ein Verfahren an, das Jürgen Brummack als »ironische Mimikry«[959] bezeichnet. Die alternative, utopische Ordnung wird anhand der gegenwärtig geltenden zur Darstellung gebracht.

Was gilt und was Heine am eigenen Leibe erfahren muss, ist das Walten der Zensur. Die »Zensorschere«[960] bekommt der Erzähler schmerzlich zu spüren. Sie wird als Werkzeug genutzt, den Ich-Erzähler seiner Männlichkeit zu berauben:

»›Die Schere klirrt in seiner Hand,
Es rückt der wilde Geselle
Dir auf den Leib – er schneidet ins Fleisch –
Es war die beste Stelle.‹«[961]

954 Schwamborn 1998, S. 203.
955 Vgl. Neuhaus 2002, S. 164.
956 Vgl. Grobe 1994, S. 42.
957 Neuhaus 2002, S. 172.
958 Vgl. Schwamborn 1998, S. 207.
959 Brummack 1997, S. 73.
960 Heine 2019, S. 72.
961 Ebd.

Die Utopie, die Heine demgegenüber entwirft, ist die Herrschaft der Freiheit, verkörpert durch Napoleon, der – Christus gleich – von den Toten auferweckt werden soll:

»›Und die Freiheit kommt mit Spiel und Tanz,
Mit der Fahne, der weiß-blau-roten;
Vielleicht holt sie sogar aus dem Grab
Den Bonaparte, den Toten!‹«[962]

Vom eigentlichen Messias wird hingegen ein ambivalentes Bild gezeichnet, denn der Erzähler bezeichnet ihn einerseits als »Menschheitsretter«, im gleichen Vers aber auch als »Narr«.[963] Am Ende wird schließlich die Ohnmacht des »Welterlösers Verzeihung«[964] propagiert.

Das *Heilige* Römische Reich Deutscher Nation, das die Romantiker in stilisierter Form als Muster für die nationale Einigung ausgaben, erhält abermals eine Absage. Zugleich äußert Heine, indem er Napoleon zum Heilsbringer erhebt, seine Sympathie den Franzosen gegenüber. Deutschland, repräsentiert durch die Hegemonialmacht Preußen, erfährt hingegen die entschiedene Ablehnung des Erzählers. Er schildert, wie der preußische Adler ihm die Leber aus dem Leib reißt. Der Ich-Erzähler stellt sich dadurch in die Nachfolge des Prometheus, der den Menschen einst das Feuer brachte. Licht als Symbol der Aufklärung wird der Dunkelheit gegenübergestellt, die in den Augen Heines im rückwärtsgewandten Deutschen Bund herrscht.

»Er glich dem preußischen Adler jetzt
Und hielt meinen Leib umklammert;
Er fraß mir die Leber aus der Brust,
Ich habe gestöhnt und gejammert.«[965]

962 Ebd., S. 28.
963 Ebd., S. 36.
964 Ebd., S. 75.
965 Ebd., S. 50; vgl. Goethes gleichnamige Hymne.

Die Ablehnung des restaurativen Deutschlands bei gleichzeitiger Sympathie für das freiheitliche Frankreich veranlasst Stefan Neuhaus zu der These, dass Heine das Ziel, Freiheit in Deutschland zu erwirken, über den Wunsch nach nationaler Einheit stellt.[966] Indem er seiner Leserschaft in der Rolle des weisen Narren den satirischen Spiegel vorhält, versucht er sie von ebenjener Akzentuierung zu überzeugen.

6.4 Von der höfischen Praxis zum bürgerlichen Fest

So wie sich die Literatur im Vormärz wandelt und immer politischer wird, verändert auch der Karneval sein Gesicht. Die sog. Wirtschaften, wie man das weiter oben beschriebene Koenig-Spil auch nannte, waren bis weit in die Neuzeit hinein gängige Praxis. Während des Dreißigjährigen Kriegs hielt sogar der legendäre Schwedenkönig Gustav Adolf in Frankfurt am Main eine Wirtschaft ab.[967] Allerdings wurde jenes Treiben im Jahre 1775 mittels einer Anordnung eingeschränkt. »Mit dem Ende des höfischen Karnevals in Mainz wurde aber ein Tor weit aufgestoßen, das der bürgerlichen Fastnacht immer mehr Raum gab.«[968]

Mit dem Erstarken der bürgerlichen Fastnacht wurden auch die Grundsätze der Freiheit sowie der Wille zur Wahrheit noch stärker akzentuiert als zuvor. Was für die Neuzeit außerdem charakteristisch zu sein scheint, ist der ständige Konflikt zwischen närrischer Zügellosigkeit und staatlicher Ordnung. Schon Goethe berichtet, dass Gouverneur und Senator als die ersten Gerichts- und Polizeiherren von Rom die Aufgabe hatten, den Karneval zu eröffnen, indem sie über den Corso zogen.[969] Man könnte dies als Indiz für das permanente Bestreben staatlicher Einflussnahme werten. Die Sorgen des Staates waren nicht unberechtigt, denn Requisiten der Revolutionszeit (Trikolore, Jakobinermütze, Freiheitsrufe) fanden im Karneval rege Verwendung, was die häufig oppositionelle Haltung der Karnevalisten des 19. Jahrhunderts widerspiegelt. Bereits

966 Vgl. Neuhaus 2002, S. 159.
967 Vgl. Reitzel 1987, S. 193.
968 Ebd., S. 196.
969 Vgl. Goethe 2007, S. 24.

1795 hatten französische Republikaner in Köln im Schutz der Fastnachtsmasken einen Umsturz geplant, was die Sorgen vor einer Verschwörung schürte.[970] 1834 kam es sogar zu einem königlich preußischen Verbot des öffentlichen Karnevals in Koblenz. Für Gottfried Kinkel bot der Karneval dieser Tage Freiraum für Oppositionelle, er galt als ein Instrument politischer Beeinflussung, dessen Ziel die Entfaltung einer rheinischen Demokratie darstellte. Das Misstrauen war so groß, dass die Festungsmächte in Mainz (Preußen und Österreich) in den Feierlichkeiten zur Enthüllung des Gutenberg-Denkmals 1837 einen Akt revolutionärer Selbstbehauptung zu sehen glaubten, würdigte man doch hier den ersten Drucker, der mit seiner Erfindung die Forderung nach Pressefreiheit überhaupt erst relevant hatte werden lassen.[971]

Doch schon die Franzosen sahen zu Beginn des 19. Jahrhunderts in den karnevalistischen Aktivitäten eine Quelle des Aufruhrs. 1823 wurde in Köln das sog. *Festordnende Komitee*[972] gegründet, 1827 folgte Koblenz und 1837 erreicht die Karnevalsreform schließlich Mainz. »Man wollte die Dinge in geordnete Bahnen lenken, wollte der Fastnacht formal und inhaltlich ein ›edleres Gepräge‹ geben.«[973] Jene hier geschilderte Entwicklung, die sich rheinaufwärts vollzog, ist in ihrer Gesamtheit zu betrachten. Die gemeinsame Gesinnung der Karnevalisten machte v. a. das Narrentreffen auf der Insel Nonnenwerth deutlich. Ein Lied, das die Delegationen der verschiedenen Städte anstimmten, stach dabei heraus:

> »Es bindet für immer ein Freundschaftsband
> Die Städte am herrlichen Rheines-Strand,
> Ein niemals zu lösender Knoten!
> Was bindet so fest dann? Wohl wird's gefragt,
> Das ist des Rheinlands carnevalistische Macht.«[974]

970 Vgl. Ebeling 1984, S. 69.
971 Vgl. Keim 1987, S. 132 ff.
972 Keimzelle der Kölner Fastnachtsreform war eine Weinstube in der Gereonstraße. Das Haus hatte im 17. Jahrhundert dem legendären Jan van Werth gehört, nun trafen sich hier die jungen Demokraten und Karnevalisten, die enge Verzahnung war also von Beginn an gegeben.
973 Krawietz 2016, S. 67.
974 Wachter, zit. n. Schmidt 2001, S. 35.

Hieran zeigt sich nicht nur die kordiale Verbundenheit der närrischen Vertreter, es schimmert auch das freiheitlich-demokratische Gedankengut durch, das sie eint, denn die Zensur war es gewesen, die das ursprüngliche Freiheitsband durch das harmlosere Freundschaftsband ersetzt hatte.

Allgemein war man der Auffassung, dass sich der Fastnachtsbrauch zu Beginn des 19. Jahrhunderts im Niedergang befand. Einen Grund dafür sah man u. a. im Zerbrechen der alten Ordnung, was durchaus dem romantischen Denken der Zeit entspricht. Dr. Eduard Reis prangerte 1841 in einer seiner Schriften den Verfall der Mainzer Fastnacht an. Er schreibt:

> »Bis zum Jahre 1836 war dieses harmlose Volksfest so ziemlich in Verfall gerathen und so weit gekommen, daß man in der altkatholischen, lebenslustigen, humorreichen Moguntia das Herumstreifen einzelner, isolirter Harlequins mit bunten abgeschabten Fetzen am Leibe und mit abgeschabten Witzen im Kopfe noch ein Karnevalsfest zu nennen wagte.«[975]

Als Reaktion auf diese Tendenz wurde 1838 in Mainz der erste karnevalistische Verein gegründet – der *Mainzer Carneval-Verein* (MCV). Er übernahm von Anfang an eine Ordnungsfunktion. Als es in den 1840er Jahren zu dem Versuch kam, eine zweite KG in Mainz zu gründen, wurde dies von der Polizei verboten.[976] Eine Diversifizierung der in Vereinen organisierten Fastnacht erhöhte in den Augen der Obrigkeit das Risiko eines Kontrollverlusts. Die sog. »Duttinger«,[977] so nannte sich der neue Verein, finden mehrfach Erwähnung in den *Narrhalla*-Jahrgängen des Vormärz. Nichtsdestotrotz mussten auch die Statuten und Veranstaltungen des MCV jährlich aufs Neue vom Regierungspräsidenten genehmigt werden.[978]

Die Geschäftsordnung des Vereins von 1838 ist ein Beleg dafür, dass der organisierte Karneval für den Aufbruch in eine neue Zeit steht. Sie beinhaltet, wie Keim feststellt, einige parlamentarische Analogien.[979] Dem in den Statuten mehrfach erwähnten Comité, welches an den revolutionä-

975 Reis 1841, S. 260 f.
976 Vgl. Krawietz 2016, S. 80.
977 *Narrhalla* 1845, S. 83.
978 Vgl. Krawietz 2016, S. 70.
979 Vgl. Keim 1966, S. 49.

ren Wohlfahrtsausschuss erinnert, steht ein demokratisch gewählter Präsident vor. Redefreiheit und Freiheit der Diskussion gelten als Maximen des Vereins. So heißt es in der *Polizei des Vereins* (Unterpunkt 4): »Kein Mitglied ist befugt, des andern öffentlichen Vortrag zu unterbrechen, sondern muß warten bis sein Vorgänger den Rednerpult verlassen und auch ihm das erbetene Wort von dem Präsidenten gestattet worden.«[980] Ebenfalls garantiert die Satzung die Öffentlichkeit der Streitschlichtung: »Jede wider Erwarten in öffentlicher Versammlung zwischen Mitgliedern des Vereins vorfallende Streitigkeit wird durch den Präsidenten nach Anhörung beider Theilen beigelegt.«[981] Die Statuten räumen dem »Angeklagten« in letzter Instanz sogar das Recht der Appellation an das Comité ein. Diese Bestimmungen erinnern stark an die moderne juristische Praxis und sind laut Keim dem »südwestdeutschen Konstitutionalismus«[982] nachempfunden. Auch der Grundsatz der Gleichheit wird in der Satzung des MCV beherzigt: »Jeder Bürger oder zeitiger Einwohner von Mainz, welcher sich eines unbescholtenen Rufes zu erfreuen hat, wird zur Unterzeichnung der gegenwärtigen Statuten zugelassen [...].«[983] Bedingung ist lediglich, dem Motto der Gesellschaft, »Liebe, Freundschaft, Eintracht«,[984] treu zu sein. Politisch sollte der MCV, zumindest laut Satzung, nicht sein: »[...] sowohl staatsrechtliche als [auch] bürgerliche und kirchliche Verfassungen oder Personalitäten«[985] sollten unangetastet bleiben. Dass man diesem Vorsatz, der wohl eher der Beschwichtigung der Obrigkeit diente, nicht gerecht wurde, zeigt sich bereits an der Motivation zur Gründung der Gesellschaft.

Interessanterweise steht diese in Verbindung mit dem sog. Kölner Ereignis im Jahr zuvor. Der preußische König hatte versucht, die katholische Praxis aufzuheben, konfessionelle Mischehen nur dann zu trauen,

980 Fürst 1935, S. 3; interessanterweise wurde die Satzung erst 1949 durch eine neue ersetzt.

981 Ebd.

982 Keim 1966, S. 49; Krawietz erkennt in der Wahl des Komitees eine Persiflage der dreistufigen Wahl zur zweiten Kammer des Darmstädter Landtags; die Verbindung zwischen Demokratie und Volksfest ist in Großbritannien noch im 20. Jahrhundert daran zu erkennen, dass der Wahltag rummelartig inszeniert wird.

983 Fürst 1935, S. 3.

984 Ebd.

985 Ebd.

wenn die Erziehung der Kinder gemäß katholischem Glauben zugesichert wurde. Als der Kölner Erzbischof Clemens August zu Droste-Vischering dagegen protestierte, wurde er zunächst seines Amtes enthoben und schließlich sogar der Stadt verwiesen.[986] »Durch diese radikalen Maßnahmen verstärkten sich auf katholischer Seite die Forderungen nach Freiheit der Kirche von staatlicher Bevormundung, während auf Seiten Preußens das Mißtrauen gegen staatsfeindliche Tendenzen der katholischen Kirche neue Nahrung erhielt.«[987] Das »Kölner Ereignis« deutet Reis rückblickend als Initialzündung einer wiedererstarkenden Mainzer Fastnacht:

> »Man verbreitete damals das Gerücht, in Köln sei der Carneval todt, denn der weggeführte Erzbischof habe den Kölnern den Humor mitgenommen. Da muß man, riefen einige Narrenhelden, dem närrischen Fürsten einen Königssitz in der Schwesterstadt Mainz bauen, damit der alte Rhein den Verdruß nicht habe, ohne ächte Carnevalsweihe in den Fluten des Oceans dahinsterben zu müssen. [...] So war der geregelte, würdige Mainzer Carneval entstanden.«[988]

Der Karneval lässt sich in diesem Zusammenhang u. a. als Ventil deuten, dessen man sich im größtenteils katholischen Rheinland bediente. Konfessionelle Selbstbehauptung war dementsprechend ein Motiv für vermehrte Vereinsgründungen in dieser Zeit. Von dieser Tendenz profitierte in nicht unerheblichem Maße auch der Karneval. Insofern ist das organisierte närrische Treiben dieser Tage in erster Linie Protest gegen die Fremdherrschaft. Vor diesem Hintergrund ist auch Goethes *Kölner Mummenschanz* zu lesen. Die 2. Strophe der weitgehend unbekannten Erstfassung des Gedichts von 1825 kann ihren kritischen Ton schwerlich verbergen:

986 Vgl. Besier 1998, S. 10.
987 Embach 1995, S. 807.
988 Reis 1841, S. 261.

»Daß am Rhein, dem vielbeschwommnen,
Sich die Thorheit regt, nicht schlecht,
Und bekriegt den angekommnen,
Düstern Feind um altes Recht.«[989]

Sowohl Köln als auch Mainz waren zur Diaspora des Katholizismus geworden, gerieten sie doch infolge des Wiener Kongresses unter die Herrschaft eines protestantischen Landesherren. Keim spricht von einer »Gleichzeitigkeit des Ungleichzeitigen«[990] – biedermeierliche Vereinsmeierei und politische Vormärz-Bewegung gehen Hand in Hand, wobei das närrische Brauchtum als Verbindungsglied fungiert.

6.4.1 Karneval als Politikum

Immanuel Nover vertritt die These, dass das Individuum sich durch das Lachen zum »politischen Subjekt« ermächtigt. Für Aristoteles stellt dies gleichsam die Erfüllung des Menschen dar.[991] Laut Nover müssen hierfür allerdings zwei Voraussetzungen gegeben sein: Einerseits darf der politische Raum nicht so konzipiert sein, dass eine Nötigung zum Konsens stattfindet. Andererseits darf es nicht zu einem Ausschluss der Opponenten kommen. Für Chantal Mouffe wäre ein allumfassender Konsens sogar schädigend für das politische System, denn dies würde bedeuten, dass eine Verschiebung der Auseinandersetzung stattfinden würde – vom Politischen hin zum Moralischen. Dies hätte einen Antagonismus zur Folge, eine »Freund-Feind-Struktur«.[992] Mouffe fordert stattdessen einen »Agonismus«, d. h. die streitenden Parteien erkennen die jeweilige Legitimität des Anderen an.[993]

Nover greift auf Bachtin zurück, der das Lachen als ein Verfahren der Erkenntnisgewinnung beschrieben hat. Auch geht er darauf ein, dass das Lachen immer gleichbedeutend ist mit einer Betrachtung von außen

989 Müller 1983, S. 227.
990 Keim 2003, S. 32.
991 Vgl. Aristoteles 2017, S. 14; Aristoteles betont in diesem Zusammenhang auch die Rolle der Gemeinschaft, die für die Konstitution des politischen Subjekts unerlässlich ist.
992 Nover 2015, S. 33 ff.
993 Mouffe 2007, S. 14.

und dass es so die bereits angesprochene Konstruktion von Wirklichkeit offenlegt. Er kommt zu dem Schluss, dass das Lachen ein Verfahren der Selbstermächtigung zum politischen Handeln darstellt, somit ist hierin gleichsam die Infragestellung der institutionellen Ordnung einer modernen Gesellschaft zu sehen. Dementsprechend ist das Lachen ein Verfahren steten Neuaushandelns.[994]

Eine Definition der politischen Fastnacht (i. e. S.) wurde bislang noch nicht geliefert. Das Vorwort Anton Maria Keims zu seinem Werk *11mal politischer Karneval* lässt sich aber zu einer vorläufigen Definition komprimieren. Das, was sich in der Theorie auszuschließen scheint, erweist sich in der Praxis als eng verquickt: »Politiker steigen in die Bütt [und] vertauschen das Rednerpult im Parlament mit dem Podium höchsten Unernstes […].«[995] Die Torheit der Narren legt die Wahrheit offen, somit fällt ihr ein schier unschätzbarer Wert zu, dessen sich schon Horaz bewusst war: »quamquam ridentem dicere verum quid vetat?« (»indessen die Wahrheit lachend zu sagen, was verbietet's?«).[996] Der Narr hat das Recht, die Wahrheit zu sagen – ein Befund, den auch Bachtin teilt. Der Narr ist Wahrheitssucher und -künder.

Keim wirft die Frage auf, ob die Politik der Wahrheit bedarf. Auf Erasmus von Rotterdam rekurrierend, begreift er den Witz als Instrument des Narren, die Wahrheit zu sagen. Er ist spielendes Urteil, gibt Freiheit und holt das Verborgene und Versteckte hervor. Er ist Ausdruck der öffentlichen Meinung und zugleich Mittel, diese zu beeinflussen. »Die Weisheit der Narren – das ist ganz schlicht: kritische Distanz, Abstand von den Dingen dieser Welt, dieser Gesellschaft und der in ihr eingenommenen eigenen Stellung […].«[997]

Nicht umsonst spricht man häufig vom »befreienden Lachen« – hier treffen sich Karneval und Politik. Gleichzeitig lässt sich dieser Phraseologismus als prägnante Definition des politischen Karnevals verwenden. Keim beschließt sein Vorwort mit der Diagnose, dass unter den Politikern häufig Kluge zu Narren werden; gleichzeitig werden viele Nar-

994 Vgl. Nover 2015, S. 40 ff.
995 Keim 1966, S. 7.
996 Horatius Flaccus 2006, S. 4 f.
997 Keim 1966, S. 9.

ren klug. Die bereits häufig angesprochene Ambivalenz des närrischen Brauchtums tritt an dieser Stelle erneut zu Tage. Keim erklärt das Verhältnis von Karneval und Politik analog dazu zur »dialektischen Lebensweisheit«.[998] Zu Bachtins Theorie des Rollentauschs ist es von diesem Punkt aus ebenfalls nicht mehr weit.

6.4.2 Der literarisierte politische Karneval am Beispiel Ludwig Kalischs

Der bereits erwähnte Anton Maria Keim hat sich nicht nur dem politischen Karneval im Allgemeinen gewidmet, sondern ist auch Autor einer Abhandlung über Ludwig Kalisch, der als einer der Gründerväter der politischen Mainzer Fastnacht gelten kann. Betrachtet man das Werk Kalischs, dann wird schnell klar, dass er ein entscheidendes Merkmal politischen Karnevals verarbeitet hat: Er übt Kritik an der Politik und bedient sich dazu karnevalesker Formen.

Ludwig Kalisch wurde 1814 als Sohn einer jüdischen Familie in Posen geboren. Im Alter von zwölf Jahren zog er mit seiner Familie nach Frankfurt. Er studierte Sprach- und Literaturwissenschaft sowie Medizin und promovierte schließlich. Seine Hauptwirkungsstätte nach dem Studium war Mainz. Hier bestritt er seinen Lebensunterhalt, indem er Sprachunterricht erteilte. Zeit seines Lebens war Kalisch ein Kämpfer für die demokratische Idee, was natürlich auch Ausdruck in seinem Wirken fand. 1844 bis 1846 war er Redakteur der Mainzer Karnevalszeitung *Narrhalla*, die zu späterem Zeitpunkt noch eingehender beleuchtet werden soll. Aufgrund seiner politisch-satirischen Beiträge geriet er schon bald mit der Zensur in Konflikt, über die er sich wiederum mokierte. Im Zuge der 48er Revolution übernahm er die Redaktion der Wochenzeitung *Der Demokrat* – sein Engagement ging fortan über den Karneval hinaus und er wurde politisch aktiv. Als die Paulskirchenverfassung scheiterte, schloss sich Kalisch den Aufständischen in der Pfalz an. 1851 wurde er in Abwesenheit zum Tode verurteilt aufgrund der »Unterstützung revolutionärer Gewalt«. 1882 starb Kalisch schließlich, er blieb seinen demokratischen Idealen allerdings bis zum Schluss treu.[999]

998 Ebd.
999 Vgl. Keim 2003, S. 10ff.

Heinz Seydel schreibt über Kalisch: »Er gehörte, die Behauptung sei gewagt, zu den progressivsten deutschen Schriftstellern des 19. Jahrhunderts.«[1000] Einen Grund dafür könnte bereits der Titel seiner Textsammlung *Gebunden und Ungebunden* offenlegen. Laut Neuhaus verweist dieser Titel auf die künstlerische Programmatik Kalischs: »Kalisch ist ›gebunden‹, weil er Kritik an der politischen Situation des Reichs nicht direkt äußern darf, er ist aber ›ungebunden‹ wenn er seine Kritik mit den Mitteln der Literatur zwischen den Zeilen versteckt.«[1001]

6.4.2.1 Zur Theorie der Satire

Ein Mittel, Kritik zwischen den Zeilen zu verstecken, ist die Satire. Der Begriff »Satire« lässt sich vom lateinischen *satura* herleiten. Hiermit wird ein Allerlei bzw. etwas Vermischtes bezeichnet. Daraus ergibt sich bereits eine inhaltliche Spannbreite. Tatsächlich ist die Satire laut Auerochs eine kritische und angreifende Literatur, deren Spektrum sowohl ein spielerisch-witziges als auch aggressiv-pathetisches Register umfasst.

Der Begriff lässt sich einerseits als Gattungsbezeichnung verwenden, andererseits benennt er aber auch ein literarisches Verfahren im Allgemeinen. In Bezug auf ihre Funktion schreibt Auerochs: »Die S[atire] weist in kritischer Absicht auf eine von ihr gemeinte Wirklichkeit als von einer Norm markant abstechend bzw. hinter ihr zurückbleibend hin.«[1002] Dabei bedient sie sich bestimmter Strategien: Mit Hilfe rhetorischer Stilmittel wie Ironie und Übertreibung möchte die Satire auf amüsant-komische Art und Weise die bittere Wahrheit offenlegen. Sie verfolgt dabei das Ziel, dass beim Rezipienten eine Besserung eintritt. Insofern ist sie auch dort, wo sie etwas Einzelnes meint, stets als Symptom für das Allgemeine zu betrachten.

Die Satire als Gattung lässt sich allgemein in die lucilianische Verssatire und die menippeische (auch varronische) Prosasatire unterteilen. Erstere ist für die vorliegende Abhandlung zu vernachlässigen, da es sich um eine rein lateinische Gattung handelt. Von größerer Bedeutung ist die menippeische Prosasatire. Sie hat im Laufe ihrer Geschichte ein reichhaltiges Arse-

1000 Neuhaus 2004, S. 284.
1001 Ebd., S. 285.
1002 Auerochs 2007, S. 678.

nal an Formen entwickelt, die sich z. T. auch in den *Narrhalla*-Jahrgängen des Vormärz wiederfinden. So schildert sie häufig Träume und Visionen, dies allerdings nie in prophetischer, sondern in satirischer Absicht. Auch Reisen unter, auf und über der Erde sind ein beliebtes Thema. Zeitsprünge und Verwandlungen der Erzähler bzw. Protagonisten sind ebenfalls Instrumente der Distanzierung, oder wie Brecht sagt »Verfremdungseffekte«[1003]. Hinzu kommen Totengespräche und paradoxe Lobreden. All diese Motive dienen laut von Koppenfels der »erkenntnisfördernden Wirklichkeitsverzerrung«.[1004] Diese Annahme deckt sich auch mit den formalen Eigenheiten der Satire: Wortschöpfungen und Sprachmischung, zudem die Verwendung vulgärer Sprachzonen sind legitime Gestaltungsmittel der Satire. Ein parodistischer Blick auf die hohen Gattungen der Literatur bleibt dabei nicht aus. »[...] Kritik und Skepsis bestimmen die geistige Grundhaltung der menippeischen S[atire]«,[1005] so Auerochs.

Das ausgehende 18. Jahrhundert stellt für die Satire schließlich eine Zäsur dar. Die Vorstellung, dass die Satire keine Gattung und bloß eine Schreibweise sei, gewinnt immer mehr an Popularität. Dies ist auch der Grund dafür, dass es im 19. und 20. Jahrhundert zur Ausbildung eigener satirischer Formen und Kommunikationsmedien abseits der Hochliteratur kommt. Das Ende der Literatursatire bedeutet dies aber nicht. Sie erlebt ihre Blüte in der Romantik und wird im Vormärz schließlich von einer immer populärer werdenden politischen Satire (mit Heinrich Heine als bekanntestem Vertreter, dazu zählt aber auch Kalisch) abgelöst. Mit dieser Trendwende ging auch eine neue inhaltliche Akzentuierung einher: »Statt Verfehlungen und Abweichungen von etablierten Normensystemen macht die S[atire] der Moderne mehr und mehr auch diese Normensysteme selbst zur Zielscheibe ihres Spotts.«[1006]

1003 Brecht 1974, S. 150.

1004 Koppenfels 1981, S. 17.

1005 Auerochs 2007, S. 678.

1006 Ebd., S. 679; Lichtenberg entschied sich daher auch, die *Narrhalla* als nicht ungefährlich einzustufen.

6.4.2.2 Ludwig Kalisch: *Quai-tse*

Die vorliegende Arbeit möchte eine Erzählung aus der oben angesprochenen Textsammlung Kalischs herausgreifen und näher in den Blick nehmen. Es handelt sich um eine Geschichte mit dem Titel *Quai-tse*. Protagonist dieser Erzählung ist der Chinese Li-tsung, der dem Erzähler auf einer Reise begegnet und ihm seine Irrfahrt schildert. Er hatte den Plan, in seiner Heimat den Löffel als Innovation einzuführen, da dieser praktikabler sei als die sonst üblichen Essstäbchen. Allerdings erregt dieses vermeintlich banale Vorhaben enormen Protest: »Die Mandarinen behaupteten, daß wir mit unseren Löffeln die Fundamente des Staates unterwühlten und daß die Gesellschaft unvermeidlich dem Untergang entgegenstürzen würde […].«[1007] Aufgrund der angeblich regimegefährdenden Idee wird Li-tsung verfolgt und gezwungen, sich ins Exil zu flüchten. Er beschließt diese Schilderung mittels einer Moral: „Die Thorheit der Menge ist mächtiger als die Weisheit des Einzelnen; Mandarinen und Bonzen giebt's, wenn auch unter anderen Namen, in jedem Lande.«[1008]

Neuhaus macht gleich mehrere Aspekte aus, die anhand dieser Geschichte deutlich werden. Zunächst wird ein Kontrast dargestellt von Ursache (die Intention, Löffel einzuführen) und Wirkung (gnadenlose Verfolgung). Dieser Kontrast sorgt auch für die Komik der Erzählung, schließlich ist ein solches Vorgehen in Anbetracht eines völlig harmlosen Vorschlags nicht zu vermuten. Der Löffel ist in dieser Erzählung aber nicht bloß ein Esswerkzeug, sondern ein Symbol für Freiheit und politische Beteiligung – er steht folglich für die den Vormärz prägenden Ideale, von denen Kalisch beeinflusst war. Wie der Protagonist der Erzählung musste auch Kalisch wegen mangelnder Regimetreue ins Exil flüchten. Die These, dass die vorliegende Erzählung eine autobiographische Verarbeitung der Erlebnisse Kalischs darstellt, läge folglich nahe. Gleichzeitig ist das autoritäre Vorgehen der Mandarinen und Bonzen, welches aufgrund der Banalität der vorausgegangenen Situation auf das Unverständnis des Lesers stößt, Kritik an der dominanten Herrschaftsform dieser Zeit – der Monarchie. Dadurch, dass Kalisch diese Erzählung in China spielen lässt, versucht er der Gefahr zu entgehen, von der Zensur belangt zu werden –

1007 Kalisch 2004, S. 9.
1008 Ebd., S. 11.

eine, wie die Analyse der *Narrhalla* zeigen wird, durchaus gängige Strategie.[1009] Eine Übertragung der Kritik auf die Verhältnisse in Deutschland fordert Kalisch allerdings explizit ein. In der bereits zitierten Moral stellt er nämlich fest, dass die in der Erzählung geschilderte Despotie in allen Ländern dieser Welt akut ist und die Wahrheit zu unterdrücken versucht – folglich auch im Deutschland des Vormärz.

Auch in seinem Gedicht *Eine schwarze Ballade* übt Kalisch Kritik an der Monarchie als Staatsordnung. Der darin thematisierte Wunsch des Fürsten, einen Mohren weiß zu waschen, ist nicht nur als »ironisch-kritische Auseinandersetzung mit der zeitgenössischen Xenophobie«[1010] zu werten. Indem Kalisch den Plan des Herrschers scheitern lässt, stellt er dem vom Monarchen intendierten Konformitätszwang die Individualität als siegreichen Kontrapunkt gegenüber:

> »Da kommt der Fürst ganz außer sich
> Und fast vergeht vor Groll er;
> Er zerrt das Hofgesind am Haar
> Und treibt es täglich toller.
> Zu tausend Mitteln greift der Thor;
> Jedoch der Mohr,
> Der Mohr, der Mohr,
> Der bleibt so schwarz als wie zuvor.«[1011]

6.4.3 Die *Narrhalla* – publizistisches Organ eines politisierten Karnevals[1012]

»Zeitungen sind Zeit-Zungen«,[1013] so Helmut Wirth in seinem Aufsatz über die Geschichte der *Narrhalla*. Ihnen sind viele Informationen über die ersten 100 Jahre der organisierten Fastnacht zu verdanken. Die *Officielle Carnevals-Zeitung von Cöln*, die 1825 erstmals erschien, ist das wohl ältes-

1009 Vgl. Neuhaus 2004, S. 286.
1010 Ebd., S. 292.
1011 Kalisch 2004, S. 14.
1012 Die hier folgenden Ausführungen zu den *Narrhalla*-Jahrgängen des Vormärz beruhen maßgeblich auf einer Masterarbeit, die der Autor im Jahre 2020 dem Institut für Geschichte der Universität Koblenz vorgelegt hat.
1013 Wirth 1987, S. 225.

te Narrenblatt.[1014] Zwei Jahre später wurde in Koblenz die erste karnevalistische Zeitung herausgegeben. Dezent macht der *Jocusstädtische Anzeiger* auf die zu diesem Zeitpunkt schon geltenden Zensurbestimmungen aufmerksam. So wird u. a. die Abschaffung der »Maulsperre«[1015] proklamiert und auch der Hinweis darauf, dass die erste Auflage rasch vergriffen gewesen sei, lässt sich als Hinweis auf das Walten der Zensur deuten. Die Zielsetzung des närrischen Treibens wird bereits auf der Titelseite kenntlich gemacht:

»So wie ein Gürtel unsre Erd' umfasset,
Umschlinge uns der Thorheit Band;
Und alles, was nicht gut zur Tollheit passet,
Das räum' – drei Tage nur – der Thorheit Land.«[1016]

Die schon mehrfach angesprochene *Narrhalla*, die in enger Verbindung zu dem ebenfalls bereits thematisierten Ludwig Kalisch steht, gilt als prominentestes Beispiel einer Karnevalszeitung. Sie wurde 1841 vom Mainzer Dramaturgen Franz Wiest gegründet und erschien im Verlag von Johann Wirth. Ihre eigentliche Funktion, die Ereignisse der Kampagne publizistisch aufzubereiten, wurde schnell zur Nebensache. Die *Narrhalla* avancierte zum links-liberalen Kampfblatt. Den Namen der Zeitung entlehnte Wiest dem Versammlungsort der Narren, wobei diese Bezeichnung wiederum eine Adaption der Ruhmeshalle König Ludwigs von Bayern – auch als Walhalla bezeichnet – darstellt.[1017] Der eigene Anspruch der Narren tritt hier also offen zu Tage. Das Ziel der *Narrhalla* bestand laut Kalisch darin, »das Lächerliche an den Menschen zu zeigen, nicht die Menschen lächerlich zu machen, denn dafür sorgen die Menschen schon selbst.«[1018] Die Politik des Vormärz war, wie weiter oben zu sehen, auf Machterhalt aus. Gerade die *Narrhalla* bildete aber zu jener Zeit eine starke liberale Gegenstimme.[1019] Laut Keim flüchtet sich der oppositionelle Geist in Zei-

1014 Vgl. Hill 1998, S. 37.
1015 *Jocusstädtischer Anzeiger* 1827, S. 6.
1016 Ebd., S. 1.
1017 Vgl. Schenk 1986, S. 47.
1018 *Narrhalla* 1843, S. 129.
1019 Vgl. Wirth 1987, S. 225.

ten politischer Unterdrückung in die Verkleidung.[1020] Wirth spricht analog dazu von der »Opposition mit der närrischen Feder«.[1021] Auch hier fühlt man sich wiederum an die Funktion des mittelalterlichen Narren nach Bachtin erinnert. Es mag daher nicht verwundern, dass ausgerechnet Till Eulenspiegel als Wahrheitskünder das Titelblatt der Erstausgabe der *Narrhalla* schmückt.[1022]

Hauptthemen der *Narrhalla*-Ausgaben des Vormärz waren die Geißelung der Zensur sowie der Kampf für die Freiheit. Am deutlichsten tritt diese Tendenz in den Beiträgen zu Tage, die aus der Feder Kalischs stammen. Die Zensur wird z. T. als etwas Unberechenbares beschrieben, das nicht einmal vor dem Höchsten haltmacht:

»Ach, Alles was da schießt nach oben
Erbarmungslos streicht's die Censur;
Drum hüte, Herrgott, dich da droben,
Sie streicht am End' dir die Natur.«[1023]

1020 Vgl. Keim 1966, S. 46.

1021 Wirth 1987, S. 227; heute hat die inzwischen vom MCV herausgegebene *Narrhalla* ihren satirischen Gehalt größtenteils eingebüßt, Kritik an der Obrigkeit üben die Karnevalisten mittlerweile am ehesten mit den Motivwagen der Fastnachtsumzüge; in Mainz lebt die politische Fastnacht allerdings fort: als Reaktion auf die Anschläge von Hanau und Halle nimmt der *Mainzer Obermessdiener* alias Andreas Schmitt 2020 im Rahmen der traditionellen Fernsehsitzung *Mainz bleibt Mainz. wie es singt und lacht* die AfD ins Visier: »Die Demokratie, die werden wir schützen, / Eure Gesinnung wird euch nix nützen. / Unsre Kinder werden nicht mehr für euch erfrieren, / Auf keinem Schlachtfeld mehr krepieren, / Und auch nicht kämpfen bis zuletzt, / Während ihr euch in den Führerbunker setzt. / Sie vor euch zu schützen, ist erste Bürgerpflicht! / Mainz ist weltoffen, ihr nehmt uns die Freiheit nicht!« (https://www.youtube.com/results?search_query=mainzer+obermessdiener+2020)

1022 Auch den ersten Orden der 1903 gegründeten Karnevalsgesellschaft Obermendig, der der Autor angehört, ziert Till Eulenspiegel. Die KGO ist ein gutes Beispiel dafür, dass das närrische Treiben auch im dörflichen Kontext von Bedeutung war. Karneval ist hier bereits indirekt für das Jahr 1448 belegt. Urkundlich wird ein sog. Fastnachtshuhn, eine von den Leibeigenen an den Leibherrn jährlich zu entrichtende Abgabe, erwähnt.

1023 *Narrhalla* 1843, S. 63.

Hierin spiegelt sich auch die enge Verbindung zu Heinrich Heine wider.[1024] Das *Junge Deutschland* – und Kalisch lässt sich zum erweiterten Kreis dieser Gruppe zählen – legte durch sein politisches Engagement den Grundstein für unsere freiheitliche Ordnung heute. Keim stellt eine gegensätzliche Entwicklung fest: »So wie die Dichter und Schriftsteller des ›Jungen Deutschland‹ den Weg vom lyrischen Gedicht zum Leitartikel gegangen waren, so gingen die liberalen Publizisten [...] den schmalen Weg vom politischen Leitartikel zum karnevalistischen Blatt und in die Bütt.«[1025] Anhand der *Narrhalla* lässt sich die Theorie von Ralf Dahrendorf nachvollziehen, der von der Unwirksamkeit der Unterdrückung von Konflikten spricht. Die Wirksamkeit von Ventilen als Kompensatoren jener Unterdrückung ist allerdings – wie der Karneval selbst – immer zeitlich begrenzt.[1026]

6.4.3.1 Der Quellenkorpus

Die nachfolgende Analyse soll sich der Frage widmen, inwiefern die *Narrhalla* die Freiheits- und Einheitsbestrebungen der Mainzer Karnevalisten im Vormärz widerspiegelt. Zu diesem Zweck soll zunächst der untersuchte Quellenkorpus grob umrissen bzw. charakterisiert werden.

Die Untersuchung hat sich, da die oben formulierte Fragestellung entsprechend eingegrenzt ist, lediglich auf die *Narrhalla*-Jahrgänge des Vormärz beschränkt. Das früheste Zeugnis entstammt somit dem Gründungsjahr der *Narrhalla*, 1841. Insgesamt wurden sieben Jahrgänge untersucht, jener aus dem Revolutionsjahr 1848 ist miteingeschlossen, da die Kampagne zeitlich vor den revolutionären Umtrieben im März lag. Im Jahr 1847 ist die *Narrhalla* nicht erschienen, insofern muss die Analyse dieses Jahr außen vor lassen.

Die Karnevalszeitung erschien während einer Session in mehreren Ausgaben, die als Lieferungen bezeichnet werden. Diese dienten zunächst v. a. dazu, die vergangenen Sitzungen zu besprechen. Es findet sich daher am Ende jeder Lieferung ein Beitrag, der die vorausgegangenen Veranstaltungen zusammenfasst. Neben den »herkömmlichen« Lieferungen

1024 Vgl. Keim 1966, S. 62; die Verbindung zwischen Ludwig Kalisch und Heinrich Heine kam auch über Kalischs Bruder David zustande, der Gründer der Zeitschrift *Kladderadatsch* war.

1025 Keim 1966, S. 64.

1026 Vgl. Keim 1987, S. 142.

befindet sich am Ende eines Jahrgangs häufig eine separate Ausgabe, die sich speziell dem Fastnachtswochenende widmet und u. a. den Rosenmontagszug in Szene setzt.

Zieht man all dies in Betracht, so ergibt sich bei 7 untersuchten Jahrgängen à 7 bis 9 Lieferungen, die jeweils 15 bis 20 Seiten umfassen,[1027] ein Quellenkorpus von etwa 1000 Seiten. Die Analyse hat insgesamt 370 verschiedene Beiträge ausmachen können, die im Zuge dieser Abhandlung natürlich nicht alle detailliert besprochen werden können. Der Autor hat sich daher für eine methodische Zweiteilung entschieden:

Zunächst soll ein quantifizierendes Verfahren angewendet werden. Mittels einer Tabelle hat der Autor darzustellen versucht, wie viele Beiträge innerhalb eines Jahrgangs politisch konnotiert sind, um eine etwaige Entwicklung zunehmender Politisierung aufzeigen zu können. Um noch spezifischere Aussagen bzgl. des politischen Gehalts der entsprechenden Artikel treffen zu können, hat der Autor wiederholt auftauchende Thematiken (*Freiheit, Gleichheit, Einheit, Zensur, Monarchie, Aufklärung, Revolution*) herausgefiltert und ebenfalls in die tabellarische Darstellung eingeflochten. So lassen sich auch Tendenzen hinsichtlich der Entwicklung einzelner Themen aufzeigen, um schließlich die politische Relevanz der Mainzer Fastnacht inhaltlich genauer umreißen zu können. Daran anschließend sollen einzelne Beiträge, deren präzise Analyse dem Autor als fruchtbar erscheint, mittels der hermeneutischen Methode interpretiert werden, um einen spezifischen Blick auf die literarische Gestaltung der Texte zu ermöglichen.

Für die hermeneutische Interpretation hat der Autor die zu analysierenden Jahrgänge in drei Phasen eingeteilt: Die Jahre 1841 und 1842 bilden die erste Phase. Hier zeigt sich die *Narrhalla* noch vergleichsweise zaghaft, was die politische Stoßrichtung anbelangt. Phase zwei umfasst die Jahrgänge 1843 bis 1845. Hier ist eine Steigerung des links-liberalen Gehalts zu verzeichnen, was nicht zuletzt mit dem Umstand zu erklären ist, dass Ludwig Kalisch in diesem Zeitraum federführend an der *Narrhalla* beteiligt war. Die Jahrgänge 1846 und 1848 bilden schließlich die dritte und letzte Phase: Auffällig hieran ist, dass die Beiträge vermehrt das

1027 Da die Lieferungen weniger als 20 Druckbogen umfassten, unterlagen diese »nur« der Vorzensur.

Schutzschild der Satire von sich werfen und die demokratischen Forderungen nun frei artikulieren. Zusätzlich finden sich in dieser Phase Beispiele, die nicht bloß verbalisierter Protest sind, sondern den Willen zur Tat erkennen lassen.

6.4.3.2 Quantifizierendes Verfahren

Die Analyse der insgesamt 370 Beiträge, die in den *Narrhalla*-Jahrgängen von 1841 bis 1848 ausgemacht werden konnten, liefert zahlreiche Erkenntnisse. Neben den Ergebnissen der hermeneutischen Interpretation ausgewählter Artikel führte auch das hier angewandte quantifizierende Verfahren zu aussagekräftigen Schlussfolgerungen.

Von den 370 Beiträgen konnte in 225 eine politische Konnotation ausfindig gemacht werden. Zwar variiert diese in Art und Umfang recht stark, dennoch beinhalten somit 61 % der *Narrhalla*-Artikel der Jahrgänge 1841 bis 1848 kritische Töne gegenüber der Staatsmacht und der von ihr verteidigten alten Ordnung. Die ausführlich analysierten Beispiele weisen dabei die größte Intensität auf, es finden sich aber auch immer wieder zwischen den Zeilen propagandistische Seitenhiebe gegen das Establishment. So wird in der *Narrhalla* des Jahres 1844 eine Zeitung fingiert, in der sich Werbeanzeigen für jüngst erschienene Publikationen befinden. U. a. wird darin »Die Preßfreiheit, ein deutsches Märchen für erwachsene Kinder«[1028] beworben. Ein Märchen ist stets fiktionaler Natur, mit der Bezeichnung wird das Unwahre besonders betont (›erzähl mir keine Märchen‹).[1029] Indem die Pressefreiheit also als Märchen bezeichnet wird, gilt auch deren Realisierbarkeit zumindest in näherer Zukunft als ausgeschlossen. In der vermeintlichen Resignation steckt aber eine Provokation, an dieser eingefahrenen Situation endlich etwas zu ändern. Insofern findet sich hier – wenn auch nur zwischen den Zeilen – ein Appell, die geltende Ordnung nicht weiterhin leichtfertig hinzunehmen. Die Notwendigkeit dafür formuliert ein *Leidender Artikel* in der *Narrhalla* von 1843: Die Deutschen werden mit Kartoffeln verglichen, die »sogar von den kleinsten Fürsten mit dem größten Appetit verschluckt«[1030] werden. An vielen ande-

1028 *Narrhalla* 1844, S. 12.
1029 Vgl. Bluhm 2007, S. 473.
1030 *Narrhalla* 1843, S. 39.

ren Stellen ist es die Zensur, die neben ausführlichen Thematisierungen immer wieder auch beiläufige Erwähnung findet: »Die Frau Geheimräthin Censur genießt trotz ihres hohen Alters die kräftigste Gesundheit.«[1031]

Es wird zudem auch immer wieder auf die Tagespolitik verwiesen, was ebenfalls meist am Rande geschieht, um die Zensur zu umgehen. Zu Beginn der *Narrhalla* 1848 richtet die Karnevalszeitung das Wort an ihre Leser. Es wird verkündet, dass die *Narrhalla* nun in den siebenten Jahrgang tritt, etwas Besonderes, schließlich ist die Sieben eine mystische Zahl. Begründet wird diese These u. a. mit den »sieben Göttinger Professoren«.[1032] Es wird somit auf ein Ereignis im Königreich Hannover angespielt: 1837 endete aufgrund der unterschiedlichen Erbfolgeordnung die Personalunion mit England. Ernst August von Cumberland wurde König von Hannover. Schon 1833 hatte er gegenüber der Verfassung geltend gemacht, dass sie an die Zustimmung aller Erben gebunden sei. Schließlich verweigerte er nach der Thronbesteigung den Eid auf die Verfassung und vertagte den Landtag. Am 1. November 1837 wurde die Verfassung dann offiziell außer Kraft gesetzt. Für Thomas Nipperdey stellt diese Aktion einen »monarchische[n] Staatsstreich«[1033] dar. Dies rief schließlich sieben Göttinger Professoren auf den Plan: Jacob und Wilhelm Grimm, Dahlmann, Gervinus, Ewald, Albrecht und Weber erklärten am 18. November 1837, dass sie sich weiterhin an ihren Eid gebunden sähen und somit an keinen Wahlen oder sonstigen Aktionen teilnehmen würden, die der für sie nach wie vor gültigen Verfassung widersprächen. Es kam zur Entlassung der abtrünnigen Gelehrten, drei wurden sogar des Landes verwiesen. Für Nipperdey avancierte dieses Ereignis zu einer nationalen Erfahrung: »Die Sieben wurden die Helden und die Märtyrer des Liberalismus.«[1034] Wohlgemerkt verstanden sich die Professoren selbst nicht als Revolutionäre. Dahlmann war der Auffassung, dass der Mensch nach seinen Mitteln beurteilt werden müsse und nur legitime (d. h. gewaltfreie) Mittel zulässig seien. Der vorliegende Fall war allerdings keine Revolution im

1031 Ebd., S. 16 / vgl. auch ebd., S. 21.

1032 *Narrhalla* 1848, S. 3.

1033 Nipperdey 2013, S. 376; 1830 war es in Göttingen zu revolutionären Umtrieben gekommen, auf die sich ebenfalls Verweise in den *Narrhalla*-Ausgaben des Vormärz finden.

1034 Ebd.

Namen des Naturrechts oder der Volkssouveränität, sondern vielmehr der Widerstand gegen einen Staatsstreich und gleichsam der Kampf für das Recht. Indem die *Narrhalla* nun explizit auf diese Begebenheit verweist, stellt sie sich in die Tradition der Göttinger Sieben. Anders verhält es sich hingegen mit der sog. Göttinger Revolution, die ebenfalls in der *Narrhalla* Erwähnung findet. Auslöser war, dass der städtische Polizeikommissar einen Zinngießer, der von einem Nachtwächter wegen Ruhestörung aufgegriffen worden war, öffentlich abführen ließ. Die Bürgerschaft empfand diese Behandlung als Demütigung, weshalb es zur Jahreswende 1830/31 zum Aufstand kam.[1035] In der *Narrhalla* des Jahres 1848 bezieht sich die fingierte Aussage eines Polizeidieners auf just jenes Ereignis: »Himmelkreuzdonnerwetter! Was ist denn das für eine Musikmacherei? Seht ihr nicht, daß der Nachtwächter schläft?«[1036] Während die Göttinger Aufstände von Gewalt begleitet waren, ist der Protest der Göttinger Sieben bloß verbaler Natur. Auch die *Narrhalla* versteht sich selbst als ein Organ, welches den gewaltfreien Kampf für die Freiheit zu forcieren sucht. Der *Carneval-Almanach* von 1839 bezeichnet daher den Witz als »Steinchen auf der Davidschleuder Laune«.[1037]

Betrachtet man nun die Zahlen noch etwas genauer, so fällt auf, dass lediglich für den Jahrgang 1841 in Bezug auf die politisch konnotierten Beiträge ein Wert von unter 50 % (44%) festzustellen ist. Alle übrigen hier untersuchten Jahrgänge weisen Werte über der 50 %-Marke auf. Die Schwankungen, die man im Zeitraum zwischen 1842 und 1846 erkennen kann, sind eher marginal: Hier sind Werte zwischen 56 % und 64 % zu beobachten. Einen Ausreißer stellt das Revolutionsjahr 1848 dar: Drei Viertel aller Beiträge dieses Jahrgangs beinhalten kritische Töne gegenüber der restaurativen Ordnung. Dass die Kritik immer deutlicher wird und die Beiträge immer mehr den Charakter politischer Leitartikel annehmen, wurde weiter oben bereits erwähnt. Zusätzlich bildet der Jahrgang deshalb eine Besonderheit, weil in allen Artikeln der siebten und achten Lieferung eine politische Konnotation nachgewiesen werden konnte. Dies

1035 Vgl. Lampe 2002, S. 62 f.
1036 *Narrhalla* 1848, S. 27.
1037 *Mainzer Carneval-Almanach* 1839, S. 2.

trifft zwar z. T. auch auf andere Lieferungen älterer Jahrgänge zu, diese bestehen dann aber zumeist nur aus einigen wenigen Artikeln.

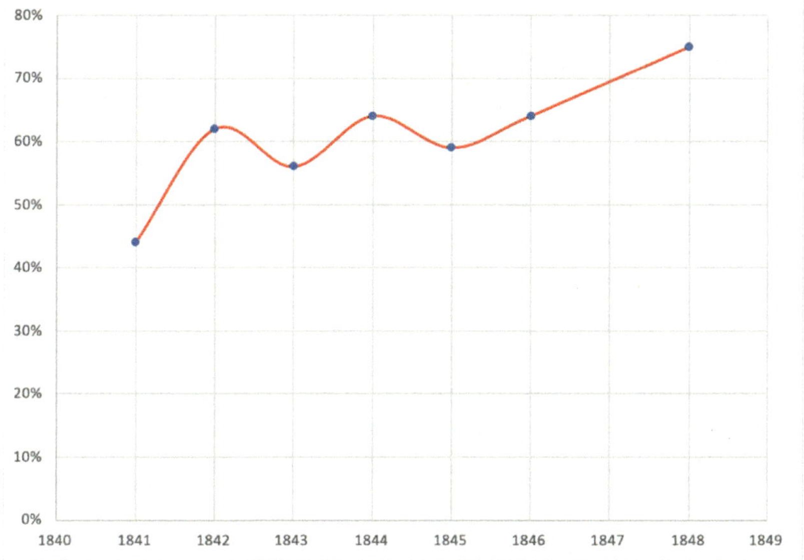

Abb. 13: Anteil der politisch konnotierten Beiträge in den *Narrhalla*-Jahrgängen 1841–1848.

Im zweiten Schritt des quantifizierenden Verfahrens wurde untersucht, welche konkreten Themen in den einzelnen politisch konnotierten Beiträgen angesprochen werden. Hierfür hat der Autor – aufgrund der häufigen Thematisierung – sieben Kategorien ausgewählt: *Freiheit*, *Gleichheit*, *Einheit*, *Zensur*, *Monarchie*, *Aufklärung* und *Revolution*. Diese trennscharf voneinander abzugrenzen, ist nicht immer ganz einfach. Mit der Aufklärung verbindet man Freiheit und Gleichheit, umgekehrt spricht Voltaire, einer der Köpfe der europäischen Aufklärung, von der »révolution des esprits«.[1038] Die Zensur ist ein Auswuchs der Monarchie, gegen die man zu revoltieren sucht. Die vielfach thematisierte Unfreiheit, die meist als Appell zu werten ist, an diesem Missstand etwas zu ändern, wurde schließlich der Kategorie Freiheit zugeschlagen. Mit den Punkten Gleichheit und Einheit verhält es sich ähnlich. Betrachtet man das

1038 Lenk 1981, S. 13.

Gesamtbild, das sich bietet, so fällt auf, dass sich die verschiedenen Themenschwerpunkte unterschiedlicher Beliebtheit erfreuen. Den Spitzenwert erzielt die Zensur, 64 % der politisch konnotierten Beiträge greifen dieses Thema auf. Dies verwundert nicht, denn die *Narrhalla* versteht sich doch gerade als Kämpferin für die Meinungsfreiheit. Den meisten Autoren ist das Recht verwehrt, Kritik an der Obrigkeit zu üben. Die *Narrhalla* nutzt allerdings die Schutzform des Lachens, um genau das zu tun und auf diese Weise dafür zu kämpfen, dass auch die übrigen Zeitungen wieder freie Gedanken verbreiten dürfen. Der zweithöchste Wert ist der Kategorie Freiheit zuzusprechen. In 54 % der politisch konnotierten Beiträge wird diese thematisch aufgegriffen. Selbstverständlich bilden diese beiden Themen eine Symbiose, schließlich ist die Zensur ein Instrument der Unfreiheit und der Antagonist der freien Meinungsäußerung. Es ist daher plausibel, dass diese beiden Kategorien, die offenbar nicht voneinander zu trennen sind, so hohe Werte erzielen. In einzelnen Jahrgängen werden Freiheit und Zensur sogar in über 70 % der politisch konnotierten Beiträge zum Thema gemacht.

	Freiheit	*Gleichheit*	*Einheit*	*Zensur*	*Monarchie*	*Aufklärung*	*Revolution*
1841	37 %	21 %	21 %	53 %	5 %	21 %	21 %
1842	39 %	22 %	6 %	61 %	39 %	33 %	44 %
1843	59 %	8 %	8 %	76 %	46 %	11 %	19 %
1844	57 %	0 %	14 %	71 %	21 %	39 %	36 %
1845	73 %	10 %	37 %	54 %	37 %	27 %	24 %
1846	46 %	23 %	17 %	57 %	54 %	37 %	11 %
1848	49 %	13 %	15 %	68 %	57 %	30 %	36 %
Ø	54 %	13 %	18 %	64 %	41 %	28 %	27 %

Abb. 14: Welche Themen werden in den politisch konnotierten Beiträgen der *Narrhalla*-Jahrgänge 1841–1848 prozentual wie oft angesprochen? (grün markiert: Werte über 50 %; rot markiert: Werte unter 10 %)

Die Kategorie Monarchie belegt schließlich mit 41 % den dritten Platz. Ein Grund dafür, dass diese nicht so häufig erwähnt wird (1841 nur in 5 % der Beiträge), mag darin liegen, dass man auch seitens der *Narrhalla* die Geißel der Zensur fürchtete. Gerade Ludwig Kalisch – das wurde weiter oben bereits erwähnt – hatte schon Erfahrung mit diesem Instrument des Überwachungsstaats gemacht. Ein satirischer Angriff auf die Monarchie war deshalb so gefährlich, weil die Fürsten und Könige diejenigen waren, von denen diese Unterdrückung der Gedanken ausging. Wenn die Monarchie Erwähnung findet, dann sind die gekrönten Häupter meist fingierte Charaktere, um sich nicht angreifbar zu machen und den Zorn der Herrscher im Zaum zu halten. Was gegen diese These spricht, ist der Umstand, dass in 27 % der politisch konnotierten Beiträge das Thema Revolution verarbeitet wird. Ein politischer Umsturz war das, was jeder Monarch am meisten fürchtete, bedeutete es doch den Verlust seiner Macht oder gar seines Lebens. Es ist daher bemerkenswert, dass revolutionäre Umtriebe in den *Narrhalla*-Jahrgängen von 1841 bis 1848 so häufig Erwähnung finden. Und einmal mehr zeigt sich hieran auch die starke linke Orientierung der karnevalistischen Publizistik. Dieser Umstand wird durch den Befund bekräftigt, dass in der *Narrhalla* des Jahres 1843 gleich mehrfach der Tod der *Rheinischen Zeitung* beklagt wird, zu deren berühmtesten Redakteuren in jenen Tagen Karl Marx zählte. So heißt es über das verhängte Verbot der Zeitung: »Als man die Leiche der Rheinischen Zeitung sezierte, fand sich durchaus keine Spur von Böswilligkeit oder Frechheit vor. Ihr Herz hingegen ward von den geschicktesten Aerzten [als] zu groß befunden, was nothwendig den Schlag herbeiführen mußte.«[1039]

Am seltensten ist tatsächlich von den Kategorien Einheit (18 %) und Gleichheit (13 %) die Rede. Hier weisen sogar gleich mehrere Jahrgänge einstellige Werte auf. Der Jahrgang 1844 thematisiert in keinem einzigen Artikel die Kategorie Gleichheit. Dieser Befund mag zunächst irritieren, waren doch Freiheit und Gleichheit die Maximen der Französischen Revolution, auf die man sich auch im Deutschland des Vormärz zu berufen suchte. Es ist allerdings die These des Autors, dass man zu der Zeit das Prinzip der Gleichheit dem der Freiheit zuschlug. Gleichheit bedeutet die Abschaffung der Ständegesellschaft, was dem Einzelnen schließlich auch Freiheit verschafft. Das eine ist ohne das andere nicht denkbar, insofern wurde das Schlagwort der Freiheit zu Lasten der Gleichheit stärker akzentuiert.

1039 *Narrhalla* 1843, S. 93.

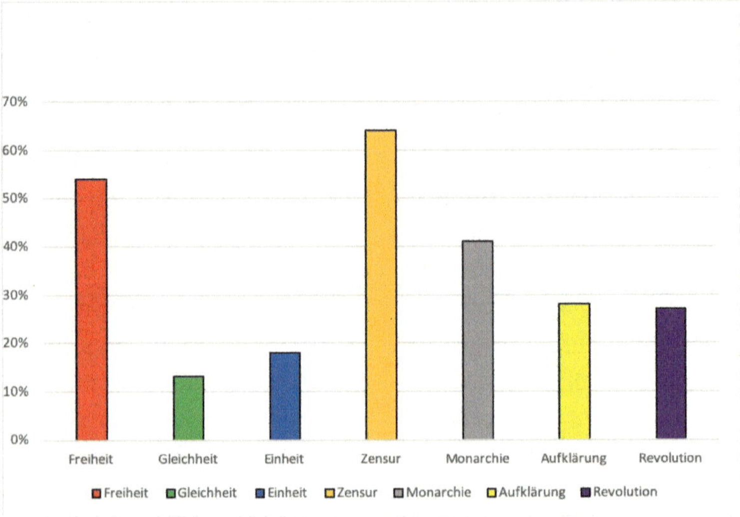

Abb. 15: Welche Themen werden in den politisch konnotierten Beiträgen der *Narrhalla*-Jahrgänge 1841–1848 prozentual wie oft angesprochen?

Auch das seltene Aufgreifen des Themas der Einheit verwundert, schließlich waren Freiheit und Einheit die zentralen Forderungen der Deutschen im Vormärz. Zu dieser Zeit scheint den Menschen die persönliche Freiheit aber wichtiger zu sein als die nationale Einheit – zu dieser Schlussfolgerung kommt man zumindest, wenn man die hier beschriebenen Befunde betrachtet. Dies ist umso interessanter, wenn man in Betracht zieht, dass die Deutschen im Zuge der Reichsgründung 1871 die Forderung nach persönlicher Freiheit zu Gunsten der nationalen Einigung preisgaben, also die Priorisierung eine Umkehrung erfahren hatte.[1040] Dennoch widmet sich auch die *Narrhalla* – obgleich verhältnismäßig eher selten – dem Thema Einheit. Im Jahrgang 1844 heißt es: »Jedes dramatische Werk sollte nach der Vorschrift des Aristoteles die drei Einheiten streng beobachten; Deutschland hat sogar fünf und dreißig mehr.«[1041] Indem die Einheiten der klassischen Tragödie (Ort, Zeit, Handlung) vom ›Flickenteppich‹

1040 Vgl. Nipperdey 2013(2), S. 76.

1041 *Narrhalla* 1844, S. 5; Deutschland wird auch an mehreren Stellen mit Karthago verglichen.

Deutschland abgegrenzt werden, wird dessen nationale Zersplitterung kritisch aufgegriffen.

6.4.3.3 Phase 1 (1841–1842)

Die folgenden drei Unterkapitel widmen sich nun der hermeneutischen Interpretation ausgewählter Textbeispiele. Betrachtet man das Titelblatt der ersten *Narrhalla* von 1841 (Abb. 16), so fallen recht schnell einige Dinge ins Auge, die für die Programmatik der Karnevalszeitung von Bedeutung sind.

Abb. 16: Titelblatt der *Narrhalla* von 1841.

Am auffälligsten ist wohl die Gestalt, die sich am rechten Bildrand befindet. Es handelt sich um einen Mann, in mittelalterliche Kleidung gehüllt, der auf dem Kopf eine Eule als Mütze trägt und in der linken Hand einen Spiegel hält. Zweifelsfrei ist hier Till Eulenspiegel dargestellt, Sinnbild des mittelalterlichen Narren, der – wie Bachtin schreibt – als Mittler der Wahrheit fungierte. Der bärtige Mann oben dient als Personifikation des Rheins. Er gießt, einem Strom gleich, die Narrheit aus. Vater Rhein selbst trägt eine Schellenkappe, was ebenfalls auf die närrischen Tage in Mainz verweist. Hinter ihm ist ein Äffchen zu sehen, welches eine Laterne hält, von der Lichtstrahlen ausgehen. Hierin ist ein erster Verweis auf die Aufklärung zu sehen, deren Entsprechungen in anderen Sprachen (*Siècle des Lumières / Enlightenment*) klar auf das Licht rekurrieren. Wie in der Aufklärung sollten auch im Karneval die Menschen erleuchtet werden, die gängige Ordnung – sonst stumm akzeptiert – wurde in Frage gestellt. Der von Kant stammende Leitsatz der Aufklärung *Sapere aude*[1042] (»Habe Mut, dich deines eigenen Verstandes zu bedienen«) passt gut in diesen Kontext. Die Denkweisen beider Konzepte ähneln sich sehr stark, man könnte auch sagen, dass der mittelalterliche Karneval einen vormodernen Vorgänger der Aufklärung darstellt – natürlich gilt auch hier die zeitliche Begrenzung.

Zuletzt ist die Gestalt am unteren Bildrand in der Mitte von Interesse für die vorliegende Abhandlung. Zu sehen ist ein dicker Mann in tiefem Schlaf. Er trägt eine Schlafmütze, was ihn als den Deutschen Michel identifiziert. Auch hier zeigt sich eine politische Konnotation, wird doch mit Hilfe dieses Bildes die Untätigkeit der Deutschen angeprangert. Hierzu passt die Aussage Hölderlins, die Deutschen seien ein »gedankenvoll[es]«, aber »tatenarm[es]« Volk.[1043] Im Gegensatz zu Frankreich kam es in Deutschland nie zu einer wirklichen Revolution. Die Forderungen nach Freiheit und Einheit wurden auf dem Wiener Kongress nicht eingelöst, stattdessen wurden die vorrevolutionären Zustände weitestgehend wiederhergestellt. Dies alles hatten die Deutschen bereitwillig hingenommen. Indem das Bild des Deutschen Michels aufgegriffen wird, übt die *Narrhalla* Kritik an dieser Mentalität und fordert – wenn auch an dieser Stelle nicht explizit – die Deutschen zur Tat auf.

1042 Kant 2022, S. 9.
1043 Vgl. Hölderlin 2008, S. 64.

Der folgende *Prolog* greift die verschiedenen Elemente des Titelbildes noch einmal auf. Auffällig ist, dass der oben angerissene Appell zur Tat hier schon wesentlich expliziter artikuliert wird:

> »Auf! Ihr seid nun freigelassen, ihr der tollsten Laune Geister,
> Sammelt euch in bunten Massen um den alten Pritschenmeister!
> Lang genug hielt euch gefangen die gestrenge Frau Vernunft,
> Weil sie lebt in stetem Bangen vor der Macht der Narren-
> zunft […].«[1044]

Auch das Mittel der Gewalt wird, freilich in zugespitzter Weise, als *ultima ratio* thematisiert: Jene, die sich gegen das Fastnachtstreiben sträuben, sollen niedergeschossen werden, Karnevalsgegner soll man hinauswerfen, damit die Narrhalla von den Unwürdigen gesäubert werde.[1045]

Auch auf die Funktion Eulenspiegels wird ausdrücklich eingegangen. Er wird schließlich seitens des Pritschenmeisters dazu aufgefordert, jedem »derb die Wahrheit ins Gesicht«[1046] zu sagen. Gleichzeitig finden sich bereits revolutionäre Anklänge in diesem der ersten *Narrhalla* vorangestellten *Prolog*. Die Narren werden als »Erfinder immerneuer Luft«[1047] gepriesen. In Verbindung mit dem oben angerissenen Aufruf zur Gewalt und dem durch Eulenspiegel forcierten Willen zur Wahrheit ergibt sich die Lesart eines intendierten Umsturzes. Ob dieser dauerhafter Natur sein soll oder gemäß dem karnevalistischen Prinzip zeitlich begrenzt, bleibt an dieser Stelle offen. In Bezug auf Hans-Dampf spricht der Text schließlich von der Notwendigkeit, »Ideale zu erkämpfen.«[1048] Dieses Zitat kann als Indiz dafür gelesen werden, dass sich die Infragestellung der gängigen Ordnung nicht allein auf die närrischen Tage beschränken soll. Am Ende des *Prologs* nutzt der Pritschenmeister die Gelegenheit, einen Appell an den Deutschen Michel zu richten, sich nicht dem allgemeinen Trend eines wachsenden Franzosenhasses hinzugeben: »Reiz' nicht immer die

1044 *Narrhalla* 1841, S. 3.
1045 Vgl. ebd.
1046 Ebd., S. 4.
1047 Ebd.
1048 Ebd., S. 5.

Franzosen mit: ›Sie sollen ihn nicht haben!‹ / Und laß uns in einem großen Schoppen allen Haß begraben!«[1049]

Der Grund für die oppositionelle Haltung der *Narrhalla* wird gleich zu Beginn aufgegriffen. Mittels der scherzhaften Androhung »Auf dieser Seite ist bei harter fünf Thaler Strafe – das Lesen verboten«[1050] werden die Einschränkungen durch die Zensur thematisiert. Von Meinungsfreiheit kann in Deutschland zu dieser Zeit noch keine Rede sein. Dies steht natürlich in Konflikt zur Fastnacht, schließlich ist es die Aufgabe des Narren, der Obrigkeit die Wahrheit zu sagen, auch wenn diese zuweilen schmerzhaft sein mag. Das Konfliktpotenzial zwischen diesen sich diametral gegenüberstehenden Standpunkten ist offensichtlich. Insofern lässt sich auch der z. T. revolutionäre Duktus im oben zitierten *Prolog* erklären.

Der erste Artikel, der hier näher besprochen werden soll, ist ein Bericht des Historiographen Ludovicus Schellinsky – ein Pseudonym, wie noch zu zeigen sein wird. Der Erzähler berichtet, wie der Erzengel Raphael von einem Aufenthalt auf der Erde in den Himmel zurückkehrt. Raphael erzählt Gott daraufhin von den schlimmen Umständen, unter denen die Menschen ihr Dasein fristen müssen. Schuld daran ist die Klugheit, die Gott schließlich, um die Menschen von diesem Laster zu befreien, vom Teufel holen lässt. Stattdessen schickt er die Narrheit auf die Erde, die »weiß, gelb, blau und roth gekleidet«[1051] ist, was ein eindeutiger Verweis auf Mainz ist, schließlich sind dies die Vereinsfarben des MCV.

Zunächst kommt die Narrheit allerdings in Wien an. Hier wird sie mit der allgegenwärtigen Zensur konfrontiert: »Als sie aber einst eine kleine Wahrheit sagte, da kam ein garstig Weib und zog einen Tintenstrich über ihren Mund.«[1052] Diese Episode zeigt, dass gerade in der Habsburgermonarchie das an sich hohe Gut der Meinungsfreiheit nicht erwünscht ist. Vermutlich hat der Autor Wien deshalb gewählt, weil auch die Karlsbader Beschlüsse vom österreichischen Außenminister Clemens von Metternich initiiert worden waren.[1053] Erzürnt verlässt die Narrheit Wien und begibt sich nach München, wo sie auf den berühmten Joseph Görres trifft. Sie

1049 Ebd.; dies ist fast schon als pazifistischer Appell zu werten.
1050 *Narrhalla* 1841.
1051 Ebd., S. 13.
1052 Ebd., S. 14.
1053 An anderer Stelle ist daher auch die Rede vom »Souffleur Metternich«.

möchte ihm eine Schellenkappe übergeben, was Görres allerdings zurückweist: »Die Narrenkappe ist eben so leicht wie die Jakobinermütze, ein leiser Wind würde sie mir vom Kopf jagen.«[1054] Görres wird an dieser Stelle als staatstreuer Mensch dargestellt. Darauf verweisen auch Schlafrock und Orden, die er trägt. Er hat sich mit der restaurativen Ordnung abgefunden und kooperiert mit den Machthabern. An einem Kampf für freiheitliche Ideale ist er nicht interessiert, weshalb er die Narrenkappe, die explizit in Verbindung zur Jakobinermütze gesetzt wird, ablehnt. Auch hier zeigt sich die Narrheit enttäuscht und verlässt München.

Nach einigen weiteren Stationen erreicht die Narrheit schließlich das gepriesene Mainz, wobei auch hier kritische Töne mitschwingen. Im Zusammenhang mit ihrem Besuch des Schützenhofs bemerkt der Erzähler: »Dann saßen noch mehrere Sänger, von denen jeder einen besondern Sitz und drei zusammen eine Stimme hatten.«[1055] Dieser Satz ist wohl eine Anspielung auf die Kammersysteme, die inzwischen in einigen deutschen Staaten eingeführt worden waren, von denen allerdings keine politische Durchschlagskraft ausging. Dieser Umstand mag auch ein Grund dafür sein, dass Ludwig Kalisch, den die Narrheit ebenfalls im Schützenhof antrifft, als traurig und niedergeschlagen dargestellt wird. Der Büttenredner August Fürst schrieb 1913 über Kalisch:

> »Aus Posen, aus der Polackei
> Kam er ein Israelite.
> Und die Zensur der Polizei
> Hat ihn auch hier beschnitte.«[1056]

Für Kalisch war seine publizistische Tätigkeit ein Balanceakt. Einerseits wollte er seine demokratischen Ideale nach außen tragen, andererseits war er aber auch darauf bedacht, den Zorn der Staatsmacht nicht auf sich zu ziehen. Die hier geschilderte Szene lässt sich als Berufung bzw. Erweckung Kalischs beschreiben. Die Narrheit macht ihn zu ihrem Hofrat und Historiographen. Sie ermutigt ihn so, sich in den Dienst des Karnevals

1054 *Narrhalla* 1841, S. 14.
1055 Ebd., S. 16.
1056 Fürst 1913, S. 11.

zu stellen, um schließlich die Aufgabe des Narren zu erfüllen – nämlich die Wahrheit zu sagen. Es ist sogar davon auszugehen, dass Kalisch selbst Autor dieses Beitrags ist, denn im Titel wird der Historiograph Ludovicus Schellinsky als Verfasser angegeben. Ludovicus als lateinische Form für Ludwig und die polnisch klingende Endung des Nachnamens, der darüber hinaus auf die Schellen der Narrenkappe anspielt, verweisen auf die Autorschaft Kalischs, der quasi sein eigenes Initiationserlebnis – wenn auch in metaphorischer Form – beschreibt.

Auch von Interesse ist die Geschichte von König Griesgram. Es handelt sich hierbei um einen sprechenden Namen und tatsächlich wird der Herrscher auch als »langweiliger König«[1057] beschrieben. Das genaue Gegenteil repräsentiert seine Gattin, Königin Lätizia, was Heiterkeit bedeutet. Das Land des Königspaars wird allerdings von den Philistern dominiert. Historisch betrachtet waren die Philister die Gegner der Israeliten. Sie drangen ein Jahrtausend vor Christi Geburt in Palästina ein. Günter Schenk bemerkt hinsichtlich dieser Analogiebildung: »[…] so wie die Philister einst das Volk Israels bedrohten, empfanden die Narren Mitte letzten Jahrhunderts all die als Gegner, die sich dem organisierten Frohsinn verschlossen.«[1058] Der Beitrag scheint hier bewusst einen alttestamentlichen Bezug herstellen zu wollen. Das Volk Israel, welches sich einst aus der »egyptischen Sklaverei«[1059] befreit hatte, fungiert als Metapher für die Narren in der Mitte des 19. Jahrhunderts. Wurde das jüdische Volk v. a. körperlich unterdrückt, so findet im Vormärz eine geistige Unterdrückung statt. Die Bezüge zur Tora verwundern nicht, schließlich hatte die *Narrhalla* aufgrund der Mitwirkung von Reis und Kalisch von Beginn an eine nicht zu unterschätzende jüdische Prägung.

Die Geschichte zeichnet sich aber noch durch weitere religiöse Bezüge aus. So wird von den »drei Schwarzen aus dem Abendland«[1060] berichtet, die angesichts der nahenden Geburt eines Königskindes die Bühne des Geschehens betreten. König Griesgram macht die Schwarzen – eine eindeutig negative Konnotation – zu seinen Ministern. Die Niederkunft der

1057 *Narrhalla* 1841, S. 54.
1058 Schenk 1986, S. 46.
1059 *Narrhalla* 1848, S. 130 / vgl. auch *Narrhalla* 1843, S. 17.
1060 *Narrhalla* 1841, S. 55.

Königin können die Minister zwar nicht verhindern, allerdings tauschen sie das Heil versprechende Kind gegen ein anderes aus. Der eigentliche Prinz findet zufällig Unterschlupf bei einer ausgewiesenen Verwandten der Königin. Sie trägt den Namen Stultitia, was Narrheit bedeutet. Diese tauft den Prinzen auf den Namen Carneval, in der Stadt Moguntia (Mainz) wird der Kleine aufgezogen.

»Als aber Prinz Carneval herangewachsen [...] geschah es, daß die noch immer junge Narrheit dem Prinzen Carneval Nachricht gab, es sei nun an der Zeit, sein Reich zu erobern, und seine stumme Mutter zu befreien.«[1061] Die Narren, die sich im Land bislang versteckt gehalten hatten, schließen sich dem Prinzen an. Unter den Schlachtrufen »Narrheit, Einigkeit!«[1062] kommt es zur Revolution. Das Königreich wird durch den Frohsinn zurückerobert. Und auch hier verarbeitet der Text ein biblisches Motiv. Der junge Prinz war als Kind beschrieben worden, »das [das Volk] aus der Traurigkeit erlösen werde.«[1063] Prinz Carneval wird zum Erlöser bzw. Messias stilisiert, der sein Land aus der Knechtschaft der Philister befreit. Der Verweis auf die stumme Mutter spielt ferner auf die nicht vorhandene Meinungsfreiheit im Deutschland des Vormärz an. Die programmatische Stoßrichtung ist somit eindeutig. Der Karneval als Instanz, welche Wahrheit verkündet, sagt der allgegenwärtigen Zensur den Kampf an.

Der letzte Beitrag, der im Zuge des Jahrgangs 1841 behandelt werden soll, beschäftigt sich mit der Errichtung eines Nationaldenkmals für den größten deutschen Narren. Für den Erzähler ist dies eine Zeitfrage. Zeitfragen sind laut ihm ein Phänomen, welches Konjunktur hat. Er schreibt: »Zeitfragen sind jetzt ohnehin an der Tagesordnung, aber die Antworten bleiben meist sehr lange aus; alle Zeitungen wimmeln von Fragezeichen, aber statt der Lösungen folgen nur Gedankenstriche; d.i. die von der Censur gestrichenen Gedanken!«[1064] Die Zensur wird hier ganz ausdrücklich angeprangert, der Deckmantel der Satire wird abgeworfen. Aber nicht nur die Zensur gerät ins Fadenkreuz der Kritik. Der Text spricht von »blaue[n] Male[n] am deutschen Staatenkörper«[1065] und thematisiert damit die feh-

1061 Ebd., S. 57.
1062 Ebd., S. 58.
1063 Ebd., S. 54.
1064 Ebd., S. 73.
1065 Ebd.

lende Einheit. Deutschland wird als geschundenes Land dargestellt, was der Erzähler an anderer Stelle erneut aufgreift:

> »Durch unsere Nachahmungssucht werden ohnehin die Narrheiten der übrigen Völker so treu wiedergespiegelt, daß Deutschland gleichsam ein Diorama derselben bildet, und die einzelnen närrischen Farben-Strahlen anderer Nationen in einem Fokus sammelt, oder auf einer großen wiewohl aus vielen Lappen zusammengeflickten Leinwandfläche in den groteskesten Bildern wieder erscheinen läßt.«[1066]

An dieser Stelle findet sich das Motiv der tatenarmen Deutschen, die völlig fremdbestimmt agieren. Am ausführlichsten widmet sich der Erzähler in der Folge der Frage, wer der größte deutsche Narr sei. Er kommt dabei zu verschiedenen möglichen Antworten: »Ein ansehnlicher Narr ist derjenige Leser, der seine Zeit nicht besser anzuwenden weiß, als alle Broschüren und Schriften über die Frage der gemischten Ehe zu lesen.«[1067] Hier wird auf das Kölner Ereignis rekurriert, das weiter oben bereits als Initiationsereignis einer organisierten Mainzer Fastnacht charakterisiert worden war. Auch hier ist also eine erneute religiöse Bezugnahme zu konstatieren. Das Verhältnis der karnevalistischen Publizistik zur katholischen Kirche ist allerdings ambivalenter Natur, was es an dieser Stelle zu betonen gilt. Gerade die ultramontanistische Strömung innerhalb der Kirche betrachtete man mit Misstrauen. Der Ultramontanismus steht der Aufklärung diametral gegenüber, was die *Narrhalla* dazu veranlasst, Kritik an der Bewegung zu üben. So werden die »Papysten«[1068] u. a. für die fehlende nationale Einheit in Deutschland verantwortlich gemacht. Und am Ende der *Narrhalla* des Jahres 1848 wird schließlich der Sieg der Aufklärung über den rückwärtsgewandten Ultramontanismus gelobt: »Aber der Tag bricht immer heller hervor und – wir fürchten keine Jesuiten mehr.«[1069] Den Weiterbau des Kölner Doms, der vom preußischen König Friedrich Wilhelm IV. initiiert worden war, scheint die *Narrhalla* hinge-

1066 Ebd., S. 73 f.
1067 Ebd., S. 74.
1068 *Narrhalla* 1844, S. 53.
1069 *Narrhalla* 1848, S. 131; als Synonym für den deutschen Überwachungsstaat wird daher auch der Begriff der Inquisition verwendet.

gen zu begrüßen.[1070] Zwar möchte man die Rechte der katholischen Minderheit vor der protestantischen Fremdherrschaft schützen, den reaktionären Kurs der ultramontanen Bewegung verurteilt man allerdings aufs Schärfste. Gleichzeitig fürchtet man einen zu großen Einfluss Roms, der vielfach als Hemmschuh einer möglichen nationalen Einigung wahrgenommen wurde.

Im weiteren Verlauf des Artikels wird auch der Rhein als Narr klassifiziert, der sich laut Erzähler deshalb frei nennt, weil er frei von Eis ist. Einerseits wird hiermit das *Rheinlied* von Nikolaus Becker verulkt, der darin vom freien deutschen Rhein spricht. Andererseits wird generell der Umstand fehlender Freiheit in Deutschland angemahnt. Und dies wird im darauffolgenden Abschnitt noch expliziter artikuliert: »Ungeheure Narren sind diejenigen Deutschen, welche der Meinung sind, sie hätten die festeste Constitution, dabei aber so schwach auf den Beinen stehen, daß sie der kleinste Nordostwind umwerfen könnte.«[1071] Der Text spielt darauf an, dass einige deutsche Staaten inzwischen zwar konstitutionelle Verfassungen haben, diese aber keine ernstzunehmende politische Partizipation gewähren. Ferner wird mittels dieser Aussage Kritik an Preußen geübt, das neben Österreich eine Vormachtstellung im Deutschen Bund innehatte. Der Nordostwind als Metapher für das Königreich Preußen ist in der Lage, die konstitutionelle Ordnung wieder aufzuheben. Die nahezu unbegrenzte Macht der Monarchie wird an dieser Stelle wieder einmal deutlich. Von Freiheit kann angesichts dessen wahrlich keine Rede sein.

Deren Nichtvorhandensein wird auch gegen Ende der *Narrhalla* von 1841 noch einmal in aller Kürze und Prägnanz thematisiert: »Censur = Lücken.«[1072] Dass offenbar Teile der Karnevalszeitung zensiert wurden, wird hier offen angesprochen. Dem Leser wird damit erneut das Fehlen von Meinungsfreiheit vorgeführt. Und obwohl die *Narrhalla* – wie jede Zeitung zu dieser Zeit – der Zensur unterliegt, kommt sie doch der Funktion nach, für die sie geschaffen wurde: Sie spricht im Sinne des Karnevals die Wahrheit aus und bewirkt beim Leser so eine Reflexion über das, was eigentlich nicht gesagt werden soll.

1070 *Narrhalla* 1843, S. 22.
1071 *Narrhalla* 1841, S. 75.
1072 Ebd., S. 116.

Der zweite Jahrgang beginnt mit einem publizistischen Paukenschlag. In der *Narrhalla* von 1842 erzählt Dr. Heinrich Börnstein die *Schreckliche – aber wahre Geschichte der großen Dezember-Revolution im Königthume Narrenreich*. Er nimmt darin expliziten Bezug auf die sich zuvor in Europa ereigneten Revolutionen. Auffällig ist, dass bereits der Titel mit einer Anmerkung versehen ist. Hierin heißt es: »Durch Börnsteins excellente Privat-Narrheit ist nun freilich diesmal die erste universelle Narrheit der Carnevalszeitung in etwas beschränkt worden.«[1073] Die Redaktion bezieht sich hier offensichtlich auf die Zensur, der die vorliegende Ausgabe zum Opfer gefallen sein muss. Erneut wird ein probates Instrument genutzt, das Fehlen von Meinungsfreiheit öffentlich anzuprangern.

Die Geschichte handelt von einer scheinbar unüberbrückbaren Opposition: Auf der einen Seite steht der König des Narrenreichs, Carème X. Der fiktive Monarch referiert unzweifelhaft auf Karl X. von Frankreich, der mit dem Erlass sog. Ordonnanzen versucht hatte, die parlamentarische Opposition im Land zu brechen. Es kam zum bewaffneten Aufstand, die ältere Bourbonendynastie wurde gestürzt und der Bürgerkönig Louis Philippe bestieg den Thron. Jenes Ereignis ging als sog. Julirevolution in die Geschichte ein.[1074] Der vorliegende Beitrag rekurriert eindeutig auf diese Geschehnisse im Jahre 1830.

Carème wird als ein der Melancholie verfallener Asket charakterisiert, der ebenso Verzicht von seinen Untertanen einfordert. Diese möchten aber lieber Wein statt Wasser trinken und sind mit der gegenwärtigen Situation entsprechend unzufrieden. Es regt sich Widerstand im Volk, man plant eine Revolte, besinnt sich dann aber eines Besseren, schließlich verheißt die immer näher rückende Fastnacht den nach Wein dürstenden Untertanen Erlösung. Indes wird die Unruhe im Volk von den königlichen Ministern erkannt, die den König entsprechende Gesetze unterzeichnen lassen. Interessant ist an dieser Stelle, dass er die Gesetzesvorhaben quasi blind unterschreibt, ohne deren Inhalt zu prüfen.[1075] Hierin steckt eine klare Kritik an den Herrschenden der Zeit, die aus Sicht des Volkes völlig

1073 *Narrhalla* 1842, S. 5 / vgl. auch *Narrhalla* 1843, S. 57.

1074 Vgl. Hippel / Stier 2012, S. 124 f.; dass sich die Revolution im Dezember ereignet, spielt zudem auf den Dekabristenaufstand in St. Petersburg von 1825 an.

1075 Man fühlt sich an den Prinzen in Lessings *Emilia Galotti* erinnert.

willkürlich agieren. Am Folgetag werden die Gesetze schließlich öffentlich verlesen: »Die erste Ordonnanz hob die Trink- und Freßfreiheit auf und stellte eine Zensur für Getränke her. [...] Die zweite Ordonnanz löste die Versammlungen der Narrhalla auf [...]. Die vierte Ordonnanz endlich hob die Ballfreiheit und den Fasching auf [...].«[1076] Die hier erlassenen Bestimmungen rekurrieren klar auf die Karlsbader Beschlüsse, mit denen die Machthaber versuchten, das Volksbegehren zu unterdrücken. Auch in den vorliegenden Anordnungen spielen Zensur und Einschränkung der Versammlungsfreiheit eine Rolle. Der Gipfel ist, dass die Fastnacht, die bereits als Sehnsucht des Volkes herausgestellt wurde, verboten wird.

Eine Revolution scheint nun unvermeidlich und das Volk verfasst ein Pamphlet, welches die Missstände anprangert: »Die Regierung ist außer die Schranken der Gesetzlichkeit getreten und unser Gehorsam hört auf, eine Pflicht zu sein. – Wir protestieren daher gegen diese illegalen Ordonnanzen [...].«[1077] Den Bestimmungen des Monarchen wird an dieser Stelle ihre Rechtmäßigkeit seitens des Volkes abgesprochen, was den Startschuss für einen Aufstand markiert. In den Schlachtrufen der revoltierenden Meute finden sich zwei erwähnenswerte Adaptionen. Zunächst singen sie die »Narrseillaise«, was unschwer als Abwandlung der *Marseillaise* zu erkennen ist:

> »Allons enfants de la folie!
> Le jour de gloire est arrivé,
> Contre nous de l'hypocondrie
> L'étendard ennuyant s'est élevé."[1078]

Die Kinder des Narrentums werden in diesem Lied darauf eingeschworen, sich gegen die Hypochondrie, also die von oben verordnete Askese zur Wehr zu setzen. Dadurch, dass hier ein Lied des revolutionären Frankreichs adaptiert wird, findet ein direktes In-Bezug-Setzen der fiktiven Revolution zu realen Ereignissen statt. Es folgt eine Adaption des *Rheinlieds* von Nikolaus Becker:

1076 *Narrhalla* 1842, S. 8.
1077 Ebd., S. 10.
1078 Ebd., S. 11.

»Sie sollen sie nicht haben,
Gehören nicht hinein,
Sie sollen sich nicht laben
An unsern Narrentheyn.«[1079]

Hieran wird einerseits noch einmal die Opposition zwischen Herrschenden (Asketen) und Untertanen (Narren) verdeutlicht. Andererseits wird dadurch, dass ein nationalistisches deutsches Lied abgewandelt wird, die im Vormärz omnipräsente Forderung nach nationaler Einheit unterstrichen. Die Zusammenschau beider Zitate lässt aber auch eine Diskrepanz deutlich werden: Der im 19. Jahrhundert erstarkende deutsche Nationalismus wird häufig als Abgrenzungsnationalismus verstanden, d. h. das Feindbild Frankreich diente der Konstruktion der eigenen Gemeinschaft.[1080] Das Aufgreifen der *Marseillaise* macht allerdings deutlich, dass in den Augen der Zeitgenossen das revolutionäre Frankreich eher Vorbildcharakter hatte als der restaurative Deutsche Bund. Die Mainzer Karnevalisten scheinen dem ›Erbfeind‹ Frankreich also wohlwollender gesinnt gewesen zu sein als die deutsche Allgemeinheit, was man u. a. bis heute an Kokarden und Jakobinermützen der Narren sehen kann. Gleichzeitig könnte man hierin ein Indiz dafür sehen, dass die Freiheit (deshalb auch die Faszination für Frankreich als Mutter der Freiheit) den Rheinländern wichtiger war als nationale Einheit.

Die fiktive Revolte im Königthume Narrenreich ist schließlich erfolgreich und die Forderung nach Freiheit wird mittels eines amüsanten Wortspiels eingelöst:

»König Carème ist sehr verdrießlich und wankt, da macht ihm die Deputation den Vorschlag, mit ihr auf den Balkon zu treten und als Zeichen seiner freundschaftlicheren Gesinnungen öffentlich ein Glas Wein zu trinken. – nein! Schreit entsetzt der König; nein! lieber Thée. – Liberté? wiederholen staunend die Deputierten; das Volk draußen hört es und ruft jubelnd und stürmisch: Liberté! – Liberté!«[1081]

1079 Ebd., S. 12.
1080 Vgl. Anderson 1998, S. 14.
1081 *Narrhalla* 1842, S. 12.

Der König dankt letztendlich ab und Prinz Carneval wird zum neuen Regenten gewählt. Dieser gibt dem Narrenreich eine Verfassung, die dem Volk Freiheit und Gleichheit garantiert: »§. 1. Alle Narren sind einander gleich, sie mögen auch noch so große Narren sein. [...] §. 3. Es herrscht unbeschränkte Trink- und Freßfreiheit im Narrenreiche [...].«[1082] Das Ideal des Vormärz, eine konstitutionelle Monarchie, steht am Ende dieser fiktiven Revolution. Der neue König verkündet: »Diese Charte wird künftig eine Wahrheit sein.«[1083] Zumindest in der Fiktion sind die Forderungen des Vormärz Realität geworden. Es zeigt sich an dieser Stelle wieder einmal, dass der Narr Träger – im vorliegenden Fall auch Mittler – einer objektiv abstrakten Wahrheit ist.

Auch der zweite Beitrag, der im Rahmen der *Narrhalla* von 1842 behandelt werden soll, entstammt der Feder Börnsteins. Der Erzähler schildert, wie er sich nach der Sitzung auf den Heimweg begibt. Als er am Gutenberg-Denkmal vorbeikommt, muss er feststellen, dass der Sockel leer ist. Gutenberg ist zum Leben erwacht und verwickelt den Erzähler schließlich in ein Gespräch. In Bezug auf die Zigarre, die der lebendig gewordene Gutenberg während der Konversation raucht, bemerkt er: »[...] das Schicksal hat mich zur Strafe für all' das schlechte Zeug, das durch meine Erfindung jetzt gedruckt wird, verdammt, alle schlechten Bücher als Cigarren gerollt, aufzurauchen.«[1084] Gutenberg, der zuvor als Wegbereiter der Aufklärung charakterisiert worden war, übt hiermit Kritik an der Zensur, denn sie verhindert gute Literatur. Literatur ist immer Innovation; indem ein restaurativer Staat aber alle neuen Gedanken auszumerzen versucht, wird in der literarischen Rezeption bloß das Althergebrachte immer wieder aufgewärmt. Die Kritik wird noch schärfer. Als Gutenberg den Erzähler in die »Literatur-Hölle« führt, wird eine Szene geschildert, in der die Zensoren gefoltert werden: »Censoren lagen mit dem Obertheile unter Buchdruckerpressen und mußten, ihrer Engbrüstigkeit im Leben wegen, nun den fürchterlichsten Preßzwang erdulden, während sie am Untertheile von rächenden Journalisten mit langen, spanischen Bleistif-

1082 Ebd., S. 13.

1083 Ebd., S. 14; mit den sog. närrischen Paragraphen erlassen Karnevalsprinzen bis heute Pseudo-Gesetze, die als Grundsatzprogramm ihrer Regentschaft fungieren.

1084 Ebd., S. 19.

ten gestrichen wurden.«[1085] Als Kontrastfolie wird der Literatur-Himmel beschrieben. Der Erzähler vermutet, dass sich hierin große Literaten wie Goethe, Schiller, Shakespeare und Lessing befinden. Ein Portier macht ihn aber darauf aufmerksam, dass sich im Himmel lediglich die 25 Buchstaben des Alphabets aufhalten würden. Diese nutzt der Text, um eine Opposition zwischen Adel und gemeinem Volk aufzubauen: Die Vokale beschreibt der Erzähler als Aristokraten des Alphabets, »die eine selbstständige Virilstimme besitzen, während die andern armen Mitlauter das stumme Volk bilden, das erst durch die adeligen Selbstlauter, Stimme und Bedeutung erhält.«[1086]

In der Zusammenschau offenbart auch dieser satirische Beitrag ein sehr kritisches Gesamtbild: Die Zensur wird als durch und durch schlecht dargestellt, jene, die sich ihrer bedienen, haben im Jenseits ihre gerechte Strafe zu erwarten. Das Grundproblem ist aber ein anderes: Die nach wie vor geltende Ständeordnung differenziert zwischen Bourgeoisie und dem Volk, das keine Rechte besitzt. Fehlende Freiheit – und das Walten der Zensur ist ein Symptom dessen – ist das Grundproblem der Zeit. Die Geschichte Börnsteins möchte die Leser auf diesen Missstand aufmerksam machen.

Zuletzt soll im Zusammenhang mit der *Narrhalla* von 1842 ein Artikel besprochen werden, der den Titel *Aach eppes jüdisch-stußiges!* trägt. Hierin geht es um die Zulassung der Juden zum Staatsdienst. Der fiktive Autor des Beitrags, der sich der Schacherjude nennt, grenzt die Zulassung zum Staatsdienst von einer allgemeinen Staatsbürgerschaft ab, an der er, wie er mehrfach betont, kein Interesse hat: »Wir haben eine Eversion gegen das Knallen und lieben mehr das Silber in den Taschen als das Blei im Laib.«[1087] Er spielt hier darauf an, dass er keinen Kriegsdienst leisten möchte, wäre dies doch als Staatsbürger seine Pflicht. Ihm geht es vielmehr um die Vorteile, die der Staatsdienst mit sich brächte: »[…] der Staat [besteht] aus zwei Theilen: – aus den Staatsdienern, die für alle verzehren, und den Staatsbürgern, die für alle rwerben.«[1088] Folglich schließt der Schacherjude mit der Bitte, »uns arme unterwürfige Schacherjuden

1085 Ebd.
1086 Ebd., S. 20.
1087 Ebd., S. 58.
1088 Ebd., S. 58 f.

nicht zu beglücken mit der Manzipation als staatsbürgerliche Staatsbürger; inzwischen uns aber die glückselige Glückseligkeit zu gewähren, in gerechter Entschädigung für den beschnittenen Schacher – die gnädigste Zulassung zum Staatsdienste.«[1089]

Gewiss werden mittels dieses Beitrags Vorurteile gegenüber Juden artikuliert. Der Jude wird als egoistischer Mensch dargestellt, der zwar vom Staat profitieren möchte, im Umkehrschluss aber nicht bereit ist, dafür auch etwas zurückzugeben. Wer die satirische Entlarvung von solchen Vorurteilen nicht in Rechnung stellt, könnte hier auf die Idee kommen, dass der organisierte Karneval eine Keimzelle des frühen Antisemitismus war. Ein Gegenbeispiel bildet Johann Kertell, Gründer der Mainzer Ranzengarde. Er setzte sich in jenen Tagen vehement für die Emanzipation der Juden ein. Die Abschaffung der jüdischen »Moralitätspatente« war ein Prestige-Erfolg, der die Gleichberechtigung der Juden im Sinne einer liberalen Grundrechtsverordnung ermöglichte.[1090] Franz Schnabel spricht in seinem Werk *Deutsche Geschichte im neunzehnten Jahrhundert* davon, dass Judenfeindlichkeit ein Charakteristikum der süddeutschen Landtage und Kammern im Vormärz gewesen sei. Auf die mittelrheinischen Gebiete trifft diese Diagnose allerdings nicht zu. In Hessen-Darmstadt wirkten jüdische Bürger schon früh an der politischen Meinungsbildung mit. Und gerade der Mainzer Karneval war seit jeher ein Beispiel für gesellschaftliche Gleichberechtigung jüdischer Bürger. Auch hier können die bereits mehrfach angesprochenen Ludwig Kalisch und Eduard Reis als Beleg dienen.[1091] Von letzterem stammt in diesem Kontext die Aussage, dass die jüdische Emanzipation in hundert Jahren vollendet sei, die der Christen bedürfe hingegen jüdischer Schützenhilfe.[1092] Mit jüdischer Schützenhilfe meint er sein publizistisches Engagement für die *Narrhalla*, mit dem er einen Beitrag für die Befreiung des deutschen Volks leisten will.

1089 Ebd., S. 59.
1090 Vgl. Keim 1966, S. 61.
1091 Vgl. ebd., S. 52.
1092 Vgl. ebd., S. 66.

6.4.3.4 Phase 2 (1843–1845)

Die *Narrhalla* des Jahres 1843 wartet gleich zu Beginn mit einer literarischen Strategie auf, die gerade für die Zeit der Aufklärung typisch war. In dem Beitrag *Reflexiones und Meditationes [...]* bedient sich der Erzähler einer Fabel, um Kritik an der Monarchie üben zu können. Die Fabel, die wohlgemerkt mit der Satire verwandt ist, besitzt traditionell eine didaktisch-reflexive Zweckausrichtung: »Der dargestellte Einzelfall ist als anschauliches Beispiel für eine daraus ableitbare Regel der Moral oder Lebensklugheit zu verstehen.«[1093] Es wird von einem hungrigen Löwen berichtet, der traditionell der König der Tiere ist. Seinen Appetit pflegt er dadurch zu stillen, dass er seine Untertanen auffrisst:

> »Er wußte aber recht gut, daß auch unter seinen Unterthanen, den Bestien, eine gewisse Aufklärung um sich gerissen und ging deßhalb von der löblichen Mei-nung aus, es sei viel besser, die Unterthanen aufzufressen, nachdem man ihnen einen kurzen Prozeß gemacht, als sie so mir nichts dir nichts zu verschlucken; denn populär will auch der Bestienkönig sein.«[1094]

Die hier zu Tage tretenden vermeintlichen Gewissensbisse des Löwen entpuppen sich als Farce. Der Grundsatz der Rechtsstaatlichkeit (Anspruch auf ein faires Gerichtsverfahren) wird zwar thematisiert, in der Praxis hält der König aber bloß Scheinprozesse ab. Der Tiermonarch, der sich listigerweise mit Pech eingeschmiert hat, lauert in einer Grube darauf, dass seine Untertanen ihm am angeblichen Krankenlager einen Besuch abstatten. Als er einem Schaf die Frage stellt, ob er rieche oder stinke, muss dieses – aufgrund seines ehrlichen Charakters – zugeben, dass er stinkt. Der Löwe wertet dies als Majestätsbeleidigung und verschlingt das Schaf. Wenig später verneint ein Ochse die gleiche Frage: »Nein! Ew. Majestät duftet, wie die Zeder des Libanon, wie die Rose im Thal Saron, wie Lavendel, Myrth' und Thymian.«[1095] Auch diese Antwort lässt der König nicht gelten: »Wahrheit will ich von meinem Volke hören und man bietet mir

1093 Schweikle / Hoheisel 2007, S. 226.
1094 *Narrhalla* 1843, S. 13.
1095 Ebd., S. 14.

schamlose Lügen.«[1096] Diese Geschichte zeigt einmal mehr die Willkür der Monarchen, denen ein stummes Volk wohl am liebsten wäre.

Der Zeitsprung wurde weiter oben als probates Mittel der Satire beschrieben. Die im Folgenden zu behandelnde Geschichte nutzt genau dieses Instrument, was bereits der Titel verrät: *Ein pudelnärrischer Blick in das Jahr 2543*. Der Fuß dient zunächst als Metapher für das nach Freiheit dürstende Volk. Es wird beschrieben, dass die Füße unter dem »Stiefeldrucke« leiden und daher eine »Fußbekleidungsrevolution« planen: »Alle Füße der alten und neuen Welt, selbst die kleinen, allerliebsten Füße der Chinesinnen, vereinigen sich zu einer fußheitlichen Nationalversammlung.«[1097] Die Füße streben somit nach politischer Partizipation und zugleich nationaler Einheit, worauf die Forderung nach einer gesamtstaatlichen Volksvertretung verweist. Es droht eine »Schustervertretung«, die ein »heroischer Schuster« allerdings abzuwenden weiß: »Wir widersagen hiermit der Schusterei und schwören ihr ab; Wir verbannen den Namen ›Schuster‹ und nennen Uns jetzo Fußbekleidungskünstler […].«[1098] Man verspricht den Füßen, fortan nur noch »Siebenmeilenstiefel« zu produzieren. Die Revolution wird abgewendet, aber auch die großen Versprechungen sind mehr Schein als Sein. Man gibt dem Kind bloß einen anderen Namen.

Dies wird besonders deutlich, als der Erzähler schildert, wie er mit Hilfe der Siebenmeilenstiefel in die Zukunft reist. Das Jahr 2543 wird als das erste der »allgemeinen deutschen Narrheit«[1099] beschrieben. Zu mehr Freiheit sind die Deutschen in den 800 Jahren, die zwischen dem ersten und dem zweiten Teil der Geschichte liegen, aber offenbar nicht gekommen: »Deutschland war kein Freistaat, sondern eine constitutionelle Narrenmonarchie geworden. Der größte Narr seiner Zeit war nicht von des Narrengottes Gnaden, sondern durch den Willen aller deutschen Narren zum Kaiser des närrischen Germaniens erwählt worden.«[1100] Der Kaiser wird als Narr charakterisiert, dem zudem die göttliche Legitimität abge-

1096 Ebd.

1097 Ebd., S. 21; Vorausdeutung auf die von Marx und Engels propagierte Parole »Proletarier aller Länder, vereinigt euch!«

1098 Ebd.

1099 Ebd., S. 22.

1100 Ebd., S. 23.

sprochen wird. Zwar scheint er mittels Wahl zum Kaiser gemacht worden zu sein, Freiheit des Volkes bedeutet dies aber nicht: So wird von sechs Zeitungsschreibern berichtet, die an der »Universität Ochsfort«[1101] studiert haben. Diese Abwandlung spielt auf die Dummheit vieler Autoren jener Zeit an, die die geistige Gängelung durch die Zensur bereitwillig hinnehmen. Auch die Amtsbezeichnung des »Hofohrenstopfers« verweist darauf, dass das Resultat der Fußbekleidungsrevolution bloß darin bestand, alten Wein in neue Schläuche zu füllen. Analog zu der oben thematisierten Fabel ist es Aufgabe der Hofohrenstopfer, »dem Hofe, wenn er Etwas nicht hören will, die Ohren zu verstopfen«.[1102] Insofern ist man auch in der konstitutionellen Narrenmonarchie nicht daran interessiert, die Meinung des Volkes zu hören – eine eindeutige Kritik an der geltenden Ordnung.

In der *Narrhalla* von 1843 tritt auch Ludwig Kalisch wieder namentlich in Erscheinung. In dem Beitrag *Große Lustreise der Narrenredaktion* schildert er ein sonntägliches Abenteuer, das er selbst erlebt haben will: Kalisch berichtet, wie er, am Fenster stehend, in der einen Hand die Feder, in der anderen die Papierschere haltend, von einer großen Leichtigkeit ergriffen wird und davonfliegt. Auf diese Weise ist er in der Lage, Mainz einmal von oben zu betrachten. Plötzlich ergreift ihn allerdings ein »Ohrensausen«. Der Teufel und dessen Großmutter trichtern ihm »satanische Geschichten« ein. Kalisch sträubt sich zunächst dagegen, sieht sich aber bald von dem ihm Eingeflüsterten infiziert: »Denn sobald ich den Mund öffnete, fielen mir lauter Blätter der Intelligenz, Weltkunden, Figaros, Kunstblätter, Morgenblätter, Abendblätter und Gott weiß welcher Kram aus dem Munde, so daß ich mir vorkam wie ein schwebender Genius der Makulatur.«[1103] Um seine Irrfahrt zu beenden, beginnt Kalisch, die Spitze seiner Feder mit Hilfe der Papierschere zu stutzen: »So fuhr ich fort, die Spitze abzuknippen, bis sie gänzlich stumpf und ich wieder auf der Erde war.«[1104] Jene Szenerie zeigt auch das Bild, welches dem Beitrag beigefügt ist. (Abb. 17) Die Flügel der *Narrhalla* tragen Kalisch, der mit einer Narrenkappe dargestellt ist, immer weiter durch die Lüfte. Der Redakteur der

1101 Ebd.
1102 Ebd.
1103 Ebd., S. 77 f.
1104 Ebd., S. 78.

Karnevalszeitung beschließt seine Geschichte mit einer Moral: »Wer auf der Erde bleiben will, der führe keine zu spitze Feder, sonst holt ihn der Teufel und seine Großmutter. Amen.«[1105] Ludwig Kalisch thematisiert hier auf ironische Weise die Zensur, mit der er selbst schon in Konflikt geraten ist. Das Zurechtstutzen seiner Gedanken – symbolisiert durch die Feder – muss dem freiheitsliebenden Redakteur der *Narrhalla* ein Dorn im Auge gewesen sein. Indem er sich aber selbst persifliert, dreht Kalisch den Spieß um und sensibilisiert seine Leser mittels des Instruments der Ironie für das Problem der allgegenwärtigen Zensur.

Abb. 17: Karikatur, die Ludwig Kalisch darstellt (*Narrhalla* 1843, 5. Lieferung, S. 77).

Gegen Ende des *Narrhalla*-Jahrgangs von 1843 findet sich eine Beschreibung der drei großen närrischen Tage, womit das eigentliche Fastnachtswochenende gemeint ist. Auch dieser Beitrag beinhaltet eine Vielzahl kritischer Seitenhiebe. So wird u. a. von Prinzessin Georgine berichtet:

1105 Ebd., S. 78.

> »Sie kommt aus den unentdeckten Ländern, wo Zeitungsschreiber die Wahrheit und junge Frauen alte Männer lieben, wo freie Männer nichts auszustehen und nichts abzusitzen brauchen, wo die Gnade und Begnadigung vom Himmel kommen und wo kein anderes Band fesselt, als das der Liebe und der Freundschaft.«[1106]

Anhand dieser Passage werden gleich mehrere Dinge deutlich: Zum einen wird die Presse der Lüge bezichtigt. Damit wird an den Zeitungen Kritik geübt, die sich dem Druck der Zensur beugen und bloß das schreiben, was der Obrigkeit genehm ist. Gleichzeitig wird das Nichtvorhandensein von Freiheit thematisiert. Indem auf ein unentdecktes Land verwiesen wird, in dem in Abgrenzung zu dem oben Gesagten Wahrheit und Freiheit regieren, illustriert der Beitrag die Missstände in den deutschen Staaten. Der Erzähler kann es sich nicht verkneifen, zu bemerken, dass es der Prinzessin – so wie dem deutschen Vaterland – an einem tüchtigen Mann fehlt. Damit wird erneut die Obrigkeit kritisiert, die offenbar auch an der Uneinigkeit Deutschlands die Schuld trägt.[1107]

Auch an anderer Stelle gerät die monarchische Ordnung ins Fadenkreuz der Kritik. Das Wetter, genauer gesagt der Wind, dient hier als Metapher für die Obrigkeit: »Die Sonne beherrscht nur den Tag, der Wind auch die Nacht. Vor der Sonne beugen sich nur die Feueranbeter, vor dem Winde beugen sich die größten Völker. Die Sonne geht nach bestimmten Gesetzen; der Wind gibt und nimmt Gesetze, wie es ihm beliebt.«[1108] Aus dieser hier zu Tage tretenden Willkür zieht der Erzähler den Schluss, das Wetter müsse abgesetzt werden, um aus dem Narrenstaat eine Republik zu machen. Es offenbart sich an dieser Stelle ein metaphorischer Appell zur Revolution.

Auch in der näheren Beschreibung des Rosenmontagszugs finden sich kritische Elemente. U.a. wird eine Zugnummer beschrieben, die sich wiederum die Zensur zum Thema gemacht hat: »Auf dem Wagen lag eine Presse unter der Presse, aus welcher ängstliche Gedanken, wie kalter Schweiß aus der Stirne eines Sterbenden, langsam hervorbrachen. Die Scheeren der Krebse schnitten tüchtig darauf los und hemmten den

1106 Ebd., S. 119.
1107 Vgl. ebd., S. 115.
1108 Ebd., S. 116f.

Zug.«[1109] Die Presse als Symbol für die Publizistik im Allgemeinen steht unter dem Druck der Zensur. Die Kritik an diesen Zuständen wird aber noch weiter auf die Spitze getrieben:

> »Hintendrein folgte das junge Deutschland auf einem Thron von Makulatur. Es sprach viel von Gottesfurcht, ließ sich von Gymnasiasten Weihrauch streuen und flehete um Anstellungen. Auf das junge altersschwache Deutschland folgten zweihundert traurige Buchhändler auf rothen Krebsen reitend und heiße Thränen vergießend.«[1110]

Die Zensur hat auch die einst rebellischen Schriftsteller des *Jungen Deutschland* mehr oder minder mundtot gemacht. Der wohl prominenteste Vertreter der Bewegung – Heinrich Heine – floh aufgrund des Versuchs geistiger Gängelung ins Exil nach Frankreich. Man könnte auch hierin eine Form der Resignation sehen, tatsächlich erlebte Heines kritische Position im Exil aber eine Intensivierung. Ein gutes Beispiel dafür ist sein Werk *Deutschland. Ein Wintermärchen* aus dem Jahre 1844. Der im Zuge des *Narrhalla*-Jahrgangs von 1844 zu behandelnde Text *Narren-Missions-Reise-Abenteuer eines Carnevalsschwärmers* ähnelt dem Werk Heines auf frappierende Art und Weise und unterstreicht die enge Verbindung zwischen ihm und Kalisch.

Ein *Nekrolog* beschließt den Jahrgang von 1843. Hierin wird der symbolische Tod der *Narrhalla* geschildert. Gleichzeitig verweist der Beitrag auf die Funktion der Karnevalszeitung: »Das Bestreben Narrhallas war, das Lächerliche an den Menschen zu zeigen, nicht die Menschen lächerlich zu machen; denn dafür sorgen die Menschen schon selbst.«[1111] Jene Funktion dient gleichsam der Rechtfertigung, Kritik an den bestehenden Verhältnissen zu üben. Die *Narrhalla* nimmt sich selbst die Freiheit heraus, auch den »Großen dieser Erde« den Spiegel vorzuhalten: »Was ihre Sprache betrifft, so redete sie, obgleich deutsch, doch immer frei, immer ungebunden, sogar wenn sie in gebundener Rede sprach.«[1112] Die freie *Narrhalla* sieht sich selbst als notwendigen Gegenpol eines unfreien Deutschlands an.

1109 Ebd., S. 118.
1110 Ebd., S. 119.
1111 Ebd., S. 129.
1112 Ebd.

Das aus dieser Diskrepanz resultierende Konfliktpotenzial greift bereits der *Prospectus* des *Narrhalla*-Jahrgangs von 1844 auf. Auf dem dazugehörigen Bild (Abb. 18) ist eine Person zu sehen, die in eine Druckerpresse eingespannt ist. Der Text verrät, dass es sich bei der Person um einen Abonnenten der *Narrhalla* handelt. Die Botschaft ist, dass Freidenker mit Repressionen zu rechnen haben. Zugleich macht dieser der *Narrhalla* vorangestellte Beitrag eine zentrale Intention der Zeitung deutlich: »Die Narrhalla war zwar nie eine Staats-Narrhalla, dennoch möchte sie gern eine allgemeine Narrhalla werden […].«[1113] Das freiheitlich-demokratische Gedankengut, welches die Karnevalszeitung zu vermitteln sucht, soll jedem deutschen Bürger zugänglich sein, um nicht zuletzt eine Veränderung der bestehenden Verhältnisse bewirken zu können. Laut Keim erinnert dieses Postulat ferner an Abbé Sièyes zündende Schrift »Was ist der Dritte Stand?«.[1114] Insofern läge auch hier eine Bezugnahme zum revolutionären Frankreich vor, das seitens der *Narrhalla* durchweg positiv konnotiert wird.

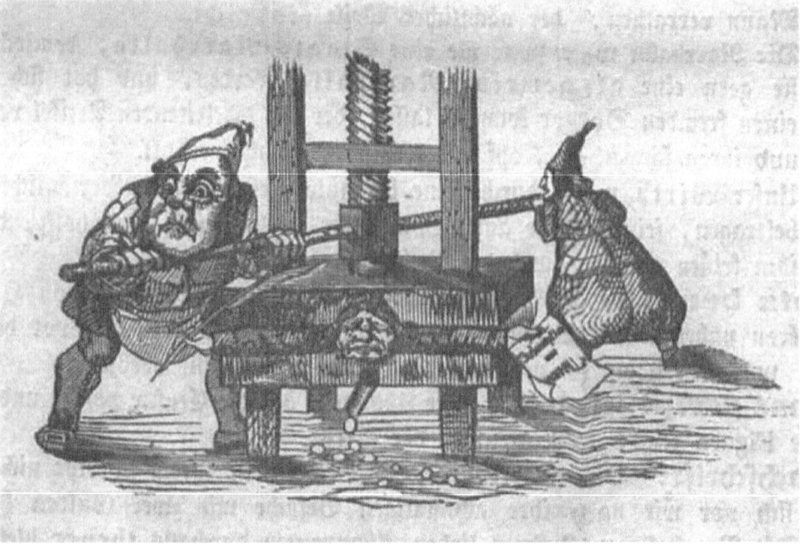

Abb. 18: Ein Abonnent der *Narrhalla* bekommt den Druck der Druckerpresse zu spüren (*Narrhalla* 1844, Prospectus).

1113 *Narrhalla* 1844.
1114 Vgl. Keim 1966, S. 57.

Ein interessanter Beitrag in der *Narrhalla* des Jahres 1844 ist die bereits angerissene Geschichte mit dem Titel *Narren-Missions-Reise-Abenteuer eines Carnevalsschwärmers*, die in zwei Teilen veröffentlicht wurde. Gleich zu Beginn wird kritisch zur Situation in Deutschland Stellung bezogen: »Die deutsche Freiheit gleicht einer Wurst, nicht blos darin, daß sie an beiden Seiten fest gebunden ist, sondern daß sie zweimal aufhört, statt einmal anzufangen [...].«[1115] Nicht nur der Mangel an Freiheit wird kritisiert, auch die Unfähigkeit der Deutschen, die nationale Einheit zu erwirken, wird zum Thema gemacht: »Die Reue, die poetische Gerechtigkeit und die deutsche Nation kommen immer erst, wenn das Stück zu Ende ist.«[1116] Der Erzähler sieht den Zweck seiner Reise, die er am Aschermittwoch antritt, darin, die Mainzer Narrheit auch in den übrigen deutschen Staaten zu verbreiten. Um die politische Situation in Kassel zu beschreiben, bedient sich der Erzähler des Instruments der Lichtmetaphorik: »Ich besuchte sogleich die Deputirtenkammer, die aber damals sehr dunkel war, so daß mir alles schwarz vorkam.«[1117] Hiermit wird wieder auf die Aufklärung angespielt, deren Symbol das Licht ist. Das aufklärerische Gedankengut, dessen Maximen Freiheit und Gleichheit sind, hat das Kasseler Abgeordnetenhaus offenbar noch nicht erreicht. Auch die Zensur wird aufgegriffen. In Leipzig sucht der Erzähler das Gespräch mit einem Literatenverein: »Nachdem wir von den Krebsen und der deutschen Censur gesprochen, also von Dingen, denen die Scheeren und der Rückschritt eigenthümlich, begann ich mein Missionsgeschäft in Ausübung zu bringen [...].«[1118] Das Bild eines Überwachungsstaats wird allerdings in Wien auf die Spitze getrieben. Mit einem ironischen Verweis auf die vermeintliche Gastfreundschaft der Wiener bemerkt der Erzähler: »Kaum läßt sich ein Fremder blicken, so wird er auch gleich nach Namen, Stand, Religion, Her- und Abkunft, und nach Ziel und Zweck seiner Reise genau befragt, damit man ihn nöthigenfalls gut aufheben kann.«[1119] Der Euphemismus des guten Aufhebens soll die ständigen Repressionen von staatlicher Sei-

1115 *Narrhalla* 1844, S. 5.
1116 Ebd.
1117 Ebd., S. 6; die Odyssee des Erzählers erinnert an Voltaires *Candide*.
1118 Ebd.
1119 Ebd., S. 7.

te verulken und mit Hilfe der Ironie auf die Missstände im Land aufmerksam machen.

Der zweite Teil dieser Geschichte ist noch weitaus satirischer als der erste, denn der Erzähler berichtet, wie er auf der Überfahrt nach Amerika Schiffbruch erleidet und sich plötzlich in einem unfruchtbaren Land wiederfindet. Die Hauptstadt des Landes ist Junkershausen. Auch hierbei handelt es sich um einen sprechenden Namen. Es zeigt sich schnell, dass jenes Land reine Fiktion ist, man könnte auch von einer Art Dystopie sprechen. Die hier lebende Bevölkerung ist von einer strengen hierarchischen Ordnung geprägt: »Der hohe Adel zeichnet sich von dem niedern dadurch aus, daß jener auf hohen, und dieser auf niedern Stelzen geht. Beide aber blicken mit Verachtung auf Diejenigen herab, welche mit ihren Füßen die Erde berühren.«[1120] Standesdünkel scheint hier offenbar an der Tagesordnung zu sein, von Gleichheit ist keine Rede. Der Erzähler unterscheidet auch zwischen zwei verschiedenen Formen der Ehre: »Die bürgerliche Ehre, hörte ich, ist vierschrötig und derb; sie genießt eine gute Gesundheit und weiß diese Gesundheit zu schätzen. Die adelige Ehre aber ist von schwächlicher Constitution und kriegt gleich den Schnupfen, wenn ein bürgerliches Lüftchen weht.«[1121] Aufgrund dieser Opposition entbrennt ein Aufstand gegen den Herrn von Iks. Der anonymisierende Name verrät, dass es sich hierbei um einen Adligen handeln muss. Bewaffnet mit allerlei Werkzeugen, zieht das Volk vor das Haus der Herrn von Iks. Der lange angestaute Zorn der Unterdrückten entlädt sich schlagartig:

> »Das Volk nämlich war von seiner eignen ungezügelten Freiheit so sehr begeistert, daß es keinen Gefangenen mehr dulden konnte. Es schwang also Hämmer und Aexte, und strebte den eisernen Käfig zu zertrümmern, in welchem der Herr von Iks eine Menge goldener Füchse in strenger Haft hielt.«[1122]

1120 Ebd., S. 53.
1121 Ebd., S. 54.
1122 Ebd., S. 57.

Die hier geschilderte Szenerie erinnert stark an die Ereignisse der Französischen Revolution. Diese hatte mit dem Sturm auf die Bastille – das Pariser Staatsgefängnis – begonnen. Gleichzeitig verweist die Anmerkung des Erzählers, dass sich die fiktive Revolution im September zugetragen habe, auf die Belgische Revolution im Jahre 1830: Im Zuge der sog. Septemberrevolution erhob sich die größtenteils katholische Bevölkerung der südlichen Provinzen des Vereinigten Königreichs der Niederlande gegen die Hegemonialstellung der überwiegend protestantischen Nordprovinzen.[1123] So kam es zur Aufteilung des Königreichs in zwei Staaten. Indem die Fiktion auf zwei in der Realität stattgefundene Ereignisse rekurriert, unterstreicht sie trotz des satirischen Charakters der Erzählung die Ernsthaftigkeit der intendierten Botschaft. Die Dystopie wird schließlich zur Utopie, ein Begriff, den Thomas Morus prägte. Er meint damit ein »ideales ›Nirgendreich‹«,[1124] das sich durch die »beste [aller] Staatsverfassung[en]«[1125] auszeichnet. Dadurch, dass die Geschichte allerdings explizit auf analoge Ereignisse in der realen Welt verweist, wird das Ideal zum durchaus Realisierbaren erklärt.

Die *Narrhalla* von 1844 zeichnet sich v. a. auch durch eine Vielzahl kritischer Bildquellen aus. So zeigt das *Monument der Frau Barbara Scheere, geb. Dunkel* (Abb. 19) eine weibliche Person, deren Arme wie die Griffe einer Schere geformt sind. Sie schwebt über einer mit einem Schloss behangenen Druckerpresse. Sowohl das Bild als auch der dazugehörige Text weisen wiederum eine starke Lichtmetaphorik auf. Die Schere als Symbol für die Zensur ist das Gegenbild zur Aufklärung, denn sie beschneidet die Gedanken, statt ein freies Denken zu ermöglichen. In dem Text heißt es über Barbara: »In England und Frankreich wurde sie mehrere Male außer Landes gewiesen; in Deutschland aber suchte man sie überall mit der größten Zuvorkommenheit auf.«[1126] Die Zensur wird speziell dem Deutschen Bund als Charakteristikum zugeschrieben. Auf völlig ironische Art und Weise wird darauf verwiesen, dass Deutschland der Frau Scheere für ihre »Verdienste« dankbar sein müsse: »Sie hat unser

1123 Vgl. Hippel / Stier 2012, S. 211.

1124 Vgl. Innerhofer 2007, S. 795; die *Narrhalla* spricht daher auch an vielen Stellen vom Königreich Thule.

1125 Morus 2021, S. 9.

1126 *Narrhalla* 1844, S. 28.

theures Vaterland von dem Joch der Gedankenfreiheit befreit und dem deutschen Geiste, der seinen ererbten Reichthum unter das Volk bringen wollte, einen Vormund gesetzt.«[1127] Die Repressionen, die die Deutschen aufgrund der Zensur erfahren, werden auf diese Weise verulkt.

Abb. 19: Monument der Frau Barbara Scheere, geb. Dunkel (*Narrhalla* 1844, 2. Lieferung, S. 27).

1127 Ebd.

Weitaus ernster ist ein Bild, das mit dem Titel *der Genius Deutschlands* (Abb. 20) überschrieben ist. Zu sehen ist eine männliche Person mit schmerzverzerrtem Gesicht, die auf dem Boden liegt. Der Mann hat unzählige Zöpfe und trägt auf dem Kopf eine Schlafmütze. Es handelt sich hierbei um eine Personifikation Deutschlands. Darauf deutet nicht nur der Titel hin, auch die Mütze identifiziert den dort Liegenden eindeutig als den Deutschen Michel. In dem entsprechenden Text heißt es: »Heut Nacht erst erschien mir der Genius meines theuern Vaterlands. Auf seinem Haupte prangte eine Perrücke, an welcher mehr als dreißig Millionen Zöpfe gemüthlich wackelten.«[1128] Die Zahl 30 Millionen bezieht sich auf die damals in Deutschland lebende Bevölkerung. Das Bild der Zöpfe verweist auf die Redewendung, alte Zöpfe abzuschneiden. Damit ist die Abkehr von obsoleten Einrichtungen und Ideen gemeint. Das Bild hat somit auch eine Appellfunktion, will es doch bezwecken, dass sich das deutsche Volk für die freiheitlich-demokratischen Ideale öffnet und nötigenfalls auch für sie kämpft.

Abb. 20: Genius Deutschland (*Narrhalla* 1844, 2. Lieferung, S. 29).

1128 Ebd., S. 29.

Zuletzt sei ein Bild besprochen, das den Titel Öffentlichkeit und Mündlichkeit (Abb. 21) trägt. Justitia, die Göttin bzw. Allegorie der Gerechtigkeit, ist hinter Gittern (die aus Zöpfen bestehen) festgesetzt. Sie ist an der Waage zu erkennen, die sie in der Hand hält, und an der Augenbinde. Diese bedeckt aber nicht beide Augen, was die Hypothese zulässt, dass die Gerechtigkeit auf einem Auge blind ist. Im Vordergrund ist ein Kampf zu sehen zwischen Männern mit Perücken, die sich z. T. unter oder hinter überdimensionierten Büchern verstecken, und einer bewaffneten Meute. Die Männer mit den Perücken lassen sich als Zensoren deuten. In der Mitte ist eine mit einem Brustpanzer bekleidete Frau zu erkennen, die ein Banner in die Luft reckt, auf dem das Wort »Oeffentlichkeit« zu lesen ist. Diese Darstellung erinnert stark an das Bild von Eugène Delacroix, welches den Titel *Die Freiheit führt das Volk* trägt. Es bezieht sich auf die Julirevolution in Frankreich, auf die der Künstler der vorliegenden Zeichnung offenbar rekurrieren will. Engel versuchen die Gerechtigkeit aus ihrem Kerker zu befreien, zwei Putti tragen das Schwert Justitias zur Schlacht, um dem aufbegehrenden Volk eine wirkmächtige Waffe an die Hand zu geben. All dies zeigt, dass die Revolution im Angesicht der Unterdrückung einen Akt der Rechtmäßigkeit darstellt. Insofern möchte auch dieses Bild zum Kampf für freiheitlich-demokratische Ideale ermutigen.

Zuletzt sei in Zusammenhang mit dem Jahrgang 1844 noch eine Fehde aufgegriffen, die der Redakteur der *Narrhalla*, Ludwig Kalisch, mit der Mainzerin Kathinka Zitz-Halein führte. Zitz-Halein war in ihrer Funktion als Autorin auch Mitarbeiterin der im national-liberalen Spektrum angesiedelten Zeitschrift *Didaskalia*, die an zahlreichen Stellen Hohn und Spott der *Narrhalla* erntet.[1129] Kalisch beschrieb sie als mannstolle Frau, die sich u. a. auch an den MCV-Präsidenten Franz Zitz herangemacht habe. Die Autorin protestierte, dass der Staat einerseits die Pressefreiheit verweigere, andererseits aber die Ehre friedvoller Bürger nicht schütze. Schließlich wies sie den hessischen Erbherzog, der mit einer Tochter Ludwigs I. von Bayern verheiratet war, auf ein Spottgedicht Kalischs in der *Narrhalla* hin. Der Erbherzog ließ die Zeitung aufgrund dessen zwischenzeitig verbieten. Im Jahr 1845 konnte die *Narrhalla* aber schon wieder erschei-

1129 Vgl. ebd., S. 39.

Abb. 21: Öffentlichkeit und Mündlichkeit (*Narrhalla* 1844, *72 Stunden aus dem Leben und Wirken eines Mainzer Faschingsnarren*, S. 17).

nen.[1130] Von dieser Auseinandersetzung gibt auch der Jahrgang von 1844 an gleich mehreren Stellen Zeugnis. Ein besonders markanter Seitenhieb auf die Autorin sei hier herausgegriffen:

1130 Vgl. Keim 2003, S. 30; jene Aktion steht auch in Verbindung mit der sog. *Lola-Montez-Affäre*.

> »Und wenn Ihr, o Freunde des Vaterlandes, nur die ersten besten Zeilen aus der ersten besten Novelle dieser ersten besten Dichterin laut leset, dann werden die Franzosen von einem panischen Schrecken ergriffen werden und sie werden fliehen von dem linken Rheinufer und sie werden fliehen aus dem Elsaß und das theuere Vaterland wird sich wieder seiner ursprünglichen Grenzen erfreuen.«[1131]

Mit dieser Aussage stellt Kalisch die literarische Qualität der Werke Zitz-Haleins in Frage. Mehr noch: Er hält sie für so schlecht, dass sie selbst die Franzosen zum Rückzug bewegen. Die vermeintlich positive Wirkung, den »Erbfeind« von deutschem Boden zu verbannen, dient der Verschleierung einer offenen Beleidigung, die zweifelsfrei der Autorin gilt.

Ironie ist das Merkmal schlechthin der Beiträge Kalischs. Dies zeigt sich besonders deutlich an einem fingierten Leserbrief des Käskrämers Kilian Zähmichel. Er beschwert sich in seinem Brief über die kritische Haltung der *Narrhalla*:

> »Was hat Ihnen z. B. der Zopf gethan, daß Sie so oft und so bitter sich über ihn auslassen? Als die Leute noch Zöpfe trugen, da war's eine gute solide Zeit [...]. Damals schämte sich kein Deutscher, eine Schlafmütze zu tragen. Das Volk war mit sich und den Regierungen zufrieden und lobte Gott den Herrn.«[1132]

Das Beispiel erfüllt die Kriterien, die man in der Literaturwissenschaft der Ironie zuschreibt: »In der Rhetorik wird die Ironie als Tropus verstanden, der eine wörtliche Aussage (Proposition) in kritischer Absicht sinnverkehrt bzw. semantisch verfremdet gebraucht.«[1133] Kalisch nutzt also auch hier die Gelegenheit, Kritik an seiner Zeit und den geltenden Verhältnissen zu üben.

Die *Narrhalla* des Jahres 1845 wird mit einem Zitat Schillers eröffnet: »Dem Narrenkönig gehört die Welt!«[1134] Es entstammt seinem Werk *Die*

1131 *Narrhalla* 1844, S. 40.
1132 Ebd., S. 50.
1133 Deupmann 2007, S. 360.
1134 *Narrhalla* 1845 / Schiller 2009, S. 92.

Jungfrau von Orleans. Der Narr als Repräsentant einer temporären Freiheit ist ein Motiv, dessen sich Schiller vermutlich deshalb bedient, weil sich sein gesamtes Œuvre durch den Kampf für die Freiheit auszeichnet. Diese – vom Grundsatz des närrischen Brauchtums her zeitlich begrenzt – möchte er verstetigt wissen. Indem die *Narrhalla* sich diesen Satz zum Motto des Jahrgangs macht, plädiert auch sie für die weltumspannende Regentschaft der Freiheit ohne zeitliche Begrenzung.

Der erste Beitrag, der hier in den Blick genommen werden soll, trägt den Titel *Historische Streifzüge in Mainz*. Bereits der erste Abschnitt dieses Artikels ist durch und durch kritischer Natur:

> »Mainz ist eine Stadt, die am freien deutschen Rhein liegt. Der Rhein wird deshalb frei genannt, weil seine Wellen nur hölzerne Brücken, aber keine Censur zu passiren brauchen. Wie jedes Ding auf dieser Erde hat auch der Rhein zwei Seiten; doch bemerkt man an seiner linken Seite eine viel freiere Bewegung als an der rechten.«[1135]

Der Erzähler persifliert an dieser Stelle zunächst das *Rheinlied* von Nikolaus Becker, der vom freien deutschen Rhein spricht, den es gegen die Franzosen zu verteidigen gilt. Der Text vermittelt dem Leser allerdings, dass Frankreich nicht das Problem darstellt. Es ist vielmehr die Unfreiheit, die in Deutschland herrscht, weshalb die Vorstellung eines freien deutschen Rheins an sich ein Mythos ist. Das Rheinische Recht, ein Erbe Napoleons, verschafft den linksrheinischen Gebieten wesentlich mehr Freiheit als den Gebieten rechts des Rheins. Die *Narrhalla* versperrt sich hier – wie an vielen anderen Stellen – dem allgemeinen Franzosenhass. Frankreich hat aufgrund seiner freiheitlichen Ordnung eher Vorbildcharakter und erfährt daher seitens der Autoren der Karnevalszeitung eine positive Konnotation.

Auch die Zensur findet im vorliegenden Beitrag gleich an mehreren Stellen Erwähnung. So wird u. a. von dem angeblich im Mittelalter in Mainz lebenden Poeten Frauenlob berichtet, »dessen Gedichte niemals confiscirt wurden, weil er sich nicht mit der Politik beschäftigte.«[1136] Über

1135 *Narrhalla* 1845, S. 18.
1136 Ebd., S. 19.

die Erfindung Gutenbergs wird an anderer Stelle gesagt: »Der deutsche Geist, der früher nur handschriftlich in Pergament steckte, ist durch sie unter die Presse gekommen.«[1137] Gemeint ist damit nicht die Druckerpresse, sondern der staatliche Druck, dem sich Freidenker in Zeiten des Vormärz ausgesetzt sehen.

Gleichzeitig wird Gutenberg genutzt, um mittels Lichtmetaphorik auf die Aufklärung anzuspielen: »Ja, die Stadt Mainz läßt jetzt sogar auf jeder Seite des Standbildes eine Laterne aufrichten, damit man selbst in unseren dunkeln Zeiten den großen Erfinder von der Lichtseite betrachten könne.«[1138] Das Licht der Aufklärung, u. a. auch begünstigt durch die Erfindung Gutenbergs, ist erloschen. Die einst hart erkämpften Errungenschaften scheinen verloren zu sein.

Zuletzt greift der Erzähler die fehlende Einheit Deutschlands kritisch auf: »Böse Zungen zischeln, daß die Stadt Mainz so gut wie die deutsche Nation immer zu spät komme.«[1139] Der Erzähler artikuliert auf diese Weise seine schwindende Hoffnung hinsichtlich der Realisierung einer geeinten deutschen Nation.

Ganz ähnlich geartet ist der Artikel *Der Centralpunkt Europas*, obgleich dieser mehr eine geographische als historische Beschreibung liefern möchte. Es ist von einem Land in Zentraleuropa die Rede. Zweifelsfrei meint der Erzähler damit Deutschland, bzw. die einzelnen deutschen Staaten, denn er äußert sich gleich zu Beginn zur fehlenden Einheit dieses Landes:

> »Das Land, das so zu sagen das Herz Europas bildet, unterscheidet sich vom menschlichen Herzen dadurch, daß es nicht einer, sondern etlichen dreißig Her-zensstimmen folgt. Das menschliche Herz hat nur eine Kammer, Europas Herz aber verschiedene Kammern, die das Volk vertreten sollen.«[1140]

1137 Ebd.
1138 Ebd.
1139 Ebd., S. 20.
1140 Ebd., S. 102f.

Der Erzähler bemerkt weiter, dass die Stimmen, die die jeweiligen Kammern zählen, schlecht »nein« sagen können. Somit kritisiert er deren mangelnde politische Durchschlagskraft.

Des Weiteren spielt auch in diesem Beitrag die Zensur eine Rolle: »Diese [...] ist ein sehr moralisches Institut, obgleich es vom Strich lebt.«[1141] Unter dem Strich versteht man allgemein das verpönte Geschäft der Prostitution, was die Komik dieser Aussage erzeugt, denn eigentlich meint der Erzähler damit, dass Zensoren unliebsame Gedanken mittels des Rotstifts streichen. Der Text setzt hier gezielt auf die Strategie der Doppeldeutigkeit. Zusätzlich wird auf ganz ähnliche Weise wie in dem vorangegangenen Artikel die Unfreiheit thematisiert: »Die Presse wurde in dem Lande erfunden. Man hat daher seit ihrem Bestehen dort vielfache Erfahrungen über den Druck gemacht.«[1142] Auch hier steht der Druck nicht für die Druckerpresse, vielmehr spielt der Erzähler mittels dieser Aussage auf die Repressionen an, die das einfache Volk von Seiten des Staates zu erdulden hat.

Der Beitrag mit dem Titel *Statistische Nachrichten über das Königreich Kuhschwappel* passt ebenfalls in diese Reihe. Die hierin getroffenen Aussagen lassen sich wiederum auf die deutschen Staaten übertragen. So wird u. a. die ökonomische Verfasstheit des Königreichs dargelegt:

> »Unter den Produkten, welche das Königreich hervorbringt, zeichnen sich die Schlafmützen, die Gamaschen, die Zöpfe und die Tendenzromane besonders aus. An Liberalen ist dort ein solcher Ueberfluß, daß jährlich eine beträchtliche Zahl in's Ausland geht. Der Handel und die Gendarmerie ist dort sehr im Flore; doch erfreut sich diese einer bei weitem größern Unterstützung als jener.«[1143]

Die Unfreiheit im Land zwingt Freidenker zur Emigration. Gleichzeitig wird das Motiv des Überwachungsstaats aufgegriffen. Das allgegenwärtige Walten der Polizei unterstreicht die Diagnose mangelnder Freiheit: »Für die Sicherheit der Unterthanen ist dadurch am besten gesorgt, daß

1141 Ebd., S. 103.
1142 Ebd.
1143 Ebd., S. 111.

man täglich die Zahl der Gefängnisse vermehrt.«[1144] Der Erzähler rückt insbesondere die fehlende Meinungsfreiheit ins Zentrum seiner Kritik: »Religionsfreiheit ist Staatsgrundsatz und es darf dort Jeder in seinem Innern glauben, was er will; nur darf er es nicht durch Wort oder Schrift äußern.«[1145] Am Ende dieses Beitrags ist also die Zensur wiederum das zentrale Thema, dem sich der Erzähler in satirischer Form kritisch nähert. Plachta bemerkt hierzu: »Die Zensur war somit in den 1840er Jahren zum bevorzugten Thema literarischer Provokation geworden. Jedes Verbot rückte den politischen Schriftsteller erneut in das öffentliche Bewusstsein und gewann ihm neue Leser.«[1146]

Ganz anderer Artung ist ein Beitrag, der mit dem Titel *Öffentliches Gericht* überschrieben ist. Es handelt sich dabei um einen Dialog zwischen Präsident, Schreiber und Teufel. Der Präsident, der offenbar ein Sitzungspräsident zu sein scheint, beschreibt, dass er am Ende seiner Herrschaft sei. Er beschließt, bevor der Karneval vorbei ist, über diverse literarische Werke ein Urteil zu fällen. Der Präsident wird somit zum Rezensenten, wenn nicht gar zum Zensor, schließlich übergibt er einige Texte dem Teufel.

In Bezug auf ein Manuskript, welches den Titel »Die deutsche Flotte, ein Wort zur Zeit« trägt, bemerkt er: »Der Verfasser hält nicht sein Versprechen. Er verspricht ein Wort und macht, wie hier zu sehen, viel Worte. So machen's viele Fürsten auch; Sie versprechen ihrem Volke die Freiheit und geben dann höchstens nur Freiheiten.«[1147] Abermals wird auf diese Weise die Unfreiheit kritisiert, deren Ursprung der Text in der monarchischen Ordnung sieht.

Ein anderes Werk, das der Präsident einer Bewertung unterzieht, trägt den Titel »Germania's Hoffnung«. Zu diesem bemerkt er süffisant: »Germania ist immer guter Hoffnung, aber nie in gesegneten Umständen. Statt in die Wochen zu kommen, kommt sie in die Jahre, statt entbunden zu werden, wird sie immer fester gebunden.«[1148] Diese Aussage beinhaltet nicht bloß eine erneute Anspielung auf mangelnde Freiheit in Deutschland, sondern rekurriert ebenfalls auf die fehlende nationale Einheit des Landes.

1144 Ebd., S. 112.
1145 Ebd.
1146 Plachta 2006, S. 114.
1147 *Narrhalla* 1845, S. 99.
1148 Ebd., S. 100.

Zuletzt übergibt der Präsident dem Teufel einen Stoß Gedichte mit den Worten: »Herr Satan, wenn Sie einmal Mangel an Höllenqualen haben, so lesen Sie diese Gedichte den armen Seelen vor und ich bin überzeugt, daß sie alle ihre Sünden dadurch abbüßen werden.«[1149] Diese fingierte Verhandlung über die Qualität literarischer Werke dreht den Spieß um. Der Präsident, der als Zensor auftritt, spricht den obrigkeitsgefälligen Werken ihre literarische Qualität ab. Auf diese Weise wird die Zensur, die der Grund für diese seichte und unpolitische Literatur ist, einer Metakritik unterzogen.

Einen Beitrag gilt es im Kontext der *Narrhalla* von 1845 noch herauszugreifen. Der Titel *Stoßseufzer der Redaktion* ist dabei programmatisch. Die Redaktion bezieht darin Stellung zu einem Beitrag, der in der vierten Lieferung unter dem Titel *An Sie* erschienen war. Einige Leser wollten in jenen Versen spöttische Anspielungen auf bekannte Persönlichkeiten ausmachen. Die Redaktion entgegnet: »Die Narrhalla hat es aber nicht mit Privatzuständen und Persönlichkeiten Einzelner zu thun, ihre Tendenz ist der harmlose Scherz und die allgemeine Satyre.«[1150] Doch die öffentliche Wahrnehmung brachte schließlich die abstrusesten Interpretationen hervor. Die Redaktion schreibt: »Die fraglichen Verse, sowie das darüber gesetzte Bildchen, haben aber noch eine ganz andere, sogar politische Deutung gefunden.«[1151] Dabei beschreibt das Gedicht eigentlich eine harmlose Brautwerbung.[1152] Die Redaktion nutzt in ihrer Stellungnahme die Gelegenheit, die oben angesprochene politische Deutung darzulegen:

> »Man sagte: Sehen Sie, auf dem Bilde ist die Nacht dargestellt. Dies bedeutet den gegenwärtigen Zustand Deutschlands. Rechts und links erblicken Sie feste Mauern, welche wie Kerkerwände aussehen. Die im Vordergrunde stehende männliche Figur ist der deutsche Michel, welcher mehr essen und trinken als denken kann. Deswegen ist auch sein Bauch dicker, als sein Kopf. Er trägt zwar die Mode des jungen Deutschlands, ist aber dennoch als deutscher Michel unverkennbar.

1149 Ebd.
1150 Ebd., S. 95.
1151 Ebd.
1152 Vgl. ebd., S. 63.

> Aufgeweckt durch die hellen Strahlen der über ihm hängenden Laterne, welche das allgewaltige Licht des Menschengeistes versinnlichen soll, fühlt Michel wohl, daß er der Weltgeschichte etwas schuldig ist; er will deßwegen seine Schulden bezahlen und sucht der neben ihm stehenden in Rokoko steif aufgeputzten Dame, welche er für die ächte deutsche Freiheit hält, aber nur die falsche Freiheit ist und sich auf einen Stock stützen muß, weil ihr längst schwach geworden ist, den Hof zu machen, um sich mit ihr zu vermählen. Dies will ihm aber nicht gelingen, weil der gute Michel nicht die richtigen Mittel gebraucht und auch die Afterfreiheit mit der wahren Freiheit verwechselt. Deßhalb besteht auch, wie durch die abgebildete Katze dargestellt wird, der Katzenjammer in Deutschland fort.«[1153]

Jene Passage lässt nun zwei verschiedene Deutungen zu. Einerseits könnte man hierin einen grotesken Auswuchs der Zensur sehen. Eine um sich greifende Paranoia sorgt dafür, dass Zensoren auch hinter den harmlosesten Beiträgen staatsgefährdende Gedanken wittern. Man könnte aber andererseits zu der Überzeugung gelangen, dass die Redaktion durch das Aufgreifen dieser Kritik staatstreuer Bürger selbst Kritik an den Missständen in Deutschland üben möchte, schließlich findet hier eine Verbalisierung jenes Gedankenguts statt, das der Obrigkeit ein Dorn im Auge ist. In diesem Falle läge auch hier eine Form von Metakritik vor. Dem eigentlichen Zweck des Karnevals wird damit Rechnung getragen. Er soll die »ächte Lebensweisheit [...] befördern«[1154] und somit die Augen öffnen für eine alternative Ordnung.

6.4.3.5 Phase 3 (1846–1848)

Der *Narrhalla*-Jahrgang 1846 wird von einem Artikel eröffnet, der mit dem Titel *Aus einer Reise von Mainz nach Berlin und zurück* überschrieben ist. Der Erzähler nutzt ein beliebtes Motiv, welches häufig in Satiren Anwendung findet und bereits in den zuvor untersuchten Geschichten zum Tragen kam. Schon im ersten Satz bedient sich der Erzähler einer Lichtmetaphorik, die wiederum auf die gescheiterte Aufklärung anspie-

1153 Ebd., S. 95.
1154 Ebd., S. 126.

len möchte: »Mittelalterliche Dunkelheit deckte die Erde, als uns der Eilwagen zum Allerheiligenthor hinaus fuhr [...].«[1155] Das angeblich dunkle Mittelalter ist längst vorüber, indem aber auf diese Zeit verwiesen wird, werden gleichsam die aufklärerischen Errungenschaften der Moderne als bloße Erinnerung an eine jüngere Vergangenheit herausgestellt. Man könnte auch sagen, die mittelalterlichen Verhältnisse haben in Folge des Wiener Kongresses eine Renaissance erlebt, sie wurden restauriert – so zumindest das Empfinden der kritischen Zeitgenossen.

Es ist v. a. die Zensur, die in diesem Reisebericht gleich an mehreren Stellen zum Thema gemacht wird. So beschreibt der Erzähler u. a.: »Wie beneidete ich meinen juchtenledernen Koffer, der in der Effektenkammer [...] ungestört der Ruhe pflegen [...] konnte, während sein Herr wie ein liberaler Aufsatz unter den Händen der Censur schonungslos zerstückelt wurde.«[1156] Die Zensur sorgt dafür, dass fortschrittliche Gedanken schon im Keim erstickt werden. Wo dies geschieht, verkümmert der menschliche Geist und die allgemeine Dummheit hält Einzug: »Des Geistes schlanke Lanzen zersplittern an der groben Haut der Wirklichkeit; den groben Klotz aber, den die Dummheit wirft, muß der Allertapferste fliehen, wenn er nicht zermalmt werden will.«[1157] Der Erzähler scheut sich schließlich auch nicht davor, Zeitungen zu benennen, die mit der alten Ordnung im Bunde sind und auf diese Weise der oben dargelegten Tendenz Vorschub leisten: »Zwischen Koblenz und Trier hat voriges Frühjahr ein Münchener Rabe ein Exemplar der politisch-historischen Blätter auf ein Kartoffelfeld fallen lassen; durch die faulen Gedanken sind die armen Kartoffeln angesteckt worden und leiden jetzt an dem historisch-politischen Uebel.«[1158] Hierbei handelt es sich um einen erneuten Seitenhieb auf Joseph Görres und die ultramontanistische Strömung innerhalb der katholischen Kirche. Zwar lieferte Görres mit seinem *Athanasius* 1837 eine Kampfschrift gegen den preußischen Staat, die *Historisch-politischen Blätter*, deren Gründung von Joseph Görres initiiert worden war, müssen allerdings der konservativen katholischen Publizistik zugerechnet werden.

1155 *Narrhalla* 1846, S. 3.
1156 Ebd., S. 4.
1157 Ebd.
1158 Ebd., S. 5.

Auf seiner Fahrt passiert der Erzähler schließlich Eisenach. Er bemerkt: »Bald winkte die Wartburg, auf welcher Dr. Martin Luther den dummen Teufel in die Tinte brachte, ein Umstand, durch welchen jeder dumme Teufel einen ewigen Haß gegen die Tinte bekommen.«[1159] Auch hierin ist eine Anspielung auf die Zensoren zu sehen, die im Auftrag der Obrigkeit unliebsame Gedanken streichen und somit einer Ausbreitung der Dummheit Schützenhilfe leisten. In Bezug auf Leipzig, das der Erzähler auf der Rückfahrt von Berlin durchquert, kommt er zu einer ganz ähnlichen Diagnose: »Die Leipziger Lerchen sind sehr schmackhaft und die dortigen Krebse werden nach allen Gegenden ausgeführt. Seit kurzem sogar auch die Schriftsteller.«[1160] Der Krebs, der während des Vormärz eine beliebte Metapher für den Zensor war, wird an dieser Stelle als ›Exportschlager‹ der Stadt Leipzig dargestellt. Die Schriftsteller werden hingegen nicht im positiven Sinne exportiert. Sie werden vielfach zur Emigration gezwungen, weil sie sich ihre Gedanken nicht von den Krebsen beschneiden lassen wollen.

Die oben geschilderte Symbolik wird auch anhand einer Bildquelle (Abb. 22) deutlich, die in der achten Lieferung zu finden ist. Hierin wird auf das 360jährige Jubiläum der Zensur in Deutschland verwiesen. Tatsächlich wurde die erste deutsche Zensurordnung 1486 vom Mainzer Erzbischof Berthold von Henneberg erlassen.[1161] Im Zentrum des Bildes ist eine Frau zu sehen, deren Körper die Form einer Schere hat. Sie trägt eine Schlafmütze, was wiederum auf Deutschland verweist. Sie ist flankiert von Krebsen, die mit ihren Scheren die Gedanken, die ovalförmig um die zentrale Person angeordnet sind, beschneiden. Im Hintergrund ist schemenhaft ein Stift zu erkennen, vermutlich handelt es sich um einen Rotstift, mit dem die Zensoren verbotenes Gedankengut zu streichen pflegen. Der Untertitel »Das dankbare Vaterland« ist natürlich auch hier durch und durch ironisch zu verstehen.

1159 Ebd., S. 6.
1160 Ebd., S. 9.
1161 Vgl. Plachta 2006, S. 50.

Abb. 22: Das Monument der Zensur (*Narrhalla* 1846, 8. Lieferung, S. 133).

Das Bild ist einem Artikel beigefügt, der sich dem Fastnachtswochenende des Jahres 1846 widmet. In dem Beitrag heißt es:

> »Hier ragte, dem ehernen Standbilde Gutenbergs gegenüber, die Statue der Censur empor. Daß der Sockel, auf welchem dieses Denkmal stand, viel höher und breiter war, als dasjenige, auf welchem der Erfin-

> der der Buchdruckerpresse steht, war eine Andeutung, daß man bei uns die Censur höher stellt, als die Presse […].«[1162]

Die Kritik an der Zensur bleibt hier – und das ist das Besondere an diesem Artikel – nicht im geschriebenen Wort gefangen, sondern wird zur Tat. Der Erzähler schildert, dass ein Kampf entbrennt zwischen den Anhängern des Lichts – das heißt den aufgeklärten Geistern – und den Freunden der Finsternis. Die Lichtfreunde siegen und das Monument der Zensur, das laut Keim aus »verbotenen Zeitungen, aus Censurlücken, aus Acten von Pressprozessen und aus dem ganzen Mißgeschick der Presse«[1163] besteht, geht in Flammen auf. Mit dem Verbrennen dieses Symbols der Unfreiheit geht nach Aussagen des Erzählers die Hoffnung einher, »daß wie vor diesem Feuer das Bild der Censur, diese selbst vor dem Feuerhauche des Genius der Menschheit bald schwinden würde.«[1164] Wie wirkmächtig das Verbrennen solcher Symbole sein kann, hat das Wartburgfest bereits gezeigt. Eine wirkliche Revolution wird an dieser Stelle nicht geschildert. Und dennoch weckt diese Handlung die Hoffnung, dass das bislang nur Symbolische irgendwann realisierbar sein könnte.

Es ist nicht ganz klar, ob es sich hierbei um die Schilderung eines realen Ereignisses handelt. Ein gewichtiges Argument spricht allerdings dafür: Die *Neue Mainzer Narrenzeitung* berichtet von einer »welthistorischen Scene auf dem Gutenbergplatz« .[1165] Der Wortlaut dieses Beitrags ist ein anderer, der Inhalt allerdings identisch. Insofern liegt die Vermutung nah, dass, wenn zwei Zeitungen unabhängig voneinander über ein solches Ereignis berichten, es sich um eine reale Begebenheit handeln muss. Christina Niem u. a. stützen diese These.[1166]

Ein weiterer interessanter Beitrag trägt den Titel *Eine merkwürdige Entdeckung*. Der Erzähler eröffnet diesen – wie er selbst sagt – mit einer »traurigen Einleitung«:

1162 *Narrhalla* 1846, S. 133.
1163 Keim 1966, S. 67.
1164 *Narrhalla* 1846, S. 134.
1165 *Neue Mainzer Narrenzeitung* 1846, S. 107.
1166 Vgl. Niem u. a. 2012, S. 484f.

»Verlasst euch auf die irdische Justiz, und ihr werdet bald die Entdeckung ma-chen, daß die Göttin der irdischen Gerechtigkeit nicht blos blind, sondern auch lahm ist, und daß in den Schalen ihrer Waage die Unparteilichkeit das geringste Gewicht hat. Jagt der Freiheit nach und am Ende werdet ihr entdecken, daß es auf Erden gar keine eigentliche Freiheit geben kann, daß höchstens derjenige am freiesten, der am wenigsten Sklave ist; denn der Mensch ist gewöhnlich sein eigener Knecht und wenn er gar keiner Obrigkeit gehorcht, gehorcht er jedem Winke seiner tyrannischen Leidenschaften.«[1167]

Diese Passage unterscheidet sich auf eklatante Art und Weise von vielen anderen Aussagen in den *Narrhalla*-Jahrgängen des Vormärz. Zumeist wird der Mangel an Freiheit als etwas dargestellt, das sich ändern lässt. An vielen Stellen wird sogar explizit dazu aufgerufen, für eine Veränderung zu kämpfen. Das vorliegende Beispiel stellt demgegenüber eher eine Resignation dar. Die Artikulation dieses fatalistischen Ansatzes beschränkt sich aber lediglich auf die Einleitung.

Der Erzähler berichtet im Anschluss daran von einem Sonnenmikroskop, mit dessen Hilfe er ein Stück Käse genauer untersuchen konnte. Er hat entdeckt, dass auf jenem Stück Käse eine eigene Zivilisation lebt. Diese Gesellschaft ähnelt der deutschen auf frappierende Art und Weise. Eine Verbindung stellt der Erzähler auch bewusst her, indem er betont, dass es sich um ein Stück deutschen Käse handelt. U. a. berichtet er von der Inkompetenz der Staatsdiener: »Je wichtiger nämlich das zu bekleidende Amt ist, je weniger Verstand wird ihnen verabreicht; daher kommt's, daß dort die Minister fast gar keinen Verstand haben und diejenigen, welche unglücklicherweise viel Verstand besitzen, zu keinem Amte kommen [...].«[1168] Den hohen Staatsdienern wird auf diese Weise Dummheit attestiert. An anderer Stelle betont der Erzähler, dass die Gesellschaft der Käseaner streng hierarchisch organisiert ist: »Auf den Unterschied der Stände wird dort sehr gesehen [...].«[1169] Die aufklärerische Maxime der Gleichheit wurde also auch hier nicht realisiert. Dem

1167 *Narrhalla* 1846, S. 32.
1168 Ebd., S. 33.
1169 Ebd., S. 34.

Adel wird Despotismus vorgeworfen: »Ihre Fürsten haben täglich hundert Unterthanen zu verzehren; doch können sie, wenn das Herrscherhaus sich vergrößert, auf eine größere Summe Anspruch machen.«[1170] Die Herrscher zeichnen sich durch Willkür aus, sie lassen das ohnehin schon verarmende Volk immer weiter ausbluten.[1171] Zugleich wird das Reich der Käseaner als Überwachungsstaat charakterisiert: »Auf jeden Käseaner kann man zwei Polizeidiener rechnen, so daß die Straßen ganz unsicher werden und Niemand in der Dunkelheit ausgehen kann, ohne von jenen Dienern der öffentlichen Sicherheit in Sicherheit gebracht zu werden.«[1172] Die Polizei, die durch Wahren der öffentlichen Ordnung die Freiheit des Einzelnen garantieren soll, repräsentiert im vorliegenden Fall das genaue Gegenteil. Insofern ist auch diese satirische Schilderung von staatskritischen Tendenzen durchzogen.

Der Beitrag *Irren ist menschlich* behandelt – wie der Titel bereits verrät – die Irrtümer des Menschen. »Je größer der Mensch, desto größer seine Irrthümer«,[1173] so eine Kernthese des Texts. Er verweist gleich zu Beginn auf König Salomo, der aufgrund persönlicher Eitelkeit sein Volk schlecht regiert habe. Man könnte dieses Beispiel als generelle Kritik an der Verblendung vieler Monarchen werten. Es folgen viele lapidare Beispiele, in denen kein politischer Gehalt auszumachen ist. Am Ende aber kehrt der Text zu dieser Kritik an der Monarchie zurück, was womöglich einer bewusst inszenierten dramatischen Steigerung entspricht. Der Erzähler leitet dieses finale Beispiel wie folgt ein:

> »Ein junger Fürst besteigt den Thron. Er spricht von Herrschertugend und Völkerglück, von Freiheit und Gleichheit, von Liebe und Sanftmuth, von Gottesfurcht und Sparsamkeit und endlich auch von zarten Rosenbanden, die ihn und sein Volk umschlingen sollen. Das Volk schätzt sich glücklich, vergißt die traurige Vergangenheit und erwartet von der Zukunft die rosigsten, heitersten Tage, Aber Tage und Monde verschwinden.«[1174]

1170 Ebd.
1171 Auch die Thematik des Pauperismus greift die *Narrhalla* an mehreren Stellen auf.
1172 *Narrhalla* 1846, S. 33 f.
1173 Ebd., S. 80 / vgl. auch *Narrhalla* 1848, S. 116 f.
1174 Ebd., S. 81.

Doch die hier geschilderten Versprechungen werden nicht erfüllt, das von Hoffnung durchdrungene Volk wird abermals bitter enttäuscht, denn die Rosenbande verwandeln sich in Ketten der Unterdrückung. Wie alle vorangegangenen Beispiele beschließt der Erzähler auch dieses mit einem belehrenden Satz: »Das Volk hat sich geirrt und – Irren ist menschlich.«[1175]

Zuletzt soll im Kontext der *Narrhalla* von 1846 ein fingiertes Sendschreiben in den Blick genommen werden, in dem ein Professor Reuthosen sich über die gegenwärtige Beschaffenheit des Weltsystems auslässt. Er äußert zunächst einige meteorologische Beobachtungen, die er gemacht hat: »Die Jahreszeiten sind [...] in Konfusion gerathen. Der Frühling will nicht mehr kommen, und der Winter nicht mehr gehen. Im Sommer fallen die Blätter und im Herbst schlagen die Bäume aus.«[1176] Tatsächlich kam es in der ersten Hälfte des 19. Jahrhunderts zu einer Veränderung des Klimas, die schließlich auch – aufgrund von Missernten – in der Folge zu den zahlreichen revolutionären Umtrieben beigetragen hat. Zu einer ersten Hungerkrise war es schon in den Jahren 1816/17 infolge des Ausbruchs des Vulkans Tambora in Indonesien (1815) gekommen. 1846/47 kam es zu einer weiteren Krise, einerseits aufgrund zweier schlechter Getreideernten – vermutlich ebenfalls als Spätfolge des Tamboraausbruchs, andererseits aufgrund der rapiden Verbreitung der Kartoffelfäule.[1177] Das Wetter dient an dieser Stelle aber auch – wie in vielen anderen Beiträgen – als Metapher für eben jene daraus resultierenden Umtriebe:

> »Das ganze Jahr hindurch wird sehr feuchte Witterung vorherrschen, was auf die Gurken und die literarischen Produktionen Deutschlands höchst nachtheilig wirken wird. Die nordöstlichen Gegenden werden von heftigen Winden geplagt werden und in den oberen Regionen Beklemmungen verursachen.«[1178]

Einerseits enthält dieses Zitat erneut Verweise auf die Zensur, andererseits wird aber auch auf die wachsende Unruhe im Volk angespielt. Der Text

1175 Ebd., S. 82.
1176 Ebd., S. 99.
1177 Vgl. Hippel / Stier 2012, S. 312.
1178 *Narrhalla* 1846, S. 99.

traut dem revolutionären Potenzial aber offenbar noch keine politische Durchschlagskraft zu. Gegen Ende der Ausführungen heißt es: »Die Temperatur in den höheren Regionen wird das deutsche Nationalbewußtsein auch dies Jahr verhindern, daß es zu hoch aufschieße. Die deutsche Sonne wird sich lange im Wendepunkt des Krebses aufhalten.«[1179] Der Erzähler scheint der Auffassung zu sein, dass die Obrigkeit auch in Zukunft eine Einigung der deutschen Staaten zu unterbinden weiß und sieht den deutschen Geist – symbolisiert durch die Sonne – weiterhin den Scheren der Zensur ausgesetzt.

Jener oben identifizierte Pessimismus ist auch in der ersten Lieferung der *Narrhalla* des Jahres 1848 spürbar. Der Artikel *Prophezeiungen für das junge Jahr Achtzehnhundert acht und vierzig* spiegelt genau diese Gemütslage wider. Wie in dem zuvor analysierten Beitrag dient auch hier das Wetter als Metapher für die politische Lage: »Was die Witterung betrifft, so wird die 1848er reich sein an politischem Wind. Nur in einigen Gegenden Europas wird es stürmen und in anderen wird man ein gewaltiges Donnerwetter fürchten. Welche Witterung aber in unserm Vaterlande vorherrschen wird, das weiß nur Zeus [...].«[1180] In Bezug auf die Zensur zeichnet der Text ein dunkles Bild: Er prophezeit die Errichtung von Galgen für freisinnige Journalisten. Allgemein attestiert er den Deutschen Mutlosigkeit, tätig zu werden. Viele Deutsche sind zwar inzwischen von einem liberalen Denken durchdrungen, der Mut zur Tat fehlt den meisten allerdings. Der Erzähler bemerkt hierzu:

> »Einige Vernünftige werden aber denken: es ist ein großer Unterschied, ob man voll Begeisterung in den Kampf stürzt, wo man sich nur Tod oder Lorbern holen kann, oder ob man auf dem Paradeplatze vor den Augen der müßigen Neugier einige liberale Phrasen in großer Uniform vorbeimaschiren läßt. Es ist ein großer Unterschied, ob man Freiheit liebt, oder ob man ihr bloß den Hof macht.«[1181]

1179 Ebd., S. 100.
1180 *Narrhalla* 1848, S. 5f.
1181 Ebd., S. 5.

Solange diese Einstellung in den Köpfen der Deutschen präsent ist, hat eine Revolution in den Augen des Erzählers wenig Aussicht auf Erfolg. In einem fingierten Sendschreiben an die Redaktion der Karnevalszeitung wird daher auch der Appell formuliert, wieder politischer zu sein und den Herausforderungen der Zeit mit Courage zu begegnen.[1182]

Auch die ersten Lieferungen der *Narrhalla* des Jahres 1848 sehen sich noch mit der allgemeinen Unfreiheit – im Speziellen natürlich mit der Zensur – konfrontiert. Es verwundert daher nicht, dass letztere nach wie vor im Fokus vieler Beiträge steht. Der Artikel *Zugestutzte Gedanken über das Denken* ist Ausdruck dessen und der Titel ist bereits ein Widerspruch in sich. Das Denken wird hierin als »größte Sünde und [...] abscheulichste[s] Laster«[1183] charakterisiert. Ferner sei es »gegen den Schöpfer [und] Sache des Teufels«.[1184] Es handelt sich hierbei um eine ironische Umkehrung der Kant'schen Philosophie. *Sapere aude*, der Leitspruch der Aufklärung, wurde weiter oben schon thematisiert. Der vorliegende Text lässt sich als vermeintliche Negation dieser Aufforderung zum selbstständigen Denken deuten und stellt sich somit scheinbar auf die Seite der Obrigkeit, die durch die Zensur versucht, freie Gedanken zu unterdrücken. Das Denken wird hier als Ursünde des Menschen dargestellt, wird es doch für die Vertreibung Adam und Evas aus dem Paradies verantwortlich gemacht. Eine kritische Lesart ließe aber auch die These zu, dass der Sündenfall eine Emanzipation des Menschen von Gott darstellt und das Denken auf diese Weise zur Freiheit führt. An dieser Stelle wird auch ein Aktualitätsbezug für die Zeitgenossen hergestellt: »[...] seit jener Zeit werden denkende Menschen sehr oft ausgewiesen, aber nicht mit Hülfe von Engeln, sondern durch Gensd'armen.«[1185] Hier wird klar auf die Zensur verwiesen und schließlich auch auf das Mittel, »Regimekritiker« ins Exil zu schicken. Der Erzähler stellt im Anschluss daran mehrere rhetorische Fragen, wozu das Denken denn eigentlich gut sei. Als Glückselige preist er jene, die nicht denken, denn sie »haben nichts vor Censur, Untersuchung, Verhaftung und polizeilicher Aufsicht zu leiden.«[1186] Der Erzähler endet,

1182 Vgl. ebd., S. 40 f.
1183 Ebd., S. 38.
1184 Ebd.
1185 Ebd.
1186 Ebd., S. 39.

indem er fordert, den Dekalog um ein elftes Gebot zu erweitern: »Du sollst nicht denken!«[1187] Darunter ist der Satz »Die Fortsetzung möchte gerne folgen«[1188] zu lesen, wohlgemerkt in Klammern gesetzt. Jener letzte Satz entlarvt alles zuvor Gesagte als pure Ironie, stellt er doch einen Appell an die Leser dar, sich darüber Gedanken zu machen, wie der Text weitergehen könnte. Der Artikel ist also ein Aufruf, sich gegen die mangelnde Meinungsfreiheit zur Wehr zu setzen, gleichzeitig stellt er eine Metakritik dar, prangert er auf der Textoberfläche doch das an, was er eigentlich zu befördern sucht.

Auch in der *Narrhalla* publizierte Bilder greifen die Zensur kritisch auf. Die Zeichnung, die den Titel *Wie ein gutmüthiges Kind gestillt wird!* (Abb. 23) trägt, zeigt eine bereits alternde Frau, die ein ›Kind‹ im Arm hat. Das Gesicht des Kindes ist allerdings das eines erwachsenen Mannes, denn es zeigt bereits Bartwuchs. Zusätzlich trägt das Kind eine Schlafmütze, was auf den Deutschen Michel verweist. Dieser ist in eine Art Zwangsjacke gehüllt, sodass er weder Arme noch Beine bewegen kann. Statt der Brust oder der Flasche gibt ihm die Frau ein Vorhängeschloss, auf das der kleine Michel draufzubeißen scheint. Die Frau trägt eine mehrstöckige Krone, auf der eine Vielzahl winziger Wappentiere abgebildet ist, die womöglich auf die 36 deutschen Staaten[1189] verweisen. Insofern wäre sie eine Personifikation bzw. Allegorie des Deutschen Bundes. Dieser versieht das deutsche Volk – repräsentiert durch Michel – mit einem Maulschloss, um die Artikulation freier Gedanken zu verhindern. Auch hierbei handelt es sich um eine offene Kritik an Unfreiheit und Zensur, gleichzeitig aber auch am deutschen Volk, das die Unterdrückung widerstandslos hinnimmt.[1190]

1187 Ebd.
1188 Ebd.
1189 Ursprünglich umfasste der Deutsche Bund 41 Mitgliedsstaaten.
1190 Vgl. auch *Narrhalla* 1843, S. 46.

Abb. 23: Ein Maulschloss für den Deutschen Bund (*Narrhalla* 1848, 3. Lieferung, S. 41).

In der *Narrhalla* des Jahres 1848 findet sich interessanterweise auch ein frühes Zeugnis der Frauenbewegung. Der entsprechende Artikel ist überschrieben mit dem Titel *Schutz- und Trutzrede des schönen Geschlechts gegen das Gegentheil.* Schon im ersten Abschnitt wird die Intention dieses Vortrags herausgestellt: »Ich will in die Schranken treten für meine schönen Mitschwestern gegen die Ungerechtigkeit, welche uns von der Männerwelt jeden Augenblick widerfährt.«[1191] Inwiefern es sich hier um eine ernstgemeinte Kampfschrift für die Emanzipation der Frau oder bloß um eine ironische Sichtweise auf diese Bewegung handelt, ist fraglich, schließlich heißt es zu Beginn, der Vortrag sei von einem Herrn Jungfrau Maaß

1191 *Narrhalla* 1848, S. 76

zum Besten gegeben worden. Das Geschlecht des Autors lässt sich also ebenfalls nicht eindeutig bestimmen. Fakt ist, dass auf der Textoberfläche ein negatives Bild des männlichen Geschlechts gezeichnet wird: »Am meisten gleicht aber das Herz eines Mannes so vielen konstitutionellen Ländern; es hat zwei Kammern, aber es ist verdammt wenig Gesinnung in denselben.«[1192] Der Erzähler nutzt die Gelegenheit, eine generelle Kritik an den Zuständen im Land zu üben. Die Verfassungen der deutschen Staaten – so sie denn eine haben – sind bloße Farce und ermöglichen keine ernstzunehmende politische Partizipation. Den Regierungen wird zudem ihre Kompetenz abgesprochen: »Wenn wir Frauen zusammen kommen, unterhalten wir uns von unserer Wirthschaft und das ist gewiß ganz vernünftig; wenn ihr Männer aber zusammen seid, unterhaltet ihr euch von den deutschen Regierungen und das ist wahrhaftig eine ganze dumme Wirthschaft.«[1193] Auch das Dauerthema Zensur wird in dem vorliegenden Artikel abermals aufgegriffen. Die Unterdrückung der Frau wird zu der liberaler Autoren in Relation gesetzt: »Es kann sich wahrhaftig keine meiner Mitschwestern bei Tag oder Nacht auf die Straße wagen, ohne sich von Männerblicken wie ein liberaler Schriftsteller von Gensdarmen begleitet zu sehen.«[1194]

Der Erzähler leitet das Finale seines Vortrags ein, indem er die Frage stellt, warum in der Narrhalla das »Salische Gesetz«[1195] herrsche. Dieses besagt, dass Frauen von der Erbfolge ausgeschlossen sind. Analog dazu formuliert der Erzähler die Frage: »Warum nehmt ihr keine weiblichen Mitglieder auf?«[1196] Er kommt am Ende schließlich zu einem Appell: »Ich ersuche also den Herrn Präsidenten [...] in seinem Narrenreich ein Patent zu erlassen, das meine Mitschwestern zu Sitz und Stimme in der Narrhalla berechtigt.«[1197] Ob dieser Beitrag nun ein ernstzunehmendes Plädoyer für die Emanzipation der Frau darstellt, wurde weiter oben bereits in Frage gestellt. Dass hier ein den Karneval bis heute begleitender Missstand thematisiert wird, steht dagegen außer Frage. Für Pierre Bourdieu handelt es

1192 Ebd., S. 77.
1193 Ebd., S. 78.
1194 Ebd.
1195 Vgl. Goetz 2003, S. 181.
1196 *Narrhalla* 1848, S. 79.
1197 Ebd.

sich bei der Differenz zwischen männlich und weiblich um eine »willkürliche Einteilung«.[1198] Dass z. B. die Mitgliedschaft im Elferrat häufig nur den männlichen Narren gewährt wird, handelt diesem Befund zuwider. Die Geschlechterdifferenz wird auf diese Weise aufrecht erhalten und somit auch die mit ihr verbundenen geschlechtlichen Machtverhältnisse. Die Fastnacht, die eigentlich den vorübergehenden Tabubruch ermöglicht, wird so selbst zum »Raum der sozialen Kontrolle konfiguriert«.[1199] Insofern lässt sich aus dem vorliegenden Vortrag eben doch eine allgemeine Aufforderung zum Kampf für die Gleichheit herauslesen.

Das Besondere am *Narrhalla*-Jahrgang 1848 ist, dass der Ton von Lieferung zu Lieferung schärfer wird, was die Redaktion auch selbst zum Thema macht. In einem Brief zu Beginn der siebten Lieferung teilt sie den Lesern mit, dass die Faschingsfeierlichkeiten in Anbetracht der wachsenden Spannungen eingestellt worden seien. Der ernste Ton wird damit gerechtfertigt, dass der Witz hinter den Kampf für die Freiheit zurücktreten müsse: »Die Zeit ist streng und drängt die heitere Laune, den schäkernden Muthwillen zurück. Doch vertrauen wir auf die Zukunft! Die Morgenröthe der Völkerfreiheit wird und muß die Wolken verscheuchen, die jetzt den Himmel so dicht verhüllen.«[1200] Die *Narrhalla* lässt den Deckmantel des Satirischen fallen und übt nun ganz offen Kritik an den bestehenden Verhältnissen. Zwar gibt der Karneval dadurch zeitweise seinen Grundgedanken auf, dies allerdings nur, um dem hehren Ziel zu dienen, die allgemeine Freiheit in Deutschland zu erwirken.

Jene oben beschriebene Tendenz macht v. a. die achte Lieferung deutlich. So heißt es gleich im ersten Beitrag: »Die Presse ist frei! sie ist es durch sich selbst geworden! der geknechtete Gedanke hat zürnend seine Ketten zerrissen und darf nun in den Dienst unseres Volkes treten. Die Presse ist frei!«[1201] Von dem zuvor satirischen Grundcharakter der *Narrhalla*-Beiträge scheint nichts mehr übrig zu sein. Mit der Pressefreiheit, so heißt es, erlangt auch das Volk seine Freiheit: »Sie wird so lange frei sein, als wir der Freiheit würdig sind.«[1202] Die Beiträge der Karnevalszei-

1198 Bourdieu 2005, S. 18.
1199 Armas 2021, S. 30.
1200 *Narrhalla* 1848, S. 107.
1201 Ebd., S. 123; man denke hier auch an das Volkslied *Die Gedanken sind frei.*
1202 Ebd.

tung unterscheiden sich von jenen politischer Kampfblätter nicht mehr. An die Stelle satirischer Vorträge tritt nun der politische Leitartikel.

Der Artikel *Nachruf an die Censur* verfolgt eine ähnliche Stoßrichtung. Es wird vom Tod der Zensur berichtet, was schließlich auch den Anlass gibt, deren Leben Revue passieren zu lassen: »Alles, was mit der Freiheit befreundet war, trug ihren unversöhnlichsten Haß; und nichts war ihr so sehr zuwider, als ein Gedanke, der nicht ein Lakai der Despotie war.«[1203] Die Freiheit, Gegenspielerin der Zensur, ist nicht zuletzt verantwortlich für deren Dahinscheiden. Die Volksfreiheit, so wird berichtet, hat triumphiert, was zu dem hoffnungsvollen Schlusssatz führt: »Für uns ist sie todt und wird nie wieder auferstehen.«[1204] Das dazugehörige Bild (Abb. 24) zeigt die aufgebahrte Tote. In der Mitte ist ein Tisch dargestellt, der von einem schwarzen Tuch bedeckt ist, das die Aufschrift »Karlsbad 20. September 1819« trägt und unzweifelhaft auf die Karlsbader Beschlüsse rekurriert, die schließlich zu den Zensurverordnungen führten. Am Saum des Tuchs sind zahlreiche Zöpfe zu sehen, auf dem Tisch liegt ein toter Krebs, der die Zensur symbolisiert. Die Botschaft ist, dass freie Gedanken fortan nicht mehr beschnitten werden. Das Bild zeichnet sich ferner durch eine Zweiteilung aus. Links ist eine jubelnde Menge dargestellt, bestehend aus Schreibfedern und Füllfederhaltern. Sie tragen eine Fahne, auf der »Freie Presse« zu lesen ist. Rechts sind diverse Trauergäste abgebildet. Rotstift, Schere und ein überdimensionierter Zopf – ebenfalls Symbole für die Zensur – trauern um die Tote. Über allem strahlt die Sonne, die das Licht der Aufklärung leuchten lässt.

Der letzte Beitrag, der im Rahmen dieser Analyse behandelt werden soll, fasst die zuvor gewonnenen Erkenntnisse treffend zusammen. Auch hierin kommt die scheinbar grenzenlose Hoffnung zum Ausdruck, die zu Beginn des Jahres 1848 im Volk herrschte. *Welch eine Zeit!* ist der Titel jenes Artikels und es ist vor allem der Sieg der Freiheit, der überschwänglich gelobt wird: »Die deutsche Presse zieht die Zwangsjacke aus; die Censoren wandern aus Mangel an Beschäftigung nach Rußland, und die Rothstiftfabrikanten etabliren andere Geschäfte.«[1205] Gelehrte, so wird ferner

1203 *Narrhalla* 1848, S. 124.
1204 Ebd.
1205 Ebd., S. 126.

Abb. 24: Das Begräbnis der Zensur (*Narrhalla* 1848, 8. Lieferung, S. 125).

berichtet, werfen die Schlafmützen von sich. Adelstitel gehören der Vergangenheit an, insofern wird auch der Forderung nach sozialer Gleichheit Rechnung getragen. Das ehemals tatenarme Volk nimmt sein Schicksal nun selbst in die Hand:

> »Die breite Tatenlosigkeit, die früher dem Genius Gesetze vorgeschrieben, schrumpft zusammen in ein hohles Nichts; das Wort wird zur gerüsteten That, die im Dienste der unterdrückten Menschheit gegen deren Unterdrücker steht und der Schutzgeist der Völker schwingt seine so lange gesenkte Fackel kamp-fesfreudig, siegesmuthig durch die Lüfte.«[1206]

Am Ende steht wieder das Licht, Metapher für ein aufklärerisches Gedankengut, das der Erzähler nun endlich verwirklicht glaubt. Die achte Lieferung der *Narrhalla* von 1848 ist gekennzeichnet durch einen schier grenzenlosen Fortschrittsoptimismus. Ludwig Bamberger hat die nun folgende

1206 Ebd.

Periode als »Flitterwochen der Preßfreiheit«[1207] bezeichnet. Sie währt nicht lange. Mit dem Scheitern der Paulskirchenverfassung wird auch die zwischenzeitlich liberale Gemengelage einer Revision unterzogen. Die kontrovers diskutierte These der Strukturhistoriker erweist sich zumindest in diesem Punkt als folgerichtig: »Am Anfang war keine Revolution.«[1208]

6.4.3.6 Ausblick

Dass die *Narrhalla* nicht die einzige Karnevalszeitung war, die Kritik am System übte, ist weiter oben bereits angeklungen. Das nachfolgende *Zensur-Epigramm* wurde am 7. Januar 1844 in der *Neuen Mainzer Narrenzeitung* veröffentlicht:

> »Ängstlich frug das Fragezeichen:
> Wird mich nicht der Zensor streichen?
> Und ein gleiches still bei sich
> Dachte der Gedankenstrich.
> Komma stand ein Weilchen still:
> Ob er mir was antun will?
> Semikolon war noch bänger,
> Harrte noch ein Weilchen länger,
> Doppelpunkt, der fuhr heraus:
> Wie, er wirft auch mich hinaus?
> Ach! rief dann das Ausrufzeichen,
> Ach! er wird uns alle streichen!
> Der Herr Censor kam, zu sehen,
> Wie gefürchtet, so geschehen:
> Nur das ›Punktum‹ ließ er stehen.«[1209]

Die Begeisterung der Karnevalisten für die Ideale des Vormärz schlug sich nicht nur in der Presse nieder. Viele Narren beteiligten sich aktiv an den revolutionären Umtrieben. So weiß man u. a. von dem ersten Trierer Karnevalsprinzen, Zigarrenfabrikant Andreas Tont, dass er am Barrika-

1207 Bamberger 1848, Titelei.
1208 Nipperdey 2013(2), S. 11.
1209 *Neue Mainzer Narrenzeitung* 1844,1, S. 16.

denbau beteiligt war und daher später von Preußen steckbrieflich gesucht wurde.[1210] Er floh schließlich nach Paris, ein Schicksal, das viele politisch aktive Fastnachter ereilte (wie auch Kalisch). Der oben geschilderte Fortschrittsoptimismus war mit der harten Realität konfrontiert worden: Die Paulskirchenverfassung war gescheitert. Schon 1849 hatte der ebenfalls von Kalisch redigierte *Demokrat* Skepsis gegenüber dem Erfolg der Revolution geäußert: »Vielleicht könnten die Zeiten wieder so sein, daß das freie Herz nach der kurzen Episode der Narrenfreiheit lechzte.«[1211] 1852 schreibt Eduard Reis schließlich im *Frankfurter Tagblatt*: »O hätte uns die Revolution doch nur die Narrheit und das Glück der Narren-Soirée gerettet [...]. Armes Mainz, du hast mehr verloren als andere Städte seit 1848 – du hast deinen Humor verloren!«[1212] Und auch Heinrich Hoffmann von Fallersleben äußert sich zum Scheitern der 48er Revolte:

> »Es war einmal ein Frühling,
> So schön, so wunderbar,
> Wie er so schön noch niemals
> Der Welt erschienen war.
> Der Frühling kehret wieder,
> Der Wald wird wieder grün,
> Doch an dem Baum der Freiheit
> Will keine Blüte blüh'n.«[1213]

Die weiter oben diagnostizierte Tendenz, dass den Mainzer Karnevalisten des Vormärz Freiheit wichtiger als Einheit war, erfährt nach 1848 unter den verbliebenen Liberalen eine Umkehrung. Krawietz stellt in diesem Kontext fest: »Die Tendenz, die nationale Einheit mehr und lauter zu fordern als die demokratisch begründete Freiheit, verstärkte sich zunehmend bis

1210 Vgl. Henschel / Albrecht 2019, S. 47.

1211 *Demokrat*, zit. n. Keim 1966, S. 77; dennoch nutzten viele Akteure des Vormärz den Karneval als Sprungbrett für eine politische Karriere nach 1848; der Karneval brachte Vertreter gleich mehrerer politischer Strömungen hervor (Liberalismus, Sozialismus, katholische Demokratie).

1212 Reis, zit. n. Keim 1966, S. 78.

1213 Hoffmann von Fallersleben 1851, S. 34; Schlusspunkt der revolutionären Bestrebungen war die Einnahme der Festung Rastatt durch Bundestruppen und somit das Scheitern der Badischen Revolution.

zur Reichsgründung 1871 unter Bismarck.«[1214] Die Erfahrung des Scheiterns sorgt für eine neue Priorisierung, was die politische Zielsetzung der Deutschen anbelangt. Zwar äußern sich die Karnevalisten den kolonialen Bestrebungen des Deutschen Reichs gegenüber eher skeptisch:

»Im afrikan'schen Wüstensand
Verblutet er sich tödlich.
Drum, Michel, bleib im Vaterland,
Und dort ernähr dich redlich!«[1215]

Die sich verstärkenden nationalistischen Gesinnungen zeigen sich jedoch spätestens an der anfänglichen Kriegsbegeisterung, die 1914 auch unter den Karnevalisten herrschte. »Holdrio, ›es gibt Krieg!‹«,[1216] so der Anfang eines Liedtexts von Jean Gebürsch. Bis in die dreißiger Jahre paart sich dieser Nationalismus mit antidemokratischen Tendenzen. Ludwig Lauer reimt 1926: »Einig nur auf jeden Fall / sind sie dort im Reichstag all / nur bei den Diäten.«[1217] Viele Narren jener Tage wenden sich gegen Parteiensystem und Parlamentarismus und leisten auf diese Weise Schützenhilfe, die im Vormärz hart umkämpften demokratischen Ideale zu untergraben.

Doch trotz der Ernüchterung gilt es die Durchschlagskraft herauszustellen, die gerade dem frühen organisierten Karneval innewohnte. Auf die gesellschaftliche Gleichstellung der Juden, an der führende Mainzer Karnevalisten mitwirkten, wurde im Zuge der Analyse bereits verwiesen. Und als 1845/46 ein konservatives Eherecht, welches das zivile Eherecht infrage stellte, im Großherzogtum Hessen-Darmstadt erlassen werden sollte, leisteten die Mainzer Büttenredner einen entscheidenden Beitrag zur Verteidigung des Rheinischen Rechts.[1218] Anton Maria Keim fasst die Bedeutung der organisierten Mainzer Fastnacht für die politische Land-

1214 Krawietz 2016, S. 97.

1215 Fürst 1907, S. 7.

1216 Gebürsch, zit. n. Krawietz 2016, S. 110; die anfängliche Euphorie – auch unter den Fastnachtern – soll nicht darüber hinwegtäuschen, dass während des Krieges kein offizieller Karneval stattfand; nach dem Krieg sahen sich die Narren erneuter Zensur durch die französischen Besatzer ausgesetzt.

1217 Lauer, zit. n. Krawietz 2016, S. 116.

1218 Vgl. Keim 1966, S. 61.

schaft des Vormärz treffend zusammen: »Für Ludwig Kalisch – und das gilt für die meisten närrischen Redakteure und Publizisten – ist die Narrheit ein Ventil der unterdrückten Presse. Im Gewand des Harlekins lassen sich Wahrheiten sagen, die eigentlich Themen des politischen Leitartikels sein müßten.«[1219]

6.5 Zwischenfazit

Im Vormärz wächst in den deutschen Staaten der Wunsch nach Freiheit. Damit einher geht der Wille, einen geeinten Nationalstaat zu schaffen. Den restaurativen Eliten laufen diese Bestrebungen zuwider. Liberale Autoren beginnen daher, ihre Forderungen literarisch zu artikulieren, um so die obrigkeitlichen Restriktionen zu umgehen.

Als für die Umsetzung dieses Vorhabens prädestinierte Figur erweist sich vielfach der Narr, dem aufgrund seiner Rolle als Vergänglichkeitsbote mehr und mehr eine prophetische Gabe zugeschrieben wird. Der Narr, der sich zuvor beständig selbst im Spiegel betrachtet hatte, hält nun seinem Gegenüber den Spiegel vor und wird so zum Wahrheitskünder. Im Falle von *Leonce und Lena* ist es allerdings das Stück selbst, das die Verhältnisse der Duodez-Fürstentümer zu Beginn des 19. Jahrhunderts demaskiert. Indem die Komödie eine Verkehrung der Ständeklausel vornimmt, greift sie einer Umwälzung des soziopolitischen Systems in Deutschland vor. Die Figur des Prinzen, der seine Untertanen bis zum Schluss als Spielzeug betrachtet, unterstreicht die Notwendigkeit der Veränderung. Obgleich er durch den Akt der Reflexion zur Erkenntnis gelangt, dass Individualität das erstrebenswerte Ziel eines jeden sein sollte, scheitert er am starren gesellschaftlichen Korsett seiner Zeit und schafft es auf diese Weise nicht, sich als handelndes Subjekt zu verwirklichen. Dies mag auch der inneren Vielheit des Protagonisten geschuldet sein, betrachtet man Leonce und Valerio als Teil-Ichs ein und derselben Person. Die Synthese bleibt aus, sodass am Ende Büchner selbst als der weise Narr gelten muss, der *ex negativo* den wünschenswerten Zustand propagiert.

Heinrich Heine, der sich in seiner Dichtung vielfach des Narrenmotivs bedient hat, verfährt auf ganz ähnliche Weise. Der dem Karneval

1219 Ebd.

eigene Rollentausch verweist auf eine Umkehrung der Ordnung. Indem er eine schlaraffische Utopie in seine hier behandelten Werke integriert, fordert er zugleich die Verstetigung jener Umkehr. Der Schelm, der sich in den *Memoiren* gegen das Schlechte in der Welt stellt, repräsentiert den Akt der Selbstbehauptung und somit der Befreiung. Voraussetzung hierfür ist abermals eine Balance zwischen den verschiedenen Seinspotenzialen. Im *Wintermärchen* ist Liktor ein externalisierter Teil des lyrischen Ichs, der für eine Dialogisierung bzw. Polyphonie des Versepos sorgt. Dies ermöglicht immer neue Perspektivierungen und somit ein *Perpetuum mobile* der Reflexion.

Als beliebte literarische Gattung des Vormärz konnte die Satire ausgemacht werden. Ihre erkenntnisfördernde Wirkung setzte Ludwig Kalisch ganz bewusst ein, um der allgegenwärtigen Zensur den Kampf anzusagen. Die von ihm redigierte Karnevalszeitung *Narrhalla* avancierte rasch zum links-liberalen Kampfblatt, das v. a. auf die Schaffung einer freiheitlichen Grundordnung abzielte. Die Analyse der Jahrgänge des Vormärz hat gezeigt, dass die Revolution, die zunächst nur metaphorisch in Wort und Bild eingefordert wird, immer greifbarer erscheint und schließlich sogar symbolisch in die Tat umgesetzt wird. Insofern spiegelt die *Narrhalla* die wachsende politische Selbstermächtigung der Karnevalisten während des Vormärz wider.

7 Karneval in der Literatur der Moderne

7.1 Thomas Manns Possenreißer

In seinen literaturhistorischen Ausführungen rechnet Bachtin das Werk Thomas Manns der Groteske zu, da seine Erzählungen volkskulturelle Traditionen verarbeiten und darüber hinaus karnevaleske Formen beinhalten.[1220] Am deutlichsten kommt dies wohl im *Zauberberg* zum Ausdruck. In dem Kapitel, welches den Titel »Walpurgisnacht« trägt, beschreibt Mann den Straßenkarneval im schweizerischen Davos:

> »Allgemein war man nachmittags nach ›Platz‹ gepilgert, um das Faschingsstaßenleben zu sehen. Masken waren unterwegs gewesen, Pierroten und Harlekine, die klappernde Pritschen gehandhabt hatten, und zwischen den Fußgängern und den ebenfalls maskierten Insassen der vorüberläutenden, geschmückten Schlitten waren Konfetti-Scharmützel geliefert worden.«[1221]

Beschrieben wird eine ausgelassene Feierstimmung, die in der Faschingsfete im Sanatorium mit einem erotischen Intermezzo zwischen Castorp und Chauchat gipfelt. Obgleich eine nähere Untersuchung dieser Episode sicherlich interessant wäre, sollen im Rahmen dieses Kapitels zwei Werke Thomas Manns näher in den Blick genommen werden, in denen er den rheinischen Karneval thematisiert.

1220 Vgl. Rudtke 2006, S. 241.
1221 Mann 1994, S. 444.

Der konfessionellen Zersplitterung Deutschlands entspricht eine regionale Diversität der Fastnachtskultur. Luther hatte seinerzeit die Fastenzeit abgeschafft, wodurch auch die Fastnacht ihren Sinn verlor. In den Augen Sebastian Francks war das närrische Treiben papistisch und heidnisch. Die Anziehungskraft, die von dem närrischen Fest ausging, war so leicht aber nicht zu brechen, sodass auch in protestantischen Regionen weiterhin Fastnacht gefeiert wurde. Dadurch, dass die evangelischen Landesherren die gregorianische Kalenderreform nicht übernahmen, kam es fortan zu unterschiedlichen Brauchterminen. Mezger spricht von einem nun aufkommenden »ökumenische[n] Fastnachtstourismus«,[1222] d. h. Katholiken besuchten die Fastnachtsfeierlichkeiten der Protestanten und die Evangelischen pilgerten zu den katholischen Festivitäten. Jener Austausch wurde nur dann untersagt, wenn die Datumsdifferenz die Hochfeste der jeweiligen Konfession tangierte.

Die Differenz zwischen rheinischem Karneval und schwäbisch-alemannischer Fastnacht lässt sich allerdings nicht mit den konfessionellen Unterschieden begründen. Die Kölner Fastnachtsreform von 1823 beeinflusste ab den 1840er Jahren auch den Süden Deutschlands. Das ab den 1880er Jahren zu beobachtende soziale Auseinanderdriften der Fastnachtsakteure sorgte aber für eine Rückbesinnung. Im Südwesten distanzierten sich Handwerker und das einfache Volk von den karnevalesken Formen, die sich das gehobene Bürgertum mehr und mehr zu eigen gemacht hatte, sodass die 1809 verbotenen Narrenzünfte vielerorts wiederbelebt wurden. Dass das Bürgertum wenig später auf diesen Zug aufsprang, verschaffte der Restitution der vorromantischen Fastnacht zusätzliche Dynamik.[1223]

7.1.1 Thomas Mann: *Der Bajazzo* (1897)

Seine 1897 erschienene Erzählung *Der Bajazzo* lässt Mann nicht nur im katholischen Rheinland spielen, sie bildet zugleich eine frühe literarische Verarbeitung des Motivs vom traurigen Clown. Zwar handelt es sich bei dem namenlosen Protagonisten um keinen berufsmäßigen Spaßmacher, allerdings lässt er sich als karnevaleske Figur par excellence bezeichnen,

1222 Mezger 2015, S. 37.

1223 Vgl. Mezger 2020, S. 181.

verkörpert er doch das laut Bachtin der karnevalisierten Literatur eigene Prinzip der Ambivalenz.[1224]

Die Frage bleibt, warum Mann diesen Titel wählte. Der aus Italien stammende Bajazzo hält ab etwa 1750 Einzug in die deutsche Fastnacht.[1225] Er spiegelt insofern die weiter oben beschriebene Italienisierung des närrischen Brauchtums seit dem 17. Jahrhundert wider. Das hochitalienische Wort *bajazzo* (französisch »paillasse«) geht auf die Commedia-Figur Pagliaccio zurück. Er gehört zur Familie der Zanni und trägt traditionell ein weites Pludergewand sowie einen spitzen Hut. Aus dem Bajazzo entwickelte sich schließlich die im alemannischen Raum als Bajass bekannte Narrenfigur.[1226] Deren Popularität reicht bis in unsere Zeit hinein: Der durch Willi Scheu verkörperte Bajazz, der in der Bütt stets als Verfechter des freien Wortes galt, war über Jahrzehnte hinweg fester Bestandteil der Mainzer Fastnacht.[1227]

Es ist wohl auch kein Zufall, dass Mann seine Erzählung in jener Karnevalshochburg am Rhein spielen lässt. Zwar wird der Name der altehrwürdigen Bischofsstadt nicht expressis verbis genannt, der Erzähler gibt aber an, die Promenade auf dem »›Lerchenberge‹«[1228] für seine Spaziergänge zu nutzen. Die Handlung beginnt allerdings an einem anderen Ort, der ebenfalls nicht namentlich erwähnt wird. Der Rückblick auf sein Leben erfüllt den Protagonisten mit Ekel, der so stark ist, dass er in Erwägung zieht, ihm ein Ende zu setzen:

> »Nach allem zum Schluß und als würdiger Ausgang, in der That, alles dessen ist nun der Ekel, den mir das Leben [...] einflößt [...] und der mir vielleicht über kurz oder lang einmal die notwendige Schwungkraft

1224 Vgl. Rudtke 2006, S. 236.
1225 Vgl. Krawietz 2016, S. 54.
1226 Vgl. Mezger 2015, S. 36; der Bajass ist die bis heute dominierende Narrenfigur im baden-württembergischen Waldkirch. Der Commedia dell'arte-Typ wurde hier im 19. von Zuwanderern aus Savoyen eingeführt. Musikalität und Rhythmik spielen eine zentrale in der Waldkircher Fastnacht, was dem Umstand geschuldet sein mag, dass der Ort ein Produktionszentrum für Drehorgeln war.
1227 Vgl. Wirth 1987, S. 233.
1228 Mann 2018, S. 135.

> geben wird, die ganze lächerliche und nichtswürdige Angelegenheit überm Knie zu zerbrechen und mich auf- und davonzumachen.«[1229]

Um diese vermeintliche Lebensverdrossenheit zu verstehen, ist ein Blick auf die Kindheit des Bajazzos notwendig. Er wird als Sohn einer Kaufmannsfamilie geboren, deren Reichtum auf der harten Arbeit von nunmehr vier Generationen gründet. Der Spruch über der Haustür »›Ora et labora‹«[1230] ist programmatisch. Hierbei handelt es sich um die Ordensregel des Hl. Benedikt, die neben dem Gebet auch Fleiß fordert. Jenen Grundsatz verkörpert der Vater des Protagonisten. Die Mutter hingegen wird als Freigeist beschrieben, die sich den schönen Künsten hingibt. Ferner werden ihre infantilen Züge betont, wenn von dem »verträumte[n] Kinderantlitz«[1231] die Rede ist. Der Bajazzo fühlt sich zwischen diesen beiden Polen zunächst hin- und hergerissen, obgleich bereits der Titel darauf verweist, für welche Seite er sich entscheidet. Die innere Zerrissenheit bringt der Erzähler am Ende des ersten Kapitels zum Ausdruck:

> »Ich saß in einem Winkel und betrachtete meinen Vater und meine Mutter, wie als ob ich wählte zwischen beiden und mich bedächte, ob in träumerischen Sinnen oder in That und Macht das Leben besser zu verbringen sei. Und meine Augen verweilten am Ende auf dem stillen Gesicht meiner Mutter.«[1232]

Jene Entscheidung mag aber auch der Vater, obgleich sicher unbeabsichtigt, mitbeeinflusst haben. Gegenüber der Mutter, die aufgrund derselben Neigungen Talent in ihrem Sohn zu erkennen glaubt, bemerkt er: »Seine Begabung, von der du sprichst, ist eine Art von Bajazzobegabung [...].«[1233] Der Protagonist hört diese Unterhaltung unbemerkt mit. An anderer Stelle spricht der Vater von »Narrenpossen«[1234] und schließlich von »Clow-

1229 Ebd., S. 120.
1230 Ebd., S. 121; vgl. hierzu auch Manns *Buddenbrooks*.
1231 Ebd., S. 122.
1232 Ebd., S. 123.
1233 Ebd., S. 127.
1234 Ebd., S. 126.

nerie«.[1235] Neymeyr charakterisiert den Entschluss des »Helden«, sich der vom Vater vorgezeichneten Vita zu fügen, als »selffullfilling prophecy«,[1236] durch die er sich selbst der Fähigkeit zur freien Willensentscheidung beraubt. Dadurch, dass er sich fortan gänzlich an seiner als infantil beschriebenen Mutter orientiert, bleibt er selbst zeit seines Lebens Kind.

Er entscheidet sich für ein Leben als Künstler, obgleich die Entscheidung eher Wunsch bleibt, denn der Bajazzo erweist sich als Dilettant. Spinell sieht hierin im Übrigen eine häufig angewendete Strategie Manns: Ganz im Sinne der Verfallsthematik verklärt sich eine dem Untergang geweihte Dynastie am Ende ihrer Tage durch die Kunst.[1237] Die Ambivalenz des Protagonisten bleibt dennoch bestehen bzw. sie verstärkt sich sogar noch. Der Tod der Eltern kann als Initiationsereignis gelten, denn nun ist der Protagonist scheinbar in der Lage, sein Bajazzoleben vollends zu realisieren. De facto bedeutet das Ableben von Mutter und Vater aber eine harte Zäsur. Blödorn schreibt: »Durch den Tod der Eltern ist ihm das stabilisierende Korrektiv seines instabilen Selbst verloren gegangen; die innere Zerrissenheit und Unsicherheit seines Wesens kann nun nicht länger in Auseinandersetzung mit den Eltern aufgefangen werden.«[1238] Jene Tendenz deutet sich bereits in der Kindheit an. Die Gabe des Protagonisten, sich selbst zu inszenieren, ist schon früh erkennbar:

> »Ich bewegte mich heiter und beliebt im Kreise meiner Bekannten und Verwandten, und ich war gewandt und liebenswürdig aus Lust daran, den Liebenswürdigen zu spielen, obgleich ich alle diese Leute, die trocken und phantasielos waren, aus einem Instinkt heraus zu verachten begann.«[1239]

Neymeyr spricht in diesem Kontext von einer »Mixtur [aus] Menschenverachtung und narzißtisch besetzter Selbstinszenierung«.[1240] Narzissmus als Charakteristikum des Bajazzos äußert sich auch in dem Ausleben seines

1235 Ebd., S. 128.
1236 Neymeyr 2003, S. 140.
1237 Vgl. ebd., S. 142.
1238 Blödorn 2007, S. 19.
1239 Mann 2018, S. 126.
1240 Neymeyr 2003, S. 153.

Interesses an der Kunst: »Ich las viel, las alles, was mir erreichbar war, und meine Eindrucksfähigkeit war groß. Jede dichterische Persönlichkeit verstand ich mit dem Gefühl, glaubte in ihr mich selbst zu erkennen [...].«[1241] Die Selbstbezüglichkeit des Protagonisten scheint grenzenlos. Neymeyr sieht hierin eine Verbindung zu Goethes Werther. Die Suche nach dem Analogen in der Literatur bei gleichzeitigem Ausblenden der zwangsläufig vorhandenen Differenzen ist ein Symptom der akuten Ich-Schwäche des Bajazzos und blockiert seine schon lange überfällige Emanzipation.[1242]

Das ambivalente Innere äußert sich aber noch auf andere Weise, denn das von Leichtigkeit erfüllte Bajazzoleben kontrastiert immer wieder mit dem Protagonisten innewohnenden bürgerlichen Ordnungsvorstellungen. Wenn er sich in Madrid plötzlich nach einem »ruhigen, geregelten und ansässigen Leben«[1243] sehnt und den Entschluss fasst, nach Deutschland zurückzukehren, dann deckt sich das nicht mit der Praxis des fahrenden Volks, dem der Bajazzo zugerechnet werden muss. Aus diesen offenkundigen Diskrepanzen schließt Neymeyr, dass es sich bei dem Protagonisten um ein hybrides Selbst handelt.[1244]

Zu einer zweiten wichtigen Wendung kommt es im elften Kapitel. Bei einem seiner Spaziergänge trifft der Bajass auf ein junges Mädchen, das eine große Anziehung auf ihn ausübt. Die Menschenverachtung scheint dem Willen, sich zu binden, Platz zu machen. Die Vision einer Familie stellt für den Protagonisten etwas Sakrales dar, was daran zu erkennen ist, dass er die Bekanntmachung der Verlobung des Mädchens als »Verkündigung«[1245] bezeichnet. Und dennoch offenbart sich bei näherer Betrachtung wiederum der Narzissmus des Bajazzos. Er beschreibt bei dem ersten Aufeinandertreffen nämlich ihre besondere Art, mit »kindlicher Wichtigkeit«[1246] die Kutsche zu lenken und wenig später spricht er von ihrem »kindlich runde[n] Kinn«.[1247] Er sieht in dem Mädchen seine infantile Mutter, durch deren Tod er jeglichen Halt in der Welt verloren hat. Mehr

1241 Mann 2018, S. 129.
1242 Vgl. Neymeyr 2003, S. 146.
1243 Mann 2018, S. 134.
1244 Vgl. Neymeyr 2003, S. 154.
1245 Mann 2018, S. 155.
1246 Ebd., S. 145.
1247 Ebd., S. 146.

noch: Er, der selbst stets Kind geblieben ist, offenbart dadurch, dass er sein vermeintliches Spiegelbild begehrt, abermals die eigene Selbstverliebtheit.

Am Ende ist es wiederum der Ekel, der ihn seine Feder hinwerfen lässt. Das Motiv des Ekels bildet folglich den die Erzählung umspannenden Rahmen. Und erneut wird die Möglichkeit des Suizids erörtert, diesmal allerdings auch ›final‹ geklärt: »Ein Ende machen: aber wäre das nicht beinahe zu heldenhaft für einen ›Bajazzo‹?«[1248] Trotz dieser Entscheidung für das Leben zeigt sich am Ende der Erzählung doch, dass der Protagonist am Leben gescheitert ist, denn selbst an der Kraft, seiner Existenz ein Ende zu setzen, mangelt es ihm. Der in seinen Augen ihm vorgeschriebene Weg nimmt ihm sogar die Freiheit, über das eigene Dasein zu verfügen. Blödorn erkennt hierin eine im Mann'schen Werk häufig anzutreffende Tendenz, die er griffig auf den Punkt zu bringen weiß: »[...] aus den Verwaisten werden schließlich ›Verweste‹«.[1249] Der letzte Satz dieses kurzen Prosatextes spiegelt die Resignation des Antihelden wider: »Mein Gott, wer hätte es denken können, daß es ein solches Verhängnis und Unglück ist, als ein ›Bajazzo‹ geboren zu werden!«[1250] Zwar lebt der Protagonist weiter, dies allerdings nur in eingeschränktem Maße, sodass angenommen werden muss, dass der in Ohnmacht Verharrende de facto ein Scheinleben führt.

Vor diesem Hintergrund muss das Niederschreiben seiner Gefühlswelt als »Gesprächstherapie mit sich selbst«[1251] verstanden werden. Blödorn führt diesen Gedanken näher aus: »An die Stelle des stabilisierenden äußeren Korrektivs der Eltern hat der Bajazzo damit die Selbstdialogisierung gesetzt, die in seinem Inneren fortsetzt, was zuvor durch seine Eltern übernommen wurde.«[1252] Die durch das Schreiben angeregte Reflexion führt zu einer Selbstbestätigung. Der der Lethargie verfallene Bajazzo erweckt sich dadurch wieder selbst zum Leben. Und dennoch bleibt die Existenz des infantilen und dem Narzissmus anheimgefallenen Dilettanten brüchig, seine innere Zerrissenheit wird wohl auch in Zukunft kein erfülltes Leben zulassen.

1248 Ebd., S. 158.
1249 Blödorn 2007, S. 24.
1250 Mann 2018, S. 159.
1251 Blödorn 2007, S. 33.
1252 Ebd., S. 32.

7.1.2 Thomas Mann: *Bekenntnisse des Hochstaplers Felix Krull* (1913/54)

Unweit der ›Wirkungsstätte‹ des Bajazzos lässt Mann auch die Handlung seines zuletzt veröffentlichten Romans beginnen. Die *Bekenntnisse des Hochstaplers Felix Krull* bilden im Gesamtwerk des gebürtigen Lübeckers insofern eine Besonderheit, als dass es sich bei dem Protagonisten um den einzigen katholischen Helden im Mann'schen Œuvre handelt.[1253] Das vorwiegend katholische Rheinland, das auch den Karneval, wie man ihn heute kennt, hervorgebracht hat, dient dem Roman Manns, in dem er die Vita des Hochstaplers Felix Krull entwirft, als Kulisse. Im Hause Krull wird der Karneval ausgelassen gefeiert. Im dritten Kapitel des ersten Buches heißt es:

> »Besonders zur Zeit des Karnevals und der Weinlese gingen die Wogen des Vergnügens sehr hoch. Dann brannte mein Vater im Garten eigenhändig prächtige Feuerwerke ab, worin er große Sachkenntnis und Geschicklichkeit besaß; die Steingutzwerge erschienen in magischem Licht, und die launigen Masken, in denen sich die Gesellschaft zusammengefunden, erhöhten die Ausgelassenheit. Ich war damals gezwungen, die Oberrealschule des Städtchens zu besuchen, und wenn ich am Morgen um sieben oder halb acht Uhr mit neuwaschenem Antlitz das Speisezimmer betrat, um mein Frühstück einzunehmen, so fand ich die Gesellschaft noch, fahl, zerknittert und mit Augen, die das Tageslicht schlecht ertrugen, bei Kaffee und Likören versammelt und wurde unter großem Hallo in ihre Mitte aufgenommen.«[1254]

Dass der protestantische Autor gerade das ihm Fremde darzustellen versuchte, mag dem Umstand geschuldet sein, dass er in eine Zeit hineingeboren wurde, deren akute konfessionelle Spaltung auch das Deutsche Reich als politisches Konstrukt zu sprengen drohte.[1255] Der Roman, dessen Entstehungszeit sich über das gesamte Autorenleben Manns erstreckt, spiegelt zugleich aber auch den Wandel der politischen Situation in Deutschland

1253 Vgl. Elsaghe 2004, S. 94.

1254 Mann 2014, S. 19.

1255 Vgl. Elsaghe 2004, S. 82; vor Mann hatte sich bereits Theodor Storm, der ebenfalls aus Norddeutschland stammte, am freiKarneval interessiert gezeigt und ihm ein Gedicht gewidmet.

wider, denn mit Gründung der Bundesrepublik ist es zunächst der rheinische Katholizismus, der das soziopolitische System des neu geschaffenen Staatsgebildes dominiert.

7.1.2.1 Der katholische Held – Darstellung des Anderen

Zwar wird die Heimatstadt Krulls im Roman nicht *expressis verbis* genannt, Elsaghe macht im Text aber einige Hinweise aus, die eine genaue Lokalisierung ermöglichen: »Das lustige Mainz war also sehr nahe und ebenso die vornehmen Taunusbäder, als: Wiesbaden, Homburg, Langenschwalbach und Schlangenbad, welch letzteres man in halbstündiger Fahrt auf einer Schmalspurbahn erreichte.«[1256] Eingrenzend lässt sich also bereits feststellen, dass der Protagonist seine Kindheit im Rheingau verbringt. Eine exaktere Ortsbestimmung liefert eine Angabe zu späterem Zeitpunkt. Krull berichtet von dem unweit seiner Heimatstadt gelegenen »malerischen Gemäuer der rheinwärts gelegenen, weiland erzbischöflichen Burg«.[1257] Für Elsaghe handelt es sich bei dieser Passage um das entscheidende Indiz: die Heimatstadt Krulls ist Eltville – eine erzkatholische Ortschaft. Zudem stellte die Stadt in früheren Zeiten – daher auch der Hinweis auf die kurfürstliche Burg – ein strategisches Zentrum katholischer Macht dar. Elsaghe schließt daraus, dass Eltville konfessionsdemographisch, verglichen mit den Verhältnissen im Kaiserreich, eine Ausnahme bildet.[1258]

Hinzu kommt, dass es sich bei dem Ortsnamen Eltville um eine deutsch-französische Komposition handelt. Dies verweist auf die Grenzlage des Schauplatzes und betont zugleich die Rolle, die dem Rhein als der natürlichen Grenze zukommt. Die Reise, die der junge Felix nach dem Tod seines Vaters antritt, ist insofern als Grenzüberschreitung zu sehen. Die Etappen Paris und Lissabon als Hauptstädte katholischer Länder bestätigen nicht nur die religiöse Abweichung, auch politisch distanziert sich der Protagonist immer weiter von dem von Berlin aus regierenden protestantischen deutschen Monarchen. Indem Krull am Ende des Romans mit

1256 Mann 2014, S. 8.
1257 Ebd., S. 38.
1258 Vgl. Elsaghe 2004, S. 86.

einer »iberischen«[1259] Frau kopuliert, hat sich diese Abweichung schließlich auch ethnisch vollzogen.

Unterzieht man die Katholiken in den *Bekenntnissen* einer näheren Betrachtung, dann offenbart sich durchweg deren Lasterhaftigkeit. Mutter und Schwester werden beide als triebgesteuert beschrieben, so schildert Felix eine Begebenheit, in der sie einst gemeinsam einem im Anwesen der Krulls beschäftigten Maler nachstellten. Diesem, so heißt es, setzten jene »neckischen Annäherungen«[1260] sichtlich zu. Die Schwester des Protagonisten, Olympia, wird sogar explizit als »außerordentlich fleischlich gesinntes Geschöpf«[1261] charakterisiert. Ihr Name rekurriert dabei, so Elsaghe, auf Hoffmanns *Sandmann*, wo Olimpia eine leblose Puppe darstellt, in die sich der Protagonist Nathanael unsterblich verliebt. Indem Mann den Namen des Automaten adaptiert, weist er die Schwester Krulls als seelenlose Hülle aus, der es allein um die Befriedigung ihrer Gelüste geht.[1262]

Doch jene Nymphomanie nimmt zerstörerische Züge an. Es wird berichtet, wie der Verlobte Olympias, der Secondeleutnant Übel vom Zweiten Nassauischen Infanterieregiment Nr. 88, von seiner zukünftigen Angetrauten regelrecht ausgezehrt wird: »Sein Aussehen, wenn ich das Zimmer betrat, worin man die Brautleute ein Stündchen allein gelassen, war völlig zerstört und leichenhaft [...].«[1263] Der zurücksetzende Titel des Bräutigams sowie dessen sprechender Name deuten laut Elsaghe bereits auf das ihm blühende Schicksal hin.[1264]

Mann scheint in seinem Roman eine besondere Beziehung zwischen Katholizismus und dem Weiblichen herstellen zu wollen, selbst in den männlichen Figuren. Sie sind vielfach durch eine androgyne Natur gekennzeichnet. So stammt der den Protagonisten verehrende Nectan Lord Kilmarnock aus dem katholischen Schottland. Elsaghe sieht hier einen Zusammenhang zu dem Skandal um den der Homosexualität bezichtigten Philipp Fürst zu Eulenburg, der sich kurz vor der Niederschrift der ersten

1259 Mann 2014, S. 387.
1260 Ebd., S. 18.
1261 Ebd.
1262 Vgl. Elsaghe 2004, S. 111.
1263 Mann 2014, S. 57.
1264 Vgl. Elsaghe 2004, S. 107.

zwölf Kapitel der *Bekenntnisse* ereignet hatte.[1265] Noch interessanter dürfte in diesem Kontext aber die Begegnung mit dem Geistlichen Rat Chateau sein. Über ihn heißt es, er trage »unter seiner aus feinem seidigschwarzen Tuch gefertigten Soutane schwarzseidene Strümpfe und Lackschuhe«.[1266] Für Elsaghe erzeugt die Präposition »unter« hier eine gewisse Uneindeutigkeit, schließlich könnte man die Passage auch so verstehen, dass der Pfaffe tatsächlich nichts anderes als die wohlgemerkt eher unmännlichen Strümpfe unter seiner Priesterrobe trägt.[1267] Zu dem weiblichen Auftreten des Geistlichen gesellt sich eine erotisch-perverse Beziehung mit seiner Kirche, die für ihn offenbar im wahrsten Sinne des Wortes *mater ecclesia* ist. Als Felix ihm einen Besuch abstattet, um die Beerdigung seines Vaters zu besprechen, ist Chateau gerade dabei, eine »Bouteille Liebfrauenmilch«[1268] zu trinken. Hierin äußert sich die Marienverehrung der Katholiken, die bei Chateau fast krankhaft gesteigert scheint, schließlich ist der Wein, an dem er sich in dieser Szene gütlich tut, Symbol des Blutes Christi und nicht Mariens.

Dass der androgyne Priester einen französischen Namen trägt, verbindet den Katholizismus nun mit dem in den Augen der Zeitgenossen weibischen Land schlechthin. Demgegenüber stilisierten sich die Deutschen zur Zeit der Handlung als Herrennation. Die Verwendung ausländischer, speziell lateinischer Namen – hier muss der Vorname des Protagonisten selbstverständlich herausgehoben werden – rückt den Katholizismus in die Nähe des Ultramontanismus.[1269] Ultramontanismus bedeutet soviel wie »jenseits der Berge« und spielt auf den Romzentrismus an. Klaus Unterburger definiert diesen Terminus als »rückwärtsgewandte papalistische und jesuitisch geprägte ekklesiologische bzw. kanonische Position innerhalb der katholischen Kirche«.[1270]

Krull scheint immer weiter in die romanische, d.h. ultramontane Fremde abzugleiten. Bereits im ersten Kapitel wird sein teilweise »fran-

1265 Vgl. ebd., S. 106.
1266 Mann 2014, S. 66.
1267 Vgl. Elsaghe 2004, S. 106.
1268 Mann 2014, S. 65.
1269 Vgl. Elsaghe 2004, S. 112.
1270 Unterburger 2005, S. 705.

zösisches Blut«[1271] erwähnt und die Grenzlage seiner Heimatstadt Eltville wurde weiter oben bereits thematisiert. Für Elsaghe ist es vor diesem Hintergrund die logische Folge, wenn der in Paris als Halb-Franzose tätige Kellner am Schluss den Titel eines luxemburgisch-linksrheinischen Adligen annimmt und somit die Hierarchie verkörpert, die er an der katholischen Kirche so sehr schätzt.[1272]

Dass sich Mann in seinem Spätwerk eines katholischen Ich-Erzählers bediente, der dem Leser sogar einige Sympathie abverlangt, ist u. a. mit der Desillusionierung des Autors zu erklären. Die an das protestantische Preußen gebundene deutsche Identität betrachtet er spätestens seit seiner Emigration als Konstrukt.[1273] Krull zeichnet ein positives Bild des Katholizismus: »Nun aber ist die katholische Form der Verehrung diejenige, welche, um ins Übersinnliche einzuführen, auf die Sinnlichkeit vorzüglich rechnet und wirkt, ihr auf den erdenklichsten Wegen Vorschub leistet und wie keine andere zur Vertiefung in ihre Geheimnisse anhält.«[1274] Die Sinnlichkeit, die anhand von Mutter und Schwester als negative Begleiterscheinungen des Katholizismus kenntlich gemacht wurden, erfährt an dieser Stelle eine positive Umdeutung, denn um das Göttliche in der Welt zu erkennen, bedarf es einer Transgression durch sinnliche Erfahrungen, wie sie beispielsweise der alle Sinne ansprechende rheinische Karneval bietet.

Es verwundert nicht, dass es sich bei dem Gespräch mit dem Geistlichen Rat um eines der Initiationsereignisse Krulls handelt. Chateau lobt die Wirkung der Stimme seines Gegenübers. Für Felix ist dies nichts Neues: »Die Verheißung des geistlichen Herrn jedoch tönte in meinem Inneren fort, denn sie stimmte nicht nur mit meinen eigenen Ahnungen und Eindrücken vollkommen überein, sondern kam außerdem von einer Stelle, der ich in so geheimen Fragen eine besondere Maßgeblichkeit zubilligen durfte.«[1275] Zwar muss sein Selbstbewusstsein durch dieses Lob nicht erst geweckt werden, es findet aber eine sakrale Bestätigung, was der Protagonist als eine Art Vorsehung ausdeutet.

1271 Mann 2014, S. 7.
1272 Vgl. Elsaghe 2004, S. 113.
1273 Vgl. ebd., S. 117.
1274 Mann 2014, S. 67 f.
1275 Ebd., S. 67.

Jenes positive Bild sollte man allerdings nicht überbewerten, denn in der *Entstehung des Doktor Faustus* bemerkt Thomas Mann selbst, dass es sich bei den *Bekenntnissen* um eine »parodistische Autobiographie«[1276] handelt. Bereits die im Titel genannte Berufsbezeichnung des Hochstaplers verweist auf die Verlogenheit des Ich-Erzählers. Der Geistliche Rat Chateau als Repräsentant der römisch-katholischen Kirche wird zum Komplizen des notorischen Lügners, indem er dem alten Krull trotz seines offenkundigen Suizids ein katholisches Begräbnis gewährt, insofern wird auch der positive Eindruck von der *mater ecclesia* relativiert. Elsaghe spricht daher von der Strategie des »maskierten Erzählens«,[1277] die durch Felix Krull verkörpert wird. Er ist auf die Maske angewiesen, da sie seine Substanzlosigkeit versteckt. In Bezug auf seine Physiognomie bemerkt er:

> »Ferner ist anzumerken, daß meine Haut von außerordentlich zarter Beschaffenheit und so sehr empfindlich war, daß ich trotz mangelnder Geldmittel darauf bedacht sein mußte, mir weiche und feine Seife zu halten, da geringe und wohlfeile Sorten mich schon nach kurzem Gebrauch bis aufs Blut beschädigten.«[1278]

Da sich hinter seinen Masken keine Substanz verbirgt, ist er zum steten Wechsel der Larven gezwungen, wäre sein Gesicht doch sonst der Außenwelt schutzlos ausgesetzt. Auch weil Protagonist und Erzähler in den *Bekenntnissen* eins sind, kann der Roman als eine einzige Maske verstanden werden, die die eine Identität Krulls nur vortäuscht.

7.1.2.2 Die *Bekenntnisse* – Schelmenroman oder Bildungsroman?

Für Jürgen Jacobs besteht hierin eine Besonderheit, die die *Bekenntnisse* vom Schelmenroman, dem sie häufig zugeordnet werden, abhebt. Die glanzvolle Fassade der Belle Époque wird im *Krull* mit einiger Faszination geschildert. Der Protagonist tritt nicht als Kritiker auf, »[a]ber im Erzählen seiner Lebensgeschichte macht er doch – gegen seinen Willen –

1276 Mann 2012, S. 28.
1277 Elsaghe 2004, S. 118.
1278 Mann 2014, S. 69.

die Fragwürdigkeit der sozialen Ordnung deutlich.«[1279] Die Gesellschaft lässt sich von seiner Täuschung blenden, was wiederum ihre Fragilität und Schwäche offenbart. Das perfekte Beispiel hierfür ist die Audienz beim portugiesischen König. Der sich als Marquis ausgebende Krull schmeichelt dem demokratische Umwälzungen fürchtenden Monarchen, indem er den Wert der sozialen Hierarchie hervorhebt: »Der Mensch kommt mit aristokratischen Sinnen zur Welt.«[1280] Der in Wahrheit bürgerliche Wortführer preist an dieser Stelle ein System, an dem er strenggenommen gar nicht partizipiert. Dennoch zeigt die devote Haltung des Protagonisten gegenüber dem König Wirkung, denn als ›Dankeschön‹ für die ihn beglückende Unterredung verleiht der Monarch ihm einen Orden. All dies schildert der falsche Marquis in einem Brief an seine Eltern, der von beträchtlichem Umfang ist. Er beschließt seine Ausführungen folgendermaßen: »Nur soviel für heute, teuerste Eltern. Ein Schelm gibt mehr, als er hat.«[1281] Dadurch, dass alles, was Felix in seinem Brief schreibt, auf einer Lüge beruht, widerspricht er diesem Credo und entlarvt sich selbst als Schelm. Zwar beteuert er im Anschluss, seine Erlebnisse »wahrheitsgemäß«[1282] wiedergegeben zu haben, mit der Audienz beim König dürfte er aber in erster Linie das Ziel verfolgt haben, seinen Aufenthalt in Lissabon zu verlängern, um das Herz der ihn reizenden Zouzou zu gewinnen. Die Verschleierung seiner egoistischen Motive offenbart also wiederum die Schelmerei, mit der er hier zu Werke geht.

Tatsächlich weisen die *Bekenntnisse* einige Parallelen zur Gattung des Schelmenromans auf: Als Hochstapler und Hoteldieb steht Felix in einem »parasitären Verhältnis«[1283] zur Gesellschaft. Auch die episodische Struktur ist augenfällig, mit den verschiedenen Etappen wechselt der Protagonist seine Rollen. Der Ich-Erzähler ist ein wichtiges Charakteristikum des Schelmenromans, ermöglicht jene Erzählform doch das für den Picaro konstitutive Format der fiktiven Autobiographie. Die so geschilderte

1279 Jacobs 1995, S. 52.
1280 Mann 2014, S. 349.
1281 Ebd., S. 353.
1282 Ebd., S. 354.
1283 Jacobs 1995, S. 50.

Lebensgeschichte ist Abbild des gesellschaftlichen Panoramas, das sich vor dem Leser ausbreitet.[1284]

Trotz dieser Analogien kommt Jacobs zu der These, dass es sich bei den *Bekenntnissen* um eine Modifikation des pikaresken Romans handelt. Von Bedeutung für die Konzeption des *Krull* dürften die 1905 veröffentlichten Memoiren des realen Hochstaplers Manolescu gewesen sein. Seinen kriminellen Weg deutet er darin als stetes Duell mit der Gesellschaft und ihren Konventionen.[1285] Sprecher schreibt über Manolescu: »Er war kein Künstler mit den Mitteln des Betrugs, sondern machte umgekehrt den Betrug zur Kunst.«[1286] Jener Grundidee bediente sich auch Mann, indem er auf die Künstler-Kritik Nietzsches zurückgriff. In seinem 361. Aphorismus der *Fröhlichen Wissenschaft* heißt es:

> »Die Falschheit mit gutem Gewissen; die Lust an der Verstellung als Macht herausbrechend, den sogenannten ›Charakter‹ beiseite schiebend, überflutend, mitunter auslöschend; das innere Verlangen in eine Rolle und Maske, in einen Schein hinein; ein Überschuß an Anpassungsfähigkeiten aller Art, welche sich nicht mehr im Dienste des nächsten engsten Nutzens zu befriedigen wissen: alles das ist vielleicht nicht nur der Schauspieler an sich?«[1287]

Jenem Typus des Künstlers gehören in den Augen Nietzsches wohlgemerkt auch Narr und Clown an. Die Gefahr, der jene Spezies ausgesetzt ist, wurde weiter oben bereits angerissen. Die permanente Verstellung sorgt für eine Substanzlosigkeit hinter den wechselnden Masken. Obgleich er den Rollenwechsel liebt, ist diese Tendenz auch bei Felix Krull erkennbar. Als er, um die Identität des Marquis anzunehmen, seine eigene Vergangenheit ablegen muss, spürt er eine »gewisse Ausgeblasenheit [s]eines Inneren«.[1288]

Verkörperung des Gegensatzes zwischen exzentrischem Künstlertum und sozialer Ordnung ist allerdings Krulls Pate Schimmelpreester, übrigens ein ehemaliger Narr, denn der aus Köln stammende Künstler war

1284 Vgl. ebd., S. 50f.
1285 Vgl. Schneider 1973, S. 546.
1286 Sprecher 2015, S. 80.
1287 Nietzsche 1956, S. 272.
1288 Mann 2014, S. 267.

einst »Festordner im Karneval«[1289] gewesen. Im vierten Kapitel des ersten Buches erzählt er die Geschichte von Phidias, der mit der Anfertigung einer Götterstatue beauftragt worden war und die hierfür vorgesehenen kostbaren Materialien stahl. Perikles ließ ihn aus dem Gefängnis entwischen, »womit dieser Kenner bewies, daß er sich nicht nur auf die Kunst, sondern, was viel wichtiger ist, auch auf das Künstlertum verstand«.[1290] Für den Normbruch des Delinquenten zeigt Schimmelpreester also Verständnis, mehr noch: Jene »Sonderbarkeit«[1291] ist für ihn integraler Bestandteil seines künstlerischen Genies.

Schimmelpreester ist für den Werdegang seines Patensohns von essentieller Bedeutung. Von seinem ›Onkel‹ in verschiedenen Verkleidungen porträtiert zu werden, stellt für den jungen Felix ein weiteres Initiationsereignis dar, zumal der Künstler das besondere Talent seines Zöglings anerkennt, indem er ihn als »Kostümkopf«[1292] bezeichnet. Die Tatsache, dass der Protagonist ohne Maskerade nicht lebensfähig ist, zeigt sich bereits in diesem frühen Stadium:

> »Wenn ich aber nach beendeter Kurzweil meine schale und nichtige Alltagskleidung wieder angelegt hatte, so befiel mich wohl eine unbezwingliche Trauer und Sehnsucht, ein Gefühl unendlicher und unbeschreiblicher Langeweile, das mich den Rest des Abends mit ödem Gemüt in tiefer und wortloser Niedergeschlagenheit hinbringen ließ.«[1293]

Krull selbst scheint seinen Text dennoch als Niederschrift seines persönlichen Bildungsprozesses anzusehen. Seine Streifzüge durch die Frankfurter Einkaufsstraßen bezeichnet der Protagonist als »Studienfahrten«.[1294] Sein Bildungskonzept steht dem der bürgerlichen Welt diametral gegenüber: »Bildung wird nicht in stumpfer Fron und Plackerei gewonnen, sondern ist ein Geschenk der Freiheit und des äußeren Müßigganges [...].«[1295] Jacobs

1289 Ebd., S. 24.
1290 Ebd., S. 25.
1291 Ebd.
1292 Ebd., S. 26.
1293 Ebd., S. 27.
1294 Ebd., S. 81.
1295 Ebd., S. 80.

stellt hier eine Diskrepanz zwischen »dubiosem Stoff und anspruchsvoller Darbietungsweise«[1296] fest. Indem Mann in seinem Werk den goethezeitlichen Stil zu imitieren versucht, rekurriert er auf die Tradition des Bildungsromans. Diese auf Goethes *Wilhelm Meisters Lehrjahre* zurückgehende Gattung behandelt die Entwicklungsgeschichte einer zentralen Figur, die sich durch diverse Krisen und Konflikte selbst findet. Der Protagonist der goetheschen Urform befreit sich von den Fesseln seiner Herkunft, schlägt die Laufbahn eines Theatermannes ein, scheitert daran und findet am Ende durch den Kompromiss zu einer ihn befriedigenden Lebensform. Jacobs plädiert eher für die Verwendung des Terminus »Entwicklungsroman«, da es nicht immer zu diesem Kompromiss kommt. Scheitert die Entwicklung, dann handelt es sich um einen Desillusionierungsroman. Eine Sonderform bildet schließlich der Erziehungsroman, der sich inhaltlich auf pädagogische Fragen bezieht, die den Entwicklungsprozess in eine bestimmte Richtung lenken.[1297]

Karl von Morgenstern sah das Prinzip der geistigen Entwicklung im Bildungsroman gleich in mehrfacher Hinsicht realisiert: Einerseits zeugen die Texte von der Bildung des Autors, zugleich bilden sie aber auch den Leser, indem die geistige Entwicklung des Helden zum Thema gemacht wird. Die bekannteste Definition des Bildungsromans stammt von Wilhelm Dilthey. Sie besagt, dass der Held des Bildungsromans nach den diversen Erfahrungen am Ende »sich selber findet und seiner Aufgabe in der Welt gewiß wird«.[1298] Lukács bestimmt den Begriff ganz ähnlich, indem er den Inhalt des Romans als »Wanderung des problematischen Individuums zu sich selbst«[1299] beschreibt. Jacobs sieht daher im neuzeitlichen Individualismus die unmittelbare Voraussetzung für die Herausbildung dieser Gattung. Dadurch, dass die religiösen Bindungen plötzlich begannen, sich aufzulösen, geriet das Subjekt in eine Orientierungskrise. Nur die stete Selbstreflexion ermöglichte es dem Einzelnen fortan, seinen Platz in der Welt zu finden.[1300]

1296 Jacobs 1995, S. 58.
1297 Vgl. Jacobs 2009, S. 56 ff.
1298 Dilthey 1919, S. 393 f.
1299 Lukács 1963, S. 79.
1300 Vgl. Jacobs 2009, S. 58.

Tatsächlich erfüllen die *Bekenntnisse* einige Gattungskriterien der Bildungsgeschichte: Der Lebensbericht Krulls beginnt mit der Geburt und ist gespickt mit Liebesgeschichten, Reisen und Abenteuern. Das desillusionierende Erlebnis, auf das noch näher einzugehen sein wird, fehlt ebenso wenig wie die Präsenz sich abwechselnder Mentoren.[1301] Der Prostituierten Rosza verdankt er nach eigener Aussage eine »Ausbildung von der einschneidendsten Art«,[1302] obgleich eine Verbesserung der amourösen Fähigkeiten wohl nicht dem Prinzip des goetheschen Bildungsromans entspricht.

Die geistige Entwicklung des Protagonisten ist wie seine ganze Existenz bloß Schein. Wenn er gegenüber Zouzou über die »Allsympathie« philosophiert, dann tut er dies, um ihr die Idee der Liebe näher zu bringen: »Die Liebe, liebe Zouzou, ist nicht nur in der Verliebtheit, worin erstaunlicherweise eine gesonderte Leiblichkeit aufhört, der anderen unangenehm zu sein. In zarten Spuren und Andeutungen ihres Daseins durchzieht sie die ganze Welt.«[1303] Jene Äußerung spricht vordergründig für die geistige Reife Krulls, entpuppt sich bei näherer Betrachtung aber als »Plagiat«,[1304] handelt es sich doch um die bloße Übernahme der Gedanken Prof. Kuckucks, für den »alles raumzeitliche Sein«[1305] Teil dieser Empfindung ist. Mittels Ironisierung treibt Mann diesen offenkundigen geistigen Diebstahl auf die Spitze: »Meine Mutter in Luxemburg hätte hierzu gewiß gemeint, so könne ich nicht wohl gesprochen haben, es sei ohne Zweifel nur eine schöne Fiktion. Aber bei meiner Ehre schwöre ich: so sprach ich. Denn es strömte mir zu.«[1306] Der Hochstapler bleibt ein Hochstapler, selbst mit der Idee des Seins konfrontiert, verharrt Krull im Stadium der Scheinhaftigkeit.

Die Zuordnung der *Bekenntnisse* zur Gattung des Bildungsromans erweist sich also ebenfalls als problematisch: »Zur Bildungsgeschichte fehlt vor allem das Moment der Entwicklung. Krull ist von Anfang an fertig,

1301 Vgl. Kurzke 1997, S. 292.
1302 Mann 2014, S. 124.
1303 Ebd., S. 380.
1304 Schneider 1973, S. 555.
1305 Mann 2014, S. 287.
1306 Ebd., S. 381.

auf seine Weise vollkommen.«[1307] Ihm fehlt bis zum Schluss die Fähigkeit zur Selbstkritik. Jacobs sieht hierin eine Reaktion auf die Entwicklungen des 19. Jahrhunderts. Die immer komplexer werdende soziale Wirklichkeit ließ die Form der teleologisch-biographischen Erzählung unglaubwürdig erscheinen.[1308] Die *Bekenntnisse* spiegeln jene von der Geschichte beeinflusste Gattungsgenese wider. Jacobs hat die These aufgestellt, dass sich Schelmen- und Bildungsroman, die beide die Vita einer zentralen Figur thematisieren, in der Literaturgeschichte gegenseitig ablösen. Die im 16. Jahrhundert entstandene Gattung des Schelmenromans verschwand in der bürgerlichen Epoche zunächst fast gänzlich: »[...] das pessimistische Bild der Welt, das der pikareske Roman mit seinem Krieg aller gegen alle entwarf, widerstrebte dem bürgerlichen Bewußtsein [...].«[1309] Die Aufklärung ging hingegen von einer Verbesserbarkeit der Welt und des Ich aus, sodass der Bildungsroman in dieser Zeit an Popularität gewann.[1310] Im 20. Jahrhundert kam es dann zu einem erneuten Paradigmenwechsel und der Schelmenroman erlebte eine Renaissance.

Es handelt sich aber um eine modifizierte Form des pikaresken Romans: Während dem klassischen Schelm seine Außenseiterrolle von der Gesellschaft zugewiesen wird, entscheidet sich Felix Krull bewusst gegen die sozial determinierte Eingliederung in das System.[1311] Er macht sich auf diese Weise selbst zum Außenseiter und wird zumindest in dieser Hinsicht zum autonom handelnden Subjekt. Die Schlechtigkeit der Welt wird von Krull allerdings nicht offen kritisiert, was sich mit einer Feststellung Schneiders deckt: »Der Schelm ist kein Revolutionär oder Rebell.«[1312] Nichtsdestotrotz macht er durch sein Handeln die gesellschaftlichen Missstände kenntlich. Es gilt daher immer, die Doppelbödigkeit der Erzählung mitzudenken. Mann selbst bezeichnete den Krull als »Parodie des Bildungsromans«,[1313] daran anknüpfend stellt Kurzke die These auf, dass es sich bei den *Bekenntnissen* um einen Schelmenroman handelt, der den

1307 Kurzke 1997, S. 292.
1308 Vgl. Jacobs 2009, S. 61.
1309 Jacobs 1995, S. 64.
1310 Vgl. Kurzke 1997, S. 293.
1311 Vgl. Jacobs 1995, S. 67.
1312 Schneider 1973, S. 548.
1313 Jacobs 1972, S. 230.

Bildungsroman parodiert,[1314] somit ist Manns Hochstapler-Roman als eine Art Gattungs-Hybrid zu betrachten. Indem er die Gesellschaftskritik solchermaßen codiert, fordert er den Leser dazu auf, eigenständig zu denken. Somit handelt nicht nur der Held, wenn er sich von den Zwängen der Gesellschaft lossagt, selbstbewusst, auch dem Leser wird geistige Autonomie abverlangt. Die *Bekenntnisse des Hochstaplers Felix Krull* sind daher ein aufgeklärter Picaro-Roman – eben ein Gattungs-Hybrid.

Einen dritten Ansatz verfolgt Benno von Wiese. In seinen Augen handelt es sich bei den *Bekenntnissen* um einen realistischen Roman, der durch seine utopische Darstellung ironisiert wird. Felix, der Glückliche, dessen Späße stets ungestraft bleiben, repräsentiert eine Märchenwelt, denn Glück in seiner Vollkommenheit gibt es im realen Leben nicht, es ist eine utopische Kategorie. Die Zwänge der Gesellschaft werden durch den Protagonisten ausgehebelt und auf diese Weise der Lächerlichkeit preisgegeben. Bezeichnend ist in diesem Zusammenhang die Musterungsszene. Durch die erfolgreiche Vortäuschung seiner Dienstuntauglichkeit stellt Felix das preußische Militär bloß.[1315] Der »Märchenprinz«[1316] Krull, der selbst in einer Scheinexistenz verharrt, entlarvt die vermeintliche Realität, nämlich die angebliche Härte der militärischen Ordnungsmacht, als bloße Illusion. Indem Mann das Moment der Komik in seinen Roman einbaut, verknüpft er Utopie und Satire miteinander und kreiert auf diese Weise eine weitere hybride Form. Und auch hier ist der selbsternannte »Hermes«,[1317] der keinen Hehl aus seiner »Freude am Verzaubert-Märchenhaften«[1318] macht, der Akteur, der die soziale Bühne bespielt, um der Gesellschaft – wenn auch unbewusst – den Spiegel vorzuhalten.

7.1.2.3 Felix Krull – ein multiples Ich

So wie die *Bekenntnisse* als Gattung hybrid sind, zeichnet sich auch ihr Protagonist durch eine innere bzw. besser gesagt äußere Vielheit aus. Um dies nachvollziehen zu können, ist wiederum ein Blick auf den jungen Felix notwendig.

1314 Vgl. Kurzke 1997, S. 293.
1315 Vgl. Wiese 1977, S. 191 ff.
1316 Ebd., S. 199.
1317 Mann 2014, S. 244.
1318 Ebd., S. 193.

Krull selbst betont die Bedeutung des Vaters für die Individuation eines Heranwachsenden: »Ein Vater ist stets das natürliche und nächste Muster für den sich bildenden und zur Welt der Erwachsenen hinstrebenden Knaben.«[1319] Vor diesem Hintergrund ist der Werdegang des Protagonisten vorbestimmt. Engelbert Krull, Inhaber einer Schaumweinfabrik, legt besonderen Wert auf das äußere Erscheinungsbild seiner Produkte:

> »Die gepreßten Korke waren mit Silberdraht und vergoldetem Bindfaden befestigt und mit purpurrotem Lack übersiegelt, ja ein feierliches Rundsiegel, wie man es an Bullen und alten Staatsdokumenten sieht, hing an einer Goldschnur noch besonders herab; die Hälse waren reichlich mit glänzendem Stanniol umkleidet, und auf den Bäuchen prangte ein golden umschnörkeltes Etikett, das mein Pate Schimmelpreester für die Firma entworfen hatte und worauf außer mehreren Wappen und Sternen, dem Namenszuge meines Vaters und der Marke ›Lorley extra cuvée‹ in Golddruck eine nur mit Spangen und Halsketten bekleidete Frauengestalt zu sehen war, welche, mit überschlagenen Beinen auf der Spitze eines Felsen sitzend, erhobenen Armes einen Kamm durch ihr wallendes Haar führte.«[1320]

Bereits der Name der hier angesprochenen Sektmarke spricht für die fragwürdige Qualität des Getränks. ›Lorley‹ bezieht sich auf die in Brentanos Ballade »[z]u Bacharach am Rheine«[1321] wohnende Zauberin, die mittels listiger Verführung vorbeifahrende Schiffer vom Kurs abbringt. Auch die nähere Bezeichnung ›extra cuvée‹ ist ein Indiz dafür, dass es sich bei dem hier beschriebenen Schaumwein um das Ergebnis wilder Panscherei handelt. Krull selbst gibt zu, dass die hübsche Aufmachung der Flaschen bloß Blendwerk ist und die Güte des Weines dem nicht entspricht.

Insofern entpuppt sich auch Engelbert Krull im wahrsten Sinne des Wortes als Schaumschläger, der junge Felix kommt auf diese Weise von Kindesbeinen an mit der Hochstapelei in Kontakt.

1319 Ebd., S. 37.
1320 Ebd., S. 9 f.
1321 Brentano 2013, S. 49.

Die Mutter scheint für die Entwicklung des Protagonisten aber von noch größerer Bedeutung zu sein. Für Freud stellt die Überwindung des sog. Ödipuskomplexes eine wichtige Etappe auf dem Weg des Erwachsenwerdens dar. Die Lösung von der Mutter bei gleichzeitiger Konkurrenz zum Vater bedingt den Fortgang des Kindes, das in der Fremde die Welt kennenlernt. Der ödipalen Phase geht die narzisstische voraus, wobei die Mutterbindung bestehen bleibt, sodass sich das Kind auch als unfähig erweist, in die Fremde zu ziehen. Vor diesem Hintergrund ist Narzissmus als Entwicklungsstörung zu verstehen, bedeutet er doch ein Verharren im Status quo.[1322]

Dass Krull Narzisst ist und sich von seiner Mutter nie wirklich lösen konnte, darauf spielt der Text gleich an mehreren Stellen an. So betont Felix, »daß [er] schon als Säugling, an der Brust [s]einer Amme, die eindeutigsten Zeichen von Gefühl an den Tag gelegt habe«.[1323] Wenig später, beim ersten Geschlechtsverkehr, fühlt sich der Protagonist v.a. von der »weiße[n] und wohlgenährte[n] Brust«[1324] seiner Sexualpartnerin Genovefa angezogen. In beiden Fällen liebt Krull ältere Frauen, also Mutterfiguren. Dass dies bis zum Schluss so bleibt, zeigt die Erregung, die Felix beim Anblick des »wogenden Busen[s]«[1325] Dona Maria Pias durchströmt. Krull erweist sich als »Brustkind«,[1326] was wiederum für die nicht stattgefundene Individuation des Protagonisten spricht.

Weiter oben wurden schon zwei für den Hochstapler Felix Krull bedeutsame Initiationsereignisse thematisiert. Das dritte und sicher wichtigste bildet aber die berühmte Szene im Theater, das der junge Felix als sakralen Ort wahrnimmt:

> »Eine solche Vereinigung von Menschen in hohem, prunkvollem Kronensaal hatte ich bis dahin nur in der Kirche gesehen [...] in der Tat, sage ich, erschien mir das Theater als eine Kirche des Vergnügens, als eine Stätte, wo erbauungsbedürftige Menschen, im Schatten versam-

1322 Vgl. Kurzke 1997, S. 289.
1323 Mann 2014, S. 53.
1324 Ebd., S. 55.
1325 Ebd., S. 390.
1326 Ebd., S. 318.

melt gegenüber einer Sphäre der Klarheit und der Vollendung, mit offenem Mund zu den Idealen ihres Herzens emporblickten.«[1327]

Besonders fasziniert zeigt sich der angehende Hochstapler von der Gestalt des Schauspielers Müller-Rosé, dessen Gesicht »aus dem feinsten Wachs gebildet erschien«.[1328] Es erweckt auf diese Weise den Eindruck, völlig makellos zu sein. Doch nach der Vorstellung wird der junge Felix desillusioniert. Gemeinsam mit dem Vater sucht er die Garderobe Müller-Rosés auf, wo der Schauspieler sein ›wahres‹ Gesicht offenbart, das Felix mit Ekel erfüllt: »Die eine Hälfte seines Gesichtes war noch bedeckt mit jener rosigen Schicht, die sein Antlitz vorhin so wächsern idealisch hatte erscheinen lassen, jetzt aber lächerlich rotgelb gegen die käsige Fahlheit der anderen, schon eingefärbten Gesichtshälfte abstach.«[1329]

Trotz oder gerade wegen dieses Gefühls des Ekels ist das hier geschilderte Erlebnis für die Genese des Protagonisten prägend. Krull bedient sich der Tiermetaphorik, um seine Erfahrung zu beschreiben: »Dieser unappetitliche Erdenwurm ist die wahre Gestalt des seligen Falters, in welchem eben noch tausend betrogene Augen die Verwirklichung ihres heimlichen Traumes von Schönheit, Leichtigkeit und Vollkommenheit zu erblicken glaubten!«[1330] Er stellt gleichzeitig aber auch die Frage, welche die wahre Gestalt des Menschen ist: Ist er in Wahrheit der Erdenwurm und der selige Falter ist nur Fassade oder verhält es sich genau andersherum? Ohne die Frage abschließend zu beantworten, erkennt Krull in dieser Szene, wie mächtig das Instrument der Illusion ist: »[...] welche unnennbare, mit Worten nicht ungeheuerlich süß genug zu bezeichnende Macht es ist, die den Glühwurm das Leuchten lehrt.«[1331]

Müller-Rosé, so Hüls, dient dem Protagonisten des Romans als »Blaupause«[1332] für die eigene Existenz. Es verwundert daher nicht, dass ihn sein Doppelleben in Paris an die lange zurückliegende Erfahrung im Theater denken lässt. Die Janusköpfigkeit des Schauspielers, die schon in dessen

1327 Ebd., S. 28.
1328 Ebd., S. 29.
1329 Ebd., S. 33.
1330 Ebd., S. 35.
1331 Ebd., S. 36.
1332 Hüls 2013, S. 404.

Doppelnamen angelegt ist, überträgt sich auf Felix Krull. Müller-Rosé als deutsch-französischer Hybrid lässt sich strenggenommen sogar als Alter Ego des aus Eltville stammenden Jünglings betrachten. Er ist die personifizierte Vorausdeutung auf seine spätere Existenz. Jene vermeintliche Vorsehung wird seitens des Protagonisten allerdings aktiv beeinflusst. Er entscheidet sich gegen die ekelerregende Seite des Erdenwurms und für die beglückende des Glühwürmchens: »Deshalb wird er den prosaischen Müller gedanklich zurücklassen, um allein dem poetischen Rosé der Bühne nachzueifern – und ihn letzten Endes überflügeln.«[1333]

Kyung-Ho Cha stellt fest, dass die Tiermetaphorik, der sich Mann bedient, in den *Bekenntnissen* eine übergeordnete Rolle spielt. Dabei tritt das Tier, so Chas These, vorwiegend in theatralen Räumen auf. Der Besuch im Zirkus Stoudebecker hat auf den Protagonisten eine besondere Wirkung:

> »Dazu all die betörende, die Menge erregende Leiblichkeit der Manege, die prächtigen, farbigen Kostüme, der glitzernde Flitter, der Stallgeruch, mit seiner Schärfe dem Ganzen die Atmosphäre verleihend, die weiblichen und männlichen Nacktheiten. Jeder Geschmack ist versorgt, jede Lust gestachelt, durch Brüste und Nacken, durch Schönheit auf begreiflichster Stufe, durch wilden Menschenreiz, der sich der sehnenden Grausamkeit der Menge hinwirft in erregenden Kör-pertaten. Besessen sich gebärdende Reitweiber der Pußta, die unter heiseren Schreien zu berserkerhaften, in Taumel versetzenden Voltigierkünsten das ungesattelte, augenrollende Pferd bespringen.«[1334]

Für Cha bildet der Zirkus, umgeben vom mondänen Paris, eine »antizivilisatorische Fluchtinsel«,[1335] Foucault spricht von einer Heterotopie. Dementsprechend stellt der Zirkus einen Ort dar, an dem »die Menschen mit ihrer herkömmlichen Zeit brechen«.[1336] Solche Schwellenorte stellen Identitäten in Frage und führen im Extremfall sogar zu deren Auflösung. Krull

1333 Ebd., S. 419.
1334 Mann 2014, S. 196.
1335 Cha 2007, S. 236.
1336 Foucault 2002, S. 43.

ist von dieser Alltagsflucht regelrecht betört, eine besondere Anziehung geht dabei von der Hochseilkünstlerin Andromache aus. Felix bemerkt die Unbestimmbarkeit jener Akteurin:

> »Ihre Brust war geringfügig, ihr Becken schmal, die Muskulatur ihrer Arme, wie sich versteht, stärker ausgebildet als sonst bei Frauen, und ihre greifenden Hände zwar nicht von männlicher Größe, aber doch auch nicht klein genug, um die Frage ganz auszuschalten, ob sie, in Gottes Namen, denn vielleicht heimlich ein Jüngling sei.«[1337]

Für Cha ist die Seiltänzerin die Personifikation der Androgynie. Gender-Kategorien scheinen durch sie aufgelöst zu werden. In gewisser Hinsicht greift Mann hiermit Judith Butler voraus, die Geschlechtsidentität als »kulturelle Konstruktion«[1338] bestimmt und sie auf diese Weise von ihrer biologischen Determination befreit. Andromache nährt so die Hoffnung, dass ein Punkt erreicht werden kann, an dem die omnipräsenten Widersprüche nicht mehr existent sind. Der Salto mortale – hier bedarf es freilich einer ironischen Lesart – verweist allerdings darauf, dass dieser Zustand nur durch den Tod zu verwirklichen ist.[1339]

Auch auf den Protagonisten bezogen ist das Motiv des Todes von Bedeutung. Seinem Existenzwechsel im dritten Buch sieht Krull freudig entgegen: »Nein, die Veränderung und Erneuerung meines abgetragenen Ich überhaupt, daß ich den alten Adam hatte ausziehen und in einen anderen hatte schlüpfen können, dies eigentlich war es, was mich erfüllte und beglückte.«[1340] Diese Stelle rekurriert zweifellos auf den biblischen Schöpfungsbericht. Für Cha ist in diesem Zusammenhang die Übersetzung des Namens Adam von Interesse: *adám* bedeutet Mensch, *adamáh* hingegen Ackerboden.[1341] »Von der Erde bist du genommen – zur Erde kehrst du zurück.«[1342] Jener Bibelvers wird klassischerweise auf christlichen Beer-

1337 Mann 2014, S. 198 f.
1338 Butler 2019, S. 22.
1339 Vgl. Cha 2007, S. 237.
1340 Mann 2014, S. 267.
1341 Vgl. Cha 2007, S. 249.
1342 Vgl. Gen 3,19.

digungen zitiert. Indem Krull die Identität des Marquis annimmt, trägt er also die eigene zu Grabe.

Dabei ist fraglich, ob Felix überhaupt eine Identität besitzt, die sterben kann. Prof. Kuckuck assoziiert den sich zum Zeitpunkt des Aufeinandertreffens bereits als Marquis ausgebenden Protagonisten mit einer »Seelilie«.[1343] Für Cha handelt es sich auch hierbei um eine bedeutungsschwangere Tiermetapher. Die Seelilie hat keine Wurzeln, was auf die Wurzel-, sprich Heimatlosigkeit Krulls verweist. Er geht mit seiner Interpretation aber noch weiter: »Dass Felix nicht weiß, ob er Pflanze oder Tier ist, deckt sich mit seiner sozialen Identitätslosigkeit.«[1344]

Der Grund dafür wurde weiter oben bereits diskutiert – es ist der Narzissmus Krulls, der die Ausbildung einer Identität verhindert. Im sechsten Kapitel des zweiten Buches bemerkt er: »Denn eine innere Stimme hatte mir früh verkündigt, daß Anschluß, Freundschaft und wärmende Gemeinschaft mein Teil nicht seien, sondern daß ich allein, auf mich selbst gestellt und streng verschlossen meinen besonderen Weg zu machen unnachsichtig gehalten sei […].«[1345] Hiermit drückt Felix nicht nur sein Desinteresse an sozialen Bindungen aus, ferner impliziert diese Passage die Selbstverliebtheit des Protagonisten. Den »Ursprung [s]einer Vorzüge«[1346] sucht er lange Zeit vergeblich. Im Naturhistorischen Museum von Lissabon glaubt er ihn dann aber endlich auszumachen. Er erkennt in den hier ausgestellten Tieren seine Ahnen: »Denn gar zu deutlich lief es bei ihnen allen schließlich auf mich hinaus, wenn auch auf verlarvte und wehmütig scherzhafte Weise.«[1347] Sich persönlich als Zielpunkt dieser Jahrmillionen währenden Entwicklung zu setzen, bestätigt die Hybris des Protagonisten. Zugleich offenbart er dadurch, dass er sich mit all diesen ausgestopften Tieren in eine Reihe stellt, abermals die eigene Substanzlosigkeit.[1348] Insofern ist auch ›Felix‹, was soviel wie ›Glückshaut‹ bedeutet, ein sprechender Name, betont er doch die Hülle des innerlich leeren Pro-

1343 Mann 2014, S. 273.
1344 Cha 2007, S. 244.
1345 Mann 2014, S. 113.
1346 Ebd., S. 70.
1347 Ebd., S. 316.
1348 Vgl. Hüls 2013, S. 406.

tagonisten.[1349] Seine Egomanie bedingt also – so paradox das auch klingen mag – eine Selbstverneinung. Wenn der Mensch seine Persönlichkeit im Austausch mit einem Gegenüber entwickelt, dann lehnt Krull, wenn er soziale Bindungen für sich kategorisch ausschließt, seine Ich-Werdung ab. Eine Aussage von Lord Kilmarnock ist in diesem Zusammenhang von zentraler Bedeutung: »›Vielleicht, mon enfant‹, sagte er, ›erhöht Selbstverneinung die Fähigkeit zur Bejahung des Anderen.‹«[1350] Der sich der Selbstwerdung verschließende Felix partizipiert am Fremden, er *wird* aber nicht daran. Er adaptiert das Andere nur äußerlich, eine Verinnerlichung findet nicht statt.

So weist die Fassade Krulls aufgrund der diversen externen Einflüsse jene Ambivalenz auf, die Bachtin für die karnevalisierte Literatur als typisch deklariert: »Blond und bräunlich zugleich, mit dem Schmelz meiner blauen Augen, dem bescheidenen Lächeln meines Mundes, dem verschleierten Reiz meiner Stimme [...] hätte ich meinen Landsleuten wie später den Bewohnern mehrerer Erdteile liebenswürdig erscheinen müssen [...].«[1351] Nicht umsonst wird Felix gleich an mehreren Stellen als »Lärvchen«[1352] oder »Frätzchen«[1353] bezeichnet. Er konstatiert dabei selbst das »Schwebende [s]einer Existenz«,[1354] das bloß aus sich stetig wechselnden Masken besteht. Hans Wysling spricht in diesem Zusammenhang vom »Phänomen des Eins-und-vieles-Seins«.[1355] Die weiter oben diskutierte Frage nach der wahren Gestalt bleibt bis zum Schluss unbeantwortet: »Verkleidet also war ich in jedem Fall, und die unmaskierte Wirklichkeit zwischen den beiden Erscheinungsformen, das Ich-selber-Sein, war nicht bestimmbar, weil tatsächlich nicht vorhanden.«[1356] Über die Zirkusakteure äußert sich der Hochstapler ganz ähnlich: »Was für Menschen, diese Artisten! Sind es denn welche?«[1357] Krull zumindest, der sich selbst

1349 Vgl. Cha 2007, S. 234.
1350 Mann 2014, S. 223.
1351 Ebd., S. 69.
1352 Ebd., S. 114.
1353 Ebd., S. 142.
1354 Ebd., S. 323.
1355 Wysling 1982, S. 134.
1356 Mann 2014, S. 238.
1357 Ebd., S. 197.

für einen Künstler hält, bleibt Zeit seines Lebens die unbestimmbare Seelilie, die Kuckuck in ihm sieht.

7.2 Das Maskenmotiv in der Literatur um 1900

Die Autoren der Frühen Moderne betrachteten sich selbst als Überwinder des Überkommenen. Sie stehen für einen Pluralismus der Stile, den Jost Hermand auch als »Karneval der Stile«[1358] bezeichnet hat. Trotz dieser Verschiedenheit weisen die diversen Strömungen doch nicht unerhebliche Schnittmengen auf: Sie wenden sich vom bürgerlich Gesetzten ab und negieren die gründerzeitliche Ideologie. Sie teilen weder den Fortschrittsglauben des Positivismus noch knüpfen sie an die antikisierende Ästhetik des 19. Jahrhunderts an. Egal um welche Ausprägung es sich handelt, die verschiedenen Strömungen der Frühen Moderne stehen für Aufbruch und das Neue.[1359]

Der Rückgriff auf das Maskenmotiv spiegelt dieses für die Epoche typische Ambivalenzempfinden wider: »Das Gefühl des Unklaren und Mehrdeutigen in verschiedensten Lebens- und Erfahrungsbereichen beruht nicht wenig auf dem schmerzlichen Verlust absoluter Gewissheiten; dies gilt für metaphysische wie für physische Wahrheiten gleichermaßen.«[1360]

Ein Blick auf das Schaffen der bildenden Kunst zu dieser Zeit erscheint in diesem Kontext lohnend. Der oft verkannte Künstler James Ensor wird häufig als »Maler der Masken«[1361] bezeichnet. Über das Motiv der Maske schrieb er selbst: »Die Maske bedeutet mir: Frische des Tons, überspitzter Ausdruck, prächtiger Dekor, große, unvermutete Geste, ungehemmte Bewegung, erlesene Turbulenz.«[1362] Ensor wird allgemein der frühmodernen Strömung des Symbolismus zugeschlagen. Sie wendet sich gegen die naturalistische Strömung in einer Weise, die laut Hüls einer Demaskierung entspricht, denn die Maske gilt als Gegenstück zum Natürlichen bzw. Authentischen am Menschen: »Künstlichkeit als Mittel zur Stimu-

1358 Hermand 1972, S. 78.
1359 Vgl. Hüls 2013, S. 77.
1360 Ebd., S. 85.
1361 Ebd., S. 91.
1362 Ensor, zit. n. Becks-Malorny 2016, S. 55.

lanz der Sinne und als Baustoff für eine Gegenwelt, also als Substitut der Realität im Geiste eines bewusst zelebrierten Eskapismus, ist ein wichtiger Orientierungspunkt der antinaturalistischen Strömungen.«[1363]

Ensors Affinität für das Maskenmotiv lässt sich aber auch mit seiner eigenen Vita erklären. Im belgischen Ostende, wo der Künstler aufwuchs, betrieb die Mutter ein kleines Souvenirgeschäft, das neben Muscheln und Chinawaren auch Karnevalsutensilien führte. Ostende war für seine *Parades* berühmt: Über den Winter hinweg fanden bis zur Fastnacht regelmäßig Umzüge mit Trommeln, Blasinstrumenten und Masken statt.[1364]

Betrachtet man eines der berühmtesten Werke Ensors, das den Titel *Le Désespoir de Pierrot* (Titelbild) trägt, dann stellt sich wohl zumeist ein Gefühl der Enge ein: Ein trauriger Pierrot in der Bildmitte ist umgeben von maskierten Gestalten. Die Masken kommen dabei, so Thomas Kellein, auch dem Betrachter empfindlich nah.[1365] Maske und das dahinter vermutete Individuum verschmelzen zu grotesken Gestalten, was die These stützt, dass Ensor den Realitätscharakter der Welt anzweifelte. Schnitzler spricht in diesem Zusammenhang auch von »gepflegten Masken des Alltags«,[1366] d. h. der den Konventionen folgende Habitus ist die eigentliche Rolle, die man spielt. Das Ich fühlte sich an der Schwelle zum neuen Jahrhundert seiner Umwelt entfremdet. Mit seinem hier thematisierten Gemälde konstruiert Ensor eine »anarchische Welt, in der die ›realen‹ gesellschaftlichen und politischen Verhältnisse auf den Kopf gestellt und ad absurdum geführt und die Autoritäten lächerlich gemacht werden«.[1367] Der Maler wollte mit seiner Darstellung die Fratzenhaftigkeit einer den Einzelnen bedrohenden Masse zum Ausdruck bringen.[1368]

Über das närrische Treiben in seiner Heimatstadt äußert sich Ensor folgendermaßen:

1363 Hüls 2013, S. 78.
1364 Vgl. Kellein 1995, S. 67.
1365 Vgl. ebd., S. 69; vgl. Titelbild.
1366 Schnitzler 1961(2), S. 956.
1367 Becks-Malorny 2016, S. 55.
1368 Vgl. Kellein 1995, S. 69.

»O die Tiermasken des Ostender Karnevals: riesige Lamaköpfe, ungehobelte Vögel mit Paradiesschwänzen, Kraniche mit blauen Schnäbeln, die dumme Lügen herausschreien, Architekten auf tönernen Füßen, stumpfsinnige Alleswisser mit schimmeligem Schädel voller klumpiger Erde, herzlose Vivisekteure, seltsame Insekten, harte Eierschalen mit weichen Tieren darin.«[1369]

Mit dem in die Reihe der Faschingskostüme nicht recht hineinpassenden Vivisekteur greift er eine Thematik auf, die mittels des Maskenmotivs um 1900 ebenfalls verhandelt wird. Das Verfahren der Vivisektion meint den operativen Eingriff am lebenden Objekt. Es wurde zu jener Zeit vermehrt nach dem eigenen Ich geforscht, das für das Subjekt immer schwerer auszumachen war. Hüls beschreibt die Gefahr, die diese Methode mit sich brachte: »Damit gerät das Subjekt in die unausweichliche Situation, als beobachtendes und beobachtetes Ich eine Spaltung des Bewusstseins zu vollziehen, die durch die Reflexion über die Selbstreflexion ›in einem regressus ad infinitum‹ immer neu potenziert werden kann‹.«[1370]

Die Ich-Krise als Merkmal der Moderne und die sie bedingenden äußeren Faktoren wurden im Theorie-Kapitel bereits ausführlich diskutiert. Die »Kernspaltung des Ich«,[1371] wie Ansgar Michael Hüls dieses Phänomen nennt, beschäftigte schon Friedrich Nietzsche intensiv. Auch er zweifelt die strukturelle Einheit des Subjekts an. Um seine Vorstellungen zu verdeutlichen, greift er auf den *persona*-Begriff zurück, da hierin die Schnittstelle zwischen der Maske als Vielfalt möglicher Daseinsformen und der Person als Idee einer unveränderlichen Einheit zum Ausdruck kommt. Die Maske ist somit Sinnbild des inneren Pluralismus eines Menschen und das Ich ist abhängig von der jeweils im Ich vorherrschenden Maske. Sie repräsentiert den steten Wandel des Ich und die Seele wird zur Bühne dieses Maskenspiels, dem in den Augen Nietzsches der Charakter eines »ewigen Carnevals«[1372] innewohnt. Gerade das Unbewusste, das einen wesentlichen Einfluss auf das Subjekt ausübt, tritt stets im

1369 Haesaerts 1957, S. 357.
1370 Hüls 2013, S. 288.
1371 Ebd.
1372 Nietzsche 2001, S. 69.

Schutz der Maske auf. Nietzsche schreibt in diesem Kontext: »Wir bleiben uns eben nothwendig fremd, wir verstehn uns nicht, wir müssen uns verwechseln [...].«[1373]

Das Missverhältnis zwischen dem Ausleben des Unbewussten, genauer der sexuellen Triebe, und der Macht gesellschaftlicher Konventionen ist ein beliebtes Thema der modernen Literatur. Die Maske gilt in diesem Zusammenhang als Symbol für den außerehelichen Umgang zwischen Mann und Frau. Das im Schutz der Maske sich ereignende amouröse Spiel ist Ausdruck eines Doppellebens, Freuds Psychoanalyse, die das Ich als Fassade des Es versteht, lässt sich analog dazu als »Entlarvungspsychologie«[1374] werten.

Man zog die Maske dem in Folge eines Konventionsbruchs drohenden Gesichtsverlust vor, mit ihrer Hilfe war es möglich, die geltenden Gesetze der Sexualmoral zumindest temporär auszuhebeln. Es mag vor dem Hintergrund dieses oben dargelegten Missverhältnisses nicht verwundern, dass die Prostitution gerade um 1900 einen Boom erlebte.[1375]

Schnitzler äußert sich in seinem biographischen Werk *Jugend in Wien* über die Funktion von Maskeraden um die Jahrhundertwende: »Über diesem studentisch-junggesellenhaften Treiben wurde der Verkehr mit solideren weiblichen Elementen nicht versäumt, der in der Faschingszeit [...] seinen eigentlichen Reiz und Sinn bekam.«[1376] Die Maske verkörpert zu dieser Zeit zweierlei: Gemäß ihrer abstrakten Bedeutung als Gesellschafts- bzw. Rollenmaske repräsentiert sie die Angepasstheit des Einzelnen an den gesellschaftlichen Sittenkodex. Konkret wird das Individuum durch das Tragen einer Maske ein Anderer, es verschafft sich so den Freiraum, der einen zeitweiligen Ausbruch aus den geltenden Konventionen ermöglicht. Der Akt des Maskierens entspricht einer Distanzierung von sich selbst, d. h. mit einer *simulatio* des Fremden geht eine *dissimulatio* des Eigenen einher, oder – um in der Terminologie Schnitzlers zu bleiben – die gepflegten Alltagsmasken werden gegen die Freiheit verheißenden Masken der karnevalistischen Gegenwelt eingetauscht.[1377]

1373 Nietzsche 2022, S. 3.
1374 Hüls 2013, S. 141.
1375 Vgl. ebd., S. 145 ff.
1376 Schnitzler 1968, S. 212.
1377 Vgl. Hüls 2013, S. 162.

Wolfgang Oelsner ist insofern zuzustimmen, wenn er den Karneval als »Fest der Sehnsüchte«[1378] charakterisiert.

7.2.1 Arthur Schnitzler: *Traumnovelle* (1925)

Schnitzler entwarf eine eigene Theorie der Tiefenpsychologie, die – bevor es an die eigentliche Analyse seiner *Traumnovelle* geht – hier zunächst kurz skizziert werden soll:

> »Die Seele mancher Menschen scheint aus einzelnen gewissermaßen flottierenden Elementen zu bestehen, die sich niemals um ein Zentrum zu gruppieren, also auch keine Einheit zu bilden imstande sind. So lebt der kernlose Mensch in einer ungeheuren und ihm doch niemals völlig zu Bewußtsein kommenden Einsamkeit dahin. Die große Mehrzahl der Menschen ist in diesem Sinne kernlos, doch erst an merkwürdigen und bedeutenden Menschen fällt uns eine solche Kernlosigkeit auf, die übrigens vorzugsweise bei reproduzierenden Talenten, vor allem bei genialen Schauspielern, insbesondere Schauspielerin-nen, zu beobachten ist.«[1379]

Wenn Schnitzler hier von einer segmentierten Seele spricht, dann deckt sich dies mit der allgemeinen Vorstellung vom Subjekt, das in der Literatur als eine Menge von ihm eigenen Möglichkeiten gedacht wird, wobei diese jeweils nur z. T. realisiert sind. Der durch das Bewusstsein erschlossene Teil wird dann als Ich bezeichnet.[1380] Für Schnitzler kann das Ich nur durch den Akt der Bewusstwerdung Autonomie erlangen, insofern ist das Bewusstsein Dreh- und Angelpunkt seiner Tiefenpsychologie. Während Freud zwischen Ich, Über-Ich und Es differenziert, unterscheidet Schnitzler das Bewusstsein vom Mittel- und Unterbewusstsein. Er definiert: »Das Mittelbewußtsein verhält sich zum Unterbewußtsein wie der Schlummer zum Scheintod. Der Schlummernde läßt sich immer ohne Mühe erwekken, der Scheintote nicht (wenigstens nicht immer).«[1381]

1378 Oelsner 2007, S. 6.
1379 Schnitzler 1967, S. 53 f.
1380 Vgl. Titzmann 1989, S. 36.
1381 Schnitzler 1976, S. 283.

Die Krisenhaftigkeit des Ich wurde weiter oben bereits erwähnt. Sie gründet in der Dissonanz von Selbst und Person, die das Subjekt permanent erfahren muss. Wenn Schnitzler in seiner Theorie der Tiefenpsychologie die Bedeutung des Bewusstseins heraushebt, dann deklariert er gleichsam das Stadium der Selbsterkenntnis als erstrebenswertes Ziel, denn dieses geht der Selbstfindung voraus. Sich selbst zu finden, ist ein Akt der Bewusstwerdung, man stellt zwischen Selbstbild und realisierter bzw. potentieller Person eine Identität her. Hierbei wird die alte Ich-Grenze ausradiert und eine neue wird gesetzt. Als Steigerung der Selbstfindung kann die Selbstverwirklichung gelten. Hierbei wird die realisierte Person mit der potentiellen in Einklang gebracht, das zunächst nur Mögliche erfährt also eine Transformation ins Faktische.[1382] Auch dies bedarf, um zu gelingen, des Verstoßes gegen die Norm, d. h. der Grenzüberschreitung.[1383]

Ob nun von Selbsterkenntnis, -findung oder -verwirklichung die Rede ist – der Weg hin zum Selbst ist nie abgeschlossen. Schnitzler sagt, dass »jeder von uns gewissermaßen in jedem Augenblick in einer neuen Welt lebt und daß, wie Gott die Welt, sich jeder Mensch sozusagen jeden Tag sein Haus von neuem bauen muß«.[1384] Beziehungen sind dabei für Schnitzler von essentieller Bedeutung. Aber auch ihnen muss – sollen sie ihre fruchtbare Wirkung entfalten – ein Bewusstwerdungsakt vorausgehen. Richtet sich allein das Es, um sich des Freud'schen Vokabulars zu bedienen, an den Anderen, dann ist die Beziehung, wenn man sie überhaupt so nennen kann, das Produkt einer narzisstischen Gesinnung. Schnitzler schreibt in diesem Kontext: »Die Libido will nur sich selbst Lust bringen, was zuweilen nicht anders geschehen kann, als indem andere miteinbezogen werden.«[1385] Nur wer diese reine Zweckrationalität überwindet, wird Selbst im wahrsten Sinne. Insofern ist die am Anderen exerzierte Selbstwerdung nur dann erfolgreich, wenn das Gegenüber nicht Mittel zum Zweck ist, sondern als Partner auf Augenhöhe angesehen wird.

1382 Vgl. Titzmann 1989, S. 39.
1383 Vgl. Thomé 1993, S. 630.
1384 Schnitzler 1968, S. 325.
1385 Schnitzler 1976, S. 279.

7.2.1.1 »Im Anfang war das Wort« – zur Bedeutung der Exposition in Schnitzlers Traumnovelle

»Im Anfang war das Wort.«[1386] So beginnt nicht nur Johannes sein Evangelium, auch für den Verlauf von Schnitzlers *Traumnovelle* ist dieses Prinzip von entscheidender Bedeutung. Die Novelle beginnt mit einem Märchen, das Fridolin und Albertine gemeinsam mit der Tochter als Gutenachtgeschichte lesen: »›Vierundzwanzig braune Sklaven ruderten die prächtige Galeere, die den Prinzen Amgiad zu dem Palast des Kalifen bringen sollte. Der Prinz aber, in seinen Purpurmantel gehüllt, lag allein auf dem Verdeck unter dem dunkelblauen, sternbesäten Nachthimmel, und sein Blick –‹«[1387] Amgiad ist die französische Umschrift des arabischen Namens Amğad, was auf die *Erzählung aus den Tausendundeinen Nächten* verweist. Auch Hoffmannsthal bediente sich dieses Stoffes. Seine Version, die Schnitzler vertraut war, ist die Geschichte zweier entgegenstrebender Zwillingsbrüder. Das Strukturelement der Symmetrie hat Schnitzler von Hoffmannsthal übernommen und mit dem ›Wort‹ in Form eines Märchens leitet er die Handlung seiner Novelle ein.[1388]

Scheffel deutet den Umstand, dass die Erzählung mit einem Märchen beginnt, als Indiz dafür, dass Schnitzler mit seiner Novelle die »›Märchenhaftigkeit des Alltäglichen‹«[1389] demonstrieren wollte. Mittels des Instrumentariums der Geschichte in der Geschichte zitiert der Text Motive, die für das Märchen von zentraler Bedeutung sind. Es finden sich, vergleicht man den Inhalt des Märchens mit dem der Novelle, diverse Analogien. So sind die Motive der Nacht, der Einsamkeit, der Reise und des Abenteuers hier wie dort präsent. Weitere für das Märchen charakteristische Handlungselemente kommen hinzu: Die Kutsche, deren Türen sich auf magische Art und Weise selbst öffnen und schließen,[1390] die dreifache Warnung auf dem Maskenball und schließlich auch der Umstand, dass die beiden Protagonisten, die sich verloren hatten, am Ende ihrer Abenteuer wieder zueinander finden.[1391]

1386 Joh 1,1.
1387 Schnitzler 2017, S. 5.
1388 Vgl. Scheffel 2014, S. 231.
1389 Scheffel 1998, S. 123.
1390 Vgl. Schnitzler 2017, S. 55 / vgl. Neuhaus 2005, S. 9.
1391 Vgl. Scheffel 1998, S. 124 ff.

Scheffel deutet das Märchen am Beginn der Novelle als Fiktionssignal. Zwar beginnt die folgende Handlung nicht mit der typischen Incipit-Formel ›Es war einmal‹, dennoch ist die syntaktische Analogie unverkennbar: »Es war in diesem Jahre ihr erstes Ballfest gewesen, an dem sie gerade noch vor Karnevalsschluss teilzunehmen sich entschlossen hatten.«[1392] Die Zeitangabe ist zwar nicht so vage wie im sog. Volksmärchen, eine exakte Datierung wird aber ebenso wenig vorgenommen. Durch die Nennung realer Orts- und Straßennamen nimmt Schnitzler lediglich eine räumliche Lokalisierung vor, historisch wird die Handlung nicht verortet.[1393] Die Eingangssituation ist laut Scheffel darüber hinaus stark typisiert. Die Familie ist »unter dem rötlichen Schein der Hängelampe«[1394] versammelt. Mutter und Vater werden die gesamte Erzählung über ausschließlich bei ihren Vornamen genannt, bei der Tochter ist nur von der »Kleine[n]«[1395] die Rede. Laut Scheffel handelt es sich hierbei um die für das Märchen typische »Mischung aus Individualisierung (durch die Nennung der Vornamen) und Anonymisierung (durch das Fehlen des Eigennamens des Kindes und der Nachnamen der beiden Protagonisten)«.[1396] Der mystische Gehalt, der der Erzählung inhärent ist und der auch den meisten Märchen innewohnt, kommt v. a. in der Szene, die das bacchantische Treiben der Geheimgesellschaft beschreibt, zum Ausdruck. Auf dem Wiener Galitzinberg haben die Gesetze der Tagwelt keine Geltung, zwar sind die Naturgesetze weiterhin in Kraft, die bürgerlich-rechtsstaatlichen Normen scheinen allerdings suspendiert zu sein. Für Ansgar Michael Hüls entspricht der Galitzinberg damit dem Blocksberg, wo es dem Volksglauben nach ähnlich ausgelassen und sittenlos zuging.[1397] Die dort zelebrierte Walpurgisnacht galt wie der Karneval als Fest der verkehrten Welt, als *mundus perversus*, da der von Mammon und Sexus beherrschten Triebwelt freie Hand gelassen wird. Es verwundert daher nicht, dass der Hexentanz nicht selten mit dem närrischen Treiben in Verbindung gebracht wird. Literarisch bedient sich nicht nur Schnitzler dieser Ana-

1392 Schnitzler 2017, S. 5.
1393 Vgl. ebd., S. 14.
1394 Ebd., S. 5.
1395 Ebd.
1396 Scheffel 1998, S. 131.
1397 Vgl. Hüls 2013, S. 383.

logie. Thomas Manns Roman *Der Zauberberg* verweist bereits im Titel auf den Hexenhort und es dürfte wohl kein Zufall sein, dass das Kapitel, in dem er einen Faschingsball beschreibt, mit »Walpurgisnacht« überschrieben ist.[1398]

Von besonderer Bedeutung ist in diesem Zusammenhang die in Märchen omnipräsente Figur des Prinzen. Auch Fridolin wird im Laufe der Handlung zum Prinzen, was sich bereits bei seinem Besuch in der Kostümleihanstalt andeutet, wo die Tochter des Kostümverleihers ihrem Vater vorschlägt, Fridolin einen »Hermelinmantel [...] und ein rotseidenes Wams«[1399] zu geben, was dem Purpurmantel des Prinzen Amgiad schon recht nahe kommt. In Albertines Traum wird Fridolin schließlich ›wahrhaftig‹ zum Prinzen. Sein Auftreten beschreibt sie folgendermaßen: »Mit einem Male standest du davor, Galeerensklaven hatten dich hergerudert, ich sah sie eben im Dunkel verschwinden. Du warst sehr kostbar gekleidet, in Gold und Seide, hattest einen Dolch mit Silbergehänge an der Seite und hobst mich aus dem Fenster.«[1400] Nicht nur äußerlich entspricht Fridolin dem Prinzen, auch was die innere Verfasstheit anbelangt, ist eine Kongruenz zu konstatieren: Während der Prinz eingangs als einsam beschrieben wird, irrt Fridolin »heimatlos«[1401] durch die Gassen Wiens.

Zwar beginnt die Novelle mit dem Märchen von Prinz Amgiad, als Exposition betrachtet Kluge aber die gegenseitigen Schilderungen der Erlebnisse auf dem Ball, da sämtliche sich anschließenden Geschehnisse als Folgen dieses Gesprächs zu bewerten sind.[1402] Die unabhängig voneinander wahrgenommenen amourösen Verlockungen führen zu einem »heiß erlebten Liebesglück« – der Eindruck einer intakten Beziehung ist aber trügerisch, denn gleichzeitig wird betont, dass es »schon lange Zeit nicht mehr« zu einer solchen Liebesnacht gekommen sei.[1403] Das Gespräch über die Ballnacht entwickelt in seinem Verlauf eine Eigendynamik:

1398 Vgl. Rost 2015, S. 352; auch die Obermendiger Faasenacht stellt diese Verbindung zwischen Narretei und Hexentum bis heute her: Die Hex von Mennesch ist *die* prägende Gestalt der Obermendiger Sitzungen.

1399 Schnitzler 2017, S. 38.

1400 Ebd., S. 61.

1401 Ebd., S. 27.

1402 Vgl. Kluge 1982, S. 320.

1403 Schnitzler 2017, S. 6.

> »Doch aus dem leichten Geplauder der verflossenen Nacht gerieten sie in ein ernstes Gespräch über jene verborgenen, kaum geahnten Wünsche, die auch in die klarste und reinste Seele trübe und gefährliche Wirbel zu reißen vermögen, und sie redeten von den geheimen Bezirken, nach denen sie kaum Sehnsucht verspürten und wohin der unfassbare Wind des Schicksals sie doch einmal, und wär's auch nur im Traum, verschlagen könnte.«[1404]

So erzählt Albertine ihrem Mann u. a. von einem Vorfall im gemeinsamen Dänemarkurlaub. Sie fühlte sich dort von einem »Offizier« derart angezogen, dass sie bereit gewesen wäre, ihre Familie für ihn zu verlassen.[1405] Auf diese Weise wird, so Hee-Ju Kim, der singuläre Wert, den Fridolin für Albertine zu haben glaubt, relativiert.[1406] Folgenreicher ist aber sicher noch die Schilderung, wie Fridolin und Albertine sich kennenlernten. Mit dem Satz »›Ach, wenn ihr Männer wüsstet‹«[1407] wird der Normbruch eingeleitet:

> »Was ist das doch für ein lieber, entzückender, junger Mensch, – er müsste jetzt nur ein Wort sprechen, freilich das richtige müsste es sein, so käme ich zu ihm, wohin es ihm beliebte, – in den Wald vielleicht; – oder schöner noch wäre es, wir führen im Kahn zusammen in den See hinaus – und er könnte von mir in dieser Nacht alles haben, was er nur verlangte.«[1408]

Was Albertine an dieser Stelle thematisiert, ist nicht mehr und nicht weniger als ihre Bereitschaft zum vorehelichen Geschlechtsverkehr. »Aber er sprach das Wort nicht aus, der entzückende junge Mensch [...].«[1409] Jenes Wort, von dem sie wohl nicht mehr glaubte, es jemals zu hören, sagte offenbar der maskierte Fremde auf dem Faschingsball zu ihr.[1410] Dieses

1404 Ebd., S. 7.
1405 Vgl. ebd., S. 8.
1406 Vgl. Kim 2007, S. 213.
1407 Schnitzler 2017, S. 12.
1408 Ebd., S. 12f.
1409 Ebd., S. 13.
1410 Vgl. Kluge 1982, S. 321.

Erlebnis ist der Anlass, die Enttäuschung von damals endlich zu verbalisieren. Es zeigt sich, dass die einst empfundene Begierde nach wie vor virulent ist. Das Bild der intakten Beziehung wird damit vollends zerstört und die Ehe wird als das kenntlich gemacht, was sie um 1900 meist realiter ist – Fassade.[1411]

Mit der Artikulation der innersten Wünsche gerät das Verhältnis zwischen Fridolin und Albertine in Schieflage, was sich u. a. in den aus den Fugen geratenen Naturerscheinungen widerspiegelt: Schon zu Beginn des zweiten Kapitels wird von Tauwetter und dem nahenden Frühling berichtet, eine Wetterlage, die an anderer Stelle als »unnatürlich«[1412] charakterisiert wird.

Das am Anfang stehende Wort spielt auch in der Folge eine wesentliche Rolle. So ist es Fridolins Studienfreund Nachtigall, den Kim als »Bote[n] aus der Unterwelt«[1413] bezeichnet, der mit einem Wort das für die Novelle zentrale Kapitel einleitet: »›Hast du *Courage*?‹«[1414] Hieran entzündet sich Fridolins Wille, sich zu beweisen, erst vollends. Er begibt sich auf seine symbolische Reise in die Unterwelt, denn mit der Kutsche fährt er »abwärts wie in eine Schlucht«.[1415] Diese Passage ist wohl nicht nur als moralischer Abstieg zu verstehen, im übertragenen Sinne macht sich der Protagonist auf den Weg in die Tiefen seines Bewusstseins. Damit Fridolin der Zutritt zum Maskenfest der Geheimgesellschaft gewährt wird, muss er das Passwort nennen. Ironischerweise lautet die Parole des Abends »Dänemark«,[1416] was ihn unweigerlich an die Geschichte seiner Frau vom Dänemarkurlaub denken lässt. Der Auslöser für seine Sinnsuche wird also erneut aufgegriffen und leitet die finale Episode seines nächtlichen Abenteuers ein. Als man ihn auf dem Ball als Eindringling entlarvt, wird Fridolin erneut nach dem Passwort gefragt, worauf er die gleiche Antwort gibt. »›Ganz recht, mein Herr‹«, so ein schwarzer Kavalier, »›dies ist die Parole des Eingangs. Die Parole des Hauses, wenn ich bitten darf?‹«[1417] Wie schon am

1411 Vgl. Oei 2016, S. 123.
1412 Schnitzler 2017, S. 41.
1413 Kim 2007, S. 216.
1414 Schnitzler 2017, S. 34.
1415 Ebd., S. 42.
1416 Ebd.
1417 Ebd., S. 50.

Wörthersee, wo der Protagonist einst seine Frau kennenlernte, fehlt ihm auch in dieser Situation das rechte Wort, er schweigt.

Nicht nur Fridolin erlebt in dieser Nacht ein erotisches Abenteuer, auch Albertine träumt sich die Erfüllung ihrer Gelüste. Dabei offenbart sie ihr narzisstisches Denken. Fridolin wird im Traum vor die Wahl gestellt: Entweder er willigt ein, die Landesfürstin zu ehelichen oder ihm droht die Todesstrafe. Fridolin entscheidet sich gegen das Leben und für Albertine, der er unter allen Umständen treu bleiben will. Für Albertine wiederum bedeutet diese Entscheidung eine Selbstverständlichkeit: »›Ich wunderte mich nicht, denn es war vollkommen in Ordnung und konnte gar nicht anders sein, als dass du mir auf alle Gefahr hin und in alle Ewigkeit die Treue halten musstest.‹«[1418] Im Angesicht des Kreuzes, das bereits für den Todgeweihten aufgerichtet wird, zeigt sich, dass Albertine keinerlei Mitgefühl für ihren sich aufopfernden Gatten empfindet: »›[…] und es lockte mich, dich zu verhöhnen, dir ins Gesicht zu lachen […].‹«[1419] Jenes Paradoxon, einerseits bedingungslose Treue einzufordern, andererseits den Ehemann wegen seiner Treue zu verachten, kennzeichnet Albertine.[1420]

Die Reaktion auf die Schilderungen seiner Frau soll dieses Kapitel beenden und den Bogen zu seinem Anfang schlagen: »Ein Schwert zwischen uns, dachte er [Fridolin] wieder. Und dann: wie Todfeinde liegen wir hier nebeneinander. Aber es war nur ein Wort.«[1421] Die Spaltung zwischen den Eheleuten ist an dieser Stelle der Novelle am größten. Während ein nicht gesagtes Wort am Beginn der Erzählung die Krise einleitete, markiert eine Verbalisierung deren Höhepunkt. Mit dem Kreuzigungsmotiv ist der religiöse Bezug der Novelle unverkennbar. Das Motiv von ›Im Anfang war das Wort‹ ist einerseits ganz wörtlich zu verstehen, andererseits aber auch exegetisch zu reflektieren, denn Johannes beschreibt mit seinem Prolog die Geburt Christi. Mit dem Anfangs-Wort kommt auch die Krise zwischen Fridolin und Albertine in die Welt, an der der Protagonist am Ende des fünften Kapitels zu scheitern droht. So wie Fridolin in Albertines Traum ans Kreuz geschlagen werden soll, so scheint auch

1418 Ebd., S. 65.
1419 Ebd., S. 66.
1420 Vgl. Kim 2007, S. 223.
1421 Schnitzler 2017, S. 65.

die Ehe der beiden Protagonisten dem Tode geweiht zu sein. Doch Christus ist für die Menschen gestorben, um sie von ihren Sünden zu erlösen. Markiert also auch der Höhepunkt der gegenseitigen Entfremdung eine beginnende Erlösung? Im Anfang löst das Wort die Reflexion über das lange Unterdrückte und somit die Krise aus, am Ende stellt es durch den symbolischen Tod, den die mysteriöse Unbekannte stellvertretend für Fridolin erleidet, Erlösung in Aussicht.

7.2.1.2 Die Maske als Dingsymbol verborgener Triebe

Laut Bernd Oei erscheint die Maske bzw. die Maskierung in Schnitzlers *Traumnovelle* als »Dingsymbol verborgener Triebe und antagonistischem Wunsch, sie auszuleben«.[1422] Sie hat dabei mehrere Bedeutungen: Das bereits angesprochene Maskenfest steht am Anfang der Novelle bzw. geht der eigentlichen Handlung sogar voraus. Fridolin und Albertine »plauderten sich vergnügt, als hätten sie eben Bekanntschaft miteinander geschlossen, in eine Komödie der Galanterie, des Widerstandes, der Verführung und des Gewährens hinein«.[1423] Dadurch, dass die Ehepartner jeweils in andere Rollen schlüpfen, wird es ihnen möglich, sich neu kennenzulernen. Durch die Maske, die als »Hypothese der Existenzform eines Anderen«[1424] gelten kann, befreien sie sich temporär von ihren Alltagsrollen. Schnitzler erklärt seine Affinität zu Masken folgendermaßen: »Erst im ›Maskentrubel, einem aller bürgerlichen Ordnung und Rechtsprechung enthobenen Schonraum, können sich die bis dahin mit einiger Anstrengung unterdrückten Triebe frei entfalten.«[1425]

Aber auch im weiteren Verlauf der Handlung werden die Protagonisten immer wieder mit Masken konfrontiert. Eindrucksvoll ist die Beschreibung des Kostümverleihs, den Fridolin besucht, um sich mit dem dort geborgten Kostüm Zutritt zu dem geheimen Maskenball zu verschaffen:

> »Rechts und links hingen Kostüme aller Art; auf der einen Seite Ritter, Knappen, Bauern, Jäger, Gelehrte, Orientalen, Narren, auf der ande-

1422 Oei 2016, S. 127.
1423 Schnitzler 2017. S. 6.
1424 Weihe, zit. n. Hüls 2013, S. 377.
1425 Schnitzler 1961, S. 84.

> ren Hofdamen, Ritterfräulein, Bäuerinnen, Kammerzofen, Königinnen der Nacht. Oberhalb der Kostüme waren die entsprechenden Kopfbedeckungen zu sehen, und es war Fridolin zumute, als wenn er durch eine Allee von Gehängten schritte, die im Begriff wären, sich gegenseitig zum Tanz aufzufordern.«[1426]

Katja Malsch zufolge scheint an dieser Stelle das Motiv des Totentanzes auf.[1427] Die vom Protagonisten geschilderte Beklemmung, die er in dem mit Kostümen vollgestopften Magazin empfindet, erinnert an die Bilder Ensors, die dem Betrachter ein ähnliches Gefühl der Enge vermitteln.[1428] Es verwundert daher auch nicht, dass Fridolin in diesem Laden die erste Selbstentfremdungserfahrung macht: »Fridolin erblickte in einem großen Wandspiegel rechts einen hageren Pilger, der niemand anderer war als er selbst, und wunderte sich darüber, mit so natürlichen Dingen es eigentlich zuging.«[1429]

Auch der Höhepunkt der Handlung, die Orgie auf dem Galitzinberg, ist ohne das Maskenmotiv nicht denkbar. Die Geheimgesellschaft, die Fridolin hier vorfindet, gleicht einer religiösen Sekte. Eine »italienische Kirchenmelodie« erklingt und die Masken, »durchaus in geistlicher Tracht«, stellen Mönche und Nonnen dar.[1430] Die sakrale Stimmung, die hier erzeugt wird, lässt die Veranstaltung als eine Art Initiationsereignis für Fridolin erscheinen. Die Maske verschafft Fridolin den Schutz der Anonymität und gibt ihm auf diese Weise Sicherheit. Er gewinnt das, was Nachtigall von ihm gefordert hat – Mut. Allerdings vermag er seine Courage nur mit der Maske aufrechtzuerhalten, ohne sie scheitert er bereits an Kleinigkeiten. Als er als Eindringling entdeckt wird, fordert man ihn auf, seine Maske abzulegen. Panik befällt Fridolin: »Wie zum Schutz hielt [er] die Arme vor sich hingestreckt. Tausendmal schlimmer wäre es ihm erschienen, der einzige mit unverlarvtem Gesicht unter lauter Masken dazustehen, als plötzlich unter Angekleideten nackt.«[1431] Dadurch, dass die

1426 Schnitzler 2017, S. 37.
1427 Vgl. Malsch 2005, S. 150.
1428 Vgl. Hüls 2013, S. 382.
1429 Schnitzler 2017, S. 40.
1430 Ebd., S. 43.
1431 Ebd., S. 50.

Mitglieder der Geheimgesellschaft Fridolin als Fremdkörper erkennen, demonstrieren sie ihre Informationshoheit, der der Protagonist machtlos gegenübersteht. Gleichzeitig unterstreichen sie den Wert der Maske, indem sie auf der Entlarvung des Eindringlings bestehen.[1432] Begreift man das erotische Treiben des Balls als Initiationsereignis, das der Selbstfindung Fridolins dienen soll, dann misslingt es, denn was sich im Laden des Kostümverleihers bereits angedeutet hat, wird im Rahmen des Ballgeschehens schließlich auf die Spitze getrieben: »Er lachte wieder und kannte sein Lachen nicht.«[1433] Fridolin erlebt im Verlauf seines nächtlichen Abenteuers eine Selbstentfremdung, er läuft Gefahr, sein Ich im Trubel des bacchantischen Treibens zu verlieren. Konnte man zu Beginn des Balls noch annehmen, dass der couragierte Fridolin auf einem guten Weg sei, sein Selbst zu finden, so wird diese Hoffnung im Moment der Entlarvung bitter enttäuscht. Indem sich die Unbekannte für Fridolin opfert, bewirkt sie eine Inversion: Das Objekt männlicher Begierde erfährt eine Transformation zum handelnden Subjekt, während Fridolin durch seine passive Position in den Objektstatus zurückversetzt wird.[1434] »›Lasst ihn‹, sagte die Nonne, ›ich bin bereit, ihn auszulösen. […] Hier bin ich, hier habt ihr mich – alle!‹«[1435] Auf ganz ähnliche Weise äußert sich Jesus bei seiner Gefangennahme im Garten Getsemani: »Ich bin es […] lasst diese gehen!«[1436] Malsch deutet das Opfer der Unbekannten daher als »Imitatio Christi«,[1437] ihr Einschreiten ist als »christologische[r] Kommentar zum [oben erwähnten] Totentanz«[1438] zu begreifen, dem Fridolin auf diese Weise entkommt.

Am nächsten Tag geht er zunächst, als wäre nichts geschehen, wieder seiner Profession als Mediziner nach: »Fridolin fühlte sich beinahe glücklich, als er, von den Studenten gefolgt, von Bett zu Bett ging, Untersuchungen vornahm, Rezepte schrieb, mit Hilfsärzten und Wärterinnen

1432 Vgl. Hüls 2013, S. 386.
1433 Schnitzler 2017, S. 47.
1434 Vgl. Hüls 2013, S. 387.
1435 Schnitzler 2017, S. 51 f.
1436 Joh 18, 4–8.
1437 Malsch 2005, S. 155.
1438 Ebd., S. 157.

sich fachlich besprach.«[1439] Seine Rolle als Arzt verschafft ihm vorübergehende Kompensation der traumatischen Erlebnisse des Vorabends. Hieran zeigt sich, dass seine Alltagsrolle als schützendes Konstrukt für seine unterentwickelte Identität fungiert. Insofern ist sein Arztkittel die eigentliche Maskerade. Seine Maskierung auf dem geheimen Ball in der Nacht zuvor hat nicht nur eine Negation seiner bürgerlichen Identität bewirkt. Unterzieht man seine Alltagswelt und die Welt des nächtlichen Abenteuers einer Zusammenschau, dann offenbart sich, dass Fridolin gar keine Identität besitzt, denn sowohl Arztkittel als auch Mönchskutte sind bloß schützende Hüllen einer inneren Leere. Daher ist auch nicht, wie man vielleicht im ersten Moment meinen möchte, die Geheimgesellschaft, die Fridolin der Redoute verweist, der eigentliche Gegner des Protagonisten; sein Antagonist ist Fridolin selbst.[1440]

Der Titel der Erzählung ist vor dem Hintergrund dieser Erkenntnis programmatisch. Schnitzlers *Traumnovelle* spielt vielfach mit der Diskrepanz zwischen Schein und Realität. Exemplarisch sei an dieser Stelle Fridolins Zeitungslektüre nach der verhängnisvollen Nacht herausgegriffen:

> »Fridolin erschien sich wie geborgen und begann flüchtig die Journale durchzublättern. Da und dort blieb sein Blick haften. In irgendeiner böhmischen Stadt waren deutschsprachige Straßentafeln heruntergerissen worden. In Konstantinopel gab es eine Konferenz wegen eines Bahnbaus in Kleinasien, an der auch Lord Cranford teilnahm. Die Firma Benies und Weingruber war insolvent geworden. Die Prostituierte Anna Tiger hatte auf ihre Freundin Hermine Drobizky ein Eifersuchtsattentat mit Vitriol verübt. Heute Abend fand ein Heringsschmaus in den Sophiensälen statt. Ein junges Mädchen Marie B., wohnhaft Schönbrunner Hauptstraße 28, hatte sich mit Sublimat vergiftet.«[1441]

Auf den ersten Blick scheint dieses Zitat eine Fülle an Informationen zu enthalten, de facto handelt es sich aber um eine bloße Aneinanderrei-

1439 Schnitzler 2017, S. 71.

1440 Vgl. Hüls 2013, S. 391 f.; die Verbindung zwischen dem Maskenmotiv und der Suche nach Identität stellt auch Siegfried Lenz' Erzählung *Die Maske* her.

1441 Schnitzler 2017, S. 28.

hung von Schlagzeilen. Was wirklich geschehen ist, bleibt vage. Der Überschuss an Andeutungen bei gleichzeitigem Fehlen von Gewissheiten hat Bernd Oei dazu veranlasst, die *Traumnovelle* in die Nähe des Schauerromans zu rücken.[1442] Jene Ambivalenz zwischen Realität und Fiktion, die im Übrigen durch die bereits thematisierten märchenhaften Elemente betont wird, spiegelt sich auch im Inneren des Protagonisten wider: »Er fühlte sich ungeschickt, hilflos, alles zerfloss ihm unter den Händen; alles wurde unwirklich, sogar sein Heim, seine Frau, sein Kind, sein Beruf, ja, er selbst, wie er so mit den schweifenden Gedanken die abendlichen Straßen mechanisch weiterging.«[1443] Für Bernd Oei ist Fridolin damit der moderne Hamlet, da es ihm aufgrund persönlicher Defizite nicht gelingt, wirklich zu sein.[1444]

Am Ende der Novelle wird sich Fridolin der Scheinhaftigkeit seiner Existenz aber vollends bewusst. Als er auf dem Bett die Maske findet, die Albertine dort drapiert haben muss, kommt es zur »kathartische[n] Auseinandersetzung«[1445] seiner bislang widerstreitenden Teil-Identitäten: »Fridolin aber, mit einem Male am Ende seiner Kräfte, ließ die Maske zu Boden gleiten, schluchzte, sich selbst ganz unerwartet, laut und schmerzlich auf, sank neben dem Bette nieder und weinte leise in die Kissen hinein.«[1446]

7.2.1.3 Das Grundmotiv der Opposition als Sinnbild der Ich-Spaltung

Die Opposition ist vermutlich *das* Grundmotiv der *Traumnovelle*. Gerade die in der Erzählung vorgestellten Erotikmodelle stehen in einem Spannungsverhältnis zueinander. Während in der bürgerlichen Welt die legitime Sexualität auf Dauerhaftigkeit angelegt ist, ist sie in der Geheimgesellschaft einmalig und daher – zumindest den bürgerlichen Wertvorstellungen gemäß – illegitim. Für das Bürgertum sind Treue und Ausschließlichkeit Grundsätze der ehelichen Beziehung, der Partner erfährt auf diese Weise eine Individualisierung, die ihm in der Geheimgesellschaft, wo alle verlarvt sind, nicht zukommt. Bürgerliche Privatheit steht der öffentlich ausgelebten Sexualität in der religiösen Sekte gegenüber. Die Lust wird hier

1442 Vgl. Oei 2016, S. 130.
1443 Schnitzler 2017, S. 80.
1444 Vgl. Oei 2016, S. 128.
1445 Hüls 2013, S. 396.
1446 Schnitzler 2017, S. 96.

frei ausgelebt, während sie in der Alltagswelt Fridolins nur in domestizierter Form vorhanden ist. Dies zeigt sich bereits rein äußerlich: In der bürgerlichen Welt sind die Körper verhüllt, das Gesicht aber unverhüllt. In der Geheimgesellschaft ist es genau andersherum: Hier kontrastiert der unverhüllte Körper mit einem maskierten Gesicht.[1447]

Betrachtet man nun die sich konträr gegenüberstehenden Sphären jeweils etwas genauer, dann zeigt sich, dass auch sie extrem oppositionelle Merkmale miteinander vereinen: Die Geheimgesellschaft ignoriert zwar die bürgerliche Sexualnorm, bedient sich aber selbst eines komplizierten Regelsystems. So verwundert es nicht, dass Fridolin der einzige ist, der es verpasst, sich seines Mönchskostüms zu entledigen, schließlich ist er als Eindringling nicht in die Spielregeln eingeweiht.[1448] Normverstöße werden von der Geheimgesellschaft geahndet und im Rahmen eines kollektiven Opferritus vollzogen, was zunächst für eine korrekte juristische Praxis sprechen würde. Dadurch aber, dass die gefällten Urteile nicht individuell differenzierend sind, erfährt auch dieser Befund eine Relativierung. Die Organisationsform der religiösen Sekte erinnert an Praktiken archaischer bzw. vorzivilisatorischer Gesellschaften.[1449]

Jene hier dargelegte Opposition ist auch auf den Protagonisten übertragbar, der in der Realität – obgleich er den Normverstoß intendiert – straffrei davonkommt, im Traum Albertines aber schuldlos gekreuzigt wird. Während sich die Unbekannte in der realen Welt für Fridolin opfert, kommt er im Traum seiner Frau selbst zu Tode.[1450] Indem die oppositionelle Struktur äußerer Gegebenheiten auf den Protagonisten übergeht, bringt der Text auch das innere Spannungsverhältnis Fridolins zum Ausdruck. Sein Abenteuer ist vor dem Hintergrund dessen als »Bewährungsprobe«[1451] zu deuten, die das Ziel verfolgt, die angesprochene Spaltung zu überwinden.

Die Bewährungsprobe des Protagonisten setzt sich aus mehreren Stationen zusammen. Die vier potentiellen Partnerinnen, denen er auf seiner ›Reise‹ begegnet, bilden eine Skala der zunehmenden Abweichung

1447 Vgl. Lukas 1996, S. 43.
1448 Vgl. Schnitzler 2017, S. 45.
1449 Vgl. Lukas 1996, S. 43.
1450 Vgl. ebd.
1451 Kim 2007, S. 214.

von der bürgerlichen Welt. Jener Abweichung verschafft der Text gleich auf mehreren Ebenen Ausdruck.

In raumsemantischer Hinsicht bewegt sich der Protagonist einerseits immer weiter in ein Außen bzw. in die Ferne: Während die Wohnung des Hofrats nur eine »Viertelstunde«[1452] von Fridolins Zuhause entfernt ist, liegt die Endstation – die Villa, in der die Geheimgesellschaft ihre Orgie veranstaltet – außerhalb von Wien. Andererseits ist eine Bewegung nach unten festzustellen. Die Wohnung des Hofrats befindet sich im »zweite[n] Stockwerk«, [1453] die Villa wird in einer Schlucht verortet.

Je ferner die Stationen, desto fremdartiger werden auch die Frauen. Gleichzeitig üben sie einen immer größeren Reiz auf Fridolin aus. Neben dem seitens des Protagonisten als immer betörender wahrgenommenen Geruch entfalten v. a. die Lippen der Frauen eine erhebliche Wirkung: Während Mariannes Lippen als »schmal«[1454] beschrieben werden, sind die von Mizzi »rotgeschminkt«.[1455] Die stärkste Anziehung geht wiederum von der Unbekannten aus: Fridolin war wie trunken [...] von ihr, von ihrem duftenden Leib, ihrem rotglühenden Mund [...].«[1456] Die Namen der Frauen spiegeln einen immer höheren Grad der Entindividualisierung wider. Mizzi gilt als Gattungsname einer Prostituierten, und es ist wohl nicht anzunehmen, dass es sich hierbei um den wirklichen Namen des Mädchens handelt. Auf Fridolins Frage, wie denn ihr Name sei, antwortet sie: »›No, wie wir i denn heißen? Mizzi natürlich.‹«[1457] Auch die Tochter des Kostümverleihers Gibiser erhält in der Erzählung keinen Eigennamen. Pierrette ist der Name der Maske, die sie trägt und indem der Nachname von ihren Freiern französisch ausgesprochen wird (Chibisier), steht sie auch für die wachsende Entfremdung, der sich Fridolin ausgesetzt sieht. Auch die Unbekannte verfügt über keinen Vornamen und ihr vermeintlicher Nachname (Dubieski) erweist sich als falsch, denn – so das Hotel, in dem sie logiert hatte – »es gab gar keine Familie dieses Namens, jeden-

1452 Schnitzler 2017, S. 14.
1453 Ebd.
1454 Ebd., S. 15.
1455 Ebd., S. 24.
1456 Ebd., S. 48.
1457 Ebd., S. 25.

falls keine adlige«.[1458] Darüber hinaus ist der Name ebenfalls fremdländisch, was die These stützt, dass Fridolin sein Selbst mehr und mehr im Strudel der Entfremdung zu verlieren droht.[1459]

Die hier skizzierte, immer größer werdende Abweichung von der bürgerlichen Norm zeitigt wiederum ambivalente Folgen. Einerseits führt sie zu einer sich steigernden erotischen Versuchung, andererseits erhöht sie das Gefahrenpotenzial. Das rasch verworfene Duell mit dem Couleurstudenten kommt noch recht harmlos daher, rechnet Fridolin doch höchstens mit einer Armverletzung. Der Kontakt mit der an Syphilis erkrankten Prostituierten hätte im Vergleich dazu schon wesentlich verheerendere Folgen nach sich ziehen können. Fridolin deutet es als schicksalhafte Fügung, »einer so großen Gefahr«[1460] entgangen zu sein. Dem Opferritual der Geheimgesellschaft entkommt der Protagonist nur knapp, denn hätte die mysteriöse Unbekannte sich nicht für ihn geopfert, dann wäre es vermutlich er selbst gewesen, der seinen Leichtsinn mit dem Leben hätte bezahlen müssen.

Die zentrale Opposition der Novelle ist allerdings die zwischen Mann und Frau, die durch die oben dargelegte zunehmende Abweichung eine Verschärfung erfährt. Die Vision der Aufhebung dieser Opposition artikuliert Albertine in ihrem Traum: »›Ich war auch längst […] nicht mehr mit diesem einen Mann allein auf der Wiese. Aber ob außer mir noch drei oder zehn oder noch tausend Paare da waren, ob ich sie sah oder nicht, ob ich nur jenem einen oder auch andern gehörte, ich könnte es nicht sagen.‹«[1461] Jene Orgie mitten in der Natur bedeutet laut Kluge das »Verschmelzen [des Einzelnen] mit einem universalen Lebensstrom«.[1462] Es handelt sich um einen Akt der Entindividualisierung, an dem alle beteiligt sind. Dadurch, dass Albertine diesen Zustand mit Glück und Freiheit assoziiert, deklariert sie ihn als ein erstrebenswertes Ideal.

Das bürgerliche Geschlechterkonzept, das das oppositionelle Verhältnis zwischen Mann und Frau zementiert, illustriert paradoxerweise die Geheimgesellschaft. Indem es ausschließlich die Männer sind, die (ver-

1458 Ebd., S. 87.

1459 Vgl. Lukas 1996, S. 104f.

1460 Schnitzler 2017, S. 83.

1461 Ebd., S. 63f.

1462 Kluge 1982, S. 331.

schiedenfarbig!) kostümiert sind, erheben nur sie den Anspruch auf Individualität. Die nackten Frauenleiber bilden demgegenüber eine homogene Masse, die dem Einzelnen seine Unverwechselbarkeit verwehrt.[1463] Der Mann ist Subjekt, die Frau Objekt; obgleich die Geheimgesellschaft mit ihren Praktiken recht unkonventionell anmutet, ist sie in Bezug auf das Rollenbild der bürgerlichen Norm verpflichtet.

Betrachtet man nun die konkrete Paarbeziehung der Protagonisten, dann erfährt jene allgemeine Konzeption eine Umkehrung: Bereits die Dänemark-Episode deutet dies an. Die beiden Protagonisten erzählen sich rückblickend von den Verlockungen des vergangenen Urlaubs. In beiden Fällen bleibt die aufwallende Lust unbefriedigt, allerdings aus unterschiedlichen Gründen: Während Albertines Däne am nächsten Tag »verschwunden«[1464] ist, ist es in Fridolins Geschichte er selbst, der sich von dem jungen Mädchen abwendet.

Unterzieht man Albertines Traum einer näheren Betrachtung, dann ist zunächst augenfällig, dass sich ihre sexuellen Wünsche – zumindest in der Traumwelt – erfüllen. Das unterscheidet sie von ihrem Mann, dem die Befriedigung seiner Lust verwehrt bleibt. Für ihren jeweiligen Aufenthalt im Bereich des Halbbewussten sind die beiden Protagonisten unterschiedlich gerüstet: Albertine verkörpert die moderne Frau der Nachkriegs- bzw. Nachkaiserzeit. Fridolin ist hingegen nach wie vor den Vorstellungen der patriarchalen Gesellschaft der k. u. k. Monarchie verhaftet.[1465] Zwar repräsentiert Albertine in ihrem Traum zunächst das klassische Rollenklischee, wonach sich die Frau der männlichen Trieberfüllung zu fügen hat: »›Du nahmst mich in die Arme und liebtest mich sehr.‹«[1466] Fridolin ist in dieser Situation der aktive Part, der seine Frau zum bloßen Objekt macht. In der Folge wird sie aber zum handelnden Subjekt, indem sie Fridolin zu ihrem Spielball degradiert. Für Hüls ist das Kräfteverhältnis zwischen Albertine und Fridolin bereits in den Namen der Protagonisten angelegt, daher also auch von Anfang an vorbestimmt. Albertine trägt seiner Ansicht nach einen viel männlicheren Namen als ihr Gatte

1463 Vgl. Oei 2016, S. 126.
1464 Schnitzler 2017, S. 9.
1465 Vgl. Scheffel 2014, S. 229.
1466 Schnitzler 2017, S. 61.

und ist insofern als der dominante Part der Beziehung anzusehen. Sie ist es auch, die der Selbstreflexion mächtig ist, was die Verbalisierung ihres Traums beweist.[1467]

Das Verhältnis zwischen Fridolin und der Fremden ist ganz ähnlich geartet. Fridolin definiert sich im Alltag über seine altruistische Helferrolle als Arzt. Während er die Stationen seiner Bewährungsprobe durchläuft, blitzt dieses Helfersyndrom immer wieder auf. Als er die Prostituierte Mizzi unverrichteter Dinge verlässt, beschließt er, »dem lieben armen Ding morgen Wein und Näschereien heraufzuschicken«.[1468] Und im Laden des Kostümverleihers Gibiser empfindet er es als seine Pflicht, »zu bleiben und der Pierrette in einer drohenden Gefahr beizustehen«.[1469] Die Unbekannte stellt vor dem Hintergrund dessen eine Wende dar, denn zum ersten Mal überlagert die erotische Versuchung die altruistische. Wolfgang Lukas hebt die Bedeutung dieser Entwicklung hervor: »Die zunehmende Befreiung von der ›altruistischen‹ Rolle wird dabei erfahren als maximale psychische Entfremdung von der eigenen vertrauten Welt [...].«[1470] Gleichzeitig übernimmt die Unbekannte dadurch den aktiven Part und verdammt Fridolin zur bloßen Passivität.

Entfremdung, d. h. Distanzierung von sich selbst, ist die Voraussetzung dafür, sich seiner selbst bewusst zu werden. Ist die nächtliche Suche Fridolins nach sich selbst am Ende also erfolgreich? Es gibt diverse Hinweise, die dagegen sprechen. Seine Begegnungen mit den verschiedenen Frauen, die die einzelnen Etappen seiner Bewährungsprobe markieren, bleiben flüchtig, was für die Bindungsunfähigkeit des Protagonisten spricht.[1471] In der Tatsache, dass Fridolin nie eine eigene Persönlichkeit entwickelt hat und stets nur in Rollen schlüpfte bzw. Masken aufsetzte, dürfte der Grund für dieses Unvermögen liegen. Die egoistische Veranlagung Fridolins ist bei alledem unverkennbar. Nach dem Ball der Geheimgesellschaft stellt er sich die Unbekannte, deren Gesicht er nicht zu sehen bekommen

1467 Vgl. Hüls 2013, S. 390.
1468 Schnitzler 2017, S. 27.
1469 Ebd., S. 39.
1470 Lukas 1996, S. 109.
1471 Vgl. Oei 2016, S. 124.

hatte, »mit den Zügen Albertines«[1472] vor. Insofern ist von Anfang an sie das Objekt seiner Begierde und die Unbekannte nur Mittel zum Zweck.

Die Ich-Spaltung Fridolins bleibt bestehen, allerdings erfährt sie durch die Erlebnisse der Nacht eine Transformation. Die zuvor akute Diskrepanz zwischen Ich und Unbewusstem weicht einem Missverhältnis zwischen Wille und Können.[1473] Als Fridolin am Tag nach seinem nächtlichen Abenteuer die Stationen seiner Bewährungsprobe noch einmal abgeht, wird er desillusioniert, denn die Pierrette, die er in Gefahr glaubte, entpuppt sich als Nymphomanin, die ihn zuvor anbetende Marianne zieht zur Familie ihres Verlobten und die Dirne, der er Süßigkeiten vorbeibringen will, liegt aufgrund einer Syphiliserkrankung im Spital.[1474] Fridolin wird auf diese Weise mit der eigenen Machtlosigkeit konfrontiert.

Mit der Negation seiner bürgerlichen Identität hatte Fridolin versucht, sein gekränktes Ego zu kurieren. Aber statt an seiner Mutprobe zu genesen, stirbt in ihm der Traum, die verlorene Identität wiederherzustellen – und das im wahrsten Sinne des Wortes. Das erotische Spiel mit den Fingern der toten Unbekannten in der Pathologie des Klinikums ist der Versuch, diese Gewissheit zu kompensieren: »[…] dann schlang er seine Finger wie zu einem Liebesspiel in die der Toten, und so starr sie waren, es schien ihm, als versuchten sie sich zu regen, die seinen zu ergreifen […].«[1475] Die Analogie zu Albertine ist unübersehbar. Als sie ihrem Mann von dem erotischen Traum erzählt, hält er »spielend ihre schlanken Finger umklammert«.[1476] Dies zeigt, dass es von Beginn an einzig und allein um Albertine geht; die Identität Fridolins, die maßgeblich auf der Rolle des Familienvaters gründet, ist an die starke Persönlichkeit seiner Frau gebunden und ohne sie nicht existent.

Dennoch macht das Ende der Erzählung Hoffnung, schließlich ist hier von einem »sieghaften Lichtstrahl«[1477] die Rede. Kluge bemerkt hierzu einschränkend:

1472 Schnitzler 2017, S. 88.
1473 Vgl. Kluge 1982, S. 333.
1474 Vgl. Kim 2007, S. 225.
1475 Schnitzler 2017, S. 92.
1476 Ebd., S. 60.
1477 Ebd., S. 97.

»Dem Licht eignet hier nicht die Symbolkraft des endgültigen Sieges der Verantwortung oder einer Humanitätsidee. Das an die Annahme eines freien Willens geknüpfte Postulat der Verantwortung des Menschen bezieht Schnitzler nicht auf Ideen. Er deutet sie als an die Selbsterkenntnis gebundene Lebensentscheidung des Einzelnen.«[1478]

Die Lebensentscheidung ist allerdings nicht alles – auch hier muss das Können dazukommen. Wenn am Ende also die Rede davon ist, dass Fridolin und Albertine »traumlos nah«[1479] beieinander liegen, dann impliziert das nicht, dass Schnitzler seine Erzählung mit einem Happy End beschließt. Vielmehr ist dieses Zitat ein Indiz dafür, dass der Traum einer auch den jeweiligen libidinösen Wünschen gerecht werdenden Beziehung ausgeträumt ist.[1480] Oder um es mit den Worten Albertines auszudrücken: »[...] wir waren aneinander vorbeigeflogen.«[1481]

7.3 Hesses Maskenbälle

Hermann Hesse ist der einzige der hier behandelten Autoren, der der Fastnacht eine eigene theoretische Abhandlung gewidmet hat. In seinem Aufsatz *Geschichtliches vom Karneval* geht er den Wurzeln dieses Brauchtums auf den Grund. Das Prinzip der Freiheit ist dabei ein für dieses Fest seit jeher konstitutives Element: »So weit man auch in die graue Vergangenheit zurückgeht, an diesem Tag herrschte stets ungebundene Freiheit. Sein wahrer Zweck ist es, den ewigen Instinkten einmal freien Lauf zu lassen, die täglich von den Regeln des sozialen Lebens eingeengt werden.«[1482] Hesse deutet den Karneval also ganz im Sinne Bachtins.

Er sieht auch eine Verbindung zwischen dem närrischen Treiben und der Religion, die bereits in der Antike vorhanden war. Das Mittelalter versuchte jene Ausschweifungen auszumerzen, musste sich deren Wirkmacht allerdings geschlagen geben. Nur die fleischlichen Lüste wurden weitest-

1478 Kluge 1982, S. 339 f.
1479 Schnitzler 2017, S. 97.
1480 Vgl. Kim 2007, S. 228.
1481 Schnitzler 2017, S. 66.
1482 Hesse 2003, S. 348.

gehend unterbunden. Was blieb, war eine temporäre Aufhebung der Standesunterschiede, an der sich – so Hesse – selbst Könige beteiligten: »So eilte König Heinrich III. maskiert mit seinen Lieblingen durch die Straßen, küßte die Mädchen, verprügelte die Bürger, balgte sich mit dem Volke und beging unter dem Schutze der Verkleidung tausend Frechheiten.«[1483]

Die aus den Exzessen resultierenden Konflikte, die weiter oben bereits behandelt wurden, finden auch in der Abhandlung Hesses Erwähnung. Man ging sogar so weit, in der Kirche einen Narrenpapst mit Würsten zu krönen, ein aus heutiger Sicht durch und durch blasphemisch anmutender Akt. Das mittelalterliche Volk, fest eingeschnürt in das Korsett der sozialen Hierarchie, kostete die wenigen Tage der Freiheit vollends aus: »Und unter diesem Volk entfesselte der Karneval die Narrheit oft in solchem Maße, daß schon Karl der Große versuchte, die Maskeraden abzuschaffen.«[1484]

Hesse stellt aber auch fest, dass das närrische Treiben seiner Zeit mit der Fastnacht des Mittelalters nicht mehr allzu viel gemein hat: »Wie mit so vielen Dingen, hat unsere radikale Zeit auch mit dem althergebrachten Karneval ziemlich aufgeräumt, denn von den früheren Sitten und Gebräuchen ist nicht mehr viel übrig geblieben.«[1485] Die Ausnahme bilden für ihn interessanterweise nur einige katholische Städte.

Am Beispiel Spaniens skizziert er am Schluss seiner Überlegungen die Verbindung zwischen Fastnacht und Tod, die auch Bachtin in diversen karnevalistischen Bräuchen des Mittelalters erkennt. Für Hesse ist es gerade der Stierkampf, der diese Einheit verdeutlicht. Es mag daher auch nicht verwundern, dass Thomas Mann das Finale seines Hochstaplerromans in einer Stierkampfarena spielen lässt. Im *Krull* heißt es:

> »Woher das Gefühl eigentümlicher Beklommenheit, gemischt aus Ehrfurcht, Mitleid, einer melancholisch angehauchten Heiterkeit, das einem beim Anblick einer von großem Tage gehobenen, von seinem Sinn erfüllten und vereinigten Volksmenge das Herz bedrängt? Es

1483 Ebd.
1484 Ebd., S. 349.
1485 Ebd., S. 350.

> liegt etwas Dumpfes, Urtümliches darin, das zwar jene Ehrfurcht, aber auch etwas Sorge erregt.«[1486]

Der Karneval, das wird an der von Mann, Hesse und Bachtin hergestellten Verbindung zum Tod deutlich, hat auch etwas Archaisches an sich, das möglicherweise den vorgeschichtlichen Vorläufern der Fastnacht entstammt und sich – zumindest symbolisch – bis in unsere Zeit erhalten hat.

7.3.1 Hermann Hesse: Der Steppenwolf (1927)

Harry Hallers Besuche von Bordellen, Bars und Maskenbällen lassen sich, um sich der Worte Thomas Manns zu bedienen, als Suche nach den »Wonnen der Gewöhnlichkeit«[1487] beschreiben, ermöglicht der Schutz der Anonymität doch das vorübergehende Fallenlassen aller Hemmungen. Dass auch Hesse an den Vergnügungen der närrischen Tage aktiv teilnahm, geht aus seiner privaten Korrespondenz hervor. In einem Brief an Otto Blümel heißt es:

> »Ich habe am Fasching sämtliche Bälle Zürichs bis zum lichten Morgen mit meiner Gegenwart beehrt, mich in diverse schöne Frauen verliebt, deren kostümierte Photographien in meiner Bude hängen, und mich überhaupt sehr darum bemüht, aus dem verbissenen Einsiedler Hesse ein gutes dummes und etwas vergnügtes Vieh zu machen, und es ist gar nicht schlecht geglückt.«[1488]

Im *Steppenwolf* ist es Harry Haller, der sich in die Wogen des Festgeschehens stürzt und auf diese Weise seinen sinnlichen Horizont erweitert. Die Schilderungen des Roman-›Helden‹ erinnern dabei stark an die persönlichen Erlebnisse seines Schöpfers: »In allen Räumen des großen Gebäudes war Festbetrieb, in allen Sälen wurde getanzt, auch im Kellergeschoß, alle Korridore und Treppen waren von Masken, Tanz, Musik, Gelächter und Gejage überflutet.«[1489]

1486 Mann 2014, S. 386.
1487 Mann 2016, S. 38.
1488 Hesse 1979, S. 135.
1489 Hesse 2019, S. 209.

Hesses Begeisterung für den Karneval war allerdings nicht von Anfang an vorhanden. An seinen Freund Hubacher schreibt er: »Ich war ein richtiger Foxtrottel, daß ich mich 30 Jahre mit den Problemen der Menschheit abgemüht habe, ohne zu wissen, was ein Maskenball ist.«[1490]

Während der Fastnachtszeit führte er eine Art Doppelleben, das er in einem Brief an Hugo Ball anschaulich beschreibt:

> »Ich lebe wieder wie gewöhnlich, und habe vorgestern wieder gewolft und gesteppt, einen großen Maskenball, kompliziert dadurch, daß ich am gleichen Abend eine Vorlesung aus dem ›Steppenwolf‹ im psychologischen Club halten mußte. Ich arbeitete also bis zehn Uhr abends als Poet und Barde, ruhte eine halbe Stunde aus, und erschien um halb zwölf, wenig unternehmungslustig, in den Ballsälen, wo ich zum ersten Schluck Sekt ein Kopfwehpulver nahm.«[1491]

Jenes Gefühl der inneren Spaltung bringt Hesses Gedicht mit dem Titel *Steppenwolf*, das Eingang in den gleichnamigen Roman gefunden hat, prägnant zum Ausdruck:

> »Ich Steppenwolf trabe und trabe,
> Die Welt liegt voll Schnee,
> Vom Birkenbaum flügelt der Rabe,
> Aber nirgends ein Hase, nirgends ein Reh!
> In die Rehe bin ich so verliebt,
> Wenn ich doch eins fände!
> Ich nähm's in die Zähne, in die Hände,
> das ist das Schönste, was es gibt.
> Ich wäre der Holden so von Herzen gut,
> Fräße mich tief in ihre zärtlichen Keulen,
> Tränke mich voll an ihrem hellroten Blut,
> Um nachher die ganze Nacht einsam zu heulen.
> Sogar mit einem Hasen wär ich zufrieden,
> Süß schmeckt sein warmes Fleisch in der Nacht –

1490 Hesse 1979, S. 130.
1491 Ebd., S. 164.

Ist denn alles und alles von mir geschieden,
Was das Leben ein wenig heiterer macht?
An meinem Schwanz ist das Haar schon grau,
Auch kann ich gar nimmer deutlich sehen,
Schon vor Jahren starb meine geliebte Frau.
Und nun trab ich und träume von Rehen,
Trabe und träume von Hasen,
Höre den Wind in der Winternacht blasen,
Tränke mit Schnee meine brennende Kehle,
Trage dem Teufel zu meine arme Seele.«[1492]

Jene Zerrissenheit des Subjekts ist, so Christof Forderer, nicht zuletzt als Reaktion auf die Erfahrungen des Ersten Weltkriegs zu werten. Dieser war, entgegen aller Erwartungen, keine »lebenssteigernde ›Grenzerfahrung‹«[1493] gewesen, in seiner Maßlosigkeit und Anonymität bedingte er vielmehr eine Auslöschung der Ichsubstanz. Individualismus und Liberalismus wurden vor diesem Hintergrund als Verirrungen entlarvt. Existenz musste neu gedacht und organisiert werden, wobei die entsprechenden Realisierungsversuche von den jeweiligen politischen Ideologien (Nationalismus vs. Sozialismus) abhängig waren. Identität, so fortan die Überzeugung, wird nicht über eine zögerliche Selbstprüfung hergestellt, sondern konstituiert sich durch Grenzüberschreitungen. Dies hatte zwangsläufig auch eine Änderung im Verständnis des Doppelgängers zur Folge: Während er im 19. Jahrhundert in konträrem Verhältnis zu seinem Original stand, fungierte er im 20. Jahrhundert als dessen Ergänzung. Jenen Funktionswandel gibt der *Steppenwolf* wieder, indem er die Doppelgänger Hallers zunächst als Symptom von Spaltung erscheinen lässt, ihnen aber mit der fortschreitenden Entwicklung des Protagonisten die Funktion einer Icherweiterung verleiht.[1494]

Hesse thematisiert diese Entwicklung in seinem Roman anhand der krisenhaften bürgerlichen Kultur um 1900, die ihren Status, intellektuelle und moralische Instanz zu sein, eingebüßt hatte. Der aus dem bürger-

1492 Hesse 2019, S. 87 f.
1493 Forderer 1999, S. 184.
1494 Vgl. ebd., S. 184 ff.

lichen Milieu stammende Haller wechselt aufgrund dieses Legitimationsvakuums in die antibürgerliche Gegenwelt.[1495] Die innere Zerrissenheit des Protagonisten bleibt aber trotz dieses Übertritts in das alternative Milieu bestehen, denn wie in eine Traumwelt versunken, ergötzt sich der das Bürgertum an sich ablehnende Haller am »Superlativ von bürgerlicher Reinheit, von Sorgfalt und Genauigkeit, von Pflichterfüllung und Treue«.[1496] Nahezu meditativ betrachtet er den Vorplatz der Nachbarwohnung, die von einer Witwe bewohnt wird:

> »Auf dem kleinen parkettbelegten Platz zwischen Treppe, Fenster und Glastüre stand ein hoher Mahagonischrank an der Wand, mit altem Zinn darauf, und vor dem Schrank am Boden standen, auf zwei kleinen niedern Ständerchen, zwei Pflanzen in großen Töpfen, eine Azalee und eine Araukarie. Die Pflanzen sahen hübsch aus und waren immer sehr sauber und tadellos gehalten, das war auch mir schon angenehm aufgefallen.«[1497]

Der im ersten Teil des Romans als Erzähler fungierende Neffe der Vermieterin Hallers sieht in der Frömmigkeit und Strenge der Eltern des Protagonisten den Grund für dessen gespaltene Persönlichkeit: »Dieses Vernichten der Persönlichkeit und Brechen des Willens nun war bei diesem Schüler nicht gelungen, dazu war er viel zu stark und hart, viel zu stolz und geistig. Statt seine Persönlichkeit zu vernichten, war es nur gelungen, ihn sich selbst hassen zu lehren.«[1498]

Laut Heimo Schwilk schlägt die aufoktroyierte Nächstenliebe ins Gegenteil um, denn der sich gegen jede Form der Gängelung widersetzende Harry beraubt sich, dadurch, dass er sich weigert, seinen Nächsten zu lieben, der Fähigkeit, eine Beziehung zu sich selbst aufzubauen.[1499]

Der Erzähler des ersten Teils des Romans sieht in Haller aber kein Einzelschicksal, vielmehr sind die Aufzeichnungen, die der Protagonist zurückgelassen hat, symptomatisch für die Zeit, in der die Handlung spielt:

1495 Vgl. ebd., S. 199f.
1496 Hesse 2019, S. 22.
1497 Ebd., S. 21.
1498 Ebd., S. 17.
1499 Vgl. Schwilk 2012, S. 293.

»Es gibt nun Zeiten, wo eine ganze Generation so zwischen zwei Zeiten, zwischen zwei Lebensstile hineingerät, daß ihr jede Selbstverständlichkeit, jede Sitte, jede Geborgenheit und Unschuld verlorengeht.«[1500]

Hieraus resultiert ein Gefühl der »Heimatlosigkeit«[1501] und »Entwurzelung«,[1502] das den Protagonisten einsam werden lässt, er droht »in einer immer dünner und dünner werdenden Luft von Beziehungslosigkeit«[1503] zu ersticken. Dieses Schicksal versetzt ihn in blinde Wut: »Es brennt alsdann in mir [...] eine rasende Lust, irgend etwas kaputt zu schlagen, etwa ein Warenhaus oder eine Kathedrale oder mich selbst [...] oder einigen Vertretern der bürgerlichen Weltordnung das Gesicht ins Genick zu drehen.«[1504]

Jener Zorn ist Ausdruck des inneren Zwists Hallers. Der Tractat spiegelt den Kampf der gegensätzlichen Teil-Identitäten wider: »Bei Harry [...] liefen Mensch und Wolf nicht nebeneinander her, und noch viel weniger halfen sie einander, sondern sie lagen in ständiger Todfeindschaft gegeneinander [...].«[1505] Bereits der Tractat deutet allerdings an, dass die Vorstellung von einer zweigeteilten Persönlichkeit des Protagonisten zu kurz greift: »Harry besteht nicht aus zwei Wesen, sondern aus hundert, aus Tausenden.«[1506] Um diese These zu verdeutlichen, rekurriert das Jahrmarktheft auf die Helden der indischen Epen, bei denen es sich nicht um Personen handelt, sondern vielmehr um »Personenknäuel«.[1507] An die Stelle des inneren Dualismus Giglios in Hoffmanns *Prinzessin Brambilla* tritt eine regelrechte Polyphonie des Selbst.

Lange ist Harry mit dieser inneren Vielstimmigkeit überfordert; um sich mit ihr zu arrangieren, bedarf es, wie weiter oben ausgeführt, einer Grenzerfahrung. Der Karneval ist insofern ein für die Dramaturgie des Romans zentrales Motiv, dessen Bedeutung sich bereits unmittelbar nach dem Tractat ankündigt: »Dieser Steppenwolf mußte sterben, er mußte mit eigener Hand seinem verhaßten Dasein ein Ende machen – oder er muß-

1500 Hesse 2019, S. 31.
1501 Ebd., S. 25.
1502 Ebd., S. 24.
1503 Ebd., S. 61.
1504 Ebd., S. 35.
1505 Ebd., S. 55.
1506 Ebd., S. 76.
1507 Ebd., S. 78.

te, geschmolzen im Todesfeuer einer erneuten Selbstschau, sich wandeln, seine Maske abreißen und eine neue Ichwerdung begehen.«[1508]

Gegenüber Anny Bodmer schwärmt Hesse von den durchzechten Ballnächten: »Ich hatte dies Erlebnis noch nicht gekannt, auch nicht im Weinrausch, daß man sein Ich verliert und in einer Menge einfach untergeht. Diese Lust, dieser Rausch aus Wein, Geselligkeit, Geschlecht, Wärme, Musik war eine schöne Sache, ich bin dankbar dafür.«[1509] Eine analoge Aussage findet sich im *Steppenwolf* und Haller zeigt sich vom närrischen Trubel genauso fasziniert wie sein Schöpfer:

> »Ein Erlebnis, das mir in fünfzig Jahren unbekannt geblieben war, obwohl jeder Backfisch und Student es kennt, wurde mir in dieser Ballnacht zuteil: das Erlebnis des Festes, der Rausch der Festgemeinschaft, das Geheimnis vom Untergang der Person in der Menge, von der Unio mystica der Freude.«[1510]

Hieran wird der Einfluss des ostjüdischen Chassidismus auf Hesses literarisches Schaffen deutlich. Die Chassidim (die Frommen) sahen in Musik, Gebet und Tanz Wege zur Vereinigung mit Gott. Jener Ansatz war inspiriert von der Mystik der Kabbala, von der jüdischen Orthodoxie wurde er allerdings bekämpft.[1511] Mit der Unio mystica ist der Augenblick der Entrückung gemeint, Karneval wird von Haller also als jene Grenzerfahrung klassifiziert, die für die Herstellung von Identität notwendig ist. Um dies zu erreichen, bedarf es aber zunächst der Auflösung des Selbst, die auch Harry Haller durchlebt: »Ich war nicht mehr ich, meine Persönlichkeit war aufgelöst im Festrausch wie Salz im Wasser.«[1512] Der Karneval mit seinen orgiastischen Szenen und ekstatischen Zuständen bietet laut Yvonne Niekrenz genau das. Sie bedient sich unter Rückgriff auf Durkheim des Begriffs der »Efferveszenz«.[1513] Durkheim, ebenfalls Jude, untersuchte die rauschhaften Vergemeinschaftungen australischer Urein-

1508 Ebd., S. 88.
1509 Hesse 1979, S. 133f.
1510 Hesse 2019, S. 216.
1511 Vgl. Schwilk 2012, S. 273.
1512 Hesse 2019, S. 217.
1513 Niekrenz 2011, S. 94.

wohner. Seine Erkenntnisse lassen sich laut Niekrenz auf den Karneval übertragen. Durkheim schreibt:

> »Zweifellos liegt es in der Natur der moralischen Kräfte, den menschlichen Geist nur dann berühren zu können, wenn sie ihn außer sich bringen, wenn sie ihn in einen Zustand versetzen, den man *Ekstase* nennen kann [d. h. ek = aus; stasis = das Stehen; Entrückung; Verzückung].«[1514]

Efferveszenz meint allerdings nicht das individuelle Rauscherleben, sondern ein kollektiv herbeigeführtes, das ein Wir-Gefühl schafft und daher fester Bestandteil religiösen Lebens ist. Vor diesem Hintergrund erhält die Ichwerdung des Protagonisten einen religiösen Charakter, für den im Übrigen auch die Verwendung des Begriffs »Tractat« spricht. Der Terminus verweist auf den heilslehrenhaften Inhalt des Jahrmarktheftes.[1515] »Jede Geburt«, so der Tractat, »bedeutet Trennung vom All, bedeutet Umgrenzung, Absonderung von Gott, leidvolle Neuwerdung. Rückkehr ins All, Aufhebung der leidvollen Individuation, Gottwerden bedeutet: seine Seele so erweitert haben, daß sie das All wieder zu umfassen vermag.«[1516]

Um dieses Stadium zu erreichen, bedarf es, wie oben bereits angerissen, der Auflösung der Persönlichkeit, es ist ein Befreiungsschlag vonnöten, der im *Steppenwolf* mittels diverser Doppelgängererscheinungen vorgeführt wird: »Die Doppelgängerkonstellation wird zum Arrangement einer Selbstbefreiung. Der Doppelgänger wandelt sich aus einer Figur, durch die Identität zerbricht, in eine Figur, durch die sich Identität zusammenfügt. Er reduziert nicht das Selbst, sondern erweitert es zum wahren, zum unverstümmelten Selbst.«[1517]

Die Persönlichkeitsentwicklung des Protagonisten hat Egon Schwarz dazu veranlasst, den *Steppenwolf* als Bildungsroman zu deuten. Es handelt sich aber um einen »auf den Kopf gestellte[n]«[1518] Bildungsroman, denn der klassische Typus dieser Gattung thematisiert die Aneignung bürger-

1514 Durkheim 1994, S. 311.
1515 Vgl. Baumann 2020, S. 140.
1516 Hesse 2019, S. 84.
1517 Forderer 1999, S. 200.
1518 Schwarz 1980, S. 146.

licher Bildung durch einen Adoleszenten. Hesses Roman ist im Gegensatz dazu die Geschichte eines Älteren, der sich just jener Bildungsgüter zu entledigen sucht.[1519]

7.3.1.1 Der *Steppenwolf* als musikalische Komposition

Eine Analogie der literarischen Komposition des *Steppenwolfs* zur Musik stellt Hesse bereits selbst her. In einem Brief an Felix Braun schreibt er, sein Roman sei wie eine »Sonate oder Fuge proportional gebaut«.[1520]

Günter Baumann will im ersten Teil der Dichtung tatsächlich den klassischen Dreischritt einer Sonate erkennen. Das Vorwort des Herausgebers fungiert dabei als Exposition, die den neurotischen Grundkonflikt des Protagonisten thematisiert. Der Erzähler zeichnet sich dabei durch eine eindimensionale Sichtweise aus: »Der Publizist bemerkt zwar die Verzweiflung Hallers, nicht aber dessen innerste Sehnsucht, durch Humor und die Realisierung des Selbst seine Spaltung zu überwinden […].«[1521]

Gemäß des dialektischen Dreischritts einer Sonate bilden die Aufzeichnungen Hallers die Durchführung. Das zuvor bereits Dargelegte erfährt durch das unmittelbare Erleben des Ich-Erzählers eine Konkretisierung. Die innere Zerrissenheit des Protagonisten weicht immer wieder für kurze Zeit einer erlösenden Synthese.[1522] So berichtet er u. a. von einem Konzert, bei dem »zwischen zwei Takten eines von Holzbläsern gespielten Piano [ihm] plötzlich wieder die Tür zum Jenseits aufgegangen«[1523] war. Jener göttliche Funke offenbart sich in seiner als Zeit des Verfalls wahrgenommenen Gegenwart nur noch selten: »Ach, es ist schwer, diese Gottesspur zu finden inmitten dieses Lebens, das wir führen, inmitten dieser so sehr zufriedenen, so sehr bürgerlichen, so sehr geistlosen Zeit, im Anblick dieser Architekturen, dieser Geschäfte, dieser Politik, dieser Menschen!«[1524] Als Kontrastfolie zu dieser seitens des Erzählers negativ konnotierten dynamischen neuen Welt fungiert eine »alte graue Steinmau-

1519 Vgl. Forderer 1999, S. 199.
1520 Michels 1972, S. 121.
1521 Baumann 2020, S. 138.
1522 Vgl. ebd., S. 138f.
1523 Hesse 2019, S. 39.
1524 Ebd., S. 40.

er«,[1525] die ein vergangenes goldenes Zeitalter repräsentiert. Dieses Bild wird allerdings durchbrochen, indem Haller erkennt, dass man auch dieses Relikt aus einer anderen Zeit »zu einer Lichtreklame mißbraucht«[1526] hatte. Dass die Worte auf der Leuchtreklame, die zum Besuch des »Magischen Theaters« einlädt, nur flüchtig zu erkennen sind, verweist darauf, dass kollektive Inhalte des Unbewussten schwer auszumachen sind. Ferner impliziert der Umstand, dass Haller das Portal nicht öffnen kann, dass Inhalte des Unbewussten sich einer willentlichen Aktivierung entziehen.[1527]

Der Tractat bildet nun gemäß der als Dreischritt konzipierten Sonate die Reprise, d. h. alle bisherigen Motive werden noch einmal aufgegriffen und ein erster Versuch der gedanklichen Klärung wird unternommen. Baumann fasst die an die Sonate angelehnte proportionale Struktur des *Steppenwolfs* prägnant zusammen:

> »Wenn die Exposition eine objektive Schilderung der Problematik aus der Sicht des auktorialen Herausgebers zu geben versuchte und die Durchführung ein subjektives Bekenntnis des Ich-Erzählers enthält, so intendiert der Traktat eine umfassende, subjektive wie objektive Aspekte vereinende Gesamtschau der psychologischen Problematik.«[1528]

Betrachtet man nun den Tractat genauer, dann offenbart auch dieser das oben dargelegte Schema. Im ersten Schritt wird die Grundproblematik der Persönlichkeitsspaltung noch einmal in den Blick genommen. Im zweiten Teil präsentiert das Jahrmarktheft vier mögliche Formen des Menschseins, wobei der Bürger die genauste Charakterisierung erfährt: »Das ›Bürgerliche‹ nun, als ein stets vorhandener Zustand des Menschlichen, ist nichts andres als der Versuch eines Ausgleiches, als das Streben nach einer ausgeglichenen Mitte zwischen den zahllosen Extremen und Gegensatzpaaren menschlichen Verhaltens.«[1529] Als Extreme werden der Heilige und der Wüstling angeführt. Während der eine die Sphäre des Geistigen absolut setzt, gibt sich der andere vollends seiner Triebwelt hin.

1525 Ebd., S. 41.
1526 Ebd., S. 42.
1527 Vgl. Baumann 2020, S. 139.
1528 Ebd., S. 140.
1529 Hesse 2019, S. 68.

Der Bürger versucht beide Pole in Einklang zu bringen. Der Außenseiter wiederum, im Roman der Steppenwolf Harry Haller, findet sich zwischen den Fronten wieder, worin schließlich auch der Grund für seine seelische Zerrissenheit liegt.[1530]

Der dritte Teil des Tractats entwirft mögliche Lösungen, um jene innere Spaltung zu überwinden. Schlussendlich wird das Stadium der Selbsterkenntnis als conditio sine qua non herausgestellt. Im Tractat heißt es: »Um dies zu erreichen, oder vielleicht am Ende doch noch den Sprung ins Weltall wagen zu können, müßte solch ein Steppenwolf einmal sich selbst gegenübergestellt werden, müßte tief in das Chaos der eigenen Seele blicken und zum vollen Bewußtsein seiner selbst kommen.«[1531] Als Vorbereitung auf die dem Tractat folgende Realisierung jenes Lösungsentwurfs bildet der dritte Teil der Schrift eine neuerliche Exposition, sodass dem Tractat als Ganzes, so Baumann, der Charakter eines Intermezzos zukommt.[1532]

Die Lektüre des Tractats führt Haller zunächst in das »archetypische Individuationsstadium der Verzweiflung«,[1533] wobei auch dieses sich aus drei Schritten zusammensetzt. Indem er seinen 50. Geburtstag zum Ultimatum für einen möglichen Suizid erklärt, offenbart der Steppenwolf seine Bereitschaft, sich selbst zu töten. Die zweite Stufe bildet die Episode der Beerdigung, die all das bürgerliche Gehabe als blanke Bigotterie entlarvt:

> »[…] und ich sah dem Pfarrer und den übrigen Aasgeiern, Angestellten einer Begräbnisanstalt, bei ihren Verrichtungen zu, welchen sie den Anschein einer hohen Feierlichkeit und Trauer zu geben suchten, so daß sie sich vor lauter Theater und Verlegenheit und Verlogenheit überanstrengten und ins Komische gerieten […].«[1534]

Den Höhepunkt der Verzweiflung markiert allerdings der Eklat im Haus des Professors. Auslöser für den Gefühlsausbruch Hallers ist ein stark idealisiertes Goethe-Porträt, das die biedere Bürgerlichkeit widerspiegelt, die

1530 Vgl. ebd., S. 68 f.
1531 Ebd., S. 73.
1532 Vgl. Baumann 2020, S. 147.
1533 Ebd., S. 148.
1534 Hesse 2019, S. 95 f.

der Steppenwolf so sehr verabscheut: »[...] sei dem wie ihm wolle, auf jeden Fall schrie mir, der ich schon hinlänglich gereizt und geladen war, diese eitle und selbstgefällige Darstellung des alten Goethe sogleich als ein fataler Mißklang entgegen und zeigte mir, das ich hier nicht am richtigen Orte sei.«[1535] Haller hat nun den Zustand erreicht, für den er sich seinen Selbstmord vorgenommen hatte. Allerdings befällt ihn »die Angst aller Ängste: die Todesfurcht!«[1536] Baumann schließt hieraus, dass die Zerrissenheit des Protagonisten so gravierend ist, dass er nicht fähig ist, sich das Leben zu nehmen.[1537]

Die hier erläuterte Analogie zwischen der Sonate und Hesses Roman ist nicht ausschließlich struktureller Natur, Entsprechungen finden sich auch auf inhaltlicher Ebene. Haller selbst vermutet hinter den Ereignissen einen »unsichtbaren Magier«,[1538] der das Schicksal des Protagonisten bestimmt und wie ein Dirigent das Geschehen lenkt. Stefan Pfister bringt diese Beobachtung zu der These, dass eine Geheimgesellschaft (wie in Schillers *Der Geisterseher*) im Hintergrund die Strippen zieht.[1539] Im Roman finden sich gleich mehrere Indizien, die diese Vermutung stützen: Der Verfasser des Tractats spricht im Plural, was nahe legt, dass sich hinter der Schrift eine Gruppe von Personen bzw. eine Gemeinschaft verbirgt. Indem Hermine Harry fragt, ob er für den Besuch des Magischen Theaters bereit sei,[1540] offenbart sie sich als Mitwisserin oder besser gesagt als Teil dieser ominösen Vereinigung, der auch Pablo angehört oder sogar vorsteht, gibt er doch an, dass es sich bei dem mystischen Schauspielhaus um »[s]ein Theaterchen«[1541] handelt. Der wohl augenfälligste Hinweis auf das Wirken einer geheimen Gesellschaft ist die wiederholte Verwendung von Verwandtschaftsbezeichnungen: Harry wird von Hermine als »Brüderchen«[1542] oder »Bruder«[1543] angesprochen, Formulierungen, die im

1535 Ebd., S. 104.
1536 Ebd., S. 110.
1537 Vgl. Baumann 2020, S. 148.
1538 Hesse 2019, S. 94.
1539 Während die Geheimgesellschaft in *Wilhelm Meisters Lehrjahre* als positive Lenkungsinstanz fungiert, ist sie bei Schiller Verderben bringend.
1540 Vgl. Hesse 2019, S. 222.
1541 Ebd., S. 225.
1542 Ebd., S. 142.
1543 Ebd., S. 222.

Kontext religiöser Gemeinschaften, die man daher auch häufig als Bruderschaften bezeichnet, verwendet werden. Der anfängliche Gebrauch der Diminutivform verweist zusätzlich auf den Reifeprozess, den Haller durchmachen muss, um für das Initiationsritual bereit zu sein. Egon Schwarz stellt aufgrund der hier genannten Punkte eine Parallelität zwischen dem Magischen Theater und der Turmgesellschaft in Goethes *Wilhelm Meisters Lehrjahre* fest.[1544]

Auch die Präsenz diverser Sendboten spricht in den Augen Pfisters für diese These: Den Tractat erhält Haller von einem Jahrmarktsverkäufer und auch die Entscheidung, in den Schwarzen Adler zu gehen, ist von außen beeinflusst. Tatsächlich könnte es sich hierbei sogar um ein und dieselbe Person handeln, denn zu dem Fremden bemerkt er: »[…] es war, so schien mir, der Mann, der damals das Plakat getragen und mir das Büchlein in die Hand gedrückt hatte.«[1545] Zuletzt ist es bezeichnenderweise ein Teufel, der Harry auf dem Maskenball den Aufenthaltsort Hermines verrät, sodass er seine »Hölle[n]«-Fahrt[1546] bzw. die Reise in die Niederungen seiner Seele antreten kann.

> »Wie eine Marionette, deren Draht dem Spieler einen Augenblick entglitten war, nach kurzem, steifem Tod und Stumpfsinn wieder auflebt, wieder ins Spiel gehört, tanzt und agiert, so lief ich, am magischen Draht gerissen, in das Getümmel, dem ich soeben müde, lustlos und alt entflohen war, elastisch, jung und eifrig wieder zurück. Nie hat ein Sünder es eiliger gehabt, in die Hölle zu kommen.«[1547]

7.3.1.2 Das Spiegelsymbol in Hesses *Steppenwolf*

Ein für den Protagonisten wegweisendes Erlebnis stellt sein Blick in den Wandspiegel im Magischen Theater dar. Hier wird er endgültig seiner inneren Vielheit gewahr:

1544 Vgl. Pfister 2001, S. 71 f.
1545 Hesse 2019, S. 96.
1546 Ebd., S. 211.
1547 Ebd.

> »Ich sah, einen winzigen Moment lang, den mir bekannten Harry, nur mit einem ungewöhnlich gutgelaunten, hellen, lachenden Gesicht. Aber kaum, daß ich ihn erkannt hatte, fiel er auseinander, löste sich eine zweite Figur von ihm ab, eine dritte, eine zehnte, eine zwanzigste, und der ganze Riesenspiegel war voll von lauter Harrys oder Harry-Stücken, zahllosen Harrys, deren jeden ich nur einen blitzhaften Moment erblickte und erkannte.«[1548]

Der Spiegel fungiert in Hesses *Steppenwolf* als ein Symbol von herausragender Bedeutung, durchzieht es doch leitmotivisch den gesamten Roman. Er repräsentiert, so Helga Esselborn-Krumbiegel, das Innenleben des Protagonisten: »Das Bild des Ich, das der Spiegel gebrochen zurückwirft, ist bei Hesse immer zugleich das Bild einer gebrochenen Identität.«[1549] Indem sich das Ich durch den Blick in den Spiegel in beobachtendes Subjekt und beobachtetes Objekt spaltet, begegnet es sich selbst und wird sich seiner selbst bewusst.[1550]

Möchte man den symbolischen Gehalt des Spiegels im *Steppenwolf* vollends verstehen, so lohnt sich ein Blick auf die Theorie des französischen Psychologen Jacques Lacan, der den Begriff des »Spiegelstadiums« prägte. Es handelt sich hierbei um eine Entwicklungsstufe der menschlichen Identitätsbildung. Das Kind, das noch nicht sprechen kann, interpretiert dieses natürliche Unvermögen als Defizit. Zwecks Kompensation entwirft es ein zu seinen realen Fähigkeiten konträres Selbstbild. »Indem es sich in anderen Menschen, vor allem aber beim Blick in den Spiegel, in seinem eigenen Bild wiedererkennt, entwirft es zugleich ein Idealbild seiner selbst, das fortan sein umgrenztes, einheitliches, geformtes Ich ausmachen wird.«[1551] Aufgrund der aus dieser Diskrepanz zwischen Selbst- und Fremdbild resultierenden Spannung bezeichnet Lacan das Spiegelstadium auch als »Drama«.[1552]

Das Kind konstruiert also zunächst eine Einheit, die es aufgrund der oben angesprochenen Unzulänglichkeiten überhaupt nicht besitzt. Die-

1548 Ebd., S. 229.
1549 Esselborn-Krumbiegel 1997, S. 130.
1550 Vgl. ebd.
1551 Ebd., S. 131.
1552 Lacan 1996, S. 67.

se »Verkennung«[1553] versetzt es allerdings in die Lage, ein Selbstbewusstsein zu entwickeln. Das Erlernen der Sprache und die damit verbundene gesellschaftliche Integration des Subjekts beendet das Lacansche Spiegelstadium: »Mit dem Eintritt in die sprachdominierte Phase seiner Entwicklung partizipiert es an der väterlichen Ordnung, die im Gegensatz zur vorsprachlichen mütterlichen allemal als rigide und repressiv erlebt wird.«[1554] Was bleibt, ist die Sehnsucht nach der fingierten Einheit.

Im *Steppenwolf* sind es u. a. andere Figuren, die dem Protagonisten als Spiegel dienen. In ihnen erkennt Haller »ungelebte Anteile seines Selbst«.[1555] Hermine weiß um diese Funktion und lässt Harry sogar an ihrem Wissen teilhaben: »›Begreifst du nicht, gelehrter Herr: daß ich dir darum gefalle und für dich wichtig bin, weil ich wie eine Art Spiegel für dich bin, weil in mir innen etwas ist, was dir Antwort gibt und dich versteht? Eigentlich sollten alle Menschen füreinander solche Spiegel sein und einander so antworten und entsprechen […].‹«[1556]

Darauf, dass es sich bei Hermine um die weibliche Entsprechung des Protagonisten handelt, verweist bereits ihr Name, handelt es sich doch um die feminine Form des Vornamens Hesses, als dessen literarisches Alter Ego Harry Haller angesehen werden muss. Hermine verdingt sich als »Kurtisane«,[1557] worauf laut Baumann bereits die Kamelie verweist, die sie bei der ersten Begegnung mit Haller im Haar trägt.[1558] Für Harry ist Hermine aber keine gewöhnliche Dirne, vielmehr stellt sie für ihn eine Mutterfigur dar. So nennt sie ihn »Bub«[1559] und »Kindskopf«[1560] und er bemerkt: »Sie war in der Tat wie eine Mama mit mir.«[1561]

Zugleich sind ihre hermaphroditischen Züge von Beginn an augenfällig: »Das schöne Mädchen lächelte mit seinen blutroten Lippen und schüttelte den festen, knabenhaft frisierten Kopf.«[1562] Ihre Physiognomie erin-

1553 Ebd., S. 69.
1554 Esselborn-Krumbiegel 1997, S. 132f.
1555 Ebd., S. 139.
1556 Hesse 2019, S. 140.
1557 Ebd., S. 193.
1558 Vgl. Baumann 2020, S. 149.
1559 Hesse 2019, S. 117.
1560 Ebd., S. 119.
1561 Ebd.
1562 Ebd., S. 114.

nert Haller an seinen Jugendfreud Hermann: »Einen Augenblick schien sie ganz in diesen Hermann verwandelt.«[1563] Doch damit nicht genug: Die ohnehin vorhandene Ähnlichkeit ausspielend, schlüpft Hermine auf dem Maskenball durch Verkleidung in die Rolle des Jugendfreunds und macht Haller auf diese Weise in sich verliebt.[1564]

Daneben fühlt sich der Protagonist durch die neue Bekanntschaft an seine Jugendliebe Rosa Kreisler erinnert. Die drei genannten Punkte zusammen, d. h. Hermines Mutterrolle, ihr hermaphroditischer Charakter sowie die Ähnlichkeit zu Hallers Jugendliebe sind in den Augen Baumanns Ausdruck der Sehnsucht Hallers nach Reinkarnation im Zeichen der Ganzheit: »Der verselbstete oder sich verselbstende Mensch hat sowohl männliche als auch weibliche Züge, ist also psychologisch bisexuell veranlagt.«[1565]

Er erkennt in Hermine die klassische Trias von Mutter, Hure und Geliebter, die auf den der Melancholie verfallenen Protagonisten belebend wirkt, sie lehrt ihn das Tanzen und öffnet ihm die Welt der Bars und Maskenbälle.[1566] Für Haller kommt die Bekanntschaft mit Hermine einer Auferweckung gleich: »Plötzlich ein Mensch, ein lebendiger Mensch, der die trübe Glasglocke meiner Abgestorbenheit zerschlug und mir die Hand hereinstreckte, eine gute, schöne, warme Hand!«[1567]

Heiko Schwilk bezeichnet Hermine als »Anima«[1568] Hallers und bedient sich damit eines Terminus, der aus der analytischen Psychologie C.G. Jungs stammt. Dieser unterscheidet zwischen äußerer und innerer Persönlichkeit. Für die äußere Persönlichkeit verwendet er den Begriff Persona (Maske), demgegenüber bezeichnet er die innere Persönlichkeit als Anima (Seele): »Die innere Persönlichkeit ist die Art und Weise, wie sich einer zu den inneren psychischen Vorgängen verhält, sie ist die innere Einstellung, der Charakter, den er dem Unbewussten zukehrt.«[1569]

1563 Ebd., S. 140.
1564 Vgl. ebd., S. 213.
1565 Baumann 2020, S. 151.
1566 Vgl. ebd., S. 150f.
1567 Hesse 2019, S. 132.
1568 Schwilk 2012, S. 298.
1569 Jung 2013, S. 89.

Jung macht zwischen Persona und Anima ein komplementäres Verhältnis aus, was sich v. a. auf der Ebene des Geschlechts manifestiert. So haben Frauen eine männliche Seele und Männer eine weibliche: »Wenn wir daher beim Mann von einer Anima sprechen, so müssten wir folgerichtigerweise bei der Frau von einem Animus reden.«[1570]

Dieser Chiasmus gilt auch für Jungs Seelenbilder. Das Unbewusste erkennt in bestimmten Personen bestimmte Eigenschaften der Seele wieder, jene Personen werden als Externalisierung eines Teils der Seele gedacht. Analog zu dem oben aufgezeigten chiastischen Muster wird die Seele des Mannes i.d.R. als weibliche Person imaginiert, die der Frau wird auf eine männliche Person projiziert.[1571]

Hermine fungiert nicht nur als Anima Hallers, Harry ist zugleich auch Animus für Hermine: Während er bei ihr das Leben sucht, sucht sie bei ihm den Geist.[1572] Dies passt wiederum zu einer Beobachtung Jungs, der die hilfsbedürftige Prostituierte als Prototyp in diesem Verhältnis klassifiziert.[1573] Dass Haller die Hilfsbedürftigkeit Hermines nicht erkennt, ist dem Umstand geschuldet, dass er selbst hilflos ist und ihn seine Anima-Projektion blind macht.

Identifiziert sich das Subjekt nun mit der äußeren Persönlichkeit, d. h. mit der Maske, die es trägt, ist es gezwungen, dieses Seelenbild in eine reale Person zu verlegen, da es selbst nicht Person, sondern eben nur Persona ist. Jene Person wird zum Objekt intensiver Liebe oder intensiven Hasses, was fatale Folgen nach sich zieht: »Wegen der Unmöglichkeit und Nichtexistenz einer objektiven Beziehung staut sich die Libido auf und explodiert in einer Affektentladung.«[1574] So geschieht es auch mit den Figuren im *Steppenwolf*: Harry, der seine Anima Hermine, die er mehr als alles andere begehrt, mit seinem vermeintlichen Nebenbuhler Pablo im Magischen Theater in flagranti erwischt, tötet die Angebetete, ohne lange darüber nachzudenken: »Unter Hermines linker Brust war ein frisches rundes Mal, dunkel unterlaufen, ein Liebesbiß von Pablos schönen schimmernden Zähnen. Dort, wo das Mal war, stieß ich mein Messer hinein, so lang

1570 Ebd., S. 91.
1571 Vgl. ebd., S. 93.
1572 Vgl. Baumann 2020, S. 152.
1573 Vgl. Jung 2013, S. 96.
1574 Ebd.

die Klinge war.«[1575] Ob Hermine wirklich stirbt oder die geschilderte Szene Teil der Insezenierung im Magischen Theater ist, bleibt offen. Betrachtet man das Messer als Metapher für den Phallus, lässt sich die Szene alternativ als pervertierter Geschlechtsakt lesen.

So oder so unterstreicht Harrys Eifersucht die große Bedeutung Hermines für den Protagonisten. Er sehnt sich danach, eins mit ihr zu werden, was nicht nur mit ihrer Funktion als Anima zu begründen ist. Esselborn-Krumbiegel deutet die Liebe zur mütterlichen Hermine darüber hinaus als Kompensationsakt der ödipalen Krise Hallers: »Die Vereinigung mit ihr würde deshalb nicht nur zur Verschmelzung mit dem Ideal-Ich führen, sondern auch die Rückkehr ins Spiegelstadium und in die gelebte Einheit mit der Mutter bedeuten.«[1576] Aber Harry tötet die ›Mutter‹ und parallel dazu tötet er sich selbst: »Ich spuckte den Harry im Spiegel an, ich trat mit dem Fuß gegen ihn und trat ihn in Scherben.«[1577]

Harry ist dadurch, dass er sich mit seiner Maske identifiziert, Persona statt Person. Jung verwendet für diesen Zustand den Begriff der »Seelenschwangerschaft«,[1578] die Niederkunft seiner Individualität ist noch nicht eingetreten. Wie aber ist eine Geburt des Selbst nach dem Mord an der ›Mutterfigur‹ Hermine überhaupt noch möglich?

7.3.1.3 Humor als Vehikel zur Wiedergeburt

Hermine tritt im Moment tiefster Verzweiflung in Harrys Leben. Die Bigotterie der Beerdigung sowie die spießige Bürgerlichkeit im Haus des Professors hatten das ohnehin gespaltene Selbst des Protagonisten so zerrüttet, dass er dem Suizid näher ist denn je. Es ist ein unscheinbarer Satz seiner Anima Hermine, der die Wende in Hallers Existenz bringt: »›Wenn er klug wäre, so würde er über den Maler und den Professor einfach lachen.‹«[1579]

Die Bedeutung des Humors hebt bereits der Tractat hervor, er wird darin als die »vielleicht […] eigenste und genialste Leistung des Menschentums«[1580] beschrieben. Harrys Mord an Hermine ist »ein Zeichen seiner

1575 Hesse 2019, S. 267 f.
1576 Esselborn-Krumbiegel 1997, S. 140.
1577 Hesse 2019, S. 267.
1578 Jung 2013, S. 92.
1579 Hesse 2019, S. 119.
1580 Ebd., S. 72.

tiefverankerten, neurotischen Lebensfeindlichkeit, sowie seiner fortdauernden Weigerung, die geforderte Synthese von Humor und spielerischer Verselbstung zu vollziehen.«[1581] Die Strafe für sein Vergehen folgt auf dem Fuße, er wird von Mozart zum Tode verurteilt: »›[…] gehen Sie zum Staatsanwalt, und lassen sie den ganzen humorlosen Apparat der Gerichtsmenschen über sich ergehen, bis zum kühlen Kopfabhacken in früher Morgenstunde im Gefängnis.‹«[1582] Seine wahre Strafe besteht allerdings darin, ausgelacht zu werden: »Auf drei stimmten sämtliche Anwesende mit tadellosem Einsatz ein Gelächter an, ein Gelächter im höhern Chor, ein furchtbares, für Menschen kaum erträgliches Gelächter des Jenseits.«[1583]

Im Angesicht des Todes ist es also erneut der Humor, der für das Schicksal des Protagonisten bedeutsam wird. Die Verbindung zwischen seiner Hinrichtung und der Fähigkeit zu lachen stellt Mozart eigens her: »Humor ist immer Galgenhumor, und nötigenfalls lernen Sie ihn am Galgen.«[1584] Antoaneta Dimitrova versucht diesen vermeintlichen Antagonismus mittels der XII. Tarot-Karte zu erklären, die den Gehängten darstellt. Sie bemerkt hierzu, dass der Strick häufig als Nabelschnur gedeutet wird. Ein eigenständiger Weg wird dem Individuum erst dann ermöglicht, wenn es vom Mutterleib getrennt wird.[1585]

Man fühlt sich an dieser Stelle zwangsläufig an ein von Bachtin herausgestelltes Grundprinzip des Karnevals erinnert: Er ist das Fest der allvernichtenden und allerneuernden Zeit. Insofern ist es auch keineswegs verwunderlich, dass Haller im Roman seine Mutterfigur tötet, schließlich ist die Loslösung vom Leib der Mutter conditio sine qua non für die Selbstwerdung des Protagonisten.

Der Tod ist allerdings nicht die alleinige Voraussetzung für die Reinkarnation des Selbst, hinzukommen muss, so fordert es Mozart im *Steppenwolf*, der Humor. Laut Jean Paul setzt der Humor einen Perspektivwechsel voraus, d. h. das Individuum muss aus sich selbst heraustreten, um sich von außen betrachten zu können.[1586] Insofern bedeutet Humor

1581 Baumann 2020, S. 171.
1582 Hesse 2019, S. 274.
1583 Ebd., S. 275 f.
1584 Ebd., S. 274.
1585 Vgl. Dimitrova 2008, S. 112.
1586 Vgl. Paul 1990, S. 110.

zunächst eine Selbstdistanzierung: »Humor haben heißt: Alles Zeitliche aus der Perspektive des Ewigen betrachten und damit jene innere Distanz zur Welt gewinnen, die ein befreites Leben recht eigentlich erst ermöglicht.«[1587] Hesse macht daher, so Helga Esselborn-Krumbiegel, das Sehen zur »zentralen Erfahrungskategorie«[1588] im *Steppenwolf*. Eine Häufung optischer Metaphern findet sich just in der Szene, in der Haller das Magische Theater betritt und sich somit auf die Sinnsuche nach dem eigenen Selbst begibt. Sein Theater bezeichnet Pablo als »Guckkasten«[1589] und er bittet Haller, die »Brille«,[1590] die seine alte Persönlichkeit symbolisiert, in der Garderobe abzulegen. Er möchte seinem Initianden auf diese Weise den »Bildersaal«[1591] seiner Seele öffnen.

Und Harry erkennt darin seine innere Vielheit. Anhand eines Schachspiels wird ihm die Aufbaukunst der Seele demonstriert, die sein Lehrer mit einem Drama vergleicht: »Wir zeigen demjenigen, der das Auseinanderfallen seines Ichs erlebt hat, daß er die Stücke jederzeit in beliebiger Ordnung neu zusammenstellen und daß er damit eine unendliche Mannigfaltigkeit des Lebensspieles erzielen kann.«[1592] Gleichzeitig verweist der Terminus ›Magisches Theater‹ darauf, dass trotz der seelischen Spaltung eine Zentralinstanz im Innern des Individuums waltet. Franz Baumer definiert Magie als den Glauben an die grundsätzliche Einheit aller Lebenskraft.[1593] Dazu passt, dass das Theater als »rundes Zimmer«[1594] beschrieben wird. Gemäß Pfister symbolisiert der Kreis einerseits das Selbst und die mögliche Ganzheit der Persönlichkeit, im mystischen Sinne repräsentiert er das Absolute bzw. Göttliche.[1595] Ähnlich verhält es sich mit dem »hufeisenförmigen Korridor«,[1596] denn um die verschiedenen Logen zu betreten, muss man stets zu diesem zentralen Punkt zurück.

1587 Baumann 2020, S. 158.
1588 Esselborn-Krumbiegel 1997, S. 136.
1589 Hesse 2019, S. 225.
1590 Ebd., S. 226.
1591 Ebd., S. 224.
1592 Ebd., S. 246.
1593 Vgl. Pfister 2001, S. 64.
1594 Hesse 2019, S. 222.
1595 Vgl. Pfister 2001, S. 55.
1596 Hesse 2019, S. 225.

Das Magische Theater bildet folglich eine Lektion, die der Wiederherstellung der inneren Harmonie des Protagonisten dient. Die Rolle Hermines als Initiatorin dieses Vorhabens wurde weiter oben bereits ausgeführt. Sie ist allerdings nicht die einzige Spiegelfigur im Roman. Während Hermine eine höhere Form erotischer Sinnlichkeit repräsentiert, spiegelt Maria die von Harrys Persönlichkeit unterdrückte körperlich-triebhafte Liebe wider. Pablo, den Haller anfänglich im wahrsten Sinne des Wortes verkennt,[1597] steht für das Ziel der Entwicklung des Protagonisten, er verkörpert das Ideal der Einheit bzw. Ganzheit. Pfister sieht, rekurrierend auf Artiss, in dieser Trias die drei aufsteigenden Entwicklungsstufen Harrys.[1598] Die Endstufe ist, so von Senckendorff, das zweite bzw. heilige Ich, dem ein Teil des Göttlichen und Überpersönlichen inhärent ist.[1599]

Es drängt sich an dieser Stelle wieder einmal das karnevalistische Prinzip der Ambivalenz auf, das auch Hugo Ball in seiner Hesse-Biographie unter Zuhilfenahme religiöser Motive beschreibt: »Das Lächeln des Gekreuzigten oder der christliche Buddha: im Gedichte schienen sie möglich; im Leben widersprach dem Weh die Sehnsucht nach Glück und dem Glücke der Hohn aller Geistigkeit.«[1600] Das Magische Theater, so Stefan Pfister, schafft eine »Coincidentia oppositorum«,[1601] also eine Einheit der Gegensätze. Wie dies konkret vonstattengeht, das deutet der die Sehnsucht Hallers nach innerer Einheit spiegelnde Pablo bereits beim ersten Aufeinandertreffen an: »›Armer, armer Mensch. Sieh seine Augen an! Kann nicht lachen.‹«[1602] Der ihm fehlende Humor ist die Krankheit, an der der Protagonist leidet. Umgekehrt bezeichnet der Tractat Humor als »Zaubertrank«,[1603] er wird also zur Medizin gegen die innere Zerrissenheit des Steppenwolfs. Humor etabliert Distanz zu sich selbst und ein solches reflexives Verhältnis zu sich selbst und der eigenen Wirklichkeit initiiert auch die Literatur. Die Figuren wirken für die Leser*innen als Spiegelfiguren.

1597 Vgl. ebd., S. 159f.
1598 Vgl. Pfister 2001, S. 61.
1599 Vgl. Senckendorff 1982, S. 168.
1600 Ball 2020, S. 171.
1601 Pfister 2001, S. 66.
1602 Hesse 2019, S. 161.
1603 Ebd., S. 73.

Dimitrova sieht hierin eine direkte Verbindung zur Romantik. Hesse verschiebt dadurch, dass er magische Kräfte in seinen Roman einfließen lässt, die Handlung in eine märchenhafte Welt.[1604] Nicht umsonst bezeichnet Hugo Ball seinen Freund Hesse in seiner Biographie als den »›letzten Romantiker‹«.[1605] Im Steppenwolf wird Mozart zum »Propheten der ›Romantischen Ironie‹«,[1606] denn er fordert Harry final dazu auf, das ihn Bedrückende des Alltags mit Humor zu nehmen. Im Tractat heißt es schließlich:

> »Einzig der Humor, die herrliche Erfindung der in ihrer Berufung zum Größten Gehemmten, der beinahe Tragischen, der höchstbegabten Unglücklichen, einzig der Humor [...] vollbringt dies Unmögliche, überzieht und vereinigt alle Bezirke des Menschenwesens mit den Strahlungen seiner Prismen.«[1607]

Man fühlt sich unweigerlich an Hoffmanns *Prinzessin Brambilla* erinnert, hier ist es ein Prisma aus Kristall, das sich zur Urdarquelle verwandelt. Der Blick in die Quelle heilt das Königspaar von seiner Melancholie. Die romantische Ironie, die im *Steppenwolf* wie in Hoffmanns Märchen durch das Prisma symbolisiert wird, ermöglicht eine Synthetisierung menschlicher Ambiguität. Sie setzt allerdings die Reflexion voraus, d. h. es bedarf des Perspektivwechsels. Es verwundert daher nicht, dass der Tractat wiederum auf eine optische Metaphorik zurückgreift. Der Zaubertrank ›Humor‹ beendet das »Dissoziationsfest«[1608] Hallers, das durch die Ausschweifungen des Karnevals eingeleitet wird, vorübergehend. So wird das die Romantik prägende Ideal des Goldenen Zeitalters im Inneren des Protagonisten für kurze Zeit realisiert.

Zur finalen Synthese kommt es im Roman allerdings nicht, was dem Konzept der romantischen Ironie entspricht, denn per Definition entsteht

1604 Vgl. Dimitrova 2008, S. 109.

1605 Ball 2020, S. 178; eine Adaption der romantischen Erzählweise stellt auch Hesses Märchen *Vogel* dar, das die Verhältnisse satirisch auf den Kopf stellt und auf diese Weise entlarvt.

1606 Baumann 2020, S. 172.

1607 Hesse 2019, S. 72.

1608 Forderer 1999, S. 208.

sie durch den steten Wechsel von Selbstschöpfung und Selbstvernichtung. Dennoch endet der *Steppenwolf* hoffnungsvoll, Mozart ist bereit, einen erneuten Versuch zu wagen, Harry zu einer kohärenten Persönlichkeit zu formen: »›Du hast dich da arg vergessen, du hast den Humor meines kleinen Theaters durchbrochen und eine Schweinerei angerichtet, du hast mit Messern gestochen und unsre hübsche Bilderwelt mit Wirklichkeitsflecken besudelt. [...] Nun, es läßt sich korrigieren.‹«[1609] Das Happy End bleibt aus, denn Haller erreicht nicht das intendierte Stadium der Individuation. Baumann bezeichnet den *Steppenwolf* dennoch als »Dokument einer Katharsis und Heilung«,[1610] denn der Protagonist erkennt die Fehler seines ersten Ichwerdungs-Versuchs. Eine weitaus größere Bedeutung hat das auf diese Weise konzipierte Ende allerdings für den Rezipienten: »Der Leser, der gleich Harry Haller vor den Spiegel des Selbst geführt wird, vollzieht diese Ent-täuschung nach. Der Blick in den Spiegel zeigt ihm nämlich den Widerschein seiner eignen Selbstsuche, enthüllt seine eignen Ich-Bilder als Schimären [...].«[1611] Hesse hält dem Leser in der Tradition des mittelalterlichen Narren den Spiegel vor. Der Spiegel hat einen Namen, er heißt Harry Haller und er bewirkt im Leser eine Reflexion, die zur (Selbst-)Erkenntnis führen soll. Entscheidend ist, dass Hesse seine Botschaft nicht appellativ artikuliert, es ist dem freien Willen eines jeden überlassen, den Weg der Ich-Suche einzuschlagen oder eben nicht. Insofern lässt sich die Frage Pablos an den Steppenwolf Harry Haller auf die Leserschaft übertragen: »›Sind Sie bereit?‹«[1612]

7.4 Zwischenfazit

Die Literatur der Moderne lässt sich im übertragenen Sinne als ein Karneval der Stile verstehen. Der Fasching dient den Werken aus jener Zeit aber auch vielfach als Kulisse. Als Grenzerfahrung ermöglicht er den Figuren, die die Moderne kennzeichnende Ich-Krise zu überwinden.

1609 Hesse 2019, S. 277 f.
1610 Baumann 2020, S. 174.
1611 Esselborn-Krumbiegel 1997, S. 144.
1612 Hesse 2019, S. 222.

Auch die Reise Felix Krulls muss als eine große Grenzüberschreitung gelesen werden. Ziel ist es, durch Sinnlichkeit zu einer Transgression zu gelangen. Schwellenorte wie der Zirkus haben auf diesen Prozess eine katalytische Wirkung. Die *Bekenntnisse* sind vielfach als Bildungsroman gedeutet worden, der sich laut Dilthey und Lukács dadurch auszeichnet, dass sich der Held am Ende selbst findet. Er steht damit für das Konzept des Individualismus. Krull hingegen, der sich persönlich als den Zielpunkt der Evolution begreift, erweist sich als reinkarnierter Narziss. Die vermeintliche Entwicklung Krulls ist bloßer Schein, sodass sich hinter den diversen Masken des Kostümkopfs keine eigentliche Substanz befindet. Zwar verschafft ihm die bewusste Abkehr von den gesellschaftlichen Normen vorübergehende Autonomie, der stete Rollenwechsel bedeutet gleichzeitig aber Verneinung des Selbst. Und so wie der Roman als Gattungshybrid zu begreifen ist, ist auch sein Protagonist ein in der Spannung zwischen Schein und Sein gefangenes Nicht-Ich.

Die Analyse der *Traumnovelle* Schnitzlers kam zu einem ganz ähnlichen Befund. Für ihn ist der den Konventionen folgende Habitus eine Rolle, die man spielt und die zu den den Menschen beherrschenden Trieben in einem oppositionellen Verhältnis steht. Die Maske, die bei Ensor als Gegenstück zum Natürlichen bzw. Authentischen gilt, bietet die Möglichkeit, jene Triebe frei auszuleben. Auch Fridolin sucht im Schutz der Maske die Grenzerfahrung, sieht sich allerdings mit einer wachsenden Selbstentfremdung konfrontiert. Die Unbekannte, zunächst Objekt seiner Begierde, wird durch ihr Opfer zum handelnden Subjekt, sodass Fridolin – nun selbst Objekt – in ein Stadium der Machtlosigkeit verfällt. Am Ende erweist sich auch seine Alltagsrolle als Arzt als Deckmantel, unter dem sich eine unterentwickelte Identität verbirgt. Die oppositionelle Struktur äußerer Begebenheiten, die die Novelle durchzieht, spiegelt die innere Zerrissenheit des Protagonisten wider.

Jene Zerrissenheit ist ein nach dem Ersten Weltkrieg omnipräsentes Empfinden. Die lebenssteigernde Grenzerfahrung, die man sich von ihm erhofft hatte, war ausgeblieben. Hesse fand im Karneval eine alternative Form der Bewusstseinserweiterung. Seinem *Steppenwolf*-Protagonisten Harry Haller verschreibt er den Faschingsrausch als Heilmittel gegen die innere Spaltung. Die aus Humor resultierende Selbsterkenntnis ist auch für Hesse die Lösung. Der Spiegel symbolisiert im Roman nicht nur die gebrochene Identität Hallers, indem ihm diverse andere Figuren als vermenschlichte Spiegel gegenübertreten, wird er mit seinen verborgenen Wünschen konfrontiert und gelangt über den Perspektivwechsel zur für die Erkenntnis notwendigen Selbstdistanzierung. Trotz seines Scheiterns wird das durch Pablo verkörperte Ideal innerer Einheit am Ende als realisierbare Zielvorstellung bestätigt.

8 Karneval in der NS-Zeit – zwischen Ideologie und Opposition

In Zeiten politischer Unterdrückung flüchtet sich der oppositionelle Geist in die Verkleidung, so eine Kernthese Keims. Es verwundert daher nicht, dass die Fastnacht gerade in der NS-Zeit vielen Freigeistern eine Zuflucht bot. Das NS-Regime war sich des Gefahrenpotenzials dieses Brauchtums durchaus bewusst. Der NS-Pressebeauftragte Gustav Staeble bemerkt den Karneval betreffend:

> »O ja, wir wissen die Satire in der Politik zu schätzen und zu pflegen. Aber wir sprechen sie naturgemäß nur solchen Rednern zu, die sich ihrer lediglich deshalb bedienen, um den Nationalsozialismus im Volk zu vertiefen und nicht solchen, die in ihrer schwarzen Seele ganz woanders stehen und nun glauben, im Karneval ein günstiges Ventil gefunden zu haben, um aus ihrem Herzen keine Mördergrube zu machen.«[1613]

»Schwarze Seele« ist hierbei kein willkürlich gewählter Phraseologismus, sondern steht für die kirchentreuen Katholiken in der Bütt, die sich dem Nationalsozialismus und dessen Ideologie versperrten. Was hieran bereits deutlich wird, ist, dass das häufige Klischee, der Karneval hätte mit dem NS-Regime gemeinsame Sache gemacht, nicht uneingeschränkt zutreffend ist. Zwar kommt es 1937 zur Gründung des *Bundes Deutscher Karneval*, eine ideologische Gleichschaltung der Narren vermag dieser aber

1613 Staebe, zit. n. Keim 1987, S. 145.

nicht zu erzielen.[1614] Dennoch ist es ein interessanter Befund, dass rheinischer Karneval und rheinischer Katholizismus offenbar häufig die gleiche Stoßrichtung verfolgten. Eine konfessionelle Minderheit wollte sich im Reich Geltung verschaffen und nutzte dazu das Instrument Karneval – es offenbaren sich auch hier Kontinuitätslinien.

Für die Nationalsozialisten bot der Karneval aber auch von Beginn an eine nicht zu unterschätzende Attraktivität. Karneval macht Gemeinschaft erlebbar und war daher in den Augen der Nazis prädestiniert für die Schaffung einer ›Volksgemeinschaft‹. Kerngedanke dieses Konzeptes war es, die Gegensätze, die im Kaiserreich, noch stärker aber in der Weimarer Republik, vorhanden waren, zu überwinden.[1615] Eine Adaption des Karnevals war möglich, weil der Begriff ›Volksgemeinschaft‹ nicht klar konturiert war – das Konzept konnte auf diese Weise an die Bedürfnisse der Menschen, an deren regionale Milieus und Traditionen angepasst werden. Diese Intention hatte aber auch ihre Schattenseiten: »Genauso wie die Gemeinschaft Inklusion und Harmonie versprach, so forderte sie den Ausschluss derjenigen, die aus ›rassischen‹ und politischen Gründen nicht passten.«[1616]

Einschüchterung galt als probates Mittel, das dazu diente, die ideologische Gleichschaltung voranzutreiben. Im Februar 1935 bemerkt die Staatspolizeistelle für den Regierungsbezirk Köln, dass gute politische Witze im Karneval Mangelware seien. Man erklärte dies mit einer Furcht der Karnevalisten vor Behörden und Partei.[1617] Dass diese Angst durchaus begründet war, belegt wiederum ein Zitat des Propagandaministers Joseph Goebbels aus dem Jahr 1938:

> »Nichts gegen harmlose politische Ulkerei, die aus dem Herzen kommt. Wir können uns auch mit Witz zur Wehr setzen. Aber irgendwo ist der Spaß zu Ende, und zwar dort, wo er an die heiligen Güter unse-

1614 Vgl. Krawietz 2016, S. 103.

1615 Vgl. Leifeld 2015, S. 212; ab 1938 wurden zu diesem Zweck bewusst Arbeiterinnen und Angestellte (Personen aus dem »einfachen« Volk) als weibliche Jungfrauen ausgewählt; eine Homogenisierung wurde sogar mittels einheitlicher Mützen im Rosenmontagszug versucht.

1616 Ebd., S. 200.

1617 Vgl. ebd., S. 207.

res nationalen Lebens herantritt. Es gibt bestimmte Werte in einem Volk, die unantastbar und auch dem Zyniker heilig bleiben müssen.«[1618]

Das NS-Regime war im Karneval also ein Tabuthema. Was ein Zuwiderhandeln bedeutete, ist an dem Schicksal des Kölner Büttenredners Karl Küpper abzulesen. 1939 wurde über ihn gemäß §2 des sog. *Heimtückegesetzes* lebenslanges Redeverbot verhängt. Sein Glück war, dass man ihn vor Kriegsbeginn dazu verurteilte, denn nach dem Ausbruch des Krieges wurden solche Delikte noch weitaus schärfer geahndet. Fortan betrachtete man den politischen Witz als Akt der »Zersetzung der Wehrkraft«, Delinquenten mussten mit der Todesstrafe rechnen.[1619]

Statt die Karnevalisten einzuschüchtern, setzte man allerdings zunächst darauf, die nationalsozialistische Gesinnung behutsam zu fördern. Spätestens aber nach der sog. ›Narrenrevolte‹ im Mai 1935 fand eine stärkere Lenkung des Karnevals durch Parteifunktionäre und Amtsträger statt. Zwar verbreitete Joseph Klersch nach dem Krieg die Legende, dass die Kölner Sitzungspräsidenten im Zuge der Narrenrevolte Widerstand gegen die organisatorische Gleichschaltung des Karnevals geleistet hätten, in Wahrheit befürchtete man allerdings, dass der Geschäftskarneval auf diese Weise liquidiert werden sollte. Für viele Karnevalsoberen hätte das immense finanzielle Einbußen bewirkt. Es kam zum Schulterschluss zwischen Gauleiter Grohé und NS-Oberbürgermeister Riesen – das *Festkomitee Kölner Karneval* wurde gegründet. Man wahrte so zwar die formale Unabhängigkeit, allerdings zu dem Preis der freiwilligen inhaltlichen Gleichschaltung des organisierten Kölner Karnevals.[1620]

1938 wurde in Köln Paula I. zur ersten weiblichen Jungfrau eines Dreigestirns gekürt. Die NS-Diktatur stilisierte diese Aktion zu einem Zeichen des Kampfs gegen Homosexualität. Karl Georg Schmidt, der NS-Bürgermeister von Köln, begrüßte die designierte Jungfrau mit folgenden Worten: »Vielholde Jungfrau, Zierde aller Frauen, du bist in Wahrheit lieblich anzuschauen, denn diesmal bist du kein verkappter Mann, solch Schön-

1618 Buchele 1955, S. 44 f.

1619 Vgl. Bilz 2018, S. 71; im Krieg trat Küpper allerdings auf den sog. »Wehrmachtsbühnen« auf.

1620 Vgl. ebd., S. 45; hieran äußerte u. a. die *Kölnische Volkszeitung* versteckte Kritik.

heit nur die Frau uns schenken kann.«[1621] Ein ähnliches Schicksal ereilte das Funkemariechen, das in der Kölner Fastnacht traditionell von einem Mann gemimt wurde. Auch hierin sahen die Nazis einen Widerspruch zu dem von ihnen propagierten Geschlechterbild, sodass sie das männliche Funkemariechen kurzerhand untersagten.[1622] Die Aufgabe des Karnevals, das Establishment infrage zu stellen, wurde ins Gegenteil verkehrt. Die organisierte Kölner Fastnacht ließ sich seitens des NS-Regimes gängeln. Durch diese ideologischen Anpassungen erhofften sich die Nationalsozialisten, dem Ziel, den Karneval für die Schaffung einer Volksgemeinschaft zu nutzen, näher zu kommen.

Dieser Plan brachte aber auch Probleme mit sich. Seit Beginn des bürgerlichen Festgeschehens hatte der Karneval soziale Spaltung hervorgerufen, denn aufgrund z. T. horrender Mitgliedsbeiträge konnte nur das Bürgertum aktiv am organisierten Karneval mitwirken. Gegensätze zwischen Schichten bzw. Klassen, die die Volksgemeinschaft beseitigen sollte, wurden also durch den Karneval noch vergrößert. Um dem entgegenzuwirken, gliederte man den Karneval in die NSG *Kraft durch Freude* ein, was es auch der ärmeren Bevölkerung ermöglichen sollte, am Festgeschehen teilnehmen zu können. Als ein Format, welches den Gedanken einer Volksgemeinschaft zumindest ansatzweise zu verwirklichen vermochte, lässt sich das sog. *Bordfest* nennen. Die Arbeiterschaft erhielt für diese Veranstaltung Karten zum Vorzugspreis und auch die Sammlung für das sog. *Winterhilfswerk* (WHW) im Zuge des Festes diente der Solidarisierung mit den Ärmeren. Eine telegrafische Verbindung von rund 100 Veranstaltungen im kompletten Gau Köln-Aachen sollte das Spendenaufkommen eruieren.[1623]

Die Nationalsozialisten sahen sich aber mit einem weiteren Problem konfrontiert: Das närrische Brauchtum war im Reichsgebiet keineswegs homogen, bis heute gibt es viele unterschiedliche Spielarten. Die Gründung des *Bundes Deutscher Karneval* im Jahr 1937 sollte für eine entsprechende

1621 Schmidt, zit. n. Dietmar / Leifeld 2010, S. 145; ab 1936 überreichte der stellvertretende Gauleiter dem Dreigestirn seine Insignien.

1622 Vgl. Leifeld 2015, S. 204.

1623 Vgl. ebd., S. 211 ff.; wie ernst die Sammlung für diese ›gemeinnützige‹ Organisation genommen wurde, zeigen Personalakten der Mayener Stadtverwaltung: Eine Angestellte, die angeblich zu wenig gespendet hatte, wurde verdächtigt, sich dem NS-Regime zu versperren.

Vereinheitlichung sorgen.[1624] Ideologisch sollte dies u. a. durch eine alternierende Deutung der Herkunft närrischer Bräuche bewirkt werden. Ziel der NSDAP war es, die Beziehung des Karnevals zum christlichen ›fastabend‹ zu negieren. Stattdessen strebte man eine ideologische Rückführung der Fastnacht auf das Germanentum an: Dieser Irrglaube war einem Übersetzungsfehler geschuldet. Luther hatte die in seinen Augen überkommenen Bräuche aus dem römischen Kirchenjahr als papistisch oder heidnisch – letzteres im Sinne von papsttreu bzw. katholisch – bezeichnet. Da in protestantischen Gebieten die Fastenzeit abgeschafft wurde, wurde auch die Fastnacht ihres religiösen Sinns beraubt. Die Romantik zeigte sich an der germanischen Vorstellungswelt interessiert und die Brüder Grimm stießen beim Durchforsten der protestantischen Brauchbeschreibungen auf das Wort ›heidnisch‹. Sie deuteten dieses aber nicht als Synonym für *un*christlich im Sinne von katholisch, sondern als *vor*christlich, sprich germanisch.[1625] Wie rasch diese Deutung an Popularität gewann, belegt ein Zitat Hermann Eris Busses, der laut Werner Mezger als Stammvater der ›wissenschaftlichen‹ Erforschung der schwäbisch-alemannischen Fastnacht zu gelten hat:

> »Die nordisch-germanischen Volkschaften, die nach dem tiefen und harten, lebentötenden Winter den überwältigenden Aufgang des Jahres zum Licht und zum fruchtzeugenden Erwachen der Natur erleben, feiern […] aus wilder Freude, wenn auch mit Furcht gemischt vor der Rückkehr der kalten Dämonen, die Tage der Maske und der Verwandlung […].«[1626]

Die Bemühungen um eine inhaltliche Gleichschaltung des Karnevals wurden aber erst ab 1937 konsequent verfolgt. Die Maßnahme kam zu spät, um eine tatsächliche ideologische Durchschlagskraft entwickeln zu können. Die Utopie einer Volksgemeinschaft wurde mit Hilfe des Karnevals nur begrenzt umgesetzt. Über eine zumindest teilweise braune Vergangenheit der Fastnacht soll dieser Befund allerdings nicht hinwegtäu-

1624 Vgl. ebd., S. 231 f.
1625 Vgl. Mezger 2020, S. 188.
1626 Busse 1937, S. 3 f.

schen. Bilz kommt im Hinblick auf den Kölner Karneval zu folgendem Urteil: »Entgegen der eigenen Überlieferung war der Kölner Karneval kein Widerstandsnest gegen die Nazis. Schon vor der Machtübertragung 1933 waren führende Karnevalisten von antidemokratischem Denken durchdrungen.«[1627] Ab 1935 sind viele Reden und Lieder prominenter Karnevalisten zu verzeichnen, die inhaltliche Anknüpfungspunkte zur NS-Ideologie aufweisen. Den Koblenzer Rosenmontagszug des Jahres 1939 prägten v. a. propagandaträchtige Motivwagen. Mit der Diabolisierung des Judentums zeigten sich hier einerseits antisemitische Tendenzen, daneben ist die Glorifizierung des Westwalls als Bollwerk gegen Frankreich Zeugnis der auch im Karneval zur Schau gestellten nationalistischen Gesinnung.[1628] Aber es gab auch jene Fastnachter, die sich als Kämpfer für die Freiheit in die Bütt stellten und die NS-Diktatur öffentlich kritisierten. Die hier zitierte Passage entstammt einer Rede des Mainzer Büttenredners Seppel Glückert und zeigt, dass sich die politisch-literarische Fastnacht auch im dunkelsten Kapitel der deutschen Geschichte nicht ausnahmslos einen Maulkorb hat anlegen lassen:

»Hier Kritik zu üben frei
– So an Dachau knapp vorbei –
Freude auslöst, immer wieder
Auch bei euch – ich kenn' euch Brüder!
Ihr habt recht, warum aach nit!
Wozu ha' mer dann die Bütt? –
Um zu hören mit Gemüt,
Was mer nit zu lese krieht.«[1629]

Ein weiteres aufschlussreiches Beispiel, das zudem die prophetische Veranlagung mancher Fastnachter belegt, liefert in diesem Kontext das Überlinger Narrenbuch. Der Eintrag für das Jahr 1933 (Abb. 25) entstand etwa vier Wochen nach der Machtergreifung und entstammt der Feder Victor Mez-

1627 Bilz 2018, S. 40; allerdings stand der Korpsgeist für viele Karnevalisten im Widerspruch zur nationalsozialistischen Gesinnungsgemeinschaft.
1628 Vgl. Weiß 2011, S. 443.
1629 Glückert 1961, S. 42.

gers. Am 27. Februar, in der Nacht von Rosenmontag auf Veilchendienstag, hatte der Reichstag gebrannt, bereits am Tag darauf schränkte die sog. Reichstagsbrandverordnung die durch die Weimarer Verfassung garantierten Bürgerrechte weitgehend ein.[1630] Mezgers Eintrag greift diese Ereignisse offensichtlich auf. Dargestellt ist ein Überlinger Narrenrat, der sich auf einem Pulverfass mit einem jungen Mädchen vergnügt. Darunter hockt eine gemein aussehende, vermummte Gestalt mit einem Hakenkreuz auf dem Kopf. Mit seiner Zigarette ist er gerade dabei, die Lunte des Pulverfasses anzustecken. Die Botschaft ist eindeutig: Nicht die Kommunisten, die die Nazis für den Reichstagsbrand verantwortlich machen, sind die Gefahr, sondern Hitler selbst samt dem von ihm begründeten Terrorregime.

Abb. 25: Überlinger Narrenbuch, Eintrag zur Fasnet 1933.

1630 Vgl. Mezger 2020, S. 193 f.; kritisch waren auch die Reden Fritz Heideggers, Bruder Martin Heideggers, der in Meßkirch mehrfach das NS-Regime zum Thema machte und persiflierte; in Weingarten erschien 1939 während des Umzugs ein Mitglied der Plätzler-Zunft mit einer Hitler-Maske.

8.1 Erich Kästner und die Innere Emigration

Kritik wird in jenen Tagen auch literarisch artikuliert. Erich Kästner, dessen Verhältnis zum NS-Regime als oppositionell charakterisiert werden muss, blieb trotz diverser Repressionen für die gesamte Zeit des Dritten Reichs in Deutschland. Mundtot ließ er sich von den Nazis aber nicht machen. In seinem 1934 veröffentlichten Roman *Drei Männer im Schnee* bedient er sich u. a. des Motivs des Karnevals, der seit jeher das Recht der freien Rede repräsentiert, um den Nationalsozialismus kritisch zu hinterfragen. Der Millionär Tobler und der arbeitssuchende Werbefachmann Hagedorn tauschen während ihres gemeinsamen Aufenthalts im Grandhotel Bruckbeuren die Rollen. Das Hotel kann als Heterotopie im Foucault'schen Sinne gedeutet werden: Es wird als ein der Alltagswelt entgegengesetzter Ort entworfen, der den Gästen verspricht, sich so inszenieren zu können, wie es ihnen beliebt. Insofern ist der Satz, mit dem die erwartete Ankunft Toblers kommentiert wird, programmatisch: »Die Vorstellung konnte beginnen.«[1631] Die mit der (Selbst-)Inszenierung verbundene Identitätssuche der beiden Protagonisten gipfelt im sog. Lumpenball.[1632]

> »Gegen zehn Uhr abends füllten sich die Säle, die Halle, die Bar und die Korridore mit Apachen, Bettlern, Zigeunerinnen, Leierkastenmännern, Indianerinnen, Einbrechern, Wilddieben, Zofen, Negern, Schulmädchen, Prinzessinnen, Schutzleuten, Menschenfressern, Spanierinnen, Vagabunden, hochbeinigen Pagen und Trappern.«[1633]

Die strengen Grenzen, die im Hotel normalerweise gelten, sind vorübergehend aufgehoben. Foucault bemerkt, dass das Fest als Heterotopie zu verstehen ist, die die Flüchtigkeit des Augenblicks zelebriert.[1634] Der Karneval, der den Menschen traditionell die Möglichkeit bietet, sich so zu

1631 Kästner 2008, S. 51.

1632 Vgl. hierzu auch Kästners Gedicht *Maskenball im Hochgebirge*; eine weitere Verarbeitung des Karnevalsmotivs findet sich in seiner Erzählung *Der Karneval des Kaufmanns*. Die vom Kapitalismus geprägte Atmosphäre auf der Leipziger Messe wird darin dem närrischen Treiben gleichgesetzt.

1633 Kästner 2008, S. 130.

1634 Vgl. Foucault 2002, S. 44.

verhalten, als ob man ein anderer wäre, dient im Roman der Demaskierung der Akteure, sodass sich zwangsläufig die Frage stellt, ob hinter den jeweiligen Masken überhaupt eine unverstellte Persönlichkeit existiert. Tobler kommt im Roman die Funktion einer »Grenzfigur«[1635] zu, denn er ist es, der die Scheinhaftigkeit der Hotelgäste entlarvt. Als Gegenpol fungiert Hagedorn, der davon überzeugt ist, dass es noch »ehrlich[e]«[1636] Menschen gibt, die ihr wahres Ich nicht hinter einer Maske verstecken. Auf diese Weise wird an der Zensur vorbei die Frage der Ausbildung einer eigenen, individuellen Identität gegen den Kollektivierungswahn der Nationalsozialisten in Stellung gebracht.[1637]

Die versteckte Kritik Kästners tritt v. a. in einem Gespräch zwischen Tobler und Hagedorn über Propaganda zu Tage. Propaganda – im Roman ein Synonym für Werbung bzw. Reklame – wird auf der Textoberfläche durchaus positiv konnotiert:

> »Und Reklame ist Krieg! Es gilt, die Köpfe von Millionen Menschen zu erobern. Es gilt, diese Köpfe zum besetzten Gebiet zu machen! [...] Wir Werbefachleute bringen es fertig, aus einem Verkaufsartikel, der dem freien Wettbewerb unterliegt, mit Hilfe der Psychologie einen Monopolartikel zu machen! Geben Sie uns Bewegungsfreiheit, Sire!«[1638]

Das abgewandelte Zitat aus Schillers *Don Karlos* (»Geben Sie Gedankenfreiheit, Sire!«) entlarvt diese Passage aber als ironische Äußerung. Kästner wendet sich damit gegen die geistige Versklavung des Menschen und stellt sich in die Tradition Schillers, der die Freiheit des Individuums in allen seinen Texten als ein unveräußerliches Gut herauszustellen suchte.

Kästners Roman ist ein gutes Beispiel für das dialogische Prinzip, welches ein Merkmal des Karnevals darstellt. Durch die Maskerade lernt der Protagonist das ihm vorgeblich Fremde kennen und beginnt, das vorgeblich Eigene kritisch zu hinterfragen. Indem Tobler Hagedorn am Ende eine Anstellung in seiner Firma verschafft, wird die im Roman präsen-

1635 Jakob 2014, S. 201.
1636 Kästner 2008, S. 218.
1637 Vgl. Neuhaus 1999, S. 383.
1638 Kästner 2008, S. 168.

tierte ökonomische wie soziale Ungleichheit durch Humanität vermittelt – ein reflexiv-aufklärerisches Konzept in einer antireflexiv-antiaufklärerischen Zeit.

8.2 Bertolt Brecht – Literat und Widerstandskämpfer

Bertolt Brecht schlägt einen anderen Weg als Kästner ein und zieht aus seiner ideologischen Unangepasstheit die Konsequenz des Exils. So erhält er sich die Möglichkeit, Wahrheiten, die in Deutschland fortan verboten sind, zu artikulieren. In den *Aufsätzen über den Faschismus* stellt er Kapitalismus und Faschismus in einen kausalen Zusammenhang. Der Faschismus bildet demnach die finale Etappe auf dem Weg hin zur Überwindung der kapitalistischen Ära:

> »So tritt eine einstmals große und revolutionäre Ideologie in der niedrigsten Form gemeinen Schwindels, frechster Bestechlichkeit, brutalster Feigheit, eben in faschistischer Form, zu ihrem Endkampf an, und der Bürger verläßt den Kampfplatz nicht, bevor er seine allerdreckigste Erscheinungsform angenommen hat.«[1639]

Auch die erste Fassung seines Dramas *Leben des Galilei* entsteht unter dem Eindruck des Exils. Die Obrigkeit, die alles beherrscht – die Kirche – ist das literarische Pendant zum real existierenden NS-Regime, welches jedwede Form von Andersdenken vehement zu unterbinden sucht.

8.2.1 Das Epische Theater und seine Strategie der Verfremdung

Hannah Arendt bezeichnete Brecht einmal als »Anhänger einer verlorenen Generation«.[1640] Der Erste Weltkrieg hatte zu einem Traditionsbruch geführt – die bis dato geltenden Werte, Normen und gesellschaftlichen Hierarchien waren nicht mehr existent. Ohne jene Leitplanken stellte sich vielfach ein Gefühl der Verlorenheit ein. Aufgrund fehlender Sinnstiftung sahen sich viele Zeitgenossen außerstande, ein handlungsfähiges

1639 Brecht 1968, S. 20.
1640 Knott 2007, S. 50.

Selbst auszubilden. Dadurch, dass ihnen die Fähigkeit, sich selbst zu verorten, fehlte, blockierten sie gleichsam die Entstehung eines politischen Gemeinwesens. Reichert spricht in diesem Zusammenhang von »Verfallserscheinungen des politischen Raumes«.[1641] Genau aus dieser Erfahrung heraus versuchten einige Vertreter dieser Generation – so Brecht und Kästner, aber auch Tucholsky und Toller – ein neues Gemeinwesen mit neuen Werten aufzubauen.

Brecht wurde durch die Lektüre der Schriften von Marx und Engels beeinflusst. In ihrem *Manifest der Kommunistischen Partei* stellen sie die These auf, dass sich die Welt immer wieder durch revolutionäre Umstürze in Form von Klassenkämpfen verändert habe: »[...] Unterdrücker und Unterdrückte standen in stetem Gegensatz zueinander, führten einen ununterbrochenen [...] Kampf, der jedesmal mit einer revolutionären Umgestaltung der ganzen Gesellschaft endete [...].«[1642] Davon inspiriert, formuliert Brecht in seinem *Kleinen Organon für das Theater* das Ziel, eine »Umwälzung der Gesellschaft«[1643] zu forcieren. Grundlegend für die Brecht'sche Theaterkonzeption ist das Prinzip der Dialektik. Der Glaube an die Selbstständigkeit des Menschen ist für Brecht bloßer Schein, handelt es sich doch um kein Naturobjekt, sondern um ein Produkt.[1644] Hier knüpft er an den dialektischen Materialismus nach Marx an: Der Besitz determiniert die Position des Einzelnen in der Klassengesellschaft, so ist das Proletariat für die Bourgeoisie bloß menschliche Verfügungsmasse.[1645] Dies schafft Machtverhältnisse, aus denen wiederum religiöse, rechtliche und moralische Ideen resultieren. Sie sind nicht gottgegeben, sondern reine Konstruktion: »[...] der Mensch vergegenständlicht in der Religion sein eigenes geheimes Wesen«,[1646] so Feuerbach. Das Menschengemachte kann folglich auch von Menschen verändert werden. Diesen Gedanken der Veränderlichkeit der Welt wollte Brecht auf seine Stücke übertragen.[1647] »Wo das Theater bisher die auf der Bühne abgebildete Gesellschaftsstruk-

1641 Reichert 2019, S. 94.
1642 Marx / Engels 2011, S. 20.
1643 Brecht 1974, S. 139.
1644 Vgl. Boner 1995, S. 82.
1645 Vgl. Marx / Engels 2011, S. 27.
1646 Feuerbach 2008, S. 80.
1647 Vgl. Schriewer 2013, S. 13 f.

tur als feste, unbeeinflussbare Konstante zeigt, sind die Figuren in Brechts dialektischem Theater durch gesellschaftliche Triebkräfte bestimmt, die wiederum von den Menschen abhängen.«[1648] Zwar gab es zu jener Zeit schon politische Thesenstücke, deren Wert stellt Walter Benjamin allerdings infrage, beförderten sie doch nur das »Einrücken proletarischer Massen in eben die Positionen, die der Theaterapparat für die bürgerlichen geschaffen hatte«.[1649] Brecht möchte die »historisch Unsichtbaren«[1650] sichtbar machen, ihm geht es also um ein Theater für die gesellschaftlich abseits Stehenden – für das Proletariat als Kollektiv. Zwar hilft das althergebrachte Theater durch seine idealistische Darstellung einer widerspruchsfreien Welt, die raue Wirklichkeit für einen Moment zu vergessen, bei der erneuten Konfrontation mit der Realität ist die Ernüchterung aber umso größer. Während das traditionelle Drama der Aufrechterhaltung des Systems dient, möchte Brecht mit seinen Stücken eine Veränderung anstoßen.[1651] Was Marx und Engels als Revolution ansehen, ist für Brecht schlichtweg ein »Befreiungsakt«.[1652]

Dass sich Brecht mit seinen Stücken gegen das konventionelle Theater wandte, ist im *Galilei* bereits daran abzulesen, dass Aristoteles – mit seiner Dramentheorie – hier die überkommene Ordnung repräsentiert.[1653] Brechts Gegenentwurf ist als Episches Theater in die Literaturgeschichte eingegangen. Er selbst spricht auch vom »Theater des wissenschaftlichen Zeitalters«,[1654] was wiederum die Verbindung zu Marx und Engels herstellen lässt, denn die Wissenschaft betrachtet er als Produkt des »Kampf[es] der Beherrschten mit den Herrschenden«.[1655] Während die Dramatik nach Aristoteles das Ziel der Einfühlung verfolgte, geht es im Epischen Theater darum, die Möglichkeit der Veränderung gesellschaftlicher Verhältnisse aufzuzeigen. An die Stelle der Einfühlung tritt das, was Brecht als Ver-

1648 Kratzmeier 2010, S. 187.
1649 Benjamin 1978, S. 17 f.
1650 Reichert 2019, S. 86.
1651 Vgl. Benjamin 1978, S. 17.
1652 Brecht 1974, S. 158.
1653 Vgl. Brecht 1988, S. 18.
1654 Brecht 1974, S. 129; hierbei mag es sich auch um einen Reflex auf die technokratische Bewegung der 20er und 30er Jahre handeln.
1655 Ebd., S. 138.

fremdung bezeichnet.[1656] »Eine verfremdete Abbildung ist eine solche, die den Gegenstand zwar erkennen, ihn aber doch zugleich fremd erscheinen läßt.«[1657] Durch einen neuen, veränderten Blick auf die Dinge werden Alternativen sichtbar, für die es sich zu kämpfen lohnt.[1658] Um Verfremdung zu erzeugen, bedient sich das Epische Theater sog. V-Effekte – eine, wie Brecht meint, schon in der Antike praktizierte Technik: »Das antike und mittelalterliche Theater verfremdete seine Figuren mit Menschen- und Tiermasken, das asiatische benutzt heute noch musikalische und pantomimische V-Effekte.«[1659] Der mittelalterliche Narr bedurfte der Verfremdung des Lachens, um gefahrlos Kritik an der Obrigkeit üben zu können. Brecht, der seinen *Galilei* im Exil schrieb, brauchte die Staatsmacht nicht zu fürchten. Im Epischen Theater verfolgen die Verfremdungseffekte ein anderes Ziel: »Die neuen Verfremdungen sollten nur den gesellschaftlich beeinflußbaren Vorgängen den Stempel des Vertrauten wegnehmen, der sie heute vor dem Eingriff bewahrt.«[1660] Obgleich der mittelalterliche Narr aus anderen Motiven heraus verfremdet, nutzt Brecht doch ein vergleichbares Verfahren mit ähnlichem Ziel. Brecht muss sich dieser Tradition bewusst gewesen sein – die Karnevalsszene im *Galilei* als Produkt des Zufalls abzutun, ließe diese offenkundige Analogie völlig außer Acht. Vor dem Hintergrund dessen bildet die neunte Szene des Stücks quasi eine Verfremdung in der Verfremdung und als Spiel im Spiel ein Episches Theater im Epischen Theater.

Als V-Effekt schlechthin wird immer wieder das Verfahren der Historisierung genannt. Indem Brecht die Handlung seiner Stücke in die Vergangenheit verlegt, erzeugt er Distanz.[1661] Brecht führt hierzu aus, dass wir, wenn wir vergangene gesellschaftliche Strukturen betrachten, häufig die Differenzen ausblenden und nur das unserer Situation Analoge wahrnehmen, sodass der Eindruck überzeitlicher Gegebenheiten erweckt wird. Demgegenüber steht der Brecht'sche Ansatz: »Wir aber wollen ihre Vergänglichkeit im Auge halten, so daß auch das unsere als vergänglich

1656 Vgl. Schriewer 2013, S. 115.
1657 Brecht 1974, S. 150.
1658 Vgl. Schriewer 2013, S. 17.
1659 Brecht 1974, S. 150.
1660 Ebd., S. 151.
1661 Vgl. Kratzmeier 2010, S. 190.

eingesehen werden kann.«[1662] Vergänglichkeit impliziert erneut Änderbarkeit. Historische Bedingungen »sind von Menschen geschaffen und aufrechterhalten (und werden geändert von ihnen)«.[1663] Theo Buck fasst das Geschichtsdenken Brechts prägnant zusammen: Das Geschichtliche dient dem Epischen Theater als »Vehikel für die Bewältigung der Gegenwart unter den Ansprüchen der Zukunft«.[1664] Giese zieht von hier aus Verbindungslinien zur Komik: Das Gesellschaftlich-Komische begreift er als »besondere Form des historischen Widerspruchs zwischen alter und neuer Gesellschaft, der vom Standpunkt der letzteren aus bewertet wird«.[1665] Die Widersprüchlichkeit zwischen Vergangenheit und Gegenwart mit Humor zu nehmen, ist die Voraussetzung für einen optimistischen Blick in die Zukunft. Brecht selbst verweist auf diesen Zusammenhang, wenn er am Ende seines *Kleinen Organons* vom »Witz der Widersprüchlichkeiten«[1666] spricht.

Die Verfremdung im Allgemeinen und die Historisierung im Besonderen ist als Demaskierung zu begreifen, die die dialektische Kritik ermöglicht. Der Bruch mit den Erwartungen verschafft dem Einzelnen die Fähigkeit, Dinge neu zu sehen: Der Mensch wird als Produkt erkannt, die gesellschaftliche Wirklichkeit als Konstruktion. Dies führt zur Erkenntnis einer beeinflussbaren Wirklichkeit, sodass sich der Mensch der Wirksamkeit seines Handelns bewusst wird.[1667] Um diesen Ansatz näher zu erläutern, führt Brecht just Galileo Galilei als Beispiel an. Die Möglichkeiten des Wandels, so Brecht, »drückt Galilei aus, wenn er sagt: ›Es ist meine Ansicht, daß die Erde sehr nobel und bewundernswert ist, angesichts so vieler und verschiedener Änderungen und Generationen, welche unaufhörlich auf ihr vorkommen.‹«[1668] Um sich dieser Möglichkeit bewusst zu werden, bedarf es aber »jene[s] fremden Blick[s] […], mit dem der große Galilei einen ins Pendeln gekommenen Kronleuchter betrachtete«.[1669]

1662 Brecht 1974, S. 147.
1663 Ebd., S. 148.
1664 Buck 1983, S. 135.
1665 Giese 1974, S. 2.
1666 Brecht 1974, S. 173.
1667 Vgl. Boner 1995, S. 81 ff.
1668 Brecht 1974, S. 168.
1669 Ebd., S. 151.

Indem dieser Perspektivwechsel Galilei zur Entdeckung besagter Gesetzmäßigkeiten führt, will Brecht sein Publikum durch eine neue Betrachtungsweise für eine alternative Form menschlichen Zusammenlebens sensibilisieren.

Ungefähr zur selben Zeit wie *Leben des Galilei* entstand mit dem *Messingkauf* Brechts umfassendste Schrift über das Epische Theater. Klaus-Detlef Müller stellt die These zur Diskussion, dass die darin entwickelten Grundsätze ausgerechnet im *Galilei* keine Anwendung fanden. Der von Brecht gewählte Stoff forderte vielmehr einen dem dialektischen Theater widersprechenden Formtypus ein – das historische Drama.[1670] Das Geschichtsdrama, so die Auffassung Brechts, opfert die Ideen zugunsten des Stoffes, Brechts Stücke intendieren demgegenüber eine Verkörperung der Ideen.[1671] Andrea äußert in der 12. Szene der ersten Fassung sein Mitleid mit all jenen Ländern, die keine Helden haben. Galilei erwidert: »Nein. Unglück das Land, das Helden nötig hat.«[1672] Galilei ist laut Theo Buck ein Held, der zugleich Opfer der Verhältnisse ist.[1673] Dies wird v. a. bei näherer Betrachtung der Folgeszene deutlich. Anhand des Dialogs mit dem Hafner, der Galileis verbotene Schriften außer Landes schmuggeln soll, wird klar, dass sich der Wissenschaftler nur vordergründig den Repressionen beugt und im Verborgenen weiterhin für den Sieg der Wahrheit kämpft. Einen Bezug zur politischen Wirklichkeit in Deutschland stellt Brecht her, wenn er Galilei seinem Schüler am Ende der 13. Szene den Rat geben lässt: »Nimm dich in acht, wenn du durch Deutschland fährst und die Wahrheit unter dem Rock trägst!«[1674] Sein renitentes Verhalten macht Galilei in den Augen Bucks zu einer »Demonstrationsfigur«,[1675] er wird zum Vorläufer bzw. Wegbereiter für eine bessere Wirklichkeit, denn: »Es setzt sich nur so viel Wahrheit durch, als wir durchsetzen. Der Sieg der Vernunft kann nur der Sieg der Vernünftigen sein.«[1676] Bevor es zur Revo-

1670 Vgl. Müller 1981, S. 241.
1671 Vgl. Albers 1977, S. 118.
1672 Brecht 1988, S. 93.
1673 Vgl. Buck 1983, S. 133.
1674 Brecht 1988, S. 106.
1675 Buck 1983, S. 128.
1676 Brecht 1988, S. 67.

lution kommen kann, bedarf es der Politisierung des Volkes – der Erfolg des Umsturzes ist an die vorherige Aktivierung seiner Träger gebunden.

Vor dem Hintergrund dessen muss das *Leben des Galilei* eben doch als Episches Theater betrachtet werden. Sich über den *Messingkauf* äußernd, bezeichnet Brecht sein Theaterkonzept auch als »Planetariumtyp«.[1677] Er möchte die Menschen als umeinanderkreisende (Himmels-)Körper darstellen, um aufzuzeigen, welche Gesetzmäßigkeiten den gesellschaftlichen Beziehungen zugrunde liegen. Nur das Verstehen dieses Mechanismus macht ein Eingreifen möglich. Interessanterweise ist die theoretische Abhandlung in Dialogform geschrieben, was wiederum der Verfremdung dient. In seinem *Kleinen Organon* bemerkt Brecht dazu: »Oder man denke an einen Mann, der in einem Tal eine Rede hält, in der er mitunter seine Meinung ändert oder lediglich Sätze spricht, die sich widersprechen, so daß das Echo, mitsprechend, die Konfrontation der Sätze vornimmt.«[1678] Aufgabe des dialektischen Theaters ist es, die Widersprüchlichkeit der Wirklichkeit aufzudecken. Indem Galilei als menschliches Fluidum präsentiert wird, das sich sowohl innerhalb der einzelnen Fassungen als auch von Modifikation zu Modifikation stetig wandelt, wird er zum »Historiker seiner selbst«.[1679] Die Verfremdung, die er an sich exerziert, schafft Distanz. Der Protagonist wird zum Erzähler des Epischen Theaters und tritt mit dem Publikum in einen Dialog. Nur so lässt sich das, was Brecht anstrebt, realisieren – eine Umwälzung der Gesellschaft, »[d]enn die kleinste gesellschaftliche Einheit ist nicht der Mensch, sondern zwei Menschen.«[1680]

8.2.2 Karnevalisierung in Brechts *Leben des Galilei*

Brecht bediente sich vielfach ›überkommener‹ dramatischer Traditionen, um mit den konventionellen Formen des Dramas zu brechen und jene oben angesprochene Distanz zu schaffen. Bei dem bereits thematisierten Fastnachtsspiel handelt es sich, so Thomas Habel, um eine dieser Anleihen. Dabei haben das Epische Theater Brechts und das frühneuzeitliche

1677 Brecht 1994, S. 327.
1678 Brecht 1974, S. 149.
1679 Müller 1981, S. 252.
1680 Brecht 1974, S. 159.

Fastnachtsspiel funktional eines gemeinsam: die Zweckbestimmung. Während Matthäus Creutz mit seinem 1538 aufgeführten Schauspiel eine Versöhnung der Religionsparteien in seiner Heimatstadt Andernach bewirken wollte, geht es Brecht in seinen Stücken um eine grundlegende Veränderung der Zustände. Er war dabei von der marxistischen Dialektik beeinflusst. Bei allen Parallelen zwischen den beiden literarischen Formen liegt hier der entscheidende Unterschied: Brecht intendierte eine Umwälzung der gesellschaftlichen Ordnung, das Fastnachtspiel hingegen ist bei aller Kritik eher konservativ und stützt die bestehenden Zustände.[1681]

Zwar äußerte sich Brecht nie explizit zum Fastnachtsspiel als Zutat für seine Dramatik, es ist allerdings bekannt, dass er sich mit tradierten Formen und Stoffen beschäftigte, um deren Tauglichkeit als Material für die eigenen Stücke zu prüfen. Einen Einfluss, den Brecht hingegen ausdrücklich betonte, bildet das dem Fastnachtsspiel eng verwandte Jesuitentheater. Problematisch ist allerdings der Umstand, dass die Traditionslinien des Epischen Theaters in gleich mehrere Richtungen weisen: Die gestische Spielweise findet sich beispielsweise auch in dem Brecht wohlbekannten ostasiatischen Theater und die locker gereihte Szenenfolge ist nicht nur ein Charakteristikum des Fastnachtsspiels, sondern ebenso typisch für die Dramen der Elisabethaner. Es gilt aber nochmals zu unterstreichen, dass Brecht ein dialektisch denkender Mensch war: Ihm ging es nicht bloß darum, das in der literarischen Tradition vorgefundene Material zu kopieren, durch die gezielte Veränderung wollte er vielmehr etwas Neues schaffen.[1682]

Der Einfluss des Fastnachtsspiels auf Brechts *Leben des Galilei* ist nicht allein formaler Natur, sondern findet sich auch auf inhaltlicher Ebene. In der Regieanweisung zur Karnevalsszene wird explizit auf »Brueghels STREIT DES KARNEVALS MIT DEN FASTEN«[1683] verwiesen, um das närrische Treiben des Volkes darzustellen. Bernadette Malinowski vertritt sogar die These, dass dem gesamten Stück eine »karnevalistische Dramenästhetik«[1684] zugrunde liegt.

1681 Vgl. Habel 1978, S. 62 ff.
1682 Vgl. ebd., S. 65 ff.
1683 Brecht 1988, S. 82.
1684 Malinowski 2018, S. 250.

Um diese These zu entfalten, greift Malinowski auf Bachtin zurück, der die Lachkultur des Mittelalters als Gegenpol zur offiziellen Kultur deutet. Volkskultur und Hochkultur nähern sich in dieser kurzen Phase der Geschichte einander an, was zu einer zeitweisen Karnevalisierung der Literatur führt. Formbildend für die karnevalisierte Literatur sind laut Bachtin vier Kategorien: Mit dem Punkt der Familiarität ist der familiär-intime Umgang gemeint, der alle miteinander verbindet und Hierarchien auf diese Weise durchbricht.[1685] Die Exzentrik ist eng mit dem grotesken Leib verbunden, der Grenzen überschreitet und dem daher das Moment des Skandalösen inhärent ist.[1686] Das Groteske setzt Brecht u. a. in seinem *Dreigroschenroman* in Szene. Hierin lässt der Bettlerkönig Peachum seine Angestellten als Krüppel maskiert auftreten, da die wirklich verstümmelten Leiber nicht genug Mitleid erregen. Wirklichkeit und Ideologie erfahren eine Umkehrung und repräsentieren folglich das karnevalistische Motiv der verkehrten Welt.[1687] Die Mesalliance ist die eigentlich prägendste Kategorie: »Die Einteilung in hoch und niedrig, in verboten und erlaubt, in heilig und profan verliert ihre Macht [...].«[1688] Sinnlichen Ausdruck erhält diese durch die Profanierung: Die Ordnung wird auf den Kopf gestellt und die sie repräsentierenden Symbole werden umgestülpt.[1689] In seinem Gedichtzyklus *Kinderlieder* unterzieht Brecht Kaiser Napoleon einer solchen Degradierung, wenn er schreibt:

»Der große Kaiser Napoleon
Der war ein wenig kurz
Doch alle Welt erzitterte
Vor seinem kleinsten Furz.
Alle Welt erzitterte.«[1690]

1685 Vgl. Bachtin 1990, S. 19.
1686 Vgl. ebd., S. 17.
1687 Vgl. Hakkarainen 2015, S. 130.
1688 Bachtin 1990, S. 14.
1689 Ebd., S. 35; Gardeuniformen, mit denen man den preußischen Militarismus persiflierte, sind ein spätes Zeugnis dieser bereits im Mittelalter gängigen Praxis.
1690 Brecht 1993, S. 584.

Machtstrukturen werden durch das karnevalistische Lachen infrage gestellt. Indem der Narr das Wort des Gegenübers in seine sinnverkehrende Parodie mit aufnimmt, tritt er mit dem Anderen in einen Dialog, der Ausdruck der die Welt beherrschenden Ambivalenz ist. Hieraus resultiert das der karnevalisierten Literatur eigene Prinzip der Polyphonie. Während die Sprache der Religion monologisch angelegt ist, um dem ideologischen Wahrheitsanspruch Nachdruck zu verleihen, spiegelt der dialogische Roman nach Bachtin die reale Redevielfalt wider: »Jede Äußerung wird verstanden als aktive Replik in einem prinzipiell unabgeschlossenen (und unabschließbaren) ›großen Dialog‹.«[1691] Bachtin versteht diese Erkenntnis und die damit verbundene literarische Neuorientierung als kopernikanische Wende:

> »Der Roman ist Ausdruck des galileischen Sprachbewußtseins, das sich vom Absolutismus der einheitlichen und einzigen Sprache losgesagt hat […] und statt dessen die Vielzahl der nationalen und […] sozialen Sprachen anerkennt, die alle im gleichen Maße befähigt sind, ›Sprachen der Wahrheit zu sein […].«[1692]

Auch Brecht beruft sich auf Galilei. Über den *Messingkauf*, die ebenfalls dialogisch gestaltete Darlegung seines Epischen Theaters, schreibt er in sein Tagebuch: »angestiftet zu dieser Form von Galileis Dialogen«.[1693]

Malinowski macht vier Schnittstellen zwischen Galileis Wissenschaft und Brechts Kunstverständnis aus: Die erste Schnittstelle besteht darin, dass beide das Leben der Menschen leichter machen sollen. Als weitere Gemeinsamkeit führt sie aus, dass es sich sowohl bei Galileis Wissenschaft als auch bei Brechts Dramenkonzeption um eine Mischung aus wissenschaftlicher Neugierde und sinnlicher Lust handelt. Drittens bedürfen beide Konzepte, die jeweils das Vertraute verwerfen, einer neuen Sehweise. Die letzte Schnittstelle betrifft den Aspekt der Sprache. Galilei bediente

1691 May 2006, S. 154; Bachtin beschreibt hier das Wirken zweier gegensätzlicher Kräfte: während die Zentrifugalität Pluralisierung fördert, ist die Zentripetalität darauf bedacht, Monologizität herzustellen. Das Prinzip der Polyphonie ist nicht nur Merkmal des Karnevals, es spiegelt sich auch in der mittelalterlichen Musik wider.

1692 Bachtin 1979, S. 251 f.

1693 Brecht 1994, S. 327.

sich der Volkssprache, um auch die einfachen Leute mit seinen Schriften zu erreichen. Durch den Einsatz komischer Elemente widersetzte er sich dem gängigen wissenschaftlichen Duktus, sodass er zum Vorkämpfer einer gegenkulturellen Bewegung avancierte.[1694]

Auf diese Weise übt sich der Wissenschaftler Galileo Galilei in der Verfremdung, die essentieller Bestandteil des Epischen Theaters ist. Im Stück ermöglicht Brecht dem Leser durch das Verfahren der Historisierung, sich von der Wirklichkeit zu distanzieren. Aber auch inhaltlich bekommt er am Beispiel Galileis die Praxis des Verfremdens vorgeführt. Klaus-Detlef Müller bezeichnet die Figur des Galilei daher auch als »Ahnherr des Verfremdungseffekts«.[1695] Der Bogen lässt sich allerdings noch weiter spannen: Galilei, der im Stück zugleich Vergangenheit und Gegenwart repräsentiert, in dem sich galileische Wissenschaft und Episches Theater kreuzen, ist die literarische Inkarnation der Hybridisierung, die ein typisches Merkmal der karnevalisierten Literatur im Sinne Bachtins darstellt.[1696]

Das Lachen, so wie Bachtin es in seiner theoretischen Abhandlung konzipiert, ist in Brechts *Leben des Galilei* in erster Linie ein Charakteristikum des Protagonisten. Die achte Szene schildert, wie Galilei nach achtjähriger Abstinenz voller Optimismus seine Forschung wieder aufnimmt. Grund dafür ist ein neuer Papst, den er für liberaler hält als seinen Vorgänger. Dieser hatte Galilei seinerzeit die wissenschaftliche Arbeit verboten. Über das Gelingen eines Experiments freuen sich Lehrer und Schüler so sehr, dass sie anfangen, lauthals zu lachen. Galileis Haushälterin, die sich vor diesem Lachen fürchtet, wird von der Tochter des Wissenschaftlers beschwichtigt: »Vater sagt: Die Theologen haben ihr Glockenläuten und die Physiker haben ihr Lachen.«[1697] Jene Sequenz illustriert das Oppositionsverhältnis zwischen der die offizielle Wahrheit repräsentierenden Kirche, die auf die Gültigkeit des geozentrischen Weltbildes pocht und der Naturwissenschaft, vertreten durch Galileo Galilei, der seine Theorie des Heliozentrismus gegen das kirchliche Dogma in Anschlag bringt. Dass Galilei als Repräsentant einer Gegenkultur fungiert, wird durch sein

1694 Vgl. Malinowski 2018, S. 256 ff.
1695 Müller 1981, S. 247.
1696 Vgl. Malinowski 2018, S. 260 f.
1697 Brecht 1988, S. 70.

Lachen zusätzlich unterstrichen.[1698] An gleich mehreren Stellen wird die Fröhlichkeit des Wissenschaftlers greifbar. So heißt es in der dritten Szene: »Galilei setzt sich lachend an sein Fernrohr und beginnt, Notizen zu machen.«[1699] Durch das Lachen wird der Absolutheitsanspruch der Kirche infrage gestellt. Zugleich macht das Lachen aber auch etwas mit dem Protagonisten selbst. Es dient ihm als Werkzeug, die Furcht vor der allgegenwärtigen Autorität der Kirche zu besiegen.[1700]

Es ist neben dem Lachen auch die karnevalistische Mesalliance, die Galilei kennzeichnet. Die bis zur Lust gesteigerte wissenschaftliche Neugier ist Symptom des dem Protagonisten innenwohnenden Geist-Körper-Dualismus.[1701] Seine innere Gespaltenheit hat Müller-Schöll dazu veranlasst, Galilei als »Dividuum«[1702] zu bezeichnen. Die widerstreitenden Kräfte im Innern des Protagonisten offenbart v. a. die siebte Szene, in der ihn der Kleine Mönch über seine Abkehr von der Astronomie informiert. Er personifiziert die oben angesprochene Opposition zwischen kirchlicher Lehrmeinung und wissenschaftlichem Forscherdrang. Der Kleine Mönch war kurz zuvor Augenzeuge, als der Astronom des vatikanischen Instituts *Collegium Romanum* die Richtigkeit der astronomischen Beobachtungen Galileis eingeräumt hatte. Seine Entscheidung, die astronomische Forschung dennoch aufzugeben, begründet der Mönch mit den Gefahren, die die neuen Erkenntnisse mit sich bringen. Galilei hingegen betont den Wert der aus seiner Forschung resultierenden Wahrheit:

> »Nun, hier stehen die Gründe, warum das Weltmeer sich in Ebbe und Flut bewegt. Aber du sollst es nicht lesen, hörst du? Ach, du liest schon? Du bist ein Mathematiker? […]
> Ein Apfel vom Baum der Erkenntnis! Er stopft ihn schon hinein. Er ist ewig verdammt, er muß ihn hineinstopfen, ein unglücklicher Fresser! Ich denke manchmal, ich ließe mich zehn Klafter unter der Erde in einem Kerker einsperren, zu dem kein Licht mehr dringt, wenn ich

1698 Vgl. Malinowski 2018, S. 262.
1699 Brecht 1988, S. 33.
1700 Vgl. Bachtin 1990, S. 35.
1701 Vgl. Brecht 1988, S. 47 ff.; Galileis Lust am Essen und seine Gier nach Wissen überschneiden sich in dieser Szene.
1702 Müller-Schöll 2002, S. 198.

dafür erführe, was das ist: Licht. Und das Schlimmste: was ich weiß, muß ich weitersagen. Wie ein Liebender, wie ein Betrunkener, wie ein Verräter. Es ist ganz und gar ein Laster und führt ins Unglück.«[1703]

Galilei schlüpft hier in die Rolle Gottes, indem er sich des sprachlichen Duktus der Zehn Gebote bedient und auf den Baum der Erkenntnis verweist, dessen Früchte tabu sind. Durch den Genuss des süßen Wissens macht sich der Kleine Mönch schuldig. »Kaum an einer anderen Stelle wird die zwielichtige Verflechtung von theoretisch-wissenschaftlicher Neugierde und einer bis zur Gier gesteigerten Sinneslust [...] derart deutlich.«[1704]

Das oben thematisierte Lachen nutzt Galilei auch als Mittel, um sich mit dem einfachen Volk zu solidarisieren. Symbol dieser Vereinigung ist das Fernrohr: Es durchbricht, wie das Bachtin'sche Lachen, die Distanz zwischen Subjekt und Objekt. Beides setzt das Einnehmen einer neuen Perspektive voraus. Von Bedeutung sind in diesem Zusammenhang die Gespräche zwischen Galilei und seinem Schüler Andrea, bei denen sich Galilei der Mäeutik des Sokrates bedient. Der Jüngling hat zunächst Schwierigkeiten, Galileis Ausführungen zum kopernikanischen Weltbild nachzuvollziehen. Er begründet sein Unverständnis damit, dass er zu sehen glaubt, wie die Sonne im Laufe des Tages ihre Position ändert. Darauf Galilei: »Du siehst! Was siehst du? Du siehst gar nichts. Du glotzt nur. Glotzen ist nicht sehen.«[1705] Die Mutter des Jungen traut der neuen Lehre nicht und fürchtet einen schlechten Einfluss Galileis auf ihren Sohn. Der Astronom versucht sie aber zu beschwichtigen: »Ich lehre [Andrea] sehen.«[1706] Die Theologen in der vierten Szene haben diese Fähigkeit verloren – wenn sie sie denn je gelernt haben. Galilei möchte sie von seiner Theorie überzeugen, indem er sie einlädt, durch sein Teleskop zu schauen. Die Kirchenmänner ergehen sich aber stattdessen in argumentativer Ablehnung und verweigern den Blick durch das Fernrohr. Die Lehrmeinung der Kirche erweist sich in ihnen als zu stark, sodass die empirische Untersuchung, die möglicherweise zur Erkenntnis einer alternativen Wahr-

1703 Brecht 1988, S. 67.
1704 Malinowski 2018, S. 264.
1705 Brecht 1988, S. 11.
1706 Ebd., S. 12.

heit führen könnte, kategorisch abgelehnt wird. In der Drittfassung des *Galilei* stellt Brecht diesem akademischen Typus jenen der unbelesenen Zeichner, Bauleute und Instrumentenmacher gegenüber, die ihn einst in Venedig ein ›»neue[s] Sehen‹«[1707] gelehrt haben: »[S]ie [verlassen] sich auf das Zeugnis ihrer fünf Sinne, furchtlos zumeist, wohin dies Zeugnis sie führen wird...«[1708]

In der Karnevalsszene wird das neue Sehen vom einfachen Volk auf humoreske Art und Weise verarbeitet. Sie lässt sich als närrische Zusammenfassung des gesamten Stückes lesen. Die Allianz zwischen Galilei und dem Volk erweitert sich zu einem Bündnis zwischen der Wissenschaft allgemein und dem von den unteren Bevölkerungsschichten getragenen mittelalterlichen Karneval:

»Zur Sonne sagte Herr Galileh
Der große Physikus
Daß sie sich jetzt nicht mehr um die Erd
Als Lampe drehen muß.
Oh je, oh je
Die Sonne fing an, sich um sich selber zu drehn
Statt um Herrn Galileh.«[1709]

Das neue planetarische System führt in dem von dem Straßensänger vorgetragenen Lied zu einer Umkehrung der gesellschaftlichen Ordnung im karnevalistischen Sinne: Der »Mesner [geht] nicht hinterm Pfarrer mehr her / Noch der Lehrling hinterm Meister drein.«[1710] Auch vor den Eliten macht diese Verkehrung des sozialen Systems nicht halt:

»Die Fürsten müssen sich die Stiefel schmieren
Der Kaiser backt sich selber sein Brot.
Die Soldaten gehen auf der Straße spazieren
Und horchen auf kein Gebot.«[1711]

1707 Malinowski 2018, S. 265.
1708 Brecht 1988, S. 223.
1709 Ebd., S. 80.
1710 Ebd.
1711 Ebd., S. 81.

Selbst der hohe Klerus wird nicht verschont. Auf dem Petersplatz spielen sich groteske Szenen ab:

»Dic Hcrrcn Kardinäle vor der Peterskirche standen
Als der Papst am Fenster erschien
Für die Herren Kardinäle war er nicht vorhanden
Sie hatten keinen Gruß für ihn.«[1712]

Die Engführung von historisch neuem Weltbild und gesellschaftlicher Utopie ist die eigentliche Leistung, die Brecht mit seinem *Galilei* vollbringt. Indem die Erde und mit ihr der Mensch aus dem Zentrum des Universums verstoßen wird, wird auch die Brüchigkeit sozialer Hierarchien öffentlich ausgestellt. Malinowski spricht in diesem Zusammenhang von einer Hybridisierung. Brecht macht das heliozentrische Weltbild zum »szientifischen Analogon einer herrschaftsfreien und klassenlosen Gesellschaft, eines großen Kollektivsubjekts und Volkskörpers.«[1713] Galilei war seinerzeit von einem unmittelbaren Zusammenhang zwischen politischen und physikalischen Geschehnissen ausgegangen. Ursprünglich meinte der Begriff ›Revolution‹ nämlich die kreisförmigen Umlaufbewegungen der Planeten. Brecht modifiziert die physiko-politische Vorstellung Galileis, indem er Revolution als etwas Machbares begreift.[1714]

Sowohl die zweite als auch die dritte Fassung des *Galilei* akzentuieren stärker als die Erstfassung das dem Karneval eigene Prinzip der Ambivalenz. Indem die Thematik in den Modus eines Streitgesprächs überführt wird, kommt es zu einer Pluralisierung der Stimme des Volkes. Der ambivalente Charakter der bis dato absolut gesetzten Wahrheit wird auf diese Weise entlarvt.[1715] Unterstützt wird dies durch den gezielten Einsatz eines V-Effekts in der Drittfassung. Ein Spiel im Spiel schildert eine eindeutig karnevalistische Praxis – die Wahl des Karnevalskönigs: »Auf einem lächerlichen Thron sitzt ›Der Großherzog von Florenz‹, eine Figur, mit einer Pappendeckelkrone, gekleidet in Sackleinwand, der durch ein Teleskop

1712 Ebd.
1713 Malinowski 2018, S. 268.
1714 Vgl. Lenk 1981, S. 12.
1715 Vgl. Malinowski 2018, S. 268 f.

späht.«[1716] Jene karikierende Darstellung setzt den florentinischen Großherzog dem Spott des Volkes aus. Aber auch die geistlichen Würdenträger geraten ins Fadenkreuz des närrischen Treibens: »Sie halten an und schleudern eine Puppe in die Luft, die einen Kardinal darstellt.«[1717] Eine überlebensgroße Puppe Galileo Galileis verkörpert demgegenüber »[d]as neue Zeitalter«,[1718] das mittels eines Schildes ausgerufen wird. Vor der Galileo-Figur wird eine Bibel mit durchgestrichenen Seiten hergetragen, was den vermeintlichen Triumph Galileis über die Kirche illustrieren soll.

Malinowski stellt fest, dass nach dieser Sequenz Fragen und Widersprüche bleiben, eine Synthese wird von Brecht offenbar nicht angestrebt. Indem das Volk den »Bibelzertrümmerer«[1719] Galilei am Ende der Prozession verlacht, wird die distanzierte Haltung des gemeinen Mannes zur Wissenschaft deutlich. Galilei als Repräsentant und Heros ebenjener Wissenschaft wird von seinem Podest gestoßen, sodass auch der synoptische Vergleich der verschiedenen Fassungen des Stücks das Prinzip der Ambivalenz wiederspiegelt. Ein weiteres Mittel der Karnevalisierung zeigt sich, wenn man die Karnevalsszene und die ihr folgende Szene im Palast der Medici gegenüberstellt: Während zunächst das närrische Treiben des einfachen Volkes dargestellt wird, repräsentiert der Palast die Rückkehr zur offiziellen Kultur. Die zuvor beschworene Aufhebung aller Standesunterschiede weicht dem dualistischen Prinzip der mittelalterlichen Feudalgesellschaft.[1720] Der Gesang, der in der amerikanischen Fassung die zehnte Szene eröffnet, ist in diesem Zusammenhang programmatisch: »The depths are hot, the heights are chill. / The streets are loud, the court is still.«[1721] Die Brüche, die diese drastischen Szenenübergänge erzeugen, sind Ausdruck der »Schwellenzeit«,[1722] in der das Stück spielt. Am Übergang vom Mittelalter zur Frühen Neuzeit stehen genau jene Gesellschaftsentwürfe zur Disposition, die die neunte und zehnte Szene kontrastiv zur Anschauung bringen.

1716 Brecht 1988, S. 262.
1717 Ebd.
1718 Ebd.
1719 Ebd.
1720 Vgl. Malinowski 2018, S. 270.
1721 Brecht 1988, S. 164.
1722 Malinowski 2018, S. 271.

Dadurch, dass die Karnevalsszene in der zweiten und dritten Fassung polyphon angelegt ist, wird die Dominanz einer Stimme, d. h. einer Wahrheit verhindert. Mehrstimmigkeit ergibt sich auch, wenn man die Karnevalsszene und den Maskenball des Klerus einander gegenüberstellt. Bereits in der Szene, die dem Ball vorausgeht, herrscht »große Ausgelassenheit«.[1723] Sie beinhaltet – wie die Fastnachtsszene – ein Spiel im Spiel als Mittel der Verfremdung. »EIN MÖNCH *spielt Komödie:* Mir schwindelt, sie dreht sich zu schnell. Gestatten Sie, daß ich mich an Ihnen einhalte, Professor. *Er tut, als schwankte er und hält sich an einem Gelehrten ein.*«[1724] Die Geistlichen machen sich aber nicht nur über Galilei und seine Lehre lustig, auch die eigenen Verfehlungen werden zum Ziel ihres Spotts: So verweist ein Gelehrter scherzhaft auf die »unüberwindliche Abneigung [des dicken Prälaten] gegen Mahlzeiten«.[1725] Der ausschweifende Lebensstil des hohen Klerus wird auf diese Weise ironisch an den Pranger gestellt. Als die Lehren Galileis vom päpstlichen Astronomen bestätigt werden, wird die Ausgelassenheit der Anwesenden jäh durchbrochen: »Die in der inszenierten Komödie als pure, phantastische Fiktion ›ausgespielte‹ astronomische Erkenntnis erweist sich als wahr, die Fiktion verkehrt sich in ein Faktum, die Wahrheit der Kurie ›kippt‹ ins Fiktive.«[1726]

Doch der vermeintliche Sieg Galileis erfährt in der eigentlichen Ballszene eine erneute Durchbrechung, denn »die Inquisition setzt die kopernikanische Lehre auf den Index«,[1727] wie der Szenentitel verrät. Der Bestätigung folgt das Verbot. Völlige Entfaltung findet dieses Paradoxon in der Unterhaltung zwischen Galilei und den beiden Kardinälen. Barberini bekennt, dass ihm »[s]ein Kostüm […] ein wenig Freiheit gestatte«[1728] und lässt sich zu der Aussage hinreißen: »wenn es keinen Gott gäbe, müßte man ihn erfinden.«[1729] Auf diese Weise entlarvt der Kardinal seine eigene Scheinheiligkeit. Das krampfhafte Festhalten an der längst widerlegten Lehre der Kirche dient nicht Höherem, sondern dem unbedingten Wil-

1723 Brecht 1988, S. 51.
1724 Ebd.
1725 Ebd.
1726 Malinowski 2018, S. 272.
1727 Brecht 1988, S. 55.
1728 Ebd., S. 61.
1729 Ebd.

len, die eigene Machtposition um jeden Preis zu verteidigen. So stellt die Kirche die Erde in den Mittelpunkt des Universums, »[d]amit der Stuhl Petri im Mittelpunkt der Erde stehen kann«.[1730]

Die Fastnachtsszene des Volkes und der Maskenball des Klerus bilden in der Zusammenschau eine weitere Mesalliance im Bachtin'schen Sinne. Es wird nicht nur das Hohe mit dem Niederen konfrontiert, auch offizielle und inoffizielle Kultur prallen aufeinander. Diese Kopplung zweier Oppositionsverhältnisse hat Malinowski zum Anlass genommen, von einer »Mesalliance zweiter Ordnung«[1731] zu sprechen.

Unterzieht man die drei Fassungen des *Galilei* noch einmal einer vergleichenden Betrachtung, dann ist auf der Ebene der Handlung eine zunehmende Entkarnevalisierung zu beobachten. Während Galilei in der ersten Fassung als treuer Bündnispartner des einfachen Volkes dargestellt wird, wird der Widerruf seiner Lehre in der zweiten und dritten Fassung als Verrat an ebenjenem Bund gewertet. Das der Karnevalisierung eigene dialogische Prinzip weicht der die offizielle Kultur bestimmenden Monologizität. Dies äußert sich sprachlich, wenn Galilei zunächst die Sprache des Volkes nutzt, in den späteren Fassungen aber zum verklausulierten Duktus der Mathematik zurückkehrt, der keinen wirklichen Dialog entstehen lässt. So wird die Sprache zur Barriere, die eine breite Rezeption der galileischen Lehre in der Öffentlichkeit verhindert.[1732]

Inhaltlich wird der Fortschrittsglaube des Protagonisten von einem zunehmend fatalistischen Denken abgelöst. In der Erstfassung ist Galilei noch die Inkarnation des karnevalistischen Weltempfindens: »Selbst ein Mensch wie ich kann ja noch sehen, daß die Vernunft nicht am Ende ist, sondern am Anfang. Ich bleibe auch dabei, dass dies eine neue Zeit ist.«[1733] In der zweiten Fassung klingt das schon ganz anders: »Well – this age of ours turned out to be a whore, spattered with blood. Maybe new ages look like blood-spattered whores.«[1734] Galileis wachsender Pessimismus bedeutet aber nicht, dass der Fortschrittsglaube in den späteren Fassungen gänzlich fehlt. Während Galilei es verpasst, einen ›hippokra-

1730 Ebd., S. 66.
1731 Malinowski 2018, S. 274.
1732 Vgl. ebd., S. 274f.
1733 Brecht 1988, S. 106.
1734 Ebd., S. 180.

tischen Eid‹ der Wissenschaft zu leisten und sich auf diese Weise schuldig macht,[1735] geht die zuvor präsente Zukunftshoffnung auf den ehemaligen Schüler Andrea über. Er wird zum Lehrer, der sein Wissen weitergibt. Einem kleinen Jungen, der ihn fragt, ob Menschen fliegen können, antwortet er: »Wir wissen bei weitem noch nicht genug, Guiseppe. Wir stehen wirklich erst am Beginn.«[1736] Andrea ist es auch, der Galileis *Discorsi* aus dem Land schmuggelt, in der dritten Fassung ist also er es, der buchstäblich Grenzen überschreitet. Insofern geht das karnevalistische Weltempfinden nicht nur von Galilei auf Andrea über, es lebt auch in dem Dazwischen weiter, in der Konfrontation der verschiedenen Perspektiven, sodass das Dialogische letztendlich doch über die Monologizität triumphiert.[1737] Dieses Dazwischen ist der Raum, den Galilei eröffnet,

> »denn der wahre Skandal von Galileis Werk ist nicht so sehr die Entdeckung, die Wiederentdeckung, daß sich die Erde um die Sonne dreht, sondern die Konstituierung eines unendlich offenen Raumes; dergestalt, daß sich die Ortschaft des Mittelalters gewissermaßen aufgelöst fand: der Ort einer Sache war nur mehr ein Punkt in ihrer Bewegung, so wie die Ruhe einer Sache nur mehr ihre unendliche verlangsamte Bewegung war. Anders gesagt: seit Galilei, seit dem 17. Jahrhundert, setzt sich die Ausdehnung an die Stelle der Ortung.«[1738]

8.3 Zwischenfazit

Im Dritten Reich versuchten die Nationalsozialisten den Karneval für sich zu vereinnahmen, um mit seiner Hilfe eine Volksgemeinschaft im Sinne der NS-Ideologie zu formen. Häufig hatte diese ideologische Gängelung Erfolg. Es gab aber auch solche, die ihre Stellung in der Öffentlichkeit dazu nutzten, dem menschenverachtenden Regime mutig den Kampf anzusagen und aus der Bütt heraus Widerstand leisteten.

1735 Vgl. ebd., S. 248f.
1736 Ebd., S. 289.
1737 Vgl. Malinowski 2018, S. 277.
1738 Foucault 2002, S. 36.

Bert Brecht opponierte im Medium der Literatur gegen den Nationalsozialismus. Mit seinem Epischen Theater verfolgte er das Ziel einer Umwälzung der Gesellschaft. Durch das Mittel der Verfremdung versuchte er in seinen Stücken, Alternativen aufzuzeigen. Distanzierung sollte einen Perspektivwechsel ermöglichen. Brechts Stücke sind daher stets eine Demaskierung der realen Zustände.

Vor diesem Hintergrund verwundert es nicht, dass auch Brecht den Karneval literarisch verarbeitet hat. Der Narr, der durch die sinnverkehrende Parodie der Rede seines Gegenübers den Dialog und das Prinzip der Mehrstimmigkeit repräsentiert, schafft ebenjene Distanz. Im Galilei symbolisiert das Fernrohr den Perspektivwechsel, durchbricht es doch die Distanz zwischen Subjekt und Objekt. Es ermöglicht ein neues Sehen. Auch die Karnevalsszene zeichnet sich durch eine Polyphonie aus, vermittelt sie doch durch ihre dialogische Anlage eine Pluralisierung der Stimme des Volkes. Dies zeigt, dass es die eine Wahrheit nicht gibt. Die Karnevalsszene ist daher programmatisch für das gesamte Stück. Sie spielt die Umkehrung der Ordnung vor und verweist gleichsam auf die Brüchigkeit der sozialen Hierarchien des 17. bzw. 20. Jahrhunderts. Und selbst Galilei verkörpert diese Brüchigkeit. Er, der den Geist-Körper-Dualismus repräsentiert, ist innerlich gespalten und muss daher als Dividuum verstanden werden. Die These, dass die verschiedenen *Galilei*-Fassungen im Vergleich eine Tendenz der Entkarnevalisierung erkennen lassen, gilt es an dieser Stelle einzuschränken. Dem wachsenden Fatalismus Galileis wird Andrea als Kontrapunkt entgegengesetzt. Er ist es, der am Ende im wahrsten Sinne des Wortes Grenzen überschreitet, sodass das vielbeschworene karnevalistische Weltempfinden zwischen diesen beiden Polen fortbesteht und so den Sieg des Dialogischen über die Monologizität markiert. Schließlich ist die kleinste gesellschaftliche Einheit für Brecht nicht der Mensch, es sind immer zwei.

Exkurs: Carl Zuckmayer: *Fastnachtsbeichte* (1959)

Das vorangegangene Kapitel hat deutlich werden lassen, dass den Totalitarismen des 20. Jahrhunderts kaum ein Begriff so gut als politische Projektionsfläche diente wie der vom Volk. Nach dem Zweiten Weltkrieg erfuhr diese ideologisch einseitige Vereinnahmung zwangsläufig eine Umdeutung. Man betrachtete das Volk nun als Form der Vergemeinschaftung, in der der Einzelne einen festen Platz zugewiesen bekam.[1739]

Die ›Stunde Null‹ stürzte aber auch das Individuum in eine Krise. Obgleich Zuckmayers *Fastnachtsbeichte* am Vorabend des Ersten Weltkriegs spielt, widmet sich die Novelle just jenem Themenkomplex. Gertrude Cepl-Kaufmann betrachtet die in der Novelle zum Ausdruck kommende Orientierungslosigkeit der Figuren als zentrales Motiv: »Tatsächlich geht es darum, aus den Tiefen einer beschädigten Existenz herauszukommen und sich anzunehmen.«[1740]

Um die Notwendigkeit, jene Sinnkrise zu überwinden, zu erkennen, muss die als geschlossen imaginierte Lebenswelt zunächst dekonstruiert werden.[1741] Zuckmayer bedient sich diverser Kontrastierungen, um jene Friktionen offenzulegen. Der die gesamte Erzählung dominierende Gegensatz ist der zwischen Karneval und Tod: »Der Ablauf des fröhlichen Festes steht im Widerspruch zur nüchternen Aufklärung des Mordfalles […].«[1742] Das Treiben der Mainzer Fastnachter erinnert dabei stark an die Ausführungen Bachtins:

> »[…] alle Welt, ungeachtet des Standes, arm und reich, hoch und niedrig, alt oder jung, spielte mit bei dem großen Lust-Spiel der losgelassenen Geister, der flüchtigen Vermischung, der vertauschten Rollen, der verrückten Gesetze, und es herrschte im tollsten Durcheinander immer noch eine merkwürdige, unerzwungene und beinah kulthafte Ordnung.«[1743]

1739 Vgl. Simon 2006, S. 400 f.
1740 Cepl-Kaufmann 2009, S. 94.
1741 Vgl. Simon 2006, S. 402.
1742 Ebd., S. 405.
1743 Zuckmayer 2017, S. 32 f.

Auf der anderen Seite steht der mysteriöse Mord an dem in das kriminelle Milieu abgerutschten Fremdenlegionär Ferdinand Bäumler. Auslöser ist ein kompliziertes Verwirrspiel: Rollen werden getauscht, Kostüme dienen dazu, sich neue Identitäten zu verschaffen, wobei sich die ursprünglichen ebenfalls als brüchig erweisen, denn sowohl der Ermordete als auch sein Mörder entpuppen sich als Bastarde, sodass die Grenze zwischen Schein und Sein immer wieder verschwimmt. Simon bezeichnet den Text daher auch als »Spiegelkabinett«.[1744] Die gesellschaftlichen Konventionen des Kaiserreichs werden unterlaufen, das Vertuschen der sittlichen Verstöße dient der Aufrechterhaltung der Illusion. Triebkontrolle wird allgemein als Merkmal verstanden, das den Menschen vom Tier unterscheidet. Diese strikte Trennung stellt die Figur des Lolfo infrage: Seine Hände, so heißt es in der Novelle, gleichen »pfotenhaften Gebilden«,[1745] die Füße erinnern an die eines »toten Hundes«[1746] und die Mundpartie mit den markanten Eckzähnen wird als wölfisch charakterisiert. Die »fließende Grenze zwischen Mensch und Tier, zwischen körperlicher Normalität und Devianz«[1747] legt abermals die Brüchigkeit scheinbar unumstößlicher Demarkationen offen. Lolfo ist es auch, der zum Täter wird. Um die Ehre seiner Halbschwester Viola zu verteidigen, tötet er Ferdinand, der sie belogen und bestohlen hatte. Das närrische Treiben in Mainz endet apokalyptisch bevor es überhaupt richtig begonnen hat. Widersprüchlich ist die Kombination dieser beiden Motive allerdings nur auf den ersten Blick. Hakkarainen beruft sich in diesem Zusammenhang auf Bachtin, der in der Totenwelt der antiken Menippee die endgültige Auflösung sozialer Unterschiede sah, sodass sich Kaiser und Sklave auf Augenhöhe begegnen konnten. Mit dem griechischen Wort *apokalypsis*, so Hakkarainen weiter, ist die Enthüllung der wahren Ordnung gemeint. Sowohl Karneval als auch Tod sind daher als grenzüberschreitende ›Orte‹ zu verstehen, die eine neue Perspektive eröffnen und den Alltag somit nicht nur

1744 Simon 2006, S. 412.

1745 Zuckmayer 2017, S. 139.

1746 Ebd.

1747 Simon 2006, S. 409; man fühlt sich an den Affen Rotpeter erinnert, Protagonist der Erzählung *Ein Bericht für eine Akademie* von Franz Kafka.

temporär überwinden, sondern einen auf Dauer gestellten alternativen Blick ermöglichen.[1748]

In der Novelle erfüllt die »Stunde der Demaskierung«[1749] die Funktion des Jüngsten Gerichts. Sie bedeutet laut Gertrude Cepl-Kaufmann aber nicht die Rückkehr zur scheinbar wahren Identität. Die gesellschaftliche Rolle Jeanmaries – Sohn des Karnevalsprinzen – entpuppt sich als seine eigentliche Maske. In dem Moment, da er die zuvor maskierte Zofe Bertel als solche erkennt, findet auch er zu seinem wahren Selbst:

> »Sehr langsam entfernte er seinen Kopf von dem ihren – mit einem verwirrten, noch nicht ganz ausgeträumten Blick, und es schien ihm auch wirklich, dass der Traum gar nicht aus war, dass er in seinem Herzen noch weiterträumte, nicht aufhören wollte zu träumen oder dass der Traum nur wich, um mit einem anderen Traum vertauscht, von einem anderen überlagert zu werden.«[1750]

So führt das Erkennen des Anderen zur Selbsterkenntnis und der Traum weicht der Realität. Allerdings erreicht nur derjenige dieses Stadium, der die Fähigkeit erlangt, sich zu demaskieren. Um zur vermeintlich konträren Grenzerfahrung, dem Tod, zurückzukehren: Nur derjenige kann auf Erlösung hoffen, der für seine Sünden Abbitte leistet.[1751] Schuld ist in der jungen Bundesrepublik ein lange unterdrücktes, aber dennoch existentes Thema. In der Erzählung ist es Therese Bäumler, die Mutter des Ermordeten, die sich schuldig macht, ohne sich ihrer Schuld bewusst zu werden. Als Frau niederen Standes und Mutter eines unehelichen Kindes steht sie keineswegs auf der Sonnenseite des Lebens. Ihre Verbitterung in Anbetracht ihrer persönlichen Situation projeziert sie auf ihren Sohn Clemens, den sie mit permanenter Ablehnung straft. Die Bäumlerin ist Inbegriff der alten Vettel. Besonders deutlich macht dies die Szene in der Friedhofskapelle, wo sie von ihrem bevorzugten Sohn Ferdinand Abschied nimmt: »Sie saß in einer erstarrten, gewaltigen Schmerzhaftig-

1748 Vgl. Hakkarainen 2015, S. 131 f.
1749 Zuckmayer 2017, S. 124.
1750 Ebd., S. 134.
1751 Vgl. Cepl-Kaufmann 2009, S. 93.

keit, die sie wie ein Sternbild in ihrem Schoß und auf ihren Zügen trug – ein hartes Götterbild der gnadenlosen Liebe, des ungerechten Zorns, und des Leids der Verstoßenen.«[1752] Zuckmayer zeichnet das Bild einer Frau, die mit sich und der Welt in Unfrieden lebt. »Für sie findet keine Beichte, kein Bekenntnis statt und so findet sie auch keine Versöhnung mit sich, mit dem Leben.«[1753]

Das Nebeneinander dieser konträren Biographien sorgt für den polyphonen Charakter der Novelle: »Zuckmayers Text kennt unterschiedliche Stimmen im Chor des Erzählten. Sie lassen sich nicht in einer Position zusammenfassen, sondern unterstreichen, daß es tatsächlich immer auf die Menschen ankommt.«[1754] Wie das Leben des Einzelnen verläuft, ist nicht mehr qua Geburt vorbestimmt, sondern hängt von individuellen Entscheidungen und dem persönlichen Handeln ab. Die Utopie eines homogenen Volkskörpers ist Geschichte. Das Volk bildet sich aus den vielen einzelnen Gliedern, deren Individualität für ein heterogenes, polyphones Ganzes sorgt. In steter Auseinandersetzung formen sie ihre jeweiligen Persönlichkeiten. Voraussetzung ist das vorige Herunterreißen der Maske. Und so wie Zuckmayer die traditionell intime Beichthandlung in den öffentlichen Raum des närrischen Treibens transferiert,[1755] ist die Mainzer Fastnacht als Demaskierungsorgie »Modell«[1756] für eine allgemeine Dekuvrierung gesellschaftlicher Verhältnisse. Karneval und Tod eint die zerstörerische und zugleich erneuernde Tendenz. Beide Motive literarisch zu verbinden, trifft den Zeitgeist der 50er Jahre: Während das eine totalitäre System überwunden ist, befindet sich das andere noch im Aufbau. Indem die *Fastnachtsbeichte* mit ihren apokalyptischen Anklängen die ›wahre‹ Ordnung für einen Moment aufblitzen lässt, offenbart sie auch dem nach dem Krieg in Orientierungslosigkeit gefangenen Individuum einen neuen Platz.

1752 Zuckmayer 2017, S. 138.
1753 Cepl-Kaufmann 2009, S. 93.
1754 Simon 2006, S. 413.
1755 Vgl. Cepl-Kaufmann 2009, S. 94.
1756 Ebd., S. 91.

9 Literarische Rezeption des Narren in Ost und West

9.1 Heinrich Böll und sein tragischer Clown

Beeinflusst von der faszinierenden Zirkuswelt, die seit dem Beginn der Moderne als inselartiger Gegenpol zum alltäglichen Leben wahrgenommen wird, entwickelt sich der klassische Narr im Laufe des 19. Jahrhunderts zum Clown weiter. V.a. der Blick auf Frankreich macht diesen Wandel greifbar.

Théodore de Blanville vergleicht die Akrobatik des Clowns mit dem Akt des Schreibens, den der Dichter vollzieht. Der Zirkus dient Blanville als Kontrastfolie zum Geist seiner Zeit, er lebt in einem Jahrhundert, das unter dem Diktat des Geldes steht. Der Clown, Sinnbild des Künstlers, wird zum Korrektiv. Jean Starobinski schreibt hierzu:

> »Für die Beschwingtheit, welche der romantischen Ironie eigen ist, läßt sich kaum ein besseres Emblem denken als der Sprung des blanvilleschen Clowns, seine vertikale Flucht hinaus aus dem enttäuschenden Realen – das sind die faszinierenden Volten eines Geistes, der seine Freiheit bezeugt, indem er die unvollkommene Kontingenz aufs heftigste zurückweist.«[1757]

Für Baudelaire stellt der den Künstler repräsentierende Narr einen personifizierten Widerspruch dar. Er steht für Aufstieg und Fall zugleich, für Höhenflug und Abgrund. Er vereint das scheinbar Unvereinbare. Baude-

1757 Starobinski 1985, S. 35.

laire greift hiermit eine Tradition des 18. Jahrhunderts wieder auf: Freude und Triumph des Schauspielers sind nur Fassade, dahinter verbirgt sich eine verzweifelte Seele. Mit jener Reminiszenz prägte er den bis ins 20. Jahrhundert bestimmenden Archetypus des tragischen Clowns.[1758]

Der Narr wird zum Sinnbild des Schwindels und damit auch zum Symbol für »Wesenlosigkeit«.[1759] Programmatisch ist in diesem Zusammenhang eine Beschreibung Baudelaires:

> »Am Ende, ganz am Ende der Budenreihe, so als ob er sich schamhaft selber von all diesem Glanz ausgeschlossen hätte, sah ich einen armen Gaukler, gebeugt, hinfällig, gebrechlich, ein menschliches Wrack, angelehnt an einen Pfosten seiner Hütte; einer Hütte, die armseliger war als die des rohesten Wilden, und dessen Hoffnungslosigkeit zwei tropfende und schwelende Kerzenstümpfe noch allzu hell beleuchteten.«[1760]

Das Bild, das Baudelaire von dem verkommenen Komödianten zeichnet, ist Ausdruck von Verfall und Ohnmacht. Während Gautier den Narren als inkarnierten Höhenflug stilisiert hatte, repräsentiert er bei Baudelaire den Aspekt der Trennung – und dies im doppelten Sinne: Einerseits geht der Künstler selbst auf Abstand, indem er sich in den hintersten Winkel des Jahrmarktgeschehens begibt. Zugleich ist es das Publikum, das sich distanziert, denn nur die zwei leblosen und dem Erlöschen nahen Kerzenstümpfe leisten dem Alten Gesellschaft. Der Gaukler, so Starobinski, wird zum Märtyrer, der von einer äußeren Macht abhängt – dem Publikum. Indem es den Spaßmacher in die künstlerische Verbannung schickt, versetzt es ihm zugleich den mentalen Todesstoß.[1761]

9.1.1 Deutschland im Zeitalter der ›zweiten Restauration‹

Die Tragik im Leben des Clowns, den Böll in seinem Roman zeichnet, resultiert aus den ihn einengenden Verhältnissen der noch jungen Bonner Republik. Hans Schnier scheitert im Roman an dem, was Böll als Phase

1758 Vgl. ebd., S. 73 f.
1759 Ebd., S. 80.
1760 Baudelaire 2008, S. 63.
1761 Starobinski 1985, S. 82 ff.; vgl. hierzu auch Watteaus *Gilles*.

der Restauration nach der Gründung der BRD charakterisiert. Der Begriff ist dabei negativ konnotiert, die Fehlentwicklungen, die Böll damit assoziiert, macht Ralf Schnell an drei Punkten fest: Die Rückkehr zum Konzept der Bürgerlichkeit klassifiziert er als Anachronismus und die zunehmende Politisierung des Katholizismus mitsamt dem darauf gründenden wachsenden Einfluss der Kirche auf den Staat stellt in seinen Augen einen Affront dar. Als dritten Punkt führt Schnell schließlich die fehlende Aufarbeitung des Nationalsozialismus an, was die angebliche Läuterung des deutschen Volkes mit einem Fragezeichen versieht.[1762]

Bestimmte Ereignisse verliehen diesen Tendenzen eine zusätzliche Dynamik: 1955 wurde die Bundeswehr gegründet und 1957/58 diskutierte man sogar über eine atomare Aufrüstung der Bundesrepublik. Diese Remilitarisierung deuteten verschiedene Intellektuelle zu dieser Zeit als »Anzeichen der Wiederherstellung eines kapitalistischen, militaristischen und autoritären Staatswesens«.[1763] Hinzu kam, dass trotz der von den Alliierten forcierten Demokratisierung und Entnazifizierung Besitzverhältnisse und Verwaltungsstrukturen keiner grundlegenden Reform unterzogen wurden. Jene Kontinuitätslinien äußerten sich sogar auf personeller Ebene. Obgleich Konrad Adenauer während der NS-Diktatur ein erklärter Gegner des Regimes war,[1764] wurde er für Böll zur »Personifizierung jener Tendenzen, aus denen Rückwärtsgewandtheit und Deutungsblindheit, gesellschaftspolitische Militanz und klerikale Anpassungsbereitschaft sprechen«.[1765] In seiner Rezension über Adenauers *Erinnerungen* schreibt er: »Er bekam die Kriegsverbrecher frei, und er wurde mitschuldig an der moralischen Fäulnis, die alles zu befallen droht, was in diesem Land offiziell unter ›Bewältigung der Vergangenheit‹ läuft.«[1766] Böll warf ihm vor, nach dem Krieg die Gelegenheit verpasst zu haben, einen wirklichen Neuanfang zu wagen. Die hierarchische Sozialstruktur sowie die

1762 Vgl. Schnell 2017, S. 132.

1763 Ebd., S. 129.

1764 Schutz vor den Nationalsozialisten fand Adenauer in der Abtei Maria Laach.

1765 Vgl. Schnell 2017, S. 132.

1766 Böll 1965, S. 153; dass die personelle Kontinuität auch im organisierten Karneval ein Thema war, versuchte Günter Grass mit seiner Kurzgeschichte *Einer unserer Mitbürger: Prinz Karneval* aus dem Jahre 1968 darzustellen, in der das Bekanntwerden der SA-Vergangenheit des designierten Prinzen dessen Proklamation verhindert.

nach wie vor akute Wirksamkeit von Traditionen und Bindungen verhinderte in seinen Augen die »Entwicklung einer aufgeklärten und demokratischen Gesellschaft«.[1767] Seine Kritik erwies sich als durchaus wirksam, trug sie doch zur Korrektur des Systems bei.[1768]

Das zweite große Thema Bölls – neben der Politik – war die katholische Kirche. Schon als Gefreiter erkannte er das Potenzial, das dem Glauben inhärent ist: In Zeiten der Entbehrung wusste Böll stets Kraft aus seinem Christsein zu schöpfen. Die römisch-katholische Kirche stellte für ihn eine »Una Sancta«[1769] dar, wobei er der Institution durchaus kritisch gegenüberstand. Er differenzierte zwischen der Ecclesia als Körperschaft, ein Begriff, der auf die juristische Funktion der Amtskirche abhebt, und dem imaginierten Körper, gedacht als organische Einheit des Gottesvolks. 1982 – Böll war zu diesem Zeitpunkt bereits sechs Jahre kein Mitglied der Kirche mehr – lässt er verlauten: »Zum Körper rechne ich mich noch zugehörig, zur Körperschaft organisierter Deutscher Katholizismus nicht.«[1770] Ihm ging es darum, eine Reform der christlichen Kultur in Europa anzustoßen.

Großen Einfluss auf das Denken Bölls hatte Léon Bloy, Vertreter der aus Frankreich stammenden radikal-konservativen Strömung des *renouveau catholique*. Auch diesem Kreis ging es um eine Erneuerung des Glaubens, wobei man für eine Rückbesinnung auf die Gedanken des Urchristentums eintrat. Bloy, der das Konzept der Armut in seinen Werken verklärte und mit seiner selbstgerechten Deutung des jüdischen Leids in der Welt Rassismus und Antisemitismus schürte, muss aus heutiger Sicht als theologischer Fanatiker bewertet werden.[1771] Seine Institutionenkritik fiel beim jungen Böll dennoch auf fruchtbaren Boden und rückblickend bewertete er seine Bloy-Lektüre als regelrechte »Befreiung«[1772] aus dem engen Korsett des bürgerlich-katholischen Milieus. Zugleich war es die Glorifizierung der Armut, die Böll an Bloy faszinierte. Sein Lektor Dieter Wellers-

1767 Schnell 2017, S. 132.
1768 Vgl. ebd., S. 133.
1769 Ebd., S. 57.
1770 Böll 2010(2), S. 147.
1771 Vgl. Schnell 2017, S. 60 f.
1772 Böll 2010, S. 320.

hoff charakterisierte Bölls Weltsicht, die sich auch immer wieder in seinen Werken widerspiegelt, in Anlehnung daran als »franziskanische Utopie«.[1773]

Ein für den WDR geplanter Film mit dem Titel *Die Sprache der kirchlichen Würdenträger* zeigt, mit welcher Akribie sich Böll dem Thema näherte. Hierin deckt er u. a. die Montage verschiedener Bibelverse durch Kardinal Döpfner auf. Der den Bibelstellen inhärente Verweis auf die Hinfälligkeit von privatem Besitz wurde durch den Kirchenfürsten auf diese Weise suspendiert. Böll sieht hierin eine Manipulation des Gottesvolks, schließlich wurde dem Zitat sein gesellschaftspolitischer Gehalt genommen. Er skizziert das Handeln einer auf Machterhalt abzielenden Institution, die mit der Armut propagierenden Urkirche nichts mehr gemein hat. Als besonders fatal charakterisiert Böll die Entwicklung der katholischen Kirche in Deutschland. Diese habe von der Kollaboration mit den Nazis finanziell profitiert, so ihre hohe Moral preisgegeben und quasi ihre Seele an den Teufel verkauft. Auch nach dem Krieg habe sich dieser Einfluss fortgesetzt.[1774] Der Fall Defregger dient Böll als Beweis für seine These. Matthias Defregger war Weihbischof in München. Als 1969 seine NS-Vergangenheit vom Spiegel aufgedeckt wurde, versuchten führende Bischöfe, die Schuld von ihm abzuweisen. Hierbei handelt es sich für Schubert um »[e]ine Feststellung, die für Böll belegte, dass die Amtskirche weder an ethischen noch an moralischen Fragen interessiert war, sondern ein an reinem Machterhalt orientierter Interessenverband.«[1775] Die Wirkung der katholischen Kirche auf Politik und Gesellschaft in Westdeutschland stuft Böll daher als verheerend ein.

Als zweiter geistiger Vater Bölls muss Werner von Trott zu Solz gelten. Der konservative Revolutionär setzte dem rein kapitalistischen Credo der Wirtschaftswunder-Jahre die Idee eines überkonfessionellen und undogmatischen Christentums entgegen. Bereits zwei Wochen vor der Kapitulation Nazi-Deutschlands hatte er in einer Denkschrift einen auf die christliche Religion sowie die Tradition des Widerstands fußenden Neuanfang gefordert. Er plädierte – so paradox das auch klingen mag – für die Gründung eines neuen Reichs. Dieses sollte aber nicht den Zuschnitt eines klas-

1773 Wellershoff 2007, S. 257.
1774 Vgl. Schnell 2017, S. 68 f.
1775 Schubert 2017, S. 203.

sischen Obrigkeitsstaats erhalten, wie man zunächst meinen möchte. Er intendierte stattdessen eine nationenübergreifende Staatsform. Die Cluniazensische Reform, die den moralischen Verfall der katholischen Kirche im Hochmittelalter umzukehren versuchte, sowie die theologische Programmatik der Arbeiterpriester dienten als geschichtliche Vorlage, der deutsche Widerstand und das Christentum waren demgegenüber die Impulse unmittelbar nach dem Krieg. Doch es sollte anders kommen. Mit dem Primat von Kirche und Familie und der ungebrochenen Macht der Marktwirtschaft wurden die vermeintlich überholten Paradigmen der ersten Hälfte des 20. Jahrhunderts kurzerhand wiederbelebt.[1776]

Als Reaktion darauf beteiligte sich Böll an einem Zeitschriftenprojekt, das den programmatischen Titel *Labyrinth* trug und in das auch Werner von Trott zu Solz involviert war. »Es war der Versuch, inmitten des gesellschaftlichen Labyrinths der 1950er- und 1960er-Jahre einen Ariadnefaden der geistigen Orientierung auszulegen.«[1777] Schnell sieht in Bölls Roman *Ansichten eines Clowns* die literarische Fortschreibung dieses publizistischen Projekts. In seiner Erzählung führt er dem Leser allerdings die Grenzen der Orientierung versprechenden Fäden vor: »Jeder Versuch, die Marionettenfäden wieder zu knüpfen und mich daran hochzuziehen, würde scheitern.«[1778] Der Protagonist Hans Schnier findet sich am Ende des Romans auf der Treppe des Bonner Bahnhofs wieder. Das ihn umgebende karnevalistische Treiben kontrastiert mit seiner persönlichen Situation, denn mit nichts bei sich als der Gitarre und einer letzten Zigarette ist er Sinnbild des tragischen Clowns.

Dass Böll Bonn als Schauplatz seines Romans gewählt hat, ist ganz gewiss kein Zufall, handelt es sich doch um die Hauptstadt der jungen Bundesrepublik. Es repräsentiert zugleich die restaurative Politik der Ära Adenauer.[1779] Das Rheinland als Ort des Geschehens spielt im Gesamtwerk Bölls eine übergeordnete Rolle. Köln, wo Hans und seine Lebensgefährtin Marie ebenfalls eine Zeit lang leben, dient Böll laut Ralf Schnell als Weltmodell, es bildet die gesamtdeutschen Verhältnisse »en miniature«[1780]

1776 Vgl. Schnell 2017, S. 134ff.
1777 Ebd., S. 72.
1778 Böll 2020, S. 236.
1779 Vgl. Schubert 2017, S. 160.
1780 Schnell 2017, S. 85.

ab. Insofern verwundert es nicht, dass auch die Geschichte von *Katharina Blum* in Köln spielt, übrigens ebenfalls just an »Weiberfastnacht«,[1781] schließlich ist das närrische Brauchtum untrennbar mit der Rheinmetropole verbunden. Jenes Verfahren, den mikrokosmischen Blick auf einzelne Städte zu richten, um sie als literarischen Spiegel des großen Ganzen zu inszenieren, zeigt sich in dem 1969 veröffentlichten Essay *Deutsche Meisterschaft*:

> »Im ehrwürdigen Dom meiner Vaterstadt Köln während des Pontifikalrequiems für Konrad Adenauer hielten hohe Offiziere mit Ritterkreuz ohne Hakenkreuz darin die Ehrenwache, in Gegenwart zweier Kardinäle, in Anwesenheit des gesamten diplomatischen Korps, der Präsidenten und Ministerpräsidenten einiger Länder. Es waren alle beieinander, alle dabei, und dieses wohl größte gesellschaftliche Ereignis in der Bundesrepublik Deutschland, die große Trauerfeier mit ihrer phantastischen Regie war, wie verlautet, von Herrn Globke entworfen. Es fehlte nichts: nicht der vielgeschändete Vater Rhein, nicht die Mutter Natur im lieblichen Rheintal, und alle, alle waren einverstanden mit diesen auf eine schizophrene Weise verkratzten Ritterkreuzen der deutschen Gegenwart, aus denen die Vergangenheit herausgekratzt war.«[1782]

Mit jener Beschreibung, die auf den ersten Blick rein sachlich anmutet, stellt Böll die verkrusteten Verhältnisse der BRD an den Pranger. Er thematisiert nicht nur die ungesunde Verbindung zwischen Staat und Kirche, die umfunktionierten Ritterkreuze verweisen auf die in die NS-Zeit reichenden Kontinuitätslinien, die man versäumt hat, zu kappen. Hierfür steht Pars pro toto der Name Globke. Hans Globke, Mitverfasser der Nürnberger Rassengesetze, wurde unter Adenauer Kanzleramtschef und repräsentiert somit wie kein anderer jene Konstanz auf personeller Ebene. Die kitschig anmutende Schilderung offenbart die Linie, die die Bundesrepublik in Sachen Vergangenheitsbewältigung anfänglich verfolgt – statt sich um eine angemessene Aufarbeitung zu bemühen, wird das Ver-

1781 Böll 2020(2), S. 28.
1782 Böll 2008, S. 75.f

gangene verdrängt und die von problematischen Kontinuitäten geprägte Gegenwart erfährt eine Verklärung.

9.1.2 Heinrich Böll: *Ansichten eines Clowns* (1963)

Wenn weiter oben dargelegt wurde, dass der mikrokosmische Blick auf Köln der Veranschaulichung der gesamtgesellschaftlichen Verhältnisse in Deutschland dient, dann handelt es sich hierbei noch nicht um die letzte Vergrößerungsstufe. In Bölls *Clown*-Roman fungiert auch Familie Schnier als Abbild der Gesellschaft im Kleinen, es handelt sich folglich um einen ›Nanokosmos‹ der Gesellschaft.[1783]

Die Schniers sind eine in Bonn ansässige fünfköpfige Familie, Tochter Henriette kommt allerdings in den Wirren des Krieges ums Leben. Dass der Roman dieses Ereignis immer wieder aufgreift, zeigt, wie entscheidend es für die Individuation des Protagonisten ist, was dieser auch selbst thematisiert: »Seit dem Tod meiner Schwester Henriette existieren meine Eltern für mich nicht mehr als solche. [...] Damals hieß es, die jungen Mädchen sollten sich freiwillig zur Flak melden, und Henriette meldete sich, im Februar 1945.«[1784] Gegen Ende des Romans erzählt Hans, wie die Familie einst die Nachricht vom Tod Henriettes erhielt. Im Affekt verbrannte Schnier sämtliche Habseligkeiten der geliebten Schwester im Garten: »Ich spürte zum erstenmal, wie furchtbar die Gegenstände sind, die einer zurückläßt, wenn er weggeht oder stirbt.«[1785] Für Fetscher bedeutet der Tod Henriettes einen Bruch in der Entwicklung des Protagonisten.[1786]

Das Familienmitglied, das abgesehen von Schnier im Roman die genaueste Beschreibung erfährt, ist die Mutter des Clowns. Sie ist die für den Protagonisten prägende Figur, obgleich nicht im positiven Sinne. Schnier selbst reduziert sie immer wieder auf ihre gesellschaftliche Funktion, was belegt, dass keine persönliche Beziehung zwischen Mutter und Sohn besteht: »Meine Mutter ist inzwischen schon seit Jahren Präsidentin des Zentralkomitees der Gesellschaften zur Versöhnung rassischer Gegensätze [...].«[1787] Die Fragwürdigkeit des Charakters der Mutter macht Hans,

1783 Vgl. Meiser 2020, S. 256.
1784 Böll 2020, S. 22 f.
1785 Ebd., S. 254.
1786 Vgl. Fetscher 1985, S. 214.
1787 Böll 2020, S. 30.

der die »mystische Eigenschaft«[1788] besitzt, durchs Telefon riechen zu können, an ihrer Geruchlosigkeit fest: »Übrigens hatte sie gerochen, wie sie immer gerochen hat: nach nichts.«[1789]

Für Schniers Entscheidung, aus dem Elternhaus auszubrechen, führt Bernd Balzer drei mögliche Gründe an: Die grenzenlose Bigotterie der für die Versöhnung rassischer Gegensätze tätigen Mutter ist sicherlich der Gewichtigste.[1790] Henriettes Entscheidung, sich zum Dienst an der Flak zu melden, kommentiert die Mutter am heimischen Esstisch folgendermaßen: »›Du wirst doch einsehen, daß jeder das Seinige tun muß, die jüdischen Yankees von unserer heiligen deutschen Erde wieder zu vertreiben.‹«[1791] Die spätere Präsidentin des Zentralkomitees offenbart an dieser Stelle also ihre tiefe antisemitische Gesinnung, der sie sogar bereit ist, ihre einzige Tochter zu opfern. Dass sie sich später für das genaue Gegenteil einsetzt, ist laut Fetscher Ausdruck ihrer Anpassungsstrategie, was zugleich für Prinzipienlosigkeit und somit für einen mangelhaften Charakter spricht.[1792] Böll entlarvt die Paradoxie der Familientradition, in der die Mutter steht, durch Satire:

> »Diese Besorgnis um die heilige deutsche Erde ist auf eine interessante Weise komisch, wenn ich mir vorstelle, daß ein hübscher Teil der Braunkohlenaktien sich seit zwei Generationen in den Händen unserer Familie befindet. Seit siebzig Jahren verdienen die Schniers an den Wühlarbeiten, die die heilige deutsche Erde erdulden muß: Dörfer, Wälder, Schlösser fallen vor den Baggern wie die Mauern Jerichos.«[1793]

Die vermeintliche Sakralität des deutschen Bodens offenbart sich als Contradictio in adiecto, was zum zweiten Grund für den Ausbruch des Clowns überleitet. Laut Balzer handelt es sich um die Geldgier, die bei den Schniers bereits pathologische Züge trägt.[1794] So heißt es über die

1788 Ebd., S. 13.
1789 Ebd., S. 36.
1790 Vgl. Balzer 1980, S. 53.
1791 Böll 2020, S. 24.
1792 Vgl. Fetscher 1985, S. 214.
1793 Böll 2020, S. 25.
1794 Vgl. Balzer 1980, S. 53.

Mutter: »Obwohl meiner Mutter privates Bankkonto einen sechsstelligen Saldo zu ihren Gunsten aufweist, laufen die Rechnungen fürs Telefon (und natürlich die Reisespesen nach Amsterdam und anderswohin) aufs Konto des Zentralkomitees.«[1795] Das Denken und Handeln der Braunkohlemagnaten wird durchweg von Geiz bestimmt, sodass es der Vater noch nicht einmal über sich bringt, dem in finanzielle Schieflage geratenen Sohn mit einer Geldspritze auszuhelfen. Die Schniers unterscheiden zwischen konkretem Geld, das dem Ausgeben dient, und abstraktem Geld, das in »Tabernakeln«[1796] verschlossen ist und sich jeglichem Zugriff entzieht. Aus dieser Differenzierung resultiert die Unfähigkeit des Vaters, seinem Sohn Geld zu geben:

> »In seinen Augen las ich es: er konnte sein Geld nicht einem Clown geben, der mit Geld nur eins tun würde: es ausgeben, genau das Gegenteil von dem, was man mit Geld tun mußte. Und ich wußte, selbst wenn er mir eine Million gegeben hätte, ich hätte sie ausgegeben, und Geldausgeben war für ihn gleichbedeutend mit Verschwenden.«[1797]

Als letzten Grund für den Bruch Schniers mit der Familie nennt Balzer die bildungsbürgerlichen Sozialvorstellungen, die die Eltern ihrem Sohn aufzuoktroyieren suchen.[1798] Auch hier kann sich der Clown eine sarkastische Äußerung nicht verkneifen:

> »Diese ›Er-muß-aber-doch-das-Abitur-machen‹-Vorstellung ist eigentlich eine Sache, deren sich das Zentralkomitee der Gesellschaften zur Versöhnung rassischer Gegensätze einmal annehmen sollte. Es ist tatsächlich eine Rassenfrage: Abiturienten, Nichtabiturienten, Lehrer, Studienräte, Akademiker, Nichtakademiker, lauter Rassen.«[1799]

Die drei von Balzer angeführten Aspekte zusammen – Bigotterie, Habsucht und Bildungszwang – lassen in Schnier den Entschluss reifen, dem

1795 Böll 2020, S. 32.
1796 Ebd., S. 191.
1797 Ebd., S. 190.
1798 Vgl. Balzer 1980, S. 53.
1799 Böll 2020, S. 40.

Elternhaus den Rücken zu kehren. Als Eltern sieht er seine Erzeuger ohnehin nicht an, er bezeichnet sie abwertend als »Heimleiterehepaar«.[1800] Die Beziehungslosigkeit manifestiert sich bereits auf rein verbaler Ebene, Eltern und Kinder haben einander nichts zu sagen – ein, wie Schnier feststellt, generelles Problem seiner Zeit: »Würde einer auf die Idee kommen, das Vokabularium, das die meisten Eltern im Gespräch mit ihren Kindern verwenden, einmal zu testen, würde er feststellen, daß das Vokabularium der Bild-Zeitung, damit verglichen, fast das Wörterbuch der Brüder Grimm wäre.«[1801]

Elternersatz für Hans ist Herr Derkum, Maries Vater, denn mit ihm weiß sich der Protagonist zu unterhalten. Der angebliche Kommunist wird nicht müde, seinem Zögling »Hegel und Marx zu erklären«.[1802] Als Schnier seinem Mentor beichtet, mit seiner Tochter geschlafen zu haben, bricht der alte Derkum in Tränen aus: »Er weinte. Ich beugte mich über die Theke und küßte ihn auf die Wange. Er ist der einzige Mann, den ich je geküßt habe.«[1803] Die enge Bindung ist aber nicht nur der Ideologie geschuldet, der Maries Vater anhängt und deren Gedankengut Schnier fasziniert. Es ist vielmehr der Charakter des Alten, den Hans bewundert bzw. der Umstand, dass er überhaupt einen Charakter hat. Gegenüber dem ebenfalls scheinheiligen Geistlichen Sommerwild betont er dies mit Nachdruck: »›Ohne Herrn Derkum wäre unsere gute, alte, so fromme Stadt noch dreckiger, er ist wenigstens kein Heuchler.‹«[1804]

Trotz der Beziehung zu Maries Vater scheitert Schnier an der eigenen Charakterbildung. Der Kontakt zur Vaterfigur Derkum kommt entweder zu spät oder er währt nicht lange genug. Anzeichen für die nicht abgeschlossene Individuation des Protagonisten ist die ihn kennzeichnende Infantilität: Hans gibt zu, jene Filme besonders gern zu sehen, »die für Sechsjährige zugelassen sind«.[1805] Ferner erfreut er sich an den »Mensch-ärgere-Dich-nicht-Spielen«[1806] mit Marie. Beidem scheint Marie im Lau-

1800 Ebd., S. 54.
1801 Ebd., S. 244.
1802 Ebd., S. 41.
1803 Ebd., S. 69.
1804 Ebd., S. 93.
1805 Ebd., S. 104.
1806 Ebd., S. 112.

fe der Erzählung zu entwachsen, während Hans im Stadium der Kindlichkeit verharrt.

Ein weiteres Indiz für die nicht ausgebildete Persönlichkeit des Protagonisten ist die innere Gespaltenheit, die sich vorrangig in seinem ambivalenten Verhältnis zum Glauben ausdrückt. Diffamierungen wie »mieser christlicher Vogel«[1807] und »ekelhafte Katholiken«[1808] stehen einer Vorliebe für christliche Glaubenspraktiken gegenüber.[1809] Hierfür bildet interessanterweise die Badewanne den bevorzugten Ort des Geschehens: »In der Badewanne lese ich Zeitungen, lauter unseriöse, bis zu sechs, mindestens aber drei, und singe mit mäßig lauter Stimme ausschließlich Liturgisches: Choräle, Hymnen, Sequenzen, die mir noch aus der Schulzeit in der Erinnerung sind.«[1810] Zuweilen ist Marie an diesen religiösen Ergüssen Schniers aktiv beteiligt: »Auch in der Badewanne fehlte mir Marie. Sie hatte mir manchmal vorgelesen, wenn ich in der Wanne lag, vom Bett aus, einmal aus dem Alten Testament, die ganze Geschichte von Salomon und der Königin von Saba, ein anderes Mal den Kampf der Machabäer […].«[1811] Die vermeintliche Sympathie, die Hans für den Katholizismus hegt, erfährt in der Kölner Zeit ihren Höhepunkt. Der dortige Kaplan, Heinrich Behlen, gestattet Hans, im Pfarrsaal seine Clownerien zu üben. Schnier entwickelt auf diese Weise eine Beziehung zum katholischen Glauben und besucht mit Marie sogar hin und wieder die Messe. Der Protagonist fühlt sich vermutlich zum ersten Mal in seinem Leben zu etwas zugehörig: »[…] ich hatte einige Male das Gefühl, dazuzugehören zu dieser stillen traurigen Versammlung von Hinterbliebenen einer Sache, die in ihrer Ohnmacht großartig wirkte.«[1812]

Doch auch dieses vordergründig positive Bild wird einer Relativierung unterzogen. Kaplan Behlen wird von seinem Pfarrer gerügt, es mit Hans und Marie zu gut zu meinen. Die Nächstenliebe des Kaplans, so der Pastor, gehe über das gebotene Maß hinaus. Indem das Doppelgebot der Liebe – Kern der christlichen Glaubenslehre – von der Kirche selbst

1807 Ebd., S. 14.
1808 Ebd., S. 100.
1809 Vgl. Balzer 1997, S. 262.
1810 Böll 2020, S. 8.
1811 Ebd., S. 125.
1812 Ebd., S. 173.

einschränkend ausgelegt wird, entpuppt sich die Hüterin der Moral als scheinheilig. Aber nicht nur der Kirche fehlt es an Liebe zum Nächsten. Als der in finanzieller Bredouille befindliche Hans seinen Bruder Leo nach der Telefonnummer Heinrich Behlens fragt, erzählt dieser ihm, Behlen habe seinen Dienst quittiert, um mit einer Frau zusammenzuleben. Die Antwort Schniers, die Leo wegen ihrer »kaltschnäuzige[n] Art«[1813] verurteilt, folgt prompt: »›Na gut […] dann fällt er vorläufig für mich aus.‹«[1814]

Das temporäre ›Paktieren‹ mit den Katholiken ist für ihn bloß Mittel zum Zweck. Es verdeckt den eigentlichen Atheismus Schniers zwischenzeitig und ist zugleich Ausdruck seiner Egomanie. Diese äußert sich besonders deutlich im Verhältnis zu Marie: »Ich war einundzwanzig, sie neunzehn, als ich eines Abends einfach auf ihr Zimmer ging, um mit ihr die Sachen zu tun, die Mann und Frau miteinander tun.«[1815] Die Eroberung Maries stellt in den Augen Katharina Meisers einen Akt der Nötigung dar. Schnier handelt aus rein egoistischen Motiven heraus, es geht ihm lediglich um die Erfüllung seiner persönlichen Triebe. Dieses Verhalten zusammen mit seinem Atheismus lässt ihn, so Meiser, in die Tradition des Narren als Gottesleugner rücken. Er hält den Spiegel nicht seinem Gegenüber vor, denn aufgrund seiner Selbstverliebtheit wird er nicht müde, sich selbst darin zu betrachten.[1816]

9.1.2.1 Hans Schnier – Clown oder Marionette?

Katharina Meiser interpretiert die Figur des Clowns in Bölls *Ansichten* als Kontrafaktur des Helden im Bildungsroman. Er verweigert sich nicht nur dem von den Eltern diktierten Bildungsweg; die Vorstellung, Identität sei an den Bildungsgrad einer Person geknüpft, hält er zudem für inhuman.[1817]

Bölls Clown ist laut Günter Wirth ein Grenzgänger, und das in gleich mehrfacher Hinsicht. Als Clown überschreitet er die Norm menschlicher Existenz. Als Bettler, der einer Unternehmerfamilie entstammt, bricht er mit den für ihn vorgesehenen sozialen Verhältnissen. Durch den vorehelichen Beischlaf mit Marie unterläuft er die moralischen Standards seiner

1813 Ebd., S. 266.
1814 Ebd.
1815 Ebd., S. 39.
1816 Vgl. Meiser 2020, S. 259 f.
1817 Vgl. ebd., S. 257.

Zeit. Und zuletzt handelt es sich bei dem der evangelischen Kirche angehörenden Atheisten, der mit einer Katholikin in ›wilder Ehe‹ lebt, um einen Grenzgänger, der die ideologischen Gräben zwischen den Konfessionen zu unterminieren weiß.[1818]

Für Wirth zeichnet Böll mit seinem Protagonisten weniger das Bild eines klassischen Clowns, Hans Schnier ist für ihn vielmehr ein Beispiel für die von der Bibel begründete Narrentradition. Im ersten Brief des Paulus an die Korinther heißt es: »Keiner täusche sich selbst. Wenn einer unter euch meint, er sei weise in dieser Welt, dann werde er töricht, um weise zu werden.«[1819]

Aber wird Hans Schnier als Clown weise? Klaus Jeziorkowski charakterisiert Bölls Protagonisten als Mittelpunkt einer Windrose, sämtliche Beziehungen sind kreisförmig um ihn herum angeordnet. Dabei, so Rolf Müller, vertauscht Böll die klassische Rollenkonstellation: Während der Clown in der Regel Objekt des Publikums ist, lässt Böll ihn in seinem Roman zum Subjekt werden, das sich seine Zuschauer zum Objekt macht. Schnier durchläuft also den Prozess einer Selbstermächtigung. Dadurch aber, dass das Publikum für den Clown stets Objekt bleibt, kann keine Ich-Du-Beziehung entstehen und der Protagonist macht sich selbst zum Außenseiter.[1820]

Seiner persönlichen Ausweglosigkeit scheint sich Hans bewusst zu sein: »Für einen Clown gibt es, wenn er sich den fünfzig nähert, nur zwei Möglichkeiten: Gosse oder Schloß.«[1821] ›Schloß‹ bedeutet in dem Falle Anpassung, repräsentiert es doch die Option, in die elterlichen Fußstapfen zu treten. Die ›Gosse‹ als Alternative impliziert die dem Protagonisten bewusste Eventualität des Scheiterns. Durch den Fortgang Maries erfährt sie ihre Realisierung. Marie hat das geschafft, dem sich der Clown bis zuletzt verweigert – Sozialisation.[1822]

Muss auch dies als der Egomanie des Protagonisten geschuldete Verblendung abgetan werden? Schnier fühlt sich durch das Sakrament der Ehe seiner Freiheit beraubt, das hierzu notwendige Bekenntnis bedeutet

1818 Vgl. Wirth 1976, S. 60.
1819 1 Kor 3,18.
1820 Vgl. Müller 1994, S. 28 ff.
1821 Böll 2020, S. 13.
1822 Vgl. Müller 1994, S. 40.

für ihn Zwang. Als Kontrastfolie führt der Roman die Figur des Katholiken Heribert Züpfner ein, der den von Böll so abgelehnten politischen Katholizismus repräsentiert.[1823] Die Doppelmoral, die die katholische Kirche in Bezug auf die Ehe vertritt, ist in den *Ansichten* omnipräsent. Bei einer Zusammenkunft des Protagonisten mit einigen namhaften Katholiken erzählt Prälat Sommerwild die Geschichte von einem katholischen Autor, der lange mit einer geschiedenen Frau liiert war, ohne sie zu heiraten. Als er schließlich doch den Entschluss fasste, sie zu ehelichen, sagte ein hoher Geistlicher zu ihm: »›Aber mein lieber Besewitz, konnten Sie's denn nicht beim Konkubinat belassen?‹«[1824] Schnier, der selbst mit Marie im von der Kirche allgemein nicht geduldeten Konkubinat lebt, ist über die Geschichte verärgert und erzählt von seinen eigenen Erlebnissen. Ein Arbeiter namens Frehlingen habe ebenfalls mit einer geschiedenen Frau zusammengelebt und ihre drei Kinder mitversorgt.

> »Zu Frehlingen war eines Tages der Pfarrer gekommen und hatte ihn mit ernster Miene und unter gewissen Drohungen aufgefordert, ›dem unsittlichen Treiben ein Ende zu setzen‹, und Frehlingen, der ziemlich fromm war, hatte die hübsche Frau mit ihren drei Kindern tatsächlich fortgeschickt.«[1825]

Die süffisante Antwort Sommerwilds treibt die Paradoxie dieser Diskussion auf die Spitze: »›Aber Herr Schnier, Sie wollen doch die beiden Fälle nicht miteinander vergleichen?‹«[1826] De facto sind beide Fälle identisch gelagert, mit einem Unterschied: Während es sich bei dem Schriftsteller um eine Person von Rang handelt, ist Frehlingen Teil der anonymen Masse der Arbeiterschaft. Der eine erfährt Vergünstigungen, der andere wird zur Auflösung der offiziell nicht statthaften Liaison gezwungen. Der Clown entlarvt die Praxis, mit zweierlei Maß zu messen, die die Kirche als Hüterin der Moral betreibt. Die Existenz von Wahrheit wird auf diese Weise negiert.

1823 Vgl. Schubert 2017, S. 161.
1824 Böll 2020, S. 94.
1825 Ebd., S. 95.
1826 Ebd.

»Indem er [Schnier] die Weltanschauungen derart relativiert und damit ihren floskelhaften Wert bloßlegt, der durch die ständige Benutzung schon wieder abgestumpft worden ist, setzt er sie der Lächerlichkeit aus; und damit etwas, was ernsthafte Ideologen am wenigsten ertragen können.«[1827]

»Ich bin ein Clown, offizielle Berufsbezeichnung: Komiker, keiner Kirche steuerpflichtig […].«[1828] So beschreibt sich Hans Schnier gleich zu Beginn des Romans selbst. Der Clown bedarf, um sich über Dinge lustig machen zu können, zunächst der Distanz – Distanz zum Objekt seiner Kritik und Distanz zu seiner Rolle, die ihn überhaupt erst befähigt, Kritik zu üben: »Früher streckte ich mir immer, bevor ich mit dem Training begann, die Zunge heraus, um mir mich erst einmal ganz nahe zu bringen, bevor ich mich mir wieder entfremden konnte.«[1829] Einer Gefahr sieht sich der Clown dabei stets ausgesetzt: Wenn er anfängt, sich mit seiner Rolle zu identifizieren, wird der Clown zur Marinonette.[1830]

Rolf Müller stellt hier eine Verbindung zu Kleists Aufsatz *Über das Marionettentheater* her. Schnier selbst verweist auf dieses Werk, indem er sich mit einer »Kleistsche[n] Marionette«[1831] vergleicht. Bei dem Aufsatz handelt es sich offenbar um die Verarbeitung persönlicher Erlebnisse Kleists. 1810 kehrte er hoffnungsvoll nach Berlin zurück. Ihm war eine Anstellung im Staatsdienst in Aussicht gestellt worden und seine Stücke sollten am Königlichen Nationaltheater inszeniert werden. Die restriktive Politik des Staatskanzlers von Hardenberg verhinderte allerdings die angestrebte Beamtenlaufbahn und Iffland empfand die Werke Kleists für seine Theaterkonzeption als ungeeignet. Kleist vermutete Dirigismus hinter diesen Entscheidungen und übte offen Kritik an der staatlichen Einflussnahme. Hardenberg wiederum reagierte darauf mit Zensurmaßnahmen, sodass die vormals offene Kritik fortan nur noch in indirekter Form mög-

1827 Müller 1994, S. 43.
1828 Böll 2020, S. 8.
1829 Ebd., S. 156.
1830 Vgl. Müller 1994, S. 44.
1831 Böll 2020, S. 179.

lich war. Kleists Abhandlung *Über das Marionettentheater* muss vor dem Hintergrund dieser Ereignisse gesehen werden.[1832]

Der Aufsatz erklärt den Mechanismus, der für die Bewegungen der Marionetten sorgt: »Jede Bewegung, sagte er, hätte einen Schwerpunct; es wäre genug, diesen, in dem Innern der Figur, zu regieren; die Glieder, welche nichts als Pendel wären, folgten, ohne irgend ein Zuthun, auf eine mechanische Weise von selbst.«[1833] Es ist zunächst ein äußerer Impuls, der den Anstoß zur Bewegung gibt. Kleist fährt aber fort, dass sich die Puppe von jenem Impuls ausgehend verselbständigt:

> »Er setzte hinzu, daß diese Bewegung sehr einfach wäre; daß jedesmal, wenn der Schwerpunct in einer graden Linie bewegt wird, die Glieder schon Courven beschreiben, und daß oft, auf eine bloß zufällige Weise erschüttert, das Ganze schon in einer Art rhythmische Bewegung käme, die dem Tanz ähnlich wäre.«[1834]

Von besonderem Interesse ist in diesem Zusammenhang die Beziehung zwischen Puppe und Puppenspieler. Kleist stellt die Frage, ob der Spieler tanzen können muss, um seine Marionette tanzen zu lassen:

> »Er erwiederte [...] die Linie, die der Schwerpunct zu beschreiben hat, wäre zwar sehr einfach und, wie er glaube, in den meisten Fällen, gerad. [...] Dagegen wäre diese Linie wieder, von einer anderen Seite, etwas sehr Geheimnisvolles. Denn sie wäre nichts anders, als der Weg der Seele des Tänzers; und er zweifle, daß sie anders gefunden werden könne, als dadurch, daß sich der Maschinist in den Schwerpunct der Marionette versetzt, d. h. mit andern Worten, tanzt.«[1835]

Die Unterscheidung, die Kleist hiermit indirekt vornimmt, ist die zwischen Bewusstsein und Bewusstlosigkeit. Natürliche Bewegungen entstehen stets unbewusst, nur sie haben das, was Kleist als »Grazie«[1836] bezeichnet.

1832 Vgl. Beil 2013, S. 152f.
1833 Kleist 2013, S. 9f.
1834 Ebd., S. 10.
1835 Ebd.
1836 Ebd., S. 15.

Jenes Stadium ist allein durch die Rückkehr zur »Unschuld«[1837] zu erreichen. Indem Schnier sich den gesellschaftlichen Konventionen und Traditionen konsequent verweigert, nähert er sich sukzessive dem Stadium der Unschuld.[1838] Das zunächst kryptisch anmutende Motto des Romans wird vor diesem Hintergrund verständlich: »Die werden es sehen, denen von Ihm noch nichts verkündet ward, und die verstehen, die noch nichts vernommen haben.«[1839]

Distanz ist das Patentrezept des Clowns. So nimmt Schnier auch Abstand von den diversen Rollen, die einem Individuum im Laufe seines Sozialisationsprozesses übergestülpt werden. Als Kontrastfolie zu dieser Strategie dient abermals Frau Schnier, die ihren jeweiligen gesellschaftlichen Rollen entsprechend über verschiedene Telefonanschlüsse verfügt: »Meine Mutter hatte [...] zwei Telefone: ein schwarzes fürs Zentralkomitee der Gesellschaften zur Versöhnung rassischer Gegensätze und ein weißes für Privatgespräche.«[1840] Als Hans seine Mutter anruft, verwechselt das Telefonmädchen die beiden Anschlüsse miteinander. Plötzlich mit Frau Schnier in ihrer Funktion als Komiteepräsidentin verbunden zu sein, bringt den Clown kurzzeitig aus der Fassung, doch die Reaktion folgt auf dem Fuß: »›Hier spricht ein durchreisender Delegierter des Zentralkomitees jüdischer Yankees, verbinden Sie mich bitte mit Ihrer Tochter.‹«[1841]

Rolf Müller sieht auch hierin eine Strategie des Clowns: Er bedient sich bewusst des Gestus seiner Mutter und verhindert durch die parodistische Übertreibung, das verhasste Verhalten selbst zu verinnerlichen.[1842] Zugleich muss er aber einsehen, dass sein Vorhaben, durch Kritik die Menschen von ihren Fehlern zu befreien, vergeblich ist. Aus dieser Erkenntnis resultiert die Melancholie des Clowns Hans Schnier.[1843]

Müller vergleicht den »clowneske[n] Verfremdungseffekt«[1844] mit Brechts Epischem Theater, das darauf beruht, einen Gegenstand fremd

1837 Ebd., S. 17.
1838 Vgl. Müller 1994, S. 47.
1839 Böll 2020, S. 6.
1840 Ebd., S. 32.
1841 Ebd.
1842 Vgl. Müller 1994, S. 50.
1843 Vgl. ebd., S. 58.
1844 Ebd., S. 60.

erscheinen zu lassen, indem man ihn seiner gewohnten Umgebung beraubt. Müller macht allerdings auch den entscheidenden Unterschied zwischen Brecht und Böll aus:

> »Während Brecht durch die Verfremdung darstellen wollte, daß die Welt als veränderbar verstanden werden muß, und daß der Glaube an zeitlose, ›ewige‹ Verhältnisse ein Irrglaube ist, liegt die satirische Verwechslung im Wesen des Clowns [...] Brecht ging es um die historische Einordnung der Gegenstände und Ereignisse, dem Clown Hans Schnier um das Loslösen von der Kausalität und ihren Gesetzen.«[1845]

Auf die Frage hin, was er eigentlich für ein Mensch sei, antwortet Schnier seinem Bruder Leo: »›Ich bin ein Clown [...] und sammle Augenblicke.‹«[1846] Es geht ihm nicht um das große Ganze, sondern – und hierin äußert sich erneut die Egozentrik des Protagonisten – um die persönliche, augenblickhafte Trieberfüllung im Spiel. Das Phantasieren stellt für ihn ein Mittel der Alltagsflucht dar. Die Häufigkeit, mit der er sich dieses Mittels bedient, hat zur Folge, dass Fiktion und Realität verschmelzen und der Grenzgänger Schnier bei seiner Gratwanderung ins Straucheln gerät. »Diese Schizophrenie läßt sein Ich fragil werden und trägt zum Scheitern bei, weil das ständige Wechselspiel zwischen Einbildung und ziviler Existenz seine Identität verwischt.«[1847]

Die Ambivalenz des Clowns Hans Schnier ist unübersehbar. So fallen auch die Bewertungen der Figur ganz unterschiedlich aus. Katharina Meiser ist der Auffassung, dass Bölls Held das erstrebenswerte Stadium des weisen Narren nicht erreicht, da seine Ansichten – darauf verweist bereits der Titel – rein subjektiv und daher unreflektiert sind. Günter Wirth ist anderer Meinung, was er v. a. an dem Gespräch zwischen Schnier und Prälat Sommerwild festmacht. Hierin stellt der Clown seinem Gegenüber eine entscheidende Frage: »›Aber in ihrer Heiligen Schrift steht doch die Sache von dem reinen, klaren Wasser – warum schenken Sie das nicht aus?‹«[1848]

1845 Ebd.
1846 Böll 2020, S. 268.
1847 Müller 1994, S. 62.
1848 Böll 2020, S. 140.

Der bekennende Atheist Hans Schnier beruft sich in seiner Argumentation auf die Bibel, um die kirchliche Auslegung des Sakraments der Ehe zu hinterfragen. Wirth erkennt in der hier dargelegten Diskussion das zentrale Thema des Romans – die Dialektik zwischen Natur und Übernatur. Dadurch aber, dass Jesus Christus als zugleich göttliches und menschliches Wesen gedacht wird, ist die Übernatur Teil der Natur, d. h. auch der klassische Leib-Seele-Dualismus wird mittels jener argumentativen Engführung aufgelöst. Der weise Narr Hans Schnier hält Prälat Sommerwild als Repräsentant der Ordnung auf diese Weise den Spiegel vor und betreibt zugleich eine pädagogische Unterrichtung des Lesers.[1849] Wilfried van der Will hat den Böll'schen Clown daher als »weltlichen Heiligen«[1850] bezeichnet. Die Wirksamkeit seiner Kritik erweist sich allerdings als begrenzt, sodass die Bezeichnung ›Utopist‹ wohl zutreffender ist.[1851]

9.1.2.2 Der Clown als Utopist

»Ich glaube, es gibt niemanden auf der Welt, der einen Clown versteht [...].«[1852] Mit dieser Erkenntnis verbalisiert Hans Schnier sein Grundproblem. Er differenziert zwischen dem Clown als Einzelperson und der Welt, gedacht als Kollektiv der Anderen. Die Welt versteht den Clown nicht, umgekehrt ist aber auch davon auszugehen, dass der Clown die Welt nicht versteht. Es kommen zwar Interaktionen zwischen beiden Sphären zustande, wirkliche Kommunikation findet aber nicht statt. Schnier ließe sich als moderner Hamlet bezeichnen, auch er schwankt zwischen Sein und Nichtsein, denn seine Sprachlosigkeit macht den Clown zum Außenseiter. Eine Existenz in der Gemeinschaft ist ihm daher verwehrt. Was ihm bleibt, ist die Flucht in die Utopie, wo er in der Lage ist, sich zumindest imaginär als Selbst zu realisieren.

Laut Lee-Seob Kim setzt sich das Utopische in Bölls Roman aus vier Teil-Utopien zusammen: Über den Hang des Protagonisten zum Kindlichen wurde weiter oben bereits diskutiert. Die kindliche Existenz verlangt ihm Bewunderung ab, den Verlust der Kindheit in Folge des unab-

1849 Vgl. Wirth 1976, S. 66 f.
1850 Will 1967, S. 11.
1851 Vgl. Müller 1994, S. 67.
1852 Böll 2020, S. 104.

wendbaren Heranwachsens eines jeden Individuums empfindet er als tragisch.[1853] Im Roman erfährt das Kindliche eine regelrechte Sakralisierung. Schnier beschreibt, wie er einen Jungen am Bahnhof beobachtet:

> »Ich sah den kleinen Jungen von links die Straße heraufkommen, auf den Bahnhofsplatz zu, er war klatschnaß und hielt im strömenden Regen seine Schulmappe offen vor sich hin. Er hatte den Deckel der Tasche nach hinten geschlagen und trug die Tasche vor sich her mit einem Gesichtsausdruck, wie ich ihn auf Bildern von den Heiligen Drei Königen gesehen habe, die dem Jesuskind Weihrauch, Gold und Myrrhe hinhalten. Ich konnte die nassen, fast schon aufgelösten Buchumschläge erkennen. Der Gesichtsausdruck des Jungen erinnerte mich an Henriette. Hingegeben, verloren und weihevoll.«[1854]

Die Kindheit wird aufgrund der vielen religiösen Bilder, die hier aufgerufen werden, einem paradiesischen Zustand gleichgesetzt. Die Geburt des Jesus*kindes* und die damit verbundene Erlösung von aller Schuld ermöglicht die Rückkehr in den verloren geglaubten Garten Eden.[1855]

Heimat ist die zweite Teil-Utopie, die für den Protagonisten von Bedeutung ist. Er fühlt sich dem Rheinland verbunden und vermisst die rheinische Mentalität, wenn er sich für längere Zeit anderswo aufhält: »Manchmal sehne ich mich danach, Rheinisch zu hören, so sehr, daß ich von irgendeinem Hotel aus eine Bonner Telefondienststelle anrufe, um diese vollkommen unmartialische Sprache zu hören, der das R fehlt, genau der Laut, auf dem militärische Disziplin hauptsächlich beruht.«[1856] Heimatgefühl, so Kim, wirkt Entfremdung, Isolation und Verlorenheit entgegen, stiftet Identität und bietet in einer sich immer weiter beschleunigenden Welt Orientierung.[1857]

Da sich Traum und Utopie ohnehin sehr ähnlich sind, liegt es nahe, das Phantasieren als die dritte für Schnier bedeutsame Teil-Utopie zu benennen. Kim sieht hierin eine »Wiederversöhnung des einzelnen mit

1853 Vgl. Kim 1994, S. 144.
1854 Böll 2020, S. 129.
1855 Vgl. Kim 1994, S. 146.
1856 Böll 2020, S. 70.
1857 Vgl. Kim 1994, S. 151.

dem Ganzen«.[1858] Phantasie ermöglicht es, die Wirksamkeit von Beschränkungen zeitweise aufzuheben und führt auf diese Weise zu temporärer Freiheit. Im Roman ist es v. a. Henriette, die dieses Prinzip verinnerlicht zu haben scheint:

> »Ich fragte sie einmal, woran sie denke, wenn es über sie käme, und sie sagte: ›Weißt du es wirklich nicht?‹ – ›Nein‹, sagte ich, und sie sagte leise: ›An nichts, ich denke an nichts.‹ Ich sagte, man könne doch gar nicht an nichts denken, und sie sagte: ›Doch, das kann man, ich bin plötzlich ganz leer und doch wie betrunken, und ich möchte am liebsten auch noch die Schuhe abwerfen und die Kleider – ohne Ballast sein.‹ Sie sagte auch, es sei so großartig, daß sie immer darauf warte, aber es käme nie, wenn sie darauf warte, immer ganz unerwartet, und es sei wie eine Ewigkeit.«[1859]

Die letzte Teil-Utopie ist die auf den ersten Blick banalste unter den hier genannten – es ist die Utopie des Alltäglichen.[1860] Nach der ersten Nacht mit Marie träumt Hans davon, sein künftiges Dasein als Krämer in Derkums Laden zu fristen:

> »Ich wäre am liebsten hier geblieben und hätte bis an mein Lebensende Bonbons und Sütterlinhefte verkauft, mich abends mit Marie oben ins Bett gelegt und bei ihr geschlafen, richtig geschlafen bei ihr, so wie die letzten Stunden vor dem Aufstehen mit den Händen unter meinen Achseln. Ich fand es furchtbar und großartig, diesen Alltag, mit Kaffeetopf und Brötchen und Maries verwaschener blauweißer Schürze über dem grünen Kleid, und mir schien, als sei nur Frauen der Alltag so selbstverständlich wie ihr Körper.«[1861]

Jene Glorifizierung des Kleinbürgertums mag irritieren, hatte Schnier doch zeitlebens versucht, die großbürgerlichen Prinzipien der Eltern zu

1858 Kim 1994, S. 155.
1859 Böll 2020, S. 112.
1860 Vgl. Kim 1994, S. 159.
1861 Böll 2020, S. 56 f.

bekämpfen. Die Lösung dieses Paradoxons heißt Marie. Liebe, so Lee-Seob Kim, bedeutet, die Abscheu gegen die gesellschaftliche Alltäglichkeit zu überwinden, sie ermöglicht die persönliche Begegnung zwischen Ich und Du.[1862] Das Du namens Marie verkörpert die markanten Einschnitte im Leben Schniers. Die Liaison mit ihr gibt ihm die Kraft, mit dem verhassten Elternhaus zu brechen. Wie essentiell sie in der Folge für ihn ist, räumt er gegenüber seinem Vater ein: »›Aber ich will meine Seele nicht verlieren, ich will sie wiederhaben.‹«[1863] Auf die Frage des Vaters hin, wo seine Seele denn sei, antwortet Hans, sie befinde sich in Rom – zu diesem Zeitpunkt der Aufenthaltsort Maries, er setzt sie also seiner Seele gleich.

In all seiner Unsicherheit vermag Marie dem Clown Halt zu geben. Für den sich stets fremd fühlenden Außenseiter ist sie Heimat. Die Szene, in der sich Schnier im Spiegel betrachtet, macht dies besonders deutlich:

> »Ich vergaß einfach, daß ich es war, dessen Gesicht ich da im Spiegel sah, drehte den Spiegel um, wenn ich mit dem Training fertig war, und wenn ich später im Laufe des Tages zufällig im Vorübergehen in einen Spiegel blickte, erschrak ich: das war ein fremder Kerl in meinem Badezimmer, auf der Toilette, ein Kerl, von dem ich nicht wußte, ob er ernst oder komisch war, ein langnasiges, blasses Gespenst – und rannte, so schnell ich konnte, zu Marie, um mich in ihrem Gesicht zu sehen.«[1864]

Die Blässe deutet auf die Substanzlosigkeit des Protagonisten hin, der für sich genommen eine leblose Hülle ist. Erst die Interaktion mit Marie gibt ihm ein Gesicht, sie macht ihn zu einem Ich, das allerdings nur auf der Projektionsfläche des Du existieren kann. Mit dem Fortgang Maries zerbricht dieses ohnehin fragile Selbst und Schnier fällt in das Stadium der Leblosigkeit zurück. Der Spiegel dient ihm erneut als Instrumentarium, sein Schicksal zu erkennen: »Ich ging vom Spiegel weg; es gefiel mir zu gut, was ich dort sah, ich dachte keinen Augenblick daran, daß ich selbst

1862 Vgl. Kim 1994, S. 163.
1863 Böll 2020, S. 166.
1864 Ebd., S. 157.

es war, den ich sah. Das war kein Clown mehr, ein Toter, der einen Toten spielte.«[1865]

Die Todes-Symbolik am Ende des Romans korrespondiert laut Meiser mit dem Vanitas-Motiv, das der mittelalterliche Narr repräsentiert. Er hält seiner Lebenswelt den Spiegel vor und entlarvt auf diese Weise die Narrheit seines Gegenübers. De facto verfügen die von Schnier kritisierten Menschen aber über mehr menschliche Eigenschaften als er selbst.[1866] Er ist nur mit und durch Marie Mensch. Ihre Liebe lässt den Außenseiter in der kleinbürgerlichen Alltagswelt Befriedigung finden. Mit dem Ende der Beziehung ist auch dieses erlösende Moment dahin. Albrecht Goes hat die Zahnpastatube Maries als Ausdruck jenes Liebesschmerzes gedeutet.[1867] Der den Konventionen gehorchende Akt des Zähneputzens ist für Schnier ein »Greuel«,[1868] während er Marie gern dabei beobachtet. Ihre Angepasstheit empfindet er als anziehend, der Außenseiter verschafft sich durch ein vergesellschaftetes Du selbst ein Stück Sozialisation. Schnier wird so ›verselbstet‹. Im Augenblick tiefsten Liebeskummers kommt der Clown just auf die Zahnpastatube zurück: »Mich quälte […] die Vorstellung, daß Züpfner überhaupt nichts dran lag, Marie beim Zuschrauben der Zahnpastatuben zuzuschauen.«[1869] Mit der Trennung fällt der vorübergehend sozialisierte Außenseiter zurück in das Stadium der Isolation. Am Ende findet er sich als ›Toter‹ am Bonner Bahnhof wieder: »Auf dem Weg erst bemerkte ich Spuren der Zeit, die man hier die ›närrische‹ nennt. […] Ich hatte vergessen, es war Karneval. Das paßte gut. Nirgendwo ist ein Professioneller besser versteckt als unter Amateuren.«[1870] Der Narr ist umgeben von Narren und wird in der Menge unsichtbar. Man könnte zu der Auffassung gelangen, dass Schnier schlussendlich seinem Außenseiterdasein entkommt. Rolf Müller stellt aber einen entscheidenden Unterschied fest: Während die Karnevalsjecken Wunschgestalten spie-

1865 Ebd., S. 250.
1866 Vgl. Meiser 2020, S. 256 ff.
1867 Vgl. Goes 1985, S. 220.
1868 Böll 2020, S. 53.
1869 Ebd., S. 70.
1870 Ebd., S. 275.

len, spielt sich der Clown selbst.[1871] Auch er ist eben mehr Persona als Person und Marionette seiner selbst.

Böll begreift den Karneval, der die Kulisse für die Schlussszene bildet, weniger als Maskenfest denn als Demaskierungsereignis. Er schreibt:

> »Niemals im Jahr werden so viele ernste Gespräche geführt, so viele Bekenntnisse gemacht, wie in der Karnevalszeit; die Frau, die niemals mit jemand reden würde über Dinge, die ihr Kummer machen und sie bedrücken, die spröde Schöne, die das ganze Jahr über die Maske unversehrt auf dem Gesicht trägt, bekennt sich irgend jemandem, einem Unbekannten, den sie nie wieder sehen wird, der sie zu einem Glas Wein eingeladen hat, den sie mit seinem Vornamen, den sie ›du‹ nennt – für diese eine Nacht demaskiert sie sich.«[1872]

Schnier hingegen, der hinter dem fahlen Clownsgesicht seine Substanzlosigkeit verbirgt, ist zu einer solchen Demaskierung nicht fähig. Er bleibt sich und den ihn umgebenden Jecken ein Fremder. Der Karneval, der Identität stiften möchte, stößt hier an seine Grenzen und offenbart zugleich seine Schattenseite: Jene, die anders sind, laufen seit jeher Gefahr, ausgegrenzt zu werden.[1873] Und so wirkt auch der eigentlich identitätsstiftende Karneval oft genug exkludierend, denn »[w]em die Abläufe, Regeln, Codes, Verhaltensweisen und Gefühle unbekannt sind, oder wer sich abweichend verhält, wird nicht als Angehöriger des [...] kulturell-geistigen Identitätsraums akzeptiert.«[1874] Die Vielstimmigkeit des Karnevals erfährt so eine seinen Grundsätzen widersprechende Verengung.

Das Aufeinandertreffen der die gute Laune zelebrierenden Narren und des in der persönlichen Tragik versunkenen ›Helden‹ entspricht voll und ganz der poetologischen Konzeption Bölls. Die Darstellung des Defizitären bildet für ihn die Grundlage des Humors: »Mir scheint«, so äußert er sich in seinen *Frankfurter Vorlesungen*, »es gibt nur eine humane Möglichkeit des Humors: das von der Gesellschaft für Abfall Erklärte, für abfäl-

1871 Vgl. Müller 1994, S. 65.
1872 Mezger 1980, S. 225.
1873 Vgl. Müller-Funk 2016, S. 169.
1874 Schicht 2002, S. 215.

lig Gehaltene in seiner Erhabenheit zu bestimmen.«[1875] Indem der Roman den ›menschlichen Abfall‹ Hans Schnier als ein gesellschaftliches Produkt entlarvt, führt er der Leserschaft stellvertretend für die Gesellschaft ihre Schlechtigkeit vor Augen. Auf diese Weise wird der Narr im vorliegenden Textbeispiel selbst zum Spiegel, der Reflexion ermöglicht.

9.2 Literarische Instrumentalisierung des Narren in der DDR

Sich im Rahmen dieser Abhandlung mit der DDR zu beschäftigen mag zunächst Irritationen hervorrufen, bringt man Ostdeutschland doch allgemein nicht mit einer närrischen Tradition in Verbindung. Auch wenn die Fastnacht hier nicht so traditionsreich ist wie beispielsweise am Rhein, so spielte sie doch gerade während der sozialistischen Diktatur eine nicht unwesentliche Rolle.

9.2.1 Karnevalistische Tradition im ostdeutschen Staat?

Auf eine ausgeprägte karnevalistische Tradition konnten sich die größtenteils protestantischen Gebiete der DDR in der Tat nicht berufen. Dennoch sehnte man sich nach den Entbehrungen des Krieges nach einer vergnüglichen Abwechslung – Kostüm- und Maskenfeste versprachen, dieses Verlangen zu befriedigen. Gebhardt unterscheidet das Fest von der Feier. Während die Feier in einem ruhig-besinnlichen Rahmen stattfindet und stärker ritualisierte Handlungen beinhaltet, stellt das Fest institutionalisierte Durchbrechungen der Ordnung dar, weshalb ihm das Moment der Ekstase inhärent ist. Sowohl Feiern als auch Feste dienen der gesellschaftlichen sowie politischen Integration.[1876] »Feste und Riten sorgen im Regelmaß ihrer Wiederkehr für die Vermittlung und Weitergabe des identitätssichernden Wissens und damit für die Reproduktion der kulturellen Identität.«[1877] Sie bestätigen ihren Akteuren die Zugehörigkeit zu einer Gemeinschaft, haben darüber hinaus aber auch eine Ventilfunkti-

1875 Böll 1966, S. 107.
1876 Vgl. Zintler 2020, S. 133.
1877 Assmann 2018, S. 57.

on, setzen sie doch im Bachtin'schen Sinne gesellschaftliche Zwänge zeitweise außer Kraft.[1878]

Die erste der genannten Funktionen sorgte dafür, dass die Ausgestaltung eines Festkalenders im sozialistischen Sinne für die Kulturpolitik der DDR höchste Priorität genoss. Die zweite Funktion bedingte allerdings, dass man lange nicht recht wusste, wie man den Karneval in diesen Festkalender integrieren sollte, sah man in dem ekstatischen Fest doch die Gefahr, dass das harmlose Treiben sich zu ernsthaften Unruhen ausweiten könnte. Ferner eignete sich der Karneval nicht zu einer Umdeutung im sozialistischen Sinne, was die Unsicherheit im Umgang mit diesem Brauchtum zusätzlich verstärkte.[1879]

Auf den Volksaufstand von 1953 folgte eine Phase der Entspannung, die zwischen 1954 und 1956 u. a. zur Gründung zahlreicher Karnevalsvereine führte. Man wollte die Stimmung innerhalb der Bevölkerung heben. An privaten Gaststätten mangelte es zu dieser Zeit, sodass sich die Vereine zu einer Anbindung an Betriebe gezwungen sahen. Auch an der Universität Magdeburg wurde ein Karnevalsklub aus der Taufe gehoben.[1880] Die Tradition der studentischen Fastnacht reicht bis in die Mitte des 19. Jahrhunderts zurück. So organisierten in Karlsruhe Studenten des Polytechnikums ab 1859 zusammen mit den örtlichen Vereinen diverse Fastnachtsveranstaltungen.[1881] Das Aufgreifen dieser Tradition ist laut Zintler jedoch als Kalkül der Staatsführung zu werten, stellte man auf diese Weise doch die effizientere Überwachung der Studierenden sicher. Unberechtigt war dieses Misstrauen offensichtlich nicht: Gerade die Studenten waren es, die die Fastnacht für Kritik und Spott nutzten. Der ›Neue Kurs‹ wurde also so schnell beendet wie er gekommen war und v. a. an den Hochschulen wurden die Karnevalsklubs nun untersagt.[1882]

Zu dem Versuch, den Karneval politisch zu vereinnahmen, kam es 1959. In seinem Werk über den Festtagskalender der DDR führt der Politiker und Schriftsteller Herbert Gute die Fastnacht auf die Mission iroschottischer Mönche im 7. Jahrhundert zurück. Indem sie den Germanen das

1878 Vgl. Zintler 2020, S. 133.
1879 Vgl. ebd., S. 134.
1880 Vgl. ebd., S. 135.
1881 Vgl. Pretsch 1995, S. 42.
1882 Vgl. Zintler 2020, S. 137.

Christentum brachten, forcierten sie auch die Feudalisierung der missionierten Provinzen. Die Fastenzeit erklärt Gute mit Hungersnöten als Folge schlechten Wetters aber auch der Habgier Einzelner. Die Despotie pflegte das Volk seit jener Zeit im Karneval zu verspotten, einen Bezug zur Gegenwart, der an diesem Punkt durchaus naheläge, stellt Gute selbstverständlich nicht her.[1883]

In der Gesellschaft erfreute sich der Fasching trotz der Restriktionen nach wie vor großer Beliebtheit und 1973 lenkte die Kulturpolitik endgültig ein: Die Erweiterung des Kulturbegriffs brachte eine Revitalisierung volkskultureller Traditionen mit sich. Es kam zur zweiten Gründungswelle von Karnevalsklubs, die nun sogar staatlich gefördert wurden.[1884] Schon 1971 hatte man die »Anordnung über Anerkennung der künstlerischen Qualität und Einstufung der Volkskunstkollektive und Solisten« verabschiedet. Mit der Einstufung von Karnevalsklubs als Ensembles der Volkskunst gingen organisatorische und finanzielle Vorteile einher. Maßgabe für eine solche Einstufung war allerdings, dass das Karnevalsprogramm »von Parteilichkeit, Volksverbundenheit und künstlerisch-ästhetischer Qualität« geprägt sein sollte. Die Subventionierung wurde von den Vereinen also teuer erkauft, schließlich gaben sie ihre »Unabhängigkeit« preis und öffneten der staatlichen Einflussnahme auf die Programmgestaltung Tor und Tür.[1885]

Eine Broschüre von 1978, die vom Zentralhaus für Kulturarbeit der DDR herausgegeben wurde, beschreibt die Bedeutung von Festen jeder Art. Darin heißt es, dass sie der »Formung sozialistischer Persönlichkeiten«[1886] dienen sollten. Objektive Wahrheiten zu verkünden, war den DDR-Narren nicht ins Stammbuch geschrieben. So ließ Kurt Könnicke, Direktor des Kreiskabinetts für Kulturarbeit Nebra und Präsident des LCV Laucha, 1986 verlauten, der Karnevalist solle kein »negativer Kritiker«[1887] sein. In den Büttenreden die Politik der SED zu thematisieren, war tabu. Auf Einhaltung dieses ungeschriebenen Gesetzes legte nicht zuletzt die Staatssicherheit großen Wert. Stasi-Akten, so Harald Schulze, deuten dar-

1883 Vgl. ebd., S. 140.
1884 Vgl. ebd., S. 137.
1885 Vgl. ebd., S. 141.
1886 Hörhold u. a. 1978, S. 14.
1887 Könnicke 1986, S. 3.

auf hin, dass das närrische Treiben in Halle und Magdeburg von Beginn an genauestens observiert wurde. Z.T. kam es sogar zu Verhaftungen. Dass die Überwachung aus Sicht der Stasi angebracht war, verdeutlicht eine kritische Büttenrede, die 1987 in Bismark gehalten wurde. Laut Vermerk wurde in der Rede u.a. erwähnt, dass die Fleischversorgung trotz der vielen Schweine in der DDR schlecht sei, was sich zweifelsfrei als satirischer Seitenhieb auf die Parteiführung lesen lässt.[1888]

Betrachtet man die Haltung der DDR zum Karneval aber als Ganzes, so ist eine weitgehende Zurückhaltung des Staates auf diesem Feld zu konstatieren. In den Augen von Uta Zintler kommt das freie Mitwirken an karnevalistischen Veranstaltungen und die freie Wahl des Vorstands sogar einer »gespielten« Demokratie gleich. Die Gründe für diese vergleichsweise liberale Position sind vielfältig. Zum einen sah sich die DDR mit einem gewissen Legitimationsdruck konfrontiert; es zeigte sich aber auch, dass der Fasching keine wirkliche Bedrohung darstellte. Indem man die Feiernden in das System zu integrieren versuchte, wollte man deren Kontrolle sicherstellen. Insofern dient der Karneval in der DDR letztlich der Systemstabilisierung, von einer Instrumentalisierung, wie sie in der NS-Zeit praktiziert wurde, kann aber keine Rede sein.[1889]

Eine literarische Verarbeitung erfuhr das Karnevalsmotiv in der DDR durch Christa und Gerhard Wolf. In ihrer Filmerzählung *Till Eulenspiegel* aus dem Jahre 1972 charakterisieren sie zu Beginn des 33. Kapitels das närrische Treiben im Mittelalter. Die folgende Beschreibung erinnert stark an die Ausführungen Bachtins:

> »In der Fastnacht des Spätmittelalters ›toben Träume und Hoffnungen auf den Straßen herum‹. Die Kirche duldet das mehr als wilde Treiben, an dem sich übrigens auch Pfaffen, Nonnen und Mönche beteiligen, als ein Ventil für die durch das strenge Kirchenjahr angestaute Aggressivität. Damen und Herren von Stand kommen von weit her in die Städte, um sich an der ›Kirchweih der Narren‹ zu ergötzen. Einen Tag und eine Nacht lang ist alles erlaubt.«[1890]

1888 Vgl. Schulze 2005, S. 106ff.
1889 Vgl. Zintler 2020, S. 152f.
1890 Wolf / Wolf 1986, S. 170.

Die hierin zum Ausdruck kommende Ventilfunktion des Karnevals repräsentiert der Prototyp des mittelalterlichen Narren – Till Eulenspiegel. Zur SED-Diktatur steht diese Figur, der ein revolutionäres Potenzial nicht abzusprechen ist, im Widerspruch. Bevor dieses Spannungsverhältnis erörtert werden soll, gilt es zunächst, den Ursprung jenes in der deutschen Literaturgeschichte so populären Stoffs zu ergründen.

9.2.2 Der Eulenspiegel-Stoff in der deutschsprachigen Literatur

Till Eulenspiegel muss als die wohl berühmteste Schwankfigur des deutschen Mittelalters gelten. Interessanterweise taucht diese Figur immer wieder in der deutschen Literaturgeschichte auf, sie wurde von verschiedenen Autoren auf vielfältige Art und Weise über die Zeit hinweg literarisch aufgegriffen. Der Name des Spaßmachers ist Programm: Die Eule gilt als Symbol der Narrenweisheit und indem Till seinen Zeitgenossen den Spiegel vorhält, macht er sie auf ihre Verfehlungen aufmerksam.

Eulenspiegel ist ein fahrender Handwerksbursche, der allerdings nie ein Handwerk fertig erlernt hat. Er ist bäuerlicher Herkunft und weil ihm Freiheit mehr bedeutet als bürgerliche Ehre, schert er sich nicht darum, dass er es in seinem Leben zu keinem Stand und Heim bringt. Er liebt es, sich über seine Zeitgenossen lustig zu machen. Die älteste erhaltene Ausgabe des *Thyl Ulenspiegel* entstand wohl um 1500 und wird Hermann Bote zugeschrieben. Es handelt sich bei dem Protagonisten zwar um keine historisch belegbare Persönlichkeit, die Einflüsse zahlreicher anderer Schwänke auf die Figur geben ihm jedoch sein ambivalentes, gerade deshalb auch bis heute Faszination auslösendes Gepräge.[1891]

Was die Verarbeitung des Eulenspiegel-Stoffs betrifft, so schwankt die Figur stets zwischen zwei Spielarten: Einerseits lässt sich ein lehrhaft-satirisches Element erkennen; durch das Lachen soll die Wahrheit ans Licht gebracht, die Missstände der Zeit sollen sichtbar gemacht werden. Die andere Tendenz beschreibt die schadenfrohe Lust am Übertölpeln anderer, was der reinen Selbstbehauptung des Schelms dient. Ein Beispiel hierfür liefert Fischarts *Eulenspiegel Reimenweiss* aus dem Jahre

1891 Vgl. Frenzel 1983, S. 199f.

1572: Der Protagonist personifiziert hier die Laster seiner Zeit – Trunksucht, Fresslust und Faulheit.[1892]

Das sozialkritische Moment der Figur Eulenspiegels, welches sich in erster Linie gegen das städtische Bürgertum richtete, schöpfte man erstmalig im Vormärz vollends aus. Es kam zu einer Engführung der Figur: Eulenspiegel war nun nur noch Kritiker, sein Charakter blieb aber unausgeprägt und schicksalslos. Aus dieser Tendenz erwuchs schließlich eine politische, gar revolutionäre Funktion des Helden. So versetzte beispielsweise de Coster 1868 in seinem Epos *La légende d'Ulenspiegel* den Till in die Zeit des nationalen Freiheitskampfes. Als Personifikation des Geists von Flandern setzt er sich hier als Freiheitsheld für ein höheres Ziel ein und stellt das Wohl aller über sein persönliches Glück.[1893]

Gerhart Hauptmann verlegte den Eulenspiegel-Stoff 1927 mit seinem Werk *Des großen Kampffliegers, Landfahrers, Gauklers und Magiers Till Eulenspiegel Abenteuer, Streiche, Gaukeleien, Gesichte und Träume* sogar in die Zeit nach dem Ersten Weltkrieg. Till ist hierin ehemaliger Kampfflieger, der trotz des Endes des Krieges von seinen Taten als Kampfpilot verfolgt wird. Zwar ist Eulenspiegel auch hier der Schalk, so wie man ihn aus dem Volksbuch kennt, Lebensangst und Alpträume machen ihn allerdings widerstandsunfähig gegenüber der modernen Welt. Letztlich repräsentiert Eulenspiegel auch hier die Freiheit in der Gestalt des selbstgewählten Todes.[1894]

An diesem kleinen Abriss der Geschichte des Eulenspiegel-Stoffs wird deutlich, dass die Figur stets zwischen zwei Entwicklungssträngen hin und her pendelt. Auf der einen Seite findet eine mythische Überhöhung statt, wobei Eulenspiegel als Wahrheitssucher fungiert. Andere Verarbeitungen halten hingegen am Schalkhaften der Figur fest.[1895] In welche Richtung das im Zuge dieser Arbeit ausgewählte Beispiel tendiert, gilt es im Folgenden näher zu untersuchen. Eines steht aber bereits jetzt fest: Aufgrund der Vielschichtigkeit der Figur wohnt Eulenspiegel eine nationale, allgemein menschliche und auch überzeitliche Bedeutung inne, die bis

1892 Vgl. ebd., S. 200.
1893 Vgl. ebd., S. 200 f.
1894 Vgl. ebd., S. 201 f.
1895 Vgl. ebd., S. 202.

in die Gegenwart fortwirkt.[1896] Auch mit der jüngsten literarischen Adaption – Daniel Kehlmanns *Tyll* – ist diese stoffliche Tradition wohl noch nicht zu Ende.[1897]

9.2.2.1 Literarische Rezeption in der DDR

Mitte der 1960er Jahre ist in der DDR zunächst nicht an die literarische Verarbeitung einer so kritischen Figur wie Till Eulenspiegel zu denken. Das 11. Plenum des ZK im Jahr 1965 gilt als Wendepunkt der politischen und auch schriftstellerischen Genese Christa Wolfs. Dem Plenum war eine Phase kulturpolitischer Entspannung vorausgegangen. So hatte das im September 1963 von der SED veröffentlichte Jugendkommuniqué das Ziel formuliert, die Jugendlichen zu selbstbewussten und selbstständig denkenden Staatsbürgern zu erziehen, und somit der Praxis ideologischer Gängelung eine vermeintliche Absage erteilt. Jene Tendenz ging auf die Bitterfelder Konferenz des Jahres 1959 zurück, die sich der Frage gewidmet hatte, wie man die DDR-Bevölkerung aktiv am Kulturbetrieb beteiligen könne. Arbeiter sollten motiviert werden, selbst künstlerisch tätig zu werden, Künstler und Schriftsteller sollten in den DDR-Betrieben Inspirationen für ihre Werke sammeln. Dass sich dieses Konzept in der Praxis als untauglich erwies, ist damit zu begründen, dass die Realität, die die Autoren in den Betrieben vorfanden, sich nicht mit den Wunschvorstellungen der Parteispitze deckte.[1898] Die als »Kahlschlag-Plenum«[1899] in die Geschichte eingegangene Tagung des Zentralkomitees der SED, die im Dezember 1965 stattfand, unterzog diesen Kurs einer Revision. Monika Kaiser sieht hierin einen Reflex auf die innerparteilichen Machtkonflikte jener Zeit. Die eher stalinistisch orientierte Gruppe um Erich Honecker triumphierte über den reformbereiten Flügel, die Kulmination des Interessenkonflikts beendete die kurze Phase einer vermeintlich liberalen Jugend- und Kulturpolitik, bevor sie überhaupt richtig begonnen hat-

1896 Vgl. ebd., S. 200.

1897 Auch diversen Karnevalsvereinen dient Till als Symbolfigur, so u. a. der Karnevalsgesellschaft 1903 Obermendig, wo der Narr bis heute den Elferratsorden ziert.

1898 Vgl. Kötzing 2015, S. 46 ff.

1899 Ebd., S. 11.

te.[1900] Christa Wolf bedient sich ab diesem Zeitpunkt häufig der Metapher der »weggeschlagenen Hände«.[1901]

Die erneute Verarbeitung des Eulenspiegel-Stoffs in der DDR der 70er Jahre fiel mit einer ereignisreichen Zeit zusammen: Honecker übernahm von Ulbricht die Führung der DDR, der Grundlagenvertrag mit der BRD wurde geschlossen, der ostdeutsche Staat trat der UNO bei und schließlich kam es zur KSZE-Teilnahme. Man erhoffte sich zugleich eine Entspannung des geistigen Klimas in der DDR. Ein Zitat Honeckers passt gut in diesen Kontext:

> »Wenn man von der festen Position des Sozialismus ausgeht, kann es meines Erachtens auf dem Gebiet von Kunst und Literatur keine Tabus geben. Das betrifft sowohl die Fragen der inhaltlichen Gestaltung als auch des Stils – kurz gesagt: die Fragen dessen, was man die künstlerische Meisterschaft nennt.«[1902]

Die vermeintliche Liberalisierung der Kulturpolitik entpuppte sich aber schnell als Trugschluss. Das Erwecken des Anscheins war vielmehr ein taktisches Manöver, einerseits in außenpolitischer Hinsicht, indem man eine Entspannung suggerieren und sein Image pflegen wollte; aber auch innenpolitisch, wollte man doch Ruhe innerhalb der Kulturszene schaffen. Gemäß der Literaturtheorie des Sozialistischen Realismus sollte die Literatur Verhaltensmuster mit Leitbildfunktion schaffen. Das Parteiprogramm sollte anhand literarischer Einzelbeispiele veranschaulicht werden. Ziel war es, die Rezipienten zur Identifikation anzuregen. Mittel der Kontrolle waren daher staatlicherseits unerlässlich. Bürokratische Maßnahmen, aber auch die Zuteilung, Kontingentierung oder sogar Verweigerung von Papier und Druckkapazitäten waren probate Steuerungsmechanismen. Viele Autoren kooperierten aber auch und übten so eine Art Selbstzensur aus.[1903] Herbert Wiesner fasst dieses Agieren der Staatsführung treffend zusammen:

1900 Vgl. ebd., S. 13.
1901 Verheyen 2004, S. 65.
1902 Honecker, zit. n. Helwig 1986, S. 8.
1903 Vgl. Verheyen 2004, S. 50 ff.

> »Dieser Staat, der mit der wirtschaftlichen Entwicklung der Bundesrepublik nicht Schritt halten konnte, hatte Angst vor der Freiheit des Wortes. Er wollte die Pro-duktion von Literatur koordinieren, kontrollieren und lizenzieren, sie zu einem Gegenstand kulturpolitischer Planwirtschaft machen, um so auch die Gedanken der Leser zu steuern.«[1904]

Die 70er Jahre waren zugleich eine Zeit, in der die Debatte um eine frühbürgerliche Revolution aufkam. Grund dafür waren Ereignisse wie das *Martin-Luther-Jahr* und das *Albrecht-Dürer-Gedenkjahr*. 1974 fand die *Zentrale Bauernkonferenz der DDR* statt, ein Jahr später die 450-Jahrfeier zur Geschichte des Bauernkriegs. Schließlich wurde auch an den Geburtstag Thomas Müntzers erinnert.[1905] Ziel dieses kollektiven Gedenkens war es, eine Erinnerungskultur im Sinne des Sozialismus zu schaffen. Gemäß Lenins sog. »Erbetheorie« sollte eine Proletkultur nicht neu erfunden, vielmehr sollten die besten Vorbilder, Traditionen und Ergebnisse der bereits bestehenden Kultur herausgearbeitet und in die marxistische Theorie eingeflochten werden, um die Ideologie eines permanenten Kampfes zwischen Herrschenden und Beherrschten zu stützen. In diesem Zusammenhang lässt sich auch der einleitende Satz von Friedrich Engels Darstellung des deutschen Bauernkriegs verstehen: »Auch das deutsche Volk hat seine revolutionäre Tradition.«[1906] Der Bauernkrieg wird als erstes Aufbegehren des deutschen Volkes stilisiert, als Initialzündung seiner revolutionären Vergangenheit. Es verwundert daher auch nicht, dass Christa und Gerhard Wolf ihrer Erzählung ein Zitat aus dem o.g. Werk von Friedrich Engels voranstellen. Es zeigt den Anschluss an die marxistische Geschichtsschreibung. Indem Christa und Gerhard Wolf den eigentlich im 14. Jahrhundert spielenden Eulenspiegel-Stoff in die Zeit des Bauernkriegs verlegen, unterstreichen sie die Anknüpfung an diesen Mythos zusätzlich.

Nach Herfried Münkler haben Mythen die Funktion, Kontingenz zu reduzieren. Für die Gründungsmythen der DDR gilt dies in besonderem Maße, denn ihre Existenz bedurfte einer Rechtfertigung, die über die

1904 Wiesner 1993, S. 15.
1905 Vgl. Verheyen 2004, S. 62.
1906 Engels 1946, S. 21.

Beschlüsse von Jalta und den Sieg der Sowjetunion im Zweiten Weltkrieg hinausging. Die Stalin-Note von 1952, die die Wiedervereinigung eines neutralen Deutschlands in Aussicht stellte, machte die Abhängigkeit des ostdeutschen Staates von der UdSSR deutlich. Es verwundert daher nicht, dass sich die DDR weit mehr um ihre historische Verankerung bemühte als die Bonner Republik, die sich aufgrund der Wirtschaftskraft und einer gefestigten demokratischen Ordnung ihrer sicher sein konnte. Da die politische Existenz Ostdeutschlands weit prekärer war, standen die politischen Mythen der DDR unter strenger Kontrolle der politischen Führung.[1907]

Die Mythenbildung stellte einen Balanceakt dar: Einerseits galt es, einen umfassenden Neuanfang zu propagieren, andererseits versuchte man sich auf humanistische und progressive Traditionen zu berufen. Die Intention jenes Vorgehens war dabei von Anfang an klar: Die DDR-Bürger sollten sich mit ihrem Staat identifizieren und sich der politischen Führung verbunden fühlen. Nicht zuletzt ging es aber auch um die Abgrenzung gegenüber dem Klassenfeind.[1908]

Der eigentliche Gründungsmythos, das Narrativ vom antifaschistischen Widerstand, verfehlte diese Wirkung im Laufe der Zeit, denn immer weniger Zeitzeugen waren noch in der Lage, von ihren Erlebnissen zu berichten.[1909] Es wurde daher eine neue Strategie notwendig. Um sich der Terminologie Assmanns zu bedienen: Das kommunikative Gedächtnis musste ins kulturelle überführt werden. Dies brachte einen entscheidenden Vorteil mit sich, denn das kulturelle Gedächtnis lässt sich besser unter staatliche Kontrolle bringen.

Der Gründungsmythos vom antifaschistischen Widerstand wird nun durch den von der frühbürgerlichen Revolution ergänzt. Schon für Friedrich Engels war der Bauernkrieg der Grundstein einer revolutionären Tradition in Deutschland gewesen. Um diesen Gedanken aber als Gründungsmythos verwenden zu können, musste zunächst die nach dem Zweiten Weltkrieg populäre Misere-Theorie, nach der revolutionäre Bestrebungen in Deutschland stets aufgrund mangelnder Unterstützung scheiterten, revidiert werden. Die konkurrierende Erbe-Theorie sah in der deut-

1907 Vgl. Münkler 2015, S. 423 ff.
1908 Vgl. ebd., S. 439.
1909 Vgl. ebd., S. 430 f.

schen Geschichte auch positive Anknüpfungspunkte für die sozialistische DDR. Allerdings wollte man sich auf Erfolge berufen können, was das Aufgreifen der frühbürgerlichen Revolution erschwerte. Um dieses Narrativ fruchtbar machen zu können, bedurfte es zunächst einer Aufwertung Luthers.[1910] Nach Ansicht Luthers diente der Kreuzestod, mit dem die Bauern ihr Recht auf Freiheit begründeten, der Erlösung der Menschen von ihren Sünden und nicht von der Leibeigenschaft.[1911] Gemäß der Misere-Theorie war die ablehnende Haltung Luthers gegenüber dem Bauernkrieg der Grund für dessen Scheitern. Max Steinmetz deutete die Rolle des Reformators um: »Luthers progressive Leistung, die ihn zeitweilig zum Helden des deutschen Volkes erhob, liegt nicht in seinen Lehren […], sondern im praktischen Kampf gegen das parasitäre Wesen der römischen Kirche, mit dem er die Klassenschlachten der frühbürgerlichen Revolution einleitete.«[1912]

Für die Verbreitung dieses neuen Narrativs waren Schriftsteller und Künstler von entscheidender Bedeutung, denn den künstlich produzierten DDR-Mythen fehlte es an Leben, das erst aus der Diskussion über sie erwächst. Roland Barthes charakterisiert den linken Mythos daher auch als armen Mythos. Linke Mythen verraten stets ihren mythischen Charakter, indem sie »mit dem Finger auf ihre Maske«[1913] zeigen. Laut Assmann müssen drei Faktoren gegeben sein, um das identitätsstiftende Wissen einer Gruppe fruchtbar zu machen: »poetische Form, rituelle Inszenierung und kollektive Partizipation«.[1914] Es war daher Aufgabe der Kunstschaffenden, den DDR-Gründungsmythen Anschaulichkeit und Überzeugungskraft zu verleihen. Beispiel hierfür ist das Monumentalfresko Werner Tübkes. Interessant hieran ist, dass vom Bauernführer Müntzer auf diesem Bild keinerlei revolutionäre Kraft auszugehen scheint, hält er doch seine Fahne gesenkt. Man könnte zu dem Eindruck gelangen, dass er seine Idee bereits aufgegeben hat. Nicht nur Müntzer scheiterte; auch der Plan, seine Revolte zum Gründungsmythos Ostdeutschlands zu stilisieren, war nur bedingt erfolgreich, was u. a. an dem zeitlichen Abstand

1910 Vgl. ebd., S. 441 ff.
1911 Vgl. Blickle 2018, S. 67.
1912 Steinmetz 1965, S. 92.
1913 Barthes 2016, S. 302.
1914 Assmann 2018, S. 56.

zwischen Bauernkrieg und der DDR-Ära gelegen haben mag.[1915] Ernest Gellner sieht ein anderes Problem: Mit der »übermäßigen Sakralisierung des Immanenten«[1916] höhlten sich legitimationsbedürftige Staaten wie die DDR selbst aus. Wo nur noch Sakrales aufblitzt, da sucht man das Profane oft vergeblich.

Eulenspiegel als Identifikationsfigur sollte das Mythisch-Sakrale greifbar machen. Zugleich war man sich des aggressiven Potenzials des mittelalterlichen Spaßmachers bewusst. Wenn Christa Wolf also von Eulenspiegels Potenzial spricht, »das ganze vermoderte gesellschaftliche Gefüge zum Einsturz zu bringen«,[1917] dann ist die Zweideutigkeit darin nicht zu übersehen. Geht es hier nur um die Pflege kulturellen Erbes oder auch um Kritik an bestehenden verkrusteten Verhältnissen?

9.2.2.2 Die Filmerzählung nach Christa und Gerhard Wolf (1973)

Ein erstes Indiz für die kritische Tendenz der Filmerzählung liefert das Mysterienspiel zu Beginn der Handlung. Der Engel spricht darin Gottvater an: »Ewiger Vater, Ihr tut unrecht und werdet Euch mit Schmach bedecken. Euer vielgeliebter Sohn ist eben geboren, und Ihr schlaft wie ein Betrunkener.«[1918] Die Geburt Christi wird hier ins Lächerliche gezogen und zu einer Komödie degradiert. Graf, der die Kirche als literarisches Äquivalent zur SED deutet, sieht hierin zugleich eine Infragestellung des politischen Systems der DDR.[1919] Es folgt eine Schlüsselszene der Erzählung. Vogt und Advokat suchen den elterlichen Hof Tills auf, weil sie Geld eintreiben wollen. Sie werfen Till vor, ein »Bankert«[1920] des Grafen und folglich nicht berechtigt zu sein, von dem verstorbenen Mann der Mutter zu erben. Till begegnet hier vermutlich nicht zum ersten Mal der Willkür der Herrschenden und der Schlechtigkeit der Welt. Dennoch ist es ein einschneidendes Erlebnis für ihn, denn in der Folge verlässt er schließlich den elterlichen Hof. Till wird zum Picaro.

1915 Vgl. Münkler 2015, S. 447 f.
1916 Gellner 1995, S. 49 ff.
1917 Wolf 2021, S. 358.
1918 Wolf / Wolf 1986, S. 8.
1919 Vgl. Graf 1993, S. 126.
1920 Wolf / Wolf 1986, S. 14.

Wenig später findet er sich in einem Tross herumziehender Gläubiger wieder, der auf eindrucksvolle Art und Weise beschrieben wird:

> »Solche Züge dauern viele Tage lang. In ihnen komprimiert sich der religiöse Wahn des ausgehenden Mittelalters, sie sind aber auch Zeichen der sozialen Gärung, die sich in den Schichten vorbereitet, die in der bestehenden Ständeordnung keinen Platz mehr haben: sonst würde nicht so viel Volk, einer mystischen Verkündung folgend, auf die Straße gehen.«[1921]

Der Aberglaube der Zeit wird hier explizit mit einem stärker werdenden revolutionären Aufbegehren in Verbindung gesetzt. Personifikation dessen ist das sog. Pauker-Jäcklein. Hierbei handelt es sich um eine historische Gestalt. Der unter seinem richtigen Namen Hans Böheim von Niklashausen in die Geschichte eingegangene Dorfmusikant machte bereits 1476 durch die Verbreitung sozial-revolutionärer Ideen von sich reden. So forderte er u. a. die Befreiung der Armen von allen Frondiensten und Abgaben. Das Volk nahm diese Parolen zum Anlass, sich gegen die Grundherren aufzulehnen, allerdings ohne Erfolg.[1922] In der Erzählung äußert sich das Pauker-Jäcklein gegenüber der klerikalen Obrigkeit wie folgt:

> »Maria will nicht, daß nur die geweihten Priester predigen. Sie sagt, die Priester sollen von ihren Pfründen lassen und nur von den milden Gaben des Volkes leben. Alles andere ist Gotteslästerung. [...] Unsere Jungfrau Maria will, daß alle Menschen gleich sind, wie die Bibel es sagt. [...] Wie einst werden die Menschen in Brüderlichkeit miteinander leben. [...] Keiner wird dem anderen befehlen dürfen. Jeder wird gleich viel Arbeit verrichten.«[1923]

Diese Worte erinnern stark an das *Kommunistische Manifest* und es ist nicht zu verleugnen, dass das Pauker-Jäcklein hier für eine neue Ordnung und den politischen Umsturz steht. Die Kirche sieht in ihm die per-

1921 Ebd., S. 17.
1922 Vgl. Fiedler 1991, S. 76.
1923 Wolf / Wolf 1986, S. 23.

sonifizierte Gefahr eines eigenständig denkenden Menschen und muss handeln. Das Pauker-Jäcklein wird hingerichtet. Und dennoch lebt seine Botschaft weiter, denn es wird berichtet, wie das Volk Erde von der Hinrichtungsstätte wegträgt, um diese als ›Reliquie‹ zu verehren. Die Faszination, die der Laienprediger im Volk auslöst, kann auch der Tod nicht besiegen. Einmal in der Welt, ist die Botschaft, die das Pauker-Jäcklein verkündet hat, nicht mehr zu bannen. Till ist an dieser Stelle noch nicht selbst Träger einer objektiv abstrakten Wahrheit, saugt das Gedankengut des Protestlers aber auf und baut es im Laufe der Handlung zu dem revolutionären Potenzial aus, das schließlich zum Bauernkrieg führt. So entwickelt sich der zunächst Faust verwandte Protagonist mit der Zeit zum »Antifaustus«.[1924]

Die nächste markante Episode der Filmerzählung beschreibt das Aufeinandertreffen Tills mit dem Junker Kunz. An dieser Figur zeigt sich der Umbruch von Mittelalter zu Neuzeit auf frappierende Art und Weise: »Die ritterlichen Tugenden haben sich in ihr Gegenteil verkehrt. Der Junker besitzt nur ein paar öde Dörfer unmittelbar bei der Burg, die nichts einbringen und aus denen die jungen Bauernsöhne zu fliehen versuchen.«[1925] Der Junker ist die Personifizierung eines Anachronismus: Er hält noch an einer Ordnung fest, die längst dem Untergang geweiht ist. Gegenüber dem Junker tritt Till auch erstmals als Künder der Wahrheit auf, zu seinem Diener bemerkt er nämlich: »Dein Herr ist ein einsamer, unglücklicher Mann.«[1926] Für Verheyen stehen sich an dieser Stelle intellektuelle Macht, vertreten durch Till, und auf Gewalt basierende Macht, vertreten durch Kunz, gegenüber.[1927] Dem Raubritter wird aber eine weitere Kontrastfigur gegenüber gestellt: Der Kaufmann Felix Hochstätter fungiert als Personifizierung der neuen Zeit; er ist zwar nicht adliger Abstammung, dafür aber mit finanziellem Reichtum gesegnet. Der reiche Bürger möchte dem Adligen seine Statussymbole abkaufen, Sinnbild für die angesprochene Zeitenwende. Till bemerkt hierzu belehrend: »Das ist die

1924 Köhn 2001, S. 154.
1925 Wolf / Wolf 1986, S. 54; Paradoxon einer Filmerzählung, denn C. Wolf hatte in der Textsammlung *Lesen und Schreiben* noch bemerkt, Prosa solle »unverfilmbar« sein.
1926 Ebd., S. 53.
1927 Vgl. Verheyen 2004, S. 76.

neue Zeit, gnädiger Herr.«[1928] Hier zeigen sich die von Verheyen angesprochenen didaktisch-aufklärerischen Tendenzen in der Figur des Protagonisten. Allerdings verkündet er seine Lehren in einer Sprache, die seine Zeitgenossen noch nicht verstehen.[1929] Und auch die Grenzen seiner Handlungsfähigkeit werden am Beispiel des Junkers deutlich. Denn als Till, trotz des Verbots, sein Land zu betreten, erneut durch das Gebiet des Junkers reitet, kann er sich nur retten, indem er sein Pferd aufschneidet und sich in seinen Rumpf stellt: »Ich stehe in meinen eigenen vier Pfählen, Junker Kunz.«[1930] Diese Szene ist dem Volksbuch entlehnt, dient hier aber der Einleitung eines Verzweiflungsschreis des Protagonisten: »Schinder! Gesindel! Blutsauger! Verflucht sollt ihr sein! Verflu-uu-ucht!«[1931] Till wird sich seiner eigenen Grenzen bewusst. Die Zeit scheint noch nicht bereit zu sein für ihn und seine Lehren.

Mitverantwortlich für diese Erkenntnis ist sicherlich auch das Aufeinandertreffen mit der Jagdgesellschaft zuvor. Gegenüber einer Sekte kommt es zur gewalttätigen Eskalation: »Der Fürst. Sein Gesicht wird lebendig. Blutrausch ist das einzige, was seine Langeweile vertreiben kann. Der Pfaffe liest in seinem Brevier.«[1932] Der Fürst tötet der Unterhaltung willen und der Geistliche schaut weg. Beide Handlungen stehen sinnbildlich für die Despotie der weltlichen und geistlichen Obrigkeit jener Zeit. Dass aber auch der erste Stand teilweise an sich selbst und seinen Praktiken zweifelt, zeigt der Mönch Anton. Auf dem Fest des Fürsten anlässlich der Verleihung der Tugendrose werden konfiszierte Bücher ausgelegt, die der allgemeinen Lehrmeinung der Kirche widersprechen. In einem Moment der Dunkelheit steckt der Mönch eines jener Bücher heimlich ein, offenbar aus Interesse an dessen Inhalt. Viel stärker treten die Glaubenszweifel allerdings im zweiten Teil der Filmerzählung zu Tage. Hier fürchtet der Mönch, der inzwischen zum Prior eines Klosters aufgestiegen ist, die »Allerhochnotpeinlichste Kommission«,[1933] in der Hans-Jür-

1928 Wolf / Wolf 1986, S. 60.
1929 Vgl. Verheyen 2004, S. 78.
1930 Wolf / Wolf 1986, S. 101.
1931 Ebd., S. 102.
1932 Ebd., S. 76; eine ähnliche Willkür drückt sich in der Hinrichtung Pumphuts aus.
1933 Ebd., S. 139.

gen Graf eine Entsprechung des Ministeriums für Staatssicherheit sieht.[1934] Anton hat Angst, vom einzig wahren Weg der Kirche abgewichen zu sein.

> »Till lenkt ihn ab: Wer mißt Euch die Abweichung, Pater Prior?
> Der Prior: Die alleinseligmachende heilige Kirche, Till Eulenspiegel.
> Und wer mißt der Kirche die Abweichung?
> Der Prior springt auf. Genau das ist es ja, was er sündigerweise denkt, unruhig läuft er in dem engen Raum hin und her, unbewußt vollführt er die Bewegung des Händewaschens.«[1935]

Der Prior hegt Glaubenszweifel, die für ihn als Mann der Kirche einen unüberwindbaren Konflikt bedeuten. Damit ist auch sein notorischer Waschzwang zu begründen. Von seinem ständigen Händewaschen verspricht er sich, frei zu werden von seinen Sünden. Till tritt an dieser Stelle, wie Verheyen treffend bemerkt, als moderner Psychotherapeut auf, der lediglich den Redefluss des Priors in Gang setzt. Es kommt so zur Artikulation der Zweifel. »Die Narrenfreiheit, die Till in seiner Person verkörpert, scheint sich auf das Bewusstsein des Priors zu übertragen. [...] In dem Moment, wo sich die Gesellschaft in Form ihrer Repräsentanten wieder meldet, ist die Narrenfreiheit der Gedanken vorbei.«[1936]

Es folgt eine Szene, die schon bei Hermann Bote auftaucht und dort auf den ersten Blick recht lapidar anmutet, in der Bearbeitung von Christa und Gerhard Wolf aber eine zentrale Rolle spielt. Die 48. Historie beschreibt die Zusammenkunft von Schneidern im Sachsenland. Eulenspiegel lockt die Schneider nach Rostock. »Er wolle sie eine Kunst lehren, die ihnen und ihren Kindern zugute kommen solle für ewige Zeiten, solang die Welt stünde.«[1937] Die Schneider leisten der Anweisung Folge und bitten schließlich darum, die besagte Kunst offengelegt zu bekommen. Und so kommt Till der Bitte nach: »Wenn ihr die Nadel eingefädelt

1934 Vgl. Graf 1993, S. 131.
1935 Wolf / Wolf 1986, S. 142.
1936 Verheyen 2004, S. 81; vgl. auch Wolf / Wolf 1986, S. 109: die harte Realität spiegelt sich in der »auf Hochglanz gewienerten Scheibe« des Barbierladens, Till hält seinen Mitmenschen, so auch Anton, den Spiegel vor und lässt sie so die Schlechtigkeit der Welt erkennen.
1937 Bote 2018, S. 140.

habt, so vergeßt nicht, an das andere Ende des Fadens einen Knoten zu machen, sonst macht ihr manchen Stich umsonst. So aber hat der Faden keine Gelegenheit, aus der Nadel zu entwischen.«[1938] Die Schneider sind erzürnt, handelt es sich bei dieser vermeintlichen Weisheit doch um eine Banalität. Schließlich werden die Schneider, die dem Ruf Tills gefolgt sind, noch zum Gespött jener, die es vorgezogen haben, zu Hause zu bleiben.

Christa und Gerhard Wolf machen daraus eine Schlüsselszene ihrer Filmerzählung, indem sie sie zur Initialzündung revolutionärer Umtriebe umgestalten. Auch bei den Wolfs lässt Till die Schneidergesellen zusammenrufen und verkündet ihnen eine Weisheit, die für jeden Schneider eine Offensichtlichkeit darstellt. Das Resultat ist aber ein anderes: »Eine brüderliche Stimmung breitet sich aus, man schließt Bekanntschaft, die Zünfte vermischen sich. Man hilft mit Essen aus. Ein Zug von selbstbewußten, fröhlichen, ja übermütigen Leuten formiert sich. Sie sehen zum erstenmal, wie viele sie eigentlich sind.«[1939] Ihrer Forderung nach Wiedereinführung des sog. Blauen Montags und Überprüfung der Meisterprüfung müssen die Obermeister der Zunft nachgeben. Sie beugen sich dem gesellschaftlichen Druck und das Volk realisiert erstmalig, dass es eine nicht zu unterschätzende Macht hat.

Die Wurzeln dieser Umdeutung Eulenspiegels reichen bis in die Zeit der Aufklärung zurück. Die »Abkehr von der Reduktion der Figur zum grobianischen Schalksnarren des 17. Jahrhunderts [bei gleichzeitiger] Aufwertung zum Erziehungsträger«[1940] ist also keine Erfindung der Wolfs. In den Augen Hannah Arendts wandelt sich das »Schelmen-Gesicht [...] von Jahrhundert zu Jahrhundert und wird jeweils Ausdruck der Epoche dessen sein, der es zeichnet«.[1941] Um an Michail Bachtin anzuknüpfen, bedienen sich Christa und Gerhard Wolf bewusst des »Chronotopos des Volksplatzes«.[1942] Mit diesem raumzeitlichen Rahmen verfolgen sie die Absicht, auch jene Lebensbereiche öffentlich zu machen, die eigentlich gar nicht öffentlich sind. Der mittelalterliche Narr ist ein lebendiger Dechiffrierungsschlüssel und das gleich in zweierlei Hinsicht: »Bezeichnender-

1938 Ebd., S. 142.
1939 Wolf / Wolf 1986, S. 149.
1940 Seelbach 1993, S. 158.
1941 Arendt 1978, S. 145.
1942 Bachtin 2008, S. 90.

weise konnte [...] der *innere Mensch* – die reine ›natürliche‹ Subjektivität – nur mit Hilfe der Gestalten des Narren und des Tölpels erschlossen werden, da für ihn eine adäquate, direkte [...] Lebensform nicht zu finden war.«[1943] Till, der von der Norm abweicht und das Konzept der Individualität repräsentiert, dient seinen Zeitgenossen als Spiegel, in dem sich der Einzelne seines Selbst bewusst wird. Zugleich intendiert der Text eine Übertragbarkeit jener Selbstbefreiung auf den gesamtgesellschaftlichen Kontext. Zwar spielt die Filmerzählung wiederholt auf historische Persönlichkeiten an, das Fehlen exakter Ortsangaben sorgt allerdings für eine Abstrahierung, die das Dargestellte in den Bereich des Allgemeingültigen transferiert. »Es geht also nicht mehr einfach um Tills Streiche in seiner konkret nachweisbaren Umwelt, sondern um verschiedene exemplarische Lebensformen, die damit auch primär sozial fixiert und erst vermittelt zeitlich und räumlich limitiert sind.«[1944]

Signum der sich bereits ankündigenden gesellschaftlichen Erosion ist die zwischenzeitlich kameradschaftliche Verbindung zwischen dem einfachen Spaßmacher Till Eulenspiegel und dem Kaiser. Gemeinsam besuchen die ungleichen Weggefährten ein Badehaus, dessen gesellschaftliche Funktion die Erzählung betont:

> »Die mittelalterlichen Badestuben, weit verbreitet, sind Plätze, an denen das Volk sich trifft, um sich ungeniert und ungezwungen zu vergnügen. [...] Hier findet man einen gewissen Ausgleich für die Regelstrenge der Kirche und der anderen Ordnungsinstitutionen des Mittelalters. – Männer und Frauen baden oft gemeinsam, manchmal in einer Wanne. Man ißt und trinkt und betreibt die Liebe.«[1945]

Den mittelalterlichen Badeanstalten kommt damit eine ähnliche »Ventilfunktion«[1946] zu wie dem Karneval. Auch diesem Spektakel wohnen Till und der Kaiser gemeinsam bei. Sie werden Zeugen eines Fastnachts-

1943 Ebd., S. 92.
1944 Meyer / Wulff 1978, S. 98.
1945 Wolf / Wolf 1986, S. 157 f.
1946 Meyer / Wulff 1978, S. 100.

spiels, das für große Erheiterung sorgt. Nur einer kann über die Darbietung nicht lachen – der Kaiser, da er Ziel des Spottes ist:

> »Es wird vorgeführt, wie bei Hof die Ämter verteilt werden: zuerst borgt der Kaiser sich viel Geld vom Kaufherrn, gibt es dem Papst, dann bekommt er seine Bauchbinde: Kaiser. Nun verteilt er selbst nach dem gleichen Prinzip die Hofämter. Nur der Narr bezahlt nichts, sondern bekommt ein paar Schläge mit der Pritsche.«[1947]

Das Fastnachtsspiel thematisiert auf süffisante Art und Weise die Identitätskrise, in der sich der Kaiser befindet. Der Glanz seines Titels ist verblasst, das mittelalterliche Kaisertum ist ausgehöhlt. Die närrische Inszenierung entlarvt die kaiserliche Investitur als bloße Farce, denn das ehemals prestigevolle Amt wird zum Handelsgut: Kaiser wird im 16. Jahrhundert der, der es sich finanziell leisten kann. In der Filmerzählung resultiert aus diesem Legitimationsvakuum die persönliche Krise des Amtsinhabers. Dem leeren Ritual am Hof entspricht der körperliche Zerfall des Potentaten.[1948] Ausdruck dessen ist die Spiegelmanie des Kaisers: »[...] Diener schleppen große Spiegel herein, die sie um den Kaiser herum aufstellen, so daß er sich von allen Seiten betrachten kann. Das scheint ihn etwas zu beruhigen.«[1949] Der Kaiser leidet unter dem notorischen Zwang, sich seiner selbst zu versichern, die Reflexion ist der Versuch, diesen Mangel an Selbstbewusstsein zu kompensieren.

Anders Till: Er ist, wie sein Name bereits verrät, ein »lebendige[r] Spiegel«.[1950] Er vermittelt, um sich der Worte Foucaults zu bedienen, zwischen Utopie und Heterotopie, also zwischen Wunschort und realem Raum:

> »Der Spiegel funktioniert als eine Heterotopie in dem Sinn, daß er den Platz, den ich einnehme, während ich mich im Glas erblicke, ganz wirk-

1947 Wolf / Wolf 1986, S. 177; während das Fastnachtsspiel des Matthäus Creutz aufgrund seines ernsten Charakters eher der Lübecker, Elsässer bzw. Schweizer Spieltradition entspricht, folgt das bei Christa und Gerhard Wolf thematisierte dem Nürnberger Vorbild.

1948 Vgl. Meyer / Wulff 1978, S. 109.

1949 Wolf / Wolf 1986, S. 193.

1950 Meyer / Wulff 1978, S. 107.

> lich macht und mit dem ganzen Umraum verbindet, und daß er ihn zugleich ganz unwirklich macht, da er nur über den virtuellen Punkt dort wahrzunehmen ist.«[1951]

Die Grenze zwischen Selbst- und Fremderleben ist der eigene Leib. Selbsterfahrung setzt Fremderfahrung voraus. Das Erkennen der Diskrepanz zwischen diesen beiden Ebenen erfordert einen kritischen Blick. Meyer und Wulff bezeichnen Till, der sich im Laufe der Handlung seiner eigenen Gegensätzlichkeit bewusst wird, als »personifizierte Kamera«.[1952] Seine persönlichen Widersprüche erkennend, beginnt er, jene der Gesellschaft zu dokumentieren, um sich in die Lage zu versetzen, seinen Mitmenschen den Spiegel vorzuhalten. Er bedient sich dabei vorhandener Tabus. Laut Michel Foucault erfüllen Tabus die Funktion, den öffentlichen Diskurs in eine bestimmte Richtung zu lenken. Sie sind sowohl machtkonstituierend als auch -stabilisierend.[1953] Seelbach verweist demgegenüber auf die Scheinhaftigkeit des Tabuisierten: »Im Wesen des Tabus liegt es bekanntlich, daß es sich um tatsächlich praktizierte Dinge handelt, über die der Mantel imperativischen öffentlichen Verdrängens gebettet wird.«[1954] Zur Veranschaulichung der Vorgehensweise Eulenspiegels soll eine Passage in den Blick genommen werden, deren Plot Christa und Gerhard Wolf der ursprünglichen Version von Hermann Bote entnommen haben: In einer Dorfkirche gibt Till als Mönch verkleidet vor, Geld zu sammeln, um dem Heiligen Brandanus ein Kirchlein zu bauen. Als die Gemeinde keine Anstalten macht, dem Spendenaufruf Folge zu leisten, sieht sich Till gezwungen, schwerere Geschütze aufzufahren: »Ihr müßt [...] wissen: ich bin gehalten, nur von unberührten Mädchen und von getreuen Ehefrauen Gaben anzunehmen.«[1955] Die Furcht vor eine öffentlichen Diffamierung führt in der Folge zu einer regelrechen »Opferekstase«.[1956] Seine

1951 Foucault 2002, S. 39.

1952 Meyer / Wulff 1978, S. 112.

1953 Vgl. Foucault 2003, S. 11.

1954 Seelbach 1993, S. 161.

1955 Wolf / Wolf 1986, S. 65; ein ähnliches Vorgehen kennzeichnet die Szene, in der Till als Hofmaler tätig ist und die Ahnengalerie eines Fürsten gestalten soll; die Analogie zu Andersens Märchen *Des Kaisers neue Kleider* ist augenfällig.

1956 Ebd.

soziale Kompetenz ausnutzend, bedient sich Eulenspiegel des argumentativen Rüstzeugs der Kirche und dreht, die Scheinheiligkeit der Gläubigen entlarvend, den Spieß um. Was auf den ersten Blick ein lapidares Spiel zu sein scheint, ist für den Handlungsverlauf wegweisend: Indem Till in die Rolle eines Geistlichen schlüpft, verlässt er vorübergehend das gesellschaftliche Korsett der Alltagswelt.[1957] Auf diese Weise befreit er sich nicht nur von allen Zwängen, er wird zugleich zum eigentlichen Träger des »Definitionsmonopol[s]«,[1958] das nach wie vor die Kirche für sich reklamiert. Till, der den Widerspruch zwischen Schein und Sein erkannt hat, ist in der Lage, diese Erkenntnis weiterzugeben. »Damit die bestehenden gesellschaftlichen Verhältnisse angetastet werden konnten, mußte ihnen der Heiligenschein abgestreift werden.«[1959]

Eulenspiegel verkörpert das um den Dialog bemühte selbstbewusste Individuum, das sich in der Frühen Neuzeit herausbildet.[1960] Gerrit-Jan Berendse sieht in dem dialogisch konzipierten Karneval, der durch den mittelalterlichen Narren repräsentiert wird, den »Gegenentwurf zur Monosemie des Herrschaftsdiskurses«.[1961] In Anlehnung an Ferdinand de Saussure[1962] schreibt er weiter: »Die von oben aufgezwungene Zuordnung von Signifikat und Signifikant wurde bzw. wird verlacht, verdreht und gewendet und somit kulturelle Hegemonie unterminiert.«[1963] Dabei wechseln sich Karneval und Tristesse beständig ab. Wolfgang Hilbig spricht in diesem Kontext vom »Kipp-Effekt«.[1964] Die Realität wird verfremdet und so ihres Schleiers entkleidet. Till, der die raue Wirklichkeit demaskiert, verkörpert auf diese Weise die Befreiung von allen ideologischen Zwängen.

Mit dem Klostersturm erfährt diese Befreiung in der Filmerzählung ihre literarische Realisation. Protestanten und Bauern rotten sich zusammen und stürmen jenes Kloster, in dem Anton zuvor Prior war. Nun ist er zum Protestantismus konvertiert und Teil der Meute. Man zerstört die

1957 Vgl. Köhn 2001, S. 150.
1958 Seelbach 1993, S. 161.
1959 Wolf / Wolf 1986, S. 5 / Engels 1946, S. 36.
1960 Vgl. Meyer / Wulff 1978, S. 107.
1961 Berendse 2001, S. 145.
1962 Vgl. hierzu Linke / Nussbaumer / Portmann 2004, S. 30 ff.
1963 Berendse 2001, S. 254.
1964 Hilbig 1997, S. 24.

im Kloster deponierten Zinslisten und Till zitiert in diesem Moment den Schreiber des Erzbischofs: »Warum kommen die Heringe mit der Haut auf den Tisch? Nun? Damit der arme Mann doch auch eine Kreatur hat, der er die Haut abziehen kann!«[1965] Beim Zerreißen der Zinslisten werden einige Bauern emotional, man betrachtet diese Handlung als einen Akt der Rechtmäßigkeit, der schon lange überfällig war. Diese Passage greift ein biblisches Motiv auf, rekurriert sie doch auf die Geschichte, in der Jesus die Wucherer aus dem Tempel vertreibt.[1966] Auf ihn, der gern als der erste Kommunist der Geschichte gedeutet wird, nimmt der Text an dieser Stelle ganz bewusst Bezug.

Die Filmerzählung stellt laut Graf eine Verbindung zur Entstehung des christlichen Abendlandes her.[1967] Beisbart erkennt v. a. eine Analogie zum Lukasevangelium, das sich um die Darstellung einer Heilsgeschichte bemüht: Dem Reich Gottes wird das Diesseits als Kontrapunkt gegenübergestellt, um die Bedeutung des menschlichen Jesus hervorzuheben. Wie das Evangelium beginnt auch die Filmerzählung mit der Weihnachtsgeschichte. Das Pauker-Jäcklein als Mentor Tills erinnert an Johannes den Täufer, der Eintritt des Protagonisten in die »hochehrbare Zunft der Fahrenden und Spielleute«[1968] kommt der biblischen Berufung gleich. Von der neuen ›Familie‹ erhält Eulenspiegel schließlich auch seinen Namen, was an den Ritus der Taufe denken lässt. Die Verzweiflung, der Till am Ende des ersten Teils lautstark Ausdruck verleiht, erinnert schließlich an die Versuchung Jesu durch den Teufel und ist als Bewährungsprobe Voraussetzung für die im zweiten Teil wirksam werdende Emanzipation des Protagonisten.[1969]

Da die Zustände, die Christa und Gerhard Wolf anprangern wollten, aus der Verkehrung der Worte Jesu resultierten, sahen sie sich gezwungen, ihren Till als »Gegenfigur«[1970] zu Jesus zu konzipieren. Zwar hat Jesus

1965 Wolf / Wolf 1986, S. 205.
1966 Vgl. auch ebd., S. 137: Till ist Gehilfe eines Malers; das Bild stellt die Austreibung der Wechsler aus dem Tempel dar, wobei die Gesichter der Wucherer an Zeitgenossen des Protagonisten erinnern und so einen Aktualitätsbezug herstellen.
1967 Vgl. Graf 1993, S. 125.
1968 Wolf / Wolf 1986, S. 47.
1969 Vgl. Beisbart 1993, S. 144 ff.
1970 Graf 1993, S. 125.

mit seiner Botschaft den Weg in eine bessere Zukunft gewiesen, jedoch haben die Menschen hieraus die falschen Schlüsse gezogen. »Tills Funktion liegt [...] darin«, so Hans-Jürgen Graf, »ein Alternativkonzept zur Christianisierung aufzuzeigen, welches gleichzeitig einen Gegenentwurf zum ›real existierenden Sozialismus‹ darstellen soll.«[1971] Dies deckt sich im übrigen mit der Argumentation Lothar Köhns. Er sieht in der Filmerzählung der Wolfs eine Korrektur des Ende der 50er Jahre von Friedrich Wolf verfassten Stücks *Der arme Konrad*. Während bei Friedrich Wolf das Narrengericht als »kollektiv-oppositionelles Spiel [...] in den bewaffneten Kampf übergeht«,[1972] kommt es in der Eulenspiegel-Erzählung zu keinem Zeitpunkt zum Bruch mit der Religion – im Gegenteil: Wenn die Handlung damit beginnt, dass Blau und Gold als Farben des Mittelalters charakterisiert werden, da die Gottesmutter traditionell mit blauem Mantel[1973] dargestellt wird, und Anna im bunten Jahrmarktstreiben ebenfalls einen »blauen Umhang«[1974] trägt, dann handelt es sich hierbei um keine zufällige Analogie. »Das zeigt exemplarisch, dass die Filmerzählung die religiöse Dimension nicht einfach liquidiert, sondern sie als bewegendes Sinnpotential in die irdischen Bedürfnisse hereinholen will.«[1975]

Indem die Wolfs ihren Till auf gleiche Weise handeln lassen, stellen sie ihn in die Tradition dieses frühen Revolutionärs. Die Lehren Tills beginnen Früchte zu tragen, was unmittelbar an der Entwicklung Antons zu sehen ist. Wäre dieser konvertiert, wenn Eulenspiegel ihn nicht in seinem Zweifeln bestärkt hätte?

Am Ende liegt Till auf dem Krankenlager. Krankheiten haben im Werk Christa Wolfs die Funktion, Konflikte des Einzelnen mit sich selbst, mit seinem Gegenüber und den gegebenen sozialen Verhältnissen zum Ausdruck zu bringen. Ihnen wohnt somit eine »persönlichkeitsbildende Kraft«[1976] inne, Krankheit ist die Voraussetzung für das, was man als Subjektkonstitution beschreiben könnte. Till aber stirbt. In seinem geistigen Testament spricht er von drei Dingen, die er noch zu tun habe: »Den

1971 Ebd., S. 134.
1972 Köhn 2001, S. 144.
1973 Vgl. Wolf / Wolf 1986, S. 7.
1974 Ebd., S. 39.
1975 Köhn 2001, S. 147.
1976 Lax-Küten 2009, S. 77.

Pfaffen die langen Röcke abschneiden. Den satten Fressern das Messer in den Hals schlagen, mit dem sie sich in den Zähnen polken. Und euch – er wendet sich zu den Bauern – das richtige, herzhafte Lachen beibringen. Damit fang ich an. Lacht!«[1977] In dieser Aufzählung kommt Tills eigentliches Erbe zum Ausdruck. In einer Vision erscheint Till seine ehemalige Weggefährtin Anna, der er die Frage stellt: »Anna, warum soll man aus Menschen nicht Menschen machen können?«[1978] Diese Frage scheint symptomatisch zu sein, verweist sie doch auf die Schlechtigkeit der Welt und auf den Willen des Protagonisten, daran etwas zu ändern. Nach Tills Tod will die Menge gemäß seines Testaments den Schatz heben, den er hinterlassen hat. Sie finden aber lediglich eine Kiste mit Steinen vor. Mit den Steinen bewerfen die Bauern Klerus und Adel, Till wird somit zum Initiator des Bauernkriegs.[1979] Der Eulenspiegel der Wolfs ist folglich der Prototyp eines positiven Helden.

Interessanterweise ist es an dieser Stelle ein Junge, der als erstes einen Stein wirft. Dies bildet im Übrigen eine Rahmung mit dem ersten Teil der Erzählung, an dessen Ende ein Mädchen in die Klagerufe Tills einstimmt. Es sind zunächst Kinder, die Tills Anweisungen Folge leisten. Verheyen schreibt: »Die Erwachsenen sind zu sehr von ihren Ängsten blockiert, um Eulenspiegel verstehen und entsprechend reagieren zu können, die Kinder jedoch zeigen Bereitschaft zur Umsetzung von Tills Lehre.«[1980] Till gibt seine Botschaft an die nächste Generation weiter, in der Hoffnung, sie möge dort auf fruchtbaren Boden fallen. Somit setzt der Tod der Subjektkonstitution Tills zwar ein jähes Ende, die ›Hinterbliebenen‹ aber werden durch die Erfahrung seines Ablebens aus ihrer Lethargie herausgerissen und realisieren die Möglichkeit bzw. Notwendigkeit der Veränderung. Auf dem Totenbett durchlebt Till das, was man heutzutage ein Flashback nennen würde. Er sieht die junge Anna vor sich und er emp-

1977 Wolf / Wolf 1986, S. 223.

1978 Ebd.; vgl. hierzu auch Kehlmann 2017, S. 286: hier bemerkt Tyll, er wolle sich als Mensch verkleiden.

1979 Ebd., S. 224 f.; vgl. auch Verheyen 2004, S. 91 f.: die Wolfs konzipierten noch ein alternatives Ende, das auf die Szene verweist, in der Till behauptet, er könne fliegen; der Text wirft so die Frage auf, ob der Einzelne das Unmögliche nicht möglich machen kann, in dem Falle die Reform oder gar Revolution.

1980 Verheyen 2004, S. 90.

findet zugleich eine große innere Leere: »In seiner Ohnmacht sieht sich Till in einem hellen weiten, fast freien Raum.«[1981] Ortwin Beisbart sieht in dieser Passage eine Analogie zu Psalm 31: »Du hast mich nicht preisgegeben der Gewalt meines Feindes, / hast meinen Füßen freien Raum geschenkt.«[1982] Hierbei handelt es sich wohlgemerkt um einen Teil des gleichen Psalms, dem der Evangelist Lukas Jesu letztes Wort am Kreuz entnommen hat. Für Beisbart ist dies ein klares Indiz dafür, dass Christa und Gerhard Wolf am Ende ihrer Erzählung mehr als die bloße Hoffnung auf den Sieg der neuen Gesellschaft ausdrücken wollten.[1983] Als »Anwalt der Bauern und Gesellen«[1984] wird Till zur »Vorläufer-Figur«[1985] für eine Gesellschaft, die nicht auf Macht, sondern auf Menschlichkeit gründet. Dazu, dem Handeln Tills nachzueifern, ruft die Inschrift auf dem Grabstein Eulenspiegels die ihm folgenden Generationen explizit auf:

> »Merket wohl und denket daran,
> was ich auf Erden war.
> Alle, die hier vorübergehen,
> müssen mir gleich werden.«[1986]

Aber wie lässt sich die Filmerzählung der Wolfs nun bewerten? Handelt es sich hierbei um ein »Vehikel der Kritik«[1987] oder doch um einen Loyalitätsbeweis für die Prinzipien des sozialistischen Realismus? H.J. Graf erinnern die Beschreibungen des Bischofs Albrecht an manche Mitglieder des SED-Politbüros. Für die Wolfs ist er Sinnbild für die mittelalterliche Obrigkeit im Bachtin'schen Sinne: »Die Weinfässer würden platzen, wenn man ihnen nicht manchmal das Spundloch öffnete und ihnen Luft machte.«[1988] Auf diese Weise rechtfertigt der Bischof die Existenz des närrischen Treibens. Noch prägnanter ist aber folgendes Zitat: »Als wüßtet

1981 Wolf / Wolf 1986, S. 223.
1982 Psalm 31,9.
1983 Vgl. Beisbart 1993, S. 154.
1984 Fiedler 1991, S. 89.
1985 Verheyen 2004, S. 88.
1986 Wolf / Wolf 1986, S. 225.
1987 Verheyen 2004, S. 92.
1988 Wolf / Wolf 1986, S. 176.

ihr nicht, daß es um die Heilige Schrift nicht mehr geht! Die ist auslegbar – uns beiden sollte das bekannt sein. Es geht um die Treue zur Kirche in ihrer jetzigen Gestalt.«[1989] Die Bibel – Kern des christlichen Glaubens – spielt für Albrecht keine Rolle. Es geht ihm lediglich um den Machterhalt der Kirche. Wahrheit ist für ihn zweitrangig, was mit Hilfe einer Aussage des Humanisten Beatus Rhenanus erklärt werden kann. Für ihn ist Wahrheit nur dann möglich, wenn jeder seine Meinung kundtun darf.[1990] Wahrheit wird seitens des Humanisten als Resultat von Freiheit gedeutet. Da der Bischof letzteres vermeiden möchte, hat er auch kein Interesse an ersterem. Hierin sieht Graf eine Parallele zum Sozialismus der DDR, Bischof Albrecht fungiert als »Chefideologe«[1991] der Erzählung. »Zieht man das Geschichtsverständnis heran, das ihrer Neugestaltung des ›Till Eulenspiegel‹ zugrunde liegt, so ist in diesem ein Plädoyer für einen offenen Sozialismus zu entnehmen, der keine ›Gläubigen‹ braucht, sondern sozial und geistig reife, autonome Menschen.«[1992] Diese Äußerung von Sonja Hilzinger verfolgt eine ähnliche Argumentationsrichtung wie Grafs oben beschriebener Vergleich. Beide sehen in Christa und Gerhard Wolf »Vorläufer-Figuren«, wie ihr Protagonist plädieren sie für eine Reform des Systems. Mit ihrem Till stellen sie sich somit in die Nachfolge der traditionsreichen »littérature engagée«.[1993]

Vor diesem Hintergrund ist es umso erstaunlicher, dass das Expertengutachten von Prof. Heise, welches für die Druckgenehmigung erforderlich war, positiv ausfiel. Den Eulenspiegel der Wolfs deutet er als Repräsentant der rebellischen Massen. Grund für eine Publikation der Erzählung war für Heise einerseits deren ästhetische Qualität, andererseits die katalytische Wirkung auf das sozialistische Geschichtsbewusstsein.[1994] Einen Beleg für eine überzeitliche Kritik sehen viele in dem Marx-Zitat, das dem zweiten Teil der Erzählung vorangestellt ist: »Man muß die versteinerten Verhältnisse dadurch zum Tanzen zwingen, daß man ihnen ihre

1989 Ebd., S. 209f.
1990 Vgl. ebd., S. 192.
1991 Graf 1993, S. 129.
1992 Hilzinger 1986, S. 89.
1993 Köhn 2001, S. 151.
1994 Vgl. Verheyen 2004, S. 99.

eigene Melodie singt!«[1995] Die Einbettung des Plots in die Reformationszeit dient nicht nur dazu, die Verhältnisse des 16. Jahrhunderts an den Pranger zu stellen, der Text nimmt zugleich die Zeit seiner Entstehung kritisch ins Visier. Der IM unter dem passenden Decknamen Gerhard Dichter, der die Wolfs im Zuge des operativen Vorgangs *Doppelzüngler* bespitzelt hat, kommt zu der Einschätzung, dass Christa Wolf keine eindeutige Klassenposition beziehe:

> »Dadurch, daß die Filmerzählung im Mittelalter handelt, die Marx-Zitate dagegen die vorrevolutionäre Zeit von vor 1848 ansprechen, ohne daß dieser Zusammenhang aus den isolierten Zitaten ersichtlich wäre, liegt es natürlich nahe, anzunehmen, daß Ch. und G. Wolf tatsächlich über die Marx-Zitate so eine Art ›Zeitlosigkeit‹ herstellen wollten, damit der Leser ihres Szenariums unter den ›verstei-nerten Verhältnissen‹ […] alles mögliche verstehen können, auch z. B. die gesellschaftlichen Verhältnisse der Imperialismus oder auch die des Sozialismus.«[1996]

Ein Zitat Schonauers aus dem Tagesspiegel 1974 scheint am Ende dieses Kapitels passend zu sein: »Die Weisheit des historischen Till Eulenspiegels lag gerade darin, niemandes Parteigänger zu sein.«[1997]

9.3 Zwischenfazit

Nach dem Zweiten Weltkrieg erlebt der Narr in beiden deutschen Staaten eine Renaissance. In der Bundesrepublik setzt sich zunächst die vergleichsweise junge Tradition des tragischen Clowns fort. Freude und Triumph, die der Spaßmacher ausstrahlt, erweisen sich als Fassade, hinter der sich eine verzweifelte Seele verbirgt. Er ist der personifizierte Widerspruch, so auch der den einengenden Verhältnissen der jungen BRD aus-

1995 Wolf / Wolf 1986, S. 103; vgl. hierzu auch Marx 2019, S. 12 f.
1996 Verheyen 2004, S. 321 f. (Akte der Gauck-Behörde mit der Signatur BStU, ZA, MfS, ANS / AOP / 16578 / 89 / Bd. IV / Blatt 122/123)
1997 Schonauer, zit. n. Verheyen 2004, S. 105.

gesetzte Clown Heinrich Bölls. Seine innere Gespaltenheit wird anhand des ambivalenten Verhältnisses, das er zum Glauben pflegt, deutlich.

Grund mag auch hier eine misslungene Individuation sein, die an der Infantilität des Protagonisten abzulesen ist. Die bigotten Eltern, die Schnier selbst als Heimleiterehepaar bezeichnet, scheitern mit dem Versuch, dem Sohn ihre Werte aufzuoktroyieren. Indem sie seine Individuation mehr behindern als sie zu fördern, wird der Clown, der keine Liebe erfährt, zum Egomanen, der sich Marie selbstsüchtig zu eigen macht. Schnier steht folglich in der Tradition des Narren als Gottesleugner.

Und dennoch offenbart der Roman die Liebe, die Hans für Marie empfindet. Was er aber nicht schafft, ist, aus dieser Ich-Du-Beziehung Kapital zu schlagen. Schnier verharrt im Stadium der Substanzlosigkeit, er gewinnt nur auf der Projektionsfläche des Du alias Marie, die er daher auch als seine Seele bezeichnet, Substanz. Die Trennung muss für den Protagonisten daher den symbolischen Tod bedeuten, sodass der Clown am Ende das Vanitas-Motiv des mittelalterlichen Narren repräsentiert und somit unfreiwillig die auf Schein gründende Bundesrepublik demaskiert.

Auch der Till Eulenspiegel, den Christa und Gerhard Wolf für ihre Filmerzählung konzipieren, muss als Prototyp des mittelalterlichen Narren gelten. Der Karneval konnte in der DDR auf keine lange Tradition zurückblicken, doch auch die Ostdeutschen sehnten sich nach den Entbehrungen des Krieges nach Abwechslung, die die Fastnacht zu geben versprach. Gerade die Studenten nutzten den Fasching als Medium, um Kritik zu üben, weshalb das närrische Treiben von Beginn an unter staatlicher Überwachung stand. Gleichwohl bediente man sich der Figur des Narren, um mit seiner Hilfe die sozialistische Ideologie zu untermauern. Aufgrund des Legitimationsdrucks, dem sich die DDR ausgesetzt sah, wurde der Bauernkrieg zum Grundstein einer revolutionären Tradition in Deutschland stilisiert. Kunstschaffende hatten die Aufgaben, den politischen Mythen Leben einzuhauchen. Eulenspiegel mit seinen didaktisch-aufklärerischen Tendenzen sollte genau das tun. Er repräsentiert, wie zuvor das Pauker-Jäcklein, den selbstständig denkenden Menschen. Indem er sich selbst zum Träger des Definitionsmonopols macht, deckt er den Konstruktionscharakter vermeintlich unumstößlicher Dogmen auf. Obgleich er hierbei immer wieder an die Grenzen seiner Handlungsfähigkeit stößt, wird er so zur Vorläufer-Figur, die nicht nur gegen die hierarchischen Strukturen der Frühen Neuzeit revoltiert, sondern auch die zeitgenössischen Verhältnisse der Autoren infrage stellt.

Fazit

Wie lassen sich nun am Ende dieser Arbeit die eingangs gestellten Fragen abschließend beantworten? Inwiefern verhandeln Texte, die den Karneval thematisieren, zugleich Ichwerdungs-Prozesse der darin auftretenden Figuren? Und: In welchem Verhältnis stehen diese wiederum zum Karneval?

Um diesen beiden Fragen nachzugehen, hat Kapitel 1 zunächst einen Überblick über die theoretischen Grundlagen gegeben. Reckwitz, der der Geschichte des Subjekts nachgegangen ist, spricht vom hybriden Subjekt, das während der verschiedenen Stadien abendländischer Kultur immer wieder neu gedacht wurde. Der mit dem Wandel vom christlichen zum naturwissenschaftlichen Weltbild einher gehende Einbruch von Kontingenz hatte zur Folge, dass Personen plötzlich als Masken wahrgenommen wurden. Das zuvor ganzheitliche Kollektiv-Subjekt ist nun ein individualisiertes und fragmentiertes, das Ich setzt sich aus den verschiedenen sozialen Rollen zusammen, die es spielt und je nach Situation wechselt. Als Mittel, diese innere Vielheit zu harmonisieren, benennt Rugenstein den Humor und den damit verbundenen Perspektivwechsel. Er ermöglicht den Blick für das Andere bzw. Fremde und ist folglich Voraussetzung für den Dialog. Der Dialog zwischen den verschiedenen Teilidentitäten im Innern des Einzelnen, aber auch zwischen den Individuen ist in der Lage, die diversen Seinspotenziale in eine Balance zu bringen. Der die individuelle Freiheit inszenierende Karneval befördert jene Reflexionsfähigkeit und muss daher als Katalysator der Subjektwerdung gelten.

Kapitel 2 unterzieht ihn aufgrund dessen einer genaueren Betrachtung. Die Funktion des Karnevals, eine Art Zeitinsel zu sein, die eine vorübergehende Umkehrung der sonst strengen hierarchischen Ordnung ermöglicht, wurde weiter oben bereits hervorgehoben. Für dieses Kapitel sind einerseits die Ausführungen Bachtins von Bedeutung, der das Lachen als Sieg über die im Mittelalter omnipräsente Furcht charakterisiert. Zum anderen ist es das einschlägige Werk Werner Mezgers, das gerade im Hinblick auf die Genese der Figur des Narren aufschlussreiche Erkenntnisse liefert. Als Träger eines höheren Wissens tritt der Narr erst in der Frühen Neuzeit in Erscheinung. Zunächst gilt er als Gottesleugner und als Repräsentant der auf der Erbsünde gründenden Lasterhaftigkeit des Menschen sogar als Todesbote. Die nicht auf den ersten Blick ersichtliche Verbindung zwischen Karneval und Tod stellt auch die Praxis des Maskierens her, bedeutet die Maske doch bewusste Selbstdarstellung bei gleichzeitiger Verleugnung anderer Seinspotenziale. Bachtin spricht daher auch vom Fest der allvernichtenden und allerneuernden Zeit, das wiederum im Innern des Einzelnen vonstatten geht, zugleich aber auch äußerlich vollzogen wird (vgl. grotesker Leib).

Als frühestes literarisches Werk, das den Karneval zwar nicht direkt thematisiert, wohl aber den Anlass für die Inszenierung bot, hat Kapitel 3 das Fastnachtsspiel des Matthäus Creutz von 1552 behandelt. Fastnachtsspiele entwickelten sich im Laufe der Zeit aus den komischen Einlagen der Mysterienspiele zu einer eigenständigen Gattung. Das vorliegende Beispiel spiegelt die wirtschaftliche Blüte Andernachs zu Zeiten der Renaissance wider. Die übergeordnete Botschaft – der Aufruf zu Nächstenliebe – lässt bereits die Verbindung zur Fragestellung deutlich werden. Die Protagonisten Waldbruder und Weltlicher Bürger machen sich auf den Weg, um Treue und Wahrheit in einer von Schlechtigkeit bestimmten Welt zu finden. Indem die personifizierte Wahrheit am Ende zum Spiegel wird, verweist der Text auf den für ihr Auffinden notwendigen Erkenntnisakt. Zugleich ist der Pelikan als Symbol der unbegrenzten Nächstenliebe Sinnbild des Dialogs sowie Metapher für die Suche nach Treue und Wahrheit in sich selbst. Er verkörpert die Persönlichkeitsentwicklung, die der Weltliche Bürger in Auseinandersetzung mit einem äußerlichen Gegenüber im Innern vollzieht.

Das vierte Kapitel hat die Italienisierung der Fastnacht ab etwa 1500 behandelt, die im 18. Jahrhundert auch literarisch ihren Niederschlag findet. Was Goethe mit seinem *Römischen Carneval* beginnt, setzt Schiller in gleich zwei Werken fort. Seinen *Fiesko* lässt er mit einem genuesischen Maskenball beginnen, der dem Verwirrspiel des Protagonisten als Exposition dient. So spielt der machiavellistisch agierende Graf nicht nur Julia seine Liebe vor, seine Komplizen lässt der in Wahrheit machthungrige Politiker glauben, er sei ein glühender Verfechter der Republik. Und dennoch zeigt die zunächst uneindeutige Haltung zur politischen Zukunft Genuas die innere Zerrissenheit Fieskos. Seine Selbstzentrierung steht einer Persönlichkeitsentwicklung im Wege, sodass Fiesko zeit seines Lebens bloß Maske bleibt, hinter der sich keine Substanz befindet. Der Prinz in Schillers *Geisterseher* hat ein vergleichbares Problem. Hier ist es der venezianische Straßenkarneval, der den Protagonisten in eine tiefe Identitätskrise stürzen lässt. Gemäß Descartes ist Individuation an kognitive Fähigkeiten gebunden: »Ich denke, also bin ich«[1998] (*Cogito ergo sum*). Der Prinz, der nie gelernt hat, selbstständig zu denken, da er sein Wissen bloß von wechselnden Autoritäten übernommen hat, ohne es zu reflektieren, scheitert am Projekt der Ichwerdung; ein mahnendes Beispiel für die Leser*innen.

Kapitel 5 hat sich der Romantik gewidmet. Hoffmann, von Goethe beeinflusst, lässt sein Märchen *Prinzessin Brambilla* während des römischen Karnevals spielen. Zugleich greift er die Tradition der Commedia dell'arte auf, wobei er eine wesentliche Modifikation vornimmt: Während in der klassischen Commedia die verschiedenen Typen in einem antithetischen Verhältnis zueinander stehen, verlagert Hoffmann jene Antithese in eine Figur. So ist Giglio, der die laut Bachtin dem Narrenfest eigene Widersprüchlichkeit verkörpert, als Inkarnation des Karnevals zu betrachten. Der dem Wahnsinn nahe Giglio lässt zwischenzeitig eine unheimliche Stimmung entstehen. Freud hat diese hier früh gestaltete Krisenerfahrung des Subjekts auf die Formel gebracht: »[D]as Ich [ist] nicht Herr […] in seinem eigenen Haus.«[1999] Giglios chronischer Dualismus kann nur mittels Ironie bzw. Lachen geheilt werden. Abermals symbolisiert ein Spiegel den Genesungsprozess. Der durch ihn eingeleitete Perspektivwechsel führt zur Selbsterkenntnis. Indem er den Dialog mit sich selbst sucht und auch mit seiner Außenwelt in den Dialog tritt, kommt

1998 Descartes 2021, S. 65.
1999 Freud 1999, S. 7.

es zu einer Harmonisierung der zuvor widerstreitenden Seinspotenziale. Der Karneval als Auslöser der Ich-Krise einerseits und deren Lösung andererseits symbolisiert den der Ichwerdung zugrundeliegenden, sich stetig wiederholenden Erkenntniszyklus, der das Ich in seinem Innern mehr und mehr heimisch werden lässt.

Das Vormärz-Kapitel (6) hat sich, auch wegen der gewachsenen Bedeutung des Karnevals für eine politisierte Literatur, mit gleich drei Autoren beschäftigt: Georg Büchner schreibt mit seinem Lustspiel *Leonce und Lena* die literarische Rezeption des Narren fort. Valerio ist aber nicht bloß der mittelalterliche Gottesleugner, in ihm deutet sich das neue Narren-Modell an, wonach der Spaßmacher über ein höheres Wissen verfügt und nun seinen Zeitgenossen den Spiegel vorhält. Indem Büchner die Ständeklausel einer Inversion unterzieht, stellt er auch die Legitimationsgrundlage des höfischen Zeremoniells infrage. Dennoch schafft Leonce es nicht, sich aus dem starren gesellschaftlichen Korsett zu befreien. Seine Infantilität beweist, dass es ihm trotz seines vorübergehenden Ausbruchs nicht gelingt, sich als handelndes Subjekt zu verwirklichen. Auch er erweist sich am Ende als gespaltene Person, betrachtet man Valerio als Teil-Ich des Protagonisten. Im Falle Heinrich Heines lässt sich von einer Karnevalisierung der Literatur im Sinne Bachtins sprechen. Mit seiner Narrendichtung reagiert er auf die der Zensur geschuldeten Beschränkungen im Kulturbetrieb. Indem er eine schlaraffische Utopie in gleich beide hier behandelten Werke einbaut, plädiert er für eine Verstetigung der den Karneval begleitenden Narrenfreiheit, also für eine größtmögliche Freiheit des Subjekts. Während sich der Schelm in den *Memoiren* dadurch, dass er sich gegen das Schlechte in der Welt stellt, selbst behauptet, sorgt der Doppelgänger im *Wintermärchen* als externalisierter Teil des lyrischen Ichs durch die hieraus resultierende Dialogizität für eine Selbstermächtigung mittels Reflexion. Selbstermächtigung entsteht schließlich auch durch das Lachen, da es – so Michail Bachtin – von der Furcht vor dem wirkmächtigen inneren Zensor befreit. Ludwig Kalisch, Redakteur der Mainzer Karnevalszeitung *Narrhalla*, bediente sich deshalb besonders gern der Satire, die auf amüsant-komische Weise unbequeme gesellschaftliche Wahrheiten offenlegt und somit eine erkenntnisfördernde Wirkung zeitigt. Die hier eingearbeitete Analyse der *Narrhalla*-Jahrgänge von

1841 bis 1848 spiegelt die wachsende Tendenz der Politisierung während des Vormärz wider. So entwickelte sich die zunächst noch recht harmlose Karnevalszeitung rasch zum links-liberalen Kampfblatt, das mehr und mehr das Ziel verfolgte, seine Leser zu politischen Subjekten zu formen.

Kapitel 7 hat sich der Moderne gewidmet und vereint ebenfalls drei Autoren. Thomas Manns Felix Krull, der in einer Kleinstadt im Rheingau aufwächst, kommt bereits früh mit dem rheinischen Karneval in Kontakt. Auch seine Vorliebe, sich zu kostümieren, hat hier ihren Ursprung. Sein Faible für die Verkleidung ist so ausgeprägt, dass sich Krull zum Kostümkopf entwickelt. Hinter den wechselnden Fassaden verbirgt sich keine Substanz. So ist die auf Schein gründende Existenz des Protagonisten als Parodie des Bildungsromans zu verstehen. Während im Bildungsroman der Held zu seiner inneren Mitte findet, pendelt Krull zwischen den verschiedenen Rollen, die er spielt, hin und her, ohne wirkliche Individualität zu entwickeln – auch er ist zerrissen und repräsentiert das den Karneval kennzeichnende Prinzip der Ambivalenz. Verschiedene Rollen charakterisieren auch Fridolin in Schnitzlers *Traumnovelle*. Indem er diese je nach Situation wechselt, leistet er den gesellschaftlichen Konventionen, die sie begründen, Folge. Gegenstück zu den Rollen sind die menschlichen Triebe, die in aller Regel unterdrückt werden. Die Maske bietet allerdings die Möglichkeit, seine Triebe auszuleben. Im ›Schutz‹ der Maske gerät Fridolin in einen Strudel der Selbstentfremdung, der offenbart, dass sich auch hinter seinen Alltagsrollen eine unterentwickelte Identität verbirgt. Der, der seine Mutprobe dazu nutzen will, sich zu einem handelnden Subjekt weiterzuentwickeln, muss am Ende seine eigene Machtlosigkeit erkennen. Der Maskenball konfrontiert ihn mit seinen Unzulänglichkeiten, letztlich ist Fridolin bloß Objekt der eigenen Schwäche, ein durch die verschiedenen Rollen bzw. Masken zerspaltenes Ich. Nichts anderes ist Hesses Steppenwolf. Die Zerrissenheit des Subjekts ist ein allgemeines Empfinden infolge des Ersten Weltkriegs. Anders als Schnitzler zeigt Hesse allerdings einen Lösungsweg auf. Der Karneval als Form der Bewusstseinserweiterung verheißt innere Befreiung. In Anlehnung an die Romantik benennt er den Humor als konkretes ›Heilmittel‹, mit dessen Hilfe die innere Spaltung kuriert werden kann. Die Haller umgebenden Figuren dienen ihm daher als Spiegel. Sie ermöglichen ihm durch Selbstdistanzierung einen

Perspektivwechsel, der schließlich zur Selbsterkenntnis führt. Die Doppelgänger Hallers, zunächst Symptom seiner Spaltung, repräsentieren mit Fortschreiten der Handlung mehr und mehr die Ich-erweiterung, die Pablo – Ideal der Einheit innerer Gegensätze – verkörpert.

Kapitel 8 hat die literarische Verarbeitung des Karnevals während der NS-Zeit thematisiert. Die Nationalsozialisten versuchten den Karneval zu instrumentalisieren, um mit seiner Hilfe eine Volksgemeinschaft im Sinne der NS-Ideologie zu schmieden. Bertolt Brecht brachte ihn allerdings gegen die Diktatur in Stellung. Bereits mit seinem Epischen Theater verfolgte er das Ziel, eine Umwälzung der Gesellschaft anzustoßen. In *Leben des Galilei* erhält diese Zielsetzung durch die Karnevalsszene eine Entsprechung auf inhaltlicher Ebene. Als Gegenentwurf zur geltenden Ordnung dient sie der Verfremdung und deckt so die Brüchigkeit sozialer Hierarchien auf. Sie sorgt für den notwendigen Perspektivwechsel, der im Stück durch das Fernrohr symbolisiert wird, das die Distanz zwischen Subjekt und Objekt zu durchbrechen vermag. Aber nicht nur die polyphon angelegte Karnevalsszene verweist darauf, dass es die eine Wahrheit nicht gibt. Auch die Differenz zwischen Galilei und seinem Schüler Andrea ist Ausdruck der für die karnevalistische Literatur charakteristischen Mehrstimmigkeit. Zwar nimmt die Renitenz Galileis von Fassung zu Fassung ab, sein revolutionäres Potenzial geht dabei aber auf Andrea über, sodass das karnevalistische Weltempfinden in diesem Dazwischen weiterlebt und das Dialogische am Ende über die dogmatische Monologizität der Kirche, die zumindest in der ersten Fassung das NS-Regime repräsentiert, triumphiert.

Kapitel 9 hat sich mit der literarischen Rezeption des Narren nach dem Zweiten Weltkrieg befasst. In der Bundesrepublik greift Heinrich Böll die Tradition des tragischen Clowns auf. Hinter seiner strahlenden Fassade verbergen sich menschliche Abgründe. Bölls Clown zeichnet sich durch eine innere Gespaltenheit aus, die u. a. an seinem ambivalenten Verhältnis zum Glauben ablesbar ist. Auch sein infantiler Habitus ist ein Beleg dafür, dass die Persönlichkeitsentwicklung Schniers nie zu einem erfolgreichen Ende gekommen ist. Indem er sich Marie zu eigen macht, um seine Triebe vorübergehend zu stillen, degradiert er sein Gegenüber zum Objekt und offenbart die eigene Egozentrik. Er stellt sich auf diese Weise in die Tradition des Narren als Gottesleugner. Dennoch verhilft ihm Marie zur temporären Ichwerdung. Sie dient ihm als Spiegel, anhand dessen er in die Lage versetzt wird, sich seiner selbst zu vergewissern. Die Trennung nimmt ihm auch jene Projektionsfläche, sodass Hans Schnier am Ende wieder die substanzlose Hülle ist, die nur ein Anderer zu füllen vermochte. Aber mehr noch: Schnier, in der Schlussszene buchstäblich der wandelnde Tod, rekurriert auf das Vanitas-Motiv des mittelalterlichen Narren. Anhand des unter dem Druck der Konvention zerbrechenden Clowns demaskiert der Roman die Gesellschaft samt ihrer Normen und stellt so ihre Brüchigkeit und Scheinheiligkeit offen zur Schau. Im sozialistischen Deutschland bedienen sich Christa und Gerhard Wolf ebenfalls des mittelalterlichen Narren. Während die Staatssicherheit in den Veranstaltungen der Karnevalsvereine eine Bedrohung sah und sie daher observierte, wurde Till Eulenspiegel zu ideologischen Zwecken für Staat und Partei vereinnahmt. Die Wolfs stilisierten ihn zum Initiator des Bauernkriegs und somit zum Begründer einer revolutionären Tradition auf deutschem Boden. Die Filmerzählung zeichnet dabei die fortschreitende Politisierung Eulenspiegels nach. Erst der Kontakt mit dem Pauker-Jäcklein, das das selbstständig denkende Individuum repräsentiert, führt zur Herausbildung der didaktisch-aufklärerischen Tendenzen. Obgleich er dabei immer wieder an die Grenzen der eigenen Handlungsfähigkeit stößt, macht er sich durch das Einnehmen neuer Perspektiven zwischenzeitig zum Träger des Definitionsmonopols und negiert so die vermeintliche Unumstößlichkeit kirchlicher Dogmen. Till wird zum Vorkämpfer für eine alternative Ordnung. Er lehnt sich dabei nicht nur gegen die hierarchischen Strukturen der Frühen Neuzeit auf, sondern stellt auch die zeitgenössischen Verhältnisse der Autoren infrage.

Um nun aber die eingangs gestellten Fragen beantworten zu können, ist es unerlässlich, die in den einzelnen Kapiteln gewonnenen Erkenntnisse zusammenzuführen. Es ist zunächst einmal auffällig, dass Texte, die den Karneval thematisieren, immer auch Fragen der Identität verhandeln.

Dies hängt mit dem Karneval selbst zusammen. Im Fastnachtsspiel von 1552 lässt sich der Zusammenhang auf der Gattungsebene erkennen. Auf inhaltlicher Ebene dient der Karneval Hoffmann als Katalysator für eine Bewusstseinserweiterung, die der Protagonist im Verlauf der Handlung durchlebt. Während Heine seine Werke im Bachtin'schen Sinne karnevalisiert, sind die Satiren Kalischs – ähnlich wie das Fastnachtsspiel – anlassgebunden und orientieren sich daher zeitlich am Karneval. In Hesses *Steppenwolf* – hier zeigen sich Parallelen zur Romantik – erfüllt der Karneval die Funktion einer Bewusstseinserweiterung. Brecht verarbeitet in seinem Galilei nicht nur die Gattung des Fastnachtsspiels, indem er ein solches als Spiel im Spiel in sein Stück einbaut. Er setzt die nach Bachtin den Karneval charakterisierenden Merkmale literarisch um und stellt sich mit der dialogischen Anlage seines Stücks den von Monologizität geprägten Totalitarismen seiner Zeit entschlossen entgegen.

Die Arbeit hat sich aber nicht nur mit Texten beschäftigt, die einen unmittelbaren Bezug zum Karneval herstellen. Da der Narr die prägende Figur des närrischen Treibens ist, waren auch solche Werke von Interesse, in denen der Spaßmacher eine Rolle spielt. In Büchners *Leonce und Lena* fungiert Valerio als externalisiertes Teil-Ich des Protagonisten und trägt, obwohl er bereits über eine gewisse Bauernschläue verfügt, nach wie vor Züge des mittelalterlichen Narren. Böll greift mit seinem Narren die Tradition des tragischen Clowns auf, hinter dessen glänzender Fassade sich menschliche Abgründe verbergen. Und obgleich Till Eulenspiegel wohl als Prototyp des mittelalterlichen Narren gelten muss, machen Christa und Gerhard Wolf aus ihm einen Verfechter aufklärerischer Ideen.

Ein zweites dem Karneval eng verbundenes Motiv, das im Rahmen der Arbeit untersucht wurde, ist jenes der Maske. Bereits Schiller nutzt es, um die Existenz eines eigentlichen Ichs kritisch zu hinterfragen. Hinter den Masken Fieskos verbirgt sich kein wirklicher Charakter und der Prinz im *Geisterseher* offenbart sich infolge der Konfrontation mit einer Maske als defizitäre und deformierte Persönlichkeit. Bei Hoffmann sind es die Masken der Commedia, die die innere Spaltung Giglios symbolisieren. Der Kostümkopf Felix Krull ist ähnlich wie Fiesko ein Meister der Täuschung, verpasst es dabei aber, hinter den wechselnden Fassaden persönliche Substanz aufzubauen. Dieses Problem hat auch Fridolin, dessen Masken die verschiedenen sozialen Rollen repräsentieren, die er im Alltag zu spielen hat.

Nun gilt es die Frage zu beantworten, wie sich Identität und Karneval in den jeweiligen Texten zueinander verhalten. Nur wenige der hier behandelten Werke skizzieren eine erfolgreiche Persönlichkeitsentwicklung. Der Weltliche Bürger im Fastnachtsspiel von Matthäus Creutz erkennt durch seinen symbolischen Blick in den Spiegel, dass er Treue und Wahrheit in sich selbst suchen muss. Giglio schafft es durch die aus dem Humor resultierende Reflexion, seine zuvor widerstreitenden Seinspotenziale zu harmonisieren. Bei Brecht ist es zwar nicht der Protagonist, der den Weg der Individuation beschreitet. Im steten Dialog mit seinem Schüler Andrea leben seine Ideen aber trotz der Repressionen fort und erfahren gar eine Dynamisierung, sodass Andrea am Ende derjenige ist, der buchstäblich Grenzen überschreitet. Und Till Eulenspiegel – zuvor Spielball des soziopolitischen Systems der Frühen Neuzeit – entwickelt sich unter dem Einfluss des Pauker-Jäckleins zum selbstständig denkenden Individuum, freilich vor dem ideologischen Hintergrund des sozialistischen Realismus.

Die Persönlichkeitsentwicklung der hier genannten Figuren hat Vorbildcharakter: Das Fastnachtsspiel erhebt das Prinzip der Nächstenliebe zur obersten Maxime; Giglio zeigt, wie es gelingen kann, mit der inneren Vielheit zurecht zu kommen. Und Galilei und Eulenspiegel setzen dem Kollektivierungswahn moderner Diktaturen das Konzept der Individualität entgegen und untergraben auf diese Weise Dogmatismus und Despotie. Viel häufiger aber präsentieren die Texte brüchige Charaktere. Doch auch diese möchten ex negativo den richtigen Weg aufzeigen. Indem Schiller seine Figuren psychologisiert, offenbart er die Gründe für deren Scheitern und eröffnet dem Leser eine alternative Perspektive. Diese besteht darin, sich eben nicht Werte und Positionen unhinterfragt von außen aufoktroyieren zu lassen. Büchner, dessen Komödie *Leonce und Lena* bereits als Literarisierung des *Hessischen Landboten* herausgestellt wurde, lässt mit seinem infantilen Prinzen einen Repräsentanten der brüchigen soziopolitischen Ordnung des 19. Jahrhunderts auftreten, der jene des Lesers ebenfalls als anachronistisches Konstrukt demaskiert. Heines Schnabelewopski behauptet sich zwar dadurch selbst, dass er als Schelm der Schlechtigkeit seiner Zeit entschlossen entgegentritt, muss vor der Macht der Umstände letztendlich aber doch resignieren. Eine mögliche Lösung dieses Dilemmas präsentiert das *Wintermärchen*. Das Nebeneinander von lyrischem Ich und dessen Doppelgänger Liktor erzeugt eine Mehrstimmigkeit, die durch immer neue Perspektivierungen einen nie endenden Reflexionszyklus schafft. Die Existenz absoluter Wahrheiten wird damit negiert, ein Ziel, das auch Kalisch mit seinen Satiren verfolgt. Krull, der Maske ist, ohne Person zu werden, muss als mahnendes Beispiel in einer Zeit gelten, die von innerer Zerrissenheit geprägt ist. So schafft es auch Fridolin in der *Traumnovelle* nicht, jenes Stadium der Persönlichkeitsspaltung zu überwinden. Auch die Selbstentfremdung des in soziale Rollen zergliederten Protagonisten führt lediglich zur Erkenntnis eigener Machtlosigkeit. Einen möglichen Lösungsweg hält Hesses *Steppenwolf* bereit. Zwar steht am Ende der Tod – die Synthese der verschiedenen Seinspotenziale Harry Hallers bleibt also aus, der Hinweis auf die Möglichkeit eines erneuten Versuchs lässt diesen aber als unmittelbare Voraussetzung für eine innere Wiedergeburt, durchaus im karnevalistischen Sinne, erscheinen, sodass der Roman hoffnungsvoll endet. Obgleich die Todessymbolik auch Bölls Roman beschließt, ist hierin weit weniger Optimismus erkennbar. Die Trennung des Clowns von Marie zeigt, dass letzterer nur durch sie an innerer Substanz gewinnt, ohne sie fällt er zurück in ein Stadium der Leblosigkeit. Und dennoch gelingt es Bölls Text, dadurch, dass er seinen Protagonisten an den äußeren Umständen scheitern lässt, das Scheinhafte der bundesdeutschen Gesellschaft der 60er Jahre zu entlarven und so eine kritische Distanz einzunehmen.

Was am Ende dieser Abhandlung festgestellt werden kann: Die hier analysierten Werke, die den Karneval thematisieren, verhandeln immer zugleich die Frage nach Möglichkeiten der Entwicklung von Identität unter den kulturellen und zeithistorischen Bedingungen, aber auch darüber hinaus. Ganz gleich, ob die auf inhaltlicher Ebene thematisierte Identitätssuche erfolgreich ist oder nicht – der Text selbst stößt eine Reflexion an, die den Weg zur Selbsterkenntnis ebnet. Die Literatur nutzt den Karneval also, um dessen Werte – Freiheit von gesellschaftlichen Zwängen und Ausleben von Individualität – für ihre Zwecke in Anschlag zu bringen. Sie verfolgt damit das Ziel, die im Karneval nur temporär geltenden Prinzipien zu verstetigen. Der Karneval ist somit nicht nur Motiv oder Thema der Texte, sondern auch Pars pro toto und Allegorie. Aufgrund seiner daraus erwachsenden Bedeutung sieht Wolfgang Oelsner den Karneval »auf Augenhöhe mit Aspekten von Religion und Literatur«,[2000] was abermals die soziokulturelle Relevanz dieses Phänomens unterstreicht.

›Nach‹ der Corona-Pandemie sieht sich der Karneval neuen Herausforderungen ausgesetzt – in Osteuropa herrscht Krieg. Die damit verbundenen wachsenden Unsicherheiten lassen die Menschen des 21. Jahrhunderts erneut eine innere Zerrissenheit verspüren. In der Vergangenheit hat Krieg häufig dazu geführt, dass das närrische Treiben ausfallen musste. Vor dem Hintergrund aber, dass der Aggressor just jene Ideale zu bekämpfen versucht, für die der Karneval steht, wäre Resignation ein falsches Signal. Ein seinen Wurzeln verpflichteter Karneval, der identitätsstiftend wirkt, hat das Potenzial, zur Überwindung innerer wie äußerer Zerrissenheit beizutragen. Es ist heutzutage wichtiger denn je, die dem Karneval eigenen Werte – Freiheit und Individualität – dem Konformitätswahn der postsowjetischen Diktatur entschlossen entgegenzusetzen. Insofern mutet die Passage aus einer 1962 von Dieter Brandt gehaltenen Büttenrede, die die vorliegende Arbeit beschließen soll, erschreckend aktuell an:

»Es wär für uns ein falsches Streben,
Europas Geist jetzt aufzugeben,
Wo grad ein Fünkchen Hoffnung schien.
Die Welt ist schon genug zerspalten,
Drum müssen wir zusammenhalten:
Europa, Deutschland und Berlin.«[2001]

2000 Oelsner 2004, S. 14.

2001 Brandt, zit. n. Krawietz 2016, S. 141; die Angst vor einem erneuten Krieg war zu jener Zeit allgegenwärtig und wurde freilich auch zum Thema der Narren. In Mendig griff man die Gefahr eines Atomschlags im Straßenkarneval auf und verarbeitete sie so auf humoristische Art und Weise.

Literaturverzeichnis

Siglen:

BA – Goethe, Johann Wolfgang: Poetische Werke. Kunsttheoretische Schriften und Übersetzungen. 22 Bände. Berlin / Weimar 1960–1978.

FA – Schiller, Friedrich: Werke und Briefe in zwölf Bänden. Frankfurter Ausgabe. Hrsg. v. Otto Dann, Heinz Gerd Ingenkamp, Rolf-Peter Janz, Gerhard Kluge, Herbert Kraft, Georg Kurscheidt, Matthias Luserke, Norbert Oellers, Mirjam Springer u. Frithjof Stock.

HKA – Goethe, Johann Wolfgang: Briefe. Historisch-kritische Ausgabe, Bd. 41. 1780–1781. Texte. Hrsg. v. Elke Richter / Héctor Canal, Berlin / Boston 2020.

KA – Böll, Heinrich: Kölner Ausgabe. 27 Bände. Hrsg. v. Árpád Bernáth, Hans Joachim Bernhard, Robert C. Conrad, Frank Finlay, J. H. Reid, Ralf Schnell u. Jochen Schubert, Köln 2002–2010.

MBA – Büchner, Georg: Sämtliche Werke und Schriften. Historisch-kritische Ausgabe mit Quellendokumentation und Kommentar. Marburger Ausgabe. Im Aufragt der Akademie der Wissenschaften und der Literatur Mainz. Hrsg. v. Burghard Dedner. Mitbegründet v. Thomas Michael Mayer, Darmstadt 2000–2013.

NA – Schillers Werke. Nationalausgabe. Im Auftrag des Goethe- und Schiller-Archivs, der Schiller-Nationalmuseums u. der Deutuschen Akademie. Hrsg. v. Julius Petersen u. Gerhard Fricke [1948 ff.: Im Auftrag des Goethe- und Schiller-Archivs u. des Schiller-Nationalmuseums. Hrsg. v. Julius Petersen u. Hermann Schneider; 1961 ff.: Begründet v. Julius Petersen. Hrsg. im Auftrag der Nationalen Forschungs- und Gedenkstätte der klassischen deutschen Literatur in Weimar (Goethe- und Schiller-Archiv)

u. des Schiller-Nationalmuseums in Marbach v. Lieselotte Blumenthal u. Benno von Wiese; 1979 ff.: Hrsg. v. Norbert Oellers u. Siegfried Seidel; seit 1992: Hrsg. im Auftrag der Stiftung Weimarer Klassik u. des Schiller-Nationalmuseums Marbach v. Norbert Oellers, Redaktor Horst Nahler, seit 2000: Georg Kurscheidt].

Primärliteratur:

Andernacher Bürger-Blatt 9,7 (1856).
Aristoteles: Poetik. Griechisch / Deutsch, Stuttgart 2018.
Aristoteles: Politik, Essen 2017.
Augustinus, Aurelius: Vom Gottesstaat. Band II. Buch 11–22, 2. Aufl., Zürich 1978.
Bamberger, Ludwig: Die Flitterwochen der Preßfreiheit. Ein politisches Mosaikbild aus leitenden Artikeln, Mainz 1848.
Baudelaire, Charles: Le spleen de Paris. Petits poèmes en prose. Französisch/ Deutsch, Stuttgart 2008.
Bischöfe Deutschlands u. a. (Hg.): Die Bibel. Altes und Neues Testament. Einheitsübersetzung, Trier 2004.
Böll, Heinrich: Ansichten eines Clowns. Roman, 63. Aufl., München 2020.
Böll, Heinrich: Die verlorene Ehre der Katharina Blum. Oder: Wie Gewalt entstehen und wohin sie führen kann. Erzählung, 57. Aufl., München 2020.
Böll, Heinrich: Frankfurter Vorlesungen, Köln / Berlin 1966.
Böll, Heinrich: Über Konrad Adenauer: »Erinnerungen 1945–1953«. Keine so schlechte Quelle, in: Der Spiegel 19,49 (1965), S. 148–155.
Böll, Heinrich: Werke. KA, Bd. 16. 1969–1971. Hrsg. v. James Reid, Köln 2008.
Böll, Heinrich: Werke. KA, Bd. 25. Interviews II. 1976–1979. Hrsg. v. Robert C. Conrad / Robert Jung, Köln 2010.
Böll, Heinrich: Werke. KA, Bd. 26. Interviews III. 1980–1985. Hrsg. v. Jochen Schubert, Köln 2010.
Bote, Hermann: Till Eulenspiegel, 20. Aufl., Berlin 2018.
Brant, Sebastian: Das Narrenschiff. Studienausgabe, Stuttgart 2019.
Brecht, Bertolt: Die Gedichte, 7. Aufl., Frankfurt am Main 1993.

Brecht, Bertolt: Schriften zum Theater. Über eine nicht-aristotelische Dramatik. Hrsg. v. Siegfried Unsfeld, Frankfurt am Main 1974.

Brecht, Bertolt: Schriften zur Politik und Gesellschaft. Band II. 1933–1956, Hrsg. v. Werner Hecht, Berlin / Weimar 1968.

Brecht, Bertolt: Werke. Große kommentierte Berliner und Frankfurter Ausgabe. Hrsg. v. Werner Hecht u. a. Bd. 5. Stücke 5, Berlin u. a. 1988.

Brecht, Bertolt: Werke. Große kommentierte Berliner und Frankfurter Ausgabe. Hrsg. v. Werner Hecht u. a. Bd. 26. Journale 1, Berlin u. a. 1994.

Brentano, Clemens: Gedichte, Stuttgart 2013.

Buber, Martin: Ich und Du, 11. Aufl., Stuttgart 2017.

Büchner, Georg: Der Hessische Landbote, Stuttgart 2016.

Büchner, Georg: Sämtliche Werke und Schriften. Historisch-kritische Ausgabe mit Quellendokumentation und Kommentar. MBA, Bd. 6. Leonce und Lena. Hrsg. v. Burghard Dedner, Darmstadt 2003.

Büchner, Werke und Briefe. Münchner Ausgabe. Hrsg. v. Karl Pörnbacher u. a., 17. Aufl., München 2020.

Büchner, Georg: Woyzeck. Leonce und Lena. Hrsg. v. Burghard Dedner, Stuttgart 2010.

Creutz, Matthäus: Ein Fasnachts Spil, in: Broemser, Ferdinand (Hg.): Das Fastnachtsspiel des Matthäus Creutz aus Andernach von 1552, Boppard 1980 (Veröffentlichungen der Landeskundlichen Arbeitsgemeinschaft im Regierungsbezirk Koblenz e. V., Bd. 11), S. 61–205.

Descartes, René: Discours de la Méthode. Bericht über die Methode. Französisch / Deutsch, 2. Aufl., Stuttgart 2021.

Eichendorff, Joseph von: Das Marmorbild. Novelle. Text und Kontext, Stuttgart 2021.

Engels, Friedrich: Der deutsche Bauernkrieg, Berlin 1946.

Feuerbach, Ludwig: Das Wesen des Christentums, Stuttgart 2008.

Freud, Sigmund: Das Unheimliche, Stuttgart 2020.

Freud, Sigmund: Eine Schwierigkeit der Psychoanalyse, in: Freud, Anna u. a. (Hg.): Gesammelte Werke, Bd. 12. Werke aus den Jahren 1917–1920, Frankfurt am Main 1999, S. 3–12.

Freud, Sigmund: Gesammelte Werke, Köln 2014.

Fürst, August: Der Mainzer Carneval-Verein und seine Gründer, in: Narrhalla. Mainzer Carnevals-Zeitung, Nr. 1 (1935), S. 3–4.

Fürst, August: Narrenchronik 1838–1913, in: Narrhalla. Mainzer Carnevals-Zeitung, Nr. 3 (1913), S. 10–11.

Fürst, August: Politisch Gewürztes, in: Narrhalla. Mainzer Carnevals-Zeitung, Nr. 4 (1907), S. 6–7.

Goethe, Johann Wolfgang: Briefe. HKA, Bd. 41. 1780–1781. Texte. Hrsg. v. Elke Richter / Héctor Canal, Berlin / Boston 2020.

Goethe, Johann Wolfgang: Das Römische Carneval, Frankfurt am Main / Leipzig 2007.

Goethe, Johann Wolfgang: Der Kölner Mummenschanz. Fastnacht 1825, in: BA, Bd. 1. Poetische Werke. Gedichte und Singspiele. Gedichte, 2. Aufl., Berlin / Weimar 1972, S. 595.

Goethe, Johann Wolfgang: Faust. Der Tragödie Erster Teil, Stuttgart 2010.

Goethe, Johann Wolfgang: Faust. Der Tragödie Zweiter Teil, Stuttgart 2012.

Goethe, Johann Wolfgang: Gesammelte Werke. Band V, Leipzig 1925.

Gottsched, Johann Christoph: Versuch einer Critischen Dichtkunst vor die Deutschen, in: Steinmetz, Horst (Hg.): Johann Christoph Gottsched. Schriften zur Literatur, Stuttgart 2009.

Grimmelshausen, Hans Jacob Christoph von: Der abenteuerliche Simplicissimus Teutsch, Stuttgart 2005.

Hauschild, Jan-Christoph (Hg.): Georg Büchner. Briefwechsel. Kritische Studienausgabe, Frankfurt am Main 1994.

Heine, Heinrich: Aus den Memoiren des Herren von Schnabelewopski, 4. Aufl., Berlin 2017.

Heine, Heinrich: Deutschland. Ein Wintermärchen, Stuttgart 2019.

Heine, Heinrich: Die Bäder von Lucca. Die Stadt Lucca. Hrsg. v. Peter von Matt, Stuttgart 1978.

Heine, Heinrich: Ludwig Börne. Eine Denkschrift, in: Klassik Stiftung Weimar / Centre National de la Recherche Scientifique (Hg.): Heinrich Heine. Säkularausgabe, Bd. 9. Prosa 1836–1840. Werke, Briefwechsel, Lebenszeugnisse, Berlin 1979, S. 281–392.

Heine, Heinrich: Memoiren, Hamburg 2012.

Heine, Heinrich: Sämtliche Schriften, Bd. 3. Hrsg. v. Klaus Briegleb, München 1971.

Hesse, Hermann: Der Steppenwolf, 63. Aufl., Berlin 2019.

Hesse, Hermann: Gesammelte Briefe, Bd. 2. 1922–1935. Hrsg. v. Ursula Michels / Volker Michels, Frankfurt am Main 1979.

Hesse, Hermann: Geschichtliches vom Karneval, in: Michels, Volker (Hg.): Hermann Hesse. Sämtliche Werke. Band 13. Betrachtungen und Berichte I, Frankfurt am Main 2003, S. 348–351.

Hesse, Hermann: Magie des Buches. Betrachtungen und Gedichte, Stuttgart 1956.

Heyen, Franz-Josef: Inventar des Archivs der Stadt Andernach, Bd. 4. Ratsprotokolle 1505–1798, Koblenz 1970 (Veröffentlichungen der Landesarchivverwaltung Rheinland-Pfalz, Bd. 10).

Hoffmann, E.T.A.: Prinzessin Brambilla. Ein Capriccio nach Jakob Callot, Stuttgart 2012.

Hoffmann von Fallersleben, August Heinrich: Heimathklänge. Lieder, 3. Aufl., Mainz 1851.

Hölderlin, Friedrich: Gesammelte Werke, Frankfurt am Main 2008.

Horatius Flaccus, Quintus: Sermones. Satiren. Lateinisch/Deutsch, Stuttgart 2006.

Hörhold, Klaus u. a.: Feste und Feiern im Territorium, Leipzig 1978.

Humboldt, Wilhelm von: Theorie der Bildung des Menschen, in: Lauer, Gerhard (Hg.): Wilhelm von Humboldt. Schriften zur Bildung, Stuttgart 2019, S. 5–12.

Jocusstädtischer Anzeiger, Koblenz 1827.

Jung, Carl Gustav: Kleines Lexikon der Analytischen Psychologie. Definitionen, Ostfildern 2013.

Kalisch, Ludwig: Gebunden und Ungebunden, in: Neuhaus, Stefan (Hg.): Gebunden und Ungebunden, Erlangen 2004, S. 7–273.

Kant, Immanuel: Beantwortung der Frage: Was ist Aufklärung?, in: Stollberg-Rilinger (Hg.): Was ist Aufklärung? Thesen, Definitionen, Dokumente, Stuttgart 2022, S. 9–18.

Kästner, Erich: Drei Männer im Schnee. Eine Erzählung, 21. Aufl., München 2008.

Kleist, Heinrich von: Der Findling, in: Holzinger, Michael (Hg.): Heinrich von Kleist, Berlin 2015, S. 6–19.

Kleist, Heinrich: Über das Marionettentheater, Stuttgart 2013.

Könnicke, Kurt: Man nehme... Zur politischen und künstlerischen Verantwortung der Karnevalisten, in: Bezirkskabinett für Kulturarbeit Halle (Hg.): Karneval ernst und heiter, Halle 1986, S. 3–13.

Krüger, Hans-Jürgen (Hg.): Inventar des Archivs der Stadt Andernach. Bd. 7. Rechnungen, Koblenz 1986.

Künzel, Heinrich: Chronik der Feierlichkeiten, welche auf Veranlassung der hohen Vermählung Seiner Hoheit des Erbgroßherzogs Ludwig von Hessen mit Ihrer Königl. Hoheit der Prinzessin Mathilde von Bayern in Bayern und Hessen Statt fanden, Darmstadt 1834.

Lacan, Jacques: Schriften I, 4. Aufl., Berlin 1996.

Lessing, Gotthold Ephraim: Siebzehnter Brief. Von den Verdiensten des Herrn Gottscheds um das deutsche Theater. Auftritt aus dem Doctor Faust, in: Lachmann, Karl (Hg.): Gotthold Ephraim Lessing's sämmtliche Schriften. 6. Band, Leipzig 1854, S. 40–42.

Livius, Titus: Ab urbe condita. Liber III. Römische Geschichte. 3. Buch. Lateinisch / Deutsch, Stuttgart 2008.

Lünig, Johann Christian: Theatrum Ceremoniale Historico-Politicum. Bd. 1, Leipzig 1719.

Machiavelli, Niccolò: Il Principe. Italienisch/Deutsch, Stuttgart 2020.

Mainzer Carneval-Almanach, Mainz 1839.

Mann, Thomas: Bekenntnisse des Hochstapler Felix Krull, 52. Aufl., Frankfurt am Main 2014.

Mann, Thomas: Der Zauberberg. Roman, Frankfurt am Main 1994.

Mann, Thomas: Die Entstehung des Doktor Faustus. In der Fassung der Großen kommentierten Frankfurter Ausgabe, Frankfurt am Main 2012.

Mann, Thomas: Frühe Erzählungen. 1893–1912. In der Fassung der Großen kommentierten Frankfurter Ausgabe, 4. Aufl., Frankfurt am Main 2018.

Mann, Thomas: Tonio Kröger. Mario und der Zauberer, 49. Aufl., Berlin 2016.

Manuel, Niklas: Vom Papst und seiner Priesterschaft, in: Holzinger, Michael (Hg.): Niklas Manuel. Dramen, Berlin 2013, S. 5–50.

Marx, Karl / Engels, Friedrich: Manifest der Kommunistischen Partei, Stuttgart 2011.

Marx, Karl: Zur Kritik der Hegelschen Rechtsphilosophie. Kritik der Religion (Opium des Volkes) und die Kritik der Politik (Das Handeln der Klasse des Proletariats), Breslau 2019.

Michels, Volker (Hg.): Materialien zu Hermann Hesses »Der Steppenwolf«. Teil 1. Texte von Hermann Hesse, Frankfurt am Main 1972.
Morus, Thomas: Utopia, Stuttgart 2021.
Möser, Justus: Harlequin, oder Vertheidigung des Groteske-Komischen, in: Abeken, Bernhard Rudolf (Hg.): Justus Möser's sämmtliche Werke. Neunter Teil. Kleinere Schriften. Vermischtes, Berlin 1843, S. 63–104.
Narrhalla. Mainzer Carnevals-Zeitung 1–7 (1841–1848).
Neue Mainzer Narrenzeitung. Redigiert und herausgegeben von Eduard Reis, Mainz 1844.
Neue Mainzer Narrenzeitung. Redigiert und herausgegeben von Eduard Reis, Mainz 1846.
Nietzsche, Friedrich: Die fröhliche Wissenschaft, Stuttgart 1956.
Nietzsche, Friedrich: Werke. Kritische Gesamtausgabe. Der handschriftliche Nachlaß ab 1885 in differenzierter Transkription, Bd. 1. N VIII. Hrsg. v. Marie-Luise Haase u. a., Berlin 2001.
Nietzsche, Friedrich: Zur Genealogie der Moral. Eine Streitschrift, Stuttgart 2022.
Noellner, Friedrich: Aktenmäßige Darlegung des wegen Hochverrats eingeleiteten gerichtlichen Verfahrens gegen Pfarrer D. Friedrich Ludwig Weidig, Darmstadt 1844.
Novalis: Schriften, Bd. 3. Das philosophische Werk. Hrsg. v. Paul Kluckhohn, Stuttgart 1983.
Novalis: Werke. Hrsg. v. Gerhard Schulz, 4. Aufl., München 2001.
Paul, Jean: Blumen-, Frucht- und Dornenstücke oder Ehestand, Tod und Hochzeit des Armenadvokaten F. St. Siebenkäs, in: Miller, Norbert (Hg.): Jean Paul. Sämtliche Werke, Bd. 2, 2. Aufl., Frankfurt am Main 1996, S. 31–576.
Paul, Jean: Vorschule der Ästhetik, 4. Aufl., Hamburg 1990 (Philosophische Bibliothek, Bd. 425).
Pico della Mirandola, Giovanni: De hominis dignitae. Über die Würde des Menschen. Lateinisch-Deutsch, Hamburg 1990.
Platon: Werke. Übersetzung und Kommentar, Bd. IX,2. Nomoi (Gesetze). Buch I–III. Hrsg. v. Ernst Heitsch / Carl Werner Müller, Göttingen 1994.
Proust, Marcel: Die wiedergefundene Zeit. Auf der Suche nach der verlorenen Zeit. Bd. 7, 2. Aufl., Frankfurt am Main 2017.

Reis, Eduard: Mainzer Silhouetten und Genrebilder. Ein Panorama des heutigen Mainz, Mainz 1841.

Rotterdam, Erasmus von: Das Lob der Torheit, Stuttgart 2018.

Schiller, Friedrich: Der Geisterseher, Stuttgart 2018.

Schiller, Friedrich: Die Braut von Messina oder Die feindlichen Brüder. Ein Trauerspiel mit Chören, Stuttgart 2020.

Schiller, Friedrich: Die Jungfrau von Orleans. Eine romantische Tragödie, Frankfurt am Main 2009.

Schiller, Friedrich: Die Verschwörung des Fiesko zu Genua. Ein republikanisches Trauerspiel, Frankfurt am Main / Berlin 2010.

Schiller, Friedrich: Don Karlos. Infant von Spanien. Ein dramatisches Gedicht, Stuttgart 2015.

Schiller, Friedrich: Geschichte des Abfalls der vereinigten Niederlande von der spanischen Regierung, in: Dann, Otto (Hg.): Friedrich Schiller. Werke und Briefe in zwölf Bänden. FA, Bd. 6. Historische Schriften und Erzählungen I, Frankfurt am Main 2000, S. 35–373.

Schiller, Friedrich: Über die ästhetische Erziehung des Menschen in einer Reihe von Briefen, Stuttgart 2018.

Schiller, Friedrich: Wallenstein. Text und Kommentar, Frankfurt am Main 2005.

Schiller, Friedrich: Werke. NA, Bd. 23. Briefwechsel. Hrsg. v. Julius Petersen / Liselotte Blumenthal, Weimar 1969.

Schiller, Friedrich: Werke. NA, Bd. 25. Schillers Briefe 1788–1790. Hrsg. v. Eberhard Haufe, Weimar 1979.

Schiller, Friedrich: Werke und Briefe in zwölf Bänden. FA, Bd. 2. Dramen I. Hrsg. v. Gerhard Kluge, Frankfurt am Main 1988.

Schiller, Friedrich: Werke und Briefe in zwölf Bänden. FA, Bd. 7. Historische Schriften und Erzählungen II. Hrsg. v. Otto Dann, Frankfurt am Main 2002.

Schlegel, August Wilhelm: Kritische Schriften und Briefe, Bd. 5. Vorlesungen über dramatische Kunst und Literatur. Erster Teil. Hrsg. v. Edgar Lohner, Stuttgart 1966.

Schlegel, Friedrich: Kritische Ausgabe. Hrsg. v. Ernst Behler u. a. Bd. 18. Charakteristiken und Kritiken I (1796–1801), München u. a. 1967.

Schlegel, Friedrich: Kritische Ausgabe. Hrsg. v. Ernst Behler u. a. Bd. 2. Philosophische Lehrjahre 1796–1806 nebst philosophischen Manuskripten aus den Jahren 1796–1828. Erster Teil, München u. a. 1963.

Schnitzler, Arthur: Aphorismen und Betrachtungen. Hrsg. v. Robert O. Weiss, Frankfurt am Main 1967.

Schnitzler, Arthur: Gesammelte Werke. Die erzählenden Schriften I. Hrsg. v. Robert O. Weiss u. a., Frankfurt am Main 1961.

Schnitzler, Arthur: Gesammelte Werke. Die erzählenden Schriften II. Hrsg. v. Robert O. Weiss u. a., Frankfurt am Main 1961.

Schnitzler, Arthur: Jugend in Wien. Eine Autobiographie, Wien 1968.

Schnitzler, Arthur: Traumnovelle, Stuttgart 2017.

Schnitzler, Arthur: Über Psychoanalyse, in: Protokolle. Wiener Halbjahresschrift für Literatur, bildende Kunst und Musik 11.2 (1976), S. 277–284.

Shakespeare, William: Die Tragödie von König Lear, Stuttgart 2019.

Shakespeare, William: Hamlet. Prinz von Dänemark. Tragödie, Stuttgart 2007.

Shakespeare, William: Romeo und Julia. Tragödie, Stuttgart 2002.

Shakespeare, William: Wie es euch gefällt, Stuttgart 2022.

Sturz, Helfrich Peter: Denkwürdigkeiten von Johann Jakob Rousseau. Erste Sammlung, Leipzig 1779.

Tieck, Ludwig: Der gestiefelte Kater. Kindermärchen in drei Akten. Mit Zwischenspielen, einem Prologe und Epiloge, Stuttgart 2021.

Vintler, Hans: Die Pluemen der Tugent. Hrsg. v. Ignaz von Zingerle, Innsbruck 1874 (Aeltere Tirolische Dichter, Bd. 1).

Wieland, Christoph Martin: Das Geheimniß des Kosmopolitenordens, in: Der Teutsche Merkur 16.3 (1788), S. 97–115.

Wolf, Christa: Gegenwart und Zukunft, in: Hilzinger, Sonja (Hg.): Christa Wolf. Sämtliche Essays und Reden, Bd. 1. 1961–1980. Lesen und Schreiben, Berlin 2021, S. 355–358.

Wolf, Christa: Rosetta unter ihren vielen Namen. Rede vor der Darmstädter Akademie bei Entgegennahme des Georg-Büchner-Preises, in: Süddeutsche Zeitung 36,242 (1980), S. 149–150.

Wolf, Christa / Wolf, Gerhard: Till Eulenspiegel. Erzählung für den Film, 4. Aufl., Berlin / Weimar 1986.

Zimmermann, Carl Wilhelm (Hg.): Das Allgemeine Landrecht für die Preussischen Staaten nebst den dasselbe abändernden, bis auf die heutige Zeit ergänzenden und erläuternden Gesetzen, Königl. Verordnungen und Justiz-Ministerial-Rescripten, Berlin 1850.

Zuckmayer, Carl: Die Fastnachtsbeichte, 8. Aufl., Frankfurt am Main 2017.

Sekundärliteratur:

Albers, Jürgen: Das Prinzip der ›Historisierung‹ in der Dramatik Bertold Brechts, Saarbrücken 1977.

Alewyn, Richard: Die Anfänge des Detektivromans, in: Žmegač, Victor (Hg.): Der wohltemperierte Mord. Zur Theorie und Geschichte des Detektivromans, Frankfurt am Main 1971, S. 185–202.

Alt, Peter-André: Schiller. Eine Biographie. Band I 1759–1791, München 2009.

Anderson, Benedict: Die Erfindung der Nation. Zur Karriere eines erfolgreichen Konzepts, Tübingen 1998.

Arendt, Dieter: Eulenspiegel. Ein Narrenspiegel der Gesellschaft, Stuttgart 1978 (Literaturwissenschaft – Gesellschaftswissenschaft, Bd. 37).

Armas, Jonathan: »Närrinnen und Narrhallesen«. Zur Konstruktion und Darstellung von Geschlecht in der Fastnacht, in: Fastnacht-Verband Franken e. V. (Hg.): Fasching – Fastnacht – Karneval. Neue Erkenntnisse unserer Forschungspreisträgerinnen und Träger, Kitzingen 2021, S. 14–45.

Arnold, Gertrud: Martin Buber – Leben und Werk im Zeichen des Dialogischen, Berlin 2019.

Assmann, Jan: Das kulturelle Gedächtnis. Schrift, Erinnerung und politische Identität in frühen Hochkulturen, 8. Aufl., München 2018.

Auerochs, Bernd: Satire, in: Burdorf, Dieter u. a. (Hg.): Metzler Lexikon Literatur, 3. Aufl., Stuttgart 2007, S. 677–679.

Bachtin, Michail M.: Chronotopos, Berlin 2008.

Bachtin, Michail M.: Das Wort im Roman, in: Grübel, Rainer (Hg.): Michail M. Bachtin. Die Ästhetik des Wortes, Frankfurt am Main 1979, S. 154–300.

Bachtin, Michail M.: Literatur und Karneval. Zur Romantheorie und Lachkultur, Frankfurt am Main 1990.

Bachtin, Michail M.: Rabelais und seine Welt. Volkskultur als Gegenkultur, Frankfurt am Main 1987.

Ball, Hugo: Hermann Hesse. Sein Leben und sein Werk, 20. Aufl., Berlin 2020.

Balme, Christopher: Commedia dell'Arte, in: Burdorf, Dieter u. a. (Hg.): Metzler Lexikon Literatur, 3. Aufl., Stuttgart 2007, S. 129 f.

Balzer, Bernd: Das literarische Werk Heinrich Bölls. Einführung und Kommentare, München 1997.

Balzer, Bernd: Humanität als ästhetisches Prinzip – Die Romane Heinrich Bölls, in: Beth, Hanno (Hg.): Heinrich Böll. Eine Einführung in das Gesamtwerk in Einzelinterpretationen, 2. Aufl., Königstein 1980, S. 41–67.

Barthes, Roland: Mythen des Alltags, 4. Aufl., Berlin 2016.

Baumann, Günter: Individuation – Wege zum Selbst. Hermann Hesses Erzählungen im Lichte C.G. Jungs, Stuttgart 2020.

Beaujean, Marion: Zweimal Prinzenerziehung: *Don Carlos* und *Geisterseher*. Schillers Reaktion auf Illuminaten und Rosenkreuzer, in: Poetica. Zeitschrift für Sprach- und Literaturwissenschaft 10 (1978), S. 217–233.

Becks-Malorny, Ulrike: James Ensor. 1860–1949. Die Masken, der Tod und das Meer, Köln 2016.

Beil, Ulrich Johannes: Über das Marionettentheater, in: Breuer, Ingo (Hg.): Kleist Handbuch. Leben – Werk – Wirkung, Stuttgart 2013, S. 152–156.

Beisbart, Ortwin: Revolutionär, Narr, Prophet, Erlöser – oder was sonst? Erneute Annäherung an Christa und Gerhard Wolfs *Erzählung für den Film Till Eulenspiegel*, in: Eulenspiegel-Jahrbuch 33 (1993), S. 137–155.

Beise, Arnd: Leonce und Lena, in: Borgards, Roland / Neumeyer, Harald (Hg.): Büchner Handbuch. Leben – Werk – Wirkung, Stuttgart 2015, S. 75–89.

Benjamin, Walter: Versuche über Brecht. Hrsg. v. Rolf Tiedemann, 5. Aufl., Frankfurt am Main 1978.

Berendse, Gerrit-Jan: Karneval in der DDR. Ansätze postmodernen Schreibens 1960–1990, in: Habers, Henk (Hg.): Postmoderne Literatur in deutscher Sprache. Eine Ästhetik des Widerstands?, Leiden / Boston 2001 (Amsterdamer Beiträge zur neueren Germanistik, Bd. 49) S. 233–256.

Berger, Peter L. / Luckmann, Thomas: Die gesellschaftliche Konstruktion der Wirklichkeit. Eine Theorie der Wissenssoziologie, 3. Aufl., Frankfurt am Main 1972.

Bergeron, Louis u. a.: Das Zeitalter der europäischen Revolution. 1780–1848. Fischer Weltgeschichte Bd. 26, Frankfurt am Main 1988.

Berns, Jörg Jochen: Zeremonialkritik und Prinzensatire. Traditionen der politischen Ästhetik des Lustspiels Leonce und Lena, in: Dedner, Burghard (Hg.): Georg Büchner. Leonce und Lena. Kritische Studienausgabe, Frankfurt am Main 1987 (Büchner Studien, Bd. 3), S. 219–274.

Besier, Gerhard: Kirche, Politik und Gesellschaft im 19. Jahrhundert, München 1998 (Enzyklopädie deutscher Geschichte, Bd. 48).

Bhabha, Homi K.: Die Verortung der Kultur, Tübingen 2011 (Stauffenburg Discussion, Bd. 5).

Bilden, Helga: Das Individuum – ein dynamisches System vielfältiger Teil-Selbste. Zur Pluralität in Individuum und Gesellschaft, in: Keupp, Heiner / Höfer, Renate (Hg.): Identitätsarbeit heute. Klassische und aktuelle Perspektiven der Identitätsforschung, Frankfurt am Main 1997, S. 227–249.

Bilz, Fritz: Unangepasst und widerborstig. Der Kölner Karnevalist Karl Küpper 1905 – 1970, 2. Aufl., Köln 2018.

Blamberger, Günter: Der Findling, in: Breuer, Ingo (Hg.): Kleist Handbuch. Leben – Werk – Wirkung, Stuttgart 2013, S. 133–136.

Blickle, Peter: Der Bauernkrieg. Die Revolution des Gemeinen Mannes, 5. Aufl., München 2018.

Blödorn, Andreas: Gestörte Familien – verstörte Helden. Zum Zusammenhang von Fremdbestimmung und Selbstheilung in Thomas Manns *Der kleine Friedmann*, *Der Bajazzo* und *Tonio Kröger*, in: Rüdiger, Sareika (Hg.): Buddenbrooks, Houwelandt & Co. Zur Psychopathologie der Familie am Beispiel des Werks von Thomas Mann und John von Düffel, Iserlohn 2007, S. 11–37.

Bluhm, Lothar: Märchen, in: Burdorf, Dieter u. a. (Hg.): Metzler Lexikon Literatur, 3. Aufl., Stuttgart 2007, S. 472–474.

Bolte, Johannes: Unbekannte Schauspiele des 16. und 17. Jahrhunderts, in: Preußische Akademie der Wissenschaften (Hg.): Sitzungsberichte der Preußischen Akademie der Wissenschaften. Philosophisch-historische Klasse, Berlin 1933, S. 373–407.

Boner, Jürg: Dialektik und Theater. Die Dialektik im Theater Bertolt Brechts, Zürich 1995.

Bourdieu, Pierre: Die männliche Herrschaft, Frankfurt am Main 2005.

Braun, Bernhard: Die Herkunft Europas. Eine Reise zum Ursprung unserer Kultur, Darmstadt 2022.

Braun, Julius W. (Hg.): Schiller und Goethe im Urtheile ihrer Zeitgenossen, Bd. 1. 1781–1793, Leipzig 1882.

Brenk, Beat: Teufel, in: Kirschbaum, Engelbert (Hg.): Lexikon der christlichen Ikonographie, Bd. 4. Allgemeine Ikonographie S – Z, Darmstadt 2015, Sp. 295–300.

Breuer, Ingo: Erzählungen, in: Breuer, Ingo (Hg.): Kleist Handbuch. Leben – Werk – Wirkung, Stuttgart 2013, S. 90–97.

Broemser, Ferdinand (Hg.): Das Fastnachtsspiel des Matthäus Creutz aus Andernach von 1552, Boppard 1980 (Veröffentlichungen der Landeskundlichen Arbeitsgemeinschaft im Regierungsbezirk Koblenz e. V., Bd. 11).

Brown, Norman O.: Zukunft im Zeichen des Eros, Pfullingen 1962.

Brummack, Jürgen: Das Narrenmotiv im Werk Heinrich Heines vor dem Hintergrund der deutschen Romantik, in: Winkler, Markus (Hg.): Heinrich Heine und die Romantik, Tübingen 1997, S. 72–85.

Buchele, Marga: Der politische Witz als getarnte Meinungsäußerung gegen den totalitären Staat, München 1955.

Buck, Theo: Dialektisches Drama, dialektisches Theater. Anmerkungen zu Brechts ›Leben des Galilei‹, in: Buck, Theo (Hg.): Zu Bertolt Brecht. Parabel und episches Theater, Stuttgart 1983, S. 127–139.

Burke, Peter: Helden, Schurken und Narren: Europäische Volkskultur in der frühen Neuzeit, Stuttgart 1981.

Busse, Hermann Eris: Alemannische Volksfastnacht, Karlsruhe 1937.

Butler, Judith: Das Unbehagen der Geschlechter, 20. Aufl., Frankfurt am Main 2019.

Butler, Judith: Kritik der ethischen Gewalt. Adorno-Vorlesungen 2002, 5. Aufl., Frankfurt am Main 2018.

Cepl-Kaufmann, Gertrud: Die Fastnachtsbeichte. Carl Zuckmayers Erzählung als Welttheater der Moderne, in: Knöll, Stefanie (Hg.): Narren – Masken – Karneval. Meisterwerke von Dürer bis Kubin aus der Düsseldorfer Graphiksammlung »Mensch und Tod«, Regensburg 2009, S. 86–95.

Cha, Kyung-Ho: Karnevaleskes Tier-Werden. Das Ende des Menschen in Thomas Manns ›Bekenntnisse des Hochstaplers Felix Krull‹, in: Eke, Otto / Geulen, Eva (Hg.): Tiere, Texte, Spuren, Berlin 2007 (Zeitschrift für deutsche Philologie, Bd. 126), S. 221–250.

Cullen, Michael S.: Der Reichstag. Symbol deutscher Geschichte, Bonn 2016.

Dann, Otto: Der Geisterseher (1787–1789), in: Luserke-Jaqui, Matthias (Hg.): Schiller Handbuch. Leben – Werk – Wirkung, Stuttgart 2011, S. 311–315.

Dedner, Burghard: Politisches Theater und karnevalistische Revolution. Zu einem Metaphernkomplex bei Heinrich Heine, in: Hosfeld, Rolf (Hg.):

Heinrich Heine und das neunzehnte Jahrhundert: SIGNATUREN. Neue Beiträge zur Forschung, Berlin 1986, S. 131–161.

Deiters, Franz-Josef: Von Gottscheds Literarisierung des Theaters zu Tiecks literarischem Post-Theater – eine mediologische Reflexion, in: Deiters, Franz-Josef / Fliethmann, Axel / Weller, Christiane (Hg.): Groteske Moderne – Moderne Groteske. Festschrift für Philip Thomson, St. Ingbert 2011 (Transpositionen, Bd. 3), S. 407–430.

Deupmann, Christoph: Ironie, in: Burdorf, Dieter u. a. (Hg.): Metzler Lexikon Literatur, 3. Aufl., Stuttgart 2007, S. 360.

Dietmar, Carl / Leifeld, Marcus: Alaaf und Heil Hitler. Karneval im Dritten Reich, München 2010.

Dilthey, Wilhelm: Das Erlebnis und die Dichtung. Lessing – Goethe – Novalis – Hölderlin, 6. Aufl., Leipzig / Berlin 1919.

Dimitrova, Antoaneta: Galgen-*Vogel* Hesse: Humor und Heiterkeit, in: Hoffmann, Tina u. a. (Hg.): Humor. Grenzüberschreitende Spielarten eines kulturellen Phänomens, Göttingen 2008, S. 105–117.

Döring, Alois: Rheinische Bräuche durch das Jahr, Köln 2006.

Driesen, Albrecht: Das Spiegel-Bild in Erzählungen E.T.A. Hoffmanns. Poetologie eines literarischen Spiegelkabinetts, Taunusstein 1999.

Durkheim, Émile: Die elementaren Formen des religiösen Lebens, Frankfurt am Main 1994.

Ebeling, Ingelore: Masken und Maskierung. Kult, Kunst und Kosmetik. Von den Naturvölkern bis zur Gegenwart, Köln 1984.

Eco, Umberto: The frames of comic ›freedom‹, in: Eco, Umberto u. a. (Hg.): Carnival, Berlin 1984, S. 1–9.

Eichner, Ernst (Hg.): Kritische Friedrich-Schlegel-Ausgabe, Bd. 5. Dichtungen, Paderborn 1962.

Elsaghe, Yahya: Thomas Mann und die kleinen Unterschiede. Zur erzählerischen Imagination des Anderen, Köln u. a. 2004.

Embach, Michael: Die Trierer Heilig-Rock-Tage von 1844 im Spiegel ihrer literarischen Rezeption, in: Aretz, Erich u. a. (Hg.): Der Heilige Rock zu Trier, Studien zur Geschichte und Verehrung der Tunika Christi, Trier 1995, S. 799–836.

Eming, Jutta / Fuhrmann, Daniela: Der Teufel und seine poietische Macht. Eine Einführung, in: Eming, Jutta / Fuhrmann, Daniela (Hg.): Der Teufel und seine poietische Macht in literarischen Texten von Mittelalter zur Moderne, Berlin / Boston 2021, S. 1–24.

Esselborn-Krumbiegel, Helga: Gebrochene Identität. Das Spiegelsymbol bei Hermann Hesse, in: Limberg, Michael (Hg.): Hermann Hesse und die Psychoanalyse. »Kunst als Therapie«, Bad Liebenzell 1997, S. 130–148.

Fesser, Gerd: »… ein Haufen verwilderter Professoren und verführter Studenten«. Das Wartburgfest der deutschen Studentenschaft 1817, Jena / Quedlinburg 2017.

Fetscher, Ingrid: Menschlichkeit und Humor: ›Ansichten eines Clowns‹, in: Reich-Ranicki, Marcel (Hg.): In Sachen Böll. Ansichten und Einsichten, 8. Aufl., München 1985, S. 110–118.

Fiedler, Werner: Christa und Gerhard Wolfs Film-Erzählung *Till Eulenspiegel* (1973). Ein Beispiel produktiver Eulenspiegel-Rezeption im 20. Jahrhundert, in: Eulenspiegel-Jahrbuch 31 (1991), S. 75–90.

Fleck, Christina: Genie und Wahrheit. Der Geniegedanke im Sturm und Drang, Marburg 2006.

Flögel, Karl Friedrich: Geschichte der Hofnarren, Liegnitz / Leipzig 1789.

Forderer, Christof: Ich-Eklipsen. Doppelgänger in der Literatur seit 1800, Stuttgart 1999.

Foucault, Michel: Andere Räume, in: Barck, Karlheinz u. a.: Aisthesis. Wahrnehmung heute oder Perspektiven einer anderen Ästhetik. Essais, Leipzig 2002, S. 34–46.

Foucault, Michel: Die Ordnung des Diskurses. Mit einem Essay von Ralf Konersmann, 9. Aufl., Frankfurt am Main 2003.

Foucault, Michel: Wahnsinn und Gesellschaft. Eine Geschichte des Wahns im Zeitalter der Vernunft, 22. Aufl., Frankfurt am Main 2016.

Frenzel, Elisabeth: Motive der Weltliteratur. Ein Lexikon dichtungsgeschichtlicher Längsschnitte, 3. Aufl., Stuttgart 1988.

Frenzel, Elisabeth: Stoffe der Weltliteratur. Ein Lexikon dichtungs-geschichtlicher Längsschnitte, 6. Aufl., Stuttgart 1983.

Frisch, Lutz / Schiffmann, Dieter: Das Hambacher Fest 1832. Wiege der deutschen Demokratie, 2. Aufl., Regensburg 2016.

Frischmann, Bärbel: Personale Identität und Ironie. E.T.A. Hoffmanns *Prinzessin Brambilla*, Fichtes Philosophie und Friedrich Schlegels Ironie, in: Colloquia Germanica 38.2 (2005), S. 93–122.

Gehres, Julia: Fest, Event, Spektakel? Zur Inszenierung des venezianischen Karnevals im Kontext gesellschaftlicher Transformationsprozesse, Münster 2021 (Mainzer Beiträge zur Kulturanthropologie / Volkskunde, Bd. 22).

Gellner, Ernest: Bedingungen der Freiheit. Die Zivilgesellschaft und ihre Rivalen, Stuttgart 1995.

Giese, Peter Christian: Das »Gesellschaftlich-Komische«. Zu Komik und Komödie am Beispiel der Stücke und Bearbeitungen Brechts, Stuttgart 1974.

Glaser, Horst Albert: Karneval und Karnevalstheorien – anläßlich Goethes *Das römische Carneval*, in: Manger, Klaus (Hg.): Italienbeziehungen des klassischen Weimar, Tübingen 1997 (Reihe der Villa Vigoni, Bd. 11), S. 101–112.

Glauert, Barbara: Gresemund von der Raserei der Deutschen, in: Das Neue Mainz 2 (1972), S. 2–4.

Glückert, Seppel: Die Verhaftung, in: Glückert, Wilhelm (Hg.): Das war Seppel Glückert. Protokolle. Vorträge. Anekdoten, Mainz 1961, S. 40–42.

Goes, Albrecht: Die Zahnpastatube in ›Ansichten eines Clowns‹, in: Reich-Ranicki, Marcel (Hg.): In Sachen Böll. Ansichten und Einsichten, 8. Aufl., München 1985, S. 118–122.

Goetz, Hans-Werner: Europa im frühen Mittelalter 500–1050, Stuttgart 2003 (Handbuch der Geschichte Europas, Bd. 2).

Goffman, Erving: Wir alle spielen Theater. Die Selbstdarstellung im Alltag, 14. Aufl., München 2014.

Grab, Walter: Georg Büchner und die Revolution von 1848. Der Büchner-Essay von Wilhelm Schulz aus dem Jahr 1851. Text und Kommentar, Königstein 1985.

Graf, Hans-Jürgen: Eulenspiegel und das Prinzip Utopische Hoffnung. Das 16. Jahrhundert als Spiegel gesellschaftlich-politischer Widersprüche der DDR in Christa und Gerhard Wolfs Filmerzählung *Till Eulenspiegel*, in: Eulenspiegel Jahrbuch 33 (1993), S. 123–136.

Greiner, Bernhard: Exkurs: Komödie, in: Borgards, Roland / Neumeyer, Harald (Hg.): Büchner Handbuch. Leben – Werk – Wirkung, Stuttgart 2015, S. 98.

Grimm, Jacob / Grimm, Wilhelm: Deutsches Wörterbuch. Zweiter Band, Leipzig 1860.

Grimm, Jacob / Grimm, Wilhelm: Deutsches Wörterbuch. Dritter Band, Leipzig 1862.

Grimm, Jacob / Grimm, Wilhelm: Deutsches Wörterbuch. Fünfter Band, Leipzig 1873.

Grobe, Horst: Traum und Narr als zentrale Motive im Werk Heinrich Heines (Bochumer germanistische Studien, Bd. 3), Bochum 1994.

Grubačić, Slobodan: Heines Erzählprosa. Versuch einer Analyse, Stuttgart u. a. 1975.

Grübel, Rainer: Bachtin und Heine im karnevalistischen Dialog, in: Bluhm, Lothar / Rölleke, Heinz (Hg.): Wirkendes Wort, 54 (2004), H. 2, S. 291–296.

Habel, Thomas: Brecht und das Fastnachtsspiel, Göttingen 1978 (Gratia, Bd. 3).

Habermas, Jürgen: Strukturwandel der Öffentlichkeit. Untersuchungen zu einer Kategorie der bürgerlichen Gesellschaft, 13. Aufl., Frankfurt am Main 2013.

Haesaerts, Paul: James Ensor, Stuttgart 1957.

Hakkarainen, Marja-Leena: Satire und Karneval in Bertolt Brechts Romanwerk, in: Hippe, Christian (Hg.): Über Brechts Romane, Berlin 2015, S. 125–145.

Hauschild, Jan-Christoph: Georg Büchner, 3. Aufl., Reinbek 2013.

Helwig, Gisela: Einleitung, in: Helwig, Gisela (Hg.): Die DDR-Gesellschaft im Spiegel ihrer Literatur, Köln 1986, S. 7–20.

Henschel, Dorothée / Albrecht, Jutta: Die Welt steht Kopf. Eine Kulturgeschichte des Karnevals. Ausstellung im Stadtmuseum Simeonstift Trier 10. November 2019 – 26. Februar 2020, Trier 2019.

Hermand, Jost: Der Schein des schönen Lebens. Studien zur Jahrhundertwende, Frankfurt am Main 1972.

Herweg, Mathias: Fastnachtsspiel, in: Lamping, Dieter (Hg.): Handbuch der literarischen Gattungen, Stuttgart 2009, S. 254–263.

Hilbig, Wolfgang: Der Wille zur Macht ist Feigheit, in: Berendse, Gerrit-Jan (Hg.): KRAWARNEWALL. Über Adolf Endler, Leipzig 1997, S. 18–24.

Hill, Werner: Fasnacht. Ein Porträt des Narrenspiels in badisch-pfälzischen Landen, Speyer 1998.

Hilzinger, Sonja: Christa Wolf, Stuttgart 1986.

Hinderer, Walter: »Ein Augenblick Fürst hat das Mark des Ganzen Daseins verschlungen«. Zum Problem der Person und der Existenz in Schillers »Die Verschwörung des Fiesco zu Genua«, in: Jahrbuch der deutschen Schillergesellschaft 14 (1970), S. 230–274.

Hippel, Wolfgang von / Stier, Bernhard: Europa zwischen Reform und Revolution 1800–1850, Stuttgart 2012 (Handbuch der Geschichte Europas, Bd. 7).

Hobsbawm, Eric: Das Erfinden von Traditionen, in: Conrad, Christoph / Kessel, Martina (Hg.): Kultur & Geschichte. Neue Einblicke in eine alte Beziehung, Stuttgart 1998, S. 97–118.

Hoffmann, Michael: Der Hessische Landbote, in: Borgards, Roland / Neumeyer, Harald (Hg.): Büchner Handbuch. Leben – Werk – Wirkung, Stuttgart 2015, S. 7–18.

Höhn, Gerhard: Heine-Handbuch. Zeit, Person, Werk, Stuttgart 1987.

Holl, Oskar u. a.: Pelikan, in: Holl, Oskar u. a. (Hg.): Lexikon der christlichen Ikonographie. Dritter Band. Allgemeine Ikonographie Laban – Ruth, Darmstadt 2015, Sp. 390–392.

Hosfeld, Rolf: Heinrich Heine. Die Erfindung des europäischen Intellektuellen. Biographie, München 2014.

Hüls, Ansgar Michael: Maske und Identität. Das Maskenmotiv in Literatur, Philosophie und Kunst um 1900, Würzburg 2013 (Würzburger Wissenschaftliche Schriften, Bd. 784).

Hunder, Hans: Andernach. Darstellungen zur Geschichte der Stadt, Andernach 1986.

Innerhofer, Roland: Utopie, in: Burdorf, Dieter u. a. (Hg.): Metzler Lexikon Literatur, 3. Aufl., Stuttgart 2007, S. 795–796.

Jacobs, Jürgen: Bildungsroman, in: Lamping, Dieter (Hg.): Handbuch der literarischen Gattungen, Stuttgart 2009, S. 56–64.

Jacobs, Jürgen: Der deutsche Schelmenroman, München / Zürich 1983 (Artemis Einführungen, Bd. 5).

Jacobs, Jürgen: Thomas Manns »Felix Krull« und der europäische Schelmenroman, in: Ernst, Ulrich (Hg.): Laborintus litteratus. Festgabe für Dietrich Weber zum 60. Geburtstag, Wuppertal 1995, S. 49–69.

Jacobs, Jürgen: Wilhelm Meister und seine Brüder. Untersuchungen zum deutschen Bildungsroman, München 1972.

Jakob, Katja: Maskerade im Schnee – Theater, Theatralität, Maskerade und Demaskierung in Erich Kästners *Drei Männer im Schnee*, in: Zonnefeld, Johan (Hg.): Kästner im Spiegel. Beiträge der Forschung zum 40. Todestag, Marburg 2014 (Erich Kästner-Studien, Bd. 3), S. 171–206.

Kalchthaler, Peter / Weber, Markus J.: Ob auch die Maske grinst... Fasnetrufer Freiburg. Geschichte(n) einer Narrenzunft, Ottersweier 2000.

Kaltenbrunner, Gerd-Klaus (Hg.): Macht der Masken. Des Menschen Lust an Theater und Verwandlung, Freiburg u. a. 1982.

Kayser, Wolfgang: Das Groteske in Malerei und Dichtung, Oldenburg 1961.

Keim, Anton Maria: 11mal politischer Karneval. Weltgeschichte aus der Bütt. Geschichte der demokratischen Narrentradition vom Rhein, Mainz 1966.

Keim, Anton Maria: 150 Jahre politisch-literarische Fastnacht. Von der Freiheit der Narren und wechselnden Zensoren, in: MCV Mainz (Hg.): Bürgerfest und Zeitkritik. 150 Jahre Mainzer Carneval-Verein 1838–1988, Mainz 1987, S. 131–147.

Keim, Anton Maria: Ludwig Kalisch. Karneval und Revolution, Ingelheim 2003 (Köpfe der Region, Bd. 1).

Kellein, Thomas: Pierrot. Melancholie und Maske, München / New York 1995.

Keller, Catherine: Der Ich-Wahn. Abkehr von einem lebensfeindlichen Ideal, Zürich 1990.

Kellner, Douglas: Popular culture and the construction of postmodern identities, in: Lash, Scott / Friedman, Jonathan (Hg.): Modernity and Identity, Oxford 1992, S. 141–177.

Kemmerling, Frauke: Figuren und Typen im Wandel: Die Knollendorfer Familie, in: Kemmerling, Frauke / Salchert, Monika (Hg.): Mieh Hätz wie Holz. 200 Jahre Kölsch Hännesche. Neue Erkenntnisse, alte Traditionen – immerwährende Sehnsucht, Köln 2002, S. 136–157.

Keupp, Heiner u. a.: Identitätskonstruktionen. Das Patchwork der Identitäten in der Spätmoderne, Hamburg 1999.

Kim, Hee-Ju: Traumnovelle. Maskeraden der Lust, in: Kim, Hee-Ju / Saße, Günter (Hg.): Arthur Schnitzler. Dramen und Erzählungen, Stuttgart 2007, S. 209–229.

Kim, Lee-Seob: Dualität, Humanität und Utopie in Heinrich Bölls Roman »Ansichten eines Clowns«, Frankfurt am Main 1994.

Kluge, Gerhard: Wunsch und Wirklichkeit in Arthur Schnitzlers *Traumnovelle*, in: Text & Kontext. Jahrbuch für germanistische Literaturforschung in Skandinavien 10.2 (1982), S. 319–343.

Knott, Marie Luise: Die »Verlorene Generation« und der Totalitarismus. Hannah Arendt liest Bertolt Brecht, in: Heuer, Wolfgang / von der Lühe,

Irmela (Hg.): Dichterisch denken. Hannah Arendt und die Künste, Göttingen 2007, S. 50–61.

Köhn, Lothar: Christa Wolf: *Till Eulenspiegel.* DDR-Moderne um 1970, in: Eulenspiegel-Jahrbuch 41 (2001), S. 139–157.

Koopmann, Helmut: Der Geisterseher, in: Koopmann, Helmut (Hg.): Schiller-Handbuch, Stuttgart 1998, S. 705–708.

Koopmann, Helmut: Die Verschwörung des Fiesko zu Genua, in: Koopmann, Helmut (Hg.): Schiller Handbuch, Stuttgart 1998, S. 354–364.

Koppenfels, Werner von: Mundus alter et idem. Utopiefiktion und menippeische Satire, in: Poetica 13,1–2 (1981), S. 16–66.

Kötzing, Andreas: Sturm und Zwang. Das 11. Plenum des ZK der SED in historischer Perspektive, in: Kötzing, Andreas / Schenk, Ralf (Hg.): Verbotene Utopie. Die SED, die DEFA und das 11. Plenum, Berlin 2015, S. 11–146.

Kratzmeier, Denise: Es wechseln die Zeiten. Zur Bedeutung von Geschichte in Werk und Ästhetik Bertolt Brechts, Würzburg 2010 (Der neue Brecht, Bd. 6).

Krawietz, Peter: Fastnacht am Rhein. Kult – Kultur – Geschichte, 2. Aufl., Mainz 2016.

Kremer, Detlef: Literarischer Karneval. Groteske Motive in E.T.A. Hoffmanns *Prinzessin Brambilla*, in: Steinecke, Hartmut (Hg.): E.T.A. Hoffmann. Neue Wege der Forschung, Darmstadt 2006, S. 171–191.

Kremer, Detlef: Romantische Metamorphosen. E.T.A. Hoffmanns Erzählungen, Stuttgart 1993.

Krüger, Hans-Jürgen: Andernach in neuerer Zeit (16.–18. Jahrhundert), in: Heyen, Franz-Josef (Hg.): Andernach. Geschichte einer rheinischen Stadt, Andernach 1988, S. 97–136.

Kühn, Hugo (Hg.): Das Wartburgfest am 18. Oktober 1817. Mit einem Anhang: Die Feier des dritten evangelischen Jubelfestes auf der Wartburg, Weimar 1913.

Kunz, Edith Anna: Der andere Goethe: Die Maskenzüge als Auftragsdichtung für den Weimarer Hof, in: Theisohn, Philipp / Weder, Christine (Hg.): Literaturbetrieb. Zur Poetik einer Produktionsgemeinschaft, München 2013, S. 155–165.

Kurzke, Hermann: Georg Büchner. Geschichte eines Genies, München 2013.

Kurzke, Hermann: Thomas Mann. Epoche – Werk – Wirkung, 3. Aufl., München 1997.

Küster, Jürgen: Zu Geschichte und Wandel des ›Jüdischen‹ im traditionellen Fastnachtsspiel, in: Wolf, Klaus (Hg.): »Purimspiel und Fastnachtsspiel. Interdisziplinäre Beiträge zur Gattungsdifferenz, Berlin / Boston 2021 (Studia Augustana, Bd. 20), S. 93–110.

Lampe, Jörg: Politische Entwicklungen in Göttingen vom Beginn des 19. Jahrhunderts bis zum Vormärz, in: Böhme, Ernst / Virenhaus, Rudolf (Hg.): Göttingen. Geschichte einer Universitätsstadt, Bd. 2, Vom Dreißigjährigen Krieg bis zum Anschluss an Preußen. Der Wiederaufstieg als Universitätsstadt 1648–1866, Göttingen 2002, S. 45–102.

Lax-Küten, Andrea: »Die Hände weggeschlagen«. Krankheit als Ausdruck unbewältigter Konflikte und der Spannung des *Ichs* im Werk von Christa Wolf, in: mauerschau 2,2 (2009), S. 60–80.

Leifeld, Marcus: Der Kölner Karneval in der Zeit des Nationalsozialismus. Vom regionalen Volksfest zum Propagandainstrument der NS-Volksgemeinschaft, Köln 2015 (Schriftenreihe des NS-Dokumentationszentrums der Stadt Köln, Bd. 18).

Lenk, Kurt: Theorien der Revolution, 2. Aufl., München 1981.

Lieben, Salomon Hugo: Jesuiten, in: Herlitz, Georg / Kirschner, Bruno (Hg.): Jüdisches Lexikon. Ein enzyklopädisches Handbuch des jüdischen Wissens in vier Bänden. Bd. 3, 2. Aufl., Frankfurt am Main 1987, Sp. 234–236.

Lindner, Henriett: Die Poetik des Karnevals in E.T.A. Hoffmanns *Prinzessin Brambilla*, in: Szigeti, Imre (Hg.): Junge Germanisten aus Ungarn stellen sich vor, Frankfurt am Main u. a. 2005, S. 67–82.

Linke, Angelika / Nussbaumer, Markus / Portmann, Paul R.: Studienbuch Linguistik, 5. Aufl., Tübingen 2004.

Luhmann, Niklas: Systemtheorie der Gesellschaft, 2. Aufl., Berlin 2018.

Lukács, Georg: Die Theorie des Romans. Ein geschichtsphilosophischer Versuch über die Formen der großen Epik, 2. Aufl., Neuwied / Berlin 1963.

Lukas, Wolfgang: Das Selbst und das Fremde. Epochale Lebenskrisen und ihre Lösung im Werk Arthur Schnitzlers, München 1996 (Münchner Germanistische Beiträge, Bd. 41)

Lurker, Manfred: Wörterbuch der Symbolik, Stuttgart 1979.

Lütjen, Jutta: Das Bildungswegmodell zur Rehabilitation der sokratischen Mäeutik. Pädagogische und therapeutische Transformationsarbeit, Hamburg 2013.

Malinowski, Bernadette: »... und die Physiker haben ihr Lachen«. Karnevalisierung in Brechts *Galilei*-Fassungen, in: Hillesheim, Jürgen (Hg.): Betrolt Brecht zwischen Tradition und Moderne, Würzburg 2018 (Brecht – Werk und Kontext, Bd. 6), S. 249–277.

Malsch, Katja: Arthur Schnitzlers *Traumnovelle*. Karneval, Walpurgisnacht, Totentanz, in: L'art macabre. Jahrbuch der Europäischen Totentanz-Vereinigung 6 (2005), S. 149–159.

May, Markus: Das Ende des Erzählens? Michail M. Bachtins Theorie des »polyphonen Romans« und der Wandel des narrativen Diskurses im Roman zwischen 1880 und 1910, in: May, Markus / Rudtke, Tanja (Hg.): Bachtin im Dialog. Festschrift für Jürgen Lehmann, Heidelberg 2006, S. 139–168.

McSmith, Andy: No Such Thing as Society. Britain in the Turmoil of the 1980s, London 2011.

Mehnert, Henning: Commedia dell'arte. Struktur – Geschichte – Rezeption, Stuttgart 2011.

Meid, Christopher: Der politische Roman im 18. Jahrhundert. Systementwurf und Aufklärungserzählung, Berlin / Boston 2021 (spectrum Literaturwissenschaft, Bd. 73).

Meiser, Katharina: Auf den Kopf gestellt: Heinrich Bölls *Ansichten eines Clowns*, in: Meiser, Katharina / Singh, Sikander (Hg.): Narren, Clowns, Spaßmacher. Studien zu einer Sozialfigur zwischen Mittelalter und Gegenwart, Hannover 2020, S. 253–272.

Meyer, Dieter / Wulff, Wilfried: Die engagierte Neugestaltung einer mittelalterlichen Volksbuchfigur. ›Dil Ulenspiegel‹ (1515) als Vorlage für ›Till Eulenspiegel‹ (1972) von Christa und Gerhard Wolf, in: Cramer, Thomas (Hg.): Till Eulenspiegel in Geschichte und Gegenwart, Bern u. a. 1978 (Beiträge zur älteren Deutschen Literaturgeschichte, Bd. 4), S. 93–118.

Mezger, Werner: Das neue kleine Buch der Rottweiler Fastnacht, Vöhrenbach 2013.

Mezger, Werner: Die Magie der Mausefalle. Schwäbisch-alemannische Fastnacht in der NS-Zeit, in: Kißener, Michael / Janson, Felicitas (Hg.): Die Fastnacht der nationalsozialistischen »Volksgemeinschaft«. Studien zu

Mainz und anderen Regionen, Berlin 2020 (Mainzer Studien zur Neuzeit, Bd. 6), S. 179–205.

Mezger, Werner: Fasnacht, Fasching. Karneval als soziales Rollenexperiment, in: Narrenfreiheit. Beiträge zur Fastnachtsforschung, Tübingen 1980 (Untersuchungen des Ludwig-Uhland-Instituts der Universität Tübingen, Bd. 51), S. 203–226.

Mezger, Werner: Hofnarren im Mittelalter. Vom tieferen Sinn eines seltsamen Amts, Konstanz 1981.

Mezger, Werner: Masken an Fastnacht, Fasching und Karneval. Zur Geschichte und Funktion von Vermummung und Verkleidung während der närrischen Tage, in: Schäfer, Alfred / Wimmer, Michael (Hg.): Masken und Maskierungen, Opladen 2000, S. 109–136.

Mezger, Werner: Schwäbisch-alemannische Fastnacht. Kulturerbe und lebendige Tradition, Darmstadt 2015.

Michelsen, Peter: Schillers Fiesko: Freiheitsheld und Tyrann, in: Aurnhammer, Achim u. a. (Hg.): Schiller und die höfische Welt, Tübingen 1990, S. 341–358.

Moser, Dietz-Rüdiger: Fastnacht – Fasching – Karneval. Das Fest der »Verkehrten Welt«, Graz / Wien / Köln 1986.

Mouffe, Chantal: Über das Politische. Wider die kosmopolitische Illusion, Frankfurt am Main 2007.

Müller, Klaus-Detlef: Bertolt Brechts *Leben des Galilei*, in: Hinck, Walter (Hg.): Geschichte als Schauspiel, Frankfurt am Main 1981, S. 240–253.

Müller, Michael: »Der Kölner Mummenschanz – Fastnacht 1825«. Anmerkungen zu einer bisher unbekannten Goethe-Handschrift, in: Goethe-Jahrbuch 100 (1983), S. 226–229.

Müller, Rolf: Heinrich Böll. Ansichten eines Clowns. Zu den clownesken Elementen des Romans, Hollfeld 1994.

Müller-Funk, Wolfgang: Theorien des Fremden. Eine Einführung, Tübingen 2016.

Müller Nielaba, Daniel: Das Loch im Fürstenmantel. Überlegungen zu einer Rhetorik des Bildbruchs im *Hessischen Landboten*, in: Colloquia Germanica 27.2 (1994), S. 123–140.

Müller-Schöll, Nikolaus: Das Theater des »konstruktiven Defaitismus«. Lektüren zur Theorie eines Theaters der A-Identität bei Walter Benjamin, Bertolt Brecht und Heiner Müller, Frankfurt am Main 2002.

Müller-Seidel, Walter: Verschwörungen und Rebellionen in Schillers Dramen, in: Aurnhammer, Achim u. a. (Hg.): Schiller und die höfische Welt, Tübingen 1990, S. 422–446.

Münkler, Herfried: Die Deutschen und ihre Mythen, 4. Aufl., Hamburg 2015.

Neuhaus, Stefan: Der Krimi in Literatur, Film und Serie. Eine Einführung, Tübingen 2021.

Neuhaus, Stefan: »Ein zu Unrecht Vergessener.« Ludwig Kalischs Gebunden und Ungebunden, in: Neuhaus, Stefan (Hg.): Gebunden und Ungebunden, Erlangen 2004, S. 283–298.

Neuhaus, Stefan: Erich Kästner und der Nationalsozialismus. Am Beispiel des bisher unbekannten Theaterstücks *Gestern, heute und morgen* (1936) und des Romans *Drei Männer im Schnee* (1934), in: Deutsche Sprache und Literatur in Forschung und Lehre, 49,3 (1999), S. 372–387.

Neuhaus, Stefan: Grundriss der Literaturwissenschaft, 3. Aufl., Tübingen 2009.

Neuhaus, Stefan: Grundriss der Neueren deutschsprachigen Literaturgeschichte, Tübingen 2017.

Neuhaus, Stefan: Literatur und nationale Einheit in Deutschland, Tübingen / Basel 2002.

Neuhaus, Stefan: Märchen, Tübingen 2005.

Neymeyr, Barbara: ›Genialer Dilettantismus‹ und ›philosophische Vereinsamung‹: Zur Außenseiterproblematik in Thomas Manns Erzählung *Der Bajazzo*, in: Braun, Michael / Lermen, Birgit (Hg.): *man erzählt Geschichten, formt die Wahrheit*. Thomas Mann – Deutscher, Europäer, Weltbürger, Frankfurt am Main u. a. 2003, S. 139–166.

Niekrenz, Yvonne: Rauschhafte Vergemeinschaftungen. Eine Studie zum rheinischen Straßenkarneval, Wiesbaden 2011.

Niem, Christina u. a.: Alltagskultur im Wandel: Volkskundliche Perspektiven, in: Kahlenberg, Friedrich P. / Kißener, Michael (Hg.): Kreuz – Rad – Löwe. Rheinland-Pfalz. Ein Land und seine Geschichte. Band 2. Vom ausgehenden 18. bis zum 21. Jahrhundert, Mainz 2012, S. 481–544.

Nipperdey, Thomas: Deutsche Geschichte 1800–1866. Bürgerwelt und starker Staat, München 2013.

Nipperdey, Thomas: Deutsche Geschichte 1866–1918. Band II. Machtstaat vor der Demokratie, München 2013.

Nover, Immanuel: Lachen als politische Selbstermächtigung. Zum Verhältnis von Komik und Politik, in: Diekmannshenke, Hajo u. a. (Hg.): Das Komische in der Kultur, Marburg 2015 (Koblenzer Studien zur Germanistik, Bd. 1), S. 33–48.

Nusser, Peter: Der Kriminalroman, 4. Aufl., Stuttgart 2009 (Sammlung Metzler, Bd. 191).

Oei, Bernd: Eros & Thanatos. Philosophie und Wiener Melancholie in Arthur Schnitzlers Werk, Freiburg 2016, S. 123–130.

Oelsner, Wolfgang: Fest der Sehnsüchte. Warum Menschen Karneval brauchen. Psychologie, Kultur und Unkultur des Narrenfestes, 2. Aufl., Köln 2007 (Edition Narrengilde, Bd. 5).

Peez, Erik: Die Macht der Spiegel. Das Spiegelmotiv in Literatur und Ästhetik des Zeitalters von Klassik und Romantik, Frankfurt am Main u. a. 1990.

Pfister, Stefan: Bildersaal der Seele. Funktion und Bedeutung des Magischen Theaters in Hermann Hesses *Der Steppenwolf*, Frankfurt am Main 2001.

Pikulik, Lothar: Die Hieroglyphenschrift von Gebärde, Maske, Spiel: E.T.A. Hoffmann, Jacques Callot und die Commedia dell'arte, in: Moraldo, Sandro M.: Das Land der Sehnsucht. E.T.A. Hoffmann und Italien, Heidelberg 2002, S. 145–157.

Plachta, Bodo: Zensur, Stuttgart 2006.

Poschmann, Henri: Büchners *Leonce und Lena*. Komödie des status quo, in: Georg Büchner Jahrbuch 1 (1981), S. 112–159.

Pretsch, Peter: »Geöffnetes Narren-Turney«. Geschichte der Karlsruher Fastnacht, Karlsruhe 1995 (Veröffentlichungen des Karlsruher Stadtarchivs, Bd. 16).

Radin: Paul: The Trickster. A Study in American Indian Mythology with commentaries by Karl Kerényi an C.G. Jung, New York 1972.

Ranke, Leopold: Ueber die Restauration in Frankreich, in: Ranke, Leopold (Hg.): Historisch-politische Zeitschrift, Bd. 1, Hamburg 1832, S. 9–76.

Reckwitz, Andreas: Das hybride Subjekt. Eine Theorie der Subjektkulturen von der bürgerlichen Moderne zur Postmoderne, 2. Aufl., Weilerswist 2012.

Reichert, Philipp: Hannah Arendts Literaturrezeption. Dichtung und Erzählung nach dem Traditionsbruch, Marburg 2019 (Schlaglichter, Bd. 4).

Reitzel, Adam Michael: Mummenschanz und Rollenspiel. Vom fürstlichen Karneval zur bürgerlichen Fastnacht, in: MCV Mainz (Hg.): Bürgerfest und Zeitkritik. 150 Jahre Mainzer Carneval-Verein 1838–1988, Mainz 1987, S. 189–196.

Resmini, Bertram: Juden in Andernach, in: Heyen, Franz-Josef (Hg.): Andernach. Geschichte einer rheinischen Stadt, Andernach 1988, S. 79–86.

Richter, Dieter: Schlaraffenland. Geschichte einer populären Utopie, Frankfurt am Main 1995.

Ricœur, Paul: Die narrative Identität, in: Allgemeine Zeitschrift für Philosophie 38.3 (2013), S. 205–216.

Ritzenhofen, Ute: Burg Eltz. Großer DKV-Kunstführer, 3. Aufl., Berlin / München 2010.

Rorty, Richard: Kontingenz, Ironie und Solidarität, 12. Aufl., Frankfurt am Main 2018.

Roselli, Antonio: »alles scheint mir jetzt möglich«. Zum Verhältnis von Handlung und Kontingenz bei Grabbe, Büchner, Hebbel und Grillparzer, Bielefeld 2019 (Vormärz-Studien, Bd. 39).

Roßbach, Nikola: Die Verschwörung des Fiesko zu Genua. Ein republikanisches Trauerspiel (1783), in: Luserke-Jaqui, Matthias: Schiller Handbuch. Leben – Werk – Wirkung, Stuttgart 2011, S. 53–65.

Rost, Alexander: Hexenversammlung und Walpurgisnacht in der deutschen Dichtung, Frankfurt am Main 2015 (Düsseldorfer Schriften zur deutschen Literatur, Bd. 8).

Rotman, Brian: Die Null und das Nichts. Eine Semiotik des Nullpunkts, Berlin 2000.

Ruano-Borbalan, Jean-Claude (Hg.): L'identité. L'individu, le groupe, la société, Paris 1998.

Ruckhäberle, Hans-Joachim: *Leonce und Lena*. Zu Automat und Utopie, in: Georg Büchner Jahrbuch 3 (1983), S. 138–146.

Rudtke, Tanja: »Die lachende Träne im Wappen«. Karnevalistische Ambivalenz und dialogische Strukturen bei Heinrich Heine, Würzburg 2003 (Literatura, Bd. 15).

Rudtke, Tanja: Karnevaleske Motive bei Heinrich Heine und Thomas Mann, in: May, Markus / Rudtke, Tanja (Hg.): Bachtin im Dialog. Festschrift für Jürgen Lehmann, Heidelberg 2006, S. 223–241.

Rugenstein, Kai: Humor. Die Verflüssigung des Subjekts bei Hippokrates, Jean Paul, Kierkegaard und Freud, Paderborn 2014.

Rutschky, Michael: Erfahrungshunger. Ein Essay über die siebziger Jahre, Köln 2017.

Safranski, Rüdiger: Einzeln sein. Eine philosophische Herausforderung, München 2021.

Safranski, Rüdiger: Schiller. oder Die Erfindung des Deutschen Idealismus. Biographie, Frankfurt am Main 2016.

Sampson, Edward E.: Celebrating the other. A dialogical account of human nature, Boulder 1993.

Saße, Günter: Die Karnevalisierung der Wirklichkeit. Vom »chronischen Dualismus« zur »Duplizität des irdischen Seins« in Hoffmanns *Prinzessin Brambilla*, in: E.T.A. Hoffmann-Jahrbuch 9 (2001), S. 55–69.

Schabert, Ina (Hg.): Shakespeare-Handbuch, Stuttgart 1978.

Schäfer, Klaus: 450 Jahre Alter Krahnen. Versuch einer Annäherung, Andernach 2011 (Andernacher Beiträge, Bd. 27).

Schäfer, Klaus: 600 Jahre Andernacher Karneval – Zusammenfassung, in: Schäfer, Klaus (Hg.): 600 Jahre Andernacher Karneval. Annenach Alaaf 2, Andernach 2016 (Andernacher Beiträge, Bd. 31), S. 7–9.

Schäfer, Klaus: Zur Geschichte der Andernacher Fastnacht von den Anfängen bis zum Jahre 1914, in: Schäfer, Klaus (Hg.): Annenach Alaaf. Die Geschichte des Karnevals in Andernach. 50 Jahre Festausschuss, Andernach 2006 (Andernacher Beiträge, Bd. 20) S. 13–32.

Scheffel, Michael: »Ich will dir alles erzählen«. Von der »Märchenhaftigkeit des Alltäglichen« in Arthur Schnitzlers »Traumnovelle«, in: Text + Kritik 138/139 (1998), S. 123–137.

Scheffel, Michael: Traumnovelle (1925/26), in: Jürgensen, Christoph u. a. (Hg.): Schnitzler Handbuch. Leben – Werk – Wirkung, Stuttgart 2014, S. 228–232.

Schenk, Günter: Fassenacht in Mainz. Kulturgeschichte eines Volksfestes, Stuttgart 1986.

Schicht, Jochen: Die Rottweiler Fasnet als ›heimatliches‹ Symbol. Zum Einfluss städtischer Festkultur auf lokale Identität, Villingen-Schwenningen 2002 (Veröffentlichungen des Stadtarchivs Rottweil, Bd. 22).

Schings, Hans-Jürgen: Der Staatsroman im Zeitalter der Aufklärung, in: Koopmann, Helmut (Hg.): Handbuch des deutschen Romans, Düsseldorf 1983, S. 151–169.

Schmidt, Klaus: Franz Raveaux. Karnevalist und Pionier des demokratischen Aufbruchs in Deutschland, Köln 2001.

Schmidt, Ricarda: Prinzessin Brambilla. Ein Capriccio nach Jakob Callott (1820), in: Lubkoll, Christine / Neumeyer, Harald (Hg.): E.T.A. Hoffmann Handbuch. Leben – Werk – Wirkung, Stuttgart 2015, S. 160–165.

Schmidt, Ricarda: Wenn mehrere Künste im Spiel sind. Intermedialität bei E.T.A. Hoffmann, Göttingen 2006.

Schneewind, Jerome B.: Naturrecht, in: Wellbery, David E. u.a. (Hg.): Eine neue Geschichte der deutschen Literatur, Darmstadt 2007, S. 423–428.

Schneider, Karl Ludwig: Thomas Mann *Felix Krull*. Schelmenroman und Bildungsroman, in: Günther, Vincent J. u.a. (Hg.): Untersuchungen zur Literatur als Geschichte. Festschrift für Benno von Wiese, Berlin 1973, S. 545–558.

Schnell, Ralf: Heinrich Böll und die Deutschen, Köln 2017.

Scholz, Manfred Günter: Mysterienspiel, in: Burdorf, Dieter / Fasbender, Christoph / Moennighoff, Burkhard (Hg.): Metzler Lexikon Literatur. Begriffe und Definitionen, 3. Aufl., Stuttgart / Weimar 2007, S. 521.

Schriewer, Julia: Theorie und Praxis von Bertolt Brechts epischem Theater, in: Schriewer, Julia u.a. (Hg.): Der Brecht-Effekt. Das epische Theater bei Bertolt Brecht, Norderstedt 2013, S. 7–32.

Schubert, Jochen: Heinrich Böll, Darmstadt 2017.

Schüller, Andreas: Renaissancekünstler in Andernach, in: Trierische Chronik. Zeitschrift der Gesellschaft für Trierische Geschichte und Denkmalspflege 14 (1918), S. 104–123.

Schulze, Harald: Mummenschanz und Narrenfest. Karneval in der preußischen Provinz Sachsen und den DDR-Bezirken Halle und Magdeburg, Dössel 2005.

Schutt-Kehm, Elke: Pieter Bruegel d.Ä. Leben und Werk, Stuttgart / Zürich 1983.

Schutt-Kehm, Elke: Pieter Bruegels d.Ä. »Kampf des Karnevals gegen die Fasten« als Quelle volkskundlicher Forschung, Frankfurt am Main 1983 (Artes populares, Bd. 7).

Schwamborn, Frank: Maskenfreiheit. Karnevalisierung und Theatralität bei Heinrich Heine, München 1998.

Schwarz, Egon: Zur Erklärung von Hesses Steppenwolf, in: Schwarz, Egon (Hg.): Hermann Hesses Steppenwolf, Königstein 1980, S. 144–147.

Schweikle, Irmgard / Hoheisel, Wiebke: Fabel, in: Burdorf, Dieter u. a. (Hg.): Metzler Lexikon Literatur, 3. Aufl., Stuttgart 2007, S. 226–227.

Schwerhoff, Gerd: Feste, in: Melville, Gert / Staub, Martial (Hg.): Enzyklopädie des Mittelalters. Band 1, 3. Aufl., Darmstadt 2017, S. 289–291.

Schwering, Max-Leo: Das Kölner »Hänneschen«-Theater. Geschichte und Deutung, Köln 1982.

Schwilk, Heimo: Hermann Hesse. Das Leben des Glasperlenspielers, München 2012.

Seelbach, Sabine: Till Eulenspiegel – eine historische Legende. Notizen zu dem DEFA-Film von Rainer Simon, in: Eulenspiegel-Jahrbuch 33 (1993), S. 157–166.

Senckendorff, Klaus von: Hermann Hesses propagandistische Prose. Selbstzerstörerische Entfaltung als Botschaft in seinen Romanen vom »Demian« bis zum »Steppenwolf«, Bonn 1982 (Abhandlungen zur Kunst-, Musik- und Literaturwissenschaft, Bd. 326).

Simon, Michael: Die Fastnachtsbeichte – volkskundliche Lesarten zum närrischen Treiben am Vorabend des Ersten Weltkriegs, in: Nickel, Gunther / Rotermund, Erwin (Hg.): Carl Zuckmayer – Alexander Lernet-Holenia. Briefwechsel und andere Beiträge zur Zuckmayer-Forschung, Göttingen 2006 (Zuckmayer-Jahrbuch, Bd. 8), S. 399–413.

Sprecher, Thomas: Bekenntnisse des Hochstaplers Felix Krull (1922/1937/1954), in: Blödorn, Andreas / Marx, Friedhelm (Hg.): Thomas Mann Handbuch. Leben – Werk – Wirkung, Stuttgart 2015.

Stadler, Ulrich: Von Brillen, Lorgnetten, Fernrohren und Kuffischen Sonnenmikroskopen. Zum Gebrauch optischer Instrumente in Hoffmanns Erzählungen, in: Steinecke, Hartmut (Hg.): E.T.A. Hoffmann. Neue Wege der Forschung, Darmstadt 2006, S. 149–170.

Starobinski, Jean: Porträt des Künstlers als Gaukler. Drei Essays, Frankfurt am Main 1985.

Stefanski, Susanne: Der lange Abgang des Hanswurst. Zur Literarisierung eines volkstümlichen Lustigmachers, Münster 2018 (Hagener Schriften zur Literatur- und Medienwissenschaft, Bd. 1).

Steinmetz, Horst: Der Harlekin. Seine Rolle in der deutschen Komödientheorie und -dichtung des 18. Jahrhunderts, in: Neophilologus. An International Journal of Modern and Medieval Language and Literature 50,1 (1966), S. 95–106.

Steinmetz, Rolf: Deutschland 1476–1648. Lehrbuch der deutschen Geschichte, Ost-Berlin 1965.

Sternberger, Dolf: Politische Helden Schillers, in: Aurnhammer, Achim u. a. (Hg.): Schiller und die höfische Welt, Tübingen 1990, S. 307–317.

Stowasser, Joseph Maria u. a.: Stowasser. Lateinisch-deutsches Schulwörterbuch, München 2014.

Strauss, Anselm: Spiegel und Masken. Die Suche nach Identität, Frankfurt am Main 1974.

Strohschneider-Kohrs, Ingrid: Die romantische Ironie in Theorie und Gestaltung, Tübingen 1960 (Hermaea Germanistische Forschungen, Bd. 6).

Thomé, Horst: Autonomes Ich und »Inneres Ausland«. Studien über Realismus, Tiefenpsychologie und Psychiatrie in deutschen Erzähltexten (1848–1914), Tübingen 1993 (Hermaea, Bd. 70).

Titzmann, Michael: Das Konzept der ›Person‹ und ihrer ›Identität‹ in der deutschen Literatur um 1900, in: Pfister, Manfred (Hg.): Die Modernisierung des Ich. Studien zur Subjektkonstruktion in der Vor- und Frühmoderne, Passau 1989, S. 36–52.

Trimborn, Jürgen: Ein fruchtbares Zusammenwirken: Das Hänneschen und die Kölner Theaterwissenschaft, in: Kemmerling, Frauke / Salchert, Monika (Hg.): Mieh Hätz wie Holz. 200 Jahre Kölsch Hännesche. Neue Erkenntnisse, alte Traditionen – immerwährende Sehnsucht, Köln 2002, S. 74–89.

Tsuchiya, Kyoko: Das Spiel mit dem Wahnsinn und der Karneval des Ichs. Zur literarischen Selbstreflexion im erzählerischen Werk E.T.A. Hoffmanns, in: Braungart, Wolfgang / Köhler, Helena (Hg.): Subjekt und Subjektivität 1800/1900, München 2015, S. 119–130.

Uerlings, Herbert: Einleitung, in: Uerlings, Herbert (Hg.): Theorie der Romantik, 6. Aufl., Stuttgart 2020, S. 9–42.

Unterburger, Klaus: Ultramontanismus, in: Betz, Hans Dieter u. a. (Hg.): Religion in Geschichte und Gegenwart. Handwörterbuch für Theologie und Religionswissenschaft, 4. Aufl., Bd. 8, Tübingen 2005, Sp. 705–708.

Vaneigem, Raoul: Handbuch der Lebenskunst für die jungen Generationen, Hamburg 1977.

Verheyen, Bettina: Till Eulenspiegel. Revolutionär, Aufklärer, Außenseiter. Zur Eulenspiegel-Rezeption in der DDR, Frankfurt am Main 2004.

Warnock, Robert G.: (Hg.): Die Predigten Johannes Paulis, München 1970 (Münchener Texte und Untersuchungen zur Deutschen Literatur des Mittelalters, Bd. 26).

Weber, Wolfgang E.J.: Arkanpolitik, in: Jaeger, Friedrich (Hg.): Enzyklopädie der Neuzeit. Bd. 1. Abendland – Beleuchtung, Stuttgart 2005, Sp. 650–652.

Wehler, Hans-Ulrich: Deutsche Gesellschaftsgeschichte. Zweiter Band. Von der Reformära bis zur industriellen und politischen »Deutschen Doppelrevolution«. 1815–1845/49, 2. Aufl., München 1989.

Weiß, Petra: Die Stadtverwaltung Koblenz im Nationalsozialismus, Hagen 2011.

Wellershoff, Dieter: Das richtige und das falsche Leben. Zum Werk Heinrich Bölls, in: Wellershoff, Dieter (Hg.): Der lange Weg zum Ausgang. Zeitgeschichte, Lebensgeschichte, Literatur, Köln 2007, S. 255–258.

Westermann, Mariët: Aspekte des Komischen bei Jan Stehen, in: Jansen, Guido M. C.: Jan Stehen. Maler und Erzähler, Stuttgart u. a. 1996, S. 53–67.

Wiese, Benno von: Die ›Bekenntnisse des Hochstaplers Felix Krull‹ als utopischer Roman, in: Bludau, Beatrix u. a. (Hg.): Thomas Mann 1875–1975. Vorträge in München – Zürich – Lübeck, Frankfurt am Main 1977, S. 189–206.

Wiesner, Herbert: Zensiert – gefördert – verhindert – genehmigt. Oder wie legt man Literatur auf Eis?, in: Wichner, Ernest / Wiesner, Herbert (Hg.): »Literaturentwicklungsprozesse«. Die Zensur in der DDR, Frankfurt am Main 1993, S. 7–17.

Will, Wilfried van der: Pikaro heute. Metamorphosen des Schelms bei Thomas Mann, Döblin, Brecht, Grass, Stuttgart 1967.

Winterfeld, Dethard von: Die Abteikirche Maria Laach, Regensburg / Maria Laach 2004.

Wirth, Günther: Religiöse und gesellschaftliche Motive in Heinrich Bölls Roman »Ansichten eines Clowns«, in: Brauneck, Manfred (Hg.): Der deutsche Roman im 20. Jahrhundert. Bd. 2. Analysen und Materialien zur Theorie und Soziologie des Romans, Bamberg 1976, S. 58–73.

Wirth, Helmut: Ein Spiegel der Zeit: »Die Narrhalla«. Die Mainzer Carneval-Zeitung dokumentiert die politischen und geistigen Strömungen, in: MCV Mainz (Hg.): Bürgerfest und Zeitkritik. 150 Jahre Mainzer Carneval-Verein 1838–1988, Mainz 1987, S. 225–234.

Wolf, Anton Josef: Ein Fastnachtsspiel des Matthäus Creutz von Andernach aus dem Jahre 1552, in: Zeitschrift für Heimatkunde der Regierungsbezirke Coblenz und Trier und der angrenzenden Gebiete 3.29 (1922), S. 130–132.

Wölfel, Kurt: Machiavellistische Spuren in Schillers Dramatik, in: Aurnhammer, Achim u. a. (Hg.): Schiller und die höfische Welt, Tübingen 1990, S. 318–340.

Wulf, Christoph: Auge, in: Wulf, Christoph (Hg.): Vom Menschen. Handbuch Historische Anthropologie, Weinheim 1997, S. 446–458.

Wysling, Hans: Narzissmus und illusionäre Existenzform. Zu den Bekenntnissen des Hochstaplers Felix Krull, Bern / München 1982 (Thomas-Mann-Studien, Bd. 5).

Zima, Peter V.: Moderne / Postmoderne. Gesellschaft, Philosophie, Literatur, Tübingen 1997.

Zima, Peter V.: Theorie des Subjekts. Subjektivität und Identität zwischen Moderne und Postmoderne, 4. Aufl., Tübingen 2017.

Zintler, Uta: Fasching und Karneval in der DDR, in: Kißener, Michael / Janson, Felicitas (Hg.): Die Fastnacht der nationalsozialistischen »Volksgemeinschaft«. Studien zu Mainz und anderen Regionen, Berlin 2020 (Mainzer Studien zur Neuzeit, Bd. 6), S. 133–157.

Zuckmayer, Carl: Die Fastnachtsbeichte, 8. Aufl., Frankfurt am Main 2017.

Internetquellen

Commediadoc
http://commediadoc.blogspot.com/2009/06/balli-di-sfessania-de-jacques-callot.html
Zugriff: 03.02.2020 – 16:07 Uhr

dilibri Rheinland-Pfalz
https://www.dilibri.de
Zugriff: 29.07.2022 – 21:50 Uhr

Goethezeitportal
http://www.goethezeitportal.de/index.php?id=3068
Zugriff: 03.02.2020 – 16:13 Uhr

Virtuelles Fastnachtsmuseum
https://virtuelles-fastnachtsmuseum.de
Zugriff: 27.10.2022 – 11:52 Uhr
Wikimedia Commons
https://commons.wikimedia.org/wiki/Hauptseite?uselang=de
Zugriff: 24.05.2023 – 11:16 Uhr
Wikipedia
https://www.wikipedia.de
Zugriff: 31.10.2022 – 14:39 Uhr
YouTube
https://www.youtube.com/results?search_query=mainzer+obermessdiener+2020
Zugriff: 12.04.2023 – 12:33 Uhr

Abbildungsnachweis

Titelbild	James Ensor, Le désespoir de Pierrot, ca. 1910, Öl auf Leinwand, 66,3 × 84,2 cm, Kröller-Müller Museum, Otterlo; https://commons.wikimedia.org/w/index.php?title=File:Le_d%C3%A9sespoir_de_Pierrot,_ca_1910,_oil_on_canvas,_Kr%C3%B6ller-M%C3%BCller_Museum,_Otterlo.jpg&oldid=748894960&uselang=de Zugriff: 24.05.2022 – 11:16 Uhr
Abb. 1	Narrenmaske im Rittersaal der Burg Eltz, Fotografie von Dieter Ritzenhofen, Münstermailfeld
Abb. 2	Wikipedia https://de.wikipedia.org/wiki/Der_Kampf_zwischen_Karneval_und_Fasten Zugriff: 07.09.2022 – 12:17 Uhr
Abb. 3	Detail an der Abteikirche Maria Laach, Fotografie von Nicolas Junglas
Abb. 4	Paris, Bibliothèque Nationale (lat. 774, fol. 63 v.)
Abb. 5	Eifelmuseum Mayen, Fotografie von Nicolas Junglas
Abb. 6	Diözesanmuseum Freising
Abb. 7	Landeshauptarchiv Koblenz, Bestand 612 (Stadt Andernach), Nr. 2088, S. 63–104.
Abb. 8	Stadtmuseum Andernach, Graphische Sammlung.
Abb. 9	Bild in Privatbesitz, Reproduktion nach: Mezger, Werner: Schwäbisch-alemannische Fastnacht, Darmstadt 2015, S. 35.

Abb. 10	Goethezeitportal http://www.goethezeitportal.de/index.php?id=3068 Zugriff: 03.02.2020 – 16:13 Uhr
Abb. 11	Commediadoc http://commediadoc.blogspot.com/2009/06/balli-di-sfessania-de-jacques-callot.html Zugriff: 03.02.2020 – 16:07 Uhr
Abb. 12	Wikipedia https://de.m.wikipedia.org/wiki/Datei:Morgarten_Schilling.jpg Zugriff: 17.09.2022 – 11:39 Uhr
Abb. 13	Junglas, Nicolas: Politischer Karneval im Vormärz am Beispiel der Mainzer Fastnacht, Koblenz 2020.
Abb. 14	Junglas, Nicolas: Politischer Karneval im Vormärz am Beispiel der Mainzer Fastnacht, Koblenz 2020.
Abb. 15	Junglas, Nicolas: Politischer Karneval im Vormärz am Beispiel der Mainzer Fastnacht, Koblenz 2020.
Abb. 16	dilibri Rheinland-Pfalz https://www.dilibri.de/stbmz/content/titleinfo/113997 Zugriff: 03.02.2020 – 17:58 Uhr
Abb. 17	dilibri Rheinland-Pfalz https://www.dilibri.de/stbmz/periodical/titleinfo/113997 Zugriff: 05.08.2020 – 13:28 Uhr
Abb. 18	dilibri Rheinland-Pfalz https://www.dilibri.de/stbmz/periodical/titleinfo/113997 Zugriff: 23.07.2020 – 14:27 Uhr
Abb. 19	dilibri Rheinland-Pfalz https://www.dilibri.de/stbmz/periodical/titleinfo/113997 Zugriff: 05.08.2020 – 13:28 Uhr
Abb. 20	dilibri Rheinland-Pfalz https://www.dilibri.de/stbmz/periodical/titleinfo/113997 Zugriff: 05.08.2020 – 13:29 Uhr
Abb. 21	dilibri Rheinland-Pfalz https://www.dilibri.de/stbmz/periodical/titleinfo/113997 Zugriff: 23.07.2020 – 14:35 Uhr

Abb. 22 dilibri Rheinland-Pfalz
https://www.dilibri.de/stbmz/periodical/titleinfo/113997
Zugriff: 23.07.2020 – 14:49 Uhr

Abb. 23 dilibri Rheinland-Pfalz
https://www.dilibri.de/stbmz/periodical/titleinfo/113997
Zugriff: 05.08.2020 – 13:29 Uhr

Abb. 24 dilibri Rheinland-Pfalz
https://www.dilibri.de/stbmz/periodical/titleinfo/113997
Zugriff: 23.07.2020 – 14:51 Uhr

Abb. 25 Überlingen: Archiv der Narrenzunft

Der Autor hat sich nach bestem Wissen und Gewissen bemüht, die Rechteinhaber:innen aller Abbildungen zu ermitteln. Falls Rechteinhaber:innen dennoch übersehen wurden, geschah dies unbeabsichtigt. Bitte wenden Sie sich in einem solchen Fall über den Verlag an den Autor.

Allen Rechteinhaber:innen, die der Nutzung ihres Bildmaterials im Rahmen der vorliegenden Publikation zugestimmt haben, sei an dieser Stelle noch einmal ausdrücklich gedankt.